大國歷史

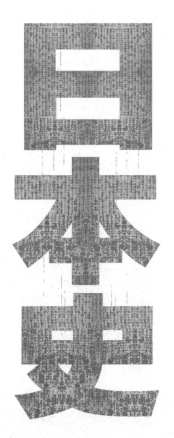

日本史

〔日〕坂本太郎 著

武寅 等 译

中国社会科学出版社

图书在版编目（CIP）数据

日本史／（日）坂本太郎著；武寅等译．—北京：中国社会科学
出版社，2008.6（2025.8重印）
（大国历史·大国性格）
ISBN 978 – 7 – 5004 – 6860 – 8

Ⅰ. ①日… Ⅱ. ①坂…②武… Ⅲ. ①日本—历史 Ⅳ. ①K313.0

中国版本图书馆 CIP 数据核字（2008）第 047136 号

出 版 人	季为民
责任编辑	张 林　刘健煊
责任校对	韩海超
责任印制	戴 宽

出　　版	中国社会科学出版社
社　　址	北京鼓楼西大街甲 158 号
邮　　编	100720
网　　址	http://www.csspw.cn
发 行 部	010 – 84083685
门 市 部	010 – 84029450
经　　销	新华书店及其他书店

印刷装订	北京君升印刷有限公司
版　　次	2008 年 6 月第 1 版
印　　次	2025 年 8 月第 14 次印刷

开　　本	710 × 1000　1/16
印　　张	36.75
字　　数	601 千字
定　　价	86.00 元

绳文时代陶塑

《源氏物语》插图

平安时期的佛经

赤丝缄铠　镰仓时代

红线缀绳大铠甲　镰仓时代

白丝缀铠甲　室町时代

明治天皇像

幕府将军的武士石像

能的表演者

18 世纪歌舞伎男演员的典型形象

编者的话

　　本书由日本著名历史学家坂本太郎编撰的《日本史概说》翻译而成。武寅承担了大部分翻译工作，其余部分由韩铁英翻译，汪向荣教授对初版译稿做了校订并添加了注释。此次再版，我们又请武寅做了大量的编审校译，希望能让书稿以更加准确、更加流畅的面貌展现在读者面前。

　　本书是译作，因此尽可能地保留了日本的专有名词和称谓，不加更动。由于本书是"大国历史"系列丛书中的一本，所以书名调整为《日本史》，特此说明。

原　序

　　本书的前身《日本史概说》是 1950 年（昭和二十五年）出版的，迄今已十二年。出版后，受到专家学者支持，曾一再重版。但使我念念不忘的是因为当时撰写仓促，错误很多，深感惭愧，以及随着学术界的进步，需要订正的部分日见增多。我虽随时做了一些修改，但毕竟赶不上时代的需要。因此，长期以来，我就准备对本书进行全面的修订增补。现在终于有机会能将增补修订过的《新订日本史概说》问世，衷心感到喜悦。

　　本书的结构，大体上还和前版一样，但内容却全部做了修改。特别是第二章第一节原始文化发展部分，吸收了考古学的最新成果，重新构思另行改写，原样几乎不复存在。此外，前著的晦涩的汉文语调，全部改成通俗易懂的现代文体，并在各节末尾添加注释，对重要事项，一一介绍有关学说，列举了史料、参考书名，以期比较前著，能为更广泛的读者所利用。

　　前著出版时，正值史学界处于战后的动荡时期，社会经济史观盛极一时。我抱着对抗这种思潮的想法，强调推动历史的精神力量，因而对文化现象和文化遗产特别加以重视。现在，学术界比起那时，处于远为健康的状态，对推动历史的各种因素，正在试图给予公正的评价。1960 年（昭和三十五年）修订的《高级中学学习指导要纲》中，也提出日本史要重视文化的动态。在这种情况下，再把本书的重点放在文化方面，或许已没有什么新颖之处，但我认为这样还是可以的，因为我并不图新颖，我只希望经常保持正确就可以了。

　　今年三月，我将离开工作了二十七年之久的东京大学讲坛。多年以来，以不敏之躯据此要职，深感建树毫无，过错深重，回想起来，不胜慨叹。心想借本书的出版，略表纪念的微衷。

坂本太郎

1962 年（昭和三十七年）3 月

目　录

第一章

序说

第一节 风土

　　日本列岛　日本是位于亚洲大陆东边海上的岛国，是太平洋西岸非常发达的弧形列岛之一。列岛中央，面积最大的岛屿是本州；北海道、九州、四国三大岛屿分别位于本州的北方与西南方。本州的面积为 228000 平方公里，比英国的大不列颠岛仅小 300 平方公里，是世界岛屿中的第七大岛。北海道的面积约为本州的 1/3，九州约为北海道的 1/2，四国约为九州的 1/2。列岛的总面积约为 370000 平方公里，只有苏联的 1/60，中国本土的 1/27，美利坚合众国的 1/25。①

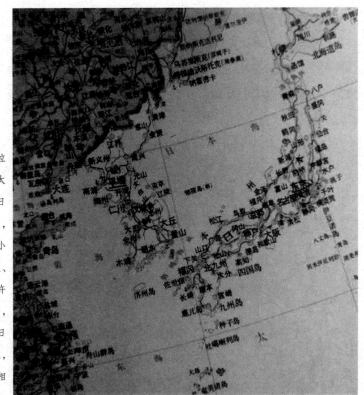

日本的地理位置（局部）

　　日本是一个岛国，位于亚洲大陆的东部，在太平洋上形成一个弧形。日本国土由四个岛屿构成，这四个岛屿按照从大到小的顺序是：本州、北海道、九州和四国，另外还有许多小岛。日本东临太平洋，日本海和中国的东海把日本与亚洲大陆分隔开来，日本与朝鲜、中国隔海相望。

古代日本有大八洲的别称，其本来的意思是称赞日本是由很多岛屿构成的。但是，古来有人据此类推，将"八洲"当作具体的八个岛，那就是前记的本州、四国、九州，再加上隐岐、佐渡、壹岐、对马、淡路。②

地壳的变迁 日本列岛至今仍处于地球内部压力十分强大的火山地震带，这种情况在整个地质时代都是这样。在古生代，日本位于海底，由于古生代末期猛烈的造山运动，列岛的大部分才逐渐地露出海面；在整个中生代，水陆的分布虽有明显的变化，但日本同朝鲜和中国大陆毗连的情况，始终没有变化；到了新生代第三纪，地盘下沉，日本大部分沉入海底；进入第四纪洪积世，地盘复又隆起，不仅列岛全部变成陆地，而且通过北海道、库页岛与沿海州地方相连接，经朝鲜海峡、黄海、东海而与朝鲜、中国连接，日本海就成了被陆地包围的内湖了。在日本各地之所以发现了各种象的化石，正说明它们是在这个时代，从西南或北方来到日本的。

从洪积世末期到冲积世初期，又发生了一次海升，于是出现了朝鲜海峡和津轻海峡，列岛相互之间、列岛与大陆之间，也都彼此分离了。海水一直到达陆地的深处，比如沿着江户川，海水似乎直到与利根川的汇合点附近，沿着荒川，海水似乎直到川越附近。后来，海水又陆续下降，在海岸形成了平原，今天的地形就是这样形成的。③

地形 由于过去地壳变动十分剧烈，结果使日本的地形极为复杂。在内陆，群山与盆地交错；在海岸，则海角和属岛、小平原与海湾相连。主要的山系有，沿列岛中心线走向的北弯、南弯的两个山系和与之平行的火山脉，以及在本州岛中部与其相交的富士火山山脉。南北两弯的山系与富士火山山脉相交的地区是本州岛中最宽、最高的地方。主要分水岭也沿着列岛的中心线走向，分为太平洋斜面与鄂霍次克海、日本海、东海等沿海斜面，中间是濑户内海斜面。因此，河流都不长，落差很大，上流都是高峻的山地，受到严重侵蚀，形成很深的峡谷，从中冲刷出来的沙砾堆积在中下游的盆地和平原。水位因地区和季节变化很大，因此，缺少舟楫之利，经常有洪水为患。平原也都不大，本州岛中部周围的关东平原、浓尾平原和越后平原，算是较大的了，但仍无法与大陆的平原相比。试看各

国的耕地面积与国土面积的比率，日本的耕地面积只占国土面积的14%，而匈
牙利是62%，意大利是53%，罗马尼亚是43%，西班牙是41%，法国是39%，
联邦德国是35%，荷兰是32%，英国是24%，[④]由此可知日本是如何缺少平原之
利了。

佐多岬
　　佐多岬位于鹿儿岛最南端、大隈半岛最尖端，黑潮冲洗着岩壁，
一座座海蚀崖屹立着，是一处满布锯齿状礁岩的小岛。

樱岛火山

    樱岛火山与鹿儿岛隔海相望，是日本列岛36座火山中最活跃的一座，也是一座世界上为数不多的海上活火山，至今仍活动不止。

    这种多山、狭窄的地形给日本的文化与历史带来了很大影响。素称岛国根性的闭锁、排他的精神，就是从四面环海的地理环境中产生的，还由于岛国内部地形的孤立性而变得更为严重。历史上屡次出现地方政权，大概也是由于这种地形零散的缘故。不过，海岸线富于曲折，到处都有良港，海上交通十分便利，得以弥补了上述地形造成的交通闭塞。濑户内海和日本海用来作为航路，对国家的建立和版图的扩大做出过重大贡献，这在古代史上是非常显著的。

    气候   应该指出，气候的影响是克服地形限制，促进国家生产的因素之一。这里的气候用一句话来说，就是季节风式温带气候。但是，由于国家南北延伸很长，南北之间纬度约差15度，还由于山脉纵贯列岛中央呈南北走向，把整个列岛分为太平洋岸与日本海岸两部，因此，气候也呈现出地区性变化。此外，因受季节风影响，季节性的气候变化也很显著。特别是由于四面环海，受海流的影响，并因邻近大陆，和大陆的气候也有很深的关系，这就使气候变化更加大了。我国四季的变换鲜明、均匀，有利于生物的生长，对丰富自然与人文也起了很大作用。上述的地区性气候差别，对丰富国内天然物产的种类，保持经济自给方面，也起到很大作用。江户幕府之所以能在二百余年实行锁国政策，其实质上的原因，可以说就在于此。

北海道北部的初雪

日本国土狭长，纵贯热带、温带和寒带三个气候带，加之受大陆和海洋气候的双重影响，气候变化较大，四季分明。夏季全国气温普遍较高，冬季南北温差较大，温差达15℃以上。如图北海道已降初雪，南部地区则可能还是鲜花盛开。

日本的气候区可分为北海道气候区（夏凉冬寒，降水少，受梅雨、台风影响小）、日本海沿岸气候区（冬雪夏晴）、内陆气候区（受季风影响，降水少，夏冬及昼夜温差大）、太平洋沿岸气候区（受海洋影响，夏多雨、酷热、多雾，冬暖，多受台风影响）、濑户内海气候区（四周多山，丽日少雨）、西南群岛气候区（高温无霜雪）。

地区性与季节性变化具体来说，就是在列岛上，冬天的季节风大都是西北风。这是西伯利亚高气压吹向阿留申群岛低气压的气流，从十一月到三月初最强。这股风吹过黄海和日本海，带有大量的水蒸气，在北面日本登陆后，碰到中央山脉，便起云、降雪，使从北陆到奥羽西岸都埋在深雪之下。但是一到南面日本，就云消雾散，很少降雪。这个季节，南北气候差别很大，九州南部、四国南部、纪伊半岛南岸等地，气温不到零下，持续天晴，不觉寒冷。可是，北海道和东北地方平均最低温度近 -10℃，日照很弱，寒气刺肤。夏天的季节风从四月中旬吹到八月末九月初，虽因地区不同多少有些不同，但大都是南风，风中也含有大量水蒸气，提高了湿度，使盛夏比酷暑更难受。但是，这种夏季的高温多湿适于水稻的种植，特别是六月中旬到七月的梅雨，是插秧以及后来水稻生长拔节所不可缺少的条件，这是人所共知的。夏季南北气候之差比冬季小，就是在北日本，夏季的平均最高温度也会上升到 28℃ 左右，接近南日本的 31℃—32℃，因此，水稻的种植区域可远及北海道北部。

从夏季到秋季有台风。台风是由南洋方面吹来，侵袭日本、菲律宾、中国等地的暴风雨，会给农作物等带来极大的危害。特别是春初精心栽培的水稻，刚到开花、结实时节，刮来的台风，一夜之间就将半年的心血化为乌有。为了避免这种自然的威胁，自古以来举行了各式各样的咒术和宗教仪式，这些在政治领域中占了重要的位置。

海流 日本四面环海，海流给自然与人文带来很大影响。列岛周围的海流有暖流和寒流，两者交错呈现出复杂的海洋现象。

首先最有名的海流是流经太平洋岸的日本海流，又称黑潮。它是世界两大暖流之一，发源于北赤道流。北赤道流自加利福尼亚沿岸向西，流至菲律宾群岛东岸，再向北流，沿台湾东岸北上，在这一带被称为日本海流。然后通过琉球列岛西侧，穿过奄美大岛与大隅之间，再到太平洋，经土佐海面、纪州海面，达到房州的近海，从北纬 40 度附近掉头向东，横断太平洋到达北美西岸，再转而向南，形成加利福尼亚海流，还原为北赤道流。正好在北太平洋形成一股大环流。黑潮经过的我太平洋沿岸，受其影响，气温增高，自不待言，还有一点不可忽略的是，由于这股海流流经路线很长，成了我国与南洋方面在自然与人文两方面接触的媒介。在构成日本民族的各种成分中，其中也可能含有乘黑潮而来的南洋系统民族，这是不容否认的。根据后世文献也可以了解，延历十八年（799），漂流到三河国（三河国，现日本中部爱知县。——译者）的带着棉花籽的昆仑人，显然就是黑潮作祟的结果。

其次是寒流：千岛海流，又名亲潮。千岛海流发源于白令海和鄂霍次克海，沿千岛群岛东侧南下，经北海道南岸到达三陆（三陆指陆奥、陆中、陆前，即现在的青森、岩手、宫城各县。——译者）海面。其支流似到达犬吠岬（犬吠岬，千叶县利根川河口南面台地的一角，凸出太平洋中，是九十九里滨和鹿岛滩的分界点。——译者），在这附近与暖流相遇后便潜流其下，成为潜流。就是说，日本列岛的太平洋岸受到由南面北上的暖流和由北面南下的寒流冲刷，两者在三陆海面到犬吠岬之间相遇。因此这一带就成了有名的渔场。

在日本海的海流中，暖流有对马海流，寒流有利曼海流。对马海流是流经太平洋岸的日本海流的支流。在九州西南方从主流分出的日本海流支流，成为五济海流，沿济州岛与五岛列岛之间北上，流入对马海峡，成为对马海流。然后沿本州沿岸北上，经北海道的日本海岸而到达库页岛西岸。其中一股则进入津轻海峡，到达太平洋岸，紧靠三陆沿岸向南流去，与外面的亲潮平行，到达金华山海面。

利曼海流由鄂霍次克海流出，顺沿海州南流到达朝鲜的元山湾头，由朝鲜东岸南下。在那里，日本海上由寒暖两流形成左旋的大环流，这个环流从远古时代起，就对日本同大陆之间的航行起到重大作用。出云神话（出云神话，记纪神话中与高天原相对立的、关于世界形成的一些神话。——译者）中的出云（出云，今岛根县的东部。——译者）与朝鲜的往来，垂仁纪中的意富加罗国王子来到角鹿（敦贺），天日枪在但马登陆等等传说，都是以朝鲜与山阴、北陆（山阴，今岛根、鸟取及兵库、京都部分地区；北陆，今新潟、富山、石川、福井及京都部分地区。——译者）之间在古代已有直接交通的事实为背景的。另外八九世纪时的渤海使节，也是利用这种海流来到日本的，所以他们出图们江口以后到达的地点是：从出云、伯耆的沿岸直到能登、加贺，有时还到达了出羽（伯耆，今鸟取县的西部；能登、加贺，今石川县北部；出羽，今秋田县、山形县一带。——译者）。

注　释：

①面积是根据东京天文台编《理科年表》（昭和三十六年，九善株式会社刊出版）。

②大八洲的八个岛，古代传说各不相同，本文是根据《古事记》，《日本书纪》，还有的包括越洲（以新潟县为中心的地区）、吉备子洲（冈山县儿岛郡）、大洲（山口县屋代岛）、淡洲（和歌山县友岛）等。

③高井冬二："日本列岛的形成"（《图说日本文化史大系》Ⅰ．绳文、弥生、古坟时代，昭和三十一年，小学馆出版）。凑正雄、井尻正二：《日本列岛》（昭和三十三年，岩波新书出版）。

④数字是根据木内信藏、中野尊正、竹内常行、矢泽大二共编《地理年表》（1960年，古今书院出版）。

第二节　民族

原住民族的问题　居住在日本列岛上，并创造了日本历史的是什么民族呢？它在世界人种系统上占什么样的位置呢？它是何时、怎样定居在这块国土上的呢？自古以来就有很多学者对此进行了研究，但至今仍未得出一致的结论。

明治时代的研究是从原住民族问题开始的。素称日本人类学的鼻祖坪井正五郎博士认为，日本的原住民族是克罗波库尔人。克罗波库尔人是一种在阿伊努人中间传说的矮人人种的名称。博士主要根据考古学、民俗学的资料，认为他们是在日本民族以前定居在这块土地上的。对此，小金井良精博士从体质人类学的角度出发，根据人骨测定的结果，提出原住民族就是现在的阿伊努人的说法。这种说法和在有史时代被认为是阿伊努人祖先的虾夷人，因受到日本民族的压迫而逐渐北移这一事实相吻合，因而赞成这种说法的人很多，一时大有阿伊努原住民族说风靡学术界之势。但是到了大正年代，石器时代人骨的出土量急遽增加，随着人类学者调查资料的丰富，新的学说便取而代之了。其中具有代表性的是清野谦次博士的说法。他对从各地贝冢中出土的一千多具石器时代的人骨进行了精密的测量分析，并将其同现代日本人、阿伊努人等做了比较研究，结果认为不能简单地断定石器时代的人就是现代阿伊努人的祖先。石器时代的人虽然在某些点上和现代阿伊努人有相似之处，但也有与现代日本人相似之处，并且还有和两者不同的地方。因而得出结论说，石器时代人应该是一种名为日本石器时代人的独特人种。这个人种在列岛上与某些大陆系人种、南方系人种互相混血，适应环境变化而不断进化，终于成为现代日本人。至于阿伊努人，也是以日本石器时代人为祖先，再和北方人种混血而形成的。

阿伊努人

阿伊努人，日本国的土著居民，又称虾夷人，是最早生活在日本的民族。主要分布在北海道。旧石器时代末期或新石器时代早期曾广泛分布于日本列岛。身材比日本人稍矮，肤色淡褐，头发黑色呈波状，体毛发达。多年来与日本人通婚，纯血统后裔逐年减少。使用阿伊努语，系属不详，无文字。宗教信仰主要为万物有灵的多神崇拜和祖先崇拜。长期从事渔猎，后大多转事农耕。衣食住行现已与日本人无异。

这个学说不仅否定了阿伊努原住民族说，而且也促使人们对那种把日本民族假定为不同系统原住民族的观点进行重新研究。从而明确指出，石器时代人同现代日本人有血缘联系，在进化过程中，虽有民族的混血，但其主体却是石器时代以来的单一人种。这一点具有划时代意义。①

　　基本民族及其混血过程　　即使原住民族问题得到了解决，那么石器时代人是怎样在日本定居下来的呢？后来又和什么人种进行了混血呢？这些仍然是没有解决的问题。直到今天，学者之间围绕这个问题仍然不断进行各式各样的争论和考证。

旧石器时代绳文人面土器

战后一种令人瞩目的新见解是，证实了旧石器时代人的存在。战前虽然也有人主张日本列岛在旧时器时代已有人类栖息，但根据战后研究，才证实了兵库县明石市（除了直良信夫于1931年（昭和六年）发现的明石人外，1950年（昭和二十五年）他又发现了葛生人；但两者是否是洪积世的人类，尚有异论。此外被认为是旧石器时代人的，除文中提及的三日町人外，还有在静冈县浜北市岩水寺发现的浜北人；大分县南海郡圣岳洞窟中，广岛县帝释峡遗迹群洞窟中和冲绳县具志头村也都发现过洪积世人类的骨片。——译者）、栃木县葛生町、爱知县丰桥市以及静冈县三日町等处发现的骨片是人骨，由于其发现处的地层系洪积层，便被确认是旧石器时代人。这样一来，日本民族论就必须从旧石器时代起加以研究了。不过，有关资料只是片段的，还称不上充分，所以，关于它同新石器时代以后人种的联系，还不能做出明确的断定。但是，长谷部言人博士发表积极意见说，旧石器时代人与现代日本人是一脉相承的，而这个旧石器时代人是从中国南部因接壤而移居到日本（20世纪70年代起，日本学术界根据稻种的传入和高床建筑（干阑）等存在现象，认为石器时代，中国南方主要是云南西南部地区的人，经过中国的西南地区到达东南地区后，有一部分越海而到达日本，和日本列岛上原住民族相混血的主张日见增加，但目前尚无定论。——译者）的。这个意见值得注意。[2]

战后学术界盛传的另一个有关民族论的话题是，江上波夫氏和冈正雄氏提出的骑马民族征服说。这种说法认为，大陆北方系统的骑马民族，在公元4世纪的上半期，由朝鲜半岛侵入日本列岛，征服了原先定居在列岛上的南方系种稻民族建立了王朝。由于这南北两系的民族混血形成了日本民族。[3]这种说法，毋宁说是一种关于国家建立历史的假说，仅就这一点就难免受到批判，而且它也不能说明原住基本民族的问题，所以，作为一种民族论来说，也是极不充分的。

战后，日本民族论虽然十分盛行，但其主要论点不外是：石器时代人直接与现代日本人属于同一系统；石器时代以后，不断有南方各民族和北方各民族的血混入，从而形成独特的民族特点等，这大致是一般所承认的。对于主体的石器时代人，则有南方种族说和北方种族说两种见解。我则从下述的语言问题来看，赞成北方种族说。认为大约在石器时代的某个时候，有一支从欧亚大陆北方向东移动的种族，经过库页岛和北海道，来到日本列岛定居。这个人种，和以后迁来的阿伊努人、南方系人种互相混血，再稍后些，又和经由朝鲜半岛迁来的大陆各民族混血。进入有史记载年代后，有不少人从中国、朝鲜迁来列岛归化，这从文献也可以了解。

语系 判断日本民族的主体时，必须考虑到日本语的语系。因此，对日语语系的研究，很早就相当活跃，提出了许多推断。例如南洋语系说、阿伊努语系说、雅利安语系说、乌拉尔—阿尔泰语系说、太平洋语系说等，日语似乎与邻近各民族的语言都有关系。如果只寻求某些类似点，当然可以看到有些关系。不过，要想真正断定一个语系，至少应该考虑音韵、语法、语汇三个基本因素。如果即使有些单词是一致的，但在语法上却根本不同，或者是音韵组织上有不可逾越的鸿沟，就不能断定两种语言属于同一系统。从这一点上来说，现在学术上最可以肯定的说法是乌拉尔—阿尔泰语系说。

乌拉尔—阿尔泰语系是同印欧语系、含米特—闪语系、汉藏语系等并列的世界十大语系之一，这个语系分为乌拉尔派与阿尔泰派两派。乌拉尔派分为芬兰—乌戈尔语群、萨摩耶语群；阿尔泰派分为土耳其语群、蒙古语群、通古斯语群、朝鲜语等。它们是分布在从东欧到北亚、中亚一带的语言，从语言形态说来，属于胶着语。早在明治末年，藤冈胜二博士就指出，这种语言的性质与日语有许多相同的地方。现在略举几点。在语法上，修饰语置于被修饰语之前；宾语在动词之前；疑问句在句尾加有表示疑问的助词；没有冠词；语法上没有性的区别。在音韵组织上，词头没有重子音；没有词头是 r 音的语汇等等，这些都是乌拉尔—阿尔泰语与日语共同的特点。乌拉尔—阿尔泰语的最明显的特点——元音调和现象，在藤冈博士时代，还不认为日语里也存在，但后来通过许多学者的研究，确认在古代日语里也存在这种现象。而且这种元音调和研究的重要成果告诉我们，日语在乌拉尔—阿尔泰语系中究竟处于怎样的位置。所谓元音调和，就是元音的同化作用，是在一个单词内将元音统一为同音或同类（阴阳软硬）音的音韵作用。它有强弱之差，朝鲜语、蒙古语、土耳其语等语言中，从词干到接尾词调和为同类音的现象很发达。但是，日语中的元音调和只有词干调和，比较原始，这一点类似乌拉尔派的芬兰语。由此推测，日语并不是同蒙古语、土耳其语、通古斯语、朝鲜语等同列分化出来的，而可能是在这些语言分出之前，由原始乌拉尔—阿尔泰语直接分化出来的。在悠远的古代，使用这些语言的民族移居到日本，长期以来培育出了独特语言。再往前追溯，那么，同朝鲜语、蒙古语、土耳其语等虽属同源，但并不是同列的姊妹关系。同这些语言似乎有亲属关系，但又无法具体指出，其原因恐怕就在于此。[④]

乌拉尔—阿尔泰语同日语的亲属关系，在语法和音韵组织上虽很明显，但在语汇上却见不到，这是很遗憾的。语汇特别是有关人体的词汇中，南太平洋诸岛中通用的马来—波利尼西亚语中有同日语类似的地方。因此很早就有论述日语同波利尼西亚语关系的学说。最近大野晋氏对此进行了归纳，认为日本在绳文文化时代，用的是类似波利尼西亚语族的南方系语言，随着弥生文化的传入，具有阿尔泰语语法体系和元音调和的朝鲜南部语言传了进来，因而使日语化为阿尔泰语系了。有关人体的语汇中之所以遗留有南方语汇，是因为那时虽然能改变语法体系，却还无力顾及语汇。即使说弥生文化是从朝鲜传来的，但我很怀疑，它能否改变了在那以前的日语的语法体系？在绳文时代，南方系民族要大举来到日本列岛这是否可能？

我赞同这样的见解，即在石器时代早期，有一支属于乌拉尔—阿尔泰语系的种族，从亚洲大陆北部向东迁移，经库页岛、北海道来到日本列岛，在这里培育起独自的文化。如果说日语中有同南方语和朝鲜语类似的语汇，那是后来文化交流的结果。

注　释：

①关于日本民族研究的历史，最近出版的水野祐《日本民族的源流》（昭和三十五年，雄

山阁出版）一书中有详细记载。本章的记述多根据此书。

②长谷部言人《日本人的祖先》（《图说日本文化史大系》I，昭和三十一年，小学馆出版）。

③石田英一郎、冈正雄、江上波夫、八幡一郎《日本民族的起源》（昭和三十三年，平凡社出版）。

④本项参考金田—京助《国语史》系统篇（昭和十三年，刀江书院出版）而写成。

⑤大野晋《日本语的起源》（昭和三十二年，岩波新书出版）。

第二章　古代前期

第一节　原始文化的展开

世界的石器时代　地球上最初出现的人类据说是在洪积世初期，距今已有数十万年。当初的人类在体质上同类人猿相当类似，但他们显然具有使用火和制作石器这样的文化，这一点就是使他们区别于其他动物的标志。从这个意义上说，考古学家在划分人类文化的发展阶段时，把石器时代作为开端是很恰当的。考古学家根据所用利器质料的不同，把人类历史划分为石器时代、青铜器时代、铁器时代三个阶段。石器时代又进一步分为旧石器时代和新石器时代两个阶段，或者是旧石器时代、中石器时代、新石器时代三个阶段。旧石器时代相当于地质年代上的洪积世，石器是打制

打制石器，半磨制石器

的，到了末期才逐渐使用骨角器，于是狩猎捕捞文化才开始发展。新石器时代相当于冲积世，制作磨制石器和土器，开始农耕畜牧、发明编织技术以及建造巨石坟等，在这些方面比旧石器时代有了显著的进步。进入中石器时代，因地区不同而呈现多样化，但大体上相当于冲积世的开始，石器仍以打制为主，开始出现磨制的萌芽，已有简单的植物栽培、狩猎捕捞盛行。埃及的尼罗河流域被认为是世界上新石器文化出现最早的地方之一，其确切的年代据说可以上溯到纪元前10000 年乃至 5000 年。

无土器文化　在日本，迄今仍未发现旧石器时代的遗物，所以最古的文化认为是从新石器时代开始的。与石器同时出土的土器具有两种完全不同的样式，其出土的地层也有上下之别，所以把这种土器大致分为绳文式和弥生式两类。一般认为，绳文式文化与弥生式文化显示了在时代上先后连接的两个文化阶段。

无土器文化时代的石器

第二次世界大战以后，由于考古学家的热心探索，终于查明在日本也存在类似旧石器的东西。昭和二十四年（1949）群马县新田郡笠悬村岩宿遗迹的挖掘，证实了可能从洪积世末期堆积的关东红土层中出土的手锤、刃形石器等并没伴有土器。接着报告说，从东京都板桥区茂吕、长野县诹访市茶臼山、该县南佐久郡川上村和北海道寿都郡樽岸村等地，也都发现了并没伴有土器的石器。这些石器是旧石器时代的还是中石器时代的，这还有待今后的研究来确定（根据 20 世纪 60 年代日本学者研究的结果，认为关东红土层自不必说，就连最新的立川红土层，也至少是一万年以前的堆积层；也就是说，关东红土层都是属于洪积世的，因此对出土的石器，应认为是洪积世时代的，是后期旧石器时代，不能再称为无土器时代。1962 年版岩波讲座《日本历史》中，芹泽长介已正式使用这旧石器时代的名称。——译者），不过，在比绳文更早的时代，有过使用这些石器的文化阶段，则是毫无疑问的。学者们把它称为前绳文文化或无土器文化。①

　　无土器文化石器的出土地点，目前密布于关东、长野县和山梨县等地，在北海道也有不少，西部则延伸到冈山县、香川县等濑户内海沿岸地区。随着今后调查的进展，出土地点肯定会进一步增加，但仅据目前所见就可以推断，这种文化遍及日本的广大地区，这或许不会有错。

　　出土石器的种类有：呈梨形或椭圆形的手锤（手斧）；用纵长的石片剥削而成的带刃石刀（刀片），特别是把它做成近似小刀形的刀片；类似尖端斜刃小刀刃的刃形石器；顶端尖锐用于刺扎的尖头器；属于小型石器的细石器；等等。在欧洲，很早就开始了对旧石器的研究，有精密的分类编年，但日本还没有能做到这一步。不过，把到现在为止见到的加以整理的话，那么，以关东地方为中心，根据出土地层的上下不同，可以认为，其发展顺序是：手锤→带刃石刀→刀片→刃形石器→尖头器→细石器。

　　由于没有其他的资料，对这一时代的生活方式等情况几乎不详，但基本可以肯定，已使用了火。从遗址的所在地可以推测，其居住地已不是在岩石后面和洞窟，而是在开阔的台地上。[②]

　　绳文式文化　代表日本新石器时代的文化是绳文式文化。绳文式的名字是根据与石器同时出土的土器表面留有条纹而来的。关于这种文化与无土器文化的关系，目前还谈不上有什么肯定的说法。但是，以无土器文化最新时期的细石器为媒介来推断它与绳文式文化的联系，似乎并不是不可能的。这是关系到日本民族是否一系相承的重要课题。

　　绳文式文化的时代大约开始于距今六七千年之前，延续了四五千年。根据土器式样的变化，一般将其分为早、前、中、后、晚五个时期。

　　早期以捻线纹、刻板型纹、无纹、贝壳纹等土器群为代表，这些名字都是根据土器表面留下的花纹而起的。捻线纹→刻板型纹→无纹→贝壳纹的顺序，除了表示发展阶段以外，其分布的地区也不尽

线刻小石偶　绳文时代早期

相同。捻线纹土器不仅大量存在于关东地方，并几乎遍布全国，但刻板型纹土器只分布在九州到关东之间，东北地方没有。这说明除了时代不同以外，文化圈也不相同。另外，这些土器是尖底深钵形的，这点和欧洲最早的土器形状有共通之处。

前期土器在胎土中掺有机物纤维，形状上也由尖底改为平底或高底深钵状，从花纹上也可看出绳纹十分发达。

中期是日本石器时代的黄金时代，其具有代表性的土器是胜坂式土器。这种土器壁厚，形状多为筒形、深钵形，器口边缘格外凸出，带有装饰把手，表面有雄浑的隆起纹，缠以黏土绳，在整体上给人以雄浑、壮观的感觉。但这大都出土于关东到中部山岳地带，北海道和东北的土器虽也有隆起的花纹，但没这么复杂，西部的土器则没有隆起的花纹。

古坟

到了后期，器形变得纤细，增加了带有注口、台座等异形土器，而且精制装饰品与粗制什器有了明显的区分。

晚期土器在东北地方一带有美丽装饰的龟冈式土器为代表，在西日本则盛行无纹土器。

以上是土器编年的梗概。这种发展顺序不仅限于土器，可以说也反映了以它为背景的社会生活和文化水平的各个阶段。现在来谈谈这一时代的生活环境。

最能够反映这一时代生活环境的，可以说是贝冢和居住地的遗址。自古以来，日本到处都有名为贝冢的地方，而且有时在丘陵上部等处也发现过有贝壳的堆积物。不过，真正了解那是原始时代的遗址，却不是很早的事。明治十年（1877），美国动物学家摩斯（E. S. Morse，1838—1925）得知在东京的大森有贝冢，对其进行了科学的调查研究，这是把贝冢真正的意义介绍给日本的开始，也是广泛进行石器时代遗址研究的开端。贝冢是石器时代人吃完贝类后丢弃的贝壳和其他食物残渣自然堆积的地方，也就是垃圾场，它说明附近有人类居住，有部落存在。贝冢在南面日本分布得很广，在东北的松岛湾，关东的东京湾、霞浦，中部的渥美湾，中国（这里的中国地方，包括现在的冈山县、广岛县、山口县、岛根县和鸟取县在内的一带地区。——译者）地方的儿岛湾，九州的有明海等周围地区很多。其中有的地区，现在看来是在远离海岸的内陆地方，遗留有咸水产贝类的贝壳，这说明那时平原很狭小，海水一直流入腹地。还有，概括说来，贝冢多数位于面临河谷沼海的丘陵上，这说明这些地方最适于当时的人们居住。③

　　居住地遗址大体上分为两类。一类是竖穴住处，将地面挖下几十厘米，做成土屋地面，上面搭上屋顶。穴的形状早期的是方形，中期以后变成圆形或椭圆形，宽度直径有5—6米的，也有达7—8米的，中间都设有火炉。这种住处冬暖夏凉，据说可能是当时最理想的住处。另外还有一类平地住处、铺石住处，将地面画成圆形或椭圆形，铺上黏土夯实，或是铺上石子。这种住处从中期、末期到后期有很多，不过，关于这种居住地遗址，还有待今后研究。

土偶　绳文时代　　　　　　　　　　岩偶　绳文时代

试从这些居住遗址来推测一下当时集落的情况。早期的集落规模很小，一个集落通常只有几户；从前期到中期，集落规模逐渐扩大，并坐落在面积很大的平坦高地上，一般是长期定居在同一场所，在这里可以看到制造那种豪华壮大土器的能量取得发展的社会基础；从后期到晚期，由于人们都致力于捕鱼，所以集落也都迁到湖沼岸边、河川流域和海岸等地。特别在东日本，这一时代的遗址大都是在鲑鱼和鳟鱼洄游的河流弯曲处。

绳文时代，首先人们主要靠狩猎和捕鱼为生。供他们食用的鸟兽种类达60种以上，鱼类达30余种，贝类有220余种。④狩猎的工具基本是弓箭。制作石箭头是一项很重要的工作，石质也因地而异，形状更各具特色，大小一般是2—3厘米，也有达6厘米的。除弓箭外，可能还用过石枪。另外，贝冢里发现有家犬的骨骼，这说明还使用了猎犬。捕捞的方法除用渔叉刺，用钓钩钓以外，还用过网。渔叉和钓钩是用鹿角和兽骨大量制造的，形状和大小也是多种多样，从后期到晚期，随着捕捞生活的发展，其变化尤为显著。

除狩猎、捕捞外，当时的人当然还采集野生植物的果实和根以供食用。有的学者认为，中期大部落的形成同某种植物的播种栽培有关。人们很有可能从甘薯、芋头等芋类吃剩扔掉的碎块发芽得到启发，从而进行栽培。⑤这一时期打制的石斧刃很钝，充其量只能用来作为挖土的工具，这从侧面得到了证明。石器除打制外，从中期起磨制的也多了起来，做成的斧、手斧、凿子等除了用来伐木、制造建筑材料和工具以外，也用来作为武器、宝物，用途十分广泛。

火焰纹平底深钵　绳文时代

其次，他们是怎样烹调食物

的呢？可能是用石器中的石匙、小石刀等刮去动物的皮，把肉切碎，用磨石、石皿把植物的果实和球根等磨碎，做成淀粉。土器最初就是作为煮沸工具而发明出来的，除了煮食或烤食鸟兽肉以外，贝类也可能是启开贝壳放在土器里煮食的。到了中期，土器的用途多了起来，成为保存食物的用具。为了盛装食物，还用了碟子和小钵之类；还有，带嘴的土器，专门用来盛装发酵植物果实而酿造的酒类。

再次，谈一下他们的服装。有的学者认为，中期以后大量制作的土偶，好像穿着衣服，因而想象他们可能是身穿筒袖上衣和短裤了。不过，那时的人还不懂得编织技术，可能是以毛皮或树皮为材料。身上戴的装饰品好像已大量使用，现在发现的有贝制的手镯，石制和土制的耳饰，石制和骨角制的颈饰、发饰等等。另外，直接在身体上装饰的，还有拔除特定的牙齿或是把牙齿磨尖等。

埋葬方式还不是特别讲究，只在住处附近挖个小洞掩埋遗骸，既无棺椁，也不修坟丘。尸体多是由膝部把下肢

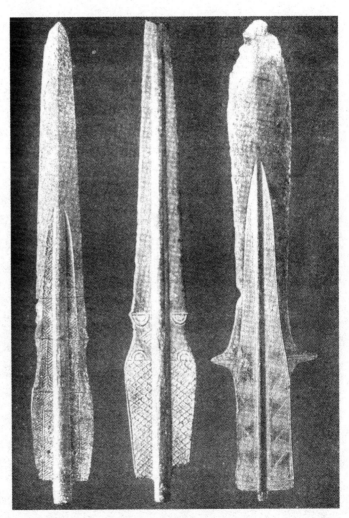

铜剑

铜剑，祭祀用，弥生中期，香川县瑜珈山遗址出土。

弄弯，即所谓屈身葬也有胸部抱石块的。关于屈身葬，众说纷纭，还没有定论抱石大概是恐惧亡灵，想让它抱块石头以抑制其出现在地面上。土偶是一种和他们信仰有关的遗物。中期以后，数量大增，其中有不少是表现女性的，可能具有咒物一类的意义，同母性崇拜、生殖器崇拜的原始信仰有关。

以上是从遗物、遗址见到的绳文时代的生活概况。他们并不是漠然想象的那样，沉湎于未开化的蒙昧生活之中。尽管材料有限，却能在仅有的材料上尽量发挥美的意识，制作出具有高度艺术性的日用器具和祭器，也能同相隔很远的各个地方交换物资、取得材料、备置必需品。只是关于社会组织和政治体制，则完全不详，也许是几个人组成一个家族，几个家族聚成的同族集团形成一个部落，但是统治各个同族集团的政治性组织可能还没有发达。要弄清这些，当是今后的课题。

弥生式文化　在绳文式文化陆续开展的过程中，一种新的压倒绳文式文化的弥生式文化首先出现在北九州，并逐渐由西向东传播，一直达到奥羽南部。（奥羽是陆奥、出羽的略称，即今日本的东北地方，包括青森到山形、宫城一带地区。——译者）弥生式的名字也和绳文式一样，是根据象征这一文化的土器而起的。所谓弥生式土器，是为纪念明治十七年（1884）最早在东京本乡区的向冈弥生町发现的土器而命名的。

这种弥生式文化，很明显的从一开始就伴有铁器、进行农耕，特别是栽培水稻。因此，不能将其看作是由绳文式文化直接发展的结果，无疑是以某种形式受到外国文化的影响而发展起来的。从文化阶段来看，石器始终是作为有力的利器的，但这时使用了铁器和青铜器，因而不能叫作石器时代；而青铜器也不像青铜器时代那样成为主要利器；"金石并用时代"这个名称，从外国所用的含义看来，也不够确切。[⑥]它是一种在长期闭锁的环境中，突然接触高度的外国文化时出现的异种文化的混合物，是文化发展的一种变形。在日本历史上，后来也常常出现这种情况。这里且不拘泥于其属于哪个阶段，具体地叙述一下这种文化的状况。

首先，根据土器的样式，在编年上把这一时代分为前、中、后三期。前期以福冈县远贺郡水卷町立屋敷为中心，以在远贺川流域大量发现的土器即所谓远贺川式土器为代表。这种土器首先在北九州发展起来,不久传到畿内。唐古式土器中最初的就属于这一类。中期在北九州是以和中国、朝鲜有很多相似处的须玖式土器为代表,从畿内到濑户内海周围,盛行的是像梳子痕纹那样的栉目纹系统的土器。东日本的弥生武士器也创制于这一时期,但必须注意的是,它不像畿内和北九州等处的土器那样具有鲜明的特性,在受到栉目纹影响的同时,还在很大程度上保留了绳文式土器的传统。到了后期,畿内的无纹土器风靡全国,将以往九州和畿内的两个中心合而为一,进一步发展成为下一个时代的瓦器。

其次,弥生式文化的另一特征是金属器,在这一点上必须特别指出的是铁器与青铜器并存这一事实。以往的学说重视青铜器,轻视铁器。但最近各地都有铁器

七支刀

在日本出土的东晋时期的七支刀。

出土,这说明具有普遍性的不是青铜器,而恰恰是铁器。铁器好像从这一文化阶段初期就有了,例如在工具方面,有铁斧、枪刨、刀等;在农具方面,有锄头、镰和掐谷穗用的刀形铁器;在武器方面,有箭头、铁刀、铁戈等,都已实际应用了。另外,从大和的唐古、静冈的登吕等遗址的出土物来看,木器在这一时代已大量使用。这些木器的制作,由于使用了铁制工具而有显著的进步。

铜镜

铜镜，前汉后期由中国传入日本的最早舶来品，佐贺县二冢山遗址出土。

青铜器有铜剑、铜矛、铜戈、铜铎、铜镜、铜箭头等，其中可以清楚地分出舶来品与国产品、实用品与非实用品的区别，并且其分布的区域也不相同，自古以来著名的青铜器是铜剑、铜矛、铜戈与铜铎。

剑、矛、戈三种在中国都是用作利器的，先是传到朝鲜，不久又传到我国的北九州。在我国出土的遗物中，可以明显地看出两种样式，剑有细型与平型之分；矛、戈有狭锋与宽锋之别。细型、狭锋的器身细长而尖端锋利，是用作武器的，是舶来品；平型、宽锋的器身扁平、尖端很钝，刃在铸造后未经加工，根本无法切割，当然无法用作武器，它是国产品，这点已由在北九州发现了铸模而得到证明。剑、矛、戈的出土地点以九州为中心，集中在四国、中国地方、近畿等西日本地区，特别是供实用的舶来品，绝大多数都在以福冈县为中心的地区，在坟墓中作为随葬品发现的。非实用的国产品虽在北九州也很多，但还进而分布到四国、中国地方，有的甚至更往东部地区。不过，这些似乎都与坟墓无关。

铜铎的形状好像是从侧面压成扁平状的寺钟，小的高度有 12 厘米左右，大的高达 150 厘米。大体上有三种样式：第一种小而厚，呈黑色，在周围横带之间铸着各种各样的花纹；第二种形状稍大，刻着流水纹或纵横花纹；第三种大而薄，呈青绿色，一律是纵横花纹。这种类型的含锡量低于其他类型，似乎为了便于制作而减少了合金中锡的分量。铎的出土地点与剑、矛、戈的出土地点，有明显的地域性区别，即西在岛根、广岛、香川、高知各县的连接线以内，东在石川、长野、静冈各县的连接线以内。这三种类型各有其分布中心，第一类是在中部濑户内海地方；第二类是从东部濑户内海到畿内；第三类是在南海地方与东海地方。从小而厚到大而薄的

铜铎

铜铎，水鸟鹿纹，弥生时代。

形式演变，与从中国地方到畿内、从畿内到东海、四国这种地域的扩大相适应，说明了铜铎的发展过程。

铜铎有什么用处？其祖型是什么？向来就议论纷纭，现在都认为它起源于中国战国时代的乐器——编钟。还发现过几例铜铎内部带有下垂的舌，可见其原来的用途是用作乐器的。不过，超过 1 米的大型铜铎，已经失去了实用性，而具有祭器或礼器的性质了。铜铎没有舶来品，全都是国产品。因为国产青铜器所使用的原材料可能都是把舶来青铜器回炉熔化的，所以，在制作大量铜铎的背后，恐怕牺牲了大量的舶来铜利器。

铜铎的出土地点多数在远离部落的小丘陵的斜坡上，一般是单独一个埋在地下，但也有十几个、七八个埋在一起的情况，显然这都不是偶然埋藏的，而是人为地埋下的。究竟他们为什么埋藏的呢？现在这样解释似乎比较稳妥，即：靠土地生活的农耕民为了保护共同社会的安全，出于迎神、祭神的意图，把用作祭器的铜铎埋到了土中。这种解释也适用于国产的剑、矛、戈等利器。在坟墓中发现的舶来铜利器，可以解释为是用来显示个人的荣誉和权势的；而国产的铜利器之所以与坟墓无关，而在丘陵等处发现，可能是出于人们怀着祈求守护一个部落和共同体的愿望而埋藏的。从时代来看，铜利器与铜铎的制作之间，是有一定差距的。铜铎是后来发现的，最初北九州的人们接触到舶来铜利器，是用来供实际应用的。但不久有了铁利器，就不再用铜利器，而制作一些非实用的国产铜利器。后来传播这种制法的中国地方、畿内的人们，又通过独自的想法制出了铜铎。青铜文化的传来，输入了制作青铜器的技术，这一点是值得大书特书的。尤其是他们不满足于舶来品，自己制出了仿制品以至新制品，这一点是应对弥生时代人们的才能做出应有评价的。⑦

铜镜作为青铜器也是不应忽视的。在这时代的遗址出土的铜镜有两种：一种是汉镜，是经朝鲜输入的，在北九州，是作为随葬品而出土的；另一种是多钮细文镜，这种铜镜在中国没有类似品，而朝鲜有，可能是从朝鲜传来的。当时日本还没有进步到能制作仿制镜的水平，在了解弥生时代的真实年代上，舶来镜是具有重要意义的。即根据墓中有汉镜存在，可以了解其年代的上限不能超过公元前 2 世纪。另外，由于王莽时代的货币与弥生式土器同时出土，可以作为旁证，确定其年代在公元 1 世纪。由此可以得出结论，弥生式时代延续的时间是以公元 1

世纪为中心，前后各延伸二三世纪。

弥生式文化的另一特点即农耕的开始，特别是水稻栽培的开始。过去是根据附着在土器上的稻谷痕迹来推测的，现在已经有了从遗迹中出土的炭化米、各种农具、水田遗迹等丰富的材料，相当清楚地了解了其真实情况。水稻的原产地是印度，广泛地栽培在亚洲南部的热带地方。但日本产的稻米形状一开始就和那里的不同。南方品种谷粒细长，而日本种谷粒则略呈圆形，这一品种据说和分布于中国北部到中

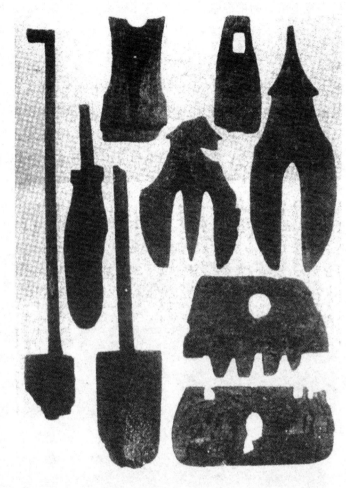

木制农具

简单的木制农具，象征水稻农耕文明的开始，奈良县平城宫址出土。

国东北部及朝鲜的相同。水稻栽培是怎样在日本盛行起来的呢？往昔的学者向来认为是从南方直接传来的，但其品种和南方的不同，这种说法就很难成立。（根据最近日本学者的研究，直接由中国东南地区传到日本的说法，又很盛行。水稻是怎样传到日本的，迄今没有定论，因此这里只是著者的看法。——译者）莫如说同金属文化从朝鲜传来一样，它是一种适合在中国北部、东北部、朝鲜寒冷地带栽培的品种，和技术同时经过朝鲜传入北九州。这种想法也许比较合理。有人举出许多与水稻栽培有关的南方习俗，但这可以解释：适于寒冷地带的水稻原来也是从南方传来的，

后来竟把南方的习俗原封未动保存了下来。水稻栽培需要很高的技术，要受自然条件的支配，难度是很大的，而刚开始进入农耕生活的弥生式时代人竟能出色地完成水稻栽培，可以说是一种奇迹。大概是西日本的航海者们在同朝鲜交易的过程中，接触了那里生产的稻米，知道了它的美味，便学会了栽培方法，传到日本的。由于米食适合人们的口味，所以很快就被推广到了各地。在接受铸铜技术时表现出来的弥生式时代人的灵巧性，在这里也发挥了它的特色。

滑石制人形模造品

由于种植了水稻，这一时代的饮食生活比绳文式时代有了显著的进步，这是完全可以想象到的。他们把米煮成粥，或是放到蒸罐里做成饭。虽说，作为食物，稻米在全部食品中占有多大比重不得而知，但日本人从这时起就同稻米结下了不解之缘，想到这一点是很有趣的。稻米以外的食用植物还发现有麦、粟、豆等，好像也是栽培的。还栽培了桃、甜瓜、瓠子等，此外胡桃、橡子、椎子、栗子等野生植物的果实可能也被当作食物了。

绳文式时代盛行的渔猎，这一时代还在进行，鱼类、贝类和鸟兽的肉仍然是重要的食物。在铜铎的表面铸有手持弓矢的猎人图像，出土的石箭头、铜箭头也很多，从各地遗留的贝冢可以推测捕捞也很盛行。

从后期的遗址中，还发现有大量的土坠子和大型石坠子，可知已使用渔网进行大规模的捕捞。

弥生式时代的集落，因水稻耕作这一条件的影响，已从绳文式时代的山丘上移到了低平的地带，除住处之外，水田也包括到生活圈内了。住处和绳文式时代没有很大差异，仍有竖穴住处与平地住处两种。竖穴中方形圆角的最多，大型的长边7—10米，小型的在3米左右；平地住处似乎是建在洼地，一挖竖穴就出水，其代表性的有登吕和瓜乡（爱知县丰桥市）。根据铜铎表面上画的房屋，可以推测，此外还有高床建筑，登吕就曾发掘出这样的两处遗迹，其用途恐怕是用来贮藏谷物的仓库。登吕是由12户平地住处和2个高床仓库组成的部落。唐古遗迹中所见到的，同时存在的住处，据说不超过20户，由此大致可以推测出这一时代部落的规模。福冈市的比惠遗迹，则在几户竖穴周围，还设有壕沟和栅栏，表明这是构成部落单位的若干住户的集合体。

服饰与绳文式时代不同，由于纺织品的出现，有了很大进步。以构树、楮树、苎麻等的纤维为材料，用类似坐式纺车那样的原始织机，将其织成类似现在麻布那样的布。

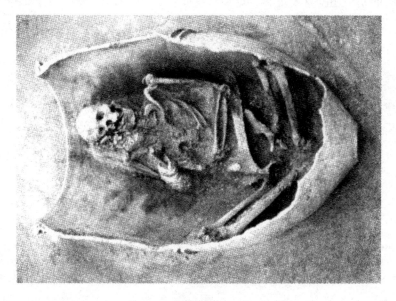

瓮棺葬

随身装饰品却不像绳文式时代那样复杂，形状和材料几乎都固定下来，最普通的随身装饰品有用以装饰胳膊的贝环；戴在颈部和腕部的管玉、勾玉、小玉等。另外，拔牙的风习在这一时代还继续存在（《魏志·倭人传》中载有"男子无大小，皆黥面文身"。这里却没有提到。——译者）。

埋葬制度也比绳文式时代有了进步，已经确立了把遗骸装进棺材里的风习。棺材有用大型土器做的瓮棺和用石板围成的箱式棺材两种，都是以北九州为中心发展起来的。同样的棺材，朝鲜也有，因而可以认为，是从大陆传来的。瓮棺是以1米左右的大瓮为瓮身，用同型或小型的瓮作盖儿封口，也有用土器的碎片或石头盖上口的；箱式棺是将石板组装成大小可容下遗骸的箱子状，然后上面盖上石板。这些棺材大都是在部落附近的高地上成群发现的，由此可以推测，他们辟有共同的墓地。这些墓群附近都有堆土、围石，好像是用来作为标志的。最显著的是支石墓，它是在地面上用几个小型基石支撑着板状巨石，最近在北九州发现了很多例子。支石墓是盛行在中国东北及朝鲜的墓制，这也进一步说明北九州文化大部分均来自大陆。

瓮棺和箱式棺的式样一样，似乎社会的贫富之差还不太大，但确切说来，应该是贫富的差别还没有发展到表现在棺材样式上那么显著。偶尔发现在瓮棺内有许多镜、剑、矛、玉、璧等随葬品，可以推测这是表示特定个人的财力、权力的，而这种权力人物正在逐渐产生。同样还可以想象，将支石墓的巨石由原产地运来，需要大量的劳动力，这说明已经存在着能够集结这些劳动力的权力。经营水田也需要动员部落的全部力量，没有强有力的领导者是办不到的。因此，在部落内部可能已产生了身份的分化，各个部落之间力量也有大有小，在这个阶段，大概已开始产生了统治与被统治的关系。通过遗物、遗迹了解到的弥生式时代，可以说是一个已经具有政治社会萌芽的时代。[8]

注　释：

①芹泽长介《无土器文化》（考古学笔记Ⅰ，先史时代Ⅰ，昭和三十二年，日本评论新社出版）。

②杉原庄介"日本文化起源"（《图说日本文化史大系》Ⅰ，昭和三十一年，小学馆

出版)。

③江坂辉弥说，贝冢并不单是个垃圾场，也是古代人祭奉食物的灵魂，祈祷食物资源丰富的祭祀场。

④见江坂辉弥《绳文文化》(考古学笔记Ⅱ，先史时代Ⅱ，昭和三十二年，日本评论新社出版)。

⑤小林行雄《日本考古学概说》(昭和二十六年，创元社出版)。江坂辉弥《绳文文化》(前引书)。

⑥清水润三、仓田芳郎《弥生文化》(考古学笔记Ⅲ，原史时代Ⅰ，昭和三十二年，日本评论新社出版)。

⑦小林行雄认为，舶来的铜利器回炉后制成了铜铎，所以在铜铎出土的地方就见不到剑和矛的出土，本来应该有大量的剑、矛、戈的。见小林行雄《日本考古学概说》(前引书)。另一种意见则相反，认为回炉的是铜镜，埋藏剑与铎是为了储藏制铜材料。见水野祐《日本民族的源流》(昭和三十五年，雄山阁出版)。

⑧日本考古学协会为了对弥生式文化进行综合调查，设立了弥生式土器文化综合研究特别委员会，动员了全国的专家，在从昭和二十六年到三十三年的 8 年时间里，对西日本的 25 个主要遗迹进行了发掘调查，在弥生式土器的编年以及其他方面取得了巨大成果。这一成果见于《日本农耕文化的形成》本文篇、图录篇 2 册 (昭和三十五年、三十六年，东京堂出版)。

第二节　统一国家的建立

文献的性质　日本最早的历史文献是《日本书纪》和《古事记》，但是，要想从这些书籍中充分了解国家形成前后的历史事实，则是不可能的。因为两书中所载有关国家建立的情况，不是神话，就是传说。这些神话和传说的主要部分中，或许含有若干史实。但多年以来，在辗转传播承袭之间，已加润色和修改。汇编成史书时，又进行了加工、整理。所以，从中虽然可以了解到产生这些神话，或编撰这些史书人们的思想，但要想从中了解历史的事实，却不啻沙里淘金，十分困难。

这样，国内的文献，无法寄托很大期望，但幸而外国的文献却弥补了这种缺陷。所谓外国，这里指的是中国。当时中国在东方，是文化最发达的国家，与周围各国之间的交往也十分活跃，并且还具备能记录和保存这些事实的方法和机构。现在这些记录，仍都保留在历代正史之中。虽说其中也有因传闻和观察不正确而导致的错误，或故意做了夸大或者缩小的处理，但还不至于毁损整个客观事实的质和量，还能从中帮助我们进行自己国民意识不到的宝贵的客观观察，因而是我国历史的珍贵材料。

《日本书纪》片段

　　《日本书纪》，日本现存最早的历史典籍之一。7世纪天武天皇授意编写，8世纪舍人亲王、太安万侣等人奉命修成，成书于720年。该书是基于政治需要，对内强化国家观念、对外树立国家形象而修的官方史书。全书共30卷，记载了日本上古时代至持统天皇（约690—701）间的神话与史实。内容可分三部分，第一部分（1—3卷）为神话传说；第二部分（4—13卷）是虚构的纪年纪事；第三部分（14—30卷）多为历史沿革的实录。形式上模仿中国史书，采用了编年体和纪传体相结合的体例，全部用汉文撰成，语言比较抽象，缺乏生动性。文学价值远不及《古事记》。唯书中插入的歌谣，可与《古事记》的歌谣相媲美。故后人常将二者并提为"记纪歌谣"。该图为第10卷残卷。

《古事记》片段

《古事记》，日本现存的最早的历史和文学著作，内容包括日本古代神话、传说、歌谣、历史故事和帝王家谱，撰写者太安万侣（？—723）。

7世纪天武天皇时期曾对"本辞"（神话与传说）和"帝纪"进行整理。8世纪初奈良时期，元明天皇命太安万侣撰写《古事记》，以发扬"邦家之经纬，王化的鸿基"。太安万侣根据熟知"本辞"和"帝纪"的女官稗田阿礼的讲述，加以撰录整理，于712年成书。

该书共分上、中、下三卷。上卷记录了神代纪，记载了很多神话和传说；中卷和下卷则记录了天皇的历史。《古事记》是一部具有多层意义的文献：第一，《古事记》首先是一部历史著作；第二，《古事记》是日本散文文学的起点；第三，《古事记》是韵文文学的起点。图为现存的最古版本真福寺本。

蛇纽金印　汉委奴国王

汉代的倭　在中国古代文献里，日本被称为倭。据《汉书》记载，前汉时，倭分为百余国，定时与汉通交。汉王朝在武帝（前140—前87）时达到极盛，向四方扩大了版图，在东方，朝鲜亦在其势力范围之内，在北朝鲜设立了乐浪、临屯、玄菟、真番四郡，发达的中国中原文化由此便传播到远东，对朝鲜半岛乃至日本列岛的文化发展，产生了划时代的影响。汉朝之所以知道有倭人的存在，以及倭人和汉王朝通交，都是通过乐浪郡进行的。到后汉时，光武帝中元二年（57），倭奴国向后汉派遣使节，光武帝赐予印绶，这事见于《后汉书》。《后汉书》中的倭奴国应该读作"倭之奴之国"，是百余个倭国中的一国，其地点就是现在的博多，古代称作傩县、那津等，可能是占据着北九州大门口的一个部落国家。江户时代的天明四年（1784），偶然在博多湾口志贺岛发现了刻有"汉委奴国王"字样的金印，这就从另一个角度证实了这段记载的准确性。印文上的委字，可能是倭字的简写，无论从金印的形状特征，还是从出土地点来看，它都很有可能就是光武帝所赐的金印。[①]总之，公元57年，应该是倭国中的一国与汉开始通交的确切年代。此后还有安帝永初元年（107）倭国中的一国前往贡献的记载。[②]但到了桓帝和灵帝时（147—188），倭国大乱，攻战不已，其间自然杜绝了与汉的通交。这时在中国，后汉也已灭亡，魏、蜀、吴三国鼎立；在朝鲜，四郡中的三郡早已撤废，只剩乐浪一郡，在其南面又新设了带方郡，乐浪和带方二郡都在当时称雄辽东的公孙氏统治之下。这一时代可作我们史料的文献，便从《汉书》和《后汉书》转到《三国志》的《魏志》中，这就是著名的《魏志·倭人传》(《魏志·倭人传》是通用的略称，正式应作《三国志》卷30《魏书·东夷传》倭人。——译者)。

魏代的倭　《倭人传》详细记载了魏时与魏通交的倭人国的地理、历史、政治、风俗等事实，今天读来，仍然会给读者以新鲜的兴趣。记载的中心内容是各倭人国中的盟主邪马台国的情况，和其国女王卑弥呼的动向，由此也说明了当时倭人国的国家结构等情况。魏所知道的倭人国是从带方郡到邪马台国沿途的对马、一支（壹岐）、末卢（松浦）、伊都（怡土）、奴（傩）、不弥（宇美）和投马等7国。[③]此外，在沿途以外，还有斯马、己百支等21国。关于这21国并没有详细的记载，不过，对沿途7国的记载很详细，其位置，除投马外都可以明确地在北九州找到，此外，还记载着其户数和官吏的称呼等。特别是关于伊都国，《倭人传》记载着它有世袭的王，隶属于邪马台女王国。伊都国内驻有女王任命的一个强有力的总督，这个总督监督上述7国的行政，并掌管女王国的外交事务。带方郡及魏的使节前往邪马台国时，通常首先要在这里停留，通过总督把文书和赐物交给女王。在女王国的南面有狗奴国，由男王统治，不属于女王国。在女王国的东面隔海还有倭人国。这些就是《魏志》记载的各个倭人国的外部情况。必须承认，汉时分成百余国，并各自与汉通交的部落国家分立的状态，当时也明显地有了趋向统一的情势。女王之所以出现，原是2世纪后半叶倭国内乱的结果。内乱是由于金属文化的发展，带来了生产力的提高和武力的增强，激化了部落国家之间争夺土地和人口的矛盾。内乱的终止，并不是凭靠强大武力的征服，而是归服于神秘的女王卑弥呼的宗教权威。因此，部落国家仍然以原来的形式继续存在，以部落国家形式参加到以女王卑弥呼为盟主的类似联邦国家的组织中。这时女王是盟主，掌握外交权，当然要废止过去各国分别与大陆的通交，实行统一的交往。在南面和东面，还存在许多不属于女王国的倭人国，这也是很自然的。卑弥呼的权威还没有达到控制整个日本列岛的程度，邪马台国的国力也还没有那么强大。这样一考虑，那么，"邪马台国究竟在哪里？"这个历史上的难题，也就自然有了解决的端倪。学术界至今还存在着邪马台国在畿内的大和说和九州的山门说，两种说法互不相让，我则毫不踌躇地采取九州说。如果邪马台国是在畿内的大和，那么，在从北九州到畿内这条漫长道路上的各个国家，都应该在女王国的统辖之下，对这些国家的情况，也应该有详细的记载。而且，这样大的一个联邦国家不会总也征服不了南方的狗奴国，竟向带方郡申诉其攻战情况，暴露自己无能为力吧？还有，接待外国使节也不会只在伊都国，完全可以在濑户内海的鞆津、武库的泊、难波的浜等地设立第二站、第三站的接待设施。④

这些暂且不谈，现在看一下女王国与魏的外交关系。魏明帝景初三年（239），卑弥呼遣大夫难升米等出使带方郡。在郡使带领下来到了魏都，明帝对他特下诏书，授予卑弥呼亲魏倭王的称号和金印紫绶，所赐礼品的贵重，无论在质量上和数量上，都远远超过女王所贡献的。明帝的这种优厚待遇，在对待外夷上是一个例外，可能是对久已杜绝的倭人来贡感到高兴，想要利用它来支持刚刚归魏统治的乐浪和带方，牵制高句丽。这时开始的魏倭间的交往，后来在友好的气氛中继续下去，仅记录所载，双方的使节就有数次往来。正始八年（247），卑弥呼遣使到魏，申诉与狗奴国的战争情况。不久，卑弥呼就死了，立了一个男王代替她。国中不服，又立卑弥呼的宗女台与（或作壹与。——译者）为王，于是国中才渐渐稳定。台与上台后立即派使向魏贡献，这种关系一直持续到代魏而兴的晋代。史书记载到晋武帝泰始二年（266）遣使为止。从此以后，在中国史籍中，就暂时完全见不到倭的名字，再次出现倭的名字是在147年以后的东晋安帝义熙九年（413）。从双方历来的友好关系来看，这147年应该说是不正常的，一定是有某种阻止两国通交的异常情况，这可能同日本国内广泛开展的国家统一运动和在此基础上女王国的消亡有关。

统一国家建立的年代 公元266年到413年之间，以畿内的大和为中心进行了国家统一的运动。建立统一的日本国家是我们最关心的事情，但遗憾的是，文献中并没有记载其详细情况。因此，目前除了根据数量有限的神话、传说和遗物、遗迹来加以推测以外，别无他法。不过，这一年代的下限到413年，还可以再进一步上溯到4世纪后半期。一个能够证实的材料就是高句丽好太王碑的碑文〔好太王，就是朝鲜史上的广开土王（391—412）。好太王碑是他死后不久，树立在其陵前，歌颂其生前功业的碑文。由于碑石风化颇多，拓本有不清处，故目下对碑文解释，尚

好太王碑

　　好太王碑，又称广开土王碑，全称高句丽广开土王境平安好太王碑。此碑为高句丽第二十代长寿王为纪念其父广开土王的功绩，于414年（长寿王二年，东晋义熙十年）立于好太王陵东侧。它由一块巨大的天然角砾凝灰岩石柱略加修琢而成，碑体呈方柱型，四面环刻碑文，字体介于汉字隶书与楷书之间。

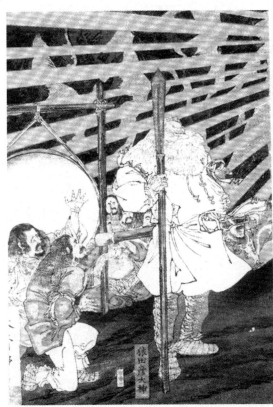

天照大神

    这幅三联图表现的是太阳女神天照大神从其蛰居的洞中出来，再一次使世界沐浴在阳光中的情景。

    太阳女神是日本神话中最核心的女神，被奉为日本皇室的祖先，尊为神道教的主神。

有争议。——译者]。好太王是4世纪末5世纪初高句丽极盛时期的国王，记载其功绩的古碑树立在现今鸭绿江流域的辽宁省集安县通沟地方。碑文详细记载了高句丽与倭十余年间在朝鲜半岛上互相攻战的经过。战争始于辛卯年（391），倭渡海侵入半岛，击败百济、加罗、新罗，奴役其人民。由此可知，公元391年，倭人已经具有能够向半岛派出大军、取得重大战果的强大国力，这绝不是北九州的联邦国家所能办到的，只有全日本统一之后的强大的集权国家才能做到。这就是把在413年才见到的统一国家的存在向上推了二十多年的根据所在。再进一步设想，要想收到391年时完成的军事成果，需要进行相当长的准备，至少朝鲜半岛南部的所谓任那地方，在此以前就作为日本的前进基地发挥了巨大作用。《日本

书纪》载有丙寅年（366）到壬申年（372）7 年间，百济与日本开始国交的经过，特别是己巳年（369）日本大规模出兵的事实。这段记载中虽有夸张的成分，但是年代、人名、地名以及基本情节是根据百济的记录而来的，是可信的。这一事实也应该看作是统一国家的行动。这样又可把 391 年上溯到 366 年，可知到 4 世纪中叶，日本已经完成了统一。4 世纪后半期，已经在朝鲜半岛上占有自己的位置。3 世纪末到 4 世纪，本是东亚各地民族发展、国家统一的运动广泛开展的时代。在中国的中原，胡族入侵，演成 16 国兴亡；高句丽于 313 年吞并了乐浪和带方二郡，占领了北朝鲜的广大领土；百济从 290 年到 372 年间，统一了马韩 50 余国而强大起来；新罗从 286 年到 377 年间，统一了辰韩 12 国而兴起，日本同这一东亚普遍的时代潮流也绝不会是无关的。

统一的过程　统一国家的中心势力是畿内大和的部落国家，它具有高度的文化和强大的武力，拥有地利与人和。因此，逐步扩大其统治范围，是在想象中的。可是，这一过程绝不是一件容易的事情。松村武雄博士认为，日本的神话大体上由三个主要的神话圈融合而成：一是高天原系（天孙民族系）神话圈；二是出云系（国津神系）神话圈；三是筑紫系（南方民族系）神话圈。其中高天原系神话圈占有最优越的地位，明显地吸收了其他两个神话圈的特点，并将其加以改造。⑤这种神话圈的存在，清楚地说明了有创作这些神话的部族存在。可以从

日本创世神话

　　此画描绘的是日本神话中的"秋天的男人"和他的妹妹及妻子"秋天的女人"，将饰以珠宝的矛浸入天堂高原的水域中，从矛上甩掉的水滴就变成了一块坚实的陆地。

　　这些神话中看出，在出云和九州南部也存在着强大的部族集团，他们同畿内大和的部族集团进行了顽强的抗争以后，被畿内的势力所统一的情况。另外，以盘踞在北九州的邪马台国为盟主的联邦国家也绝不是轻易能够征服的。传说景行天皇和仲哀天皇巡幸九州的故事，是把熊袭当作主要敌人的。熊袭当然不能不考虑，但邪马台国也应包括在内。传说中主要讲的正是如何历尽艰辛，才统一了这些地方的故事。传说中提及的熊袭的半岛依存主义，只要降服了新罗，熊袭就自然会归顺的说法，无论从地理位置或从历史事实来看，比熊袭更符合的是邪马台国，在这里不是可以依

王者形象

　　如图所示持剑、怀镜、垂玺的王者形象是日本正统皇室的传统象征。

稀看到传说中邪马台国的影子吗？巡幸时看到有许多女酋，这恐怕也同女王国的事实有着某种内在的联系。

统一势力的所在地 以上就是国家统一的过程。完成统一的中心势力是大和的部族集团，他们是起首就生活在大和的呢？还是从其他地方移居到那里的呢？之所以要提出这个问题，是因为对神话体系中的要点——天孙降临和神武天皇东征的意义，是不能等闲视之的。神话里说，大和朝廷的祖先是从高天原降临到九州日向的高千穗峰，在日向国定居了很长一段时间之后，到神武天皇时，为了寻求东方的美好地方而移居到畿内大和的。这个故事从神话体系来说是一个非常关键的地方，但对于历史事实，会有什么贡献呢？学者们对这点众说纷纭，不过，日向是古代史所传熊袭的住地，是反抗大和势力的根据地，而且是一片荒凉贫瘠的不毛之地。把这样的地方说成是皇室的发祥地，按常理是很难接受的。因此，有人说这纯粹是编造的故事，与史实毫无关系；也有人说，故事是根据从"大和临时去九州巡幸停留"这一历史事实而制造出来的。但我不同意这些看法。我认为日向意味着朝向太阳，是一种观念上的产物，与史实无关；大和朝廷的祖先在久远的古昔，只是漠然自西向东迁移，并定居在大和的，这像是历史事实。这个故事可能就是以东迁这一事实为主要内容而形成的。考古学家认为，包括大和的畿内有大量石器时代的遗迹和遗物，金属文化的遗物也很多，文化发展的程度总是高于其他地方。因此，有人很自然地认为，优秀的部落国家萌芽最初就产生于畿内。不过另一方面，考古学家承认，弥生文化最早发源于北九州，后来才传播到东面的。因此，有人推测，存在着一个肩负新文化而由西向东迁移的部族，这种想法也不无道理。最近，在主张邪马台九州说的人中，有一种说法认为邪马台国在台与以后，就向东迁移，[⑥]形成畿内大和的势力。我认为这在时代上未免太晚，西力东移是在更早的年代，至迟也在 2 世纪的内乱以前。3 世纪时，九州的邪马台与畿内大和是同时并存的。

国家统一与天皇的系谱 上面只是就统一国家建立的过程中的基本问题进行了探讨，下面想谈一下我个人对《纪》《记》中传说的历代天皇系谱同这一过程的关系的看法。《日本书纪》从神武天皇起开始有精确的纪年，记载天皇出发东征的时间是甲寅年（前667），即位的时间是辛酉年（前660），以后历代天皇的名字都有相应的纪年。但一般都知道，这些纪年是故意延长了的，很不可靠。本居宣长和藤贞干等人很早就注意到这一点。明治以来特别引起了学者的关注，发表过许多论文，试图纠正《书纪》的纪年，以断定古史的确切年代。但由于缺乏确切的材料，许多地方要靠推测，结论在细节问题上往往因人而异，但大体上是一致的，即在神功皇后和应神天皇卷里，有关朝鲜记载的正确纪年是向下推干支两周120年，这就大体上得出了神功皇后和应神天皇的确切年代。另外仁

铜镜

这面8世纪的铜镜，制作精美。它与另外两件东西剑和玺一起，是日本皇权信物的三种神器。这面镜子是古代日本皇权与神权的一种象征。在三件东西中，镜子是最强有力的，它与日本民族的太阳女神天照有关系，太阳女神是皇家的神话中的女祖先。

德天皇的确切年代，可根据中国史籍的记载，确定为始于413年，即在和中国通交中断了147年后又恢复起来的第一年。由此上溯，神功皇后和应神天皇的时代，应在4世纪后半期到5世纪初，这是可靠的。因此由3世纪后半期到4世纪前半期进行国家统一运动的时代，应该是与神功皇后的时代相距不远。根据《纪》《记》中所载的系谱，这一段时间在位的是崇神、垂仁、景行几位天皇。关于崇神天皇的传说，极其丰富，有祭政分离、派遣四道将军、创立税制、任那归服、在完善国家机构方面取得划时代的进展等故事。在《日本书纪》中有御肇国天皇这一称号，在这一点上同神武天皇是一致的。要使统一国家建立的年代同天皇的系谱一致起来，崇神天皇恰恰起到一种媒介作用。崇神天皇对完成国家统一做出了重大贡献，关于他的许多故事记载在《纪》《记》中的《崇神天皇

神功皇后像

　　神功皇后像，木造，平安时代。

卷》里，写得有声有色。天皇的系谱，在崇神天皇以前还有九代，关于第一代的神武天皇记载了不少事迹，但以后的各代，即从绥靖天皇到开化天皇的八代，却什么记载也没有，形成了所谓阙史时代。这说明与崇神天皇的伟大事迹相比，这八代里没有什么值得记载的东西。即使是神武天皇的事迹，也有好多可能是影射了崇神天皇的事迹。当然我并不是单纯怀疑神武天皇以下八代天皇的实际存在。崇神天皇以前，天皇作为大和国家的首长，其位置也是世袭的。

《纪》、《记》中的系谱所载的历代天皇，当然是确有其人的。我想说的只是，《纪》、《记》中有关神武天皇的事迹实际上究竟是不是神武天皇所为？值得怀疑。鉴于《纪》、《记》中对崇神天皇以前的天皇及其以后的天皇记载雷同，神武天皇是不是统一日本的首长也令人怀疑。本来，我们在进行议论时，使用"天皇"这个后世加上的称号，会引起概念上的混淆。正式使用天皇这个称号是在推古天皇时代（7世纪初），这个称号是为了强调统一日本的元首在宗教方面的权威而加的独特称号。古时称"君""大君"等，稍后则称"皇尊"。假如，崇神天皇能称得上"御肇国天皇"的话，那么，他以前的历代统治者应该是大和国家的"君"和"大君"，崇神天皇的功绩正是建立在大和国家历代的"君"所蓄积的武力和财力，特别是世袭的宗教权威的基础上。从这个意义上来说，这些历代统治者存在的意义也是不可低估的。而这个意义上的世代也绝不止天皇系谱所规定的八代或九代，可能更多。所谓神代乃是说明存在着那些世代的一种方式，这样考虑似可触及神话与史实之间关系的线索。

提起天皇称号的起源，顺便说一说日本的国号。日本古时自称国号为大和，这是把统一全日本的核心部族居住地的地名，加以扩大的。外国所称的倭，则与此无关。倭是九州联邦国家时代以来的称谓，就是到以畿内为中心变成统一国家，国家的性质改变之后，他们仍然不加区别地沿用过去倭的称谓。为什么要称倭，其原因没有确切说法，也可能是因为这个字同倭人的自称和韩人的称呼在发音上有关联而选择的。到了 7 世纪初叶，由于吸收中国文化和保全文明国的体面，在政府及知识分子中间产生了一种想法，认为用大和这个旧称作为统一国家的正式称呼不太妥当。这同那种认为以往的"皇尊"称号不太妥当完全一样，是同一时代同一思想的产物。从这时起开始与隋朝交往，在给隋朝的国书中用"日出处"和"东"来代表国家就是一个最好的例证。这时好像还没有决定使用日本这个国号，但已经具备了这样的思想基础，即不满足于大和这一称呼而去探求新的名称，最后终于决定称为日本。其间经过了 50 年时间，这在政治上恰好是从推古天皇的新政到大化改新的酝酿准备阶段，到大化时正式决定国号为日本。大化元年（645），在给高句丽和百济使节的诏书中明确使用了日本这一称号。不久中国和朝鲜也接受了这个称号，在他们的文献中把倭改称为日本。⑦关于国号还有许多问题需要研究，但有一点可以基本肯定，即日本人确定日本这个国号是在 7 世纪建设文明国家运动中所取得的众多成果之一。

注　释：

①最近有人提出金印是不是后世伪造的，不过，这一说法还没有完全得到学术界的承认。即使印是伪造的，也丝毫不影响《后汉书》的记载。

②关于永初元年的通交，《后汉书》记载是倭国王。通过与其他文献对照，推断原来写的是倭面土王，内藤虎次郎博士把它读作邪马台国王。白鸟库吉博士经过考证，把它读作倭之回土（怡土）之国王。把倭面土读作邪马台有些牵强，而把面土解释为怡土也

不合适，但可以肯定它是倭中的某一国。

③一般认为从带方郡到邪马台国沿途有 7 个国家，但最近榎一雄氏提出，奴、不弥、投马和邪马台四国在伊都国周围另一放射状上，投马在邪马台的南边。他的根据是《倭人传》中有关里程的记载在伊都前后采用了不同的写法。（《邪马台国》，昭和三十五年，至文堂出版）

④关于《魏志·倭人传》和邪马台国的研究，明治以来十分活跃，有关的著作和论文很多。其中有代表性的是内藤虎次郎的"卑弥呼考"（《艺文》一之二—四，《读史丛录》）；白鸟库吉的"倭女王卑弥呼"（《东亚之光》五之六、七）；"卑弥呼问题的解决"（《东方》一、二）；桥本增吉的《东洋史中的日本上古史研究》（昭和三十一年，东洋文库出版）。最近的有榎一雄的《邪马台国》（前引书）；井上光贞的《日本国家起源》（昭和三十五年，岩波新书出版）；等等。有关邪马台国的文献目录详见和田清、石原道博编译《魏志倭人传、后汉书倭人传、宋书倭国传、隋书倭国传》（昭和二十六年，岩波文库出版）；古代史谈话会编《邪马台国》（昭和二十九年，朝仓书店出版）；桥本增吉的《东洋史中的日本上古史研究》；等等。另外，有趣的是，主张邪马台九州说的人多是东京大学出身的文献史学家，如白鸟、桥本、和田、榎一等；主张畿内说的多是与京都大学有关的史学家和考古学家，如内藤、梅原、肥后、小林等。

⑤松村武雄《日本神话研究》第一卷，序说篇（昭和二十九年，培风馆出版）。

⑥主张邪马台东迁论的一个有力证据是，国号大和是九州的部族迁移到畿内后，由其原来的名字邪马台（山门）演变而来的。但我认为像邪马台这样的地形词是随处可见的，畿内的大和与九州的山门可能是一种偶然的一致。

⑦在《旧唐书·东夷传》中，倭国与日本国是分别立传的，在日本国条中，有倭国自恶其名不雅而改为日本的记载；日本本小国，并倭地等等臆测。倭国传止于贞观二十三年（大化四年）的遣使，日本国传则始于长安三年（大宝三年）的遣使，这两个时间暗示了国名由倭改为日本的时间。

第三节　古代国家的发展

入侵朝鲜半岛　日本于 4 世纪中叶完成了统一，不久便出兵半岛，与北鲜强国高句丽进行角逐，说明当时日本的国力，已十分强大。正如前章所述，369年，应百济之请向半岛出兵，征讨新罗，平定了洛东江沿岸 7 国，西灭济州岛交给百济。于是百济王与日本使节同坐在磐石上，发誓永称西藩，朝贡日本。这一年，日本重新领有了曾在其羁绊之下的任那各国，使百济成为隶属的朝贡国，在日本的半岛政策上具有重要意义。391 年，为谴责百济王背信弃义，再度出兵，确立对南朝鲜的宗主权。这就意味着同在这一年即位、准备大举南下，以实现其野心的高句丽好太王军队发生激烈的冲突。396 年与 400 年，高句丽采取攻势，但 404 年，日本军又入侵到带方郡故地。日本完全是由海路进军的，沿半岛西岸北进的日军船只很多。

统治半岛的消长　以上是 4 世纪后半期到 5 世纪初日本在朝鲜半岛活动的概况。须知它需要靠强大的武力去完成，对日本来说绝不是一件容易的事情。到了 5 世纪，日本频繁地向中国南朝宋、齐、梁等国派遣使节，进行直接交往，这从另一方面反映出统治半岛的困难。与南朝的通交情况见于中国史籍，那里提到的倭王有赞、珍、济、兴、武五位。试把它同日本天皇的系谱对照一下，可知赞是仁德天皇（日本历史学者中，也有认为赞是应神天皇的。——译者），珍（弥）是反正天皇，济是允恭天皇，兴是安康天皇，武是雄略天皇。这些天皇在 421 年到 502 年间派遣的使节，共有 12 次，这些使节的一个共同目的就是请求授予爵号，南朝各国所授的是"使持节都督倭、百济、新罗、任那、秦韩、慕韩六国诸军事安东大将军倭国王"那样很威严的称号。日本之所以需要这个称号，是想通过这个称号说明中国承认其统治半岛各国的正当性，然后借中国的权威君临各国，充分表现出丧失了自主性的事大思想。强大的武力是不可能永远保持下去的，而且半岛各国的利害关系也随时在变化。百济为对抗高句丽的侵略，需要日本的保护，但这种威胁一旦减弱，臣服的诚意也就随之动摇，任那各国也是一有机会就要单独行动。应神天皇和仁德天皇时，我国对半岛的统治达到极盛时期后不久，实力就开始下降，于是日本的地位也就迅速恶化。《日本书纪》中记载的许多派出官吏的无能堕落事件，反映了这种情况。其中最典型的事情是，百济请求割让任那四县（全罗南道西半部），大连大伴金村接受百济的贿赂竟同意了。百济就这样通过外交手段，逐渐蚕食任那西部，而新罗则凭借武力侵略任那东部。特别

归化人贵族们的坟墓

在日本的平原上，在 4 至 7 世纪，出现数以千计的形状古怪的坟墓——一些高达 30 米，从一头到另一头延伸至半公里。墓中石棺里在无价的珠宝、武器、家用工艺品的围绕下，躺着那个时代的首领和贵族，可能是 3 世纪侵入日本的亚洲大陆上的勇猛骑手的后代。

前方后圆的形状可能是起源于他们的实践，就是把死者先送到一个临时性的坟墓，而后在旁边开始兴建一个圆形的坟丘，再把尸体运入坟丘中之后，两部分也就连接在一起了。坟墓及其周围都被视为神圣的地方，因此要小心地加以保护。旁边的深沟中注满了水使世俗的侵犯者无法接近，同时，名叫哈尼瓦的泥塑像站在那里守护以防恶魔。

是 532 年，日本所占任那的根据地金官国（金海）投降了新罗，这在任那的历史上是一个重大的转折点。此后恢复任那就成了大和朝廷所面临的重大事情，虽然曾力促百济王同派到那里的日本使臣、任那各王共同商议复兴的方策，但由于他们都从各自的利害出发，以致无法达成一致的协议。当他们正在为商讨浪费时间时，高句丽已南下进迫百济，新罗与百济的睦邻关系也破裂了。554 年，百济王死于同新罗的战争中，这就决定了百济的颓势和新罗的优势，也决定了任那各国的命运。钦明天皇二十三年（562），各国中的最后一国高灵的伽耶投降了新罗，从此结束了任那的历史。《日本书纪》记载说，新罗灭亡了任那的官府，而任那正是天皇的"屯仓"。任那的前身是《魏志》上所说的弁辰十二国，正像那里的马韩和辰韩发展成为百济、新罗那样，它们没有发展成为统一国家。日本在这里的势力，阻止了其内部兴起的统一力量。各个部落国家始终保持着原来的形式，像日本国内的屯仓一样，成为天皇的直属领地。对日本来说，任那的灭亡意味着丧失了取得大量贡纳品的天皇直属领地，并宣告了日本统治南朝鲜霸权的结束，它象征着统一以后随即到来的日本国家多灾多难的命运。

国内形势的演变　由4世纪中叶到6世纪中叶，日本的对外活动已如上述，那么这一时期国内的形势怎样呢？首先应该说，在这个时代，天皇的权威有了显著的提高，其证据就是留存至今的应神天皇和仁德天皇的陵墓。两天皇的陵墓虽然都是当时普遍的前方后圆形式的古坟，但其形式最为完备，规模宏大。应神天皇陵周围有两道壕沟，前后长415米，后圆直径267米，高36米；仁德天皇陵周围有三道壕沟，前后长475米，后圆直径245米，高30米，恰似自然形成的山，其雄伟胜过世界上任何一座帝王的陵墓。建造这样巨大的陵墓，除了要集结大量劳动力和进步的技术以外，还应该想到要有能指挥这一切的强大政治力量和天皇的高度权威。日本在南朝鲜的称霸，也可以说是

哈尼瓦武士泥塑像

仁德天皇的坟墓由两万多个图片中所示的圆柱形卫兵守护着。5世纪日本已频繁地与中国南朝交往，中国史籍提到的倭王有赞、珍、济、兴、武五位。把它同日本天皇的系谱对照可知赞是仁德天皇，也有日本历史学者认为赞是应神天皇。

图片中的哈尼瓦泥塑像：一把短剑从他的腰带上垂下，手里把着弓与箭袋，穿着宽松的裤子与紧身短外衣形的铠甲。这样的塑像被固定在匙孔形坟墓的周围，从头至脚，这个武士的高度能达到现代人肩部，其比例强调着他的地位高于动物与无生命的物体。

这种政治力量和天皇权威在外部的扩展。这内外两方面的事实加在一起，说明了当时国家权力的强大和象征这种权力的天皇的高度权威。

国家权力是怎样产生的呢？如前所述，天皇的先祖最初是大和一个部落国家的首长，凭借武力、财力以及宗教权威，逐步兼并了周围的小部落国家，最后将其统治扩展到全国。兼并统治的方式会有几种，有时是以武力消灭了反抗国家的首领之后，将其领地置于统治之下。这时或者将其人民归由天皇直接统治，委任管理者进行管辖；或者分给皇族和贵族领有，天皇则间接地征收贡纳。不过，大多数的情况则是，各国的首领以归属于天皇的宗教权威形式服从其统治，这时各部落国家原有的内部体制不变，天皇让原来的首领仍安居其领地，只负担贡纳及其他义务。就是说，全日本的人民是以直接统治和间接统治两种方式归属于天皇。间接统治又分为两种，一种是通过天皇身边的新领主来实现，一种是通过旧领主来实现，这和后来的谱代（同族家臣）、外样（外族家臣）的区别一样。统一初期，直辖领的管理者都忠实地履行其职责，与天皇关系很深的新领主也没有擅专的行动；而归服于天皇的权威后，仍被承认领有其地的旧领主，则更加提高归顺的心愿，拥戴天皇。由于领内的下层组织保持不变，旧领主的命令能够很好地贯彻到基层。这种封建郡县并用的国家机构，依靠各下层统治者的忠诚，能最大限度地发挥其效率，使国家的权力高度地集中到天皇手里。

这个时代的地方区划有国、县、村等名称，文献中还留有当时其首长的称谓：国造、县主、稻置、村主。村无疑是构成国与县的下级区划，但在国与县之间是否也有这种上下从属关系，则不太清楚。说不定是表示上述那种间接统治与直接统治的区别。至少被称为国造的人许多是原来小国的首领，是其地位得到天皇承认的外族大名那样的人。据《旧事本纪》（《旧事纪》，又称《先代旧事本纪》《旧事纪》，共10册，是古代史书，一般认为是平安初期的伪撰。从神代记述到推古天皇，其中《天子小本纪》《国造本纪》载有其他史书看不到的传说。——译者）载，国造的总数有144个，但计算这一数字的时间不明确，因此很不可靠。然而可以想象，这个时代的国，要远远多于后世固定的六十余国，因而其地域也很狭小，并散在各处。县是不是天皇的直属领地，也不清楚，但屯仓和御县，则显然是天皇的直属领地。屯仓的意思是皇室的所有地及仓库、宫邸；御县则是指定皇室生活资料的供给地，它们是经济意义大于政治意义的。但从统治的直接与间接这方面来看，再也没有比这更直接的。在当时土地与人民紧密结合的情况下，屯仓和御县实际上可能都带有几分地方区划的意义。屯仓最初可能是在国和县的范围内或其范围外新开垦的，或者是由接受捐献而建立的皇室领地。随着国造们归顺天皇的意愿日趋薄弱，屯仓所具有的政治意义就日见增大，成为皇室权力在地方上的有力基础，管理屯仓的叫屯仓首。

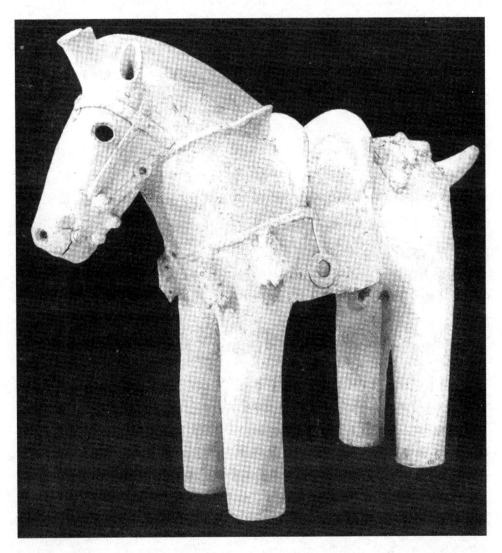

哈尼瓦战马

在以国造为代表的准封建势力与皇室贵族所代表的同族集团势力紧密结合的基础上，统一国家的能力大大提高，但这种情况不久就呈现出崩溃态势。国造的子孙越来越不驯服，巩固的封建秩序开始动摇，而皇室贵族的子孙则背离了同族集团的结合，疯狂地争取私有地和私有民，在领地内建立起复杂的私有制统治关系，这些事实都是很有代表性的。国造的背叛行为，从经常把应献给天皇的贡纳攫为己有，竟发展成大规模的背叛，如筑紫国造磐井的叛乱。国造的性质变了，以国造的归顺为重要支柱的国家机构，势必发生动摇，臣、连和伴造纷纷设置部曲和田庄说明皇室贵族的背离，部曲和田庄的设置意味着在以往天皇的直接和间接统治之外，又出现了完全不受天皇控制的土地和人民，它导致了国家权力的分裂。在 4 世纪后半叶，曾展示了强大国力的日本，仅仅经过两个世纪就开始走下坡路，落得丧失海外领土的悲惨结局（这里所谓"丧失海外领土的悲惨结局"的海外领土，无疑是指朝鲜半岛上日本侵略夺取的土地。日本氏族集团利用朝鲜半岛上局势的分裂、各氏族集团间互相争战而侵占的土地，怎能称为其海外领土？更如何能说丧失？这完全是著者站在资产阶级立场上，沿袭过去帝国主义强盗逻辑的反映。——译者），这应该说是上述国内形势变化的必然结果。

社会组织　这个时代的社会组织已被公认为是氏族制度。但如果从构成原始社会特点的血缘共同体含义上来使用这个词，那么对这个时代并不适用；如果由父系家长的家族之间，在居住地区上，在举行祭祀以及其他宗教仪式上，以及在确定先祖、承袭氏名等同族集团的共同性方面来说，那么可以说使用这个词是合适的。不过，新的权力关系和政治关系常常试图冲破这种同族集团体制而表现出来；而旧的同族集团制却仍顽固地留存着，时代就在这两种力量的交错之中向前推移。这个时代的"氏"，具有观念的和现实的两种含义，必须分别加以理解。在观念的意义上，是指有着或是相信有着同一父系祖先的全体家族和人们；而在现实的意义上，则指这些家族的某些成员聚集在一起，组成部落的形式，这种同族集团性质的部落也可以看作"氏"，另外，这些家族中的某些成员为加强自身势力、谋求政治上的地位而结合在一起，这种政治性的团体也可以称作"氏"。在现实意义上，是否真正拥有同一祖先，并不成问题，只是假设而已，不过是利用同族集团的意识而结合在一起的。与增加

"氏"的政治、经济机能有关的是"姓"和"部"。"姓"是表示"氏"的尊卑的一种标志，由对"氏"自发的敬称或职名发展而来的。在十分完善的姓的制度中，以历代天皇为祖先的所谓"皇别"的氏中，有臣、君、别等姓；以神代史上的神为祖先的"神别"的氏，则以连为姓。祖先为归化人的"蕃别"的氏，多姓"史""村主"等。其中臣和连是最高荣誉的"姓"，有这两个姓的氏被称为"臣连"，居贵族阶级的首位。臣连中参与最高政治的是大臣和大连，他们代表着中央贵族的最高意志。与大臣和大连一起构成贵族阶级，并同时参与国政的是伴造和国造。国造已如前述是地方君主的后裔，是准封建领主，伴造同下面要讲的"部"的制度有关，是政府官员，或准封建领主。"部"在抽象的意义上，是为了政治、经济目的结合在一起、生活在同一条件下的人民的集团。但在现实中，它分为好多种，有隶属于天皇以及各氏而负有贡纳义务的农民集团；有世代承袭某种特定的工艺技术，负有贡纳其制品义务的半农半工的人们；还有靠某种技术或手艺为政府服务的下级手工业人员集团。这些集团，一般称为"伴"，但也有称为"部"的，特别是属于第三种形式的，因为它类似百济官署中的"部"，后来则全都称部了。这也同"部曲"这一名称的流行有关。部曲本是中国对第一种形式的自己私属民的称呼，后来日本也采用了，部曲的名称便流行起来，因而也助长了"部"这一名称。伴造就是"伴"亦即"部"的首长，它有两种含义。一是指隶属民的主家，即所有者；二是指直接统辖隶属民和手工业人员的人。前者主要是中央的强大贵族，后者则没有那么高的身份；前者拥有许多隶属民集团，正如国造领有其国一样，不同的只是在当时土地与人结合的情况下，重点是放在人这方面还是在土地这方面，实质上二者每多类似，在这个意义上，伴造与国造一样，都是准封建领主。由于后者是统率隶属民和手工业者人员的直接首长，所以大多是政府官员。一般提到臣连、伴造、国造时，这个伴造可能是指前者。伴造的这种性质，是和前面提到的皇室贵族背离了与天皇同族集团的结合，疯狂地攫取私有地私有民有因果的关系；伴造的势力同国造叛离中央一起与日俱增，其中有的人从第二类上升为第一类，也有的一身兼有两种特质。伴造所代表的贵族阶层为增强其经济基础，大量攫取部民，这不仅分裂了国家权力，而且也削弱了氏的同族集团的结合，促进了它的瓦解。"部"动摇了社会结构的基础，推动了时代的进展，是古代社会最重要的一种势力。[②]

埴轮　套屋

这座哈尼瓦住宅模型，显示的是归化人贵族宽敞的住宅，反映出上流社会居室的精致考究。

　　这个时代的社会阶级可以分为贵族、平民、奴隶三个阶级。皇族和臣、连、伴造、国造属于贵族，他们拥有很高等的"姓"，担任中央和地方的官职，拥有大量的私有地、私有民，是统治阶级。平民的主体是部民，部民中，有些实际地位接近于不自由民，但部民的名称只是区分政治属性，并不表示身份的尊卑。一方面他们负有向天皇和主家贡纳的义务，或须到官署和工房服务，但在另一方面，他们可以和家族在一起组成自己的家庭，过着自由的生活，原则上属于平民阶级。还有些是有姓者中属于低等姓的人，国造领地和皇室直辖领地内的人民，还没有编入"部"的，虽不是部民，但他们的阶级属性仍是平民。平民阶级占有国民人口的大部分，他们从事工农业生产，在国家的生产领域发挥着重要的作用。奴隶阶级即文献中的"奴",数量似乎并不多。3 世纪时邪马台国向魏进献的物品中有奴隶一项,说明在国家统一以前已有奴隶存在,只是在日本,取得奴隶的来源并不如外国那样广泛,并没有产生过奴隶大量存在,足以左右生产的阶段。

文化的进步 从石器时代起,日本文化就是凭大陆文化的传入而不断发展起来的。到了这个时代,由于在朝鲜确立了政治优势,大陆文化的传入更加活跃,传入的形式是多种多样的,如朝鲜半岛各国的国王为实现其政治目的而贡献新文物,来自半岛各国的归化人带来的文化,往来于朝鲜半岛的日本知识分子带回来的文化,等等。传入的文化,无论在精神方面还是在物质方面,都给日本文化以划时代的影响。精神文化方面,汉字、汉籍以及儒教和佛教的传入决定了后来日本文化的性质;在物质文化方面,水利、灌溉、养蚕等农业技术,建筑、雕刻、织布、冶金、制陶等各种工艺技术及其制品,都为生活水平的提高做出了巨大贡献。下面就以这些传入的文化为转机,从精神和物质两个方面来详细谈一下当时发展起来的新文化的内容。

精神文化 一般都认为汉字和汉籍最早传入日本是在应神天皇时期,这并不正确。我国人民接触汉字还可以追溯到更早的时代,在汉代时各倭国与汉通交就需要以汉字为媒介,邪马台国与魏通交时,显然已有国书的收受和爵号的授予。尽管人数很少,范围很窄,但已经理解和使用了汉字。统一国家建立后,与南朝的通交当然也需要使用汉字,其中雄略天皇致刘宋的国书,是一篇优美的四六骈体文。在日本国内,履中天皇时已在各地设置了国史,国史是指掌管记录的书记官,由此可见,当时记录工作已经有了一定发展。熊本县玉名郡江田町古坟出土的大刀上的铭文以及和歌山县伊都郡隅田八幡宫所藏古镜的铭文,都是足以说明当时使用汉字情况的实际遗物。大刀铭文是用汉字来拼出日本固有名词,而且是音训并用的,借助汉字表现了日本的思想。大刀的制造时间估计是反正天皇时(5 世纪初),它有力地说明,在这时代,对汉字的使用已不单是机械的移植,而是自主的应用。特别是这柄铁制大刀,其铭文是在刀背上用银镶嵌的,制作十分精致,说明在日常生活和政治工作方面已能自如地运用汉字。隅田八幡宫镜上的铭文也是音训并用地使用汉字的。例如地名有意柴沙加宫（忍坂宫）和人名开中费直秽人（河内直汉人）等。制造的年代记有"癸未年"，当指武烈天皇五年（503）。

汉籍传入的年代，由于没有史料，无法确定其正确年代。据说应神天皇时百济进献了《论语》10卷、《千字文》1卷，但它只能表示儒学是我国汉学的主流，后世人把这两部书作为汉籍中最基本的书籍，此外并不能说明更多的史实。6世纪初，百济又给日本派来五经博士，并规定他们轮流常驻日本。由此可知日本知识阶层对五经讲义的追求，以及儒教思想的渗透和汉籍的大量流入。6世纪中叶，百济又派来了易博士、历博士、医博士和采药师等，这说明儒教以外的历学、医学也已经传到了日本。到6世纪末至7世纪初，推古天皇时代，以这些传入的学问为基础的日本古代学术，已初步开展起来。

隅田八幡宫的人物画像镜和铭文

佛教也是从百济传来的。关于佛教传来的时间，据《日本书纪》的记载是钦明天皇十三年。但对这段记载，仔细研究，发现里面录有唐长安三年（大宝三年，703）翻译的《最胜王经》的经文，说明这段记载是长安三年以后撰写的，因此这段记载是否真实，很值得怀疑。此外，除钦明天皇十三年壬申这个年代外，还有法王帝说和戊午年传来等等的说法，同时还同《书纪》中对继体、安闲、宣化、钦明四朝天皇的年代记载有误等情况结合起来，现在在学术界，认为钦明天皇十三年壬申（552）应改为538年戊午（《书纪》中的纪年是宣化三年，改定后的纪年是钦明七年）的说法颇为有力。但我认为，并没有充足的根据能够说明戊午绝对正确，而壬申完全错误。戊午和壬申都有佛教传入的事实，都分别有不同的史料流传到现在。本来所谓佛教的传入，从内容上来说，就是指佛像、经卷和僧侣的传入，所以多次传来是很自然的，在当时朝鲜半岛那种紧张的形势下，百济要大力把新文化传到日本，就更是这样。把佛教的最初传来限定在某一段时间以内，似乎要比限定在某一年更合乎情理。

佛教刚传入时，保守派物部氏与进步派苏我氏之间，围绕着可否崇佛的问题，展开了激烈的斗争，《日本书纪》对此有详细记载，不过，这种记载也有许多值得怀疑的地方。比如它的中心意思即物部氏所说的，我国自古以祭祀神祇为根本，祭祀异国之神会惹怒本国之神，这种想法果真是佛教传来当时的思想吗？那些眼见端庄的佛像、接触深奥的经典的人们，可能会为那种异国的风情和神秘的理想世界而欢欣鼓舞，但这会同融汇到日常生活仪礼中的神祇祭祀之间感到有抵触吗？早期的佛教信徒圣德太子和天武天皇也都同时笃敬神祇，同时信奉两者并不感到有任何矛盾。由此看来，我想佛教刚传来时，立即产生强烈的敌对意识，采取了排斥和打击的态度，并非事实。我认为这种说法是后来人们意识到佛教和神道是对立的，才有意那样说的。从佛教起

圣德太子像

圣德太子于 6 世纪引进大陆佛教，积极吸收中国文化，到了平安时期佛教更为流行。1109 年为纪念弘扬佛法的圣德太子于法隆寺灵院内，塑造了图片中的塑像。

初遭迫害，最后却以胜利告终这个发展情况来看，这种说法可能是佛教徒对律令精神——崇尚儒教、神道而贬斥佛教作法的一种报复思想的表现。苏我、物部二氏的斗争当然是事实，但这主要是由于政治经济方面的矛盾而来，把它完全归咎于佛教问题，可能是经过后世佛教徒的润色、夸大所致。

神道教

　　神道教起源于日本早期的万物有灵论。神道教的核心是对神的膜拜，这些神即是将自然现象拟人化，也包括人在内，日本人称之为"神力"。这其中包括天照大神、明月神和暴风雨神。图片为位于宫岛市神道教殿堂的鸟居（日本神道教神社入口处的牌坊），这是献给暴风雨神的三个女儿的。

　　最后说一下传统的民族宗教。把它称为神道是在佛教传来以后，和它对立而产生的一种概念，古时并没有意识到它是一种道或教。这种古老的民族宗教，我想同至今仍流行在西伯利亚到中国东北一带的萨满教有着密切的关系。萨满教是一种以信仰称为萨满师为司祭来作法为特征的宗教。萨满师是一种女巫。萨满教把世界分为上界、人间和下界三部分，上界有许多神，下界有恶魔恶灵。萨满师是神与人之间的中介者，为人们预言、卜卦、治病。日本古老的民族信仰与萨满教有许多类似的地方。日本民族的祖先把这种宗教和语言一起从北方大陆带到日本，后来在日本特殊的风土和民族性的影响下，这种宗教获得了独自的发展，形成了所谓神道的基本特点。不洁与"被濯"的思想和仪式，用鹿骨和龟壳进行占卜，建立神社以及崇敬氏神等等，都是吸收新的外来文化之后发展起来的宗教现象。传统的民族宗教既没有发达的教理也没有神格的限制，与其他不同的异种宗教也并不是水火不兼容的，而是经常加以吸收，和它们共存的。无论是儒教、佛教，还是基督教，它都能够接受，并允许它们独自发展，这正是传统宗教最大的优点。

物质文化 物质文化的基础条件是生产力的高度发展。《纪》《记》中记载着崇神天皇到仁德天皇时历代开凿池渠的史实，说明了统一国家为提高水稻产量而致力于技术方面的情况。其中还有使用归化人开凿韩人池的传说，说明在这一方面，从大陆传来的技术发挥了巨大作用。农具除木制的以外，铁制农具也逐渐普及了，现在见到的遗物有镐、锄、犁。其中，犁又叫"唐犁"，这就可以知道是从中国传入的。《魏志》中记载，邪马台国已有养蚕、纺织等技术。统一国家建立后，更直接从中国江南地方传入了这方面的优秀技术和制品。对早期的归化人秦人和汉人，流传有许多传说，直到今天，有关纺织的词汇中还保留着"機""綾"［機（ハタ）、綾（アヤ）和秦、汉在日语训读中是同音，说明过去是由他们传入使用，所以就用他们姓的读音来命名。——译者］等词，说明他们参与这方面的关系该是多么密切。由于秦人、汉人的努力，衣料的质和量肯定都大大地提高了。此外，关于锻冶，据说是从朝鲜锻工传入的，所以名为"韩锻"。制鞍和制陶的也都是归化人传入的。各种工艺，由于受大陆技术的影响，都取得了长足的进步。一直到现在，还残存着不少这方面的遗物，现在就通过考古学的成果，从实物来考察一下这个时代的文化。

这个时代考古学的中心问题是高冢式古坟。考古学者据此把这个时代称为古坟文化时代，它是继绳文式文化、弥生式文化之后的一个文化阶段，其确切的年代是从 3 世纪后半叶到 7 世纪，其间一般又分为前期、中期、后期三个时期。[③]有趣的是，它恰好同日本国家开始统一、大和朝廷昌盛，最后走向衰亡这一过程是一致的。所谓高冢式古坟就是在地面上堆起很高的土丘，里面放着装有遗骸的棺与椁的坟墓。这种古坟，首先在畿内突然出现，后来就普遍地扩展到四方。根据其堆土的形式，有圆坟、方坟、前方后圆坟、上圆下方坟等的区别。其中前方后圆坟的规模最雄伟，形状也十分优美，再加上它是日本独特的形式，所以可称之为日本高冢式古坟的代表。

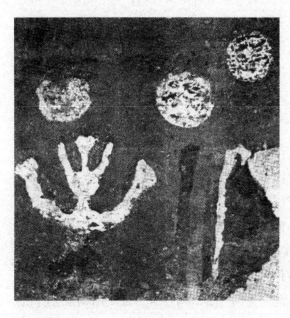

古坟壁画

古坟壁画，乳房神，古坟石棺内壁右侧。

前方后圆坟，从外形上可分成几种类型，按照后藤守一博士的分类方法，首先可以大致上分成后圆部的高度约为前方部高度一倍的和后圆部高度基本上与前方部相等两种。前者还可以进一步分成前方部的长度极短（帆立贝式）；前方部的长度长于后圆部的直径（柄镜冢式）；前方部的长度与后圆部的直径基本相同，其外形也呈长方形（铫子冢式）三种。后者也可以进一步分成两种，一种是前方部的长度与后圆部的直径基本相同，前方部前端的宽度大于后圆部的直径（瓢冢式）；另一种是从整体来看呈菱缩状，前方部前端很窄，两边的隅角坍塌，好像是两个圆坟并列（二子冢式）。这五种类型，分别表示了时代的变迁。第一类古，第二类新。其中第二类的瓢冢式是最盛期的样式；二子冢式是衰微期的样式。换言之，本来后圆部是主体部分，低小的前方部是附加的，但后来，前方部逐渐发达，变高变宽，形状雄伟，不久，又整个菱缩下去。了解了这个变迁过程，也就明白了为什么会产生前方后圆这种特殊的坟丘式样。关于这个问题历来有各种说法，其中比较有说服力的是祭坛说，认为前方部是一个附加的祭坛。起初是在前方部举行祭祀，但后来则失去了这个意义，前方部也同后圆部一样成为坟丘的主体部分。在坟丘周围挖有壕沟，这同外形的变化也有关系。另外，修建这种坟墓的具体场所，也随时代的发展而不断变化。前期的前方后圆坟，利用山冈和丘陵，修建在高处，把自然地形稍加改变做成坟形。随着时代的发展，修建的位置也逐渐移到低平地上。中期的瓢冢式坟，建在高地和平原上，坟丘完全是靠人工堆土而成，取过土的地方就成了坟丘周围的壕沟。我国最大的前方后圆坟，可以说是中期瓢冢式古坟典型的仁德天皇陵，周围挖了三道壕沟。后期的坟墓又回到丘陵上，但与前期不同，不是从远方可以仰视的，而是隐蔽在山坡后面。

埴轮　追猪的犬

　　埴轮，日本古坟时代一种特殊的陶制丧葬用品，排列在古坟坟丘上部及其周围，流行于 4 世纪至 6 世纪。名称来自《日本书纪》（卷 6，垂仁天皇三十二年条）。主要为"土师部"的人所制作。

　　埴轮分圆筒埴轮和形象埴轮两大类。圆筒埴轮又可分为通体呈圆筒状的和上部敞开呈牵牛花状的两种，前者系仿真器座形陶器；后者系仿真敞口的壶形陶器。形象埴轮可分房屋埴轮、器物埴轮、动物埴轮、人物埴轮四种，分别仿真房屋（住房、仓库）、器物（华盖、盾、箭袋、护腕、甲胄、扇、凳、盒、高脚杯、船）、动物（马、牛、鹿、猪、猿、犬、鸡、鸟、鱼）和男女人物（武士、农夫、巫女、乐师）。图为古坟时代的埴轮，追猪的犬。

　　古坟的外部设施有土俑和石人石马。《日本书纪》中说，制作土俑，最初是根据野见宿祢的建议，用来代替殉葬者的。但人马俑是在中期以后的古坟中发现的，前期的只是圆筒。圆筒俑的作用是为了固定土堆和划定墓界，也可以说是立在坟墓周围的栅栏。由圆筒发展起来的象形土俑有人物、动物、房屋、器具等，种类繁多，这些土俑，究竟有什么意思，并不是明确的。比较有力的说法是，墓上举行的仪式是为拜谒祖灵的，所以房屋、器具等土俑是作为常设的、装饰性的东西而放在那里的，而人形土俑是用来表示参拜者的。[④]

　　不管土俑的起源如何，今天我们不能不承认它有着特别的意义。它是这个时代的遗物，表现了在其他物品上见不到的宝贵的事实和思想。器具和房屋是直接显示当时生活和文化的极好资料，人物也是有立体服装和形态，从中能见到绝非文献和绘画中所能见到的东西，特别是人物的表情和动物的姿态上表现出来的纯真朴素的美，不能不引起人们亲切和喜爱的心情。土俑是日本人生活和心灵的表现，它有着超越时代的强大生命力。

　　石人石马在福冈、熊本、大分三县的古坟中可以见到，它的制作可能同象形土俑出于同一目的。这些石人石马是当地熟练的石刻工人用石料制作的。中国的坟墓旁边，就立着石人石兽，因此谁都认为这大概是受了中国的影响，可是考古学家并不一定赞成这种看法。[⑤]

　　古坟的内部设施有棺与椁。棺根据不同的材料可以分为木棺、石棺、陶棺、干漆棺等；又因形状的不同而分为箱形、劈竹形、船形、长箱形、房屋形等多种。各种材料中石棺最多，而形状中，箱形棺是继承了弥生时代的箱式棺形状，从古一直流行下来的；劈竹形和船形的石棺流行于前期的后半叶到中期；长箱形石棺在中期；房屋形石棺在后期曾广泛流行。

　　椁是覆盖棺的设备，有黏土椁、砾石椁、木炭椁和石椁等。黏土椁是在把劈竹形木棺埋在土里时，盖在厚厚的黏土台上的，所以即使木棺腐烂以后，在黏土台上仍能留下棺的塌陷外形。砾椁、木炭椁分别是用砾石和木炭制成的。石椁是在棺的周围堆石，最近一般称之为石室。石室有竖穴式和横穴式两种。竖穴式石室是在棺的前后左右堆成石墙，上面用石块覆盖，前期古坟中就能见到，一直流行到后期；横穴式石室是在竖穴的一方设有信道，留一入口。横穴式石室本来在大陆上流行，5 世纪时从朝鲜半岛传到北九州，6 世纪到 7 世纪时十分盛行。放置遗骸的墓室通常很宽阔，而通向那里的墓道却长而窄，两者的长短宽窄、外形、堆石的形式等并不相同，十分复杂，这和地区、时代的变迁具有微妙的关系。横穴式石室的形状远比竖穴式石室要进步，墓室内设台、架和枕等，墓壁上还描有花纹和绘画。北九州有许多施以装饰的古坟，用彩色颜料描出花纹和绘画，这也可能是吸收了朝鲜流行的做法。横穴式石室中也有用巨大石料构筑而成的，具有代表性的是奈良县石舞台古坟，据传是苏我马子的墓。

埴轮　舞者　古坟时代　　　　　　　埴轮　盛装的女人　古坟后期

　　后期的横穴式石室中，也有不修坟丘，只在山麓或丘陵的一侧凿出墓穴的，其分布受到地质条件的限制，多在软质的石山和垆坶层边缘等处。所谓横穴古坟即是这样。埼玉县东松山市吉见的百穴，就是许多这样的古坟集聚在一起，呈现出蜂窝形状。

古坟中有许多随葬品。这个时代的随葬品同棺椁模仿死者生前的房屋一样出于同一种想法，即为了不让死后的生活有什么不便之处，尽量把死者生前使用的物品装入棺内。其种类很广泛，从随身装饰品到日用器具、武器、甲胄以及马具等。这些都是同当时的文化有直接关系的遗物，为我们说明宝贵的史实。下面就以随葬品中数量最多的镜、剑、玉为中心，谈一下这个时代物质文化的一斑。

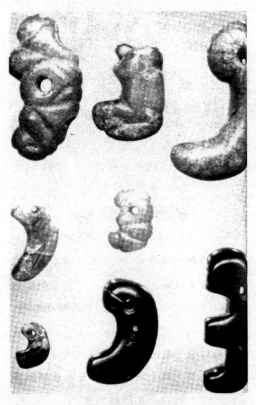

勾玉　古坟时代

在古坟内发现的镜是属于中国汉代到三国、六朝时流行的式样，有舶来品和在我国仿制的所谓仿制镜。这些镜都是用白铜或青铜制作的圆形镜，背面中央有一个钮，周围施有各种花纹。根据花纹的种类可以分成几种样式，有内行花纹镜、方格规矩镜、神兽境、画像镜、兽带镜等。这些花纹都是根据中国思想而来的。日本制作的仿制镜中，除了模仿这些花纹以外，还有开创了日本独自境地的。如周边带铃的铃镜；有房屋图案的家屋花纹镜；表示人们狩猎和舞蹈情景的狩猎花纹镜；用直线和弧线配合组成崭新花纹的直弧花纹镜；等等。值得注意的是，仿制这种镜表明了日本国内制镜工匠的技术和创造性。镜的作用似乎已经超出了单纯的日常用具和装饰品的限度，而成了具有神奇魔力的物品，将其纳入坟墓中可能就是为了驱邪。

刀剑都是铁制的，而且是没有翘曲的直刀。制作时最花费心力的部分是刀把头，其中也有多种式样，模仿大陆式样的有环头形、圭头形、方头形等。环头形的刀把头呈环形，有单纯的环和环中带龙、凤等装饰图案的几种，也有用金铜精制的，这就是古语中说的"狛剑"，是大陆传来最普遍的样式；圭头形类似中国古玉器的圭头；方头形柄端呈方形。除上述大陆样式外，还有日本独自的样式，比如用鹿角做成刀把头的鹿角把和用拳形物做成刀把头的头椎形等。头椎形深受我国国民的喜爱，是十分流行也有些精巧的制品。

玉类从形状上可以分为勾玉、管玉、圆玉、小玉、枣玉和六角玉等，其中最多并且最受重视的是勾玉。勾玉从石器时代起就已经有了，到了这个时代，其形状更加优美，做工也更加精致。以硬玉为材料，配以青翠欲滴的绿色，十分美丽。这种形式的玉，在国外没有见过有类似的，是日本独自发展起来的，至于其形状是从何而来，还没有定论。

家屋纹镜　古坟前期　　　　　狩猎纹镜　古坟时代　　　　　人物画像镜　古坟时代

这些镜、剑、玉是古老的、普遍存在的古坟随葬品，一方面表示这些东西已不仅是实用的随身装饰品，而且还具有魔力和神秘的生命力，另一方面也是权力的象征。据说景行天皇和仲哀天皇亲征九州时，当地的土豪把这三种物品挂在庙里的常绿树上恳请归服，说明土豪把这些物品看作权力的象征。作为皇位象征的三种神器（所谓三种神器是作为皇位的象征历代流传下来的三种宝物，即八咫镜、草薙剑、八坂琼曲玉。——译者），是和它具有完全相同性质的。各地的土豪都归服于天皇，天皇作为一个统一国家的君主而高高在上，这种情况象征性地表现了吸取土豪的这些神器，使天皇的神器成为唯一的、最高的权威。

除上述物品以外，随葬品还有弓、箭和矛等武器，甲胄和盾等武具，冠、耳饰、带金属扣和履等服饰品，辔、鞍和镫等马具，瓦器和陶器等素陶，这里就不一一细述了。在服饰和马具中发现了高级的金铜制的带有兽头和蔓藤花纹的透雕和浮雕制品。由此可见，绚烂的外国文化的输入，使我国文化也取得了飞跃的发展。我国古代人用"耀眼的金碧辉煌的国家"这样的词句来形容新罗国，表达了对它的羡慕之情。这种用金银装饰的物品在朝鲜南部大量出土的同时，在我国也有所发现。在耳饰等物品中，有发源于埃及而后传播到东西方的极为精致的金工艺品。玉类材料中也有最早出现在埃及，后来向东西方传播的玻璃制品。带金属扣等物品最早出现在西伯利亚。可见输入到日本的文化，其来源不仅限于中国和朝鲜，而更广及其他地区。这些物品的出土，不由得使我们想到当时上层阶级的豪华生活情况。滋贺县高岛郡水尾村稻荷山的古坟，据说是 6 世纪继体天皇时建造的，里面有弧形房屋的大石棺，随葬品中有黄金耳饰一对、玉类 50 余个、金铜制冠一具、金铜制双鱼佩两个、金铜制鞋一双、金铜制环头形大刀一口、鹿角把的大刀两口、鹿角柄小刀八把、金铜制鞍具、铁制镫、辔等。⑥用这些金光灿烂的装饰品装饰起来的墓主，大概是当地的一个土豪，他生前所过的那种富有异国情调的奢侈生活，也可想而知。在这些充满着异国情调的物品中，还保留着日本古老的简朴的鹿角把的大刀和小刀，表明被葬者心中还存有对古老传统的怀念。这种具有两面性的趣味，在当时并不只限于某一个人，而是从日本文化中可以看到的一般性的问题。

注　释：

①末松保和《任那兴亡史》（昭和二十四年，大八洲出版株式会社出版），是以任那为中心说明古代日鲜关系的著作，对了解当时情况是有益的。池内宏《日本上代史的研究》（昭和二十二年，近藤书店出版），是在对史料做严格筛选的基础上，叙述了古代日鲜关系的好书。

②太田亮《全订日本上代社会组织研究》（昭和三十年，邦光书房出版）一书，史料丰富，是研究这一时代社会组织的著作。津田左右吉《日本上代史研究》（昭和二十二年，岩波书店出版）、井上光贞《大化改新》（昭和二十九年，原书房出版）、直木孝次郎《日本古代国家的结构》（昭和三十三年，青木书店出版）等书，都是具有独到见

解的学术性研究著作。

③后藤守一《古坟编年研究》(《古坟及其时代》(一),昭和三十三年,朝仓书店出版)。

④小林行雄《日本考古学概说》(昭和二十六年,创元社出版)。

⑤吉田章一郎、大冢初重《古坟文化》(考古学笔记Ⅳ,原史时代Ⅱ,昭和三十三年,日本评论新社出版)。

⑥滨田耕作、梅原末治《近江国高岛郡水尾村古坟》(京都帝国大学文学部考古学研究报告第8册,大正十二年出版)。

第三章

古代后期

第一节 文化立国的观念

文化立国的含义 由于臣、连、伴造的竞相攫取私地私民，以及国造的叛离，致使国家体制开始废弛，天皇的权威也出现了衰颓的迹象。皇族间围绕皇位问题而引起的内讧更助长了这种情况。6 世纪初，武烈天皇之后，皇族中没有适当人选可以继承皇位。大连大伴金村与贵族们商量之后，从越前国三国迎立应神天皇的五世孙为天皇，这就是继体天皇，可以想见皇室在人事方面竟是何等衰微。在继体天皇和其后的钦明天皇时代，日本在朝鲜半岛上势力的衰退问题已日见表面化。据说，遭到任那屯仓灭亡厄运的钦明天皇，对他的太子留下了复兴任那的庄严遗诏。后来的几代天皇也都曾为实现这一遗诏而苦心焦虑，但都由于国力不足没有办到。不仅如此，当时在贵族之间，争夺私地私民的斗争十分激烈，其中大臣苏我氏与大连物部氏间的斗争，还牵涉皇族和其他

圣德太子像

画中是圣德太子与他的两个儿子。圣德太子是日本古代政治家。他提倡佛教和儒教，主张建立新的政府以及宗教和文化机构。他尽力仿效中国，不断扩大皇室的权力。他派出遣隋使节，从中国聘来许多艺术家和手工艺者，为两国文化交流开辟了道路。他采用中国历法，建设道路网，兴修许多佛寺，其中的法隆寺坐落奈良附近，是世界上最古老的木结构建筑物。他仿照中国方式编修史书，定官职为十二阶，以不同颜色的冠标志官位的高低。604 年制定十七条宪法，推行中国的官僚制度。另外还兴修水利，创办社会福利设施。因死时较早，始终未能袭皇位。

贵族，形成摇撼上层社会的大规模内乱。内乱的结果，苏我氏获胜，加强了大臣苏我马子的独裁权力，最后终于发展到弑杀当时的天皇崇峻天皇。皇室虽已衰微，但其传统的权威还不至于薄弱到能为马子的力量所推翻。崇峻天皇的异母妹妹推古天皇继位，选用明天皇的皇子圣德太子（圣德太子（574—622），名厩户丰聪耳，又称上宫王，用明天皇的皇子。推古天皇（592—628 在位）即位后，以他为中心的比较进步的贵族奴隶主如苏我氏等，打倒了阻碍生产力发展的、以物部氏为代表的保守派贵族奴隶主们后，即被任为皇太子（593）摄政，掌握当时大和朝廷的政权。在他主持下进行了一系列改革，例如制定十七条宪法，设立了冠位十二阶，建立了屯仓等，使日本古代国家的组织日臻完备。同时，在他的主持下，从 600 年开始向中国大陆派出了使节（遣隋使），不但恢复了对中国的外交，而且更派了留学生、僧随行以引进先进的中国文化和生产技术，为以后日本古代国家的发展、强化奠定了基础；大化革新中起主要作用的高向玄理、南渊请安、僧旻都是当时的遣隋留学生、僧。佛教，在当时是代表进步思想的，圣德太子在把佛教引到日本，并促其昌盛方面也是做出了很大贡献的，不仅建造了法隆寺、四天王寺等佛寺，而且还亲自注疏了一些经卷，以使佛教能在日本传播。——译者）担任摄政皇太子，天皇制国家体制并没有任何变化。天皇和皇太子的选定，反而说明了皇室在面临危机时，能以高度的理性和智能，掀起自力更生的运动，同时也为国家的革新和国力的复兴打开了道路。一般所说的推古天皇新政或圣德太子新政，就是以皇室的自力更生、国家机构的革新为内容的一系列事业。它以深刻的学问和思想为依据，具有十分突出的和平文化性格，和平常所说的国政改革并不相同。正因为如此，这个时代的文化即飞鸟时代文化，被看作是新文化的空前昌盛时期。我们今天所向往实现的文化国家，早在 1300 年以前就由我们这些先辈所树立计划并完成了。

文化立国的基础 推动这个时期的国政改革和文化立国政策的中心人物是圣德太子。太子的思想根据是佛教和儒教。这两个产生于不同地区、具有不同世界观的东方思想体系，统一在圣德太子一人的人格中，构成了稀有的丰富智能和深远的理性。太子原名厩户皇子，所以称他为圣德太子，是由于他人格的崇高。圣王、法王、圣德王等称号都是太子在世或逝世前不久，当时人对他的称呼，①用这种汉语概念作为称号，在当时来说，是空前的。太子这种杰出的伟大，使后世产生了许多关于他的奇异而神秘的传说，尤其是佛教徒把他称为佛祖的化身，这对太子来说，实在难以接受。②
今天的历史学家，当然不会采用那些
后世的传说，不过，对传说过于挑剔，
连事实也去怀疑，那未免有些过分。
津田左右吉博士对太子所做的各项事
业持否定态度，认为都是牵强附会和
伪造，但我认为他否定的根据不够有
力。③太子向高句丽僧惠慈学习佛教，
向博士觉哿学习儒教，他的讲经和著
作《三经义疏》就是他钻研佛教的成
果。所谓讲经，就是在朝廷当着皇帝
和贵族官吏面前，像僧侣一样讲述、
阐释经典。在中国，像梁武帝那样笃
信佛教的皇帝也曾这样做过。《三经义
疏》是对《法华经》、《维摩经》和
《胜鬘经》三部经典加以注释的书。三
部书都流传至今，可以知道它的内容。
特别是《法华义疏》还留存有太子亲
笔的草稿，这是日本人写在纸上留传
至今的最早的文字。《义疏》对经典的
注释，参考了大陆学僧以前的注解，

天寿国绣帐（部分）

　　天寿国绣帐（飞鸟时代）是圣德太子死后太子
妃缅怀太子往生的情景，命宫女绣制的。上面绣有
百字铭文，内有"世间虚假，唯佛是真"一语，道
出太子对宗教体验的感言，日后被视为太子的至理
名言。

又加进了新的独到见解。这除了说明太子对佛教的深刻理解和高度智能都超出常
人以外，还证实了太子在佛学方面的造诣，就是同大陆学者相比，也毫不逊色。
大陆学者的著述烦琐，且流于知识性的理解，崇尚隐逸而脱离社会；太子的理解
则基于深刻的体验，怀有在佛光普照下普度众生的积极愿望。《三经义疏》在奈
良时代经留学僧之手传到唐朝，唐朝法云寺僧明空曾对《胜鬘经义疏》加以注
释，写成《私钞》6卷。由此可见，唐朝对《义疏》也做出高度评价。
　　太子思想根据的另一支柱是儒教。关于儒教，虽然没有像佛教那样进行讲解
著述，但改革事业的中心内容——宪法十七条是太子亲自制定的，也就等于他的

著述。据学者研究，宪法的文章有许多出自汉籍，所以不精通汉籍是做不出来的。这些汉籍包括《诗经》《书经》《孝经》《论语》《左传》《礼记》《管子》《孟子》《墨子》《老子》《庄子》《韩非子》《史记》《汉书》《文选》等。仅此一事，可知太子具有如何丰富的儒教修养。④从宪法的内容上、从制定冠位以及其他各项事业中，都可以看出他对这些汉籍精神是如何理解的，又是如何付诸实践的。下面就谈谈包括这些在内的改革事业的具体内容。

改革的具体内容 圣德太子所施新政的具体内容很多，主要可归纳为弘扬佛教、制定冠位、颁发宪法、对隋通交和编修国史五件大事。现在试一一加以说明。

弘扬佛教是新政的基本精神所在，不同于其他四项单一独立的事业。如果说这项内容也有浓厚的独立性事实的话，那就是推古天皇即位之初下诏宣布弘扬佛教和宪法第二条规定，要求一般国民虔诚敬佛（十七条宪法的第二条规定："笃敬三宝，三宝者，佛、法、僧也，则四生之终归，万国之极宗。人鲜尤恶，能教从之，其不归三宝，何以直枉。"——译者），以及前文所说的太子亲自讲经、著作《义疏》等。佛教传到日本，如上所述，是在钦明天皇时代，但当时的信仰者，仅限于一些进步的知识分子，并没有普及到一般群众中去。推古天皇劝国民信仰佛教，国家把弘扬佛教作为政纲之一，企图让佛陀普救众生的无边威力遍及所有国民，以缓和现实社会的动荡和不安。这正是理想主义政治的一种表现，也是随着佛教的普及，振兴新文化，以提高国家文化水平的一种文化运动。圣德太子的嫡子山背大兄王把太子的遗训"诸恶莫做，诸善奉行"奉为终生信条。当他被卷进政治斗争的旋涡，被苏我入鹿的军队包围时，他不愿因自己一个人而连累万民，不惜壮烈自杀身死，以酬入鹿。这种壮烈的牺牲精神，在古代史上是一种光辉的表现，这正是太子所希望的信仰佛教的成果。

所谓制定冠位就是把群臣的官职重新规定为十二等，授以大德、小德、大仁、小仁、大礼、小礼、大信、小信、大义、小义、大智、小智等职称，分别授予紫、青、赤、黄、白、黑颜色的冠以作标识。授位的标准不是根据门阀家世，而是根据个人的才能、功勋，因而只限一代，不能世袭，在一生中，可以依次升晋。这就彻底否定了以前那种凭门第决定"姓"、永不改变的旧做法。它宣布了打破门阀、拔擢人才的新政治原理，也表明了具体进行整顿组织和确立制度的文化主义政治。

法隆寺

颁发宪法就是指公布太子亲自制定的十七条宪法。宪法这个名词，是在这时首次使用，后来一直沿用到今天。严格说来，当时所谓的宪法，和现代法学概念中从 Constitution 一词译出的"宪法"的含义是不同的。不过，概括说来，它是国家的基本法，在这个意义上，十七条宪法也是可以称为宪法的。在明治时代，有一种学说，认为十七条宪法不是法律。理由是其中道德教训的成分太多，缺少制裁的条款，⑤但是今天已没有人主张这种说法了。现在公认的是，古代的法律同道德的教育有着密不可分的联系。宪法十七条对国家观念表现了强有力的反省，自觉地认识到国家组织的基本原理，从这一点而论，它分明是法律，而且是国家的根本法。⑥在十七条的条文中，除尊君重礼、上和下睦、信佛崇法、承诏必谨之外，还有各项具体条款。这些条文根本的、划时代的理念是有关国家的永久性、国家的统一性和国家的伦理性。构成这个国家的人的因素分为君、臣、民三个阶级，明确规定了他们各自的义务和权利。君是统治者，处于绝对的地位，但必须尊礼、重信、任用贤者、赏罚严明。臣处于辅助君的统治者地位，必须忠实职守，公私分明，要用民适度，大事不擅权，必须经大家充分讨论。所有这些儒教的教化政治和伦理政治的理想，绝不是空洞的理论，而是作为脚踏实地的具体行动而提出来的。这是清算过去那种毫无自觉的国家观念，而追求远大的国家理想，是政治、文化上的一个伟大的进步。它不仅是医治当时的社会混乱和政治贫困的对症良药，同时也等于宣布了国家要永远有章可循，是促进文化发展的基本原因。

菩萨像——法隆寺壁画

中国经长时期的南北朝分裂后，终于再次建立了统一帝国——隋朝。对隋通交就是直接向隋朝派遣使节。自从雄略天皇向中国南朝遣使以来，一直没有由国家向中国派遣过使节，直到这时才又恢复了与中国通交。不过，重新恢复的外交，同以往在性质上是完全不同的。以前通交的目的是为了防止丧失在朝鲜半岛的势力，所以态度是卑屈的；而新外交，则是为了积极摄取新文化，并显示经过整顿后的日本国力，因而其态度是光明正大的。推古天皇十五年（607），[这是据日本方面记载而写的，据中国《隋书》卷81《东夷传》载，在这以前，即隋开皇二十年（600，日本推古天皇八年）还曾有过一次使者入隋。——译者] 向隋朝派遣了使节。十六年随同使节回国，隋使裴世清来日，紧接着同年又遣使入隋。在使节所携的国书中，首次写的是"日出处天子致书日没处天子，无恙?"第二次则用"东天皇敬白西皇帝"等字样，即"你是天子，我也是天子，你是皇帝，我是天皇"，这是对中国传统的华夷思想的大胆挑战。按照外交常规，这应该说是缺乏策略的举动，但它却成功了。隋朝遣使来日，并允许派遣留学生。这固然是由于圣德太子在外交对策上，巧妙地利用了当时隋朝在处理高句丽问题时，陷于困境的弱点，但根本上还应该说是充满文化立国气魄的新兴日本文化精神的胜利。

《书纪》中载有编修国史的情况，说在推古天皇二十八年（620），集录了天皇记、国记、臣连伴造180部并公民等的本纪。除天皇纪以外，作为国史来说，天皇纪以下的名字都过于繁杂，而且并没有经过整理、推敲的迹象，可能是一部没有完成的书。书名虽未经整理，但要写的内容，从所列的名称中，可以很好地推测出来。首先是天皇，其次是国，再往下从臣连到公民。这种写法，同宪法中卓越的国家观念和君、臣、民的国家组织次序是完全一致的。编修这部书，同制定宪法一样，是完善国家组织、巩固文化立国基础的重大事业。这部书，并不是日本最早的史书，比它更早的有6世纪初继体天皇时笔录的《帝纪》和《旧辞》，书中记录了上古的传说，初步具有历史书的形式。不过，内容正如书名那样，仅仅是罗列了皇室的系谱和古代传说而已，作为一部历史书，还有许多不足之处。到了这个时期，就以这些文献为材料，编成不次于中国纪传体体裁的历史书，这一点具有划时代意义。上古的纪年大概也是这时确定的。《帝纪》和《旧辞》用干支来表示崇神天皇以后的各代天皇驾崩之年，除此之外，所有记载一般都与年代毫无关系。这个时代的知识分子，深感有必要编纂正规的历史书，这就必须有明确的年代。他们根据当时中国流行的哲学思想——谶纬说，编成了上古年代的框架。依照谶纬说，在辛酉年和甲子年往往发生革命；还规定由六甲为一元，二十一元为一蔀等原理推算。推古天皇九年（601）是辛酉年，由这年向上推算，其一蔀即1260年以前的辛酉年，当是国家发生大变革的时代，便以那一年作为神武天皇即位之年。把推古天皇九年作为推算的标准，很可能因为考定年代的工作是在推古天皇时代进行的。何况大规模编修国史也是在这一时代。[7]

佛教文化的发展　佛教是圣德太子文化立国的基础，在这个时代，佛教

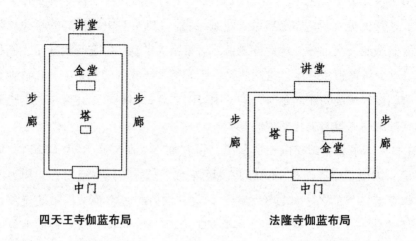

四天王寺伽蓝布局　　　　　　法隆寺伽蓝布局

并不仅仅是作为信仰的宗教，而是包容一切新文化的广泛的文化体系。佛教的兴起，也就是整个文化事业的繁荣，尤其艺术的发展最为显著。飞鸟时代的文化从内容来说，是佛教文化，这也是它同前代文化根本不同的地方。艺术得以发展的基本原因是造寺、造佛的盛行。在这以前，虽然也有寺院，但那是随着信仰佛教而把一部分私宅加以改造而建的。第一座完备而正规的寺院是从崇神天皇时就开始建造，直到推古天皇初年才完成的飞鸟寺（法兴寺）。当时负责建筑工程的是从百济来的寺工、塔匠、瓦匠、画工等，这所著名的寺院，耸立着大陆风格的堂塔，是十分壮观的伽蓝。⑧此后陆续修建寺院，相传四天王寺、法隆寺、中宫寺、橘寺、蜂丘寺（广隆寺）、池后寺（法起寺）、葛木寺（妙安寺）等七座寺院都是圣德太子建立的。但据今天研究的结果，有些寺院并不完全是他直接修建的，只有四天王寺和法隆寺的确是太子所建。四天王寺修建在难波（大阪），以守护佛国的四天王为本尊，具有镇护国土的意思。寺院的格局是百济式的，即长方形的场地周围是步廊，中央的直线上依次建有中门、塔、金堂、讲堂。法隆寺是推古天皇和圣德太子为实现用明天皇的遗愿而建立的，采用了日本独特的寺院格局，在连接中门与讲堂的走廊中，塔与金堂并排朝南。这座寺院的一部分金堂、塔、中门、围廊至今仍保留着创建当时的样子，是世界闻名的最早的木结构建筑。但在学者中，也有人提出是重建的说法，认为最初建筑于天智天皇九年（670），已烧毁，后来又重建的。反对这种说法的非重建说也很盛行。现在看来，重建说是比较有力的。⑨虽然是重建过的，但重建后的格局仍承袭着以前的样式，留下了后世见不到的独特风格。比如柱子是呈凸肚状的大圆柱，柱子顶部带有巨大皿斗，肘木和皿斗呈云形，栏杆接近于"卍"形，托架是人形等等。它同高句丽古坟的壁画以及中国云冈、天龙山等处石窟中六朝时代的建筑风格有着直接的关系。除风格特殊外，这座寺院表现的建筑美也是后世难以匹敌的。五重塔的基座与其高度相比显得很宽大，给人一种安定庄重的感觉；金堂的双重屋顶雄伟、壮观，配以巨大的斗拱和粗壮的圆柱，显得十分庄严、神秘。法隆寺不仅以其建筑的古老，还以其造型的优美使现代人为之倾倒。

修建了寺院，就需要有佛像雕刻和佛画等。这个时代著名的雕佛师是鞍作鸟，他因制作了法兴寺本尊的一丈六尺铜佛像而被授予大仁的冠位。他的作品中留存到今天的，有法隆寺金堂的药师像和释迦三尊像。这些作品手法刻板，服饰的纹络生硬晦涩，脸谱都是异国样式，甚至带有几分怪相。但另一方面，它有着超尘出俗的清净感，摒绝烦恼的高雅感，对当时人们领略宗教的气氛起了很大作用。稍晚些时的作品有法隆寺金堂的百济观音像，中宫寺及广隆寺的弥勒像等等。这些作品已减少了生硬感，姿态具有优美、温柔、和蔼可亲的感觉。

在绘画方面，可以看到黄书画师、山背画师的名字。由于高句丽僧昙徵来日制作出彩色和纸墨，因而使绘画技术也有了很大进步。但遗憾的是，留存下来的作品仅有法隆寺的玉虫橱柜上画的密陀画和中宫寺的天寿国绣帐。玉虫橱柜上的画，是描写释迦一生的故事，整个画面是按时间顺序，依次画出相应的景物，这使人想起后世的连环画卷那样的画法。天寿国绣帐是太子死了以后，夫人桔大郎女为了追念太子往生的情景而作的刺绣曼陀罗，这是一件最早的刺绣，同时也可以从中见到绘画之一斑。

由于制作寺院内部装饰用的佛具和日用品等，工艺也有了很大进步。其遗品留存至今的有法隆寺金堂的玉虫橱柜和天盖等。尤其值得我们注意的是这些作品所具有丰富的世界性。比如工艺品中随处可见的忍冬蔓草花纹图案，这不仅在云冈石窟等六朝遗物上可以看到，其原型还可以在土耳其斯坦、健驮罗、波斯萨珊王朝以及东罗马、希腊等处找到。法隆寺的猎狮文锦中描绘的波斯式猎狮图、法隆寺旧藏的龙头水瓶上描绘的天马等，都是说明与西方进行文化交流的好资料。这个时代的文化不是闭锁的、唯我独尊的，而是在与世界广泛联系的基础上茁壮成长起来的，这一点是值得大书特书的。

　　大陆风格的歌舞音乐也传入日本，丰富了艺术界的内容。据传这时百济人味摩之来到日本，带来了吴的伎乐舞。后来伎乐就在寺院举行法会时演奏，其技术便世代流传于各大寺院，有些伎乐用的面具一直遗留至今。关于伎乐的本源有许多说法，它不只是与中国有联系，和西域乃至希腊似乎也都有联系。这足以说明这个时代的文化有着广泛的世界性。

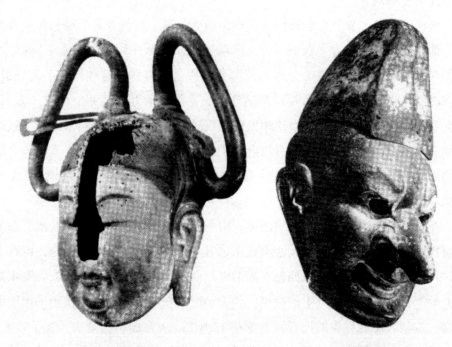

吴女面　　　　　　　　　　　　　**醉胡王面**

　　日本在飞鸟时代，先后吸纳了中国、三韩的伎乐和舞乐文化，至奈良时代伎乐衰退，舞乐改革，即分"左舞"和"右舞"。"左舞"为唐舞乐；"右舞"为三韩舞乐，加入古歌谣和说词，以雅乐伴奏。现存奈良时代的"伎乐面"还有220多具，其中奈良正仓院收藏的"吴女面"和"醉胡王面"，一女一男最有代表性和艺术价值。"吴女面"是奈良时代伎乐的唯一唐代美女面具；"醉胡王面"则是醉酒的胡王面具。舞乐开始时是在法会、祭祀和宫廷各种仪式上表演，后来发展为倭舞或称大和舞，逐渐形成日本民族的舞乐艺能。

注　释：

①圣王这一称呼见于推古天皇十五年建造的法隆寺药师像的光背铭文中；法王这一称呼见于载有法兴六年（即推古天皇四年）纪年的道后温汤碑铭和推古天皇三十一年建造的法隆寺释迦牟尼像的光背铭文中；圣德王则见于据说是大化二年建造的法起寺塔露盘铭文中。

②《日本书纪》中虽也记载了若干有关太子奇瑞的故事，但更多地收入这类故事，并成为后世有关太子传说的渊源的，还是延喜十七年藤原兼辅著的《圣德太子传历》。

③津田博士曾根据对《日本书纪》记载的史料的批判，否定了太子的各项业绩（见《日本古典的研究》下卷）。但是，《书纪》中记载的太子的业绩当中，如制定冠位和对隋外交，在《隋书》中，也有相应的记载，显然是确凿的事实。以此类推，在《书纪》中记载的太子的其他业绩虽然现在找不到旁证，但只要没有不合理的地方，就可以推断其真实性。

④见冈田正之《近江奈良朝的汉文学》附件〈关于宪法十七条〉（昭和四年，东洋文库出版）

⑤有贺长雄《圣德太子十七条宪法》（见《日本古代法释义》第一章，明治二十六年出版）。龙吟社出版的《圣德太子全集》第1卷的宪法十七条部分也收有这篇文章。

⑥小野清一郎《宪法十七条中的国家与伦理》（见《改造》昭和十三年八月号）。《圣德太子全集》第1卷中也收有这篇文章。

⑦有关圣德太子事迹的著作、论文很多。圣德太子奉赞会编《圣德太子与日本文化》（昭和二十六年，平乐寺书店出版）中，登载了昭和二十四年十二月以前发表的有关圣德太子的文献目录。明治以后出版的传记中，有茵田宗惠《圣德太子》（明治二十八年，佛教学会出版）；久米邦武《圣德太子实录》（大正八年，丙午出版社出版）；境野黄洋《圣德太子传》（明治四十一年，丙午出版社出版）；黑板胜美《圣德太子御传》（大正十二年，圣德太子奉赞会出版），等等，这些都收于《圣德太子全集》第4卷传记部分中。

⑧近年发掘飞鸟寺旧址，弄清了伽蓝配置情况，即：在环有走廊的方形基地中央建塔；在北、东、西三面建有金堂。这种建筑形式在平垸清岩里废寺址也曾发现过，一般认为是从大陆传入的。参看奈良国立文化财富研究所编《飞鸟寺》（昭和三十三年，真阳社出版）。

⑨关于法隆寺是否重建的争论，是明治以来迄今一直持续着的古代美术史学界的中心课题。其争论的梗概可参见圣德太子奉赞会编《法隆寺论抄》（昭和二年，该会出版）；《喜田贞吉选集一——法隆寺论考》（昭和十五年，地人书馆出版）；足立康《法隆寺

再建非再建论争史》（昭和十六年，龙吟社出版）；村田次郎《法隆寺研究史》（昭和二十四年，每日新闻社出版）。

第二节　国政改革

改革国政的必要性　圣德太子的文化政治是制止上古末期的社会混乱、

苏我入鹿首冢

　　苏我入鹿（？—645）为大和朝廷的权臣。苏我马子之孙、苏我虾夷之子。由于苏我虾夷晚年身体状况不佳，绝大部分的政治决策都出于苏我入鹿之手，后代理国政。苏我入鹿有意拥戴亲苏我家族的古人大兄皇子为天皇，反对当时呼声甚高的山背大兄王出任天皇，便改立宝皇女为皇极天皇并逼使山背大兄王一家自杀。

　　这件事不得不使有识之士感到苏我氏的跋扈，已到了必须加以打击的地步了。于是，中大兄皇子、中臣镰足和仓山田麻吕三人制定了周密的计划，于 645 年 6 月 12 日，诛杀了苏我入鹿，其父虾夷自尽，成功地消灭了苏我氏一族。图为苏我入鹿首冢。

挽回国政颓势的远大设想，所以不能要求在短时期内见到它的效果，需要在杰出的领导者长期不屈不挠的努力下，才能结出硕果的。但是，现实却陆续出现了事与愿违的情况。圣德太子以 49 岁的壮年逝世，留下了许多未竟的事业，皇室贵族中没有人能够体会他的遗志、继承他的事业。在他生前，似乎很佩服他的人格，并协助他的事业的大贵族们，在他死后，却立即暴露本性，疯狂扩张个人势力。社会的矛盾和混乱不但丝毫没有得到匡正，反比以前更加严重。那些并不理解太子理想政治的本质，只是漠然为表面的升平现象所吸引、梦想着将来繁荣的人，在太子死后，觉得失去了希望。当看到周围的现实社会丝毫也不比以前进步时，他们大失所望，增加了不安。这是因为太子的理想政治不是建立在社会经济的基础上，缺乏渗透到社会基层的强有力的具体措施，也是太子理想政治本身的

大化改新

　　在 645 年的一次政变中夺得政权之后，皇极天皇开始了土地改革的庞大计划——大化改新，目的在于通过把他们巨大的地产国有化的方式，打碎日本世袭的各地方家族的权力。首先，皇极天皇派遣大批测量员为每一块地的地形与自然资源编制目录，画出地图。此图显示一块在摄津国属于东大寺的地产，边界是群山，其中有一条河穿过，测量员将其按份地大小分成了矩形的方块。农民们分得一块土地，其大小依据他所要养活的人口数来决定，但并不是无偿的。为给政府筹措资金，皇极天皇对新的土地所有者征收各种高额赋税，包括一种对所有成年男人的税。纳税人是没有可能逃税的：帝国的人口普查员给每一个家庭编辑详细的登记册。右上的文件登记着筑前国的物部家族的 27 个成员，包括姓名、年龄以及每一个人的纳税等级。税务负担沉重，致使许多农民放弃土地，迫使政府把土地免税还给原来的贵族。

局限性。然而，太子30年的努力并不是徒劳的，太子指出的重建国家的理想永
远是正确的，文化立国的基本精神是应该遵守的。目标已经指明，无须变更，问
题是如何对待现实，如何实现他的理想。而内外形势的发展，越来越表明这样做
的必要性和可能性。

　　痛感有必要改革国政的形势首先是苏我氏独裁势力的急遽增大，皇室的权威
受到威胁，面临危机。特别是苏我入鹿认为圣德太子的王子山背大兄王的存在，
是他确立自己霸权的障碍，便举兵袭击王宫，杀死了山背大兄王。这件事不能不
使有识之士感到，苏我氏的跋扈已到了必须加以打击的地步了。其次，促使实行
国政改革的国外形势是中国的新兴朝代——唐的压力。推古天皇二十六年（618）
隋朝灭亡，代之而兴的唐王朝，经武德、贞观两代后，国力十分强盛。在整顿国

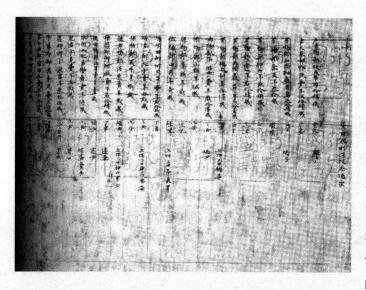

内各种体制的同时，并派兵征服周围国家。半岛上新罗的势力，也日益强大，很有可能依靠唐朝的力量胁迫我国。在这种外来危机感面前，要求尽快加强国内体制，以备应付外敌。这些情况，都要求尽快实行国政改革。这时恰好又得到了指明

改革方法的重要条件——这就是过去圣德太子派到中国的遣隋留学生，结束了多
年的学习和钻研陆续归国。他们虽然是研究佛教、医学等各种专门学问的，但他
们都共同关心隋、唐那种有深远理想的政治制度和完备的统治方式。回国后，他
们宣传切身体验到的唐朝那种法制完备和势力强盛的情况，使国内有识之士都认
识到，这正是当前进行改革的样板。客观条件已经成熟，只需等待发动改革人物
的出现了。这个人就是舒明天皇的皇子中大兄皇子、世袭祭祀神祇职位的中臣镰
足和苏我同族的仓山田麻吕。这三人制订了周密的计划，于皇极天皇四年（645）

在宫中太极殿诛杀了苏我入鹿，并迫使其父虾夷在私邸自尽，成功地消灭了代表旧势力的苏我氏一族，使酝酿已久的改革事业以急风暴雨之势实行起来，这就是历史上所说的大化改新。

大化改新　大化改新的各项事业，在诛灭苏我氏的第二天就开始了。这一天，孝德天皇取代皇极天皇即位，立中大兄皇子为太子，废除以往的大臣、大连制，设左大臣、右大臣、内臣等官职，并设国博士作为最高顾问，由唐朝归来的僧旻和高向玄理担任此职。革新首先从刷新政府干部的阵容开始，接着大会群臣，把新政的精神奉告天地神祇，发誓自此以后，君无二政，臣不叛君，重新确认了宣称天皇权威绝对性的十七条宪法所宣扬的理念。这一天开始建立年号，名为大化元年（645）。改革的各项措施就这样陆续实行了。不过，在大化元年（645）时，基本上还是处于准备阶段。新政的主要内容，则是在大化二年（646）正月朔日贺正典礼结束时公布的四条革新诏书中发表的。其第一条是废除贵族所拥有的一切土地和人民，归属于国家。当时贵族所拥有的土地和人民，包括本来属于他们的部曲和田庄以及侵占皇室、皇族所有的"子代入部"和"屯仓"等，这一切都要废除，全部归公，这是第一条的主要目的。第二条是整修京师，确定畿内制度，并设置国司、郡司、关塞、介候、防人、驿马、传马等的地方制度，首次制定了国防、交通制度。第三条是制定户籍、计账和班田收授法。第四条是改革税制，规定田调、户调以及官马、兵器、仕丁、采女的贡纳等。[①]

以上四条中最重要的当然是第一条，它也的确是革新的最高纲领。如果考虑到以往社会混乱的产生，是由于贵族日益严重地私占土地和人民所致；天皇权威的丧失和国力的减弱，其根源也在这里，那么就可以了解这种否定一切私地、私民的尝试，完全是一种拔本塞源的适当的改革。不过，旧势力的基础是不会这样轻易被消灭的。因而有人怀疑，那只是一种形式上的改革，并没有彻底实行。所谓形式上的改革，是说它体现了以天皇为中心的国家统一的原理，承认它在形式上、名分上，都具有十分重大的意义，但实际上在社会经济方面，对于人民生活来说，并没有重大的改革意义。这种主张还认为，对于人民来说，那仅仅是一种统属关系的变更，上层建筑的变化，对提高他们的生活，没有任何意义。这种主张，如果仅就这一条来说，大致还可以承认，但这第一条是原则性的规定，实行这一规定的具体条件，则在其他条文中有所规定。比如第三条的记账、班田，第四条的税制等等，都是把第一条的原则具体适用于社会的因素，它意味着人民生活中的巨大变化。比如户籍和计账是全国人民的名簿，户籍是班田的凭据；计账是征收调庸赋课的依据，详细记载了各户的姓名、年龄、户主、户口、与户主的关系、身体特征、有无课役等，是一部登记人民情况的底账。人民通过登记入册，就成了对国家执行权利和义务的主体；他们的姓名和籍贯得到国家的确认，没有正当的理由，不通过规定的手续，是不得更改和离开的。制定户籍、计账虽说是国司、郡司的责任，但所依据的基础却是由各户户主申报自家成员姓名、年龄等的报表。实际上当时的许多户主可能没有胜任这项工作的能力，但由于他们尽量依法做了，因而带来了人民文化生活的提高，也启发了大家参与基层组织的想法。比起以往贵族私有民的无秩序、无纪律的生活来，它在一切方面都意味着一种伟大的进步。班田收授法当然意味着人民生活的巨大变革。大化以前的土地所有情况是，有的人兼并了数万顷田地，可是另一些人却连立锥之地都没有。大多数人民没有自己的土地，或是租种贵族的土地，苦于高额地租的盘剥；或是沦落为贵族富豪的隶属民，被驱使直接为其经营农业，生活贫困，前途无望。而班田法一律授予人民一定面积的田地，许其终身耕种。虽然田地不算多，但给予的居住宅地和栽培桑漆蔬菜的园地，却是相当宽裕的。他们有了口分田、园地、宅地这些基本的生产资料，便由此成了独立自营的农民，前途当然不能不说是大有光明的。第四条的改正税制，也和人民生活有很大关系，税目绝不算少，但服劳役以往是每30户出一人，而新制是每50户出一人，负担大体上是减轻了；以往税制是各地分别征课，轻重不一，现在改为全国一样，这一点也使人民负担实质上得到了改善。上述情况说明，私地、私民的归公，在形式上虽是隶属关系的改变，但在实质上却的确提高了人民的生活。可以肯定，人民的生活由于革新而走上了和过去完全不同的道路，这种想法是不错的。

下面谈一下私地、私民的归公有没有得到彻底实行。这是很早就提出来的疑问。之所以提出这个疑问是因为估计这样做会使贵族在经济上遭受致命打击，他们不会同意这一改革的。这种想法毋宁说是庸人自扰，因为改革的计划者早已充分考虑到了对贵族进行经济补偿的办法。首先，贵族领到了封地，作为直接的补偿，在封地内指定一定数量的民户，他们的全部贡纳要交与封主。这种制度，可以说几乎完全保留了以往土地、人民属于私有时的实际效果。其次，根据位阶、官职和功勋，给予贵族官吏特别的土地和大量的俸禄。新制绝不是要消灭贵族的经济实力和打倒贵族阶级，而是要在新的国家机构中千方百计地保留他们，使他们的存在合法化。只要这条基本政策不变，贵族就不会有根本性的反对；当然可以设想开始时由于误解和手续上的一些困难，未能顺利进行。盛传中大兄皇子这一年率先献出了自己的私地和私民，这就表示了新制实行初期很难为人所理解。后来到天智天皇时，部曲制曾一度有所复活，但不久就取消了。可见实行起来会有曲折，但方向是确定无误的。总之，私地、私民的归公是实行了，全国的土地人民成为公地公民这一课题是解决了。

从上面在经济方面对贵族给以补偿中可以看到，改新并不是极端过激的改革，而是采取了妥协的方针，旧制度只要对改革无妨就保存了下来，形式上虽改变了，但实质却没有变。这也是革新所以能够比较顺利进行的原因，但另一方面，不彻底的改革也给后世留下了课题。食封当是其中的一例，而过去的地方豪族国造，在新制度下担任了地方官郡司，这是旧势力利用新制度的形式继续保存的实例。另外，新制也几乎否认了氏姓制度的意义，但并没有将其废除。此外，作为整个改革指导思想的基础中，儒家和法家等外来思想，虽然占有很大比重，但固有的神祇思想，也同样受到重视。神祇思想并不是可以同儒家、法家思想并存的思想体系，不过是一种具体的祭祀仪式。但尽管广泛吸收了外来思想，同时还始终保存了固有的仪式，并承认其优越地位，这种做法也是改革并非过激的革命，而是稳健改革的一个重要因素。

正月朔日的革新诏书颁发以后，政府还不断下诏加以补充，并力促实行。其中大化二年三月发布的废除旧俗诏书，说明革新注意到了人民生活的细节。其中列举的各种具体生活情况有：民间强者对弱者的不法行为；男女之间男子对女子的残暴；交通要道两旁的住户对旅行者的不友好行为；等等，表示社会上贪婪之风，灭绝人伦，无视正义和以强凌弱的风气。诏书列举这些现象，意在扶弱抑强，实现社会正义。这正是新政的伦理向民间的渗透，是新政对被压迫者的解放寄予深刻关心的明证。同样的精神，在大化元年制定的钟匦制度中也可以看到。钟匦制度是对于控诉的人无法得到公正的裁判时，可以将其原由写成文件，放入

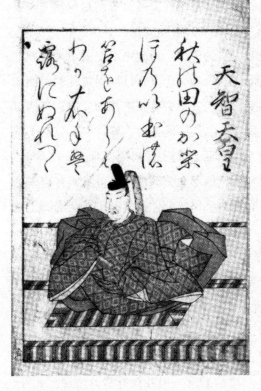

天智天皇像

　　天智天皇，日本第 38 代天皇（668—671 在位）。父为舒明天皇，亦称中大兄皇子。645 年（大化元年），与中臣镰足计划讨平苏我氏。继而以孝德、齐明两天皇之皇太子身份，从事对大化革新各项政策的拟订和实行。其间，依百济之请，派援军支持朝鲜，但在白江口之战中大败于唐朝与新罗的联军。660 年，齐明天皇死后，从事内政的整顿，迁都于近江的大津。662 年奉皇令与中臣镰足制定《近江令》。668 年即位。670 年二月制成《庚午年籍》，是为日本最早的全国性户籍。

朝廷所设的匦箱中。这个匦箱每天早上打开，将其中文件上奏天皇，天皇指示群臣加以断处。如认为断处仍属不当，还可敲响朝廷设置的钟进行申诉。这一制度可使人民有二次直接向天皇申诉的权利，与前代相比，不能不说是明显地尊重了民意。另外，与此相关联的是，政府对实行新政，倾注了极大的热情。这表现在这种钟匦制度立即得到应用，地方人民对官吏恣意扣留因公进京的人们充当杂役提出申诉时，天皇对此深表遗憾，责令取消其杂役。这样的精神，也同样能见于大化二年（646）八月，把在元年八月任命的国司召集到京师，评判其一年中的功过，严戒其不法与私欲；强烈要求官吏发扬道义，提高效率，并在其赴任一年后进行审核。这充分体现了政府革新政治的干劲和追求理想的热情。大化改新之所以能顺利推行，其大部分理由就在于统治者这种高尚的理想和十足的干劲。②

政治形势的演变　大化改新的原意应该只限于大化年间（645—649）的改革事业。因为到了大化以后的白雉年间，统治者早已失去大化年代那种改革的热情，形势发生了明显的变化。不过，从广泛的历史角度看来，要了解革新这一改革国政运动的全部过程，其时间范围应该再后延 50 年，直到文武天皇大宝元年（701）。因为这时制定的

《大宝律令》，可以看作是改新在形式上的完成。下面谈谈大化以后政治形势的演变和《大宝律令》的内容。

天智天皇像

继孝德天皇之后的齐明天皇时代，革新事业不但没有明显进展，甚至连理想政治的精神也丧失了。这个时代值得特别提出的事件是阿倍比罗夫开拓东北的进展和救援百济的战役。这时对东北部的开拓，已进展到了北海道，但只是沿着海路确保了一些日本海岸的要地，并没有在内地扶植起巩固的势力，结果在开拓东北的事业中，仍给后世留下了大量未着手的部分。[3]

齐明天皇六年（660），唐与新罗的联军攻陷了百济京城，国王及其一族都为唐军所俘，国家灭亡。但遗臣中有人企图复兴，想迎立以人质身份留在日本的王子丰（也称丰璋）为王，并请求我国派遣救援军。我国对这件事十分热心，在送回丰的同时，天皇亲临九州行宫，策划派遣援军。不期天皇死于行在，中大兄皇子继位，派送了大量的援军和军需品。最初，复国的义兵占有优势，但不久因君臣之间发生内讧，军势衰败。我国前去救援的水军，在白村江（白江）江口与唐和新罗的联军作战失败，战局遂定。百济王丰逃往高句丽，我国败军撤回日本，百济的遗臣也有不少同时来到日本。面对唐与新罗的优势联军，日本之所以站到绝无胜算的复国义军一边，可能是出于不忘过去情谊的侠义精神，抑或因为百济作为日唐通交的中间站是绝对必要的。不论哪种说法都有一定道理，但我想这个问题对于日本来说还有着更深远的精神意义，因为它是将最终结束 4 世纪以来日本经营半岛政策的重大时刻，舍不得放弃传统上对朝鲜半岛的经营，便倾注了举国的力量，振起了进行最后决战的勇气。结果以惨败告终，真正结束了日本经营朝鲜半岛的政策。日本在朝鲜半岛的势力被彻底清除，半岛完全脱离了日本的羁绊。这是古代史上的一场大悲剧（第二次世界大战结束前，日本帝国主义者侵占朝鲜、中国台湾，并侵占中国东北建立傀儡国家，更进一步用武力侵入中国和东南亚一些国家。当时一些御用学者为其强盗行径制造出一套强盗逻辑。这里称古代朝鲜之从日本侵略者手中回到自己的祖国为悲剧，就是其具体的表现。著者是资产阶级史学家，长期受这种强盗逻辑的熏染，以致在形势大变的今天，还不免流露出来。他这种说法是完全错误的。——译者），并由此开始了后来长期决定日本历史命运的对外政策走向消极的道路。不过，这个命运本是一个世纪以来就大体上预见得到的历史发展的必然结果，而它恰恰发生在刷新国内体制的过程中，这真是命运的恶作剧。起初积极派遣和撤回援军的天智天皇，这时就只能转而整顿国内体制，朝着争取大化改新成果的道路迈进。④

天智天皇时，首次进行了制定律令的尝试，以从形式上来固定革新政治。这个律令以天皇都城的所在地近江为名，称为《近江令》。天智天皇死后，围绕皇位继承问题，叔侄（大友皇子与大海人皇子）之间发生争执，引起了一场大规模的内乱——壬申之乱。内乱平息后即位的天武天皇（大海人皇子）更加致力贯彻革新政治。从制定律令、改正冠位、废除部曲、整理食封等措施可略知其施政的大概。革新政治中，本来没有给佛教以重要的位置，但这时采取了积极发扬佛教的政策。不仅造寺、写经、读经盛行，并在指导政治的原理中也明显地渗透了佛教精神。这个时代还制定了八种姓（八种姓，原文是"八色姓"。这八种姓是真人、朝臣、宿祢、忌寸、道师、臣、连、稻置。这八种姓仍然是有尊卑之分的，可以说是用新的形式来代替旧的氏姓制度，目的在于确立以皇亲为最高的身份制度。所以一开始，真人只授给旧制度的公姓，朝臣授予原来的臣姓，宿祢授给原来的连姓各氏族。——译者），给已经徒具形骸的氏姓制度注入了新的意义。当时还首创了大尝祭、祈年祭等重大祭祀，对神祇制度进行了划时代的整顿。革新政治在经过这些时代以后，丰富了内容，一面进一步同旧制度保持调和，一面坚持其基本精神不变，朝着建设文化国家与法治国家的方向前进。⑤

《大宝律令》 经过天智天皇颁发的《近江令》、天武天皇颁发的《飞鸟净御原律令》，到文武天皇颁发的《大宝律令》，历代律令的修订工作基本完成。后来在养老二年（718）虽又进行了一次修改，但那仅是枝节的修改，而且《养老律令》在制定以后，近40年没有实行，所以《养老律令》[6]的位置，实际上完全可由《大宝律令》来代表。《大宝律令》是把大化改新的纲领，其后50多年实施新政的经验和中国历代编纂律令的经验、教训融汇在一起，经过仔细推敲而制定的一部完整的国家基本法典。它是一部综合性的法律体系，兼具高度的文化性和伦理性。圣德太子的文化国家理念和大化改新的法治国家观念都凝聚其中，是古代国家政治、思想、文化的最高统一表现。而且以此为准绳的政治方式，规定了其后持续长达400余年的古代社会的本质；其效力形式上一直持续到明治年代初期。律令在日本历史上具有十分重大的意义。律令总括构成了一个法律体系，如果细分的话，则律相当于刑法，令相当于行政法、民法、商法和诉讼法等等。《大宝律令》是由律6卷、令11卷组成的（《养老律令》各10卷）。现在分别从官制、身份制度、土地制度、财政制度、司法制度等方面概述它的内容。

官制 官制的特点在于具有完整组织的综合、统一的制度，最好地体现了律令的形式性。中央政府由二官八省一台五卫府构成。二官是神祇官和太政官，前者掌祭祀，后者是最高行政官厅。以往盛传首次把神祇官与太政官分开是因为根据国家的风习重视祭祀神祇而来，但不能误解的是，并不是在太政官之上又设置了神祇官。由其成员来看，相差也很悬殊：太政官的长官位阶是一位或二位，而神祇官的长官却是从四位下；在行政事务方面，神祇官也要接受太政官的指示。八省是在太政官之下分掌行政事务的官厅，有中务（掌管侍从、诏敕、传奏等宫中事务以及位记、户籍等）；式部（掌管文官的进退、朝仪、学校）；治部（掌管姓氏、继嗣、丧葬、佛寺、外国事务）；民部（掌管一般民政）；兵部（掌管武官的进退、士兵、武器等）；刑部（掌管司法）；大藏（掌管出纳、调、贡纳物、金银、物价、度量衡等）；宫内（掌管宫中庶务、供奉、营造）。各省管辖若干下属的职、寮、司等官厅。比如中务省下面有中宫职和左右大舍人、图书、内藏、缝殿、阴阳六个寮；画工、内药、内礼三个司；宫内省下面有大膳职、木工、大炊、主殿、典药四个寮；正亲、内膳、造酒、锻冶、官奴、园池、土工、采女、主水、主油、内扫部、莒陶、内染十三个司。一台是弹正台，是负责整饬风俗，弹劾不法官吏的独立官厅。五卫府是卫门、左右卫士、左右兵卫；负责宫城、卤簿等的警卫工作，与此类似的还有左右马寮、左右兵库。这些官厅原则上都是由四个等级的官吏组成，即长官、次官、判官和主典。其职称也有严密规定，省一级为卿、辅、丞、录；职一级为大夫、亮、进、属；寮一级为头、助、允、属；司一级为正、佑、令史。只有太政官例外，长官为太政大臣、左右大臣；次官为大纳言；判官为少纳言与左右大中少弁；主典为大少外记与左右大少史。其中太政大臣最为特殊，以道德辅佐君主，负有调整四时之和的任务，如果没有这样的人才，也就不一定常设，它是充分体现了律令的教化政治和儒教政治精神的官员。

地方行政组织，全国一律分为国、郡、里三级。国分大、上、中、下四等，其区分的标准没有规定。五十户为一里，二里以上二十里以下为一郡。郡根据里数不同，分大、上、中、下、小五等。国分大、上、中、下四等，其区分的标准没有规定。国设国司，郡设郡司。作为特别行政地区，京城设左右京职；摄津设摄津职；九州设大宰府。国司与中央官职完全同级，经常相互交流。郡司的长官（大领）、次官（少领）由国造中选任，下级官吏（主政、主账）也由当地人中选任，在各方面都和中央官职性质不同。至于里长则是当地人的义务性职务，不认为是官职。

官职与位阶有着密不可分的关系，即官职都有相应的位阶，位阶是担任官职的前提条件。位阶是从以往的冠位十二阶演变而来。亲王从一品到四品有 4 级；诸王从正一位到从五位下有 14 级；各大臣从正一位到少初位下有 30 级。担任官吏的一般条件是德行卓越，才干高强，贡献大。具体来说，或是大学毕业考试合格者；或是各地（国）推荐经中央考试合格者；或是根据父祖的身份授予一定位阶者。中央在式部省管辖下设有大学，作为培养官吏的机关，地方则在各地设置国学，培养官吏。大学和国学的基本课程是学习儒教经典，明经道，此外还附设有音、书、算诸科。一般官吏每年要考核其学习成绩，根据六年中的成绩来升迁、调转。各种官职通用的考核标准有德义、清慎、公平、恪勤四条（称为"善"），此外，各种官职还各有特殊的标准（称为"最"）。善与最的数字决定位阶的升迁。

从以上情况可以看出，律令制下的官吏不单是握有权力的统治者，而且还要担当以德行教化人民的责任。这完全是想在实际上推行儒教所追求的教化安民的圣贤政治。在这个意义上，与地方人民直接接触最多的国司，责任十分重大。国司掌握地方政治的全权，不仅能左右人民的物质生活，而且还指导人们的精神生活。因此，国司的优劣，直接关系到地方的兴废。

身份制度　人民的身份，大致分为良民与贱民两种。良民包括一切自由民，是指从皇族、贵族直到一般农民的大多数人民。皇族分为亲王与诸王：亲王指天皇的皇子、兄弟姐妹；诸王则指从二世以下到四世王、五世王，虽称为王，但不包括在皇族范围以内。贵族是指五位以上的有位阶者，他们拥有巨大的社会经济特权。四品亲王和三位以上的诸王、诸臣领有封地，五位以上的授予位田和位禄，此外还对其位阶相当的官职，授予季禄、职田、公廨田等。三位以上的子孙和五位以上的儿子称为荫位，到达一定年龄后即可蒙受叙位的恩典。一般的有位者免除课役及其他义务。平民是指六位以下的有位者到品部、杂户这一范围很广的阶层，主要是一般农民。农民耕种口分田和其他田地，负担租、庸、调和杂徭等课税，兼负兵役等义务，是生产者阶层，占人民中最大部分。他们每一户都由直系亲属、旁系亲属、隶属人等组成一个大家庭生活。每五户组成一组，叫作"五保"，担负相互扶助的任务。50 户组成一里，这在前面已经讲过。每户里面，往往又有由几个以直系亲属为中心的小家庭组成，它是这个复杂的大家庭的下级单位。在这种场合，前者称为乡户；后者称为房户，加以区别。最下层的良民是品部和杂户，它与一般农民身份多少有些不同，是前代某些部民继承了其世袭职业和与官府的隶属关系而沿袭下来的，他们不缴调、庸，或为官府劳作；或缴纳其手工制品。贱民是不自由民，其中可分为陵户、官户、家人、公奴婢、私奴婢五个等级。陵户是守卫山陵的人，其境况大致与杂户相同，但由于忌讳死秽的思想，把他们列为贱民。官户隶属于宫内省的官奴司，家人是隶属于私家的准奴隶，官户与家人身份相等，从其可以组织家庭，从事私业这一点来看，比奴婢身份略高。公奴婢和私奴婢的身份最低，被看作主人的财产，可以随便买卖或转让，主人可以任意驱使他们，犯了罪后，经官府许可，还可以处死。他们必须和身份相同的人结婚，其子女也必须留在同等身份内。所以产生这种贱民制度，是由于过去奴隶身份不但没有解放，反而仿效唐朝的贱民制度，规定了一些复杂的等级。律令的形式主义，在这里也表现出来。贱民处在与世隔绝的环境中，但法律规定，贱民到了高龄，或主户断嗣时，可获得解放变成良民。此外，也有不少人因申报户籍的错误，而变成良民的。历史事实是，贱民后来逐渐减少，到延喜年间（901—923）用法律宣布了废除贱民。即使在最盛时，贱民的人口也远远不到总人口的1/10。

土地制度　律令的宗旨是把全国土地作为公地。土地有所谓园地、宅地等田地和住宅地、山川薮泽等杂种地。其中最重要的、经常成为政治经济对象的，是栽培主食水稻的水田。田地从缴纳贡赋的角度来说，可分为输租田、不输租田、输地子田三种；从使用的主体或性质方面来说，可分为许多种类，有口分田、位田、职田、公廨田（以上两种在《养老令》里称为职分田）、功田、赐田、屯田（在《养老令》里称为官田）、神田、寺田、垦田等。输租田是向官府纳租的田，包括口分田以及位田、赐田、功田、郡司职田、垦田等多种田地；不输租田是不纳租的田地，包括神田、寺田、公廨田等；输地子田是指出租一年，每年要缴纳收获量1/5的田地，口分田中分剩下的所谓剩田，就属于这一类。口分田是班给全体人民的田，凡人民满6岁以后，男子每人可分2段（段，当时日本的面积单位，按"改新诏书"规定，"凡田长30步，广12步为段。"——译者），女子可分到其2/3，即1段120步，家人和奴隶则为良人的1/3，即240步（家女、婢则为160步），许其终身使用。许多学者指出，口分田是律令土地制度的核心，在这方面虽采用了唐制，但并非照搬。唐朝是按劳力班田，只注重收获的效果，而我国却是授给广大人民使用之利，富有均分土地的精神。位田是授予五位以上者的；职田是授予大臣、大纳言等高级官僚和郡司的；公廨田是授予大宰帅以下各国司的；功田是授予立功者的；赐田是根据特别恩赐而授予的；屯田是设在畿内，专为供奉天皇的；神田、寺田是属神社佛寺所有的；垦田是新开垦的田。由此可知，位高居官者则被授予大量土地，所以，律令那种均分土地的精神，只是就口分田而言，并未贯彻到其他方面。神社、佛寺对神田、寺田的占有和使用的权利，要比其他各种田地强大得多，几乎近于所有权。功田根据大、上、中、下的等级，其世袭程度不同，大功田准许代代世袭，实际上近乎私有。因此，土地公有的原则，在这些方面就不能不认为是例外了。这些同后来规定允许垦田私有结合起来，成了使律令土地公有制变为私有制的温床。园地和宅地是和口分田一起班给各户的土地，园地供栽培桑、漆、蔬菜用，份额因土地状况而有所不同，但原则上是均分的。按后世法律家的说法，园地每人可分到三四段，并不算少。园地和宅地不像口分田那样收授，可以自由买卖，几乎就是私有地，这里也存在着产生土地私有制的因素。耕地以外可供生产的土地统称为山川薮泽，律令规定，由此所得利益由公私分享，即人人都可以自由进入山野伐木刈草，下河下海捕鱼拾贝。虽有这样的规定，但不久演变的结果是，那些有资力的贵族富豪便凭实力占有这些无主土地，不许他人使用，造成了产生大土地所有的重要原因。

财政制度 全国的土地虽都是公地，但国家直接使用的土地，除剩田外几乎没有，大都授予人民使用，所以国家的财源只有依靠人民的贡纳。人民的贡纳分好多种，最主要的是租、庸、调、杂徭四种。租是缴纳稻谷，所授田地每段交 2 束 2 把（束、把，当时日本计算粮食的单位，1 束 10 把，用手抓稻谷，以满为度，3 次的量称 1 把。——译者）后改为 1 束 5 把，大体上是收获量的 3%，比率并不算高。调和庸是向成年男子课的人头税，21 岁至 60 岁的男子为正丁，61 岁至 65 岁为老丁，17 岁至 20 岁为少丁（《养老令》称中男），负担额按正丁 1 人等于老丁 2 人、少丁 4 人的比率递减。调是缴纳绢、绝、丝、绵、布等当地物产，并附缴副产品紫、红、蓝等染料和其他食品杂品等；庸是用布来代替每年正丁要到京城服役 10 天而缴纳的。调、庸每年从八月中旬开始，到十二月三十日为止，不论多远的地方，也都要到京城缴纳完毕，其运输费用全部由缴纳者自行负担。杂徭是国司责令人民负担 60 日以内的地方杂役，它与庸不同，总是以劳役为主。从上述可知，租比较轻，但调、庸、杂徭的负担却非常重，总的说来，成年男子负担过重。此外还有义仓，为备荒每年要上缴一定数量的稻谷；还有所谓出举，强迫接受贷给的稻谷，责令缴纳利息稻；还要到军团服役当兵，到京城当卫士值勤，到西部边疆当防人防守边疆；每 50 户中还要抽选仕丁 2 人到中央官府服务等等，负担很多。在这些贡纳中，政府把租的大部分留给国郡，责由国司管理，专充各地方的经费，剩余责令贮存。租的部分稻谷贷给民间，收取利息稻，以求增加财源；另一部分则舂成米运往京城，上缴大炊寮作为各司的食粮。调、庸的物资全部充作中央政府的经费。官吏的薪俸——季禄和位禄、神社的币帛、佛寺的布施、宫廷的费用和朝仪的经费等多由此支出。国家的全部岁入全都来自人民贡纳，人民的负担自然很重，一旦贡纳不能按照规定缴纳，国家财政就会立即陷入危机。

司法制度 律令官制中，没有司法官与行政官的区别，行政官署同时也就是法院。法院是有等级的，下级法院在地方上是郡司，在京城则是各司；其上级在地方上是国司，在京城则是刑部省；再上面则是太政官、天皇。刑罚分笞、杖、徒、流、死五等。笞是用竹鞭抽打，鞭打次数从 10 至 50 分为五等；杖也是用竹鞭抽打，只是次数是从 60 至 100 分为五等；徒是下狱拘禁，从 1 年到 3 年分为五等；流是送往流放地充当使役，按流放地的距离分为远、中、近三等，近流在越前、安艺，远流则到伊豆、安房、常陆、佐渡、隐岐、土佐等地；死刑有绞与斩两种。不同的官府判决轻重不同的刑罚：郡司只能判决笞罪；在京各司判决笞刑和杖刑；国司判决杖刑和徒刑；刑部省判决徒刑；太政官判决流刑；天皇判决死罪。尤其是死罪，要三次上奏天皇请求考虑才能裁决，采取了十分慎重的做法。司法制度中也明显地贯穿着儒教的教化政治精神，比如规定了"八虐"这种特殊的罪行，是所有犯罪中最严重的，即使在恩赦时，也不赦免。所谓八虐是指谋反（危及天皇）、谋大逆（毁坏山陵、皇居）、谋叛（反叛国家）、恶逆（殴打及谋杀祖父母、父母）、不道（杀死一家三人以上或毁尸）、大不敬（毁坏大神社或盗窃其神宝）、不孝（控诉或咒骂祖父母、父母）、不义（杀害主人、本国国守或师长），这里充分体现了儒教的家族道德和社会秩序的观念。另外还不应忽视法律的阶级性，即对上级阶层触犯刑律而量刑时，明显地酌情轻减。最有资格接受减刑的称为六议，即议亲（皇族等）、议故（旧故）、议贤（德行）、议能（才干）、议功（有功勋者）、议贵（三位以上）。六议以下而有位阶者也可以按其位阶减刑。极端说来，这些人只要不犯八虐杀人等重罪，一般刑罚可以说几乎加不到他们身上。他们只是通过解任、免职等降低其位阶；辞官视同他们服徒刑以下的刑罚。其他的罪行，也可以课以叫作"赎铜"的罚金来抵偿。

天皇的地位 律令制度涉及的范围很广,除上述以外还有不少重要的规定,这里就省略了。最后说一下天皇的地位。从表面看来,律令中几乎没有关于天皇的规定,这并不是说律令不重视天皇,恰恰相反,正是认为天皇地位重要,不能为法律规定所限。在律令中,天皇不仅是历来那种宗教式的、族长式的首长,而且兼具德治国家的圣天子和法治国家的专制君主的性质,巍然高居人民之上,主持传统的神祇祭祀,听取一切重大政务的上奏并加以裁决。作为人民的父母,要使人民安居乐业,休养生息,建立一个道德蔚然成风的理想国家。天皇没有一寸私有土地,本来领有天下土地的天皇,应受天下供养,无须拥有区区的私有土地。不过,这种理想的天皇地位,在现实中却很难保持。天皇并非总是具有完全的君德、才能的,其权力往往在不知不觉中移到辅弼的臣僚手里。国家的财政机构并不总是那样健全,天皇也不能只依靠国家的供养。后来天皇权威的衰退和规定皇室私有地等现象,可以说是孕育于这些与律令规定完全相反的事实之中。

注 释:

①津田博士认为,大化二年正月的改新诏书,并不是当时的东西,而是《书纪》的编者把后来持统令的条文转载来的(《日本上代史研究》内收的《大化改新研究》,昭和二十二年,岩波书店出版)。井上光贞博士从诏书中的"郡"这个字出发进行研究,推测可能从飞鸟净御原令的条文转载来的(《大化改新》,昭和二十九年,要书房出版)。后来许多说法,虽有支持这种说法的倾向,但我并不认为是这样。只是《书纪》所载的改新诏书,是否如实地转载了诏书的原文,不无疑问。在文字的末尾,编者似乎有所润色加工,但我认为内容的主旨并无变动。

②研究大化改新的代表性著作如下:津田左右吉《大化改新研究》(《日本上代史研究》,昭和二十二年,岩波书店出版);坂本太郎《大化改新研究》(昭和十三年,至文堂出版);井上光贞《大化改新》(昭和二十九年,要书房出版);石井良助《大化改新与镰仓幕府的建立》(昭和三十三年,创文社出版)。

③《书纪》载,当时阿倍比罗夫征伐肃慎。但肃慎是指何处,向来就有疑问。在中国古典中,肃慎是指东北边境的异民族,因此,也有人认为比罗夫的远征到了库页岛、

沿海州等地。津田博士否定这种说法，他认为那只是指极北地区民族的一种概念性名词，实质上就是虾夷，其地在秋田、津轻一带（《日本古典研究》（下），昭和二十五年，岩波书店出版）。我认为《书纪》把虾夷和肃慎分别加以记载，这一点是不容忽视的。肃慎可能是住在北海道，与虾夷不同的种族。有关此点的详细论述可参照坂本太郎《日本书纪与虾夷》（《虾夷》，昭和三十一年，朝仓书店出版）、《日本全史》（2）古代（1）（昭和三十五年，东大出版会出版）。

④关于救援百济的战役，池内宏曾利用日本、唐、新罗三国史料，进行了详细研究。见《百济灭亡后的动乱及唐罗日三国关系》［《满鲜地理历史研究报告》（14），昭和九年出版，《满鲜史研究》上世第2册，昭和三十五年，吉川弘文馆出版］。

⑤关于从大化改新到大宝律令的制定过程，最近引起了古代史学者的关心；出现了"近江令非实在说""飞鸟净御原律令非法典说"等几种新的学说。

⑥现在流传的律令是养老律令，不是大宝律令，由于大宝、养老两个律令大同小异，所以明治、大正时代的学者把两者混同对待，但今天一般都把两者严格区别开来。关于律令研究的书很多，主要有泷川政次郎《律令研究》（昭和七年，刀江书院出版）；中田薰《法制史论集》第1卷（大正十五年，岩波书店出版）；三浦周行《法制史研究》（大正八年，岩波书店出版）；等等。

第三节　古典文化的繁荣

奈良时代　大宝律令制定后九年、和铜三年（710），首都迁到大和的平城（奈良），以后有七代七十多年，首都基本上在这里。比起过去，每一代都要迁都，这是一个进步。很有意义，一般都把这七十余年作为一个时代，称为奈良时代。首都在哪里这件事本身在历史上并不具有什么重大意义，这个时代政治史上的意义莫如说是在于，它是实行律令政治的初期，是以佛教为中心的各种文化取得惊人发展的时代。现在从政治形势的发展和文化繁荣的情况来说明这个时代的性质。

奈良首脑的保护者

奈良王朝是 8 世纪日本的统治者，他们也模仿中国组建了一支卫戍部队。由于把没有军事才能的贵族青年安插其中，使部队战斗力削弱，王朝最终为此付出了深重代价。

聖武天皇
しょうむてんのう

圣武天皇像

圣武天皇（701—756），热心佛法，推进中日文化交流的古代政治家、思想家。圣武天皇在位期间（724—749），处理天灾地变、氏族对立、叛乱等政治危机极为得体，并极力采纳唐代文物制度，用以充实国政。信仰佛教，创建国分寺、东大寺。天平十五年（743）下诏在奈良东大寺内建造著名的卢舍那大佛。两次派使赴唐，学习中国文化。因其倡导，使日本文化出现繁荣景观，史称"天平文化"。756年病卒。其文学功底很深，自幼吟诗会友，其作收在《万叶集》和《续日本纪》中。

政界的变迁　制定大宝律令的文武天皇早已逝世，接下来是元明、元正两代女帝。这一时代律令政治顺利实行，儒教文化昌盛，国运上升。如果用中国的例子来说，那么可同汉高祖以后的文帝、景帝那样节约国用，为后来武帝打下了飞跃发展的基础相比。相当于汉武帝的是圣武天皇，圣武天皇起首也是实行儒教政治，后来逐渐受到佛教精神的熏陶，最后到达佛教至上的世界观，转向了佛教主义政治。天皇当然不是只从佛教中寻求自我超脱，而是希望佛教能发挥安民保国的效验。当时律令社会的矛盾愈趋表面化，加上连年不断的天灾、疫病，贫民增加，政治陷于困难，只凭儒教的教化政治观念早已无法解决这些问题。针对这种情况，佛教的说法却能使人耳目一新。特别是从天武天皇时起流行的《金光明最胜王经》和《仁王护国般若经》，宣扬诵读和讲说这些经文的功德，可以保护国王的安泰，国土的安全，消灾解难，得到天王保护。另外，佛教的仪式很有魅力，使憧憬于异国文化的上层社会人士，对之怀

东大寺大佛殿

东大寺，日本古代佛教寺院。741 年圣武天皇下诏仿中国寺院建筑结构兴建。因位于平城京（奈良旧称）之东，故名东大寺。

该寺坐北向南，寺门重建于 1199 年，按天竺式样建造，有 18 根长约 30 米、直径约 1 米的木柱，是日本最大的寺门。大佛殿始建于公元 752 年，1708 年重建，面宽 57 米，进深 51.5 米，高 46 米，为世界最大、最高的木构大殿。又经 1903—1911 年和 1974—1980 年两次大整修。殿内供奉铜铸大佛。殿前有创建时期的遗物"金铜八角灯笼"。殿的东面有钟楼，13 世纪重建，内有 752 年铸造的梵钟，高 3.86 米，口径 2.74 米，重 26.3 吨，为日本最大的古钟。殿的西面有戒坛院。754 年中国唐代高僧鉴真在殿前修设戒坛向圣武上皇、孝谦天皇以及僧侣们讲授戒律，创建了律宗。次年将戒坛移至现址，江仁时代重建。殿北有正仓院。

有一种深厚的信赖感。在庄严的寺庙、端庄的佛像前面反复诵读难解的经典，使人感到庄严；华丽的仪式，会带来巨大的效验。圣武天皇的佛教政治，其根本精神是以君王具有一种护国安民的自觉责任感为基础的，这一点是无可怀疑，应该肯定的。但同时也有其不健康的一面，即憧憬新文化流于粉饰外表。而这不健康的一面发展下去，竟使整个时代的历史都变得暗淡无光。这点是令人十分遗憾的。

圣武天皇推行佛教政治的事迹很多，其中最伟大的是创建国分寺和东大寺。国分寺是在全国各地一律建造僧寺和尼寺，修七重塔，安放一丈六尺高的释迦像，并在寺中置备有《金光明经》《妙法莲华经》《大般若经》的抄本等，凭宣讲诵读这些经文的功德来祈祷各地方的平安。规定僧寺有僧 20 人，尼寺有尼 10 人。这好比政治上设置国府、任命国司掌管民政一样，在佛教界也设了普度众生、守护国土的地方机关。这说明中央集权机构的势力渗入佛教界，佛教渗入地方政治。决定在各地方修建国分寺的同时，圣武天皇又决心在首都建造一尊卢舍那大佛，理由是佛恩还没有遍及天下，要借此三宝的威灵感化天地，修造福业，使天下众生万物繁荣昌盛。而且这不能只靠君主一个人的力量，要允许天下有志者都来参加，哪怕是献上一根草、一把土。要建造五丈三尺高的金铜大佛，当然在资材上或技术上都遇到了许多意想不到的困难，但由于君民的不懈努力，经过 10 年时间，终于建成了佛像殿堂。天平胜宝四年（752），举行了空前盛大的大佛开眼仪式，这就是东大寺的大佛。大佛作为《华严经》的本尊佛，表现要普救众生，恩及四海，大慈大悲，这也象征着圣武天皇治国安民的理想。另外，能够完成这样巨大的事业，足以说明当时文化水平的进步和国家经济力量的充裕。庄严的大佛威容，是最能够说明当时天皇的权威和国家实力情况的纪念物。①

奈良时代大力推行佛教政治，但另一方面却存在着当权者频繁更替和政界不断发生阴谋倾轧的情况。在形式上否定了旧日氏族世袭的政治方式，采用了选录人才的新方式，但实际上新旧交替实行得并不彻底，在刚刚实行的新方式中却不知不觉掺杂了旧方式。在这种情况下，政界的稳定根本实现不了。以天武天皇诸皇子为中心的皇族担任知太政官事等高官，掌握政权，但到天平元年（729），左大臣长屋王以谋反罪被诛后，皇族势力就衰微了。这件事似乎出于藤原氏的策

中臣镰足

谋，藤原氏日见得势之后，为消灭反对势力，采取了强硬手段。藤原氏自镰足［中臣镰足（614—669），古代中央贵族、大奴隶主。策划并辅助中大兄皇子完成大化革新、打倒苏我氏之后，成为当时日本朝廷中的重臣。天智天皇时担任大织冠、内大臣等要职，树立了律令制的基础。以后赐姓藤原，为藤原氏的始祖。一直到平安时代，藤原一族在日本朝廷中，占有举足轻重的地位。——译者］以来，作为律令文化政治的实行者登上政治舞台，成为新兴贵族的首领。镰足之子不比等把女儿送进文武天皇和圣武天皇的后宫，由此得以与皇室结为姻戚，但以后的发展，并不顺利。不比等的四个儿子先后死于天平九年的疫病；其中宇合之子广嗣，在九州举兵，标榜要清君侧，但为讨伐的官军所诛［天平十二年（740）］。广嗣的清君侧，对象是新从唐朝回国的僧玄昉和吉备真备［吉备真备（695—775），原姓下道，出身于备中国（冈山县）下道郡一个地方豪族奴隶主家庭，其父国胜是一个下级官吏。15岁左右通过考试，入当时培养官吏的教育机构大学寮，22岁时被派遣为入唐留学生（同时被派的有阿倍仲麻吕、玄昉等）。养老元年（717）三月，随遣唐使多治比县守入唐，九月底到达长安，入国子监求学。天平六年（734）十一月，随上年来长安的遣唐使多治比广成一行回国，携有《唐礼》《大历衍经》等不少书籍及测影铁尺、铜律管、弓箭等大量先进器物。吉备真备在唐18年，遍学法律、算术、音韵、天文、历法及兵法等各方面知识。回国后供职中央朝廷，以后和同在唐留学的玄昉从事唐化改革，天平十八年（746）赐姓吉备，天平胜宝二年（750）左迁到九州，次年被任为遣唐副使。天平胜宝四年（752）入唐，次年回国。天平宝字八年（764）转任造东大寺长官后不久，因有惠美押胜（藤原仲麻吕）的变乱，被命指挥军队，平叛后任中纳言、大纳言、右大臣等要职。宝龟六年（775）以81岁高龄逝世，是日本古代政治文化各方面极有影响的一人，尤其是在盛唐文化的传入方面，其功甚伟。——译者]，这两个人代表着这个时代的一股政治势力。玄昉是后来继续推行佛教政治的行基、良弁、道镜等人的先驱；吉备真备生在备中一个郡司的家庭，因其才学而官至右大臣，是新知识阶层的代表人物。除此以外，和藤原氏对抗的势力，还有敏达天皇后裔的橘诸兄，他属于保守的旧贵族阵营。圣武天皇则位于这些政治势力之上，让他们都来为实现佛教政治而出力。但他没有儿子，而由皇女继位。皇女继位后，各派势力立即失去均衡，特别是由于女帝孝谦天皇个人的好恶，出现了一批宠臣，搅乱了政界。最初的宠臣是藤原仲麻吕（后来赐名为惠美押胜）。对于仲麻吕的专权，大伴、佐伯等旧氏族联合起来，以橘诸兄之子奈良麻吕为中心，计划推翻仲麻吕。可是这种策划没有成功，天平宝字元年（757）反而加强了仲麻吕的地位。他试图扭转佛教政治的方向，实行儒教政治，凡事模仿唐风、奖励孝道，提倡文治武功的政策；采取了改正官名、征讨新罗等使天下耳目为之一新的措施。但是，佛教徒的势力不能容忍仲麻吕一直专权下去，而女帝的爱宠又转到了主持宫中佛教仪式的僧道镜身上。仲麻吕终于发难被诛［天平宝字八年（764）］，于是又恢复到佛教政治的轨道上。不过，这次已超出了佛教政治的范围，成了淫佛之政。道镜任太政大臣禅师，接着又被授予法王称号，接受百官朝贺，在新帝即位举行大尝祭时，在祭神之前要首先拜佛。这种情况再加上女帝无嗣这一自然条件，竟使道镜觊觎皇位的客观形势渐趋成熟。因道镜的专权而一时受制的藤原氏，并不会总是甘拜下风的，他千方百计让天智天皇之孙充当皇嗣，成功地拥立了光仁天皇。在新天皇当政下，藤原氏彻底解决了长期以来与佛教的纠缠，决心重新实行原来的律令政治。这是直接继承这个时代前期元明、元正朝时厉行的律令精神，也是后来产生桓武天皇复兴律令政治的基础。奈良时代政权更迭的历史，不仅仅是令人眼花缭乱的权势者的兴盛衰亡，还有随之而发生的，不容忽视的内部政治思想的变化和文化价值观的演变。

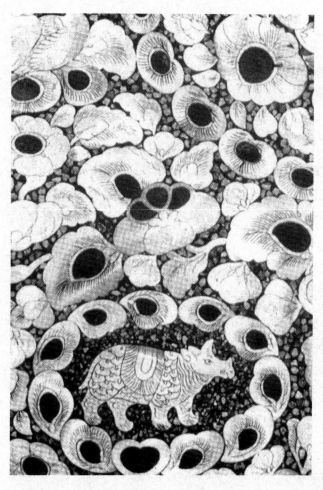

镜饰

本图所示是一面以珍珠母、琥珀与玳瑁壳装饰的中国镜子的背面，一只犀牛图案出现在精美的花瓣中。出产在长江上游与黄河流域的犀牛因它们的角而成为众人都希望得到的东西，犀角用来装饰一些消遣性物品。

经济的进步　班田制产生了自耕农民，为农业生产的发展做出了贡献。由于农民痛感收获不足，以及政府面临班授田地不足的情况，便认为有必要大量开垦荒地。养老六年（722）政府制定了垦田100万町步的计划，一般都认为这个计划是在东北地方，因为数字过大，具体情况不详。不过，由此可知开垦的热情和决心。[②]第二年，即养老七年发布了有名的三世一身法，对律令的土地公有主义做了根本的修改。这个法律规定，凡新挖沟池进行开垦者，准其三世（子、孙、曾孙）拥有所垦土地；依靠旧沟池进行开垦者，则准其终身拥有所垦土地。这个法律的公布，表明政府急切希望人民自发地去开垦土地，到天平十五年（743），更进一步将三世一身法扩大为允许垦田永世私有。于是人们竞相开垦，尤其是拥有充足劳力和生产资料的贵族和寺院等，大量增加垦田，以致酿成了深刻的社会问题。但大量开垦，国内耕地由此增加，则是不容否认的事实。天平胜宝元年（749）规定了各寺垦田所有额的最高限度，东大寺为4000町［町，日本的面积单位，律令制时的面积，和后来的并不相同。律令制的 1 町 = 10

反 = 3600 步，而近世是 1 町 = 10 反（段）= 100 亩 = 3000 步。这里所说的是当时律令制的町。——译者]，元兴寺 2000 町，大安、药师、兴福、法华四寺和各国分寺各 1000 町，由此可知仅仅寺院的垦田规模，竟是多么巨大了。这固然是律令制内早已产生了大土地所有的一个实例，但在另外，作为耕地面积增加的实例，也是值得注意的。政府对灌溉事业也表示了极大的关心，常常役使几万甚至几十万人大兴土木，修建灌溉工程。农具的供给也很充足，常用锄代替布帛发给官吏作为薪俸，在临

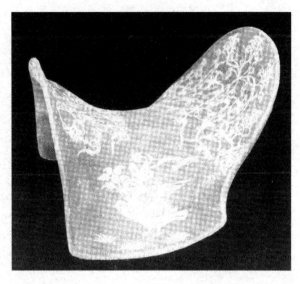

马鞍

这是保存在宗庙的 8 世纪的马饰的一部分。那里也保存着大量的剑、弓、箭与铠甲。在圣武天皇去世后 8 年发生的一场暴动中，其中很多东西遭到劫掠。

时赏赐中，也常用大量锄来充当。从这些情况中不难看出，铁制农具已从上层阶级普及到一般人民中间了。

与农业生产增长的同时，矿产品也有了显著增加。据天智天皇七年（668）记载，越后产出了石油。天武天皇二年（674），对马向朝廷进献白银，这是在日本首次见到的矿产白银。到文武天皇时，各地献上金、铜、锡、铅锡合金、白矾石等十几种矿物。这种情况，也反映在年号中，如因对马贡献黄金而改元大宝，武藏贡献自然铜而改元和铜。和铜六年（713），命各国编纂的风土记中，也载有国内的矿产资源情况。想要发展以佛教为中心的新文化，一定痛感需要矿产品等资材。凡是新文化昌盛之际，总是先开发矿产资源，这是古令的通例。此外，从近代初期织田信长和丰臣秀古的所作所为，也可以了解到这种情况。

随着生产的发展，流通也有了显著的发展。无论是藤原京还是平城京，在首都左右两侧都设有东西二市，这是进行商业活动的官办市场。首都与各地方首府之间都开辟了交通干线。道路根据交通量的大小分为大、中、小三等。山阳道是

尺子与棋盘

　　来自东南亚象群的象牙，为上图所示的珍贵的尺提供了原料——从正反两面展示。图片中以檀香木镶嵌而成的棋盘，是圣武天皇宫中下围棋用的。棋盘被分成 18 行 18 格，棋子装在抽屉中的龟形棋盒里。

大路；东海、东山二道是中路；北陆、山阴、南海、西海四道是小路。在这些道路上来来往往的是鞭策驿马飞驰而过的官府信使；乘传马去地方的政府官员；驮在马上或由人背负去京城进献贡品的人民；此外也会看到从京城往地方运送商品、从地方往京城运送农产品的商旅。随着中央集权机构与交通路线的完善，物资的交换流通也有了相当程度的发展，尤其不容忽视的是，作为促进交换和流通的媒介，货币也有了一定的发展。我国第一次铸造通货，大概是在天武天皇时，到持统天皇和文武天皇时还设置了铸造货币的官署——铸钱司。但到和

铜元年（708）以后，政府才真正对货币表示了积极的关心，在铸造和流通上采取了重大措施。这个时期所铸造的"和铜开珎"是我国最早铸有文字的铜币与银币。铸造钱币的直接动机是当时武藏国恰好发现了天然铜矿，用以表示祥瑞。但是应该看到，在客观上，经济的发展已经到了需要货币流通的阶段。然而当时人民还没有领会到货币的方便，所以还得政府多方设法鼓励人民使用，这样才使货币能在以京畿为中心的地区开始大量流通。与此同时，出现了伪造的货币，使币值下跌，物价上涨。政府为了防止币值下跌，并利用改铸以增加国库收入，在

天平宝字四年（760）进行了改铸。新币有三种，即铜币（万年通宝）、银币（天平元宝）和金币（开基胜宝）。规定1枚新铜币相当于10枚旧铜币，1枚银币相当于10枚新铜币。接着天平神护元年（765）又铸新铜币（神功开宝）与先铸的新币等值流通。旧币与新币的比例之所以定为10：1，是模仿唐朝改铸货币时的处理办法，政府自称这样做于民无损、于国有益，但实际上新币价值定得过高，所以币值不久就开始下跌，引起物价暴涨。和铜四年（711），1石米的价钱是33文，到天平宝字六年（762）已超过了1贯，宝字八年（764）竟涨到3贯，50年间上涨了100倍。于是政府不得不废除新币当十的法令，使新旧两币等价流通。尽管通货政策有过一些失误，但总的说来，当时钱币的信用还是很高，作为交换手段，发挥了巨大作用。例如写经所需要的食品、纸张、笔墨都是在平城京市场上购买的，据购物账载，一切支付都用钱币。一天中购入的大宗物品有绢120匹，价123贯680文；纸7600张，价13贯50文；白米35石，价38贯820文；薪64担，价925文；炭100筐，价974文；等等。[③]从这个例子中

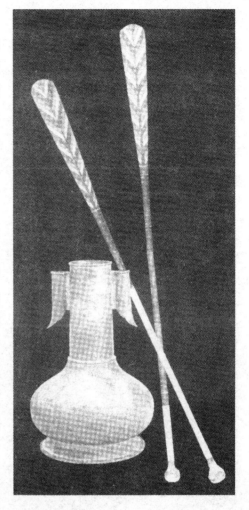

铜花瓶及木箭

图片中的铜花瓶和绘有仿羽毛图案的木箭是一种起源于中国的游戏用品。这种游戏也同样引起日本宫廷的兴趣。比赛是从一定距离努力把箭投入花瓶口中。

可以看出，当时市场上备有多种多样的大量商品，流通的货币量也颇可观。在这种情况下，钱货势必会集中到富豪手中。这个时代末期，各地富豪献上大量钱币和稻谷，而被授予官位的例子很多。从进献的数额来看，最多的是1000贯，也

有献 2000 贯或 1200 贯的。由地区而论，最多的是京城，远的也有常陆、伊予、因幡、长门、周防等地方。在这些边远地区都有钱币流通，这不仅说明这个时代经济的进步，也说明中央集权政治的彻底，政府的权威很高，能到达这些边远地区。

持统天皇像

版图的扩大 这个时代还有一个显著的事件，即版图的扩大，国郡的增加。在东北地区要扩大版图，首先就得制服虾夷（虾夷，日本的一种少数民族，古代居住于日本列岛的东北地方，以后受大和族的压迫，陆续同化、北迁，据说到镰仓时代已完全同化，成为日本民族的一部分。又称虾夷是阿伊努人的祖先。——译者）。因此，就不断通过征讨的方式，使虾夷人与内地人同化或逃往内地；平时推行的边境政策，也是通过征讨向前推进的。和铜元年（708）根据越后国的申请，首次建立出羽郡。五年之后，以出羽郡为中心，加上陆奥国的最上、置赐二郡，建立了出羽国。与陆奥同时作为平分东北地区的行政区——出羽国，就开始出现在历史上了。这也可以说是在前代阿倍比罗夫大致确定的开拓日本海岸这个骨骼上添上了开发内地的血肉。与此同时，太平洋岸的陆奥国的区域也扩大了。陆奥国于和铜六年（713）设置丹取郡（名取郡），灵龟元年（715）又添设香河郡、闭伊郡，养老二年（718）将该国南部分出建立石背、石城二国。天平时代，多贺城已成为既是镇守将军的驻所，又是该地区的首府，还在其北方各要地设置了城栅，作为前进基地。神护景云元年

（767）又在其最北部建立伊治城，设栗原郡，表示向北发展。在陆奥、出羽两国间，还开辟了联络路线，出羽在现在秋田地方设置了出羽栅，在其南边设雄胜郡。城栅的设置，具有深刻的军事意义，但郡的设置，估计则是供负担正规租税的编户民居住的，这说明它已确实编入国家政治经济圈内。这个时代，在百年左右的时间内，用如此惊人的速度开发了东北地区，最有力地说明了当时国力的强盛。对西南地区的开发，也不次于东北。九州南部是隼人的住地，前代已经归服，但仍不时掀起叛乱，每次都被平定下去了。和铜六年（713 年），在那里设置了大隅国，这对该地区的开发具有重大意义。西南各岛，在天武天皇时也有多祢（种子岛）、掖久（屋久岛）、阿麻弥（奄美大岛）等处人来朝；文武天皇时除以上各处外，还有度感（德之岛）人；元明天皇时，还有信觉（石垣岛）、球美（久米岛）人来朝。政府也积极遣使前往该地勘探。南岛的开发，在当时是由于同新罗处于敌对关系，遣唐使船不能再经由朝鲜沿岸航行，不得不向南方探寻航路，这就需要把南岛作为停泊地，所以开发南方是有其现实意义的。但同时也应该看到，在国力日见发展的情况下，政府和人民所具有的魄力，也是推动开发的一股背后力量。政府把掖久和多祢合并为多祢岛，列为国一级行政区，设与国司同等的岛司，下面设三个郡。这样，九州就有壹岐、对马、多祢三个国一级的岛屿，所以当时把九州地方总称为九国三岛。

除边境之外，内地也随着荒地的开垦、人口的增加，增设了国郡。丹后、美作、和泉、能登、安房等地方，都是在这个时代建立起来的国，此外，还有到后来撤销的芳野监、诹方国等。郡的设置，由于数目繁多，无法一一列举，就不谈了。全国的国的数目，虽时有增减，但在元正天皇末年（养老五年，721）时，共有 69 国 3 岛，到孝谦天皇末年（天平宝字元年，757），则为 65 国 3 岛。

文化的特点　这个时代的文化，最引人注目的特点就是唐风的盛行。无论是儒教、佛教、律令政治，还是学问艺术各方面，都是照搬唐朝的样式，或者稍加修改增删，总之无不与唐风有关。人们认为唐文化具有最高的水平，尽早达到它那样的水平，是当时一般的共同目标。这正和明治时代把欧美文化视作具有最高价值，而想尽快吸收并达到那个水平完全一样。就像明治时代频繁地派遣留学生赴欧美一样，当时，国家多次派出遣唐使作为外交使节，并有不少留学生也随

玻璃碗

　　图片中的玻璃碗，可能制作于曾被罗马占领过的中东地区：这种工艺在那里十分流行，并被称为罗马玻璃。沿着丝绸之路向东运到长安，像这样的赠品最终被在唐朝的宫廷送往日本。

同赴唐。在航海和造船技术还很幼稚的那个时代，他们的航海真是要冒着生命危险的。这个时代共派遣了 6 次遣唐使（遣唐使，日本在公元 6 世纪以后，随着生产力的发展，原来以氏族为中心的奴隶主统治已不再适应，急需输入新的文化、生产技术和统治方法来维持和巩固贵族奴隶主政权的统治。所以圣德太子掌握政权以后，除在国内实行一系列改革措施以外，还从公元 600 年起直接向中国派遣使节通好，并派遣留学生、僧随行，输入中国的先进文明，这就是历史上称为"遣隋使"的。唐代隋兴后，日本贵族奴隶主政权仍执行这方针，继续不断地直接向中国派遣使节和留学生、僧。由于其国内情势的需要，间隔的期间虽不尽相同，但使团的人数却逐渐庞大，有 500 多人。由 630 年到 894 年管原道真奏请废止派遣为止，包括没有成行的在内，先后共任命、派出了 19 次。这些遣隋使、遣唐使（主要是遣唐使）使团的人们，回国以后对日本各方面所起的影响都是很大的，很多在日本古代史中做出过巨大贡献的人物，如高向玄理、南渊请安、吉备真备、最澄、空海都是曾随遣隋、遣唐使团而留学中国的。这里所说的"这个时代共派遣了6次遣唐使"。是指任命派遣以后而到达中国的次数，实际上经日本朝廷派遣任命的次数是8次，而不是6次。其中第十三次（761）和第十四次（762）两次，都是在任命以后，由于船舶破坏或因风向不顺，无法航行而中止出发，所以没有计入。但从任命的次数来说，应该是8次而不是6次。——译者），分别是在大宝二年（702）、养老元年（717）、天平四年（732）、天平胜宝四年（752）、天平宝字三年（759）、宝龟八年（777）出发的。这些次遣唐使中，没有一次不在去时或回来时没有碰到危险的。如在养老年间赴唐留学的学生阿倍仲麻吕和天平胜宝年间的遣唐大使藤原清河因在回国途中遇险，漂流到安南，终于没能回国而埋骨于唐的；天平年间的使者在回国时，船只遇险，其第三船漂泊到昆仑，115名乘坐人员中仅4人生还，第四船完全失踪；宝龟年间的使者回国时，也发生第一船舳舻折断，副使及答礼唐使等66人沉没海中，其他三船也分别漂流到意想不到的地方。尽管有这样的危险，但仍陆续任命和派出了遣唐使，这完全是由于移植文化的热情十分迫切所致，因而出现盛极一时的唐风文化的盛况，也可以说是当然的。④

唐风文化从内容上来说，具有丰富的世界性。当时的大唐帝国，不仅统治着中国中原，而且北降东突厥，纳蒙古、西伯利亚于其统治下，西平回纥、高昌、吐蕃、西突厥等，置中亚细亚于势力之下，形成了与大食（撒拉逊帝国）、印度接壤的巨大版图。撒拉逊人在教祖穆罕默德的统治下，统一了整个阿拉伯，东灭波斯，由印度西北部进入中亚细亚，西侵小亚细亚，直逼君斯坦丁堡。穆罕默德创教以来一百余年，形成了一个从中亚到大西洋的东西长的国家，因其地理位置和人民经商的关系，在横跨欧亚的东西交通和东西文化交流上，发挥了很大的作用。其首都巴格达是东西贸易的中转站，拥有巨大无比的财力，表现了高度的文化。唐都长安的繁荣完全可以和巴格达媲美。长安不仅居住着中国周围各民族、国家的许多留学生和商人，而且印度、撒拉逊、西欧人及其文化也通过中亚大量流入，形成了当时世界上最大的国际都市、文明都市。唐文化正如长安所象征的那样具有世界性，以广博和包容见称。我国与唐通交，向长安派遣使节，就意味着想通过大唐帝国而直接接触世界文化，在国际舞台上与各外国人结交。另外也给唐人及印度、西域人提供了来到日本的机会。当时到日本的外国人中，最著名

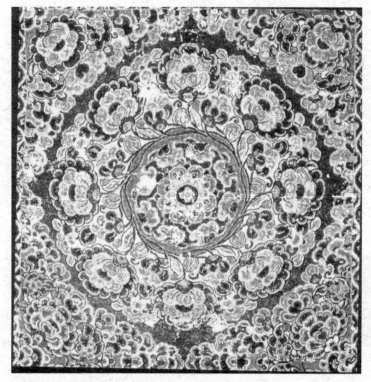

地毯

　　一块羊毛制成的小地毯绘有波斯图案。在七、八世纪，波斯的工匠们沿丝绸之路迁移，并在长安和远东其他商业中心建起他们的商店。这些精美图案很快就被当地的工匠所吸收。

的有：东大寺大佛开眼时担任导师的印度婆罗门僧正菩提仙那、传来林邑乐的林邑（印度支那）僧佛哲、波斯人李密翳等。

　　因为这个时代的文化具有丰富的世界性，所以充满明朗豁达的气氛，呈现出清新活泼的姿态。这是象征着国运的兴隆和版图的扩大、充满了光明与希望的国家的文化。不过，这种光明与希望，并不属于庶民阶层，而是属于统治阶层的，因而就不免有这样的批评：只属于上流阶层的文化，无论怎样繁荣，从全体国民看来也不能说是健康的。谁也不能否认，这个时代文化的主要旗手是上流阶层，但我不认为，庶民阶级就因而被完全排斥在外，没有沐浴文化光明的机会了。恰恰相反，这个时代，庶民参与上流阶层文化程度之深，超过前后两个时代。在圣武天皇的天平时代，这种倾向表现得尤为明显，天平六年（734），在宫城的朱雀门外举行歌会，在天皇亲临之下，有包括皇族、贵族在内的240多名男女参加，都城中男女市民可以自由参观。神龟元年在宫中举行骑猎，从亲王以下直到庶民，凡有把握者都参加了。前面已经讲过，建造东大寺大佛时要求广大人民通力合作，献一根草或一把土，共同来完成这个事业。庶民就这样积极地参加了贵族的文化生活。所谓"庶民与贵族属于完全不同的世界，无论怎样探讨贵族文化的特点，都和庶民无关。"这种指责应该说是片面的。即使贵族和庶民都有各自的界限，但他们都均沾了这个时代文化那种明朗豁达、广博包容的特点，并且从根本上就加以支持。海犬养连冈麻吕所咏"民是我生存的象征"的感慨，我想绝不仅仅是贵族阶层的感慨吧！

学问　如果把学问根据这个时代的观念来进行分类，那么分成内典之学和外典之学两种是最合适的了。内典之学意味着学习佛教学；外典之学则意味着从佛书以外的汉籍中得来的学问。佛教学后面再说，先谈一下外典之学。如果按今天学问的范畴来说，则从哲学、法学、政治学等人文社会科学直到天文学、数学、医学等自然科学，范围十分广泛。不过，重要的是，这些学问都来自汉籍，而汉籍都是用外国文字——汉文写成的。因此，要想学习这些学问，就必须先认识汉字，通晓汉文。所以在当时，学习汉文、汉学，就成了学习各种学问的前提，这个前提越是困难，就越会过分地花费力气，反而会有达不到最后目的的可能。从根本来说，汉文、汉学是文学，但又是最重要的学问。研究文学，作诗作文压倒了其他学问而成为学问的主流，这是这种特殊学问在我国的特点所决定的。

研究学问、进行教育的设施有式部省的大学、各地区的国学、中务省的阴阳寮、宫内省的典药寮等。这些都是以培养官吏为主要目的的机构，研究学问毋宁说是附带的。但从儒教政治的理想来说，官吏应该是最高的知识分子，所以它们自然代表了国内学问的最高水平。大学的正科，是研究经书义理的明经道，教科书是《周易》《尚书》《周礼》《仪礼》《礼记》《毛诗》《春秋左氏传》《孝经》《论语》。还有特别科，如教授经书读音的音道、教授书写秀丽的书法和教授算术的算术。由于正科的明经道学的无多，教授律令的明法道和教授文章的文章道等反取而代之十分兴隆。天平时大学里有明经、明法、文章、音、书、算六道，担任的教官是博士，学生则为诸生。政府热衷于尊重这些学问，优待学者。历代屡次对各道学者赐予物品，以奖励其学业；对学者有时还因其学而免其罪。这些都表明，新兴文化国家认识到文化繁荣的根源在于学者的活动所施政策的健全。

这个时代的儒学，在内容上究竟达到什么水平呢？由于材料很少，无法确切知道。从现在还遗留下来的、当时作为国家最高一级考试——秀才道的论文考试的部分试题和答案中，可以看到诸如忠、孝孰为先，儒、老孰优等问题；所提答案每多注重罗列引经据典的文章，而对关键学说的思维性和逻辑性的论述则很不够。这种情况基本上可以说明，在学习儒学时，对其外形词句、文章的理解和模仿，超过了对其内容义理的研究。这个时代的儒学，还有一个虽与学问内容的进步无关，但却是不应忘记的事实，即天平宝字元年（757）曾下达一个敕令：百行以孝为先，全国家家户户都要置备《孝经》一本，精读勤诵。当然，实际上这不可能实行，也没有见诸实行的证据，但仅从这个命令，就足见其气势如何壮盛。从学问应用于政治，影响到社会来看，我认为这个时代的儒学可能已取得了出色的成果。

阴阳寮有阴阳博士、历博士、天文博士，除教授诸生阴阳学、历学、天文学外，并以其技术参与政府事务；典药寮有医博士、按摩博士、咒禁博士和药剂师，除教授医药之学外，还负责诊疗、采药。这些是当时学习的几种主要的自然科学，也是经常需要的一些技术。

用汉字写成的佛教经典

这个8世纪日本书卷，是用中文讲佛的历史。图右是佛进入印度国王频毗娑罗为他修建的寺院。图左是佛接受了寺院，国王正在以赠礼的方式倾倒香水。日本僧人与朝鲜僧人都传播汉字佛教经典。

流传至今的《日本书纪》《古事记》《风土记》等历史和地志书籍，虽与大学的学问没有直接关系，但其成果却具有学术的性质和水平。它们当然都是这个时代重要的学术成果，同时也是以大化改新为中心的政治改革的一个思想总结，作为新兴文化国家的文化基础，具有多方面的历史意义。《日本书纪》和《古事记》都是由天武天皇提议而开始编纂的，但两书却有许多不同之点。《书纪》是由许多委员集体编修，利用一切可以得到的材料，模仿中国史书体裁而编纂的我国正史（养老四年成书）；《古事记》则是由太安万侣记录的稗田阿礼个人所诵习的东西，使用的材料不过是帝纪和旧辞，没有按照中国风格进行加工、润色，是一部素朴的史书（和铜五年，712 年成书）。尽管有这些不同，但两书都是从国家的永久性和皇室的恒久性这一坚定的信念出发，记述了开天辟地以来的历史。如果说律令是大化改新的现实成果，那么它就是意识方面的成果；如果说前者是律令国家的法律基础的话，那么后者则是其思想根据。⑤《风土记》则是在《纪·记》前后，命令各国编纂、提出的各国地志，记载的内容，有当地出产的矿物、植物、动物的种类，土地的肥瘠，地名的由来，古老的传闻、逸事，等等。这也说明政府的权力确已伸展到了地方。它象征着不但现实国情，就连过去的历史奥秘也要全部掌握到政府手中，是律令精神渗透到地方的一个实例。《风土记》留存至今的只有播磨、常陆、出云、丰后、肥前五国，其他都只有在各书引用的佚文。这些书的实际成书年代，各国似乎各不相同。⑥

汉文学是这个时代的主要学问，纯粹的汉文学作品就是《怀风藻》。《怀风藻》是一部汉诗集，它收集了大友皇子以及皇族、朝臣、僧侣等 64 人的 120 篇作品，是我国的第一本汉诗集（天平胜宝三年成书）。诗中有的只是罗列定型化的文字，模仿的色彩很浓厚，但也有洋溢着真挚感情沁人心脾的作品。许多知识分子吸取异国诗的形式，并努力把它变成自己的东西，这一点是应该给予高度评价的。这个时代著名的文人有淡海三船和石上宅嗣。淡海三船因首次为神武天皇以下历代天皇撰定汉风谥号而著称；石上宅嗣则以开设私人图书馆芸亭，供人们阅览而闻名。

佛教 前面已概括谈到佛教因其护国安民的效验而被采用到政治中，这里只就作为学术的佛教来探讨一下。本来，这个时代的佛教，与其作为宗教，莫如作为学术来探讨更为合适。当时的佛教，是一种知识性的佛教，哲学性很强而宗教性却很少。专门的佛家也是把重点放在研究学术上，并不注重宗教体验的深

鉴真像

　　鉴真就日僧之邀，赴日弘法，虽经磨难5次东渡失败，矢志不渝，最终第六次从扬州出发抵达目的地。先在东大寺设坛受戒，后创建唐招提寺，收徒布法，传播建筑、雕塑、绘画、书法和医药等知识，对于奈良时代的日本文化发展，做出了重大贡献。鉴真和其弟子所开创的日本律宗也成为南都六宗之一，流传今日，尚有余晖。

化。这个时代的佛教分为六宗，有南都六宗之称，即三论、成实、法相、俱舍、华严、律六宗，与其说是教团的派别，不如说是专门研究学术方面的区别。例如三论宗就是专攻三论教义的学僧集团，法相宗则是专攻法相教义的学僧集团。也有的除学习专门的宗以外，还钻研其他宗的，一所寺院里混住着各宗的僧徒。据镰仓时代的学僧凝然回忆，最早传入三论宗的是推古天皇时来日的高句丽僧惠灌；最早传来法相宗的是孝德天皇时入唐的道昭；最早传来华严宗的是圣武天皇时来日的唐僧道璿；最早传来律宗的是孝谦天皇时来日的唐僧鉴真。成实和俱舍分别是作为三论和法相的附宗而随带传入的。三论、法相、华严、律四宗是随时代先后从中国传来的，这是由于这些宗派在中国盛衰的情况，也照样移植到了我国。另外也可以说，传入的顺序是由于各宗教义内容在思想上发展的必然性。三论宗认为一切事物皆空，主张立足于真空的中庸；法相宗则认为一切事物均为我心的表现，把根本意识作为"有"来掌握，然后去探索万法的缘起；华严宗则认为一切事物都表现本体真理，显现万有世界，可以说它把互相对立的前两宗，在更高的层次上加以统一和发展；律宗则是钻研作为僧侣实践规范的戒律的，它具有对偏重于哲学思维的教界提出关心采取实践行动的意义。

从当时国内保存的经典数量，可以具体地看出，那时的佛教作为学术已经达到了何种水平。经典起初都是从大陆运来的，遣隋使、遣唐使和留学生、僧等为此付出了不少的努力。传入法相宗的道昭从唐朝带回了后来称为元兴寺一切经的经论，玄昉从唐朝带来5000多卷经论。不过，无论带回了多少经卷，如果单纯依靠它，其作用还是极有限的。为了普及经卷，当然还必须在国内抄写复制大量的副本，这就产生了写经的必要。奈良时代设有各种公私的写经所，动员了大量技术人员，开展了大规模的写经事业。关于这一点，由于现存的正仓院文书提供了丰富的史料，明确了许多事实。据石田茂作博士的调查，当时实际抄写的经典中，知名的有，印度撰述的1193部4884卷，中国撰述的636部4218卷，共1829部9102卷。这个数字已经超过同时代唐朝经录所载的数字。可以断言，我国一切经的数量与唐朝相比，也绝不逊色。[⑦]在这样丰富的经典基础上，蓬勃发展的佛教研究，究竟达到了什么水平，也就不难想象。另外，我国学僧的著述，也很能说明问题。已知的有元兴寺智光6部、兴福寺善珠19部、兴福寺行贺15部、西大寺常腾10部、兴福寺修圆14部、元兴寺护命16部，数量很多。[⑧]东大寺灵寿著的《华严五教章指事记》是详细而忠实注释唐贤首大师法藏所著的华严教义中基本著作《华严五教章》的教典，在中国、朝鲜，都公认它是这部书的最早的注释。这些学僧在唐朝扬名的事迹有，上述的兴福寺行贺在唐31年，在唐百高座中位居第二；灵仙在唐时作为"笔受""译语"参加了《大乘本生心地经》的翻译工作。在经典的翻译中，"笔受""译语"的位置是最重要的，必须由精通梵汉两种语言、学识渊博的硕学来担任。异国僧侣被选拔担当此任，说明其学识决非寻常，大大为日本学僧增了光。

由于佛教是种高深的学问，僧侣是最高的知识分子，所以僧侣以所学的知识和技术直接为增进社会福利所做的贡献，也很巨大。佛教带给人民的福音，是通过各种具体的社会事业形式表现出来的，佛教的宗教性在这一点上，也因而得到了最大的发挥。道昭周游全国十余年，在路旁凿井，在渡口备船、架桥；行基修建了9所供旅客住宿的布施屋、2座停船码头、6座桥梁、15个水池、3条灌溉渠等土木工程；普照在道路两旁栽种果树，供旅客夏天避暑，饥饿时摘果实充饥之用。医术也是靠僧侣传播的，各大寺中都有施药院等医疗设施，有不少著名的僧侣为病人治病，并有很多人收到很好的效果。协助圣武天皇弘扬佛教的光明皇后，创设悲田院和施药院，负责对饥饿、患病人的疗养，这也可以作为佛教政治光明面的一个例子。

艺术　这个时代的艺术首先要提到和歌。尽管知识阶层通用的文字是汉文，诗情是用汉诗来表达，但是率真的心声还是要用固有的诗歌形式——和歌来表现，这也是件理所当然的事。就好比政府无论怎样提倡信仰佛教，但对固有的神的崇敬和祭祀仍然延续不衰一样。我国最古的和歌集《万叶集》[《万叶集》，共20卷，是日本最古的歌集，并不是某一个人编纂的，而是汇集从仁德天皇（4世纪）到天平宝字三年（759，唐乾元二年）为止的歌集，大伴家持（718—785）是在编选工作中起最大作用的一人。《万叶集》所选入的歌曲，不仅有皇室、贵族和官吏们的，而且也有从古代流传下来

鸟依

　　如图所示的鸟依是一种佛教僧侣所携带的仪式性权杖。这支权杖两端都饰以犀角，并在边缘部分装有雕刻的象牙。

的民谣、歌曲等民间的，共收 4500 首，其所用的文字和一般假名稍有不同，称为万叶假名。《万叶集》不但是日本古代的歌集，而且也是古代史的基本史料之一。——译者] 是汇集了这个时代及以前人们所做的金玉之篇。《万叶集》共 20 卷，所收和歌有长歌 260余首，短歌 4170 余首，旋头歌 61首，合计达 4500 余首。关于其编纂年代和编者有各种说法，开头两卷体裁工整，可能是敕撰，最后四卷好像是大伴家持的私人歌集，其他各卷也好像多数是从个人的私集中选来的，因此全书体裁并不完整。注明年代的和歌，最晚是天平宝字三年（759），而为此歌集的搜集编纂工作出了很大力量的大伴家持死于延历四年（785），由此可以推测其大体的编纂年代。集中使用的文字是所谓万叶假名，也就是用汉字的音训来表现日语的典型例

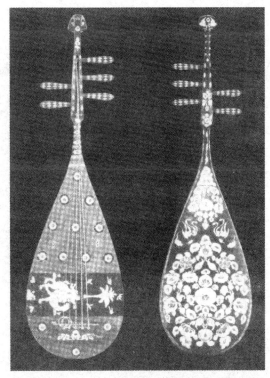

五弦琵琶

工艺品中关于折中主义特性的最典型的例子，在 8 世纪影响到了日本，这个印度风格的五弦琵琶——从正反两面展示——又呈现出典型的中国唐朝宫廷式样和波斯风格。

子，是产生后世的日本文字——片假名和平假名的母体。歌集中的作者，从历代天皇到皇族、贵族、僧侣、农民、妓女等包括社会各阶层的人士；包括的地区也从京畿到东国、北陆、山阴、山阳、筑紫等，遍及全国。这部歌集充分表现了文化普及到各阶层、各地区的时代特征，这是《万叶集》与后世的敕撰歌集不同之点。另外，作品虽有巧拙之分，但都贯穿着纯朴、诚挚的精神，对皇室的无限忠诚，对子女的纯真爱情，对情人的热烈恋慕，对大自然的素朴的惊喜，等等，无一不深扣人心。那是健康的自然之子的感怀，是前途充满光明、希望的青春的气息。这也是《万叶集》与后世敕选集不同之点，正因为如此，后世歌人常到

《万叶集》现存最古手抄本

《万叶集》，日本现存最古的诗歌总集，全集20卷，收诗歌4500余首。其成书年代，众说不一，大致是经过多人之手做过多次编辑，最后到公元8世纪奈良时代末叶，主要由大伴家持总其成，又经其后数人的加工，形成今传的版本。

东大寺正仓院

东大寺大佛殿殿北正仓院，建于天平年间早期。内部分为北仓、南仓和中仓三室，珍藏有圣武天皇生前用的服饰、日常用具及756年光明皇后的《东大寺献物账》1卷，还有东大寺大佛开光做佛事时的衣物、武器、乐器、伎乐面（假面）和当时的文书、绘画等。寺内创建时期的建筑有三月堂即法华堂及后世重建的二月堂、四月堂、开山堂等。

《万叶集》中去寻找革新的根据。这个时代有代表性的歌人是柿本人麿、山部赤人、山上忆良、大伴旅人、大伴家持、坂上郎女等。其中柿本人麿擅长长歌，格调雄伟、气势豪迈；山部赤人巧于短歌，静观自然，把自己沉浸在自然中。前者奉侍高市皇子的殡宫时吟咏的长歌，是集中首屈一指的长篇，恰如倾听雄伟的交响乐；后者的富士山之歌，淋漓尽致地咏出了这座灵峰的神圣姿态。山上忆良深通儒佛之学，其脍炙人口的《贫穷问答歌》[《贫穷问答歌》，山上忆良（660—733）所作，内容是描写穷苦人家受里长的横征暴敛，而陷于极度贫困的情况。这首歌收在《万叶集》中。——译者] 深刻地思索了社会和人生，以严正的社会正义观念咏出了贫苦农民的姿态。大伴旅人受老庄思想影响，在酒杯中享受人生，其子大伴家持决心为一家发扬传统的古代精神，但在现实面前却为一筹莫展的时代矛盾而深感苦恼，等等。这里就不一一列举了。⑨

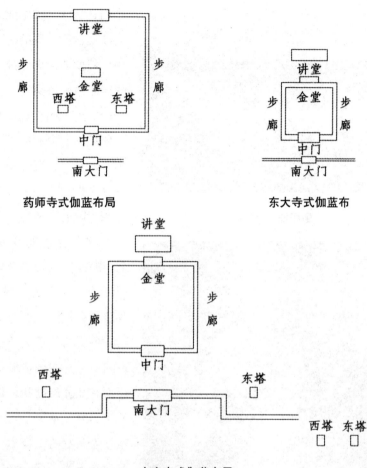

药师寺式伽蓝布局　　　　　　东大寺式伽蓝布

大安寺式伽蓝布局

　　佛教的繁荣，和前代一样，使造寺、造佛十分兴盛，从而也带来了美术工艺的明显发展。美术史家把孝德天皇时起到这个时代初期称为白凤时代，圣武天皇时起到这个时代结束止，称为天平时代，认为是美术史上的黄金时代。当时修建的大寺有从飞鸟故都搬到平城新京的兴福、大安、元兴、药师四寺以及新建的东大、西大二寺，加上前代修建的法隆寺，合称南都七大寺。在地方上也修建了国分二大寺院，作为公家的大寺，此外还修建了许多寺院。各寺的伽蓝布局除遵照前代法隆寺式的以外，又出现了药师寺式、东大寺式、大安寺式等新式布局。药师寺式是将中门、金堂、讲堂配列在一条直线上，回廊从中门左右向金堂延伸，中立东西两塔。

唐招提寺金堂

执金刚神像

东大寺式和药师寺式一样，把中门、金堂、讲堂配列在一条直线上，所不同的是两塔建于中门斜前方回廊之外。大安寺式是东西两塔更进一步建在南大门之外向南很远的地方。这说明把安放舍利的塔作为伽蓝中心的观念，已逐渐淡漠。塔的原来性质已被忘却，仅成了点缀寺院的一种装饰建筑。

这个时代的建筑，存留至今的据称是表现白凤样式的药师寺一座东塔。塔共三层，各层均有外沿，看上去好像六层，各层与外沿大小交错，呈现出一种音律的协调美。柱子还留有几分凸肚状，但柱顶的云斗云肘木不见了，代替它的是分为三股的支撑木。天平建筑的遗迹有当麻寺东西两塔、东大寺法华堂、新药师寺本堂、唐招提寺金堂、法隆寺梦殿、荣山寺八角堂和东大寺转害门等。其中唐招提寺金堂给人以极其庄重优美之感，它的屋顶有美丽的四角，前面是一排裸露的柱子，颇有古希腊建筑之风。由于平城京的修建，在宫殿建筑方面，唐式也极为盛行，主要的有太极殿、朝集堂等。朝集堂后来改建为唐招提寺讲堂，其遗址一直留存至今。另外，法隆寺传法堂原是光明皇后之母橘夫人的旧宅，由它可以看出当时贵族邸宅的概貌。东大寺正仓院是收藏光明皇后施给东大寺的圣武天皇生前喜爱的珍宝的仓库。正仓院是用方木交叉成式盖起来的库房，这种样式很适用于日本潮湿的环境，除正仓院外，现在还保留着另一些这样的仓库。

到白凤时代雕刻受隋和初唐的影响，多少带有印度、波斯的风格。这个时代最杰出的代表作是药师寺金堂的药师三尊像，体态匀称、风貌雄伟、铸造技术巧妙，可以说是古今稀有的杰作。药师寺东院堂的圣观音像可以透过薄薄的衣衫看到绷紧的肌肉，与遥远的印度笈多王朝的雕刻具有共同的地方。此外还有一些优秀作品，如法隆寺橘夫人膜拜的阿弥陀三尊像、长谷寺铜版法华说相图、野中寺弥勒像等。天平时代的雕刻接受了盛唐风格，把白凤时代圆满流畅的技巧发展到了登峰造极的地步，开创了雕刻史上空前绝后的盛况。材料也在前代铜和木的基础上新增加了泥塑与干漆。天平雕刻的许多优秀作品都集中在东大寺法华堂（俗称三月堂）。主佛干漆不空羂索观音像，无论是面部表情还是衣纹式样都保留着唐的风格，但更加优美了，镶嵌着珠宝的银制宝冠和独特的舟形光背都给人以美丽醒目之感。伫立在里面佛坛四角的干漆四天王像和主佛后面的泥塑执金刚神像的那种结实、绷紧的肌肉和魁伟的相貌都表现得十分逼真，与主佛一起站在坛上的泥塑日光、月光两菩萨则显得神采奕奕、风貌崇高，表现出灵肉调和达到极点。此外如东大寺戒坛院泥塑四天王像、新药师寺主佛药师像、泥塑十二神将像、圣林寺十一面观音像、兴福寺十大弟子像和八部众像等，都是这个时代的杰作。不过，到这个时代末期，像唐招提寺金堂诸佛像那样，已显出了暗淡的格调，表现出要向下一时代——弘仁样式过渡的征兆了。另外除佛像之外，还有不少肖像雕刻，如法隆寺梦殿的行信僧都像、唐招提寺的鉴真和尚像等，这也是这个时代雕刻的一个特点。

在绘画方面，白凤时代的遗品有著名的法隆寺金堂壁画。它由描写佛教净土的四大壁和各画有一尊菩萨的八小壁组成，其富丽严谨的色彩和线条，使人感到它既沿袭印度阿旃陀壁画系统，又表现了远东独特的技法，说明在绘画技术方面，已有了飞跃发展。圣德太子画像也是这个时代的优秀作品。天平时代的遗作有药师寺吉祥天画像、正仓院树下美人像、过去现在因果经绘等。总的来看，与

正仓院树下美人像（部分）

建筑、雕刻等相比，绘画中留下的优秀作品较少。

工艺的发达也很显著。白凤时代的代表遗物有药师寺金堂主佛台座等；天平时代的遗品大量保存在正仓院的御用物中，种类很多。前面已提过，正仓院御用物是圣武天皇生前喜爱的物品，在天皇逝世后，由光明皇后献给东大寺的，从那时到现在已经历了1200年风霜，而这些东西却一如往昔保存了下来。这些御用物品种类繁多，有武器、文具、乐器、日常用具以及娱乐用品等，遍及文化生活各个方面。由于这些都是实际使用过的物品，所以具有极大的史料价值。由工艺技法角度而论，也是变化万千。如金工有铸金、雕金、透雕、金银镶嵌等；漆工有赤漆涂、黑漆涂、干漆、金粉漆画、金银花纹涂漆等；织物有锦、绫、绝、纱、交织品、绮、毛毡、花毡等；染物有浸染、蜡染、夹染等；玻璃有吹制玻璃、雕玻璃及着色玻璃等，此外还有螺钿、木画、染色牙雕等，不但今日的技法，应有尽有，而且有的已经失传，直到今天还不知其技法的，可见当时的工艺之发达，已达到多么高的水平。同时也可以了解，使用这些工艺品的当时的文化生活，该是多么高级，实在令人吃惊。

书法是大学的一个科目，随着写经的盛行，更加受到重视。这个时代的书风完全处于中国书风影响之下。对晋朝王羲之的崇拜，由圣武天皇、光明皇后起，直到无名的写经生，都竞相仿效，风靡一世。正仓院御用物中有一卷光明皇后临摹的王羲之所书《乐毅论》，东大寺收藏的王羲之所书20卷，是圣武天皇生前喜爱之物。初唐书法家欧阳询、欧阳通等对当时的书法，也很有影响。许多学者指出，留存至今的日本最古的写经《金刚场陀罗尼经》（丙戌岁书，686）的书风，与同年制作的长谷寺铜版法华说相图铭文的书风，和欧阳通的完全一样。可见唐文化的传播达到了一个惊人的地步，直到下一个时代的空海，才在书风上摆脱唐的影响，开创出日本独自的风格。

印刷在这个时代也有了惊人的发展。印刷也是为了节省抄写经卷的劳力而想出来的办法。宝龟元年（770），称德天皇做了130万座3层小塔分给各寺，每座塔的露盘下都有一个陀罗尼，而这些陀罗尼是在分给各寺时印制的。今天还保存着许多这种小塔，据说那些陀罗尼是世界上现存的最古老的印刷品。

前面已经讲过，伎乐是推古天皇时传来的佛教音乐，政府为承袭和钻研音乐技术曾付出很大努力。雅乐寮是专门掌管音乐的机关，里面有舞师、笛师、唐乐师、高丽乐师、百济乐师、新罗乐师、伎乐师、腰鼓师等专家，分别教授学生。从这些乐人的名字就可以知道雅乐寮中所掌管的音乐，其种类是多么丰富。除了日本传统的舞蹈、吹笛之外，还有唐、高丽、百济、新罗等各自的音乐以及吴乐的伎乐等，使人感到这里集中了东洋各地所有的音乐。事实上还不止于此，随着圣武天皇以来开始与渤海国通交，又传入了渤海乐，林邑人佛哲又带来了林邑乐，从而更加丰富了音乐内容。因此，在当时的法会仪式上，经常演奏这些音乐。天平胜宝元年（749），字佐八幡的祢宜拜谒东大寺时，除演奏唐、渤海、吴等外国音乐外，还跳起了五节曲舞和久米舞等传统舞蹈。天平胜宝四年（752）的大佛开眼仪式上，演奏了雅乐寮及各寺的种种音乐，表演了王臣诸氏的五节、久米、楯伏、踏歌、袍袴等歌舞。这说明奈良时代文化的丰富多彩，在音乐部门也不例外，在具有广泛世界性的异国文化昌盛的同时，并没有忽视日本的固有文化。尽管两者还没有达到实质上的完全融合，但表面上却已经是毫无抵触地相互依存了。

注　释：

①关于国分寺，可参见辻善之助《国分寺考》（载《日本佛教史之研究》，大正八年，金港堂出版）；角田文卫编《国分寺研究》（昭和十三年，考古学研究会出版）；家永三郎《关于国分寺的创建》（载《上代佛教思想史研究》，昭和十七年，畕傍书房出版）；

石田茂作《东大寺与国分寺》（昭和三十四年，至文堂出版）等。关于东大寺，可参照大屋德城《宁乐佛教史论》（昭和十二年，东方文献刊行会出版）和《东大寺史》（昭和十五年，东大寺出版）等。

②有关百万町开垦计划的情况，可参见村尾次郎《律令财政史研究》（昭和三十六年，吉川弘文馆出版）。

③正仓院文书天平宝字六年十二月二部般若钱用账（见《大日本古文书卷五》）。

④见木宫泰彦《日中文化交流史》（昭和三十年，富山房出版）；森克已《遣唐史》（昭和三十年，至文堂出版）。

⑤有关《日本书纪》《古事记》的研究著作不胜枚举。仅最近出版的就有：津田左右吉《日本古典研究》上、下卷（前引）；丸山二郎《日本书纪研究》（昭和三十年，吉川弘文馆出版）；岩桥小弥太《上代史籍研究》（昭和三十一年，吉川弘文馆出版）；平田俊春《日本古典形成研究》（昭和三十四年，日本书院出版）；坂本太郎《日本的修史与史学》（昭和三十四年，至文堂出版）等。至于《古事记》，有 8 卷本的《古事记大成》（昭和三十一年至三十三年，平凡社出版，其中收有正文、索引、注释和研究论文等，查阅起来十分便利）。

⑥《风土记》的佚文现已被收进《采辑诸国风土记》（载《日本古典全集》，昭和三年出版）；岩波文库本《风土记》（昭和十二年出版）；日本古典文学大系本《风土记》（昭和三十三年，岩波书店出版）等书中。

⑦石田茂作《从抄经看奈良朝佛教之研究》（昭和五年，东洋文库出版）。

⑧此数字是宽治八年（1094）兴福寺和尚永超编撰并亲自校订后献给青莲院的《东域传灯目录》中记载下来的。但是，由于这是用抄本流传下来的，各版本间不乏异同，因此计算的结果也因人而异。本书引自井上光贞博士《从〈东域传灯目录〉看奈良时代僧侣的学问》（载《史学杂志》57 卷 3 号）。此外，由于这个目录未必收集得很全，因此，各人的著作的实际数目，可以认为要比此数为多。

⑨对《万叶集》的注释与研究，自古以来已汗牛充栋。最近出版的有22卷本的《万叶集大成》（昭和二十八年至三十年，平凡社出版），除正文、注释和索引外，还收有研究论文，使用起来颇为便利。

第四节　律令政治的复兴

平安时代　天应元年（781）即位的桓武天皇是大化改新的领导者天智天

皇的三世孙，他所推行的新政，一扫前代佛教政治的流弊，有力地把律令政治推上正规，从而开始了一个新的时代。天皇再次把都城从平城迁到平安，奠定了后来1100年间作为日本首都的基础。历史上一般都很重视这次迁都，以此作为划分时代的标志，与前代的奈良时代相呼应，把由此开始到镰仓武家政权成立以前的400年称为平安时代。用平安来作为这时代的名称，并不单单因为首都设在那里。如果只就都城的所在地而论，那么在历史上是并没有多大意义的，只有把它作为前面所说的刷新政治的一个象征时，才有意义。如果仅仅从首都所在地一点来说，那么平安时代就不只是400年，而要延续1100年才对。在这里，破除了那种时代划分的旧观念，把平安时代划分为三个独立的时期，每一个都是与奈良时代并列，而包括在古代后期中。第一期是从桓武天皇到醍醐天皇末期（930）为止的150年，在这期间，占支配地位的是桓武天皇的复兴律令政治的精神。尽管这仅仅是表面现象，但从中可以看出皇室第一的盛况。文化虽然还与前代一样，唐风文化居优越地位，但已出现若干新的发展形态，与第二期相比，在质的方面有了截然不同的区别。下面就来概括叙述这150年历史的发展过程。我认为，应在新的意义上将此150年称为平安时代。

严格修改律令　桓武天皇为发展律令政治而采取的方法，首先是把佛教与政治完全分开，使政治的指导精神从佛教主义回到儒教主义，取消了僧侣对政治的发言权。其次是摆脱了佛教的束缚后，政治上严格执行律令条文，为此多次颁布诏敕公告，叙述发挥律令的宗旨，并一再督促官吏励精图治。再次是对律令条文中不符合社会实情的部分，大胆地进行修改，使其易于执行，必要时甚至完全废除，代之以不同的新制度。从表面上看来，这些措施好像是否定律令的办法，但是从根本上来说，却坚持了律令政治的基本精神，对枝节的一些修改和废除，给律令政治带来了新的活力，因此可以看作是发展律令政治的重要行动。

下面从各个方面具体说明一下其做法。

第一，尊重神事，整顿神祇制度。主要内容是，规定祈年祭时奉献币帛的神社。以往即使偏远地区的神社也要由侍神员到神祇官那里领取币帛，今后改由当地备置币帛，分成所谓官币和国币两种。另外，向来对神事方面的犯罪，不课以"律"所规定的一般刑罚，而是处以财产刑，称为"祓"。这次更具体地分成大、上、中、下四等袯，给古代的刑罚规定赋予新的组织和权威。此外还令人撰写皇太神宫仪式簿和止由气宫仪式簿，以记录伊势神宫的沿革、制度等。

第二，关于僧侣和佛寺，禁止各地擅自令人出家为僧，禁止私建寺院，禁止向寺院捐献田宅、园地以及寺院买卖田宅园地，禁止京城各寺以房宅做抵押品向贫穷人民放高利贷，这些措施都是为了纠正、肃清僧尼交结俗人、忘本贪利的流弊，也可以说是严格执行僧尼令的精神。另外为了从内部积极革新佛教，在僧侣中选拔了最澄和空海两名俊杰，成功地开创了与南都六宗相抗衡的新宗派。

伊势的圣殿

位于本州岛伊势的圣殿是为崇拜神道众神而建。里层的圣殿，如上图所示，是献给皇室的女祖先太阳女神天照的。在右侧的中央建筑被认为是仿照古代谷仓建立的，并存放着神圣的镜子以象征女神。每隔21年，圣殿被铲平，并在邻近的小块地上重建，这个过程使人想起季节的衰退与新生。在这种时刻，一个在原来的地址的小屋里存放着"中心柱子"，即旧建筑的残存物，将被保存在新的圣殿中。

第三，改革民政经济。班田，按规定是每隔 6 年班授一次，由于实行起来相当困难，便把时间延长一倍，改为每隔 12 年班授一次。山川薮泽之利，在"令"中规定公私共享，但实际上并不如此，违反者颇多，为此屡次提出警告，责令遵守"令"的规定。由于国司本身经营田园，每多妨碍人民生业，因此禁止国司侵占人民耕地，在公廨田以外经营水田，增加自己的垦田。对租税的减免法也进行了多次改革，对歉收的田地实行减租，以求减轻人民的负担，防止国司营私舞弊。政府还将贷给人民的出举稻（出举稻，一种类似中国借青苗的高利贷，分为公出举和私出举两种。公出举是指由官府在春季贷放稻谷给农民，而到秋季收回的实物借贷，其利率高达 50%；私出举则是由社寺、贵族、豪族等奴隶主贷放，其利率更高，有高达 100% 的。——译者）利息从 50% 减为 30%。

第四，整饬地方官的纲纪。对国司制定了严格的交接制度，为审查"解由"，在太政官中设立"勘解由使"一职。所谓"解由"，是官吏交接时，由后任交给前任的一种证明文件，其中说明前任在任中，没有违法行为，可以接任其公务等。这种规定，因交接时经常发生纠纷，实际很难顺利进行。为使公务交接有所依据，搜集历来法令、格式中有关交接的规定，附以一定的解释，编撰成书，这就是《延历交接式》一书。使郡司也担负地方政治的重大责任，其任命要根据才能，而不能像过去那样根据门阀。同时还制定了 16 条条例，作为考核国司和郡司的标准。

以上是严格执行律令，并对其加以说明、阐述和局部修改的几个例子，此外也有过重大的修改，首先就是废除征兵制。奈良时代几次征讨虾夷，结果证明律令的征兵制只能增加人民的负担，并不是获得精兵的好办法，因此天皇废除征兵制，改为选拔郡司的子弟和有位者等，作为健儿，以代替从前的士兵。这是企图在提高士兵的社会地位和质量的同时，借以减轻人民的负担。其次是废除关卡。关卡是大化改新以后为国防和警戒等目的而设置的，妨碍交通、给人民造成不便之处很多。废除关卡是顺应时代发展的一种令制改革。再次是准许良民与贱民通婚，所生子女定为良民。这是否定了令制中对良贱通婚的禁令，但实际只是对律令贱民制基础上产生的良贱差别观念的温和改变，使之符合当时并不十分鄙视贱民的社会实际情况。

以上述各项措施为代表的桓武天皇的新政，给已经显出衰败征兆的律令制注入了新的精神，并赋予新时代的基本体制以强大力量。因此，将桓武天皇的新政概括为律令政治的复兴，或许是合适的。还有一种材料足以说明这一点。那就是奈良时代以来历代天皇在即位诏书中，都将天智天皇制定的法，即律令视为不朽的圣典，宣布要遵循这些律令来履行大政。桓武天皇最明确地宣布了这一点，后来历代天皇无一例外地沿袭了这一程序，直至明治天皇。但从文德天皇的诏书开始，对此又插入了"遵桓武天皇之命行之"的一句话，从而形成了由天智天皇、桓武天皇这一双重结构组成的惯用句。这说明后世将桓武天皇作为推行律令政治的直接楷模，通过桓武天皇再追溯到天智天皇，这最清楚地说明了桓武天皇在复兴律令政治方面所具有的实际意义。

在桓武天皇的政绩中，还有自古以来脍炙人口的两件大事，即迁都平安京和征讨虾夷。平安迁都的经过十分复杂，起初朝廷曾将同是山城的乙训郡长冈定为新都，开始营建，但因后来不断发生不祥事件，便断然放弃了，改定在葛野郡宇太村营建，称为平安京。新都的布局，大体上与平城京相同，但比它面积大，制度也完善。新都东西宽 1508 丈，南北长 1753 丈，比平城京东西宽 68 丈，南北长 133 丈。宫城位于京城的北部中央面南，东西宽 394 丈，南北长 460 丈，宫城内部是皇宫和百官执行衙门。宫城南面中央的正门称为朱雀门，从朱雀门开始有宽 28 丈的朱雀大路，大路向南延伸，将京城分为两部分，东侧称为左京，西侧称作右京。两京分别有东西走向的道路各九条，北边设了一个半条。各条又分别以南北走向的道路划分为 4 个"坊"，全城共 72 个坊。各坊都是 180 丈见方的正方形。分成 4 个"保"，16 个"町"。每町都是 40 丈见方的正方形，再将其东西方向分为 4 部分，南北方向分为 8 部分，如此形成的宽 5 丈、长 10 丈的地块叫作"一户主"，这是京内宅地的单位。建设新都城的计划虽然如此壮观整齐，但城内似乎并不都是普遍这样规划的，也不是到处都有人家。由于都城的建设并不是随着社会经济发展而自然产生的，完全是根据统治者从上而下的命令，所以形成这种局面，也是必然的结果。据说在迁都以后二百年左右，右京已几近废墟，人烟稀少。人家栉比之处，只是左京的四条以北一带。①

奈良时代对东北地区的经营，大体上已扩展到了陆奥的栗原郡伊治城附近。后来由于光仁天皇时，归顺的虾夷在伊治呰麻吕率领下，于宝龟十一年掀起了大规模的叛乱，攻陷了多贺城，官军惨遭失败。这种意外的情况，直到桓武天皇即位以后，仍没有得到改变。他决心挽回败局，在将军人选、士兵训练和物资供应等方面做了周密的准备，于延历八年（789）、十三年（794）、二十年（801）先后 3 次派遣了由大将军统率的征东军，最后终于攻陷了叛军的大本营胆泽，并在那里修筑了城池。后来又成功地向北推进了二十余里，（这里的"里"是日本的长度单位每里长 3.927 公里。——译者）在志波修筑了城堡。与奈良时代相比，疆域向北推进了很大一片，可以说是新时代的伟大成就。

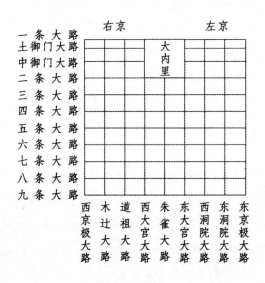

平安京条坊图

一町四行八门图（左京）

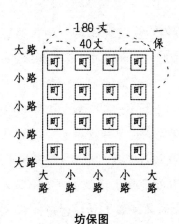

坊保图

　　迁都和征夷是桓武天皇最辉煌的政绩，但在劳民伤财这一点上，却未必能够得到有识之士的赞同。他在晚年曾让心腹大臣批评天下政治时，参议藤原绪嗣说："现在天下苦于战争和修建，如果停此，民心可安。"由此可见，当时的国家财政是何等入不敷出，而民众生活的困窘已成为有识之士不能忽视的严重问题了。

　　桓武天皇的基本政治方针，为后来历代天皇所继承，特别是到醍醐天皇为止的十代统治者对此尤为热心，因而取得了某种程度的成就。这里所说的"某种程度"是有所指的，具体说来，是指形式上虽然取得了成效，但在实质上却几乎没有收到效果。形式与实质、政治的表面现象与社会的实际状态彼此乖离，表面上虽遵守了律令政治，但实际上却出现了社会方面脱离律令政治而自行其道那种令人不可想象的奇怪现象。当然，统治者们也并未对此袖手旁观，他们曾努力设法修改法令，以使其能在社会上加以实施。其结果就是频繁发布了修改律令的"格"或"式"。"格"，是修改律令的诏敕官符的总称；"式"，则指施行律令的细则。格、式虽然一开始就附带律令而存在，但在这一时代却格外频繁地颁发，因此三浦周行博士在划分日本法制史时期的时候，甚至曾将其列为仅次于律令时代的"格式"时代。②不过，就是最容易实施的"格式"实际上也和律令一样未能逃脱化为一纸空文的命运。统治者们虽也意识到它不过是一纸空文，却反而认为完善法制有意义，从而对颁发格式自我陶醉起来。因此，律令政治虽在形式上取得显著发展，实际上却几乎没有收效，这种情况愈演愈甚。

　　政治形式的完善　格式编纂事业的发展最充分地说明了当时政治形式完善的情况。上面说过，格式是应各时期需要而发布的临时补充法令，随着时间的推移，数量逐渐增多，检索起来十分不便，因而就产生了将其适当加以整理分类，以便于适用的要求。桓武天皇很早就制订了这样的计划，但未获成功。嵯峨天皇继承了这一事业，于弘仁十一年（820）编纂了《弘仁格》10卷、《弘仁式》40卷。接着，清和天皇又于贞观年间下令编纂了《贞观格》12卷、《贞观式》20卷［格于贞观十一年（869）完成，式于贞观十三年（871）完成］。醍醐天皇时又编纂了《延喜格》12卷（延喜七年907年完成），《延喜式》50卷［延长五年（927）完成］。一般将上述朝代编纂的"格式"，称为"三代格式"，是了解当时政治制度的极好材料。其中延喜式是在弘仁、贞观二式规定的基础上补充了独自的规定，是集大成之作，不仅记载了政治制度，还用具体数字记述了社会生活各个方面的情况，具有重大的史料价值。

此外，在式里面特殊事项的"交替式"，最初在延历年间曾有所编纂，接着又于贞观年间（贞观九年，867）和延喜年间（延喜二十一年，921）分别编纂了《贞观交替式》和《延喜交替式》，也都是三代具备。弘仁年间（弘仁十二年，821），还拟定了3卷朝廷仪式程序的《内里式》。在三代仪式方面，也分别编纂有《弘仁仪式》、《贞观仪式》和《延喜仪式》各10卷。

除了上述格式以外，天长十年（833），还专门编纂了对令的官撰注释书——《令义解》。因为令的条文都很简单，适用时难免出现疑义，所以必须将有关说法固定下来。《令义解》的解释具有官方权威性的意见，因而这项工作也应视为一种立法事业。

伊势皇大神宫内东、西宝殿

上述各法典的编纂最直接地说明了律令政治的形势日趋完善的事实。类似的事实还有不少，例如建立朝廷的仪式和修整仪礼就是其中之一。嵯峨天皇对此尤为注意，不仅将朝仪、官服和颁发给各位大臣的位章都改为中国式的，而且还将宫殿各门的名字也都改用中国式的雅名，挂上了匾额。朝廷举行宴会——"节会"的次数也增加了。因此，上层社会的生活益趋奢侈。尽管后来屡发禁令，但奢侈之风仍是有增无已。

国史的编修不仅是一项学术工作，也是与编修律令同样有政治意义的事业，它既标志着文化国家的文化水平，又是制定政策的基础。在这个意义上说来，它是装饰律令政治形式方面的有力表现。继《日本书纪》之后，作为国家正史编纂的《续日本纪》于延历十六年（797）编成之后，又先后于承和七年（840）编修了《日本后纪》，贞观十一年（869）编纂了《续日本后纪》，元庆三年（879）编纂了《日本文德天皇实录》（简称《文德实录》），延喜元年（901）编修了《日本三代实录》（简称《三代实录》），等等。后来人们将《日本书纪》和这五国史加在一起，统称为《六国史》。它连续记载了日本从草创时期开始直至光孝天皇仁和三年（887）为止的历史，一年不漏，这确是我国的一大盛事，若不是这一时代，是不能完成的。

光孝天皇像

铸钱事业也同样。如前所述，早在天平宝字四年（760）就铸造了金、银、铜三种新币。进入这一时代以后，又先后共 9 次铸造了新铜钱，即延历十五年（796）铸造的"隆平永宝"，弘仁九年（818）的"富寿神宝"，承和二年（835）的"承和昌宝"，嘉祥元年（848）的"长年大宝"，贞观元年（859）的"饶益神宝"，贞观十二年（870）的"贞观永宝"，宽平二年（890）的"宽平大宝"，延喜七年（907）的"延喜通宝"和天德二年（958）铸造的"乾元大宝"，后来便不再铸造了。[③]铸造新币，对苦于财政困难的政府来说，的确具有利用改铸所产生的余额，以挽救燃眉之急的效果。不过，那只是暂时有利，这种不适当地赋予比其实际价值更高价格的新币，很快就会大幅度贬值，从而引起物价暴涨，进一步加深了财政困难。政府当然不会不懂得这个道理，可是其所以明知故犯，无疑是由于过于重视铸钱所具有的象征政府权威和文化水准的标志的意义，因而感到难以抛弃传统的缘故。也就是说，铸币也成了形式政治的产物。

上述律令政治形式的最集中、也是最完善的表现，是在醍醐天皇的延喜时代。基于这一点，还有醍醐天皇曾在位33年之久，在古代史上是罕见的承平时期。再加上天皇本人的英明和励精图治，便产生了所谓"延喜圣代说"。后来，这种说法又发展成将醍醐天皇的治世看作可与中国的尧舜盛世相比拟的天下大治的时代的说法。不过，这种圣代说是来自那些企图从律令政治在形式上的完善当中找出至高无上的价值的朝臣文人们的尚古、逃避现实的心情中，并不是以政治的现实和历史的真实中产生的深刻认识为基础的。今天的历史学当然不能苟从这种观点。然而，它作为贵族社会、知识阶层的理想世界和憧憬对象，曾对后世各个时代产生过深远影响，这一点是任何人也不能否定的。

与社会实际相乖离　律令政治在形式上有如上述那样的完善，但和社会的实际情况却日益乖离。下面我们就来看一下这方面的实例。这类事例首先是在政治中枢里出现的，幼帝的出现便是它的一例。律令政治是以天皇亲政为原则的，不承认年幼的天皇。文武天皇和圣武天皇在年幼时都是由母后代行政务，长大以后，才让位的。可是到了这时，清和天皇和阳成天皇却都是九岁就即位了。九岁的孩子是不可能按律令要求的那样亲理政务的。于是就出现了天皇的地位只是单纯的形式，而不过问实际的现象。另外，这种现象又导致了出现律令官制中没有规定的新的实质性官职——天皇的外祖父藤原良房就任摄政就是其中的一例。摄政一职，在律令官制中是完全没有的，由臣下就任该职更是与律令精神不兼容的。但从现实看来，藤原良房所拥有的地位和权力，使他能够就任摄政一职，其主要的理由当然是因为他同天皇有着血缘关系的缘故。于是，新的社会关系便打破了律令制的僵硬形式，不断设置了这种实质性的新官职。天皇长大以后，摄政改任关白，也是从继良房之后的藤原基经开始的，这也是具有同样性质的官职。正如"关白"一词源于"万事"关白"于太政大臣"所表明的那样，它在对天皇个人进行辅佐的意义上，具有比摄政更大的作用，是对律令官制精神的粗暴破坏。

这类官职此外还有许多，所谓"令外官"者便是。其中最有代表性的是

"藏人"和"检非违使"。藏人是嵯峨天皇在与平城太上皇进行争斗时开始设立的。嵯峨天皇为了防备泄露机密和不经过正式的律令制官职手续而能够简单轻易地同政府进行直接联系，任命心腹藤原冬嗣和巨势野足为"藏人头"，开创了这个先例。实际上在此之前，在宫里就设有保管日常用具和文书等的私设官职，这些宫中的私设官，实际上是掌管传达天皇旨意和大臣们的上奏等机密任务的。起初，这种令外官的设置，似乎曾被视为一种权宜之计，后来由于感到有它很方便，各个朝代便都设置了。又规定设置"别当"一人、"头"二人、五位藏人三人、六位藏人四人等具体编制，掌管侍卫、谏议、宣奏、文件和日用品等重要事务，成为最有才能官吏们担任的职务。然而，不容否认的是，无论是从设立的动机，还是从其掌管的权限来看，这种官职的私人性质，都显然要比律令制官职浓厚得多，由此产生了宫廷与政府的互相混淆，致使政府变成了天皇的私人机关。

检非违使，也是从嵯峨天皇时代开始设置的，原本是一种检查非法违禁事项的临时性职务，起初选用卫门府的官吏等担任，但不久就变成了常设职务，设置了左右检非违使厅，还规定设置"别当"等职员。这种官职一手掌握了律令制官职——卫府的盗贼追捕权、弹正台的弹劾权、刑部省和京城地方官员的裁判权，成为朝廷中的重要官职。这与设置藏人一样，实质上是对律令官制那种形式主义的一次胜利。

再举一些律令主义在社会经济方面失败的事例。首先是班田停止执行。到延历年间为止，班田大体上是按照规定执行的。后来，畿内地区只是在弘仁元年（810）实行了一次班田，从此以后19年间没有执行，直到天长五年（828），才又勉强班授一次，接着停了50年，到元庆五年（881）又班授一次，然后又中断了20年，至延喜二年（902）才又颁发了班田令。地方各诸侯国的情况也基本相同，延喜二年的官符中，就有各诸侯国已五六十年未实行班田的记载。班田制是维持整个律令体制的基础，不实行班田制，就意味着整个律令体制的崩溃。这也由于下层对上层所发律令政治形式的命令，毫无反应所致。班田一不执行，那么年及六岁，有受田资格的，就得不到田地；而死亡或逃亡者的无主土地，也不收归公有，便成了私有财产。前一种情况，使人们无法依靠"口分田"，便只好自己去开垦、购买土地，或者到富豪权贵人家的庄园中去当奴仆；后一种情况，导致那些土地或为个人所私有，或为富豪权贵等大土地所有者所霸占。这样，律令政治的公地、公民制，表面上虽俨然存在，但在实际社会生活中，土地已不是国家用来公平分配给国民的目标，变成了私人用来谋取利益的手段了。国民已不能指望得到国家权力的保护，只好全凭个人的能力来维持生存。

不仅国民不能再依靠国家机构，必须自谋生路，就连皇室和官府也是如此。上面说过，律令制不准皇室占有私有土地，皇室的开支由国家财政负担。官府也是同样。按规定，官府的人事费由大藏省支付，粮食副食由大炊寮供给，办公用品由图书寮等供应，官府没有自己的固定财源。然而，这只能是一种理想，在现实生活中，消费的当事者会感到种种不便，他们会希望得到自己能够自由支配的财源，特别是当国家财政见绌，规定支付的开支遭到削减或拖延的时候，这种占有欲望就变得更加强烈。正是由于这个原因，这一时期，皇室和官府占有的土地，有了急遽的增加。作为皇室的私有地而开垦的土地，叫作"敕旨田"。这个名称在这个时代首次出现，到淳和天皇时盛极一时。其中，大宗田地，有天长八年（831）开垦的摄津国908町和下总国的700余町。敕旨田是天皇或"院"的私有土地，不缴赋税，这是皇室自己破坏土地公有制的一个具体实例。此外，官府所有的田地称为"诸司田"。除了一些特殊的官府，像拥有许多学生的"大学寮"，早在奈良时代就已经得到了诸司田的以外，一般官府普遍拥有诸司田，则是从这一时代开始的。例如，延历十三年（794）分给大学寮水田120余町，大同三年（808）分给左、右马寮水田各240余町，旱田各17余町，类似的例子还有不少。

皇族、贵族、寺院的私有土地，当然都有所增加。早在奈良时代奖励垦荒的时候，贵族和各大寺院所占的垦田，就已有了显著的增加。到这一时代，皇子、皇女占有垦田的增加，尤为显著。延历十四年（795），赐予茨田亲王（桓武天皇之子）周防国田地100町、山林800町；承和二年（835），授予葛原亲王（桓武天皇之子）甲斐地区的空闲土地500町。类似的将荒地山林赐予皇子、皇女的例子还很多。这些荒地山林开垦出来以后，便成了皇子、皇女们的富饶庄园。例如，桓武天皇的皇女朝原内亲王在遗嘱中施舍给东大寺的田地就有美浓原见庄的垦田117町余，越前横江庄的垦田186町余，越后土井庄的垦田200町。有关庄园的情况，下面还要谈到。各阶层私有土地的迅速增加，是使律令体制的存在仅仅成为一种形式的重要因素，反过来说，律令的不完备及其内在的矛盾，是促使私有土地迅速增加的一个原因。

对外关系　这个时代的对外关系，大体上是奈良时代的继续，但这种对外关系，到这个时代末期也基本上告一段落，因此这里简单地谈一下。对唐朝这个文化先进国，仍然怀有敬意，派遣遣唐使作为正式的使节。这一时代的遣唐使有延历二十三年（804）出发的和承和五年（838）出发的各一次。从次数来看，比奈良时代有显著的减少，而且在承和年间派出之后，到宽平六年（894），虽又任命了遣唐使，可是根据该遣唐使的建议，竟停止了派遣。这种事实，不能不说是人们对输入先进文化的热诚，比起奈良时代来，已大大减退。这当然和当时唐朝在安史之乱以后，已显出衰微的征兆，文化也没有往日那样繁盛，行旅也有诸多不便等情况有密切关系。但除此以外，我们还应从另一个角度来考察这一问题，即遣唐使除了负有输入先进文化使命之外，还具有从事国际贸易的性质。他们带去了大量进献品，又带回了答谢品，这自然是互通有无的贸易。但是，到了这一时代，唐朝和新罗的商人十分活跃，已通过民间渠道开始进行贸易了。唐人张友信、李延孝都是经常来往于日唐之间从事贸易的著名商人。新罗人张宝高以全罗南道的莞岛为根据地，往来于日、唐、罗三国之间，获得巨利。唐朝的商船一来到九州，大宰府便报告京都朝廷，朝廷便将唐朝商人迎至鸿胪馆，予以款待，所载商品，先由朝廷派出的交易唐物使选购，剩下的才让人民购买。由于这些商品都是具有较高文化水平的"唐物"，因而贵族阶级均争先恐后地前来抢购。随着这种商船往来日益频繁，遣唐使所负使命之一已由他们来完成了。也就是说，通商贸易的发达，已无须正式外交使节的往来了。遣唐使派遣次数的减少和最后的停止派遣，应该从这些事实来加以考虑。（停止派遣遣唐使的原因很多，其主要的，一个是如书中所说，由于民间贸易的日益频繁，遣唐使所负使命的一部分，已由其完成；但另一个很重要的原因，且是著者所没有提及的，就是日本国内经济力量的减退，无力负担派遣的经费，这一点只要从派遣间隔的加长，和日本对待渤海国使的情况等可以知道。——译者）停止派遣遣唐使后不久，唐朝就灭亡了（延喜六年，906）。因此，即使日本当时还继续派出遣唐使，不久也会面临这样一个结束对唐关系的时机。

在奈良时代，新罗曾一再向日本派遣朝贡使，日本也把它视为附庸国，对其无礼举动经常加以指责。但进入了这一时代后，却几乎没有正式使节往来了。不过，民间商船的往来却很频繁，除了朝鲜半岛的物产以外，还把大量唐朝的产品输入到日本。这时，新罗已进入衰弱时期，国内大乱，有些人就沦为海盗，来到日本进行骚扰。新罗入侵的危险，刺激了和平的日本，以"礼义之治"自诩的贵族们吓得胆战心惊。宽平六年（894）入侵对马岛的新罗海盗是其中最大的一次，在对马太守的抗击下退走了。此后不久，新罗就灭亡了，建立了王建领导的高丽国（承平五年935）。

渤海国是靺鞨部于7世纪末统一后建立的国家，其疆域位于今天的朝鲜北部经中国东北的东南部到苏联的滨海地区一带，有一段时间，国势很盛。圣武天皇时，首次派使节到日本，后来就以朝贡国的地位，不断地派遣使节。他们的目的，开始时是想在同唐朝或新罗对抗时，得到日本的支持，不久就将重点转向贸易利益上了。从事以虎、貂、豹等兽皮和人参、蜂蜜等来交换日本的布帛、金银之类的贸易。宝龟二年（771）来日的渤海使，全部人员达325人，分乘船只17艘，可见完全是一支庞大的贸易船队。对此，我国却满足于宗主国的虚名，并喜欢他们带来的珍奇物品和唐朝的文物，用大国的姿态加以款待。但是，随着财政日趋困难，使朝廷不得不感觉到这种大量的接待费用和使节们往返途中役使人民的苦痛，实在是一种沉重的负担。因此在桓武天皇时，曾限制渤海使节每六年来日本一次，但实际上由于渤海国的要求而取消了。到淳和天皇时，再次限制渤海使节每十二年来日一次，此后我国便一直坚持这一方针，对方也大体上照此继续通交，两国间的交往，一直延续到渤海国灭亡时为止。末期的渤海使节中有长于诗文的文人，我国的文人便去会见他们，互相唱和诗文。这为因停派遣唐使而闷居国内的我国文人提供了国际联欢的机会，在这一点上具有新的意义。延长四年（926），渤海国为契丹所灭，日本的外交对象唐、罗、渤三国，竟不约而同地都于十世纪前叶相继灭亡了。

文化 这一时代文化的基础，仍然是唐文化，与前一时代没有任何不同。不过，当时中国的唐朝文化，已由中唐而至晚唐，呈现出颓废的倾向了，对此，我国的态度也缺乏前一时代的那种创造性和生气。因此，所形成的文化虽然比较系统和成熟，甚至可以说已吸收成为日本本身的文化，但却根本谈不到具有明朗的活力和开阔的广度。它的成熟，是由于大量吸收和总结日本古代的文化，且在外来文化与固有文化的融会贯通这方面，比起前一时代来，是有很大进步的。如果将前一时代的文化看作是对未来充满无限光明希望的未成型的毛坯的话，那么这一时代的文化，则可以说是半成品，无论是从深度，还是从质的方面来看，都已初具规模了。

佛教　这一时代的佛教，由于最澄［最澄（767—822），俗姓三津，近江国（今滋贺县）滋贺郡人，名广野，谥号传教。延历四年（785，唐贞元元年）在比叡山习佛，七年建立一乘止观院。二十三年（804，唐贞元二十年）和空海一同入唐，次年回国。大同元年（806，唐元和元年）得敕许，将天台宗独立，为设立大乘戒坛和南都旧佛教发生论争。著有《山家学生式》等。——译者］、空海建立新宗派而开始了一个新的时代。这二位高僧大体上是同时代人，都曾得到了天皇的眷顾，又都创立了镇护国家的新宗派，

用纸保持接触

　　平安时期的造纸术已经十分先进，这里展示的几页印花纸，是从一部诗文集中选取的——用彩色纸拼贴成自然景色，其细部则是彩印的或手绘的。这种纸是使用中国发明的造纸术生产的：将植物纤维的浆液倒在筛网上，使得筛网上留下一层纤维，形成一张纸，再把它放在太阳下晒干。这种方法于 7 世纪被引进到日本，在这里，造纸的过程很快适应了日本的需要，开始生产用于剪贴的彩色纸，如本页所展示的，或者用于抄写日本贵族男女交换的诗歌。

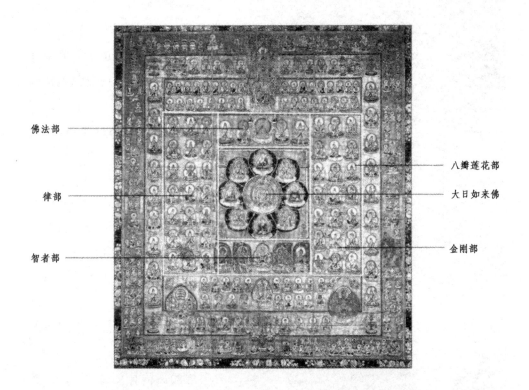

并都对后世的佛教乃至整个社会产生了深远的影响，真可谓史上罕见的奇观。最澄在比叡山修建了延历寺，建立了天台宗。天台宗本来是由中国天台大师智颠集大成的一个宗派，最澄又在这个中国天台宗的基础上加进了密教、禅和戒律，创立了独特的天台宗，并不像南都佛教那样只是单纯移植中国的宗派而已。他还打算把僧侣受戒的场所——最具权威性的东大寺戒坛作为小乘戒坛，而在比叡山设置大乘戒坛。因为他认为只有大乘僧才能镇护国家、普度众生。对此，南都各寺都表示坚决反对，二者之间展开了激烈的争论，使各宗派的宗教学说思想有了进一步的深化。空海［空海（774—835），俗姓佐伯，赞歧国（今季川县）多度郡人，谥号弘法，大僧都（后赠大僧正）。延历十四年（795，唐贞元十一年）在奈良东大寺受具足戒，二十三年（804，唐贞元二十年）和最澄一同入唐，在长安，从惠果学，大同元年（806，唐元和元年）回国。弘仁七年（816，唐元和十一年）在高野山开建金刚寺，弘布佛法，传真言密教。空海除通佛法外，并精于儒学、擅书法，曾设立综艺种智院。其书法极有名，和嵯峨天皇、橘逸势并称为三笔，是平安初期日本最优秀的书法家之一。著有《文镜秘府论》

最澄像

　　最澄是日本一个富裕家庭的后代，他于804年作为官方遣唐使的代表来到唐的首都长安。这是一次艰苦的旅行：他所在的使团先是在渡海时遇到了台风阻挡，然后又在走向长安的陆路旅行中遇到了暴风雪。但是，最澄这次的付出得到了回报。他从中国佛教大师处得到的启迪，使他在日本建立了强有力的佛教新教派，这一宗派被称为天台宗。

等。——译者）则在高野山金刚峰寺及京都东寺（教王护国寺）创立了真言宗。他的真言宗也不是简单地照搬中国密教，而是用自己独特的思维进行了以密教为中心的"**教相判释**"（佛教中将所有经典按释迦牟尼的一生各时期进行排列，判定其价值，从而论证自己所持宗旨正确的方法。——译者），确立了密教在整个佛教中的位置，阐明了佛教的真谛在于密教。他重视事相甚于教相，以"**加持祈祷**"（密教中用来除病消灾的一种咒术。——译者）来求得现世报应，因而深得人心，集全国上下之信望于一身。

　　最澄的高徒有义真、圆仁，义真的门下又出了圆珍。圆仁和圆珍都曾入唐钻研教义，他们都深入地学习了密教，加大了密教在天台宗内的比重。人们将东寺的密教称为"东密"，而称天台宗的密教为"台密"。天台宗的密教化导致了当时整个佛教的密教化，更由于其能符合贵族们的要求，因而密教曾风靡一时。空海门下也出了实慧、真雅、真济等高徒，各个宗门都盛极一时。密教化的发展又与佛教的贵族化密切相关。在密教的祈祷中当然有许多是以镇护国家为目的的，但也有不少则是以个人延年息灾、增福益寿为目的的。当它受到时代的趋势——由公有转向私有的趋势的影响时，为贵族个人进行的祈祷，便占据了主要地位，而对整个国家福利的祈祷，便被放到次要位置了。密教化和贵族化是代表这一时代佛教演变的两大倾向。

应当看到，新佛教是具有丰富的学术内容的。僧侣入唐取经的热情，仍然很高：最澄从唐朝带回了经典 460 卷；空海带回了 461 卷；圆仁带回了 794 卷；圆珍带回了 1000 卷。④圆珍的态度尤为积极，在他回国以后，仍委托他人努力搜集经典。根据他的委托，唐朝的商船带来了我国《一切经》中的缺本 120 余卷，还曾派遣僧人入唐，搜集并抄写短缺的经典 340 余卷。以这些丰富的、从唐朝带来的经典为基础，我国学问僧的著述活动日见发展。据一般所传，最澄留下了著述 160 余卷；空海留下了 220 余卷；圆仁留下了 150 余卷；圆珍也留下了 100 余卷的著述，就是其中的例子。在这些著述中，有许多水平颇高，如空海写的《十住心论》就为真言宗建立了理论基础，最澄的《显戒论》主张"大乘圆顿戒"独立，奠定了叡山佛教的基础。

神社和佛寺的融合，神格和佛格的接近等事实的陆续发生，可以说是佛教信仰终于在国民中间扎下了根的一个标志。在神社中建造寺院，从前一时代到这一时代，已随处可见，称之为神宫寺。神不但拥护佛法，而且还帮助其传播。另外，神则接受佛法的供养，享受其功德。这种互相依存的关系，可能是佛教徒主张的佛教思想与固有的宗教思想相互协调的产物。在神前诵经和为神写经、雕像等，就是其具体的表现。由这个阶段再前进一步，竟产生了使神处于劣势的神佛观，即神是苦于烦恼的凡夫，只有依靠佛法的帮助才能脱离苦海，这种并不坚持固有神格的优越性，任凭外来神的包融而毫不顾忌，说明日本国民思想的恬淡，也说明佛教徒们获得了成功，并预言了佛教的永久性。这种神佛关系，到了下一时代又发展成为"本地垂迹说"，即认为神是为了便于佛普度众生才显现于人世的，并产生了某神是某佛的"垂迹"等，将特定神与特定佛对应起来的说法。直到明治年间废佛毁释时为止，我国宗教思想的中心，一直就是建立于这种神佛关系上的，而构成这种神佛关系基础的成果，正是在这一时代取得的。

学问　律令中的大学、国学制度虽然仍在执行，但高级贵族们却不肯学习大学的正规课程，因而出现了学习这些课程的都是下级贵族和书香门第出身者的倾向。在国学方面，国博士水平大为降低，似乎从未收到过预期的效果。不过，这一时代出现的特别现象则是诸氏族设立私学、私院。例如，和气氏设立了弘文院；藤原氏设立了劝学院；橘氏设立了学馆院；在原氏设立了奖学院；等等，它们都起到了为本族子弟上大学者提供宿舍的作用。这是律令制的统一学制和固有的社会惯例互相融合，也是这一时代文化中的一般倾向。针对国学的贵族性，空海建立的综艺种智院，完全是为平民百姓讲学的机构，是令人瞩目的私立学校，空海死后，因难以维持，被迫关闭。

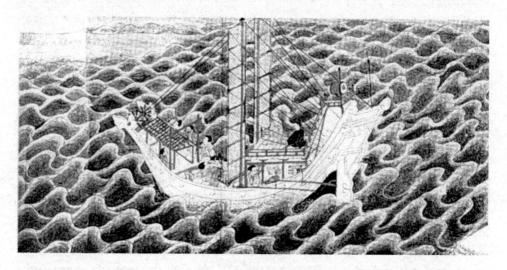

空海大师渡海入唐求法图

与前一时代同样，在大学、国学里教授的学问，仍以阐明儒教的道理为主要课程。桓武天皇特别明确了重视明经道的方针，但这并没能阻止学校的主要课程向学习历史、文章的纪传道、文章道转移。如前所述，产生这种现象的根本原因是，所有的学问都要通过外文来学习，这对后进国来说，是很难避免的。此外，原因还在于当时的官吏制度。在官吏录用考试的秀才、明经、进士、明法等四门科目中，秀才和进士是论文考试，对作文水平要求最高。嵯峨天皇奖励汉文学，将原为正七位下的文章博士一跃而提升为从五位下，位居明经博士之上，从而显著地促进了文章道的兴盛。文章道成了学者们登龙的捷径，它的学生称为秀才，毕业生称为进士，真是群英荟萃一堂。文章道毕业生完成了七年学业，在经过博士的推荐后还要接受一种叫作"方略试"的考试。这种考试，要求极严，这一点可从由庆云（704—707）时代到承平（931—937）时代的二百余年中，只及格了65人这一事实看到。

汉文学在知识分子阶层中极为流行。敕撰汉诗文集

《白氏文集》

《白氏文集》，平安时代紫式部侍读时所用。

的出版，是这一时代特有的现象。嵯峨天皇时出版了《凌云集》和《文华秀丽集》，淳和天皇时出版了《经国集》。在这些诗集中，收入嵯峨天皇亲笔写的诗文最多。在这位喜好诗文的帝王带头之下，当时汉诗文风靡的盛况可以想见。文人中著名的汉诗文作者首推空海，他多才多艺，尤以诗文见长，杰作颇多。他的弟子真济曾将其诗文编纂为《遍照发挥性灵集》，他还写了一本专论写诗作文方法和格式的著作《文镜秘府论》。和空海同时，并称为文章天下无双的是小野篁。他是位至参议的高级官吏，但常发表正义之论，甘于清贫，以写文章为终生乐趣。据说当时住在太宰府鸿胪馆的唐朝人沈道固经常同他唱和诗赋，为其诗藻的秀丽感叹不已。菅原清公也是同时代的文人，他曾以遣唐使判官身份入唐，归国后被任命为大学头、文章博士，参与文化行政工作。再晚一些，则有滋野贞主。他曾和其他学者一同将各书中的文章，分门别类加以搜集后，编纂了《秘府略》1000卷。《秘府略》采用了当时中国流行的类书体裁，但像这样卷数达千卷的大部头类书，就是在那时的中国，也不过出版过一两部而已。这件事充分说明了日本学者的气魄和力量。菅原清公的儿子菅原是善也留下了《东宫切韵》20卷、《会分类集》70卷等著述和10卷家集。清公的门生大江音人也有《群籍要览》40卷等著述。此外，春澄善绳、岛田忠臣、橘广相、都良相、菅原道真、

纪长谷雄等都是著名的文人学者，均留下了不少著作和家集。其中，菅原道真曾官至右大臣，被人们认为是和前一时代的吉备真备同是以学者出身而登上仕途的代表人物。人们对他后来的不幸寄予同情，因而加以神格化，以天满天神的名字见称于世。但是道真的实际本领并不在于他是个政治家，而在于他是个优秀的学者。据说，他的诗曾被渤海客使赞为深得白居易诗之真谛。醍醐天皇在得到他的诗文集以后，便再也不去翻阅平素爱读的《白氏文集》了。他在史学上造诣也颇深，《三代实录》和《类聚国史》都是他编纂的。世传的诗文集有《菅家文草》12 卷和《菅家后集》1 卷。

最后要提及的是当时日本所保存的汉籍总目录。这本总目录是由一位名叫藤原佐世的学者编纂的，书名叫《日本国现在书目》，收载的书籍数目约达 1579部，1600 卷。由此可知当时收藏汉籍的丰富，并不次于佛教经典；同时也可以说明，以这样丰富的藏书为基础所产生的我国汉文学水平，也并不比唐朝有多大逊色。内藤湖南博士说过，如将日本当时的某些文章收进《唐文粹》或《文苑英华》等唐朝的文集中，那么即使中国人看了也未必能分辨出是日本人的作品来。⑤据说，到醍醐天皇末期，兴福寺的僧人宽建入唐时，曾带去了 3 卷《菅原道真集》、3 卷《纪长谷雄集》、2 卷《橘广相集》和 1 卷《都良香集》等 9 卷诗文集，这充分显示了当时文人们有多大的自信。

天文学、历学、医学等仍在学习，但由于当时阴阳思想流行，致使天文学和历学受其影响而带有浓厚的迷信色彩。按照中国传来的习俗，如果十一月朔日（初一）正赶上冬至的话，则称作"朔旦冬至"，认为是祥瑞而加以庆祝。但偶尔遇到是十一月初二时，就要强行改动日历将冬至移到初一而进行庆祝（如贞观二年），这说明形式万能、耽溺迷信的思想比历学思想更居优先的地位。在医学方面，也是学者辈出，著述甚丰。如集古今药方的《大同类聚方》100 卷［大同三年，（808）完成］，菅原峰嗣与各位名医共同选定的《金兰芳》，记录了善于治疗疮疥的大村福吉口诀的《治疮记》，声誉颇高的名医物部广泉所著《摄养要诀》20 卷等都很有名。

文学　与汉文学的流行相对应，日本文学也出现了兴隆的征兆。在这方面，作为日本文字的假名的产生是最有力的依据。片假名是把汉字的偏旁加以简化，用简单笔画表示的表音文字；平假名则是将汉字草书加以简化的表音文字。前者大概是僧侣们在给经典加旁注和做笔记时，为了方便而自然创造出来的；后者也是人们在日常使用草体字中自然产生的。因此，初期的假名，都是一个音有好几种字体，至于大体上固定像今天那样的字体，则是很久以后的事。所以，将假名的发明归功于特定的某个人，是不合适的，不过，假名的产生和开始广泛应用的时期，却只能认为是这一时代。然而我认为，假名的创造，仍然是表明日本民族创造文化能力的一个重要标志。接受汉字的国家，在东亚地区很多，但其中能像我国那样创造出假名这种简单文字来作为表达自己思想手段的国家，却还没有。朝鲜的谚文虽然类似假名，但在设想的机敏、灵活和形状的简单明晰方面，却不能与假名同日而语，出现的时间也比假名晚得多。假名不是由特定的个人创造或由政府制定的，而是在知识社会中间自然产生的。这一点可以说应该将其作为一般国民的文化能力问题来加以评价。

祭祀菅原道真的北野天满宫

《竹取物语绘卷》求婚

假名的产生使人们可以用简单的文字自由地表达自己的思想，成为和歌、和文发展的重要动力。奈良时代末期以后，和歌曾一度衰落，到仁明天皇时甚至认为斯道已亡。但是，不久人们又逐渐开始用和歌形式来吟咏了，并出现了在原业平、僧正遍昭、小野小町等六歌仙。到了宽平时代，和歌更见兴盛，宫廷也常举行歌会，天皇还命令歌人辑录古今和歌。后来，醍醐天皇又令纪贯之等人按部类将《万叶集》以后的古今和歌编修成册，这就是现在的 20 卷《古今集》。这是第一部敕撰和歌集。过去有过敕撰的汉诗集，现在移到了和歌集，这充分表明文化价值对象的演变。在《古今集》所收录的诗歌中，以编撰者纪贯之、凡河内躬恒、纪友则等人的和歌最多。将这些和歌和编撰者们在序文中对古往今来的歌人的批评，以及他们对和歌寄予的热爱和抱负结合起来考察时，无人不为他们立志复兴歌道的气魄感动。他们的歌风虽源自《万叶集》的素朴，但却极尽技巧之妙。和《万叶集》相比，虽不及其雄劲，但

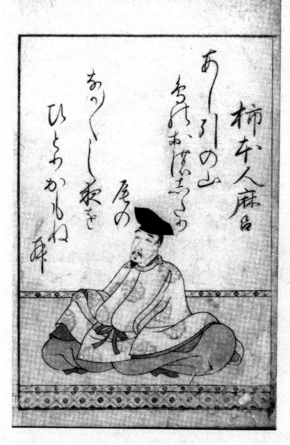

柿本人麿像

却优雅；虽不如其情真意切，但却富于理智。不过，还没有像后世的和歌那样，过度耽于技巧、拘于形式之弊。后世歌人将《古今集》奉为歌道的圣典，对其深加赞美，实属当然。

这一时代出现的散文有《竹取物语》《伊势物语》《土佐日记》等篇，都是汉文式的简洁文章，具有初期国文的主要特征。在《土佐日记》中，有一句话说假名文章是女人写的文章。在公文程序还全是汉文，汉文学被作为知识分子第一教养的年代里，如果没有作为一个文化战士的高度觉悟，是不可能用假名来写文章的。直到进入下一个时代，女人们才将不肯用假名写文章的男人甩在身后，自由地发挥天分，建立了假名文学的雄伟的金字塔。

美术 这一时代的美术一般称为弘仁时代的美术。简单说来，其特征就是密教色彩占统治地位。因为密教重视事相（事物的客观面貌），所以非常尊崇图像，从"两部"（密教的两大法门，即金刚界和胎藏界。——译者）的"曼荼罗"（曼荼罗，梵语 Mandala 的音译，亦作曼陀罗、万陀罗；意义是成就的本质，把这些本质用图来表示就称曼荼罗。在印度指祭坛上佛像的配列，而在中国和日本，则指密教修法中佛像按一定方

《奈良绘本伊势物语》 男子背着女子潜逃

两界曼荼罗（部分）金刚界

两界曼荼罗（部分）胎藏界

式排列的图像。分金刚界及胎藏界两种。——译者）到诸佛的面容、形状、手持物品等都具有严密的格式，作为礼拜的对象。入唐僧人带回的东西当中也经常有许多这类图像。密教美术的表达特色是神秘、幽晦，与明朗、豁达是大相乖戾的。从这里，可以感受到不适于我国风土的阴暗的异国情调。这种阴暗情调，到下一时代就被日本式的明朗和温和所替代。

建筑可分为宫殿、寺院、神社等几种。宫殿建筑方面，以平安京的皇宫最为宏大。其遗址现在虽已荡然无存，但它的建造方式是在采用了太极殿、丰乐殿等纯粹唐朝式的绿瓦红柱式样的同时，在紫宸殿、清凉殿等处采用了桧皮葺顶、木板铺地的日本样式，可以说是当时文化性格的缩影，令人感到十分有味。在寺院建筑方面，这时已不像奈良时代那样将寺院建在城市，而多数是建在山林之中，因而不再采用左右对称的伽蓝式配置，而是采取了根据地形配置诸堂的分散形式。延历寺、金刚峰寺等都是这样。当时寺院建筑的遗址有大和室生寺的金堂和五重塔。在神社建筑方面，则不再袭用过去一直采用的古代那种简朴形式的神明样式、大社样式和住吉样式等，从这一时代起开始在社殿上加涂彩色、建造回廊和楼门。春日样式和流样式的建筑样式，大概也是从这个时代开始流行的。

雕刻中以木雕最为显著，特别是这一时代出现了用一根木头进行整个雕刻的"一木造"。翻波式雕法，即反复刻出类似的衣服皱褶，以表现体态的丰盈和温厚，富于立体感。大和室生寺的各尊佛像、京都东寺讲堂中的五大明王像、河内观心寺的如意轮观音像等都是这一时代的代表作。此外，还创作了药师寺应神天皇像、仲津姬像、神功皇后像那样的神像。

绘画方面所受密教的影响最大，留下了不少优秀作品。传说是空海画的东寺七祖像中的龙智、龙猛像，神护寺的两界曼荼罗、高野山明王院的赤不动、园城寺的黄不动、高野山普门院的勤操僧都像、西大寺的十二天王像等都是这个时代遗留下来的主要作品。除了佛画以外，世俗画家百济河成、巨势金冈等也很有名，他们的作品虽然没有保留下来，但据说他们的人物、山水、草木的画法很逼真。当时，在宫

仲津姬神像

殿中已开始盛行在拉门上画些世俗画，像紫宸殿中的贤圣障子和清凉殿中的昆明池障子、荒海障子等就是例子。百济、巨势等人就是应这种需要而出现的早期世

俗画家。

在书法方面，空海在赴唐期间曾潜心研究书法，自成一家，从而奠定了日本书法的基础。其真迹有仁和寺的"三十帖策子"、东寺的"风信帖"和七祖像上的赞辞以及神护寺的"灌顶历名"等等。在同一时代，嵯峨天皇和橘逸势也因善于书法而与空海齐名，世称三笔。此外，在当时的贵族当中还有不少被誉为笔锋秀丽的书法家，可见在当时，书法曾被看作是贵族们不可或缺的教养之一。

注　释：

①关于平安迁都的情况及其都制，喜田贞吉在《帝都》（大正四年，日本学术普及会出版）中概括了他的见解。明治二十八年为平安迁都1100周年，京都市曾为此编纂了《平安通志》，书中记述了平安京的沿革；还建造了以桓武天皇为祭神的平安神宫，是模仿宫内朝堂院的正殿——大极殿的样式而建造的。最近，平安神宫又委托福山敏男博士对朝堂院的历史进行研究，其成果就是后来出版的《大极殿之研究》（1957年，吉川弘文馆出版）。此外，必须看到，在江户时代后期，"公家人"里松光世（固禅）写出《大内里图考证》（收在故实丛书）一书，已大致完成了平安京的都制和宫城规模的基础研究。

②三浦周行在其所著《续法制史研究》（大正十四年，岩波书店出版）中的《法制史讲义》中，提出要划分出一个"第二期第一外国法模仿时代"，并将该时代又分为律令时代和格式时代两个时期。

③这九种铜钱和奈良时代铸造的"和铜开琭""万年通宝""神动开宝"等三种铜钱加在一起，统称为"皇朝十二钱"。

④他们带回的经典卷数是根据各人的"携带图书目录"。不过，在圆仁的携带图书目录中除载有794卷一数外，还载有802卷一数。在具体卷数方面，难免因计算方法不同而有些差异。上述目录收载于《大正新修大藏经》目录部分和《大日本佛教全书》书籍目录部中。

⑤见内藤湖南《平安朝时代的汉文学》（载于《增订日本文化史研究》，1930年，弘文堂书房出版）。此外，川口久雄《平安朝日本汉文学史研究》（上、下两册，1960—1961年，明治书院出版），利用丰富的文献详细论述了这一时代汉文学的情况。

第五节　贵族政治的成熟

藤原时代　按一般的时代划分，称为平安中期的这一时代，是指从朱雀天皇即位（延长八年，930）到白河天皇逊位（应德三年，1086）为止的150年间，是具有不同于平安前、后期特色的一个时代。无论是在以藤原氏为中心的贵族政治的成熟方面，还是在庄园制度显著发展方面，以及在国风文化的辉煌成长方面，都是具有鲜明特色的。至于这一时代的名称，根据藤原氏独霸政权这个特点，将其称为藤原时代，大概不会有异议的。

摄关政治　藤原氏独霸政权的情况，是他们在8世纪初就开始谋划的，经过二百年来一直苦心经营的结果。他们采取的第一个方法是，通过将女儿纳入天皇后宫，以占据外戚的地位；第二个方法是，彻底打倒与其对抗的其他氏族。两种方法同时并用，其间虽也屡遭挫折，但始终不懈，终于在上一时代见到了效果：藤原良房拥立幼帝（清和天皇）而当上摄政，藤原基经又担任了摄政和关白，利用新官职巩固了藤原氏优于其他氏族的地位；在宇多天皇和醍醐天皇时代，虽有一个时期没有设立摄政、关白，但到朱雀天皇即位时又出现了幼帝（8岁），于是，基经之子忠平又当上摄政，到天皇长大后，又改任关白；隔了一代，到冷泉天皇即位后，忠平之子实赖又当上了关白，由此开始，每代天皇就都设摄政或关白了。而且，担任这两职务的，也只限于良房的后代即藤原氏北家出身者。摄政和关白形式上是辅佐天皇，但实际上是夺走了天皇的权力。没有什么能比由同一氏族持续占据这一位置，更能明确说明独占政权这一事实了。不过，这种摄政、关白从下两个时代起，也因为失去了实权而徒具虚名。实权被其他官职夺走了，形式上仍是由藤原氏北家出身的担任摄政、关白，可是已不再能称为独霸政权了。这一时代，摄政、关白的政治权力占着优势地位，没有出现其他足以与之抗衡的政治权力。在这个意义上，称为藤原氏独霸政权，有的人则常常将这一时代称为摄关政治时代。

在藤原氏为确立这种独霸形态而采取的两个方法中，排斥其他氏族一法到安和二年（969）击败醍醐天皇之子源高明的安和之变为止，以后就基本上宣告结束了。从这时开始，朝廷上所有的公卿职位，几乎全部为藤原氏所占有。即使偶尔混有两三个源氏出身的，也大都仰承藤原氏鼻息行事，或是因愤世而不问世事的人。至于另一个方法，即确保外戚地位这件事，却需不断努力。这种完全是个人性质的关系，就是在同是北家一系中，也难免不在兄弟叔侄间引起抗争（如兼通与兼家、道隆与道兼的兄弟之争，伊周与道长之间的叔侄之争等）。直系亲属之间，为了争夺这个位置而引起的丑恶的斗争，和无视自然、人伦的苦肉计，都是冠冕堂皇的摄关政治幌子背面的污点。对藤原氏本身说来，也不禁会有曾用来屠戮他人的利刃，却反过来逼向自身的感觉吧。这种靠外戚关系去维持摄政、关白的强大地位的例子，表现得最清楚的是藤原道长。他将四个女儿分别送进四代天皇的后宫，她们所生的孩子便是后一条、后朱雀和后冷泉三代天皇。他曾感慨地说，"这个时代是我的时代"，反映了其地位的巩固完全是建立在这种外戚关系上的。因此，一旦因某种情况致使这种外戚关系不能维持时，摄政、关白的实力，便不免像秋风中的树叶那样朝不保夕了。

藤原道长像

一般所说的摄关政治形态的特色，是指在摄关家的家务机关"政所"中决定国家政务，摄关家的"家司"干预此事，从"政所"发出的"下文""御教书"取代了天皇的"宣旨"而生效。从政治的事务方式来看，可以认为曾有过这样的事。不过，要是由实质性意义来看，那么，可以认为摄关政治的本质仍是律令政治，是律令政治的形式化和私权化发展到极端的结果。说明政治形式化的事实是，政务已成为例行的仪式，事务也仪式化了，只能在有先例陈规的范围内处理一切。所谓例行的仪式，是指每年在一定的日子，反复进行同样的各种活动。其所以如此的根本原因，可能是由于四季的变化和随之而来的人们生活的周期性活动。此外，局势的和平与社会的稳定，也是有力的助成因素。因此说，这些个别活动虽然古已有之，但将其作为一个整体集中于一个固定的例行活动的概念，却是进入平安时代之后的事。到了藤原时代，这种固定的例行活动规模扩大，内容有自古以来的生活习惯，外国传来的仪式活动、招福免灾的祈祷活动和现实的政治性的宗教活动等。在这一时代，政治事务性活动所占的比重相当大：叙位、任命官吏、发放俸禄等有关官吏的事务、"赈给"（救济贫民的事务）、"牵驹"（将马匹从地方牧场赶到京都）、"不堪佃田"（报告当年遭灾歉收的耕地面积）等民政方面的事务都规定在固定日子里进行。这样，政务便固定为一定的形式，使人感到缺乏根据情况随时采取适当措施的灵活性。而且，这些活动的内容都只是一种仪式，连细微的地方，都要按照严格规定执行。例如，最高级政务中有太政官厅掌管的"官政"；和外记厅负责的"外记政"。这两种事务活动，对于参加活动的官吏的进退礼法、程序，以及准备提出审议文件的内容、形式都有规定，需要解决的问题只是仪式的进行方法而不是政务的内容。检非违使进行的"大索"等则是形式化的极好例证。所谓"大索"，原来是一齐拘捕罪人，可是也变成了一种固定的事务活动。因此，在事前就要做好各种准备，只是到预定的日期，做一齐拘捕的形式而已。

藤原道长

图中的藤原道长站在他的宅院中的池塘边，欣赏着为天皇即将来访准备的舒适的龙船，他的长袍飘动着，似乎是在展示他的傲慢。自公元1000年左右掌握了皇位背后实际权力达30年之久的藤原道长，在某种意义上说是一个纨绔子弟，他曾在自己的一件新内衣缝好之前，使别人在外面等了半天，因为他不愿意让他们看到自己穿着在最近一次活动中穿过的那套衣服出场。

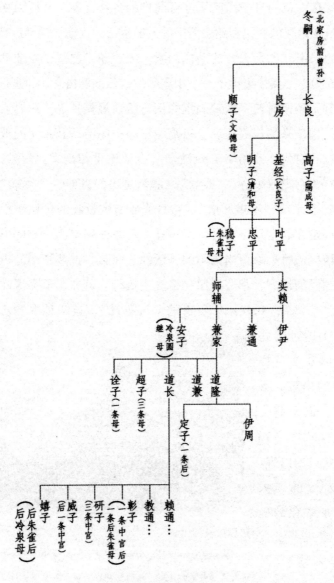

藤原氏家系略图

　　既然关心政务形式胜过政务内容，先例就具有重大意义。这是因为，内容是随对象而异的，也因时间的不同而变化，先例起不了任何作用。可是形式则是自己规定的，经常能将其固定下来，用来十分便利。所以这一时代的政治，便以先例作为最高基准。一切活动，连细微的仪式程序礼法，都要一一参照先例，以先例为根据来进行。在了解先例的材料中，最有效的就是祖先的日记。正因为实行这种尊重先例的政治的缘故，所以朝臣们对每项朝廷仪式，都做了详细的日记，子孙们则把祖先的日记奉为金科玉律，只要按照日记行事，就可万事大吉。因此，这一时代的朝臣所记的日记流传到现在的很多，这完全是由于这种政务形式化造成的。政治的形式化，说明社会的发展已与政治脱节。换句话说，说明了政治的软弱无力和政府威信的丧失，也说明了公共秩序已崩溃，转化成为私人关系。这一系列倾向的最有力的象征，就是天皇地位的变化。律令中规定，天皇是道德的最高体现者的圣天子，而且是掌握绝对权力的专制君主。到了这时，实际上已降为皇室一家的家长而已，而且他的地位也微弱到无事不为外戚的血缘力量所左右了。从这时起，天皇死后追谥的称号，不再叫天皇，而只称"院"了。所谓院，本来是指划分为一定范围内的建筑物所在地的名称，后来从天皇逊位后居住的场所，转而成为对上皇的称呼，不久又用来称呼天皇。这是与律令制下天皇的尊严相去甚远的称呼。[①]从这一时代开始，天皇的住所也不在正式的皇宫，而是移到了摄关私邸的"里内裏"了。律令制的天皇实际上已消失，剩下来的只是勉强保住了自古以来的传统的宗教权威和血统上一个家系的天皇而已。

承平、天庆之乱 承平、天庆之乱，作为一个显著的历史事件，充分表明了政权的软弱无力和政府威信的扫地。这是从承平末年到天庆初年（936—941），在关东和西部几乎同时发生的一场动乱，使那些在平安京中做着太平美梦的贵族们吓得胆战心惊。事实上，这一事件宣告并促进了律令体制的崩溃，从这一点说，也是划时代的事件。在这场动乱中，关东方面叛乱的中心人物平将门是桓武天皇三世孙高望王的孙子。高望王降入臣籍后，赐姓为平，担任上总介而来到东国。后来其子国香担任常陆大掾、镇守府将军，良将也当上了镇守府将军，良兼也当上下总介。将门是良将之子，住在常陆、下总地方，是个弓箭不离身、以战斗为职业的武士。这样一个平将门的出现本身，已显著地表明了律令体制开始崩溃的征兆。因为这正是国司土著化和皇族贵族移居地方的代表性事例，是地方豪族兴起基础的表现，而这些正是律令制极力抑制的事。在令和格中，曾严格规定：国司要按一定年限调任；国司不能携带亲属、宾客一起赴任；五位以上的官吏不得随便走出畿外等。这些规定，完全是为了防止国司在地方上培植势力，垄断私利。然而，事实却恰恰相反，像桓武平氏那样，已在常陆地方占据了统治地位。平将门就以此为根据，蓄积武力，准备作战，这说明土著化了的贵族们开始武士化了，表示出第二阶段的重大社会问题。一般认为，土著化的国司，从在职期间起，就兼营公私田地；到任期届满后，又利用其地位、名望扩大私地，从而成为当地一大领主。在治安紊乱的当时，他们为了保护和扩大自己拥有的土地，当然要采取自卫之策。当时从领地内人民中征兵，也是件易事。人民里面，有钱者也憧憬着名誉，希望得到帐内、资人、六府舍人等与武艺有关的中央政府下级官职，他们也的确很容易就可得到这类官职。在这种背景之下，在统率者中如果出现有才干的武士，就能在土著国司之间培植出强大的武力。平将门就是其中最杰出的一个。将门依靠优势武力同许多叔叔们进行争斗，还与同属天皇后裔而是这地方土著的源护等交战；还因出头调解武藏国的"权守"与"郡司"之间的抗争而被密告说"将门谋叛"。不过，这些事件都只是说明这个暴徒随心所欲地驰骋在关东荒野上，并没有犯下背叛国家的罪行。但是，后来他以天生的侠义，在常陆国搭救了一个因违抗国守的命令、遭国守追击而向他求救的叛逆者，并且趁势烧了国守府，活捉了国守，夺下了国守的官印，形成了占领常陆国的局势，于是他便成了国家的叛逆者（天庆二年十一月，939）。他从此改变主意，觉得占领一地要处罪，多占些反正也是处罪，便一不做二不休，攻掠坂东各地，袭击上野、下野等国府，赶走国守，夺下了官印。后来据说他就擅自号称新皇，任命百官，并择地为都。这些传说，究竟有多大可靠性还很难说。[②]不过，在中央贵族们看来，对这件事的估计，肯定要比实际情况严重得多。他们为镇压叛乱采取了种种措施，还煞有介事地任命了征东大将军。实际上，将门没有多久就在同国香之子平贞盛和下野押领使藤原秀乡的军队交战时阵亡了，叛乱也告平息（天庆三年二月）。以将门占领常陆时算起不过两个多月，但如果连同本族之间私斗的时间也算上，则可达五年左右。在此期间，田园荒芜，无辜百姓惨遭迫害，地方政治被搅得无法顺利推行等情景，是不难想象的。已经濒临崩溃的律令制，因而加速了崩溃，则是无疑的。特别值得注意的是，平将门的被诛戮，并非出自朝廷任命的征东大将军之手，而是由同一地方的武士干的，这件事在武家勃兴史上具有重大意义。一个将门灭亡了，但武家并未灭亡，反而越发强大了。在这场动乱中立了功的贞盛，其子孙们便成了后来的平家；秀乡的子孙们则在关东发展起来，成为奥州的藤原氏、大友氏、少弎氏、结城氏和小山氏等，这些都不是偶然的。

承平天庆之乱在西部地区的主角是藤原纯友。纯友曾任前伊予掾，在伊予发动了叛乱。与平将门一样，他也是土著化的前任国司。不过，将门的武力是在关东荒原上培养出来的陆军，而纯友的武力则是由海盗成长起来的水军。在历史上，海盗的名称，在天平年间开始出现，平安时代初期起开始活跃，活动地点主要在山阳、南海地区，即濑户内海。承平年间，海盗活动极为猖獗，纯友就是这时候南海海盗的首领，率领千余艘船只，以伊予日振岛为根据地，从事抢夺官物、私财。他曾一时听从伊予守纪淑人的招降，表示恭顺为民，但不久又继续作乱，洗劫了山阳、南海诸领主国，最后侵入大宰府，夺走历代积存的财物并纵火焚烧（天庆二年）。由于纯友掀起的暴乱与将门的谋反在时间上接近，因而有人认为是东西方合谋起事的，但并没有具体的合谋证据。不过，在东西方同时都有使地方豪族发动私人武力的社会环境，却是确凿的事实。朝廷任命的追捕使在博多津与海盗们交战，并将其击败，纯友逃到伊予，不久被捕并被处死（天庆四年）。东西两方发生叛乱，是律令政治过去所从未有过的，是试图夺取政权的重大事件。因为是前国司或其子孙等地方望族反抗政府，极尽叛乱之能事，所以使政府在人民中间大大丧失了威信。人们再也不能依靠政府，只好加强族内部的团结，或是托庇于主家或有势力的家族，以求得到他们的照顾，总之是要通过建立私人关系以求得自身的生存。这样，公权的私权化、公的关系向私人关系的演变，也就日益发展下去。

庄园制度的成熟　这一时代在社会经济方面的最大倾向，是由公地公民制转变为私地私民制。班田已经完全不再执行，过去的口分田已变成永世的私有地，落入富裕农民之手，划归庄园之中。位田、职田、功田等也都成了私有土地。针对庄园，还有公有、公田等的说法，但这些公有土地已具有浓厚的属于国司私有的性质。随着土地的私有化，人民也开始私民化了。进入庄园的农民不用说成了层层重叠的庄园领主的私有，就连留在国衙领地内的农民也具有浓厚的属于国司及其下级领主的私民性质。不仅在地方农民中有这种私民化倾向，就是在中央政府的官吏中，下层官吏也在急于同上层官吏结成私人间的隶属关系。他们认为，与其担任朝廷的正式官职，还不如到豪族家去作"家司"或"家人"更合算，也就是说，实际上去当私民。

私地私民化的发展，集中表现为庄园制度的成熟。历史学家们向来都把庄园作为中世社会经济史的中心问题，而寄予深切的关心。这个时代作为庄园制的成熟时代，在庄园制的历史上占有重要位置。尽管政府在这一时代几次采取了限制庄园增加的措施，但丝毫也没有抑制住庄园增加的趋势，由此可以看到庄园制度与统治阶级利害相关的复杂性质。从记载上看，庄园是以垦田为中心发展起来的，但实际上，初期的庄园与垦田，是两码事。所谓"庄"，本来是指贵族富豪们拥有的庭园式别墅，这些别墅常常附带拥有广阔的田园以及相应的建筑设施。不久，这种附属土地的意义变得越发重要，竟意味着中央贵族、寺院在地方所拥有的大片土地，其中包括水田、旱地和未开垦的原野等，但主要部分则是用来作为生产资料具有最大意义的垦田。贵族和寺院为了获得这样的庄园，从奈良时代起就拼命进行活动。仅仅是这样还不至于给国家财政造成很大损害，因为这些田地原则上都是输租田，开垦的越多，国家的租税收入也相应增加。另外，输租田一般有发展成为不输租田的倾向，平安初期大量设置的敕旨田，就是不输租田。于是，庄园的所有者们也都设法活动取得庄园不输租的特权，并陆续获得了成功。取得不输租的特权，从手续方面说，要办理官符、省符的申请和批准，所以当时将这些庄园称作"官、省符庄"；也有的庄园，只经国司许可，便取得了不输租的特权。庄园一取得不输租的特权，就与公领土地全面对立起来，严重地威胁了国家财政，成为国司监管、取缔的重要对象。国司为了要监管、取缔庄园，就派使者到庄园去，丈量土地，征收租税。庄园主就加以拒绝，并提出要求禁止使者入内。这种要求一被接受，便又得到了"不入"的特权。不输不入的特权是使庄园所以成为庄园的重要条件，正是在这一时代里，建立起得到了这种特权的庄园，因而将此时代称为庄园制的成熟时代。

拥有庄园的，除了中央贵族和社寺以外，还有一些地方豪族。其中，贵族和社寺的庄园拥有容易得到"不输不入"特权的方便，而地方豪族就没有这种方便，因此在国司的监管取缔下，处于危险地位。他们为了对抗国司起见，就与高于国司地位的中央贵族拉关系，签订贡献合同（寄进契约），将名义上的所有权转移给贵族，而贡献者的地方豪族则仍然是这些土地的事实上管理者。人们将这种方式称为设定"领家职"，如果仅靠领家还不能抵抗国司的压迫的话，就把土地贡献给更高一层的院、官等权威者，以求得其保护。这些权威者称为"本家"，而原来的土地所有者，则称为"预所""下司"等，他们仍继续掌握管理庄园的实权。本家、领家和预所层层重叠，都是掌握庄园权利的人，他们处于一种互相依存、互相帮助的关系。权门豪族的豪华奢侈生活，正是由于这些本家职、领家职的贡纳、捐献才得以维持，而预所也只有依靠权贵的威望才能保持住其在庄园的权利。这完全是由于公的秩序衰落无力，作为补救，在公的秩序中发生的私人关系，人们依靠这互相重叠、互相依存的力量才勉强保持了安全。由于有这种本家职、领家职的贡纳、捐献，使权门豪族热衷于庄园的扩张，从而使庄园急剧膨胀起来。当时，藤原道长的庄园被人称为是"天下土地悉归一家"而闻名于世。③天喜元年（1053），伊贺国所辖的四郡十七乡中，有三分之二是寺、社、权门的庄园。④嘉承元年（1106），在纪伊国所辖七郡里，有六郡，每郡十之八九都变成了庄园。⑤

政府对这种庄园增加的趋势，不能再容忍下去，从延喜二年（902）起，不断下达整顿庄园的命令。当然，要全面废除庄园是不可能的，只是禁止没有正式文件、用不正当手段占有的庄园而已。对于通过正当途径而获得的庄园，反倒加以保护，于是整顿庄园令便滑稽可笑地起到保护庄园的作用。延喜以后，政府于永观二年（984）、宽德二年（1045）、天喜三年（1055）和延久元年（1069）曾一再下达整顿庄园的命令，但都没能阻止庄园增大的趋势。这些整顿令经常以禁止新设庄园为题，实际上等于承认了设立后经过一段时间的庄园的存在。总之，在经济结构已从班田经济变为庄园经济，统治者的经济基础已完全转变到庄园的情况下，要想整顿这些庄园，只能说是单从形式上来维持律令体制而已。乍一看来，整顿庄园似乎是这一时代政治上少见的具有实际意义的举动，但一深入研究其内容，只能认为完全是一种形式化的，表明了政治上软弱无能的措施而已。

庄园中使用的劳动力，最初是以租佃的形式雇用住在附近的班田农民，或使役自家所有的奴婢和远离家乡的流浪人，后来这些人就都陆续成为隶属于庄园领主的庄民，定居在庄园里了。庄民中实际占有土地的叫作"田堵"，田堵从庄园领主那里取得土地的耕种权，然后集中自家的劳动力，或是利用其他的劳动力来进行耕种，同时也要向领主提供年贡和杂役。田堵所占的土地都加上田堵本人的名字，称为"××名"。"名"的起源，似乎是在律令制田籍中记载的"名"；这个名字除了表示田地的占有者外，同时也表示纳税义务的承担者。所以，"名"是首先产生于公领土地上，后来才扩展到庄园的。到了镰仓时代，庄园几乎全由"名"构成，"名"的性质，也因地区而有所不同。畿内的"名"规模较小，大都只是一町到三町土地的所有者，山野并不包括在内；可是边境地区的"名"，则拥有十几町到几十町的大片土地，其中还包括一些没有开垦的山林。"名"的土地叫作"名田"，"名"的占有者称为"名主"。这样，田堵这一称呼就变成了"名主"，但其彻底转变则是在进入镰仓时代以后的事。可以说，初期力量还不够强大的田堵，其对土地占有权逐渐加强，到名主时，其在庄园内的土地私有权，已得到确立，于是名主这一名称才固定下来。边境地区拥有大面积名田的名主，多数出身于郡司、国司等权门，因此应称他们为"在地领主"。值得注意的是，这一时代出现武家的主要母体，就产生于这些名主阶层之中。⑥

对外关系 这一时代的对外关系，可用"消极保守"一句话来概括。在国内，律令体制逐渐崩溃的形势，使人们没有顾及对外关系的余暇。唐朝灭亡之后，代之而兴的是五代十国，和我国并没有正式的交通往来，只是承平天德年间［承平五年（935）—天德元年（957）］，占据吴越故地（浙东浙西地方）而兴起的吴越国，（这里说吴越国兴于承平天德年间［原文作承平五年（931—960）］是错误的。吴越兴天祐四年［日延喜七年（907）］，到太平兴国三年［日天元元年（978）］才纳地归宋。日本书籍《成算法师记》载奝然于983年（日永观元年，宋太平兴国八年）八月入宋的时候，还说是搭乘吴越商人陈仁爽的便船，这当然也有误。下面所说日本拒绝和吴越建交的原因，也不完全是事实。当时天皇无权，代表朝廷的是摄关和左、右大臣，而和吴越王书信往来的正是左大臣藤原忠平、藤原实赖和右大臣藤原师辅。——译者）曾派遣使节到我国，带来了国王书信和特产。对此，我国朝廷并没有回复，只由大臣回了信，拒绝了建立邦交的事。这一方面是因为朝廷自负，认为吴越只是踞居一隅的小国，不值得与其建立邦交；另一方面也与当时采取的消极外交方针，不愿和他国建立正式邦交有关。不过，两国之间尚有商船往来，我国僧侣中也曾有人乘这些便船渡海去巡历五台山等地。这种情况直到宋朝在中国兴起，建立统一帝国之后仍没有变化。日宋之间的民间贸易仍和过去一样，采用了日唐贸易的方式，我国政府对此也曾试图用限定期限的办法来减轻财政负担。朝廷还禁止我国商船前往中国，违者要严厉处罚，因此当时的贸易是由宋朝商人单方面进行的。我国进口的是香料、药品、茶碗和织锦之类的物品，出口是扇子、刀剑和水银等物。对僧侣赴宋求法是准许的，因而出现了奝然［永观元年（983）出发］、寂照［长保五年（1003）出发］、成寻［延久三年（1071）出发］等著名的入宋僧。寂照在宋朝深得朝野的信任，以至埋骨在那里，没有回国。成寻因为宋朝祈雨奏效立功而被授予大师称号，归国时，宋朝皇帝托他给我国朝廷带来了亲笔书信和礼品，这是日宋两国正式往来的开始，成了下一时代平清盛实行积极贸易政策的导火线。

这个时代的日宋文化关系与日唐关系不同。经过唐末五代骚乱之后，宋朝的文化一般处于衰落之中，特别是佛教，因唐末的排佛（唐末的排佛，当指唐武宗的会昌排佛，从时间说来，还不能称"唐末"。——译者）而一蹶不振。而日本在此期间却将过去积极吸取的唐朝文化加以充分消化，并取得了发展。因此，这一时代的日宋文化交往中，已令人感到日本不再单纯是对方文化的接受者，已转变成为授予者了。这类事实可以举出许多。例如，源信曾将自著的《往生要集》托宋朝商人赠送给天台山，同时还赠送了其已故老师良源著的《观音赞》和庆滋保胤著的《十六相赞》《日本往生传》，源为宪的《法华经赋》，等等。据说《往生要集》在宋朝深受尊崇，源信则被尊为大师，受到崇敬。还有一次，宋朝天台山僧人送来了《法华示珠指》等 7 卷经籍，同时要求得到在宋朝已失佚的几部佛书。我国将这些佚书送给了他们，但在看了从宋朝带来的新书后，觉得其内容十分肤浅，因而将其毁掉了。寂照赴宋时，也曾带去两部该国已失佚的佛书。这些事实充分说明，在漫长的日中两国文化关系的历史上已经出现了罕见的逆转现象，文化的优劣绝不是固定不变的，在历史的形成过程中，总要发生转变的。[7]

在朝鲜半岛上，高丽已经代替新罗成为半岛的主人。由于日本一直采取消极的外交政策，所以对方要求修好，日本却没有答应。不过，高丽海盗入侵九州，却使朝臣不寒而栗。高丽海盗初次来犯是在长德三年（997），二十余年后又有更大规模的侵扰。这就是宽仁三年（1019）的刀伊入寇。所谓刀伊，是朝鲜话，意指外夷，实际上是指居住在朝鲜东北部和中国东北满洲一带的女真人。他们起初只是侵掠高丽沿岸，因为受到高丽的追剿便入侵我国，在对马、壹歧等地进行骚扰，并来到筑前，在博多登陆。幸赖当地武士们的奋勇抵抗，在海上把他们击退，才没能深入内地。尽管这样，我国的男女百姓竟被杀害了 463 人，掠走了 1280 人。朝臣们听到这个消息之后，十分惊愕，但又为没想到在短期内迅速平定下去而感到放心，因而只在形式上有所议论，并没有对击退海盗立功的武士们有所奖赏。这些事实再清楚不过地暴露了朝臣们根本没有明察国家大事的眼光，只贪图眼前的蝇头微利而已。

佛教　天台、真言两大宗派里名僧辈出。这些名僧与宫廷、贵族们紧密地结合在一起，有的本身成了贵族。真言宗因在宽平、延喜年间出现了益信、圣宝两名高僧而势力大振。益信接受了宇多法皇的皈依，圣宝创立了醍醐寺。益信的继承人是宽朝，圣宝的继承人叫仁海。真言宗也因而分成两个流派，前者叫"广泽流"，后者叫"小野流"。他们竞相表明自己一派祈祷的效验。例如，宽朝一派的仁和寺以"孔雀王法"著称；仁海所住持的醍醐寺则以"请雨法"见闻。

延历寺在这个时代初期，出现了慈慧僧正良源。他扩大了天台宗的势力，被称为叡山中兴之祖。他主持修复了被火灾烧毁的叡山堂塔；培养了许多英才。但是，他也犯了与三井寺发生争执并导致了"山门（延历寺园仁门）、寺门（三井寺园珍门）之争"的错误。钻研同一宗义的同一宗派的两家门徒发生争执，甚至演变成激烈的战斗。这是寺院世俗化的悲剧，也可以说是佛教的衰微，使南都佛教的堕落都为之逊色。旧佛教的这种世俗性的繁荣反而促使那些热心修行的人们不得不去寻求真实的宗教。加上在现实生活中，由于旧政治体制的崩溃和生活不安定等，也驱使人们去寻求那些可以真正信赖的精神支柱。佛教理论中的末法思想，更助长了这种倾向。所谓末法思想，是佛教的悲观消极时代观的产物，它将释迦牟尼死后的时代分为正法、像法、末法等三个时期，认为世界在逐渐走向堕落。到了末法时期已不能实行佛教的正法，破戒、无戒者增多，天灾地变频繁发生，整个世界都处于乱斗之中。正法和像法各经过一千年，这一时代的永承七年（1052）正是末法开始的时候。世态的颓废，好似证明了佛祖预言的正确，因而更加有力地打动了人们的心扉。无论是贵族还是平民，他们的心灵都已为这种不安所笼罩。于是，便出现了企图对此加以拯救的净土教。

净土思想早在飞鸟时代就已出现，念佛修行之道，经最澄、园仁等提倡，得以在叡山流传，后来从此流派中出现了劝告人们通过念佛来实现往生极乐世界的净土教的先驱者。六波罗密寺的空也，就是其中的一人。他的特点是很早就开始深入民间，广泛劝告人们念佛。良源门下的源信著《往生要集》一书，用生花妙笔描述净土的庄严，详细说明了往生之道，致使贵族、武士和平民中，信仰此教以求通过念佛而往生的信徒逐渐增多。记载这些传记的《往生传》，也有好几种（如庆滋保胤著《日本往生极乐记》，大江匡房著《续本朝往生传》，三普维康著《拾遗往生传》《后拾遗往生传》，沙弥莲禅著《三外往生记》，等等）。不过，这时的净土教并不专注于念佛一种行为上，还夹杂着观看佛的面目表情的"观相"等内容，都只是劝告人们摆脱现实生活去追求来世往生到极乐世界，因而是一种知识性、贵族性、逃避性的宗教，作为真正拯救人类灵魂的救星是远远不够的。因此，宗教信仰也逐渐流于形式化、表面化，如在临终之际，为求得到佛的引导，而从阿弥陀佛的手上引一根五色线拴到自己手上之类。在建造佛寺和佛像时，也极尽绮丽之能事，企图在人世上显现出极乐净土的景象。这一时代的人们，大概就这样陶醉于幻觉之中，才得以暂时忘掉了心中的不安的吧！然而，社会的走向崩溃却是无休止的，人们的不安日益增大。经过古代末期的骚乱之后，净土教便自然而然地作为法然主张的专事念佛和依靠佛等外力来实现往生的新宗教而独立了出来。[8]

学问　学问的基调与前一时代没有什么不同，仍是因循守旧，没有什么引人注目的新发展。在汉文学方面，天历年间出现了大江朝纲、大江维时、菅原文时、橘直干、源顺等名人，稍晚些时候又出现了两中书王（兼明亲王和具平亲王），宽弘年间出现了庆滋保胤、大江匡衡等人，和前代比起来，规模要小得多，作品也流于形式，没有魄力。当时出版的诗文集有《扶桑集》（纪齐名编）、《本朝丽藻》（高阶积普编）、《本朝文粹》（藤原明衡编）等。这些诗集都是私人编撰的，不像前一时代那样，有敕撰的诗集，这也鲜明地体现出了这一时代的特点。此外，还出版了僧昌住编的《新撰字镜》和源顺编的《倭名类聚抄》等汉和字典，从这里也能见到当时汉字的普及程度。

这一时代学问方面的显著特色是出现了世袭化。学问成了某一家的世袭职业，并与门阀结合起来。当然，这种现象并不限于学问领域，就像藤原氏北家世袭摄关职务一样，学问的世袭只不过是风靡整个社会的固定化、世袭化潮流中的一个现象而已。在本来是依靠才能进取，而与门阀最无关系的学问领域中，也出现了显著的世袭现象，其影响是严重的。学问的世袭化，在汉文学即文章道方面，是由菅原、大江两氏世袭；在明经道方面是由清原、中原两氏世袭；明法道则是坂上、中原两氏；算道则是三善氏；阴阳道则是贺茂、安倍两氏；医道则由和气、丹波两氏世袭。在文章博士、明法博士等学界最高位置，都是由这些家族世袭占据的情况下，学术界求得新的进步之道被封闭了，这当然是不足为奇的事。

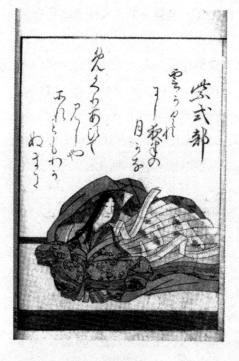

紫式部像

文学 进入这一时代以后，在前一时代已经露出繁荣端倪的国文学，呈现出空前的盛况，开辟了文学史上的黄金时代。

首先是小说的发展。继《竹取物语》《伊势物语》等先驱性小说之后，又出现了大概是在天历以后创作的《宇津保物语》《落窪物语》等作品。这些都是写实小说，尽管在结构、措辞等方面有欠洗练，但大体上具备了吸引读者兴趣的特点。此外，还有不少小说，并没有流传下来。但紫式部在这以后写出的长达 54 章的长篇小说《源氏物语》，汲取了其洗练的手法，无论在构思的宏伟、描写的细腻、感觉的敏锐和解释的深刻上，都具有不容他人追随的魅力。小说的主人公，从门第、才学和容貌等方面来看，无疑是个典型的贵族。她描写这位贵族公子表面上虽然过着极其华美的富贵生活，但内心却充满着难以摆脱的苦恼和悲哀，两者相映成趣，而且脉络缠绵，情境隽永。它不仅是一部细腻描写了当时贵族生活的写实小说，而且也是努力追求更高境地的理想小说。紫式部是当时以汉文学家见闻的藤原为时的女儿，她自己在汉文学方面的造诣也很深。她不仅深刻地掌握了当时学问上的基础教养，又因为在宫中当过女官（侍候一条天皇中宫彰子），体验过最高的文化生活，因而能在为女性开辟的新天地——国文学领域中纵横驰骋，尽情施展其卓越的文学才能，创作出这部古今罕见的杰作。这部书不仅展现了日本女性的文学才能，而且显示了广大日本人民的高度文化创造能力，因而它的意义是很大的。继《源氏物语》之后，又出现了《狭衣物语》《滨松中纳言物语》等小说，但都未能达到《源氏物语》那样高的境地。[9]

清少纳言像

《源氏物语绘卷》浮舟

　　其次是日记文学的繁荣。日记文学的先鞭是《土佐日记》。这个时代里有《蜻蛉日记》（藤原兼家之妻著）、《和泉式部日记》、《紫式部日记》、《更科日记》（菅原孝标之女著）等作品。这些日记虽都只是著者随时记下的个人体验，但与朝臣们那种平铺直叙地记述日常活动和仪式的日记比起来，都表现出了复杂的心理活

《源氏物语绘卷》若紫

动和对客观世界的致密观察，因此都具有文学作品的价值。类似的作品还有清少纳言著的《枕草子》。《枕草子》和《源氏物语》共同构成了当时文学的最高峰。"紫女""清女"之名自古以来一直家喻户晓。《枕草子》是一本记录感想的随笔式作品，在结构和字数上虽不能和《源氏物语》相比，但它那奇警的观察力和卓越的表现力，结合文字深处蕴藏着的作者的人物特性，开辟了与《源氏物语》迥然不同的境地。

最后是和歌。在敕撰歌集方面，继《古今集》之后又编撰了《后撰集》〔天历五年（951）撰〕和《拾遗集》，但它们都是模仿《古今集》的，没有超出前人之作。当时知名的歌人有源顺、藤原公任、和泉氏部、曾祢好忠等。源顺虽富有和学、汉学才华，但因沉溺于自己的机智和才华，在和歌方面可取者很少。藤原公任也很博学，其知识和教养的广博，已达到当时贵族的理想境地，但他在和歌方面，却没有卓越的才华。他的功绩在于：深谙古歌的格律、辞法，据此奠定了评价和歌优劣的所谓"歌论""歌学"的基础。而这种歌论，也只有在凡事都要以先例为金科玉律的时代风潮下，才能产生。和歌之所以能够长期与宫廷贵族共命运，可以说在很大程度上是由这位典型的宫廷贵族藤原公任奠定的"歌学""歌论"的性质所决定的。和泉式部则富有歌人的才华，她以巧妙的措辞表达了奔放的热情，强烈地敲击了人们的心扉。可以说和泉式部的和歌、清少纳言的随笔、紫式部的小说是代表这一国文学黄金时代的三大杰作。曾祢好忠对歌坛上的因循守旧深为不满，因此在题材、措辞上采用了一些新的东西，但因过度流于形式，未能取得令人首肯的成就。不过，后来开展的和歌革新运动，应该说是由他开始的。

美术　与过去卓越的唐朝风格相比，这一时代美术的显著特点是具有优美的民族风格。在建筑方面，出现了贵族的住宅样式"寝殿样式"。它的格局是：以主屋"寝殿"为中心，左右各建一座称作"对屋"的副屋；从左右对屋向南伸出走廊，中间开一中门，南端设置"钓殿"；寝殿和东西两对屋的北面再设对屋，彼此之间以"渡殿"连接。屋顶用柏树皮葺盖，木板铺地，完全是纯日本式的优雅建筑。寝殿前面为庭园，

《源氏物语绘卷》寄生

中掘一池，池中置一小岛，岛与池岸以桥连接。建筑物与庭园的自然景色水乳交融，产生出令人感到亲切的艺术境界。当时贵族们的生活情趣，其现实的基础，先是建立在这种住宅上的。

佛寺建筑也受到寝殿样式的影响，出现了"阿弥陀堂建筑"。这是因为许多贵族信奉净土教，施舍住宅以建造阿弥陀堂的。其中规模最大的是藤原道长建造的法成寺，可惜今天已找不到其遗址了。所幸道长之子赖通在宇治建造的"平等院"阿弥陀堂，还保留到现在，使我们不仅能见到当时建筑的样式，

平等院凤凰堂

而且还能了解当时美术方面，包括绘画、雕刻等方面的精华。这座阿弥陀堂由本堂、翼廊和尾廊组成，给人以凤凰展翅之感，因而又叫"凤凰堂"，其构造高低参差，极尽变化之妙，外面尽涂朱红，里面却金光灿烂：中央一间为佛坛，安放

一尊阿弥陀像，藻井、圆柱、梁、扉和四壁满都用彩画和花纹装饰。当时，人们大概是将它比作为世上出现的极乐净土的。此外，日野法界寺的阿弥陀堂和大原三千院的极乐院本堂，也都是现存阿弥陀堂建筑中的精品。醍醐寺的五重塔也是这一时代初期的建筑［天历五年（951）］，它那用巨木构成的庄重外形，可以说是在朝廷保护之下繁荣起来的正统佛教真言宗的权威的象征。[10]

雕刻方面仍以木像为主，不过，将木像胎内掏空的"寄木造"，有了较大发展，取代了前一时代的"一木造"。创造这一雕法的是佛像师定朝，他在应净土宗要求塑造阿弥陀像过程中，曾大显身手。其遗作有凤凰堂和法界寺等处的阿弥陀像，当人们参拜这些连衣服的皱褶都十分柔和、端坐在莲花座上的佛像的慈祥面容时，无不为其与前一时代密教佛像大不相同而感到惊讶。净琉璃寺的吉祥天女像，也是这一时代的作品，其丰满美丽的体态、华美的衣裳，使人感到她不是一尊佛像，而更像是一座美人像。

古来有名的佛画名家是《往生要集》的作者源信。从这时起出现的很多弥陀来迎图，据说就是出自他的构思。现在，他的代表作遗留下来的有高野山的《圣众来迎图》（也叫《阿弥陀二十五菩萨来迎图》）。描画的是金色的阿弥陀率

天堂之殿

　　建于宇治河西岸的凤凰堂，是 1052 年由强有力的政治家藤原道长之子藤原赖通所奉献的。这个年代是命运攸关的年代，据佛教传统，天定的末法时期（Mappō）就在这时开始了。阿弥陀佛的信奉者们相信这个世界将陷于混乱，就将他们的希望寄托于来世，于是凤凰堂给他们提供了一个参拜阿弥陀佛的场所。进香者们向殿堂走去时通过大门入口处的屏风可以看见里面的严肃的佛像。而且整个殿堂的建筑仿照凤凰的傲慢形象，在两边修造了优雅的双翼，殿后还有一座类似凤凰的建筑。

领二十多个菩萨，乘着祥云前来迎接教徒到极乐净土去的情景。佛、菩萨们的充满喜悦的面容和那悠然自得的姿态，与下部描画的秀丽山水相得益彰，逼真地刻画出了"往生"的喜悦心情。可以认为是古代佛画中最大的杰作。在世俗画方面，巨势金刚的子孙当中出现了许多名手，其中最著名的是广贵（弘高）。他是一条天皇时代的人，是集前代以来日渐兴盛的大和绘式样之大成的人。所谓"大和绘"，是与描写唐朝风物、景象的"唐画"相对而言的，以描写日本的风物、故事为中心的绘画。这说明在整个文化领域中，日本色彩逐渐浓厚的潮流，已波及绘画方面。描画有大和绘的拉门和屏风，在宫廷和贵族生活中已成为不可缺少的家具。由于其需要是经常的，因而使大和绘的画题和画法，也都有了很大的进步。

在书法方面，日本化的倾向也很显著。小野道风虽是延喜、天历时的人，但在其丰润的笔致中，已可以看到在雄伟的唐风里显现出日本式的风格。继之出现的藤原佐理和藤原行成，日本式的温雅风格就更多了。可以说和式书风就是由藤原行成最后形成的，后来作为书法流派而畅行的世尊寺派，就是以行成为祖师的。因此，称他为我国书法之祖，绝非溢美之词。此外，在假名的书法方面，开始见到有连绵不断、极其优美的草书假名的发展。草书假名的发展是和以物语、日记、和歌为中心的国文学的发展相辅而来的现象，两者可以说最有力地代表了这一时代的文化性格。

注　释：

①最先在天皇谥号中使用院号的是宇多天皇（承平元年，931 年驾崩）和阳成天皇（天历三年，949 年驾崩）。醍醐天皇在让位后几天就死去了，村上天皇在位时就死了，因而没有使用院号。冷泉天皇以后，无论是否逊位，都一律使用了院号。对此，自古以来有种种说法，帝国学士院编的《帝室制度史》第 6 卷天皇称号分册（1945 年出版）中有详细说明。

②在《将门记》一书中，详细记载了平将门的这些事迹。过去，人们都认为《将门记》是一部值得信赖的实录，但我认为其中虚构成分颇多，是一本把事实加以润饰而成的故事，不能完全信凭。例如，后世人们常好列举的将门任命百官而独缺历博士一事就

完全是一个虚构的故事。

③此事见于虽同是藤原氏，但却经常对道长持批判态度的小野宫在大臣实资的日记《小右记》，万寿二年七月十一日条。

④东大寺文书（《大日本古文书》第十八，东大寺文书之五）天喜元年八月二十六日官宣旨案中引用的有关伊贺国的注解中载道："该国地本狭小，所辖四郡十七乡之中，三分之二已为高家庄园，不随国务。"

⑤《高野山文书》又《续宝简集》二十（大日本古文书第一，高野山文书四），嘉承二年一月二十五日官宣旨案中引用的有关纪伊国在厅官人等的嘉承元年十二月的注文中载："该国辖七郡，即伊都、那河、名草、海部、在田、日高、牟娄等。此七郡中，牟娄、日高、海部、在田、伊都和那河等六郡，每郡土地之十八九已属庄领，公地所剩无几。余者仅剩名草一郡耳。"

⑥因为庄园是从古代到中世纪社会经济史中的重要问题，所以向来就有不少人对此进行了研究。但研究的深化，还是昭和年代社会经济史研究发展的结果。即使在昭和初期，仍是从庄园之传承、整顿等由统治者立场进行研究者居多。到了战后，才显著地将重点置于庄园的土地占有结构和阶层分化等方面，从而使庄园的性质，在很大程度上明确了。在这方面不可忘记的是，竹内理三编著的《平安遗文》10 卷本（1947—1960 年，东京堂出版）的出版，使人们能够轻易地看到研究庄园不可缺少的文献，为研究的发展做出了卓越的贡献。庄园研究的文献目录见安田元久《日本庄园史概说》（1957 年，吉川弘文馆出版）。

⑦在日宋贸易方面，森克巳《日宋贸易之研究》（1948 年，国立书院出版）中有详细记载；在文化交流方面，可参阅木宫泰彦《日华文化交流史》（1955 年，富山书房出版）、森克巳《日宋文化交流史中诸问题》（1950 年，刀江书院出版）等书。

⑧井上光贞《日本净土教成立史研究》（1956 年，山川出版社出版）是研究飞鸟时代至这一时代净土思想发展的杰作。

⑨《源氏物语》是我国古典巨著，自古以来就广泛传抄，还加了不少注释。仅从学说史的角度来看，在我国古典学中，也是占有重要地位的。池田龟鉴《源氏物语大成》8 卷本（1953—1956 年，中央公论社出版）是搜集各种抄本、校订其异同，试图恢复原来面目的重要成果。此外，池田龟鉴《源氏物语事典》2 卷本（1960 年，东京堂出版）是以解释物语中名词为中心的百科全书式书籍，查阅起来颇为方便。

⑩最近，以东京国立文化财研究所的人们为中心，利用醍醐寺五重塔进行解体翻修的机会，对塔底层各部磨损殆尽，难以辨认的壁画图像、样式和颜料进行了研究，并对其

判明创作年代的绘画作品进行了彻底研究。当时还曾偶然发现了胡乱写在底层藻井上的字迹，从而得到了假名书体发展史上的贵重资料。这次研究的报告收于高田修编《醍醐寺五重塔的壁画》（1959年，吉川弘文馆出版）一书中，曾被授予1960年度日本学士院恩赐奖。

第六节　古代国家的瓦解

院政　藤原时代，古代律令制国家迅速瓦解，到了下一个时代，这种趋势更加严重，终于导致悲惨的结局。白河天皇退位后实行的院政，虽说是取代摄关政治的一种新的政治形式，但从一开始就不是为了维护律令制，更不是律令制导致的结果，毋宁说它使古代国家矛盾激化，加速了它的瓦解。从白河天皇退位（应德三年，1086）到安德天皇末年（寿永四年，1185）这一段时间，称为院政时代，因为院政是这一时代主要的政治形式，从内容上看，这个时代是古代律令制国家走向瓦解的决定性时期。

所谓院政是指政治实权归于上皇，也就是"院"。院设院厅处理政务，院下达的"院宣"比天皇的诏敕、宣旨还要重要。从历史上说，其意义在于它取代了摄关政治。至于其起源，院政最早是后三条天皇为压制摄关权势而想出的一种办法，他本想自己退位后加以实行，但因早逝，没有实现。继位的白河天皇根据他的遗志，开始实行院政。但是这种说法无论对创始的动机，还是对人物都不够中肯。即使后三条天皇有意要抑制摄关，但说他想通过院政的形式来实现，并没有确凿的证据。白河天皇是有感于中宫的崩逝而退位的，并不是为了实行院政，退位后由于天皇年幼，以及摄关权威的实质性下降，自然而然地参与了政务，后来不久这种做法便成为一种固定的形式。当时藤原氏摄关权威的下降，已经在许多事情上表现出来，如继道长之后的赖通和教通把女儿进献给天皇，却没有得到皇子；后来摄关与外戚便彼此分开；白河天皇的关白师实的地位已完全由天皇控制。同时公卿中村上天皇的后裔久我源氏迅速崛起，白河天皇退位时左大臣是源俊房，右大臣是源显房，都为久我源氏所占据。与道长时代相比，摄关权威一落千丈。这清楚地表明，历史上的专制统治力量是决不能永存的。

院政能够成为一种固定的形式并延续下来，是有其原因的，就是当时上皇一般寿命都很长，性格豪爽豁达。白河天皇退位后在世43年；历堀河、鸟羽、崇德三代天皇（77岁崩）；其后的鸟羽上皇是三代28年（54岁崩）；后白河上皇是五代33年（66岁崩）。当时天皇的在位时间，一般都比较短，所以这应该说是罕有的持续时间较长的政权。这种父系尊长监督和指导晚辈的情况，可以说是父系社会中很自然的人情关系，在重视家族道德的东方社会中，这种现象尤为普遍。但如果身为天子，由公的制度方面来说，就可能强调天子的绝对性而无视长辈的存在。可是在私人感情上，还是有尊敬和服从长辈的一面。律令制下的天皇，作为公的制度本来具有绝对性，而无视上皇的监督和指导。但是，私人关系逐渐渗透到牢固的律令制公家机构中，致使私的家族关系突出出来，上皇便处于天皇之上，对他进行指导和监督。从奈良时代起，已不时出现上皇掣肘天皇，参与政治的情况。在整个律令制机构由于私的关系走向瓦解的时期，由于种种原因，上皇的参与政治，便自然而然地成为一种固定的形式。把院政的起源解释为抑制摄关的权力，或者说实行院政是为了把摄关权力收归皇室，等等，恐怕都是后来只看到过程的一面而追溯到既往了。院政的根本原因在于皇位的世袭和人类的家族本能以及时代的大势所趋，再加上各种偶然事件的诱发作用而产生的。其历史意义在于，它是公的律令规范发展成私的家族关系的一个明显现象。①

佛教政治　在这种情况下产生的院政，从一开始就既没有很高的理想，也没有严格的规律。它完全是违反了律令政治精神的专制，奢侈与腐败的政治，是与国利民福无缘的自私自利的政治。最能说明这一点的是有关佛教的政治。佛教作为院政的对象，占据着相当大的领域，也是和这个时代的历史牵涉最广的一种因素。然而这种佛教，却很少具有宗教的体验和情感等意义，代表这种佛教的是世俗的贵族和庄园领主的僧侣与寺院，佛像与寺院成了浪费与游乐的工具。以此为主要对象的院政，可以称为佛教政治，更确切地说应该叫作淫佛政治。

院政与佛教的关系，首先表现在院政的主角白河、鸟羽、后白河三位上皇都出家皈佛成为法皇。他们的出家，并不是根据宗教上的要求而投身到宗教生活中的，这可以从白河法皇出家以后并没有受戒这一点上得到证明。他们的出家，是为了减轻在俗界的表面责任，实质上是想随心所欲地运用世俗权力尽情享乐。其次，他们大兴佛教事业。白河法皇一生中所造的佛和寺，计有绘像 5470 余尊；丈高的佛 5 尊；1 丈 6 佛 127 尊；8 尺高的 6 尊；等身佛 3150 尊；3 尺以下的 2930 余尊；堂塔 21 座；小塔 446630 余座。此外书写金泥一切经，秘密祈祷及举行佛事不计其数。[2]要完成这样巨大数量的佛事，可以想象该是多么奢侈的游戏！为了收括这样巨额财源，该进行多么残酷的横征暴敛！同时他还下令严禁杀生，有多少人民因此被剥夺了生业。这些都被编成故事流传下来。他们频繁地参拜寺院，也可以算作一项故事。白河法皇曾 3 次去高野，9 次去熊野，1 次去金峰山参拜；鸟羽法皇参拜熊野，竟达 21 次之多。然而，谁也无法否认，在这种对佛教的崇信中，看不到像奈良时代全盛期那种祈求佛来镇护国家的热诚，而仅仅把它当作满足奢侈、享乐欲望的一种手段。这种信佛，说来是可悲的。

佛事的世俗化　再从佛教内部情况来看，那么，也存在着强烈的世俗化色彩。具体表现为皇族、贵族进入寺院。所谓皇族进入寺院，是指当时出现的所谓法亲王。法亲王是指一度出家的皇子，后来又受命成为亲王的人。最早的例子是白河法皇的皇子、仁和寺的觉行法亲王，以后各代均不乏其例。[3]给已经持有僧籍的人以亲王待遇，就是把世俗的身份制度引入本应超然于俗界阶级和名利之外的僧侣社会，是僧侣世俗化的明显表现。其原因是在世俗社会中不能给予亲王以昔日的待遇和荣誉，要凭借寺院的地位和财力去取得补偿。由此可以看出，随着朝廷势力的衰微，寺院的世俗权力日益增长；以及靠这种权力，寺院牢固地同朝廷结合起来。这一点，贵族也是一样。本来僧侣社会是向所有人广泛开放的实力竞争的场所，那里通用的秩序，不是世俗社会的贫富贵贱，而是作为僧侣的腊龄（腊龄，指僧侣取得僧籍后的年数。——译者）和智德。因此在 9 世纪以前，一些虽有才华，但由于身份低贱，而在世俗社会中不能飞黄腾达的人，都竞相涌入寺院，刻苦钻研学问。但是随着时代的推移，这种僧侣社会的实力竞争也渗透了世俗的影响，贵族出身的人可以比平民出身的人早登高位，并且还形成了一种风气，在这种风气盛行的时代，贵族便大量进入寺院。试调查一下当时担任佛教界最高名誉地位的天台座主、兴福寺别当、三会讲师（三会即药师寺最胜会、兴福寺维摩会、大极殿御斋会。担任过讲师的人，就可以当僧纲）诸人的出身，就可以看出，古时几乎全部由平民出身的人担任。可是，到了这一时代，公卿出身者占50%；下层公家占40%；而平民出身的，已降到只占10%左右。不但年纪小的、智德差的人也能当僧纲（高级僧职僧正、僧都、律师的总称），而且僧纲人数也有所增加，弘仁十年（819）是7人，而应德三年（1086）增到57人。僧侣社会也像朝廷一样，成了一成不变的门阀世袭之地。僧团内的自由竞争完全成了往昔的梦幻。

把世俗社会的门阀观念照搬到僧团内部，结果使本应统治僧侣的座主和别当丧失了权威，寺院群众的势力壮大了起来。僧团本应以众僧和合为宗旨，尊重个人意志，因此众议、众望具有很大力量，但现在由于门阀固定下来，一般僧众对升迁失去了信心，便流露出不满情绪。这些情绪，动辄表现为对座主、别当的不信任，尤其是那些不是凭腊龄和智德而取得座主别当的人，根本统辖不了僧众，相反，还要被他们任意左右，表示信任或者不信任。贵族虽然在把寺院变成保持门阀的场所上取得了成功，但寺院的特殊性不久便与他们的意图相抵触，反而使贵族生活本身陷入危殆。因为寺院变成和世俗一样，寺院的群众势力增大起来，二者互相结合，便引起了所谓"强诉"运动。强诉是群众为了满足自身的愿望，利用群众的力量，直接向朝廷举行示威。强诉有不同的阶段，理由也各不相同，兴福寺僧众捧起春日神木进入京都，最初是宽治七年（1093）；叡山的僧众抬着日吉的神轿来到京都，最初是嘉保二年（1093）。自此以后，强诉在这个时代十分盛行。南都北岭，都号称以三千之众晋京强诉，而朝廷则派武士加以防范。所以，表面看来，似乎是僧兵发挥了强大的武力，但仔细想来，僧众并不一定要用武力来胁迫朝廷，朝廷也不一定害怕他们的武力。朝廷害怕的是，僧众蜂起，引起佛法灭亡，而佛法灭亡，就会导致王法灭亡。当时贵族阶级一般都深信王法与佛法之间有相互关系，王法依佛法而兴旺，佛法有赖王法的保护，即所谓佛主王从的相互关系。总之，贵族根据这种思想，不能不把护持佛法的旗手，即寺院，也看作是护持王法的旗手。僧众向朝廷强诉，就是用放弃护持佛法的重任来相威胁，这是贵族们不愿见到的，所以僧众的强诉，经常无须动用武力，就能迫使朝廷承认。即使强诉无须直接动用武力，但寺院拥有强大的武力，却是事实。他们可以很容易地动员寺内群众，集合末寺（末寺，当时以在京都等地的寺院为本寺，而在各地同一系统的佛寺则为末寺。——译者）庄园的士兵，组成数千人的队伍。用"僧兵"这个言简意赅的词来称呼它，并不是古代的事情，而始于《大日本史》一书。世俗化的寺院，在许多情况下都需要武力。由于寺院之间的争斗，例如山门、寺门之争，兴福寺与多武峰之争以及两者汇合起来的南都北岭之争等等都需要武力。这样，寺院的武装就有了很大的发展。即使在寺院内部，座主、别当与众僧之间，众僧与役僧之间也往往发生武装冲突。④寺院竟俨然是一个武装集团，连专门习武的武士势力，也要为他们的向背所左右。寺院的世俗化，首先是上层僧侣的贵族化，成了公家社会的延长，其次是全部武家化，成了武家社会的延长，世俗化因此而达到顶点。

武家的兴盛 如果说佛教是院政时代的一个重要的历史事件，那么武家的兴起可以说是与之匹敌的另一个历史事件。武家在前一个时代已从各地兴起，并蓄积了力量。到了这个时代，强有力的武士大都集聚到中央，担任军事、警察等职务，出入于朝廷、贵族之间，并逐渐在朝廷中占有一定地位，取得了政治上的发言权，多次参加政变。其中最得势的一族平氏，还取代了藤原氏，爬上公卿的高位，在短短的时间内出现了平氏专权的局面。在这里可以看到武家从充当藤原氏的爪牙，甘愿受其任意驱使的时代起，到逐渐提高其地位，不久便与藤原氏相抗衡，最后终于凌驾其上的发展过程。还有一点不容忽视的是，院政的无主见和政府的堕落，也加速了这一过程的发展。这个时代最活跃的武家，当然是源氏和平氏。桓武平氏祖居关东，将门之乱时，该族有了显著发展。乱后将门的堂兄弟诛杀了将门的贞盛，其弟繁盛，将门的叔父良文、良茂等的子孙纷纷从关东移居东海，蓄积力量。良文孙辈的忠常，于长元元年（1028）在上总、下总之间耀武扬威，最后发动叛乱，袭击了安房国府，恰似过去平将门所做的那样。两总地方因此而疲惫不堪，上总国原有田 22980 余町，乱后那里耕地仅剩 18 余町，遭受的损害比将门之乱时还要严重。⑤起初，镇压很困难，但源赖信担任讨伐使后，忠常惧其武名，乞求投降，被捕后去京都途中病死。这次动乱后，平氏在东国的势力日渐衰败，源氏代之而起了。

这支源氏是清和天皇之孙经基后裔的清和源氏。经基在将门之乱时任武藏介，到了武藏后，因惧将门的威名，又回到京师，被人诽谤武艺不精。作为武家，并没有干出什么大事业来。其子满仲在朝廷充当武官，很有政治手腕，巴结藤原氏，充当其走狗，在安和之变和花山天皇逊位等事件中极力效忠藤原氏，巩固了源氏的地位。他还在摄津经营许多田庄，以蓄积武力和财力。其子赖光、赖信等人也继承了父业，讨好兼家、道长等摄关，遇事就倾囊赠送厚礼，使人为之惊讶。赖信任甲斐太守，平定平忠常之乱，因功升到四位，任美浓太守。其子赖义任陆奥太守、镇守府将军，恰逢陆奥豪族安倍赖时父子叛乱，赖义率其子义家、义纲等迎战，苦战 12 年，终于平定了叛乱［永承六年至康平五年（1051—1062）］。这就是所谓奥州 12 年大会战，后人也称为"前九年之役"。叛乱平定后，义家仍任陆奥太守。出羽豪族清原氏一族内讧引起奥羽大乱，经过苦战后又平息了骚乱［永保三年至宽治元年（1083—1087）］。这就是所谓后三年之役。这里对年数的计算，也和前九年一样，有些可疑。总之，赖义、赖家经过多年的殊死奋斗，终于平定了奥羽大乱，从而大大提高了源氏在东国的威望，为扶植其势力起了极大作用。源、平两家势力的对比，因忠常之乱开始发生根本的转变，奥羽大会战又对这逆转起了决定性作用。从此以后，义家被称为天下第一勇士，贵族信赖他的武勇，地方豪族主动表示臣服，并捐献土地请求保护，此时源氏的武名达到了顶点。不过，义家虽拥有强大的实力，但他在公家社会的地位，却仅仅是正四位下，一国的国守而已。贵族对于允许他上殿十分反感，义家在各国经营的庄园也奉敕停止下来，人民捐给义家的田契也遭到查禁。就是说，武家虽有实力，政治上还要受制于公家，义家也没想要摆脱出来。如果义家以后源氏的威势继续增大，那么情况也许会发生变化。然而，义家诸子中，有的早亡，有的获罪受到处分，没有继承父亲武名的人，只以孙子为义为养子勉强继承家业，源氏的发展至此陷于停滞状态。这时平氏又在中央恢复其势力，取代了源氏。

平氏是比源氏更早兴起的地方武士，但在结合中央贵族上不如源氏，并屡屡出现叛逆者，从而妨碍了其势力的发展。然而这时出现的平氏却乘院政风行之机，与院相勾结，在院的庇护下扩张其势力，具有极强的政治性。最早出现的是贞盛的后裔正盛，他在伊贺、伊势拥有领地，晋京后担任检非违使、隐岐太守等职。后来因为把伊贺国的私领山田村、鞆田村献给白河法皇为皇女郁芳门院（媞子）设立的六条院，成了警卫太上皇宫院的北面武士。担任因幡太守后，出兵镇压义家之子义亲的叛乱，斩了义亲，威名大振。另外，他还协助法皇兴造佛寺，建造了尊胜寺的曼荼罗堂后，连任若狭太守；以后又建造了白河的阿弥陀堂（莲华藏院），因而连任备前太守。这时代，院虽大事兴建佛寺，但其本身的经济力量是办不到的，要完全依靠国司的捐献，作为补偿，就允许国司延长任期。这也是一种卖官，当时称为"成功"。正盛通过这种办法扶植了同族在西部各地的势力，努力博得院的欢心。其子忠盛也不逊其父，历任西部各国太守，因追捕海盗而武名大振，帮助鸟羽法皇兴办佛事，建造了许多寺塔，其中最著名的是安放了一千尊观音像的得长寿院。他在对外贸易方面也很热心，是一个很有经济干才的人。当时宋商的船舶停泊在院领的肥前国神崎庄，他为使庄内掌握管理宋船贸易的权力，和大宰府官吏进行争论。正盛、忠盛父子两代靠着对院的忠诚，使平氏在公家社会取得了重要地位。到忠盛的嫡子清盛时，已不再是单纯的武家，而且成了半公家，与上层贵族为伍了。他12岁时，便叙五位，担任左兵卫佐，扮演那一年石清水临时祭祀的舞人。院政是院独裁的政治，没有限制院个人好恶的法律权威和其他权力，所以博得院欢心的宠臣就可以得势擅权。平氏极力讨好院，为其经济基础尽忠效劳，其着眼点不能不说是很高明的。但是，决定了以后平氏命运的这种贵族化，应该说在其父祖的这种做法中，就已经奠定了基础。

平家的兴盛所代表的武家社会地位的提高，由于保元之乱和平治之乱而有了进一步发展。保元之战的直接原因是白河、鸟羽两代院政的积弊造成的，但从更高的角度来看，则可以说是公家统治体制这个脓包开始崩溃的最初表现。动乱的具体原因是，由于院的好恶造成皇位继承的不合理，由此而产生的上皇与天皇之争；摄关家也因同样原因产生的兄弟之争以及依靠当权者私人关系追逐名利的利己心；等等。所有这些彻底暴露出公家在道义上的堕落，没有能力担负处理国政的重任。结果自嵯峨天皇以来340年没有执行的死刑又恢复起来，出现了子杀父的乱伦现象，这也是行将灭亡的公家统治体制的垂死挣扎，并不足为奇。这次动乱虽然彻底暴露了旧势力的腐败无能，但并没有预示取而代之的新势力的出现。所以旧体制在半崩溃的状态下仅仅渡过了三年，就又发生了平治之乱，这是必然的。动乱的直接原因是想取得高官的院的近臣和武家的不满，但实际上是保元之乱的余波，它进一步发挥了保元之乱的破坏作用，为代替旧势力掌握政权的新势力的出现开辟了道路，而这个新势力不外是以清盛为首的平氏家族。

平家取得政权　前面讲过，平氏虽然出身武家，但却含有不少公家因素。清盛一身兼有公、武两家的特点，掌握政权，开创了 20 余年具有平家特色的时代。平家政治的公家特点最明显地表现在清盛担任内大臣、太政大臣，后来他的子弟也都担任朝廷官职，一族中公卿有 16 人，贵族有 30 余人。此外，清盛之女还是高仓天皇的后宫，所生皇子（安德天皇）言仁亲王三岁即位，这完全是模仿藤原氏的外戚政策。其经济基础也是庄园领主或知行国主 [知行国，日本在平安中期以后实行的一种制度，由朝廷将一定地区的执行国务权，授给特定的皇族、公卿或寺社，该地区的税赋收益、行政官员（国守）的任免等也由其自理，朝廷不加干预，这种地区称为知行国（平安中期称为院宫分国），其首脑称为知行国主。知行国制，在院政时期最盛，据《平家物语》载，平家一门拥有知行国三十余。——译者]，与贵族没有什么区别。另外，平氏一族中多数人在性格、教养方面已失去了武家的特点而倾向于公家。但是其武家特点表现在许多不因循守旧的、积极、进取、果断的行动上。例如由于不满法皇的态度而将其加以幽禁；一下子将关白等 42 名朝官免职处以流放；以迅雷不及掩耳之势断然迁都福原；积极进行对宋贸易，并为此开辟濑户内海航路；火烧三井寺、东大寺、兴福寺；等等，这些都是以往公家政治时代，连想也想不到的破天荒的举动，只有武家这一新兴势力才能办到。如果一件一件孤立地去看，那么每一件事都具有令人惊叹的革新意义，不过，因为都是分散的、孤立的，而不是彼此相连地、有机地存在于同一有机体中。在这些事件的根本动机中，也看不出为政者与国家人民休戚与共的深刻责任感，和作为新兴势力出自自觉的严格道义感。他们把一家一族的繁荣和利益放在第一位，而且就连这一点也不过是满足于模仿过去藤原氏所做的那样，至于发挥武家的威力，那不过是为了扫除实现其目标的障碍。其根本理念与腐败的公家政治没有什么区别，所以也不可能建立新的政治体制以代替过去的旧政治体制。他们根本不具备新兴社会势力起码的伦理性。尽管平氏有其革新的特点，但只过了 20 年就完全衰败了，其原因不能不说与这些根本缺点有关。

文化　这个时代政治上腐败堕落，文化上也只是因循守旧，看不出有什么独自的优秀风格。只是在向地方普及方面，比过去有很大的进步。先来看一下地方文化，一般认为平安时代和藤原时代以来，文化基本上是属于中央贵族的，地方文化十分落后。这种看法，基本上是正确的，问题是落后到什么程度。前面讲过，律令制的特点是紧密联系中央和地方，不容许中央文化与地方文化有所悬殊。奈良时代的佛教政治助长了这一点，对地方文化的发展做出了不少贡献。从奈良时代到平安时代辈出的高僧、学者中，有不少人是出身于地方的，这说明地方文化不容忽视，至少地方人士对发展文化的积极性是很高的。这种在地方的文化基础，只能随中央文化的发展而成长，而决不会衰颓的。从平安时代到藤原时代，国司扎根地方，皇族贵族子孙移居地方，地方富农就任中央官职或从属于贵族等等，这些都是推动地方文化发展的因素。地方人民经常结伙晋京，或是申诉国司的暴政，或是堂堂正正地要求国司连任等等政治要求，这些行动，当然是有领导的，但是，人民如果没有一定的认识，也不会有那种团结。举一个例子，永延元年（987）美浓国百姓数百人聚集在宫城的阳明门，要求国司留任；永延二

年（988），尾张国的郡司和百姓递上了长达 31 条的状子，弹劾国守的暴政。状子可能不是他们自己写的，而是委托有文化的人代笔的，但递状子这件事本身也说明把地方文化看得一无是处是不应该的。地方上有势力的庄官和名主，凭着富足的生产品和与中央文化的密切联系，可能享受着相当高水平的文化生活。这个时代创造的许多优秀的佛教遗品，现在仍保存在各地方，也说明了这一点。

自古以来著名的佛教遗迹奥州平泉的中尊寺（中尊寺是后三年之役结束后，奥羽六郡之主藤原清衡耗费巨资，在其住地兴建

《伴大纳言绘词》奔赴火场

的伽蓝），最盛时据说有堂塔四十余座，禅坊三百余宇。其中华丽的金色堂，还留存到今天，这充分反映了地方豪族乐于把京都文化移植到边鄙地方的素朴心理。中尊寺中的金色堂是三间方形小堂，外面全部涂金，内部也饰以金铜、螺钿、珠玉等，具有一种无比壮丽的装饰美。藤原清衡还令人用金银粉来抄写《一切经》，请一千名僧人诵读千部《法华经》。此外，还在从白河关到外滨需要20多天路程的沿途，每一个村镇都建有石造舍利塔，上面雕刻着金色的阿弥陀像。这些虽不过是为了夸耀他自己的势力，但是以文化设施形式表现出来，说明地方人士关心发展文化，这对推动地方文化的发展具有重大意义。清衡之子基衡建造了比中尊寺还要大的伽蓝毛越寺，基衡之子秀衡又模仿宇治的平等院，修建了无量光院。虽然只是短短的三代荣华，但它并不是和历史主流不相干的偶然现象。而正是因为地方文化繁荣起来，才形成了这一时代突出的历史特点。⑥

与东北相呼应，西南也有同样的遗迹，即丰后西国东郡的富贵寺。留存到现在的，只有一座阿弥陀堂，但从其建筑和装饰上都能看到带有明显的时代特点。由此可知，传播到东北的京都的艺术，也传播到了西南偏僻的农村。此外，在国东半岛上还有很多这一时代的遗物，以附近的臼杵地方为中心，各处都有这个时代建造的石佛。安艺的严岛神社，当时也曾兴盛一时，今天的神社规模，还是平清盛担任安艺太守时规定下来的；临海的社殿布局，变幻巧妙，殿堂与回廊参差相接，好像把寝殿样式的贵族邸宅移到了海滨；严岛神社供奉的神，是平家一族的守护神，尊信极笃。后白河法皇、高仓上皇也曾前来巡幸。天皇和上皇前往如此遥远的西部地区，这在500年来是绝无仅有的，势必会促进地方文化的提高。平家一族还在这里献纳了抄写的经书，同族32人分头抄写了《法华经》一部28品、开结二卷、《阿弥陀经》和《般若心经》各一卷的一品一卷，其用纸、装订极其考究，集中了当代艺术的精华。在今天看来，平家全盛时期的情景，犹历历在目。此外伯耆的大山寺，也是当时的地方巨刹。伯耆太守纪致赖的后裔纪成盛是当地豪族，是大山寺的有力护法人。阿弥陀堂、阿弥陀像等仍保留着当时的特色，可以看出寺院兴隆当时的情景。此外陆前的高藏寺药师堂、磐城白水的阿弥陀堂、播磨的鹤林寺太子堂、伯耆的三佛寺投入堂、土佐的丰乐寺药师堂等也都是这个时代的遗迹，从这些地方各处的佛教文化遗迹上，可以清楚地看出当时地方文化的繁荣景象。

地方文化的发展关系到平民文化的繁荣，两者的步调，虽然并不是完全一致的，但方向却是相同的。真正意义上的平民文化繁荣，是在后来的武家时代，但是，作为其前期的贵族文化向平民的传播、贵族文化与平民文化交流等过渡现象，则在这个时代就很明显。像在文学方面历史故事的出现，绘画方面画卷类的流行，音乐方面田乐的盛行等等，都是值得注目的。

《信贵山缘起》

历史故事的出现，是这个时代文学的一个特征。以《大镜》和《荣华物语》为代表的历史故事，都是以叙述藤原氏荣华的来龙去脉为内容的，其题材虽然是以贵族为中心。但它把历来以汉文书写的历史，开始用假名记叙下来，从这个意义上来讲，应该看作历史的普及和大众化。《大镜》的叙述形式是用继嗣翁在云林院讲经会上讲的故事，再加上过去曾是藤原忠平小书童的夏山繁树的补充和年轻侍者的批评，用下层阶级的眼光去赞美和批评

《鸟兽戏画》猴和兔子过河面

上层阶级，从而有力地渲染了藤原氏荣华的正当性。这虽然是一种叙述的技巧，但这类故事采用迎合下层阶级的形式，正说明了在贵族文化圈内，已有平

民参加。曾经盛极一时的小说类逐渐衰落下去，而让位于历史文学，这一方面说明由于反映现实的贵族生活的衰颓，致使自由创作力随而枯竭；另一方面，也预示了贵族文化的形式性将为武家文化的实际性所代替。《今昔物语集》的出现，也具有不可忽视的意义，它虽不是部历史故事，但也是具有类似特点的古今故事集。这部庞大的古今故事集，不但收录了日本的，而且也包括有唐和天竺的故事，虽然庞杂些，却很广博，尽管谈不上有什么学问，但却十分具体、打动人心。它取材于社会各阶层、各地区，生动地勾勒出武士和平民的形象，文笔也简洁、雄劲，在各方面都具有民众文学的特点。

《病草子断简》肥满的女人

绘画方面，发展了前代以来的倭绘世俗画，画卷盛行起来。画卷，过去就有了，例如奈良时代画因果关系的画卷，画面的上部是图画，下部则是写的经文。到了这时代，画卷就和这些不同了。这时的画卷是一段文章，一幅绘画，交替以横的方式出现，彼此连贯，而不再是上图下文。那清晰文雅的文字和美丽五彩的山水殿阁、生动的人物鸟兽等图画，相映生辉、活泼生动地表现出故事的发展情节，展示了其他绘画难以表达的连续、变化的世界。这个时代的遗作知名的有《源氏物语》4卷、《信贵山缘起》3卷、《粉河寺缘起》1卷、《伴大纳言绘词》3卷、《饿鬼草子》2卷、《病草子》1卷、《地狱草子》2卷和《鸟兽戏画》4卷等。这些画卷的题材有不少是民众生活和民间风俗。特别是《病草子》《饿鬼草子》等作品，无情地揭露了人生的丑恶面，表现了对世俗的深刻讽刺和对权贵的激烈批评。它是广大人民群众世界对糜烂的贵族生活进行的一种健康的批判。四天王寺的扇面古写经虽不是画卷，但经文的底画也描绘了市井人民的生活。抄写的经文选用这种题材作为底画，可以想见民众的力量已深入贵族文化中了。

最后在音乐方面，田乐的流行清楚地说明贵族文化的颓废。与正统的宫廷舞乐相对的滑稽的散乐（猿乐），虽从上一代起就已开始流行，但直到这个时代，才和从农民插秧节中产生的音乐田乐相汇合，成为一种有着奇特滑稽的动作和穿着奢侈华丽的服装的集体舞蹈，它到处表演流行情况十分惊人。永长元年（1096），更出现了反常的现象，京都的市民、贵族的侍卫、仆役等昼夜不停地演出田乐，连交通都为之堵塞。不久宫廷贵族们也参加了进去，上皇也在院中观看演出。有识者认为这不是精神正常的人干的事情，简直是胡闹。实际上，这说明早已仅存形骸的贵族文化需要平民生活的强烈刺激，同时是暗示贵族政治将为武家政治的兴起所代替。

注　释：

①关于院政成立的由来及其历史意义，历来就有许多论述。其研究文献目录见吉村茂树《院政》（1958年，至文堂出版）。

②参见右大臣中御门宗忠日记，《中右记》大治四年七月十五日条。

③法亲王应与入道亲王加以区别。已经成为亲王之后，又出家的，称为入道亲王；最早的入道亲王是三条天皇的皇子性信亲王（俗名师明）。已经出家，并已取得僧籍的皇子，又受命为亲王的，则称为法亲王。《今镜》中载，觉行法亲王时，由于没有先例，

出现了反对意见，但白河法皇驳斥道，既然有内亲王，为什么不能有法亲王。实际上内亲王与法亲王完全是两回事，由此也可看出法皇在政治上的独断专行。顺便提一句，律令制中规定，天皇的皇子和兄弟，是当然的亲王（女子则是内亲王），可是从奈良时代末起，要——受敕命后，才能成为亲王，从此成为定例。

④大众、众徒、学生、学侣等词，在这个时代是同一个意思，都指以求学修行为目的的僧侣；役僧（堂众）是指童子、小僧、奴婢等受学生使唤，担任寺内勤杂工作的下层僧人，是组成寺院武装的重要成员。大众可以率领堂众，动用寺院武装，因此堂众有时反抗大众，二者之间有时发生激烈争斗。关于这种佛寺的世俗化，在平田俊春的《平安时代研究》第一部"政治与佛教社会的关系"中，有详尽的研究，可参阅（1943 年，山一书房出版）。

⑤此数字见于左大弁源经赖的日记《左经记》，长元七年十月二十四日条，在上总太守辰重到经赖处时谈的话里。

⑥1950 年对中尊寺进行了综合性学术调查，引起了许多人的好奇心。该寺金色堂佛坛下埋葬的清衡、基衡、秀衡的遗体，已成为木乃伊，从而提出了日本罕见的木乃伊葬法问题，另外传说他们是虾夷人的后裔，所以有待体质人类学的研究，以辨别他们到底是虾夷的阿伊努人还是日本人。这次调查的结果详见石由茂作监修《中尊寺》（1959 年，朝日新闻社出版），书中结论认为三代人的遗体，并不是阿伊努人，还应该看作是日本人；传说的泉三郎忠衡头骨，也应该认为是泰衡的头骨，等等。此外，板桥源的《奥州平泉》（1961 年，至文堂出版），对包括中尊寺在内的整个平泉文化，做了简单扼要的说明。

第四章

中世

第一节　武家政权的建立

武家政治的意义　保元之乱是古代国家内部矛盾和腐朽事件的总爆发，显示了旧体制的瓦解变为不折不扣的现实，也展示了参与动乱的武家实力的优越性。当时的人们说，保元之乱后成了武家的天下，今天的历史学家肯定了这一点，即保元之乱后开始了武家时代和中世。但这并不是说，武家政治已经成熟到

源赖朝雕像

　　源赖朝是源氏家族的领袖。1192年，他任命自己为世袭的终生军事首领，这意味着他成为日本的专制"君主"，也标志着幕府时代的开始。

在保元之乱后，就能一举取代公家政治，而公家政治的传统势力，仍然存在，而且还不脆弱。最早以拥有左右政界的实力而出现的武家人物是平氏，然而平氏一心向往公家政治的传统，是一个介乎公家和武家之间的暧昧的存在。因此在其一旦失势时，便不能不受到两者的夹击而结束其短暂的生命。成功地剿灭平氏的武家，是源氏的嫡系源赖朝。赖朝不模仿平氏，而明确认识到自己作为武家的地位，扎扎实实地为发展武家势力而迈进，最后终于取代了自行解体的公家政治，建立了足以号令天下的、健全的武家政治。这种武家政治出现在日本历史上，具有重大意义。正如过去北畠亲房坦率说出的那样，假如没有赖朝和泰时，"日本国人民将会如何呢？"武家政治是在公家体制瓦解后，建立社会新秩序，给失望的精神以新的活力，重振国家、复兴文化的伟大动力。武家政治的历史，后来一直持续了长达七百余年之久，其一半的原因，可能就在于武家政治一开始就有这样伟大功绩的缘故。它曾经被看作违背天皇亲政本义的变态政治；另外，天皇之所以能够避开政治的焦点，永远保持太古以来的宗教权威和血统的纯洁性，不能不认为是武家政治的结果。武家政治统治的时代，称为武家时代，如果由社会的基本结构来说，也可以称为封建时代。但是在长达七百年之久的历史进程中，无论是社会结构，还是文化形态，都产生了种种变化。现在一般都把这一时代，大体上分成中世与近世两部分，每部分又分成二三个小时代。下面首先叙述一下武家政权建立的时代，即由源赖朝开始的镰仓幕府150年间的历史情况。

讨伐平氏　武家政治的创始人源赖朝，是清和源氏的嫡系为义之孙、义朝之子。为义在保元之乱时加入上皇一方，失败后被义朝杀害。义朝策动平治之乱失败，在逃往东国途中被家臣所杀，赖朝被平家捕获，留了他一命，被流放到伊豆（蛭小岛，今韮山）。正在源氏嫡系这样连遭厄运的时候，平氏的势力直线上升，正如一百年前源平势力逆转了一样。各方面都对平氏专政擅权产生了不满，以后白河法皇为中心，企图打倒平氏，但计划未遂，反而加强了平氏专制（治承元年，1177）。源氏一族的源赖政企图拥立法皇之子以仁王打倒平氏，也没有成功（治承四年，1180）。但是，这时以仁王发出的讨伐平氏的檄文，传到了分散在各地的源氏耳里，成为源氏一族企图趁机挽回厄运的有力动机。在伊豆流放地度过了 20 年岁月的赖朝，这时也毅然站了出来，他首先打败了伊豆韭山的山木判官兼隆。可是，继之在石桥山一战中，却败于大庭景亲等，勉强逃到安房。东国许多豪族知道他举兵后，就纷纷响应，前来助战，因此在一个多月后，便占领了相模的镰仓，作为根据地，以图再举。平氏派维盛为将，领兵追讨赖朝。在富士川对垒时，维盛慑于源氏威名，不战自逃。赖朝接受麾下诸将的进言，没有去追败敌，退守关东，打下了源氏兴盛的基础（以上发生在治承四年，1180）。

此举不仅是决定赖朝自身，也是决定整个武家政治命运的重大事件。他不模仿同族的义仲，并力排平氏的贵族化，而能保持武家的独自立场，其最初的转机实在于此。义仲是为义之孙，义贤之子，赖朝的堂兄弟。他奉以仁王的令旨举兵，但不与赖朝合作，独自计划从信浓去北陆道，在越中蛎并山打败平军，以破竹之势进逼京都。平氏携天皇、神器跑到西部地区，于是义仲拥戴逃到叡山的法皇进入无主的京都（寿永二年，1183）。义仲是在信浓山中长大的，毫无教养，因

讨伐平氏

这幅 14 世纪的插图描绘了坛浦的海战，在这场战争中，源氏于 1185 年击败了敌对的平氏家族。

此入都以后的所作所为，无一不受到京都人嗤笑，其部下也毫无纪律，这样，法皇很快就对义仲失去信任。当初利用义仲讨伐平氏的法皇，现在又盼望赖朝入京讨伐义仲了。源氏嫡系的源赖朝，很早就在京都享有威望，法皇对赖朝抱很大希望。赖朝匡救时局的意见，过去也曾上奏法皇。赖朝奉到法皇之命，却并没有亲自晋京，只是让其弟范赖、义经代为晋京，负责讨伐义仲。范赖、义经打败义仲军后，进入京都。义仲在近江粟津身亡。接着两人受命西下，追讨平氏，在福原打败平氏，给以重大打击。此后义经暂时守护京都，取得法皇的信任，升官晋爵。但这与赖朝控制家人的根本政策，是完全对立的。赖朝认为控制家人是保持武家势力的根本条件，他举兵以来，所以留在镰仓，日夜处心积虑的正是这一点。因此，其家人不待赖朝的推举，就擅自接受朝廷的官爵，等于脱离了赖朝的控制，直接仰赖朝廷的庇护，破坏了武家势力的团结。因此赖朝对义经的态度，感到愤慨，撤除了他追讨平氏的任务，而将任务交给范赖一个人，但没有成功，不得不再次起用义经。义经以迅雷不及掩耳之势在屋岛袭击平氏，并乘胜追击，终于在坛浦全歼平氏（寿永四年，1185）。

讨伐平氏

在 12 世纪后半叶中，源氏骑兵在本州南岸水较浅的富士门海峡中攻击平氏的船队。这两派之争在 1185 年的关门之战中达到顶峰，源氏大获全胜。在下一世纪里，有关故事成了日本的传奇作品。口头传说的一部分后来被用尚可辨认的现代日文写下来，这些记述形成了 700 米长卷《平家物语》的基础，本图即取自该画。

武家政治的开始　赖朝虽因追讨平氏而起兵，但并不是一开始就有意开创武家政治以取代公家政治的。根据赖朝于养和元年（1181）递给法皇的奏本，他的本意只是要除掉法皇的敌人平氏。如果法皇认为没有剿灭平氏的必要，那么就可以像过去那样，源平两氏同时并肩效忠朝廷。由源氏负责关东，平氏分担西部的治安责任。他严守武家的职责在于维持治安的界限，对公家政治，不要说否定，就连置喙的念头也未曾有过。他在寿永三年提出的意见书里也说，朝务应由朝廷任命国司负责，他作为武人要置身政治之外，加强对麾下武士团的统帅，以负责保卫国家。然而处在如此颓废的公家政治之下，离政治最远的，实际上反而是最富有政治性的行为。他把公家政治交给公家，自己一心培植武士，专心致力于确保其势力范围。这恰恰就成了不受旧体制污染的健康的武家政治成长的基础。

确保武家本身的范围，这一基本方针虽然不变，但周围情势的发展，却使赖朝对公家政治不能总是无动于衷。这是因为法皇特别庇护曾与其不和的义经，想以此来抑制赖朝的势力，甚至下令要讨伐赖朝。因此赖朝在采取实力，坚决追讨义经的同时，采纳大江广元的建议，请求朝廷授权在各地设守护以追捕叛逆。不问是公领，还是庄园，各地一律设置地头，每段地征收五升的兵粮米，文治元年（1185），朝廷同意了这一请求。这说明赖朝已把引为本职的国家警备权切实掌握在手里，同时也掌握了全国土地的管理权和征税权。这虽没有破坏原来的公家政治机构，但武家统治体制的强大力量已深深渗入这一机构中。对于武家政治在形式上起于何时，学者们各有不同的看法，但我想其实质性的开端却应是这时。[①]而且这一重大事件，并非由于赖朝的专断，而是经过奏请，并得到敕许的。这说明赖朝的武家政治对公家政治是肯定的。赖朝还在这一年奏请罢免与义经有牵连的朝臣，让与他合作的九条兼实担任内览（内览，阅览上奏天皇的奏折、代行政务的官职，类似摄关。——译者），确定十名议奏公卿等等，试图把朝廷的阵容改造得有利于其政策的实现。兼实于翌年成为摄政氏长者，位列朝臣首班，赖朝与其建立密切联系，致力于理想政治的实现。这时他已经清楚地认识到自己建立新政治体制的地位和实力，在给兼实的信中说，"现草创天下，乃上天所赐"，由此反映出他立志草创天下的雄伟气概。

源赖朝像

义经作为稀世名将，征讨平氏，为其兄赖朝建立霸权迈出了第一步，可是后来悲惨的命运，又为赖朝开创武家政治做出了重大贡献。义经逃亡西部，给赖朝设置守护地头制造了借口；他投奔奥州藤原氏，义经给赖朝征讨奥州、消灭藤原氏、彻底臣服奥、羽两国提供了机会。赖朝在全国平定以后，才于建久元年（1190）进京谒见法皇和天皇，受命担任权大纳言、右近卫大将。不久，他以保持武家本分和担任朝官相矛盾为由而辞去二职。但他又肯定公家政治，尊重朝命，因此希望担任朝廷的最高武官

近卫大将。可是，不久他之所以辞去这个职务，满足于仅有前右大将家之名，是因为他具有健全的武家精神，不留恋虚有其名的官位。大将或将军的居所，中国名称叫作幕府。如果仅从赖朝的政治机构称为幕府这一称呼的含义来看，认为他愿担任右大将一职，还是恰当的。但是赖朝除此之外，还想得到征夷大将军的称号，这一愿望在后白河法皇在世时没能实现。建久三年（1192）法皇驾崩，公武完全统一了步调以后，赖朝才当上征夷大将军。前右大将家从此成为征夷大将军家，称武家政治的首脑为将军，也是从这里开始的。

武家政治机构　武家政治机构，在各方面都是与律令政治机构相对立的。首先，律令政治从一开始就制定了完整的法典，试图以此去约束社会；武家政治却是按照自然成长的社会实际情况，制定法律和树立制度的。因此，前者虽形式完整，但并无实效；后者虽然形式不备，却确有实效。其次，前者是对全国实行一元化控制的统一政治；而后者却是同公家政治并列的二元政治，其统治对象不是无所不包的。从这一点来看，也可知前者政治机构复杂而广泛；而后者却是简

单朴实的。

武家政治的中央执行机关叫作幕府。幕府这个名称虽然作为武家政治的集中表现，后来不断出现在漫长的历史过程中。但其本义则正如上面说过的，是大将或将军司令部的意思，与政治完全无关。而且这个词开始使用是在赖朝当上了右大将和征夷大将军以后，可以说这反映出赖朝的政厅，最初并不具有政治意义，只不过是武人的司令部而已。镰仓幕府的机关，向来为人注目的、最重要的有政所、问注所、侍所等三所。但这既不是同时设立的，也不是出于幕府政治的目的而设的。最早开设的是侍所，是治承四年（1180），赖朝以镰仓为根据地营建新第时所设，其目的是作为家人值勤侍卫的场所。侍所本是贵族的一种家政

武士

武士娴于弓刀，它是对主人忠心耿耿的打仗机器。他们穿着一套精心设计的有效的铠甲来保护自己。在宽腿马裤、宽大袖子的轻丝袍之外，他们穿着金属薄片做的一套战袍，用绳子串起来，通过皮带子吊在身上。为活动方便，右臂没有保护，腰下的铠甲分成四片宽松的战裙。武士头上醒目地戴着向外张开的头盔，意在威吓敌人，也可避开刀砍。这种铠甲结构紧凑，易于修补，重约11公斤，相当轻便。

机构，是处理有关侍卫（即侍候者）执行任务的场所，权门势家皆设此所，所以他不过是按例设置的。但是他把控制家人（家人，世代效忠于将军的家臣。——译者）看作自己势力的根基，所以侍所就成了肩负这一任务的重要机关。侍所设置

之后，他在当年就任命心腹之臣和田义盛担任侍所别当，这件事也说明了这一点。别当下面是所司，当时由梶原景时担任。别当和所司，在平时统率家人，掌握其进退；战时则在阵前指挥军士。追讨平氏时，义盛、景时分别参加西下的军旅，指挥麾下军士。在侍所以后设立的是公文所（寿永三年，1184），由大江广元担任别当，中原亲能等数人担任寄人。公文所在赖朝位列公卿后，就改称政所了。[②]政所也同侍所一样，是模仿贵族的家政机构，公卿都设政所处理一般家政。赖朝的政所开始时也仅处理源氏家族的一般家政而已，后来随着他政治地位的提高，政所便成为处理广泛政治问题的机关。别当后来改称为执权。北条时政担任这一职务后，就成北条氏世袭的职务。随着将军日趋软弱无力，北条氏执权政治便强有力地表现出来，这一点下面还将谈到。问注所也设于寿永三年，以三善康信为执事，是处理众人申诉的机关。这种事务，本来贵族的政所也处理过，但赖朝特意将其从政所分出，另设一特殊的机关，这一方面说明诉讼繁多这一客观形势，另一方面也表现出他在主观上重视司法裁判，想以其迅速、公平的处理，赢得人心。

从上列三机关的设立说明，所谓的幕府，是由赖朝的私人家政机构发展而来的，它起源于贵族的家务制度，在这一点上，可以明确看出武家想要模仿贵族的心理。另外，还可找到一件事作为旁证，那就是赖朝为处理公文所及问注所的事务，聘请出生于京都学者之家、经验丰富的大江广元、三善康信、中原亲能等人，委以重任。他们都在京都担任下级官吏，才华无法施展，当然愿意到新兴势力所在的镰仓，大展宏图。可见在人的因素方面，武家也有仰赖于公家的地方。上述大体上是早期的幕府中央机关，到了执权政治时代，泰时设11名"评定众"作为执权的顾问，委以协商处理重要决策和重要司法裁判，于是政所与问注所成了专门处理事务的机构。到时赖当政时，还设置数名"引付众"，专门负责诉讼事务。

地方机关，设置在特殊地区的有京都守护、镇西奉行、奥州奉行。至于全国，则普遍设置守护和地头。京都守护是代表幕府驻京都的派出机关，负责朝廷与幕府间的交涉、维持京都的治安和掌管家人的诉讼等。最早是由义经以赖朝代表的身份，担任此职，后来由北条时政代之，不久又由赖朝的妹婿一条能保担任。承久之变以后，幕府痛感京都守护一职的重要性，又另设南北六波罗一职，由泰时、时房担任，以负责警备京都、监视朝廷。三河以西各地的行政和司法，

亦归其负责。只有大事，须听幕府指令，而小事则可以独断，成为一个强有力的
机关。其首脑称六波罗探题，由北条一族担任。[③]

护手盘

　　这只镀银护手盘取传统"米糕"式，装饰着正规用刀。护手盘上面盘绕的飞鸟图案可能表明
了精神向往，突出了该刀作为宗教祭品的用途。

　　镇西奉行负责掌管九州的军事、警察及有关家人的事务，幕府给在九州人们
的命令，由奉行负责下达。由于九州离关东较远，而且又是过去和平氏有深切关

系的地方，所以需要这样一个统治机构。文治二年任命天野远景为首任镇西奉行。

奥州奉行是赖朝征服奥州后，为统率当地家人而设的职位，最初由葛西清重担任。守护是每国一人，各国都设置的地方机关，与地头一起，都是维护幕府政治基础的重要职位。其正式设置，一般说是在文治元年（1185），实际上也具有武家政治机构的一般特点，有自发的成长和发展的性质。守护之名，在当时实际上并不使用，权限也与后来不同，当时设置的机构，具有不成熟阶段的特点。初期的守护可能仅负责追捕叛逆者，并在军事上指挥所管地区的家人而已。到后来才规定其法定任务是统率地区内家人（具体如督促禁卫）和担任地区内治安、警备工作（具体如追捕叛逆、杀人犯、夜袭者、强盗、山盗、海盗等）。赖朝从一开始就把所有武家应自觉地视为本分的工作都包括在守护的任务中，将其视作培植武家势力、推动武家政治的地方执行机关。其地位类似律令制下的国司，只是不像国司那样掌握全部地方行政，仅限于统辖家人和地区的警备等部分任务而已，这正好反映了与无所不包的律令政治相比，武家政治仅仅是局部的，尤其征税事务则是委托给其他机关，即地头来担任的。

因为守护是这样重要的机关，所以担任守护的都是源氏有势力的家人。特别在赖朝时代，担任守护的都是创业以来的功臣家人。到了执权政治时，即变成北条氏独裁政治的时代，守护的职务，也为北条氏所觊觎，重要地方的守护，几为北条氏一门所独占。

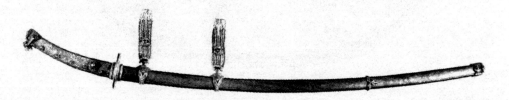

刀

这只装饰华贵的刀通过两个编结而成的链子悬在腰间，是某镰仓军阀专门用来献给伊豆半岛的三岛神社的。这种刀有许多从未在战斗中使用过，而是置于庙中用来敬神或是用作赢得某重要战役后对神的答谢，或是如愿以偿后的还愿之物。

地头本是庄园领主在现地所设的一种庄官，由当地有势力的名主担任。他们负责管理庄园，并以庄园收益的一部分收归己有，作为报酬。担任地头的，都是当地有势力的人。赖朝利用这一旧有的机构，在所有庄园、公领都设置地头，派自己家人去担任，并于文治元年（1185）得到敕许。于是地头由过去私人的、局部的职员变为经过敕许的、公家的普遍设置的机构。特别是通过其家人身份关系，实质上和幕府保持着强有力的联系，一般公认在地方上代表幕府的权力，或具有构成幕府基层

六原之战

这幅屏风画的局部描绘了 12 世纪晚期内战期间的六原之战，图中一个士兵拽着敌人的头正要用短刀割断其喉管。这种短刀刃朝上，佩于士兵的饰带或腰带上，机动作战或近距相搏时必不可少。这种武器在 13 世纪晚期被大量生产。

组织的意义。幕府存在的基础，实质上就在于这种家人—地头的财力、武力和忠诚。从这一点来看，地头在幕府政治机构中的意义，不仅仅是事务性的地方机关，可以说是构成政治机构本身的根本要素。地头的具体职务是管理土地、征收租税和军粮，维持管内治安等等，其收入各地区不尽相同。地头的设置，曾遭到庄园主方面的反对，要在全国普遍设置，遇到了重重阻碍。但基本趋势，无疑是地头势力逐渐渗透到各地，特别是承久之乱以后，幕府势力有了划时代的增强，没收了与动乱有牵连者领地三千余处，分赏给了有功的社寺和将士，因此大量补充了新地头。新补地头的收入是每 11 町庄田、公田中，有 1 町免税田，以及每段加征 5 升米，山傍水边土地上的收入，与领家平分，因此其收入是相当多的。

总之，幕府通过守护行使对全国的警备权，通过地头行使对全国的征税权。这些机构与其说是源氏的家务机构，莫如说实质上就是国家的中央机构。幕府的统治机构，实质上是建筑在守护、地头作为家人统属于将军的关系上的。根据这一点，今天普遍把幕府政治叫作封建政治，把当时的社会叫作封建社会。封建这个词，在中国本来用于与郡县对立的国家统治形式。在周代，国王把所有的土地都分给诸侯，诸侯则作为国王的屏藩，再把它分给自己的臣下。这种以层层统治的累积，作为统治国家的基本组织，"封建"是指这样一种政治形式。但是，今天使用的封建一词，其概念更多地吸收了欧洲 Feudal-system 这一名词的含义，把重点放在人与人之间的隶属关系，人与土地的结合关系等社会结构的特点上。在这种情况下，幕府政治的封建性当然是集中在将军与家人的主从关系这一点上。这种主从关系，从律令社会起，就已经存在了，随着律令约束力的衰退，人们依赖私人庇荫照顾的情况加增，和权门势家结成主从关系，处于隶属地位的家人不断产生。作为武家而崛起的平氏和源氏，其周围也集聚了许多这种家人，而武家的家人，在当地是拥有土地的名主阶层，他们为了使其所有地受到保护，以服从主人的命令作为回报，和武家结成了必须完成所授任务那样牢固的主从关系。响应赖朝举兵、竭尽忠诚的家人们，不外是想在报答父祖以来历代恩义的同时，还想依靠赖朝的力量，以谋求自己领地的安全。这样的主从关系，随着幕府势力的增大而巩固起来。将军保护家人们从祖先传下来的领地，对有功者更给以特别的恩赐地，这种恩赐地不许买卖，而且也并不意味完全领有，只是代表一定的收益权。担任地头的职务，是其主要途径。家人为了报答将军的恩惠，要忠实地履行军事勤务，完纳财政负担。例如守卫京都、守卫镰仓（由东国家人担任）和警备任务（由九州、中国家人担任）等的军事勤务和经常临时征收的贡税义务，特别是有事时要服军役等，这些都是主从双方的关系，抽象来看，好像是一种契约关系，但实际上却是一种建立在相互信任和道义上的温暖的人与人的关系，完全超越了契约观念。这是一种立足于与同族观念、血缘观念联系在一起的深厚的人性关系，从时间上看是一种祖先以来代代相继的牢固关系。正是这种牢固的主从关系，构成了幕府存在的实际基础，它使武家政治与形骸化的律令政治相比，成了充满活力的救世主，因而使社会更强大和柔和，使文化更广博和深邃。

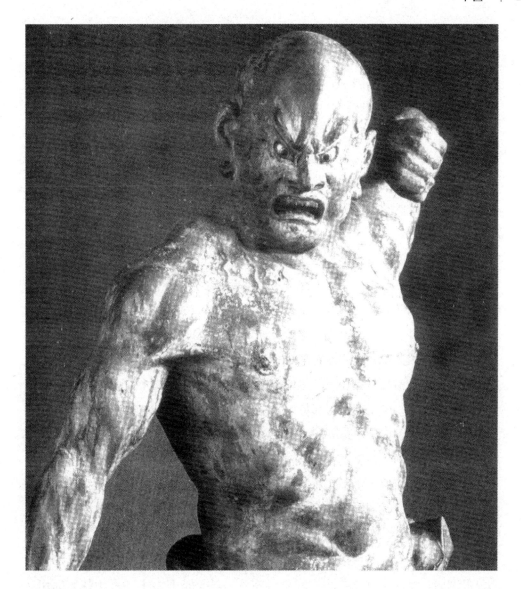

金刚力士

这个正怒目而视要作恶之人的金刚力士，或"霹雳好汉"，最初是在庙门口镇守庙宇的。作为官定国教，1185年军人掌权时佛教已在日本广为传播了。下一世纪中，随着越来越多的教派为王孙以至农夫提供简单的觉悟之路，其信徒的地位惊人地提高了。

关于政治机构需要补充的是，在幕府的财政来源方面，有关东分国和关东御料制度。关东分国是赖朝在文治初年下赐的九个知行国，即伊豆、相模、上总、信浓、越后、骏河、武藏、下总、丰后，他推荐家人到这些地区担任国司，执掌国务。所谓知行国，是律令的国司制度私权化以后产生的一种变态，从院政时代起开始盛行。知行国的国主任命家人为国司，负责国内公领的行政、司法和征税等事务，大部分租税收归己有。所谓关东御料，主要是指赖朝在没收平家的土地以后所获得的庄园的权利，其中有部分赐给了地头和家人，剩下的成为将军直辖领，这些直辖领的年贡、税收就成了幕府的收入。

武家政权的建立　正如前述，赖朝所开创的武家政治是严守武家特点的政治，它并不否定公家政治。承认朝廷在地方上所设的国司掌管地方行政，保全院、宫等各贵族的庄园权利。尤其是对朝廷的命令极为尊重，一言一行都表现出尊崇朝廷的诚意。这可能是由于传统的国民感情，特别是担任朝廷守护的源氏一族历代相传的信念。但是从建立新政权的角度来看，则是极不彻底的，会让旧势力感到新政权并不足惧，一有机会就会产生要推翻它的想法。除这一根本原因外，幕府由于内讧及其他原因而削弱时，旧势力的反抗就会更大。承久之乱就是这种公家反抗武家的典型表现。这件事结果成了确立幕府政权的重要里程碑。

赖朝在世时，由于朝廷内部势力关系的变化，朝廷与幕府之间的关系，虽并不是十分融洽的，但到正治元年（1199）53岁的赖朝死去后，因无人继承，幕府内部纠纷加剧，致使朝廷对幕府采取了攻势。所谓幕府内部的纠纷，主要是由于外戚北条氏企图取代将军，掌握幕府实权。在这个阴谋之前，第二代将军赖家被幽禁在修善寺，并遭杀害；第三代实朝在朝廷做官，升进右大臣，但在拜贺八幡宫之日死于非命。源氏将军，传至三代而亡。幕府的创业功臣畠山重忠、和田一族等也相继灭亡。这意味着北条氏势力的增大。但从外部看来，则是幕府有了明显的削弱，尤其是到京都去寻求继任将军。结果是迎立了一个赖朝的远房亲戚，只有两岁的幼儿——九条道家之子赖经（当时幼名三寅）为将军，就更使人怀疑幕府政权是否稳固。当时朝廷是后鸟羽上皇执行院政，上皇一心要打倒武家政治，确保院政实权。在皇宫严密设防，除了由北面武士护卫外，并置西面武士来加保护。他平时酷爱刀剑，还亲自动手锻造。承久三年（1221）一个以上皇为中心的倒幕计划付诸实行，这是这种内外形势发展的必然结果。但是，上皇和朝臣的估计完全错了，幕府虽然表面上削弱了，但支持这个基础的武家政治机构

武士的庄园

　　作为掌管着日本大片地产的封建主的军事侍从，武士发誓要保卫其主人的领土。作为对这种服务的回报，他们常会得到赏赐的地产，住在宽敞的房子里，过着自给自足的生活。

　　高级武士住在战时与和平时均装备良好的安全的围栏里面。如图中马厩、仓房和仆人与低级武士的住所环高级武士的私宅成群而立，私宅以芦苇苫顶，游廊探出房外。房屋墙采用昂贵的白雪松木，糊着透明的纸屏。院子里的一块地可种植枫树和蔬菜。人们在户外或敞篷的小房子里做饭就餐。水要从附近的泉眼取，泉眼旁可能建有一个神龛。

　　平时，武士成员在房屋前面的围栏里面练习射箭和剑术等武艺，农工在周围的地里劳作。不过，这种宁静的院子还是个防守堡垒，一直有人守卫，并有壕沟、结实的栅栏和种着树的陡直的土坝防守。遭攻击时屋顶上要涂泥巴以防火箭，弓箭手急速赶往唯一的大门上的瞭望台上。

却纹丝没动。镰仓家人团对将军仍然忠贞不贰，在赖朝继室政子的激励下，众将奋起，以20万大军，从东海、东山、北陆三路像潮水一般直逼京师。在精兵面前，京都的守备一触即溃。朝廷的讨幕令旨下达仅一个月，京都便完全被幕府军队所占领。动乱平息后，主谋的公卿和为首的武士都被处斩；有牵连者，则没收其领地；对皇室采取了空前的处理办法，即将后鸟羽上皇流放到隐歧；顺德上皇流放到佐渡（土御门上皇自动迁去土佐）；让后鸟羽上皇之兄行助亲王（守贞亲王后高仓院）并非上皇却主持院政；废黜今上天皇（仲恭天皇），改立亲王之子茂仁王（后崛河天皇）为天皇。这些处理方式的严厉，是赖朝等人连做梦也没想到的。可以说是完全改变了幕府初期对朝廷的态度。换言之，这说明幕府已从过去尊重公家政治、固守自己领域的武家政治转为公然反抗公家政治，大有干预其政的势头。这是武家政治特点的巨大变化。与此同时，对乱后处理中没收的三千处领地，也重新指派了地头，从而使支持幕府的地头阶层的势力范围也扩大了。另外在京都设置两六波罗，作为监视京都、统治西部的强大派出机构。在公家势力的大本营里，深深渗入了幕府政治的威力，武家政权的实力得到了全面的、划时代的加强。以承久之乱为转机，武家政权无论在特点方面，还是在实力方面，都得到了飞跃的发展。

承久以后到元寇入侵为止，大约 60 年间，是幕府政治的全盛时期。从形式上来说，幕府政治是北条氏的执权政治；从内容上来说，则是充分发挥了公正、廉洁、爱士安民的善政。代表这种政治的执权，是历史上有名的泰时和时赖。泰时律己甚严，一心想着人民的休养生息，为了维持治安和诉讼公正，他断然采取了无所畏惧的坚决手段，兼收了公武两家政治的长处。泰时的著名政绩，如上所述是设立"评定众"，作为执权的顾问，使幕府政治形式成为合议政治；制定"御成败式目"51 条作为武家法制的基础。"御成败式目"因为是在贞永元年（1232）发布的，所以也叫"贞永式目"，对后来的武家法制，影响很深。公家政治和武家政治的不同，最典型地表现在律令与式目的差异上，作为法典来说，式目终究不能与律令并列。尤其是制定式目的目的在于为给裁判公正提供依据；实施的范围，也仅限于幕府势力圈内，不包括公领和庄园的领家。因此与完整的法律体系律令相比，它仅仅是限于部分民法、刑法、诉讼法等内容贫乏的法典而已。然而应该肯定，其中所包含的法律内容，却是赖朝以来的惯例，和以武家社会的道理为准绳而产生的现实的法律，对社会具有很高的约束力。具体规定主要有以内容。守护地头的职权、家人的身份财产，特别是领地问题，比起公家法制来，不同的是加重了刑罚、提高了女子地位以及加强亲权等。对诽谤罪，重则流放，轻则监禁；对打人罪，武士没收领地，无领地的处以流放，"郎从"（郎从，无领地的从者。——译者）以下，则处以监禁，与律令法相比，处罚要重得多。女子可同男子一样继承领地成为家人；无子时可使养子继承领地；父死后，母可代父行使亲权；妻妾即使离婚，只要不犯重罪，其夫不得收回其领地。这些与主张男尊女卑的律令相比，明显地扩张了女权。亲权在律令法中，虽然也很高，但式目规定，父母即使已把领地让与子女，并取得了幕府的承认以后，仍有权取消决定，并将其交给其他子女；在接受让与的子女死亡时，父母当然更有权自由处理其领地。这些都是根据没有受到律令法影响的民间固有习惯而来，随着武士社会地位的提高，这些也都作为武家法律而固定了下来。④

继泰时之后的时赖，也很注重民政。他在幕府设"引付众"，以期迅速明快地解决诉讼案件。据传说，他在出家后仍微服巡访各地，关心民间疾苦。这虽只是传说，但也反映了他的仁政。

蒙古来袭 时赖死时，其子时宗还很幼小，所以由同族老臣担任执权。文永五年（1268），幕府接到蒙古第一次通牒时，时宗已经18岁，担任执权了。他对此显示了敢于奋起迎敌的气概。他不辜负众望，几乎把全部精力都集中在击退蒙古军上，保国保民，最大限度地发挥了武家政治的力量。无论是泰时和时赖的民政，还是赖朝所开创的事业，都因此举而显得有始有终。但自此以后，幕府便迅速踏上了衰亡的道路。

镰仓幕府初期，12世纪末的远东，朝鲜半岛是由高丽、满洲（这里，著者仍按日本资产阶级学者的习惯，把中国东北部称作"满洲"而和中国并列；下面的中国北部是指山海关内中国北部。——译者）和中国北部是由金、中国中南部是由南宋分别统治着。这时，蒙古已在北方兴起，其酋长铁木真统一了蒙古高原的全部游牧民，建立了蒙古国，即大汗位，接受了成吉思汗的称号（1206）。从此以后，蒙古就一再侵略四方。灭金之后，把中国北部并入自己版图，更向东降服了高丽，向南平定了云南、西藏和安南，向西由中亚侵入欧洲，席卷俄国、波兰、匈牙利，形成了一个庞大的帝国。到第五代忽必烈（世祖）时，国势最盛，迁都北京，定国号为元，灭亡南宋，统一中国，并派兵到暹罗、柬埔寨、缅甸等国。对于东方仅剩的一国日本，也想将其置于统治之下，文永五年（1268），派遣使节，携带国书到日本要求建立国交。但在建交的后面，却表示要以武力相威胁。幕府拒绝了

忽必烈试图侵入日本的画卷

　　本图取自一幅描绘 1274 年中国的蒙古皇帝忽必烈的军队试图侵入日本的画卷。画中日本将领竹崎来永的坐马血流如注，他倒在一阵箭雨中。日本兵既要面对人多势众的敌人，又要与先进的武器斗争：炮弹在来永头上爆炸，这是已知的关于火药被用于大炮的最早描绘。这些优势在面对顽强抵抗和毁灭性台风——日本语发音 kamikaze 即神风——时，却帮不了忽必烈什么忙。来永活了下来，请人画了这一画卷，据传这位骄傲的将军在画作完后，自己加上了刺穿其头盔的红箭。

来使，并做好充分准备，以应付不久即将发生的最坏事态。元朝后来又派来使节，先后共通牒五次，但每次都被我国拒绝，始终保持了毅然决然的态度。文永十一年（1274），当蒙古与高丽联军 3 万人，乘战船 900 艘来犯日本时，幕府便暴露了不了解敌情的井底蛙之见。元军攻陷对马、壹岐诸岛，进入博多湾，开始登陆，他们以威震欧亚的密集战法和新兵器大炮，压迫仅靠骑兵弓矢作战的日军。日军因形势不利，退守大宰府水域，恰逢当夜刮起暴风，使敌舰损失惨重，残余敌军暂时撤回朝鲜。文永之役就这样结束了，它给了幕府重大教训，使幕府懂得以往的计划并不符合实际情况，把事情估计得过于简单了，于是重整兵马，巩固团结，在博多沿岸构筑石垒，以使擅长陆战之敌无法登陆。修筑石垒的工役由九州家人平均分摊，前后费时五年。另外努力加强水军，以便迎击敌军于海上，进而转入反攻，准备进击敌军。"异国征伐令"激奋了人心，多数家人都纷纷向镇西奉行报告自己能动员的兵员和武器数量。但对幕府来说，这只是鼓舞士气的一种方法，主要力量始终用于海岸的防御上。这时元朝正图再举，在高丽设立征日本行省，统辖远征日本事务。弘安四年（1281），又计划出动东路军 4 万人，分乘 900 艘船从高丽出发；江南军 10 万人，分乘 3500 艘船从宁波出发，两军准备在壹岐会合后进袭博多。元军为长期远征起见，还准备了农具，计划登陆后实行屯田。但实际上两军并没有取得联系，东路军首先来袭，在日军抵御下，无法登陆。日军更凭奇袭，烧毁敌舰，捕获敌将，经常处于有利态势，因而使一度占据博多湾

忽必烈汗的军队

在一轴 13 世纪晚期的日本画中，忽必烈的士兵被描绘成穿着豪华的中国式长袍，手持中国式乐器的人。然而，这些士兵还是骑在蒙古马上。

内志贺岛的敌军，退到壹岐准备与这时已到达平户岛的江南军相会合，在鹰岛集结，进攻大宰府。可是，这时又正值台风季节，闰七月一日夜（新历八月十六日）台风袭击了玄海滩，敌船几乎全部覆没，部分残敌盘踞鹰岛，也为日军所击溃，可惜元朝的雄心壮志，至此烟消云散。这是弘安之役。⑤

在空前的国难当头之际，幕府虽制订了殊死的防御计划。但那时神佛的力量还强烈地支配着人们的心理，因而很自然地祈求神佛保佑，时宗也用血写下经文，祈祷打败敌国。自古以来就注重祈祷的朝廷，更是倾注全力，祈求神佛保佑。龟山上皇在伊势神宫祈祷，愿以身殉国难。因此，当人们知道两次来犯，都因暴风而被击退时，便把它归之于神佛的灵验，不能不切实感到神佛保卫国土的力量。它还意味着朝野上下已从古代末期以来的悲观末世思想中解脱出来，由此激发了热烈的国家思想、旺盛的肯定现世思想以及积极果敢的向外扩张精神等。后来历史的特点，很大部分是由那时规定下来的。

幕府的衰颓 元朝在弘安之役失败后，还曾想发动第三次远征，但由于

国内形势，无法实现，终于没有再来侵犯。尽管这样，幕府还不能放松沿海防御，因而发生财政困难，家人苦于负担等事。对两次战役的行赏问题，也使幕府陷入困境。由于这些战役并没有获得寸土，因而没有可供赏赐的财源，即使靠丈量土地查出的黑田，也根本不够赏予全体有功者的财源，反而会招致原土地所有者的怨恨。四面八方都发出有关领地的诉苦，还有家人的贫困，这时已成为重大的社会问题。家人的经济基础是建筑在领地收益上的，随着时代的推移，家人中间受到贵族文化的影响，生活水平提高，致使收入变得不足。特别是这个时代的法律规定，领地原则上是分割继承，因此造成领地日趋零散，比起增大的支出来，收入相应地减少了，因此，家人中典卖领地的日见增多。这样，维护幕府基础的家人阶层的动摇，成了必须解决的问题。幕府为救济家人，永仁五年（1297），下令禁止今后典卖领地，对以往业经卖出和典出的领地，除经幕府承认、入家人之手已过 20 年者外，其余的一律无偿归还原主；有关金钱借贷的诉讼，一概不予受理。这就是所谓永仁德政令，家人虽因而能无偿收回了丧失的领地，勾销了所负债务；但非家人及一般平民，却蒙受了巨大损失，幕府无形中自身践踏了政治公正的信条。家人虽因此一时得到救济，但由此引起的金融梗塞，不久便使家人陷入困境，民心发生动摇，幕府威信因而下降。除了这些外部形势外，北条氏内部也出现了衰败的征兆。时宗在弘安战役结束后，仅三年就死去了，后来就没有出现过强有力的执权，实权落到部下权臣手里，直到高时时期。

社会经济情况　镰仓时代的社会阶级，可以分成公家、武家、平民和贱民四种。公家是上代统治阶级宫廷贵族的后身，由于武家政治时代仍保留着公家政治的形式，所以他们仍担任高官，拥有庄园领主的经济基础和社会上层阶级的地位与实力。只是没有过去那样的专制权力，凡事都要受武家的牵制，领地也遭受地头等侵占，虽经常感到有一种没落阶级的恐惧，但整个来说，其实力仍未丧失。掀起承久之乱和建武中兴，都清楚地说明了这一点。武家的远祖，有皇族和贵族，也有平民，但都定居在地方上，从土地的领主或所有者的经济基础发展起来的，随着势力逐渐增大，到了这个时代便上升到统治阶级的地位。武家政治的坚实，从社会组织来说，是由于新兴武家阶级的天真纯洁。武家内部也有身份之

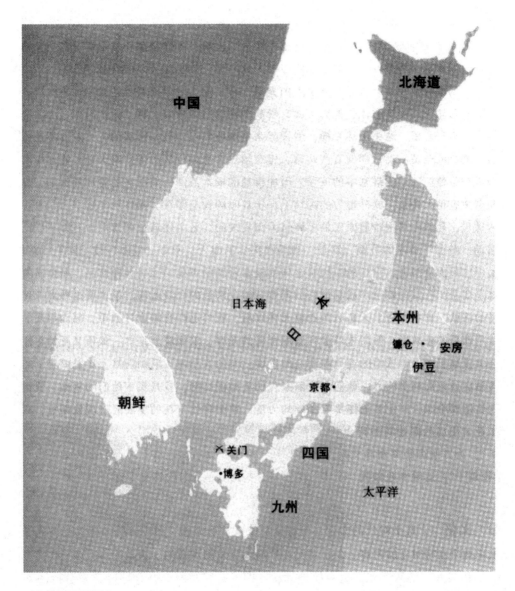

13 世纪时的日本

　　在从镰仓施政的一个军事政权或曰幕府的霸权统治下，日本进入 13 世纪时已是一个强国了。幕府将军们名义上从天皇那里获得权力，天皇住在镰仓以西 480 公里处的古城京都的宫中，事实上只礼节性地行使职权。日本民族集中在本州、九州和四国这三大岛上，在幕府时期国力昌盛，商人与亚洲大陆贸易获利，国内局面安定。1333 年镰仓幕府垮台，日本国再度陷入内战中。

差，"侍"与"郎从"之间，就有很大的区别。侍是指战时骑马披挂上阵的武士；郎从多是跟随侍徒步出阵的从者。平时侍是农村的名主，在村内构屋居住；郎从则寄居其宅内，研习武艺，并为主人服杂役。再者根据与幕府的关系，侍又分为"家人"与"非家人"。家人是源氏的累代家臣及赖朝创业以来新加入家人行列的人，是幕府的直属武士，在侍中具有很高的地位与权利。家人的权利义务，已在前面讲述封建制度时谈到，这里不再重复。在地方农村，这些家人就是地头，在村内重要的地方建房以居，房屋周围挖沟筑垒，威风十足。"堀内"等的地名，就说明是这些家人住居的遗址。平民是指一般的农民、百姓，这个时代对他们有一个特有的称谓叫作"凡民"。他们多数是从事生产的农民，但其中也有拥有土地的名主和佃耕名主土地的佃农、农奴等阶层。此外，各村还有铁匠、木匠、竹柳工匠及瓦匠等手工业者，其他如运输年贡米及其他物资者，从事买卖的商人等，也都属于平民阶层。除京城、镰仓等政治城市以外，大津、坂本、兵库、小滨、敦贺、博多等港口，当有大量商人。还有是贱民，包括奴婢、下人、杂人等，但并不像律令制的贱民那样，有严格的身份规定。农村的名主可能使用这些下人耕种其土地，这样就产生了相当牢固的主从关系，不过，所谓奴隶那种物质的特点，却不十分显著，奴隶的来源多是靠买卖、拘捕而来。此外还有由于从事当时人们厌恶的职业而遭到鄙视的，例如从事屠宰、制革、游艺、巫祝、看守陵墓和从事殡葬等有关的人，他们并不一定是奴隶，只是要比一般人低一等，所以也包括在贱民之列。

正如幕府在政治上依靠地方家人的支持一样，这个时代的经济主要靠地方农村名主们的活动。在律令时代，他们上面有管制统辖的官吏势力。到了这个时代，上面的官吏势力没有了，地头虽然专横，但说起来是和他们属于同一阶层的。一般并不妨碍名主的自由经济活动，即使有些妨碍，也有越过它来进行活动的广阔天地。农业生产的进步是他们活动的最基本的成果。增加耕地的根本条件，如用水的管理和保证，都和名主有很大关系。此外畜力的利用、一年双收的普及等，都显示了这个时代农业的进步，是依靠名主阶层农民的不懈努力而实现的。名主还通过兼营商业开辟了广泛活动。负责年贡米的储藏、保管、运输和买卖的商人，叫作"仓本"或"问"，最初是由庄园内富裕名主担任的。当时各地都设有定期的市集，买卖各种商品，所依靠的也是名主所储藏的剩余产品和他们的消费欲望。宋钱的广泛流通，也说明这些商业交易的活跃。日本在村上天皇时铸造乾元钱以后，就再也没有铸造过钱币，因而出现了使用钱币的衰颓期。但后来随着和宋朝贸易的开展，宋钱流入日本，钱币又开始在社会上流通了。由于钱币的流通和商业的发展，有的人积累了巨额财富，于是就有了经营酒店或放高利贷的人。他们拿贫困家人的土地做抵押，或是买下他们的领地。就在这些活动中间，产生了摇撼幕府基础的力量。这个时代出现的重要经济现象还有，商工业者组成的同业间的行会"座"；庄园领主为了征收关税而在交通要路上设置"关所"；为方便远距离商品交易而设的汇兑；平民间互相在经济上通融资金的信用组织"赖母子"；运输专业者的"马借"等等，这些到下一个时代都有了更大的发展。

文化　这个时代的文化，是直接反映政治形势的，可以分为公家文化与武家文化两个互相对立的内容。公家文化是以前代以来的形式的、情趣的、贵族文化的惰性而出现的，特别是丧失了现实的力量，显然是眷恋过去、逃避现实的，看不到对于文化创造的积极作用；武家文化虽然粗野，但有意志力、实践性，以极大的积极性形成新文化，而且从内容上看，主要是古代精神的复活。古代那种朴素、纯真的精神，即使在上层知识阶层接受隋唐文化的决定性影响时，在地方农村中，并没有受到什么影响而保存了下来。随着武家的兴起，由武家把它再次推到历史的前台。对立的两种文化，并不总是对立的。公家文化也吸收了武家文化的长处，改变了自己的面貌；武家文化也受到公家文化的巨大影响，修整形式，丰富了内容。这种公家化的武家文化和武家化的公家文化，互相影响、交错，向下一个时代发展下去。另外，也受到外国文化的影响，有了许多宋文化的特点。与隋唐形式的、训诂的文化相比，宋文化是唯心的、道德的以及平民化的。它以禅宗和宋学的形式，影响着成长中的武家文化和变化中的公家文化，这一点是不容忽视的。

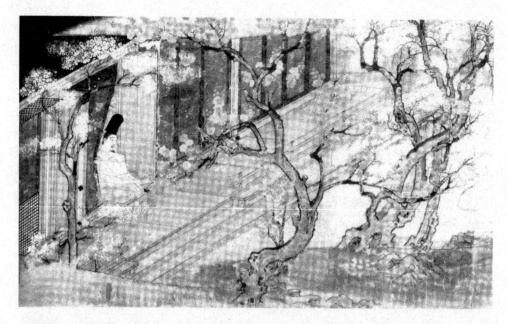

▲赏花

这幅 14 世纪的日本画表现的是一位学者坐在露台上观赏樱花树和桃树。樱花树是众多开花树木中最为日本人钟爱的一种。许多热情饱满的人们在春夜里一直守候在树下，等候目睹黎明时绽放的第一朵樱花。

这位日本武士在和服的外面穿着一件散布着松针图案的无袖外套，腰间插着的两把刀是武士随身携带的武器。

一个男人外面穿着浆洗过的白色长袍，里面穿着宽松的裤子，长袍上挺直的褶皱与裤子柔和的轮廓形成了鲜明对比。他右手拿着的木扇是高贵的象征。

上流社会的日本人通常穿几层衣服。这个人在蓝袍外衣里面又穿了贴身长袍，衣服层次形成了强烈对比的色块。

正式的日本封建主的帽子是用硬纸做的，纸上附一层黑纱，然后再刷一层漆，戴时，在颏下用纸绳将帽子固定住。

这位日本贵妇在一件素朴的和服外穿了一件飘垂的罩衣，用一段绣着金线的红带子束腰。制作和修饰这件衣服需要染、绣等工艺，通常不使用昂贵的进口锦缎。这位妇女的头发飘散在肩背上，恰好与衣服的格调相配。

佛教 镰仓时代的精神文化，由于佛教新宗派的兴起所代表的佛教界的革新，出现了前所未有的盛况。净土宗、真宗、时宗、禅宗、日莲宗等可以举出的新宗派，都是这个时代出现的宗祖所创立的，不过，其思想的、历史的特点并不完全一致。有的是前代以来的净土往生思想得到了正统的继承和纯化（净土宗、真宗、时宗）；有的是忠实地照搬和模仿大陆的新宗派（禅宗）；有的是改变旧佛教时代性的面貌（日莲宗）。它们有一个共同的思想特点，就是这些新宗派都是适应这一时代共同的社会基础和思想基础的。这不是别的，正是旧佛教过于脱离宗教本质的世俗化，以及古代末期社会的大变动、公家统治的没落、武家阶级的兴起，和随之而来的连年战乱、饥馑和天灾，总之，是对人生的无常和现世苦恼的悲惨体验。看到佛所预言的末世就在眼前，而负责护持正法的僧侣和寺院，

"来迎"

　　上图，表现了阿弥陀佛的侍女奏乐欢送一位信徒去净土——西方极乐世界。从 5 世纪起中国就开始崇拜阿弥陀佛，1000 年左右传入日本，在 12 世纪吸引了大批追随者。整幅图被称为"来迎"（汉语意为"接引"，指佛来迎接临终者进入佛国净土），描绘了仁慈的救世主降临人间欢迎刚死的人进入极乐世界。

其现实情况又如此，身为僧侣的善感青年和求道的信者，怎么能无动于衷而加漠视呢？由于他们的性格不同，境遇不同，提倡的宗派当然也不相同，但都提倡专修一行，以向广大人民开放救济之道，否定象征旧佛教的造寺造塔等功德，撇开一切功名利禄，专心致志地投身于信与行中，由此传播不论贫富贵贱善恶男女都是平等的福音。从这一点看，可以说是真正的人民宗教的兴起，是可以和欧洲宗教改革相媲美的，是佛教界划时代的革新。

地狱

  在一个手持棍棒的恶鬼的追逐下，一个罪人逃入烟熏火烤的地狱。这是一幅 12 世纪晚期日本艺术家的想象画。佛教的地狱各种各样，如压碎人的地狱，惨嚎的地狱，每一个地狱是专为一种罪恶而设的。在这里，受苦者先被灌醉，失去知觉后开始受惩罚。这种惩罚并不是永久的，在历经一系列磨难后他们会悔悟，并体验到启蒙的欢乐。

  最早创立新宗派的是法然（源空）。法然起初就学于叡山，后从唐僧善异教导，发展前代以来的净土信仰，创立了专修称名念佛的净土宗。他的主要著作是建久九年（1198）为九条兼实著的《选择本愿念佛集》。由于其教旨适合人心，其德操在当时也是卓绝的，因而深得各阶层的尊信。但也为此而遭到旧佛教的迫害，因谗言而被流放到土佐，但此举反而使他有机会把佛法弘扬到地方。

法然的弟子亲鸾，以忠实地祖述师说为己任，虽因法然流放罪的株连，被流放到越后国，却从此巡游东国，为教化北陆和关东的平民阶层做出了很大努力。在此期间，他自己超越了乃师法然，到达了独自的、更高的信仰境界，被尊为真宗的开山鼻祖。其代表思想是所谓"恶人正机"思想，认为只要人类能对罪恶的本质有深刻反省，并坚定地相信如来有绝对普救的信念，那么既不需要出家持戒，也用不着诵读经文。对在家、在俗、肉食、娶妻等一切世俗行为都持肯定态度，只凭对弥陀的专一信仰，来贯彻其宗教生活。他的主要著作是《教行信证》6卷。

时宗也是出自净土宗的一遍（智真）所创立的宗派。他巡游全国，向广大民众弘布念佛，因此取得"游行上人"名称。其教义中，因有尊重神祇一点，所以和人民信仰相一致，普及面很广。

禅宗是由宋传入而兴起的一种新宗派。坐禅是佛教修行的一种形式，自古以来各宗都采用，但禅宗却把这种修行形式作为佛教主体。它始于中国南北朝的菩提达摩，后来代代相承，叡山学僧荣西于平安末期和镰仓初期，曾两次渡宋（第一次在仁安三年，1168；第二次在文治三年，1187），归来传播临济派禅，以平户和博多为中心宣讲其教义。他著有《兴禅护国论》，强调禅是佛法的最高境界。他因受天台宗的压迫，曾去关东接受幕府皈依，但不久就回京，在京都建立建仁寺。提倡禅宗的不立文字，教外别传，通过坐禅得道等，这些很适合武士克己的生活方式，因而取得了武士的信仰。如果说旧佛教是公家佛教，那么它就是武家佛教。虽说是武家佛教，但它得到幕府及上层武家的皈依，这说明它本身经不起成为第二个贵族佛教的诱惑。禅宗在京城和镰仓，陆续建起巨大的伽蓝，僧侣也被授予很高的地位。从新宗教的本质来说，它与禅宗的另一派曹洞宗相比是不纯的。继荣西之后，振兴这一派的著名人物有，兴建东福寺的圆尔弁圆（圣一国师）、兴建南禅寺的无关普门（大明国师）等。由于宋遭到蒙古的侵略，避难来到日本的中国僧侣，也传播了临济禅。在这些僧侣中，兰溪道隆曾应时赖的招请，来到镰仓，建长五年（1253）兴建建长寺。建长寺在伽蓝的规模或寺内的纲纪等方面，均依宋制，是日本最早的纯粹禅寺。他被宇多天皇谥为大觉禅师，是最早的禅师称号。时宗还从宋邀来无学祖元（佛光禅师），兴建圆觉寺，并任第一任住持。时宗向他学习参禅，磨炼肝胆，蒙古入侵时，曾得其鼓励不少。

曹洞宗是道元入宋后传来的，他愤世嫉俗，一度应时赖的邀请去镰仓，但不久便辞归越前永平寺。严格训练、培养弟子、专心坐禅，以领悟如来本旨，这种专修一行的精神与法然、亲鸾的专修念佛相比，虽然有自力与外力的区别，但它是彻底的出家主义、反世俗主义、否定现实的精神，因而创造出肯定现世、绝对无杂的纯粹宗教境界，在这一点上可与亲鸾的境界相比。道元的主要著作是《正法眼藏》。

日莲宗是日莲所创。他起初学习天台宗，慨叹其衰微，认为释迦的真精神在于法华经，因此排斥其他宗派，著《立正安国论》。提出如不早立法华正法，将受外国侵略的论点，并以此向幕府进言。恰巧遇上蒙古来牒，认为正中其预言，自此他的布教越发积极，结果被流放到佐渡，不久获赦回到镰仓，在甲斐的身延山兴建了法华道场久远寺。他提倡的日莲宗（又称法华宗）是根据天台教理，以《法华经》为正依，吸收了古代佛教的护国思想、真言宗的事相、净土宗的专修念经等，内容十分复杂。可以说是旧佛教在新时代中变化的典型表现。

旧佛教内部虽然没有发展到像日莲宗那样开创新宗派，但革新的趋势却很明显。华严宗的高弁（明惠）在洛西的栂尾主持高山寺，斥名利、行佛道；法相宗的贞庆（解脱）也持戒极严，在山城的笠置寺闭门修行；律宗的俊芿渡宋，带回两千多卷经文，回国后重振京都的泉涌寺；律宗西大寺睿尊（兴正）门下的忍性，则毕生从事救贫、行医等社会事业。忍性一生中架桥 189 座；修路 71 条；掘井 33 口；建浴室病室等 5 所；施衣 33000 件。他在镰仓建立医院，20 年中治疗患者达 46800 人。奈良时代佛教所具有的那种旺盛的社会精神，随着旧佛教的振兴而复苏，并做出了如此伟大的事迹。

学问与文学 具有古代传统的公家学问成了世家的私有物，只承袭了上代的糟粕，看不到有什么新的发展。通过赞美古代的回顾情趣而研究朝仪，出现了《世俗浅深秘抄》（后鸟羽天皇著）、《禁秘抄》（顺德天皇著）那样有关典章制度的著述，但没有发展到成为一门学问的程度。同样的回顾思想，也涉及古典方面，出现了卜部怀贤集注释《日本书纪》之大成的《释日本纪》、首次为《古事记》加注的《古事记裏书》（卜部兼文著），另外僧仙觉为《万叶

集》校订加注，源光行、亲行为《源氏物语》校勘作注。但这个时代的学问
中具有特色的，首先是宋学的传入。宋学的儒学由汉唐的训诂学，进而受到佛
教和道教影响，发展成为带有明显的思辨哲学特点的、探究人的本性、注重道
义、主张知行合一的学说，最早由俊芿传入日本，后来又随禅僧传播。由于宋
学的精神有和禅宗特点一致之处，加上在中国盛行禅儒一致，因此禅僧在宋学
方面，都造诣很深。在清原、菅原等儒者们还墨守旧法时，进步的人们中间已
开始研究宋学了。后醍醐天皇跟僧玄惠钻研宋学，其革新思想的由来，在很大
程度上得益于此。其次是，这个时代开始出现了具有特色的史论史籍，具体的
例子是九条兼实之弟、天台座主慈圆著的《愚管抄》。《愚管抄》把日本历史
的演变，看作是道理的显现，从这一立场出发进行了叙述和评论。其中虽不免
有佛教的末世思想和贵族阶级社会立场的局限，但作为最早用哲学思想概述历
史发展的著作，在日本史学史上占有重要地位，可以理解为和佛教创立新宗派
一样，是体验和反省了古代末期大动乱之后，给予杰出人物思想影响的一种
表现。

《平治物语》火烧三条殿

　　以上都是公家的学问。武家的学问，并且也是一种普及到地方的学问中，有
一个不应忘记的事实。幕府从三代实朝时起，对公家学问怀着热烈的憧憬开始学
习以后，武家也兴起了好学之风，设立了号称关东学问渊丛的金泽文库。金泽文
库开始是北条泰时之侄实时在其别墅所在地武藏金泽（现横滨市金泽町）设立

的文库，收藏其家藏图书，以供族内研究之用。其孙显时、曾孙贞显继续经营文库，为保存和普及图书做出了很大贡献。实时还曾就教于从京都来到镰仓的学者清原散隆，至今还留存着当时他用过的《群书治要》《古文孝经》等书，说明他钻研学问的情况。⑥

《平家物语绘卷》平清盛上阵

文学作品中，也明显地分成两种，一种是因袭前代的公家风格；一种是充满新兴武家精神的和歌。故事集等属于前者；战争小说则属于后者。这个时代初期杰出的歌人辈出，其中有名的有后鸟羽天皇、藤原定家、藤原家隆、藤原良经、源实朝等。定家是集歌学之大成的人，他曾和家隆一起奉后鸟羽上皇敕命编撰了《新古今和歌集》（元久二年，1205）。敕撰歌集在此之前有《古今》《后撰》《拾遗》三代集，后来又有《后拾遗》（应德三年撰）、《金叶》（大治二年撰）、《词花》（仁平时撰）、《千载》（文治三年撰），加上这时编撰的《新古今集》，统称八代集。《新古今集》可以说给古代末期歌坛的混乱做了一个总结，其流利的歌词和巧妙的构思，可以看作是继承和发展了《古今集》歌风的正统。定家是当时的和歌大师，后人尊为歌圣。当时，据说在歌道上非难定家的人，甚至要受到惩罚，他一家成了歌道的世家。但是从定家之子为家的三子起，分成二条、京极、冷泉三家，二条和京极两家互争歌道的霸权，都从父祖那里寻求典故，墨守成规。整个镰仓时代的歌风都流于低调。

故事集有《古事谈》《宇治拾遗物语》《古今著闻集》《十训抄》等。这些大都取材于前代的公家生活，或是怀念、眷恋失去的往昔荣华；或是想从今日无情的现实中汲取教训，因此文字中表现出没落的公家那种苟安一时的特点十分浓厚。《宝物集》《沙石集》等是佛教故事集。随着京城与镰仓之间交往频繁，出现了《海道记》（源光行著）、《东关纪行》（源亲行著）、《十六夜日记》（阿佛尼著）等纪行的文字。随笔则有鸭长明的《方丈记》，详细记述了安元的大火、治承的大风、福原迁都、养和的饥馑、元历的地震等接二连三的天灾地变、人事更替，述说了

《明惠上人像》

人世无常的思想，是古代国家末期的挽歌。历史故事有《水镜》《今镜》，都是受《大镜》体裁的启发，对其前后时代加以补充的作品。《水镜》以神武天皇到仁明天皇为对象；《今镜》则以后一条天皇到高仓天皇为对象。

以上大体上是具有公家文学遗风的作品，而表现新兴武家精神的文学战争小说中，则有《保元物语》《平治物语》《平家物语》《源平盛衰记》等。这些都是以源平以来的武家兴亡、大小多次战斗场面以及与此相关联的男女哀愁离别等为题材，从武家特有的刚毅人生观、佛徒的无常厌世观以及因果报应观的立场出

发，用夹杂有汉语和佛语的简洁明快的假名文字来叙述、评说的作品，开辟了与公家文学完全不同的崭新的艺术境界。这些离奇的题材与朗朗上口的文体，雅俗共赏、万人皆宜。尤其是《平家物语》，竟出现了用琵琶在市井到处弹唱的琵琶师。文学真正成了各阶层人民的东西，在这一点上，战争小说作为国民文学的意义是很大的。从根本上来说，这些当然称得起是武家文学，但其受到公家文学很大影响，是不应忽视的。这种文学在叙说杀伐战斗的同时，还描绘了充满人类爱与自然美的、美妙的梦幻世界，这固然是由于作品的主人公本身所具有的武家特点，但在很大程度上也受到公家文学那种唯美情趣的传统对武家文学的影响。就是说，武家文化与公家文化，抽象说来是对立的，但具体说来，武家文化是在不断受到公家文化影响中成长起来的。

圆觉寺舍利殿　镰仓时代

美术　造型美术也与一般文化的倾向相同。尤其在这个领域，与前代不同的新时代风尚占了上风，为美术史开辟了一个新篇章。其特点是素朴雄劲，克服了前代的纤细优美，或者说是以个性型代替了前代的类型性，以写实手法取代了前代的象征手法。

建筑方面，出现了变化多端的各种样式。第一，因袭前代风格的叫作和式，其中也含有体现时代风格的素朴雄伟的特色，但基本上却带有前代以来的优美格调，其遗迹有石山寺多宝塔、兴福寺北圆堂、京都莲华王院本堂（三十三间堂）等。第二是天竺风格，这是在重建治承战火烧毁的东大寺时，俊乘坊重源从宋招来工人试建的，直接模仿宋代寺院建筑的样式。其特点表现在插肘木和七组斗拱上，这是适合大型建筑的样式，但是以看惯了具有整齐美的和式斗拱眼光看来，不能不说这是大陆式呆板的奇异样式，后来没有广泛流行并不奇怪。东大寺南大门是其具有代表性的遗迹。第三是和式新派。它是纯粹的天竺式绝迹后，在和式建筑中采用其局部技艺而产生的，如东大寺法华堂的礼堂、唐招提寺鼓楼等。第四是唐式，这是禅宗伽蓝采用的样式，也是从宋朝传入的样式。伽蓝布局是三门、佛殿、法堂、方丈都位于一条直线上；钟楼、经藏配在左右两边，整齐对称。细节手法有：柱与础石之间加础盘，柱顶呈曲面形，窗户上部做成曲线形，总之比过去有更多的曲线，还不施彩色。其遗迹有圆觉寺舍利殿。第五，还出现了和式新派又加上唐式的折中式。其遗迹有稍晚时修建的河内观心寺本堂。[⑦]

住宅建筑上兴起了武家样式。它以贵族的寝殿样式为基础，又加上了些新东西。寝殿样式是将许多建筑物并排建造，而武家样式则是将一栋主房分成数室，设有大门、外厅等；以木板葺屋顶，四周围以板墙，还建有楼门、顶门、贯木门等，朴实而实用。

美术中发展最突出的是雕刻，简直可与奈良时代的雕刻盛况相媲美。名手有定朝后裔的康庆、其子运庆、孙湛庆和康庆弟子快庆等。手法雄浑、着重写实，充分表现出对象的个性。东大寺南大门的金刚力士像是运庆、快庆合作的，表现得刚劲有力、无与伦比。东大寺的僧形八幡像是快庆所作，成功地糅合了新旧两种风格。雕像中的优秀作品，有东大寺的重源像、兴福寺的世亲、无着像、镰仓明月院的上杉重房像、镰仓建长寺的北条时赖像等，都成功地表现了人物的个性。此外著名的镰仓大佛——高德院的阿弥陀像，与当时大量的木刻像不同，是罕见的铜铸像，技法也很优秀。作者是上总国的佛像工，地方上有这样优秀的技工，说明这个时代文化传播之广。

绘画方面，有了佛画、连环画卷、肖像画等多方面的发展。佛画大多因袭前代风格，但图样丰富、线条有力。从中期起受宋元画影响很大，吸收了罗汉像等新的画题，画卷继前代之后仍不断发展，出现了全盛时代。题材也很丰富，陆续出现了以战争小说、社寺缘起、高僧传记为题材的大部头的画卷。其题材范围从地区上说遍及全国；从社会上说包容了上下各阶层生活。平民以强有力的姿态登上艺术舞台，享受其利益。如果说战争小说是国民文学，那么画卷则可以称为国民美术。保存到今天的一些优秀作品有，战争画卷《平治会战绘卷》（3卷，相

日本史 | 226

《一遍圣绘》

传为庆恩所画)、《蒙古袭来绘词》（3 卷)、《后三年会战绘词》（3 卷)；描写社寺起源的《北野天神缘起》（8 卷，传信实画)、《春日权现验记》（20 卷，高阶隆兼作)、《石山寺缘起》（5 卷，隆兼·隆光作)；高僧传记《一遍上人绘传》（12 卷，圆伊作)、《法然上人绘传》（48 卷，2 部)、《鉴真和尚东征绘传》（5 卷)；故事文学《紫式部日记绘卷》（4 卷)、《西行物语绘》（2 卷)、《绘师草纸》（1 卷，相传信实作)；等等。肖像画名手有藤原隆信、信实父子，充分发挥了个性的描写技巧。相传出自隆信手笔的京都神护寺的源赖朝像和平重盛像都是大幅名作，淋漓尽致地表现出时代巨人的风采。信实的作品有《二十六歌仙图》《后鸟羽天皇宸影》等。

《法然上人绘传》

书法方面，在继承藤原行成流派的世尊寺流派盛行的同时，也兴起了一股新的书风，即与禅僧回国同时，在书法上传入的雄劲的宋风。大觉寺系统的后宇多天皇、后醍醐天皇在这方面都很擅长。持明院系统的伏见天皇、后伏见天皇则长于前代风格的假名书法。皇统分成两系，竟在书法上也奇怪地分成新、旧两派。伏见天皇的皇子尊圆亲王集这两派书风之大成，开创了独特的优美丰润的书风，成为后世书法的主流，叫作"青莲院流"，后来也叫"御家流"。

在工艺方面，适应武士需要的甲胄、刀剑等武具制造，有了显著的进步。这一时代初期由京城迁到镰仓的明珍，子孙世代从事这个行业，是制作甲胄的名工，制造刀剑的名手。京都有粟田口吉光；镰仓有冈崎正宗；备前有长船长光等。其他，金工、漆器等也很可观，但尤为引人注目的是陶器。当时加藤景正跟随道元渡宋，学习制陶法，回国后在尾张建窑，主要烧制茶壶。后来子孙世代继承其业，发展成所谓濑户烧。

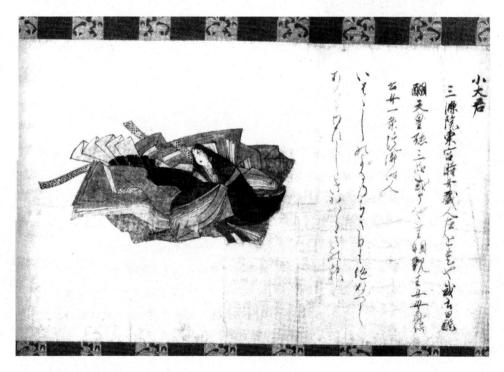

▲ 《三十六歌仙图》

　　图中所示为一幅被称为"三十六歌仙"的卷轴的片断，图中是平安时期丰富了其文化艺术宝库的许多女诗人之一小大君的画像。画像右侧是她的一首诗歌，用草体假名书写，其笔法为许多妇女所掌握，被称为"假名草书"；在画像的最右侧，一则小型传记，用的是中国文字所写。

◀濑户烧

这只陶罐造于1306年，用来盛放一名禅宗和尚的骨灰，它与许多这样的器具产于日本东部的濑户。该城的手艺人运用中国工艺，把本地区的细白泥制成上光粗陶器，这种陶器因耐用和与众不同的"秋叶"绿釉而出名。在新富起来的武士阶层的需求刺激下，濑户成了日本重要的陶器产地。

注　释：

①武家政治开始的时间，换言之，即镰仓幕府成立的时间。关于镰仓幕府成立时期，有各种说法，有的说是建久三年（1192）七月赖朝被任命为征夷大将军时；有的说是元历元年（1184）十月开设公文所、问注所，整备政治机构时，有的说是寿永二年（1183）授予赖朝东国行政权时等。形式上如何姑且不论，实质上是在文治元年（1185）设置守护地头时，这一旧说我认为是不可动摇的。

②公文所改称政所的时间，历来认为是在赖朝就任右近卫大将的翌年，即建久二年，然而即使在《吾妻镜》中载有"建久二年正月十五日阅览政所文书"，但并没有记载改称公文所一事。石井良助博士认为，改称的时间应该看作赖朝官至从二位的文治元年（"镰仓幕府政所设置的年代"收于《大化改新与镰仓幕府的成立》中，1958年，创文社出版）。

③探题作为武家的职名始于此时，据说这一名称来源于佛家的探题。佛家论议经典时，提出问题，判定答辩是非的重要角色叫作探题，由博学的僧人担任。由于武家裁决政务也类似佛家探题判断是非，所以借用了这一称呼。

④对于"御成败式目"的研究，著名的有三浦周行"贞永式目"（《续法制史研究》），植木直一郎《御成败式目研究》（1930年，岩波书店出版），根据不下二十例左右的古抄本、版本、注释书对式目本文进行校正并出版的有，佐藤进一、池内义资编《中世法

制史料集》第一卷镰仓幕府法（1955 年，岩波书店出版）。此书除式目以外，还广泛
收集了后来的追加法，是了解镰仓幕府法律根源的必读书。

⑤这个时代著名的画卷作品《蒙古袭来绘词》，以画卷的形式记叙了肥后御们家人竹崎季
长参加文永、弘安之役时建立的功勋，作为元寇的史料也是第一流的。研究书籍有，
池内宏《元寇再研究》（1931 年，东洋文库出版）；相田二郎《蒙古袭来研究》（1957
年，吉川弘文馆出版）；龙肃《蒙古袭来》（1959 年，至文堂出版）；等等。

⑥有人认为金泽文库的学术意义并不大，关靖博士用了多年时间，对称名寺古书进行调
查整理，弄清了对中世文化做出贡献的金泽氏一族的好学事迹、金泽文库的藏书等。
（《金泽文库研究》，1951 年，讲谈社出版）

⑦天竺式、唐式都是古代名称，同样称呼由宋传来的样式今天看来不够妥当。因此有人
称前者为大佛式、后者为禅宗式，称和样新派即和式与天竺式的折中为第一次折中式，
和式与唐式的折中为第二次折中式，第一次、第二次折中的进一步折中称为第三次折
中式，等等。

第二节　公武势力的对抗

时代的趋势　镰仓武家统治体制那种不彻底的公武二元主义，在承久之乱
后在很大程度上趋于一元化，但公家势力并没有被彻底消灭，公家继续通过朝廷
的官位和庄园领主身份，保持其政治地位和经济权利。在这种情况下，如果武家
势力能以强大实力压制公家时，问题不会发生；一旦武家实力衰退，公家出现有
作为的人物，这种势力平衡会立即破裂，公家就会试图恢复过去那种由他们一手
统治的局面。正中、元弘之变，乃至建武中兴，这一系列政治事件虽是公家势力
胜利的历史，但公家却没有足够的准备和实力，长期保持这种成功。在武家势力
的反抗面前，公家中兴的局面顷刻瓦解，从此开始了使公家几乎无所作为的武家
政治第二阶段。公武对抗的过程，在日本历史上处于所谓建武中兴和南北朝时
期，它不仅仅是皇室历史上的重大变异，而且也是武家政治发展到划时代阶段的
过渡期，是社会结构发生了根本变化，即由古代中世庄园制发展到近代一元领国
制的开端，应该划为另一时代。

公家的情况　公家方面策划政治中兴的中心人物是后醍醐天皇，不过在他发动这个计划之前，朝廷内部存在着复杂的历史情况。即皇统分歧，掀起争夺皇位的不快局面。所谓皇统分歧，是指后嵯峨天皇的两个皇子后深草天皇和龟山天皇两派，前者称为持明院系统，后者称为大觉寺系统。这两派继承皇位之争加上院政干预，使问题益加复杂化，再加上幕府的干涉，问题便纠缠不清，造成镰仓时代后半期公家混乱的历史。针对这种情况，幕府采取了所谓两统迭立方针，承认两统交替即位。但后来大觉寺系统又一分为二派，事情就更加复杂化起来，各派的候补太子要排队、按顺序继位，候补期已定到很久很久以后。后醍醐天皇是大觉寺系统后宇多天皇的第二皇子，他身处这一迭立的旋涡中，备感其不合理，尤其是痛感院政的习惯与幕府干涉的失当。天皇与僧玄惠一齐研钻新传入的宋学，热衷于大义名分说，其《建武年中行事》《日中行事》等著述表明他对日本历史有很深的造诣，这正是他行动的思想根据。加上后宇多法皇也具有革新思想，因此在后醍醐天皇即位三年后，就亲自废除了长期沿袭下来的院政，恢复天皇的新政。院政废除后，天皇认为不合理的对象，就集中在幕府一点了。当时，幕府也因执权高时的恶政，已呈现出衰亡的迹象。至此，天皇继承承久的遗愿，消灭幕府的企图日趋成熟。

幕府的灭亡　经过长期经营的镰仓幕府，即使出现有衰微的征兆，但也仍不是公家力量所能轻易消灭的。幕府的灭亡实际上是在经过十年的岁月、再次失败和天皇被流放之后，依靠武家的协助才得以实现的。天皇最初的计划派近臣日野资朝、日野俊基到各地方募集勤王武士，正中元年（1324）先以齐集京师的武力，打击六波罗。但计划泄露，武士被杀，资朝被流放到佐渡（正中之变）。天皇并不因此罢休，又让法胜寺的圆观、醍醐寺的文观动员全国各社寺，再从各地广募勤王之军，特别是叡山，因第一皇子尊云法亲王（护良亲王）、第三皇子尊澄法亲王（宗良亲王）曾相继以天台座主的身份统率众门徒，天皇也亲自巡幸日吉社及延历寺、春日神社、东大寺、兴福寺，以争取众徒的支持。然而，这些计划在元弘元年（1331）又被幕府得知，六波罗的兵马迫近皇居，天皇离开京都逃到山城的笠置寺。河内武士楠木正成据赤坂城举义兵反抗，就是这时候的事。

在幕府西上大军面前，笠置寺的防卫过于薄弱，致使天皇被幕府军捕获。本来，在此以前，幕府就请皇太子量仁亲王（光严院）即位，不承认在位的后醍醐天皇，至此幕府援引承久之例，把天皇迁到隐岐，所有参与谋划的皇子、朝臣也于元弘二年（1332）一律流放。至此天皇的讨幕计划完全失败（元弘之变）。

天皇来到隐岐后，仍然全无让位之意，认为不过是暂时的迁移。因此他不承认光严院的在位，始终没有放弃作为当今天皇消灭幕府的想法。与此同时，早就参与天皇谋划的第一皇子护良亲王（尊云法亲王），在笠置寺被占后，躲过追踪，潜入熊野、高野、吉野一带，广向各地颁发令旨，招募勤王之兵。楠木正成逃出赤坂城后，在河内金刚山筑千早城自守，吸引了由镰仓西上的大军，而且寸步不让，大长了官军的志气。由此，各地勤王之师如肥后的菊池武时，伊予的土居通增、得能通纲、播磨的赤松则村等也

后醍醐天皇像

都闻风而动。天皇见此形势，遂于元弘三年（1333）逃出隐岐，被伯耆武士名和长年迎到船上山。天皇就亲笔写了敕旨给出云大社，祈祷王道再兴，四海升平。敕语的笔调悠扬从容，含有无限神韵，表达了王者威严的不可侵犯与克服时艰的坚强决心。幕府闻知伯耆官军东上，便以足利高氏为将迎敌。但高氏从船上山接受敕语后，却在丹波的篠村八幡社前响应了官军，同由伯耆东上的官军先锋千种忠显、在播磨起兵的赤松则村会师，反而逼向京都。六波罗的幕府军抵挡不住，欲出近江奔赴关东，遭到官军的夹击，全体自尽。在关东，上野的新田义贞受护良亲王令旨举兵，与幕府军交战逼近镰仓，攻陷了镰仓。高时及同族诸将大都自杀，幕府就此灭亡。九州以菊池武时为首，也兴起勤王之师，消灭了九州探题。

在官军东西呼应的胜利中，天皇从船上山启程返回京都，以巡狩还幸之仪进入皇居（元弘三年六月）。天皇向往的公家一手统治的政治从此开始。

出云大社

建武中兴　后醍醐天皇回到京都后，翌年改元建武，由此为实现远大理想而开始的公家一统政治，被称为建武中兴。然而中兴政治的实际效果，并不像其理想那样远大，仅仅经过两年便瓦解了。这是理想脱离现实的结果，也是社会实力被武家控制，而公家软弱无力的结果。中兴政治的最高方针，是不承认院政，不承认摄政关白，严格地遵守由天皇来亲政。这是仿效平安时代醍醐天皇的延喜之政，和天皇的自称后醍醐的想法是一致的。中央政治机关新设记录所、杂讼决断所、恩赏处、武者所等。记录所最初是后三条天皇作为整理庄园的中央机关而设置的，在镰仓时代曾是公家政治强有力的中枢机关。现在，天皇扩大了记录所的权限，令其掌管重要的行政司法事宜。杂讼决断所是专门裁决领地诉讼等的机关，由朝臣及武士管辖。恩赏处是处理有关中兴事业恩赏的单位，武者所职掌军事警察。关于地方制度，仍承认过去的国司与守护并立，但本着文武一统的精神，不论公家、武家均可担任国司和守护。东北、关东由于远离京都，派皇子义良亲王前去奥羽，而以北畠显家任陆奥太守加以辅佐；派皇子成良亲王前去镰仓，令足利直义任相模太守加以辅佐。这样，起用皇子担任要职，由护良亲王任征夷大将军，是新政划时代的方针。由此可见，天皇用意很深，可能是想到了过去天武天皇靠诸皇子协助处理壬申之乱及乱后新政的先例。天皇又广招人才，不论其出身是皇族或臣属，也不分公家、武家，都按才能分别安置到重要岗位上。这正是天皇的远大理想，却也是脱离实际的一个原因。

在设置上列机关的同时，实际进行的主要政治事业有：开始营造宫殿；计划铸造中断久已的钱币；对功臣实行论功行赏。因行赏不公平而产生的不满情绪，和对营造宫殿的抱怨等等，开始给中兴政治造成了具体的裂痕。

中兴政治难以成功的因素，早就蕴藏在其成立过程中、在其社会基本结构中。这种困难，绝不是靠天皇的公家一统理想所能轻易消除的。朝臣们认为公家一统政治，当然会导致重温昔日的荣华，因此对武家的荣达感到不快，事事与其离心离德。武家则相反，认为实现中兴，完全是自己出生入死战斗的结果，对于恩赏不多，公家继续保持原有特权，抱有很大不满。特别是武家参加勤王之师，与其说是理解天皇的公家中兴理想而予以协助，莫如说是由于幕府的弊政，使他们不满于现实情况，希望消灭这恶政的根源，为领地的安全和同族的发展，取得更有利的条件，这是毋庸置疑的事实。居住在皇室领地，自古受到皇室恩遇的小土豪如楠木正成等，对皇室是坚决忠诚的。但身为大庄园的地头，武力、财力可与守护相比的足利、新田、赤松诸氏，最关心的则是保持和扩大自己的势力。其中足利氏是与源氏嫡系有联系的关东名家，想借此机会，重振被北条氏篡夺的源氏幕府。这些有势力的武家，对无力的公家那种目空一切的政治，不会有好感，甚至连普通武士，当然也对仅仅更换了统治阶级上层的公家一统政治，感到失望。另外因财源有限，而受赏赐者过多，赏赐无法充分满足，再加上不善于审理此类诉讼事务的人们，致使有关工作迟迟不得进展。社会的中坚分子——武家阶层要求打破现状，寄渺茫的希望于新的政治，很快就对目前这种新的政治感到失望，要寻找其他什么出路。足利高氏依靠这种武家阶层的力量，走上了建立霸权的道路。

中兴政治的瓦解 促使建武中兴瓦解的人物是足利高氏。足利氏的祖先是源义家第三子义国，因住在下野国足利庄，所以称足利氏。是关东名家，与北条氏代代联姻，其一族发展在各地的，称斯波、涩川、一色等各氏。高氏早就抱有取代北条氏掌握武家霸权的野心，得到后醍醐天皇的敕语后，认为时机已到，在丹波国倒戈，攻陷六波罗后，亲自在京都设奉行所管理民政，给武士发放参与证书，积极采取了为日后奠基的政治措施。他被授予最高的中兴赏赐，叙从三位，任参议、武藏太守，并将天皇名字中的一字赐他，改名尊氏。这样的厚赏，成了自古以来人们的疑问所在，为天皇不明，没有看穿尊氏的野心而惋惜。其实，天皇可能早已知道尊氏的野心，为怀柔他而给予特别的待遇，或者因为尊氏作为武家已强大到对他不能不这样做了。

尊氏的背叛中兴政治，首先是以对抗护良亲王，其次是以对抗新田义贞表现出来。天皇本着公武一致的精神任命护良亲王为征夷大将军，致使觊觎这一职位的尊氏感到不快。亲王是对讨幕立下特殊功勋的人，威望自然很高。亲王也并非没有看破尊氏的野心，两派的对抗逐渐表面化，结果尊氏取得了胜利，亲王被幽禁在镰仓。这时正值北条氏余党在各地掀起叛乱，高时之子时行在信浓起兵，势力很大，终于攻陷了镰仓。直义杀了护良亲王，逃到三河，向京都报告事变。尊氏感到时机已到，请求就任征夷大将军讨伐时行，但没有得到允许。他便不待敕许，东下讨伐时行，收复了镰仓（中先代之乱）。尊氏因护良亲王已死，便占据了镰仓，接着把矛头对准了新田义贞一人。义贞与他同族，也是关东名家，在当地势力很大，深得朝廷信任，担任越后太守兼任上野、播磨介，俨然是一方的武家首领。尊氏为了建立自己的霸权，当然认为是他的障碍，并想用讨伐这一朝廷要人的名义打开瓦解公家政治的缺口，这是一个十分巧妙的计策。他以直义的名义，向各地发出了讨伐义贞的檄文，并请朝廷同意。朝廷决心讨伐尊氏，并命义贞奉尊良亲王东下，但义贞在竹下一战失利，败退下来。尊氏西上追敌，天皇巡幸叡山，京都遂归其手。但官军不久得到来京的奥州北畠显家军的援助，声势重振，收复了京都，尊氏远逃九州。九州的少式、大友、岛津诸豪族都追随尊氏。菊池武时之子武敏则从属官军，但与尊氏交战失败，这样，九州就成了尊氏天下。在控制整个九州后，尊氏立即进行东上准备，率大军由水陆两路进发。建武二年（1335）八月，他去镰仓追讨时行；同年十二月，在竹下打败官军；建武三年（延元元年）正月十一日，进逼京都；正月晦日，攻陷京都。中兴政治以惊人的速度走向瓦解，令人惊异，同时，尊氏占领京都的时间也短得令人吃惊。这年四月，尊氏再举东上，其速度之快也实在令人惊讶。转变期的社会，每时每刻都带着重大的历史意义向前发展。尊氏是个能深刻地洞察这个道理，机敏地抓住时机，而推动形势发展的人。即使是战略的撤退，他也能在一败涂地之后，仅用三个月时间就重整大批生力军，其原因不外是由于地方武士归心于他，全力加以支持的缘故。因为地方武士们对中兴政治没有好感，他们只能寄希望于尊氏的再兴武家政治，此外，别无他法。尊氏之所以能再举东上，推翻了公家的中兴政治，建立了第二个幕府，其力量不能不说是从这里得到的。

在尊氏卷土重来的势头面前，官军的力量十分脆弱。这年五月，楠木正成所献的计策，没有得到采纳，他在凑川（现神户市）作战而死。天皇再次巡幸叡山，两军虽仍以京都为中心继续交战，但官军这时失去千种忠显、名和长年等，势力大衰。尊氏已于去年西下时，就奉光严院的令旨，设法避免了被指为朝敌的可能，这次进京时即根据光严院的旨意，计划由光严院的弟弟丰仁亲王（光明院）践祚，为把神器让给亲王，请求后醍醐天皇和睦还京。天皇暂且听从其请，但并无意向武家屈服。为奠定重振官军的基础，天皇把皇太子恒良亲王及尊良亲王托给新田义贞，前去北国；把宗良亲王托给北畠亲房，前去伊势；把怀良亲王托给五条赖元等人，前去西部。从这样把各皇子分别安排到枢要地方一事看来，也可了解天皇的不屈的斗志。尊氏把还京的天皇幽禁在花山院，迫令把神器交给丰仁亲王。天皇交出伪器，敷衍过去，不久寻机逃出花山院，迁到吉野，在此建行宫处理朝政（延元元年十二月）。同时在京都有尊氏拥立的持明院系统的光明院，形成二主并存的局面。当时因吉野朝廷与京都相对，吉野称为南方；京都则称为北方。另外也有称为南朝、北朝的。从此以后，直到后龟山天皇元中九年（1392）南北合一为止的 57 年间，被称为吉野时代或南北朝时期。[①]

吉野朝廷　吉野朝廷的 57 年历史是一篇哀史。它好比日渐衰弱的病人，意识越发清楚，精神毫不衰退，但肉体却逐渐失去恢复的希望。首先是官军在各地作战时，陆续失去有力的武将。前去北国的新田义贞，曾以越前金崎城为根据和足利军主力作战。城陷后，尊良亲王与义贞之子义显自杀，恒良亲王被捕（延元二年三月）；义贞虽暂时逃到杣山城，翌年在越前藤岛战死。陆奥的北畠显家于延元二年八月西上，一路打败敌军，逼近京都，但却在和泉石津一战战败身死（延元三年五月，时年21岁）。天皇并没有为这些悲惨的命运屈服，力图再举，令北畠亲房和其子显信（显家之弟）及结城宗广等人奉义良、宗良二亲王进兵东国，但其船队从伊势大凑出发后，因遇到暴风而漂流四散，义良亲王与显信、宗广回到伊势；宗良亲王漂流到远江，进入井伊谷城；亲房到达常陆，进入小田城（延元三年九月延元四年，1339），后醍醐天皇因一点小病，竟结束了其坎坷曲折的一生。皇太子义良亲王继位，但年仅12岁，吉野朝廷的颓势是显而易见的。后来实际领导朝廷的，只有北畠亲房一人，他在常陆，还力求保住东部的势力，但其根据地小田城也被攻陷，后来转移的关、大宝二城，也先后陷落，遂回到吉野，一心策划收复京都。楠木正成之子正行在四条畷作战中阵亡，这是对当时畿内官军攻势的总清算，官军因此受到沉重打击，以致天皇只好暂时离开吉野，迁到大和的贺名生（正平三年，1348）。

官军虽陷于如此不利的境地，但其生命还在延续。其间天皇经历了后村上、长庆、后龟山三代，[②]足利氏也经过了尊氏、义诠、义满三代。足利氏之所以未能灭亡衰微的南朝，是有种种原因的。吉野地方是天险的要害，易守难攻。又通过伊势、纪州，可与当地水军联合，特别是确保熊野的水军，在加强东西官军间的联合和完成补给任务方面，起了很大作用。对吉野势力维护实际基础做出很多贡献。足利氏则苦于内讧，由于尊氏、直义兄弟之争，尊氏、直冬父子之争，加上执事高师直等人之争，政略上互相归降吉野，以致一时出现了南朝收复京都这种不可思议的事情。这就削弱了足利氏加于吉野的压力。此外，足利氏本身还有弱点。吉野的君臣奉着后醍醐天皇遗敕，坚定地怀着正统君主的信念，坚持只要北朝不取消，足利氏不归顺就绝不进行和谈。和这种崇高的信念相比，拥立光明院，以求免受"朝敌"诽谤的尊氏及其一族，早已不再具有用武力粉碎对方的蛮勇。他们虽是武家出身，但身受公家文化很大影响，认识到在正统君主的权威面前，武力决非最终解决办法，他们希望通过正当手段建立拥戴正统君主的武家统治体制。南方的楠木正义（正行之弟）、北方的细川赖之等从中进行活动，试图实现双方的和平，他们代表了两派武士中有理智的思想。到第三代义满时，足利氏的势力逐渐巩固，武家统治体制，日见完备。官军方面，先前来到九州的怀良亲王，在菊池氏拥立下，打败当地的敌军，一时大有席卷整个九州之势。但从建德时起（1370—1371），就日见衰微，始终保持优势的这个地方官军势力也日见衰落。到元中九年（1392），后龟山天皇终于接受了义满的建议，回到京都，把神器传给北朝的后小松天皇，消除了皇统的分歧。后龟山天皇虽然为和平做出了许多让步，但对南方一直主张的正统君主位置，却坚决不肯让步，采取让位给后小松天皇的仪式，把神器传给了他。南朝 57 年的苦斗，在贯彻其主张方面，在发挥其精神力量，克服一切物质困难，坚持一个信念方面，应该说并不是徒劳的。③

文学　南朝君臣的苦难事迹，对当事者自不待言，凡接触到的人也都深受感动，因而凝成无数悲壮的文学作品。像《神皇正统记》《增镜》《太平记》《新叶和歌集》《李花集》等，都是其中较著名的。《神皇正统记》是北畠亲房在常陆小田城时，为教育新帝后村上天皇修养君德而写下的日本历史概说，通过具体史实叙述了皇位继承的神圣和天皇政治的本义，倾吐了对正统的胜利和实现真理的坚定信念。这部书成了吉野朝君臣行动的典范。作为中世出现的唯心历史书，和《愚管抄》以摄关为主体的、宗教的完全相反，而是以皇室为中心的、道德的史籍。这一点具有深刻意义。《增镜》则是记叙从后鸟羽天皇到后醍醐天皇元弘三年为止的和文体历史故事，它是继三镜之后的一部公家文学作品，虽然立论温和，但也透露出拥护公家的坚定立场，具有明显的吉野朝文学特点。《太平记》是仿效《平家物语》等的战争小说作品，以有力的、杂以假名的文体叙述了后醍醐和后村上两朝的公武对抗及时世转变，读起来朗朗上口。其中记载的勤王事迹，后来被编成《太平记》那样的口头文学，在民间广为流传，为提高国民士气做出了贡献。《新叶和歌集》（20 卷，弘和元年撰）是宗良亲王编撰的吉野朝君臣的歌集。一般的和歌吟咏风花雪月，脱离严肃的人生现实，而这里收集的和歌则表示勤王爱国的忠诚和慷慨悲壮的志愿，充满着强烈的现实感。《李花集》是宗良亲王个人的歌集，多数格调很高。

这个时代的文学作品除以上站在吉野朝立场的以外，也有站在北朝立场上的，其代表性的作品是兼好法师的《徒然草》。《徒然草》与《枕草子》同是优秀的随笔，但像《枕草子》那样的纯粹的情趣美是看不到的，而有一种庞杂的思想和态度混和之感，特别是欲超脱现世而不能，暴露出动摇不定的旁观者态度，反映了处在困难时代的知识分子的苦恼。

室町幕府　室町幕府是指以足利将军为首的武家政治机构，其成立时间因观点不同而有各种说法。从形式上看来也可以说是在南北两朝合一后，幕府的存在受到正统天皇承认之时（元中九年，1392）；也有的认为应从永和四年（1378），义满在京都室町营建新邸时起算的。实际上，要比这些早得多，应从延元三年（1338），尊氏受命任征夷大将军时起，或以延元元年（1336）请求光明院接受神器后，向镰仓幕府遗老二阶堂是圆等咨询新的武家政治纲领开始。向是圆等人咨询的结果，回答则是"建武式目"十七条。第一个问题是仍像原来那样把幕府设在镰仓呢？还是迁到其他地方去？由此可知设立幕府，是个不言自明的前提。第二个问题是政治上的具体做法，像任命各地守护的方法、如何对待平民、寺社诉讼的办法等，完全是涉及执行武家政治的核心问题。如果不拘泥于幕府这个形式上的名词，而从足利氏武家统治这一实质意义出发，则其开始时间，至迟要拟定在这时候。另外，这时已把高师直补为执事；太田时连补为问注所执事，掌握政局的人也确定了。本来就是讲究实际的武家政治，同镰仓幕府一样，是随时改进和完善其形式的，并不是从一开始就具有完整的形式。特别是在吉野，还有全面对抗的对手公家，在地方上还有不服自己威令的官军；在京都还有公家的势力。至于从真正意义上来说，那么室町幕府体制真正的确立，不能不等到第三代义满时。尽管如此，室町幕府的建立与吉野朝廷的成立，几乎是在同一时期的。幕府初期始终与吉野进行对抗。这一事实，对幕府的性质具有很大意义，因为幕府政治必须与吉野朝的历史一并加以考虑。

幕府不能无视吉野朝的存在，其结果决定了幕府的驻地要在京都。以源家镰仓将军的后继自任的尊氏，本想把幕府设在镰仓。向是圆等人的咨询中，就清楚地表明了这一点。而他们的答复，却是模棱两可，最后所以确定在京都，无疑是因为作为现实问题，在和吉野为敌的情况下，不能空出京都。正是这一件事致使室町幕府不同于镰仓幕府的决定性条件。镰仓幕府能够保持武家政治的纯粹性，而室町幕府则不得不推行公武混淆的折中政治。

幕府为了对抗官军，必须动员各地的守护和武将，依靠他们的武力。这样，就使那些守护和武将的势力得到了增强，使他们对幕府的发言权也增大了。幕府对他们的战功，不能不加赏赐，但又没有新的财源。于是尊氏想出一个方案，观应三年（1352）首先决定把近江、美浓、尾张三国中领主的领地分出一半，作为兵粮用地，只把当年的一次收获量分给武士。接着又把这个方法扩大到附近各地，起初是以一年为限，但不久就成为永久性的了。除宫中用地、寺社领和摄关家的世袭领地以外，所有的各地领地，都要分成两份，一份永远分给武士，称为"半济法"，这是公家的经济基础受到武家威胁的划时代的事件，是促使中世社会基础的庄园制崩溃的重要开端。不用说，半济法对守护、武将势力的增长起到了很大作用。作为赏

室町幕府时期的坛子

在日本中部发现了几个像这样的坛子，这要追溯到 15 世纪的室町幕府。大部分坛子是用来装日本清酒的，但也有一些是墓地的骨灰瓮。

赐办法之一，幕府还开始让守护承包征收国衙（地方官衙）领地的贡租，即所谓守护请制度，从此在国衙领地中，也渗入了守护的势力。让守护负责征收段钱、栋别钱等租税，也对守护势力的增长起到一定作用。这样，室町幕府从成立时起就要借助守护和武将的力量，而且经常采取扩大其势力的政策，因此守护、武将的势力竟强大到可以左右幕府。镰仓的守护由源氏的忠实家人组成，其权限也仅限于其领地内的警备和统率家人。室町的守护却不一定是足利氏的家人，其权限涉及国内的行政、司法、征税、军事各个方面，上则排斥本所、领家的权限，下则把地头、庄官作为自己的家臣，发展到能一元化统治的强人势力。幕府位于这种非同小可的大势力均衡之上，其基础显然是很脆弱的。在公家领导和同

辈武家协力下推翻了镰仓幕府，这一成果不是靠智谋和策略所能独吞的。是吉野公家不屈不挠的斗争精神，使幕府感到头痛，成为幕府树立基础时期的重要障碍。后来，在成长起来的守护的跋扈势力面前，幕府本身的存亡便濒临危殆了。

室町幕府的官制，大体上因袭镰仓幕府，只在局部做了一些调整，在参与事务方面也起用了镰仓幕府时的町野、太田、摄津、二阶堂诸氏。官职的一般倾向是普遍的世袭制和由子孙代理官职的一般化。幕府的最高官职是将军，比起镰仓将军，自北条氏担任执权后，就徒拥虚名了；室町将军是握有实权，裁决大事的。辅佐将军的最高机关是执事，后来普遍称为管领。执事虽没有镰仓的执权那样的权力，但也是幕府的要职，只由足利氏同族的斯波、细川、畠山三氏担任，称为三管领。事务性机关有政所、问注所和侍所。政所掌管幕府的财政、将军的家务和一般民事诉讼等，其长官称执事，最初由二阶堂氏担任，以后便成为伊势氏的世袭职务。问注所负责幕府文书记录的保管、裁决有关文书的伪造、散失等，其长官称执事，是町野、太田二氏的世袭职务。侍所掌管京都内外的警备、武士的升降、刑事裁判，其长官称所司。所司是仅次于管领的要职，由山名、赤松、一色、京极四氏担任，称为"四职"。此外还设有"评定众"和"引付众"，但评定众会议早就流于形式，没有实权，引付众负责审理有关领地诉讼。另外还设各种奉行，负责各种专门事务。

地方官制，一开始是在镰仓设关东管领。因为幕府设在京都，关东管领成为重要的地方机关，它肩负着镇护武家政治发祥地的重要任务，管辖关东八国之外，还加上伊豆、甲斐共十国的政务。其组织形式好比一个小幕府，相当于镰仓幕府的六波罗府。管领由尊氏次子基氏担任，后来就成为其子孙世袭职务。辅佐管领重要职务的称执事，由上杉氏世袭。后来，关东管领也仿效将军的称为"公方"，而称"关东公方"，执事则称为关东管领。九州因为是以征西大将军怀良亲王为中心的官军长期把持的地方，所以幕府格外重视，特设九州探题，以统率九州豪族和处理外交事务。最早由今川贞世（了俊）担任，后来成了涩川氏的世袭职务。在东北设奥州探题、羽州探题，先由斯波氏担任，后来由其分支大崎氏、最上氏世袭。此外各地普遍设有守护，上面已经谈到，守护既蕴藏着建立幕府的力量，后来也孕育着颠覆幕府的力量。官职普遍世袭化的倾向，在守护当中也很明显，它对守护成长为封建领主起了很大作用。有的守护身兼数国，但也有一国二分，而只担任半个分国守护的。斯波氏兼任越前、尾张、远江三国的守护；山名氏一家任十一国的守护；大内义弘任六个国的守护，类似的例子还有。守护兼具律令制的国司和镰仓的守护两者的权限，甚至带有封建领主的特点，它已成长为一股巨大的势力，在中世社会发展为近世社会的过程中，发挥了巨大的作用。

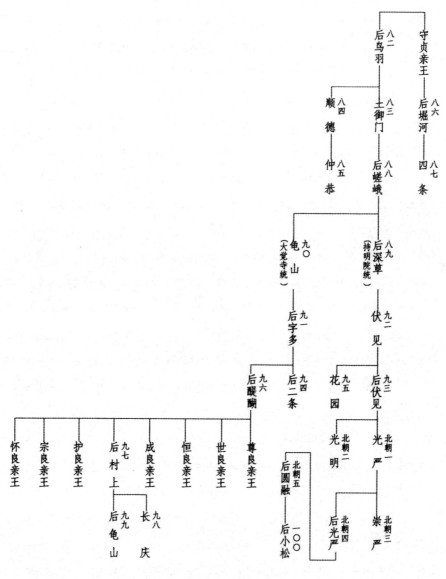

皇统系图

注　释：

①同时有两个天皇的特殊现象，在寿永、元历年间（1183—1185）也曾出现过，如平氏在西海拥立安德天帝，而同时后白河法皇在京都拥立后鸟羽天皇。不过，像南北朝那样延续那么长时间，却是空前绝后的。在南朝与北朝，除了天皇分别继位外，公卿、贵族、武将也都分开的，年号也都另定，所以根据所使用的年号，就能知道其人和土地的归属，了解两朝的势力范围。

②长庆天皇即位的事实一直不清楚。江户时代就有墙保己人等人主张其即位，但一直到大正年间，才根据八代国治博士的研究，而确认其即位的事实。政府也设立了皇家历代史实考查临时委员会，集中学者，进行调查，1926年，终于决定把它列入皇统。但有关天皇即位、让位的时间等情况，因无史料，还不详。《大日本史料》参考了《鸭脚本皇代记》《嘉喜门院集》，把正平二十三年三月十一日后村上天皇驾崩之日，作为长庆天皇即位之日。

③关于南北朝谁是正统的问题，因受中国正统论的影响，在近世初期以后，成了众议纷纭的对象。南北合一后，因皇统归于北朝系，尽管南朝君臣抱着正统的信念，但客观上却认为北朝是正统。江户幕府初期，林家编撰的《本朝通鉴》也只把正统计到后醍醐天皇为止；从后村上天皇以后，则把北朝视作正统。与此相反，德川光国则坚持南朝正统论。他所主持编撰的《大日本史》，就以此作为书中最大的特征，这是人所共知的。南朝正统论与宣扬楠木、新田等忠臣事迹相结合，成为尊王思想的有力根据，在思想上、政治上有极大的影响。对此，三上、田中、喜田等明治时期的史学家认为，在区别正闰之余，而把北朝的天皇不视为天皇，是违背历史真实的，只有承认两朝并立才是适当的。喜田博士因把这种想法应用于国定教科书中，引起了物议。政府乃于1911年奉敕布告，决定南朝为正统。并把国定教科书的南北朝改为吉野朝。但在史观有了变化的今天，教科书也自由地使用南北朝。同是后嵯峨天皇皇子的持明院、大觉寺两统天皇，因时势不同而处于对立的命运，即使在理论上可以分正闰，但作为历史事实应承认两者同为天皇。最近出版的书籍中，村田正志《南北朝论》（1959年，至文堂出版），简明地叙述了南北朝史实和正闰论。

第三节　中世社会的终结

时代趋势　室町幕府的统治体制，从一开始就很脆弱，随着时间的推移，这种倾向越来越严重。幕府受各国守护势力的牵制，而守护最终又受到守护代或被官的牵制。统治着中世武家社会的牢固封建制，由于其最重要的因素——主从关系的削弱，而濒于崩溃。庄园制从古代末期到中世纪一直是土地制度的基本支柱，到这时也趋于衰亡。管理庄园土地的武家势力，逐渐侵吞领主的收益，握有实权的守护，企图实现国内的一元化统治，排挤寄生在庄园的本所和领家。靠庄园收益维持生活的贵族阶层，直接面临着严重的经济危机。地方农民，由于庄园复杂的领有关系而陷于孤立、闭锁的境地，随着领有关系的削弱，他们按地域团结起来，进而与其他地域结成广泛的联系。富裕农民阶层，随着商品经济的发展，积累了巨额财富，提高了社会地位。下层的人民凭互相联系，团结一致采取了反抗统治势力暴虐行为的手段。由于强大的、自下而起的人民力量，社会完全呈现一种转变时期的样子。对于这种社会大变动，室町幕府拿不出任何办法，只能像随波逐流的浮萍那样，听天由命。从这种意义上说，根据室町幕府在形式上的成立和灭亡，以划分室町时代这样一个时代，是毫无意义的。这里把应仁之乱（1467—1477）作为宣告中世社会终结的社会变动的集中表现，把北条早云征服伊豆（延德三年，1491）而开始的战国，看作是近世的胎动期。由这种观点出发来简单谈一下15世纪以前的社会情况。

连续内乱　各国守护相继叛乱，和同族各将领间互相抗衡，暴露了室町幕府统治力的脆弱。明德二年（1391）守护中号称最强大的山名氏谋反，被足利义满镇压、诛灭，这时候正值南北朝合一的前一年（明德之乱）。那以后仅仅过了八年，身兼六国守护的国防大内义弘又掀起叛乱，足利义满不得不亲自出马镇压（应永六年，应永之乱）。关东管领一开始就与将军不和，到其子孙辈，二者更加疏远。到第六代将军义教当政时，由于将军继承人问题，二者间的矛盾终于爆发，永享十一年（1439）关东管领持氏灭亡（永享之乱）。义教遭到严厉的报应，在播磨守护赤松满祐在私邸举行的宴会上突然遭受弑杀（嘉吉元年1441，嘉吉之乱）。义教死后继位将军年幼、幕府权威更加削弱，再加上第八代将军义政长大后，听信夫人、僧侣、宠臣的话，以致政治失去公正，自己骄奢淫逸，不顾天下疾苦。应仁之乱的爆发，就是在这个将军当政时，是在他八岁继位以后第二十五个年头的时候。动乱的表面原因是将军的继嗣问题与斯波、畠山二氏的继承问题纠缠在一起。细川、山名两雄抗衡，加以支持，但实际背景却很复杂。政治上幕府统治体制的脆弱，换言之，守护大名的强盛和将军政治上的无力，贿赂公行，政治道德丧失殆尽等等。社会上主从关系的削弱，所谓下克上潮流的风行，由各子平分继承变为长子单独继承，从而引起长子继承人与庶子地位的悬殊；以及幕府重要职位的世袭化，引起继承人对"家督"这一地位的争夺等等，是各种因素综合作用的结果。一言以蔽之，应仁之乱是室町幕府及中世封建社会矛盾、腐败的集中表现，从这种意义上来说，它宣告了中世社会的终结，打开了产生近世社会的大门。它所起的作用，恰好类似保元之乱后，划分了古代与中世纪、同族间的流血争斗、道义的扫地和权威的没落等等一样。

在这些具体事实上，二者有类似之处，但也有不同之处。保元之乱，仅仅是数日间的战乱；而应仁之乱却是达11年之久的长期战争。前者的战场，仅限于京都一地；而后者不仅在京城内外，而且涉及东部、西部，几乎遍及全国。前者意味着公家阶级政治没落和武家阶级登上政治舞台；而后者却不论公家、武家，意味着上层阶级在政治上和社会上的没落、下层阶级的抬头，其破坏作用远比前者广泛而深刻。前者在动乱结束后，还允许出现平家时代这个以旧政治体制为基调的时代；后者早已不允许旧体制有组织的出现，而是破坏再加破坏。各国间的不断战乱，其目标是产生一个新的战国时代。另外，保元之乱由于缺乏道义性，以至自古以来就被视作历史上的一个污点，但与应仁之乱相比，可以称为无知的素朴感情，却还有些可取之处。应仁之乱之缺乏道义性，是完全出于利害打算，是那些明明具有一定智能和理性的人，为了名利，竟不顾节操与道义的行动，令人作呕。

动乱的直接原因是将军的继嗣问题。义政无子，其弟义寻本已出家为僧侣，竟强令其还俗，改名义视，作为继嗣，却没想到亲子义尚诞生。其母日野富子想让义政废弃和义视的约定，改立义尚为继嗣，为此向山名宗全（持丰）求援。山名氏虽在明德之乱时，遭受义满的讨伐走投无路，但不久就东山再起，尤其是持丰因讨伐弑杀义教的赤松有功，扩大了领地，势力已恢复到昔日全盛期的水平。管领细川胜元的势力也很盛，因不愿看到山名氏势力的扩张，就想扶植赤松的遗族来与之对抗，因此胜元和宗全事事都不和而反目。这种关系被有同样情况的其他各氏所利用，也被别人所利用，畠山持国的亲子义就依附宗全，而养子政长却依附胜元，斯波义廉依附宗全，斯波义敏却依附胜元。由于义视监护过胜元，所以富子就要求宗全援助义尚。两派的对立，因畠山一家的武力对抗而拉开了战幕，不久，双方均集结了大批力量。细川方面（东军）号称 161500 余人，山名方面（西军）号称 116000 余人。胜元以幕府为后盾，拥立义政、义视，又奉迎天皇、上皇以正名分；而宗全则以脱离了东军的义视为主将，并采取苦肉计，拥立大觉寺院的皇胤。

西军不仅以京都内外为中心进行战斗，还企图扰乱后方，因此战祸波及各地。在这期间宗全和胜元虽已死亡，但战乱并没有停止，从应仁元年（1467）到文明九年（1477），11 年间各地战斗不断，以致各地田园荒芜，百姓穷困，尤其是主战场的京都，所遭损失更为巨大。除了武士的掠夺和严重破坏以外，战火引起的大灾，损失也极惊人。宫廷以及素称花御所的幕府、公家邸宅二百余处，大名邸宅六七千所，天龙寺、相国寺等大寺院以及所有寺院、一切街道均被烧毁，一眼看去，京都已化为一片焦土。寺社、公家的珍宝、记录也大部分化为乌有。近卫、一条等藏书家虽在事先已把书籍疏散到郊外，但一条家等在疏散地又遭到战火。不仅是书籍，甚至连贵族们也因为生命危险和经济穷困而离开京城，到地方去投亲靠友。关白一条兼良逃到奈良；其子前关白教房跑到土佐；其孙权大纳言政房在兵库落入武士之手，结束了短暂的生命。前关白近卫房嗣之子政家逃到宇治；前内大臣九条政忠、前关白鹰司房平等逃往奈良；前权大纳言町资广逃往伯耆；前权中纳言小仓实右逃往加贺。因庄园的没落而失去经济基础的贵族；因应仁之乱使他们连住居和生命都受到威胁，已完全从统治阶级的地位上跌落下来。幕府也由于动乱的结果，几乎失去存在的意义。足利义政对政治丧失信心，一味沉湎于个人寻欢作乐，不顾民力的疲惫，重建室町御所，营造东山别墅。夫人日野富子对政治的干预，变本加厉，收贿、放债、倒卖米谷、私设关所等，凡是有利可图的，无所不干。继义政之后担任将军的义尚为恢复幕府的威严，想把近江佐佐木高赖的领地定为非法占据之罪，他亲自出兵近江，在钩里相持近两年，可是因部将不予协助，致义尚阵亡。义尚的努力不但没有恢复幕府的威严，反而加速了它的灭亡。武将们也因多年的战乱，疲惫不堪，只好各自回国休养生息。在这种情况下，主人的权力，越来越转到家臣手中，是当然的。下克上的趋势愈演愈烈，武士也对最下级步卒的跋扈感到无能为力。最下级步卒的存在这时成了大问题，他们之中，很多是被纠集从军的凶暴土民，以其能轻装疾行而受重用。应仁之乱后，一条兼良应义尚的请求，在谈论政道枢要的《樵谈治要》中规定了"要长期停用步卒"一条，力言京城内外社寺、公家的毁灭，完全是这些人干的，应把他们称为超恶党、白日强盗。这反映出步卒这一新身份的存在竟如何为贵族所厌恶和反对。步卒在战时极尽劫掠、放火之能事，然后用武器和马具进行赌博，甚至连寺社、商人的仓库都成了他们的赌注。武将在战时要依靠他们取得胜利，为讨他们的欢心，甚至公然允许劫掠。步卒在武家社会的崛起，反映了下层阶级在一般社会的抬头。从南北朝时起，各地都有农民和城市居民因不堪横征暴敛而掀起暴动，正长元年（1428）爆发了大规模起义。应仁之乱无疑加深了造成起义原因的社会矛盾，造成了有利于起义的客观环境，因此，农民起义的势头，愈演愈烈。

公武关系　室町幕府虽然是继承镰仓幕府的政治，但在和公家的关系上，却有本质的不同。镰仓幕府在武家政治以外，承认公家政治，明确地区分二者的权限与构成人员；而室町幕府却没有这种区分，混淆公家和武家政治，将军位居朝廷高官之列，公家的部分人员，也参与幕政的枢要。这除了由于幕府位于京都这一外部原因之外，在公家与武家两方面都有深刻的内在因素。

公家方面的原因是，公家失去了前代的魄力与实力。在幕府初期，继承了前代公家魄力，所谓强硬派的吉野朝廷，对幕府来说俨然是一个敌国。对此，幕府也不得不像镰仓幕府那样区分政治领域。然而到吉野势力逐渐衰落，南北朝合一以后，强硬派在实际上已不复存在，剩下的软弱派公家，从一开始就要靠足利氏拥立扶持，无力与武家对抗。当然更不敢想象能设立与武家对抗的公家政治领域。他们的领地成了武士蹂躏之所，经济窘迫，只能依靠幕府力量，才能勉强维持，这种悲惨的境遇也加重了他们的软弱性。就是说，公家分成了两部分，强硬派消灭以后，公家已完全丧失了统治地位。

武家方面的原因是，镰仓以来，由于武家社会地位的提高和公家文化的渗透，在足利将军身上早已看不到武家那种简朴的生活态度。建武中兴时奉行的公武一统的政治方针，也在很大程度上加重了这种倾向。足利将军已不再满足于作武家的栋梁，还要成为拥有公家名誉与权威的统治者。当他们越是不能强制推行武家统治时，就越想借公家的权威来弥补这种缺陷。他们可以说是公家化的武家，而且他们只吸收了公家的缺点，成了类似中世初期被武家打倒的公家，以致最后也不免被各地兴起的朴素的武家所打倒的命运。

从将军所得到的官位来看，尊氏和义诠是正二位权大纳言，义满从准三宫、左大臣直当到太政大臣，义持由内大臣而成为院执事，义教任右大臣，义政任左大臣，三人死后都被追认为太政大臣。义满在生活上也模仿公家的奢侈豪华，除建造室町的花御所外，又接受了西园寺氏让出的北山邸营造别墅，里面园林流水，亭台楼阁，极尽豪华之能事。他在这里接待了后小松天皇的行幸，与天皇共享了 20 天的欢乐。对待关白及其他朝臣也像对待家人一样颐指气使，其中也有像摄政二条良基、关白一条经嗣那样靠献谄义满以保住自己官位的朝臣。正是在这种形势下，义满在给明朝的国书中，自称日本国王，出巡的行列也模仿上皇行幸的气派，他死后，朝廷甚至提出追谥他为太上天皇的尊号。公家的软弱无力，可以说已达到极点。武家政治模仿公家政治形式的结果，变得只拘泥于仪式和惯例，注重例行的典式。历代将军都要像公家那样举行加冠礼、更衣式、受群臣拜贺、节日宴会等各种仪式，在仪式上公卿贵族充作使役扈从。描写将军们加冠礼及受群臣拜贺、节日宴会程序的书籍中的记载，也同公家一样。这时代把伊势、小笠原等流派的礼法定为武家礼法，绝非偶然。公武混合的结果，也产生了参与幕政的朝臣。义政当政初期，大纳言乌丸资任插手幕政，滥施赏罚，义政夫人富子之兄日野胜光更为专横，他破格担任内大臣，朝廷方面也极倚重，尤其是他擅专幕政，压制将军，故而被称为"压大臣"。这种公武混淆的政治失去了武家政治的纯粹性，使武家政治也陷于公家政治的软弱无力和流于形式，结果自然难免减损幕府政治的威信。但应该承认，公家武家两种文化的交流为新文化的发展做出了贡献。前面已经讲过，在上一个时代，武家文化的繁荣发展，与公家文化互相影响，形成了公家化的武家文化和武家化的公家文化。室町幕府正是最大限度地接近公家化武家文化的象征，由于两种文化能在这一时代得到彻底的交流，因而可以说为后来创造新型的国民文化打下了基础。

平民的抬头　这个时代历史上出现的重大现象是平民势力明显增长，其基础则是由于庄园制的衰退，平民结成了地缘团体村落。当然无论是在班田制下，还是在庄园制下，都曾存在过村落。但在班田制下，存在过以 50 户为一乡，作为行政统治对象的、强制性的、人为的地域团体。在庄园制下，由于领有对象的名田分散、交错，所以不可能在一定范围内形成地域性的团结。50 户乡制很快就崩溃了，这些乡有的成为庄园内的名田，有的虽还留在国衙领内，但性质变了，转变成为自然村落。庄园制也由于普遍设置地头而走向村落结合。作为其下部构造，地缘性村落的结合，又进一步沿着从庄园驱逐本所和领家的权利、守护领地单一化的方向，有了显著的发展。各庄园中的地域性团体，乡与村的名字，从这时起频繁出现。但这种乡与村，并不只是旧名称的复活或地名的标识，而是标志出现了具有深刻社会构造意义的地缘团体。具体来说，村落的出现，是与自上而下的占有和支配关系相对立的，是依靠居民团结的自治体。具有新意义的乡，从中世纪初期起，就在社寺周围的直辖领中产生了。如奈良兴福寺的七乡、东大寺的七乡、山城上贺茂神社的六乡、石清水八幡的四乡等。在这些乡中，除农民外还住有商人和工人，很富有，文化也进步，与领主社寺的关系很亲密。以社寺为中心，依靠共同的利害关系团结在一起，自治制自然很发达。社寺的乡，在当时是最进步的村落，而培育其进步性的是社寺的精神权威与贵族文化，社寺在提高平民生活方面应该说是发挥了很大作用。继社寺乡之后，这种乡在一般的庄园、公领地中也开始出现，到这时代，已几乎遍及全国。例如兴福寺领越前国河口庄，是由兵库、本庄、新庄、王见、关、大口、荒居、沟江、新、细吕宜十个乡组成；近卫家领近江国信乐庄由信乐、江田、神山、长野、朝宫、柞原等乡组成。这些乡通过全体乡民自治谋求共同利益，为了自卫也曾进行武装对抗。这当然不是领主设置的，而是由于土豪势力的抬头和平民觉悟的提高而自然产生的。它既独立于庄园领主，也独立于守护势力，有时也出现与它们一方相对抗、与他方相接近的现象，但一般都是依附守护势力，成为守护领国的下部结构。以上说的是乡，村也有同样的倾向。村本来是比乡的历史还悠久的自然村落，庄园制下与庄园同样，由错综的土地组成，不是统一的。后来，由于设置地头，促进了统一村落体的形成。不久，针对这种武士领的村，在庄园里面，名主百姓的自治村落发展了起来。有的几个合起来形成乡，但很多仍称为村。不管名称如何，同样都是全体居民的自治体，特别是许多村的结合都采取了祭祀团体的形式，说明也和社寺周围的乡，以社寺为中心而结合的一样，村也是以村落内的神社为中心结合的。祭祀等敬神的事情，必须靠全体村民的意志来进行，其集会、决议的方法也适用于有关村落共同利害的其他重要事项。这个时代，对村落外面的领主、守护、高利贷等势力必须加强自卫，因此，自治体制便强化起来。"惣"这个当时流行的词，就是用来强调、表现这种自治体制的言语。"惣"是指代表全村意志的机关，在几个村合起来组成庄的情况下，把具有代表性的村称为"惣庄"。总之这个词是强调代表全体意志由村落想出来的。其自治活动包括村民集会、评议重要事项、制定限制村民的规则，另外以村的名义占有财产、与其他村订立契约以保证用水等。如果为了自卫需要进行武力对抗时，则团结起来，操起武器进行抗争。战国大名的分国，都是由这种自治乡村组织起来的，可以说是从南北朝到室町的转折期中，社会下层结构发展起来的结果。

乡村制的成立是平民的抬头用和平的、基本的方式表现出来的现象，而频繁爆发的起义，则是破坏的、表面的现象。起义是在成立村落自治体，或由此表现出来的平民政治意识提高的基础上，对领主、幕府的横征暴敛、高利贷、富商的剥削等社会现象而发生的强大、广泛的平民运动。室町幕府从一开始，财源就不充足，因此，捐税很重。由于货币经济的发展，用货币缴纳租税有了显著的发展。从上代起，除年贡、租庸调以外，已有对田地按段征收的段钱、对每栋房屋征收的栋别钱等，到这个时代，征收的频度大大增加。此外，在交通要道设立关卡、征收关税也很盛行。幕府还向富商的代表"土仓"和"酒屋"，征收重税，作为重要财源。"土仓"即当铺，是当时有代表性的金融机关；"酒屋"则是酿造和贩卖酒的，但也有以其财富放高利贷的。他们虽被幕府课以重税，但从培养财源的意义上讲，也受到幕府的保护。他们通过勾结幕府，财富愈益增多，这些赋税最后还是转嫁到债务者的贫民身上。酒屋、土仓多的城市，其周围的贫民，对他们特别怀有反感，这毫不奇怪。当时农村分化为自耕农、佃农阶层的耕作农民与自耕或出租土地的中小地主。下层农民的自耕农与佃农，耕种的土地很少，可是缴纳的贡税，却要达收获量的一半以上，艰苦地生活在苛刻的贡税之下。中小地主的生活多少比他们富裕一些，代表村落的力量也蕴藏在这些地主中间。在领主的苛敛诛求之下，他们与农民有着同样的利害关系，所以在维护村落自治一点上，他们和农民采取了一致的行动。遇到荒年或加征年贡时，他们就团结起来，请求减免年贡，甚至试图要求更换代官。在其请求得不到允许时，就以集体逃散，离开耕地来向领主施加压力；万一领主压迫加剧，他们就起来开展武装斗争，进行积极反抗，这就是所谓"土一揆"。土一揆是土民起义的简称，土民是指与镰仓时代的百姓一样的平民阶级。土一揆根据其要求的内容也称为"德政一揆"（德政一揆，德政原来的意思是仁政，但在日本镰仓、室町时代，是指废除借贷关系的契约，即免除一切债务。要求废弃债务的起义，称为德政一揆。——译者），也有带有宗教特点的"一向一揆"[一向一揆，15世纪后半期至16世纪末，由真宗（一向宗）领导的起义，其目的是反对领主、守护的压迫。有名的一向一揆有加贺一向一揆、三河一向一揆等。——译者] 等特殊形态。大规模的起义，上面提到过，是正长元年（1428）发生在近畿地区的起义。开始是近江运输业者（"马借"）大举闯进京都，袭击酒屋、土仓、寺院，夺取典当物，撕毁借据，继而附近各地都起来响应，平民蜂起大肆掠夺。这是一件惊人的事情，当时的日记（《大乘院日记目录》）记载说："亡国之基，莫过于此。乃日本开国以来首见之土民暴动。"这次起义的主体是城市附近的贫民，其攻击对象也是高利贷资本家，当时还发生了有组织的农民反抗领主的起义。永享元年（1429）播磨发生的土一揆，禁止武士留在地方上，而且击败了守护赤松满佑的军队及所有武士；永享四年（1432）大和发生的起义，要求免除所有寺院领地的年贡。文明十七年（1485）畠山政长与畠山义就的军队在山城对峙，互相设立新的关卡，切断交通，占领寺社本所领地。因此全体平民召开会议，决定今后不许双方兵马进入山城国，归还寺社本所领地，撤销新立关卡等等，并强迫两军实行。两军难以抵抗，只好撤退，山城国完全回到平民手中。他们再次召开大会，通过选举确定每月的执事，负责征税及其他管理工作。这种情况一直持续了七年，这次的起义称为山城国起义，是有组织起义的一个好例子。有组织的起义，是由半武士化的有势力名主阶级所领导的，他们确实与下层农民有着共同利害关系的一面，但也有站在农民的敌人——代官、被官一边，剥削下层农民的一面。因此，起义的结果并不一定维护了下层农民的利益，往往被名主阶层所利用，成为名主阶层获得名利的手段。土一揆从明应末期起（明应九年，1500）突然减少，后来只剩下一向一揆，这固然是因为大名领国逐渐形成，在强大的武力面前，反抗无济于事，但主要还在于领导过起义的名主、武士，升任为大名的被官，脱离了农民队伍。

一向一揆的主要力量是平民，在这一点上也可以叫土一揆，但领导者是主张就地普济平民的一向宗僧徒，其目的主要是抗议对信仰的迫害。他们用一种叫"讲"的组织形式来团结人民，促进宗门的普及。一向宗教义的绝对信念提高了平民的斗志，因此其控制和攻击力等要比一般土一揆强大得多。它始于文明年间，终于天正年间，波及的地域几乎遍布全国。其中长享二年（1488）的加贺一揆最为强大，人数达 20 万，消灭了守护富查樫氏，长时期控制、统治了加贺国，使其成为本愿寺的大名领国。

产业的发展　农民在重税与不断的战乱等恶劣条件下，靠着不懈的努力，使农业取得了踏实的发展，耕地面积增加，耕作方法也有了进步。农产品中最重要的水稻，因成熟的迟、早分成早、中、晚等品种，并已普遍地采用浸种法，即在播种前先行浸种催芽。二茬的小麦种植也很普及，其他如粟、稗、黍、豆等也有大量种植。城市周围栽培商品蔬菜，后来便成了当地的名产。衣着原料的桑、苎麻、大麻和油料作物如芝麻、菜籽以及染料用的靛蓝等也已普遍栽植。茶树虽很早就知道了，但并没有普及，到这时代随着吃茶风习的流行，设立了许多茶园，山城是茶叶主要产地，宇治、枥尾的茶叶，已闻名全国。

林业主要在丹波、伊贺、南大和、土佐、安艺等地发展起来。以木曾为中心的桧材是很珍贵的。京都和镰仓等地都有木材市场，十分热闹。

渔业自古以来就是很盛行的一种民众的生业，随着商业的发展，水产品也有了商品价值，得到了发展。这个时期的渔业主要在沿海、内河一带，以纲、钓为主。西海的渔民，也有到对马和南朝鲜去捕鱼的，北海道方面的渔场已逐渐得到开发。制盐则以濑户内海为中心，有了发展，采用的方法也由古代烧制藻盐发展到开辟盐田，进行大量生产了。

矿业也有了发展，铁、铜、金、银产量日见增加：陆奥自古就是金的产地，这时仍十分繁荣；铜产自备前、备中、美作等地；砂铁矿则以备后为中心。战国的诸侯都热衷于开采，因此各地矿产品，均有所增加。

由于农业生产力的发展，农民生活水平有了提高。为了满足农民生活的需要，一部分农村人口成了专门的手工业者。他们起初只是根据领主的订货，制造物品，后来也制造一般农民需要的耕作用具、生活用品等。过去隶属于公家和社寺的手工业者，也摆脱了主家的人身束缚，按工作领取报酬，取得了独立的地位。他们起初没有原料，只是按需求者的要求做来料加工，但不久就自己拥有原料，按一定价格出卖制成品，由揽手工活儿变成自主经营，最后发展到不等订货，而供应市场的市场生产了。上面各种形态，实际上是混合进行的，生产与销售，并没有明显的分工。这些手工业者，还按各自的行业组成同业工会性质的"座"，以图垄断市场、维护特权，尤其是在商业方面特别明显，这一点以后还要谈到。

现在就手工业的某些种类谈一下。建筑业等是因营造和修缮社寺的盛行而有了显著的发展。特别在南都，属于东大、兴福两寺的木工、瓦工、茸工和油漆工等分别组成了几个"座"，进行垄断。这些工人的实际工作情况，可以从社寺缘起的画卷中有关营建工事的图画中，见到一斑。现在使用的工具，大部分当时就已在使用。

锻冶、铸造需要特殊技术，由于农民需要增多，很早就有了分工。铸造业中心是河内的丹南、大和的下田、京都的三条和相模的镰仓，在和泉、河内已出现了铸造业的同业组织。锻冶分以制造武器为主和以制造农具为主的两种，前者由于领主的特殊需要，进步极快，加之，日明贸易中向明出口大量刀剑，只见于文献的，从应永到天文年间，就达 10 万把以上。刀剑的主要产地有备前、山城、大和、备中、美浓等。

纺织业由于专业人员的努力制出了精巧的产品。僧玄惠在《庭训往来》中所列举的纺织品种类与产地，有加贺的绢、丹后的锦缎、美浓的丝织物、尾张的八丈绢、信浓的棉布和常陆的绸子，各地出产的纺织品在中央市场也很受欢迎。博多、堺、山口等地因为有明朝的纺织工人到来，能够生产出金线织锦、锦缎和绉绸等高级纺织品。京都也以承袭织部司的大舍人织手座为中心生产锦绫等高级织物，为后世的"西阵织"打下了基础。这时虽还从朝鲜、中国输入棉布，广泛使用，但日本也已栽培棉花，16 世纪以后已生产棉织品。

造纸业也由于纸张需求的增长，在各地发展起来。赞岐是从古就以"陆奥纸"闻名的檀纸的主要产地，不久移到备中。此外如播磨的杉原纸、越前的鸟子纸、美浓的美浓纸、奈良的奈良纸等，这时也都大量进入市场。

酿酒业，自古以来就盛行自家酿造，但到中世纪以后，以获取利润为目的的专业生产已有明显的发展。镰仓时代仁治年间（1240），京都的酒屋就已多得不计其数。建长四年（1252）幕府禁止卖酒，并调查了镰仓民家的酒壶，其数量竟有 37274 个之多。[①]室町幕府以酒屋为其重要财源，所以资助其发展，奠定了酿造业在全国突飞猛进的基础。应永末年（1425—1426）京都的酿酒店竟达 342 家之多，[②]其中五条坊门西洞院一个叫柳屋的酒铺酿造的酒，以优质高产见闻，柳酒成了京都美酒的代名词。地方名酒有河内天野山金刚寺、大和菩提山寺等寺院酿造的酒，都在京都销售，博得嗜酒者的好评。

商业的发展　手工业制品大量上市，与农产品交易频繁，农村的集市也由临时变为定期。前代已有每月三次，每次由两天到十天的集市。到这一时代，各地都出现了每月六次，每到第五日就开的六斋市。[③]市场上设有特定的销售座席叫作"市座"，拥有一定商品的专卖权。应永十四年（1407）奈良的南市有鱼、绢、便服、靛蓝、礼帽、草席、大豆等不下 30 种商品的市座。市场监督权属于当地的庄园领主或大名，市场商人向他们缴税，得到他们保护商业的垄断。但是，垄断阻碍商业的发展，不能使地方得到真正的发展。有些战国诸侯注意到这一点，便开设免除市场税、撤销市座、允许其他商人自由出入的所谓"乐市""乐座"，这实际上表现了近代精神，应该看作是明显的近代标志。室町幕府时的市场，原则上经营各种商品，随着生产力的发展和流通范围的扩大，由生产者间的交易变成专门商人间的交易，出现了经营单一化商品的特殊市场。如淀的鱼市、京都米场的米市、京都五条室町的马市、美浓大矢田的纸市等等。

定期市场次数增加，到达极限的就是常设的小卖店。京都在古代末期已有小卖店，到这一时代，京都、镰仓、奈良等城市店铺营业都很兴隆。供给零售小卖店商品的批发商也随之发达起来。批发商最初是隶属于庄园领主的庄官，负责年贡米的运输、保管和销售。随着运输物品的增加和货币经济的发展，其活动范围逐渐扩大，不仅隶属于一个庄园，也应其他庄园的要求接受运输和保管业务，最后发展为专门的运输业者和经纪人，负责人夫、商人的投宿、买卖的斡旋等。在室町时代，淀川沿岸的淀、鸟羽、桂等；琵琶湖沿岸的坂本、大津、八幡等；濑户内海沿岸的堺、尼崎、兵库等；日本海沿岸的三国、小滨、敦贺等和太平洋沿岸的大凑、桑名、品川等许多港口以及像京都、奈良那样的大城市，都开设有批发商。于是从地方生产者向地方商人，从地方商人向城市批发商，从批发商向零售小卖店铺，形成商品供应网，出现了经济生活的飞跃发展。

工商业者同业组织的行会"座"，是促进经济活动的组织，一般都知道是中世纪特有的一种经济现象。其实，座的产生可远溯到中世以前，只是到镰仓时代有了很大发展，到这时已十分普遍。关于座的起源有种种说法，有的人说是服侍神社的氏子组织——"宫座"，也有的人说起源于市场的市座。成熟的座以官府、贵族、社寺为靠山，受其特别保护，拥有收购及销售商品的垄断权、关卡的自由通行权，是工商业者处在割据的庄园制下和乱世中的自卫团体。组成座的人叫"座众""座人"，官府、贵族的座，多由官府的杂役和宫廷的服务人员组成，社寺的座多由隶属社寺的农民和杂役组成。最大的座是以石清水八幡为靠山的大山崎离宫八蟠的油座。这个座的产生，是由于杂役向石清水八幡宫内殿供给灯油，因而取得从京畿到美浓、尾张、西部广大地区内对油的原料菜籽及其制品的购销垄断权。此外，在文献中，还能见到像京都祇园社的棉座、材木座、吴服座、京都北野社的酒曲座、四府（左右近卫，左右兵卫）的驾舆丁（轿夫）座、宫廷事务机关的铸造师座、三条西家的青苧座等许多的"座"。座众在受到特别保护的同时，要对保护人提供种种贡献，这对因庄园收益日益减少的领主来说是一个很好的财源。座是在封锁的庄园制度下，克服交通、买卖不自由的必要手段，而它自身的封锁性，正是中世纪本身的象征。商品生产、流通发展一到一定程度，就会阻碍自由通商，成为经济发展的障碍。战国以后，虽有些作为诸侯的座而保留了下来，但其性质已发生了变化，大部分的座在近代初期已面临解散的命运，这和市场一样。

商业的发展和货币流通量的增加，不用说是有重要关系的。前面说过，到了室町幕府时，用货币缴纳租税已有了显著发展。在买卖土地的契约中所载付款的方法，在镰仓时代初是米多于钱，而到了这个时代则是90%用钱支付，这是一般买卖中使用货币的例子，也可以看出货币流通量的增加。但是在国内，政府几乎无力铸造钱币，并且又有可以通过贸易而输入明钱的简便办法，所以整个中世纪，除建武以外，国家都没有铸造钱币。输入的明钱主要是洪武钱（明太祖洪武元年铸造）、永乐钱（明成祖永乐六年铸造）、宣德钱（明宣宗宣德八年铸造）。后来不但有私铸的劣钱流入，而且在国内也出现私铸，所以市场上混进了不少劣钱。为了辨别剔除劣钱，在交易时要实行选钱。幕府曾多次发出选钱令，

石清水八幡宫

公布选钱的标准，以使货币顺利流通。室町幕府时在测定领地时，也不再用町段来表示，而开始实行"贯高法"，就是用应交年贡的货币额来表示。因为钱币中是以永乐钱作为标准价的，代替贯高也出现了"永高"的说法。

城市在中世纪初以前，主要是京都、镰仓等政治性城市。随着中世纪快要结束，大名的居住地城下町，水陆交通要冲的港湾城市，社寺所在地门前町、寺内町等等，多种类型的城市有了显著的发展。京都同往昔一样，仍是帝都，也是幕府所在地，自然是当时国内第一大城市。它既是政治城市，也是庄园领主、工商业者的座和批发商集中的经济城市，还是新旧各种社寺鳞次栉比的宗教城市。奈良虽已不是政治城市，但因拥有庞大庄园的社寺门前町，仍保持着它的繁荣。仅次于京都的政治、经济城市镰仓也很繁荣，门前町宇治山田也发展起来。港湾城市最初不过是装运、中转、保管各地庄园年贡品的场所，后来逐渐脱离庄园领主而独立，作为独自的商业活动场所，区域日益扩大。在濑户内海沿岸以及太平洋岸、日本海岸，在琵琶湖、淀川等湖岸、河岸，都出现了繁荣的港湾城市。其

中，和泉的堺尤为繁盛。堺从上一代起就是四国、中国地区的武将出入畿内的门户，后来归于大内氏领下。据说应永六年（1399）大内义弘之乱时，遭兵祸的民家竟有一万余所。后来成为细川氏的领地，恢复了繁荣，并很快发展成商港，尤其是对明贸易的根据地。城内富商云集，其财富经常成为影响武将军事活动的实力，他们还雇用武士中的浪人从事自卫。市政完全靠自治来决定，在战国动乱的时期，竟能维持了独自的文化。兵库、博多等也是作为内外交通要地而繁荣起来的港湾城市。

城下町是随着大名领国的形成而出现的新兴城市。最初是地方土豪在南北朝动乱时，在山城或山城附近建设住宅，作为战略根据地，并在其附近开设市场，以求集中物资。但当他们发展成为支配广大领地的大名后，由于豢养众多家臣的需要，也为了便于统治，感到有必要在平地营建居城，让大量工商业者居住城下，这样便出现了城下町。到战国群雄割据时，城下町在各地都有了显著发展，大内氏的周防山口、今川氏的骏河府中等是早已十分繁荣的城下町。

随着商业的发展和城市的繁荣，交通量也大有增加。镰仓幕府制定了京城与镰仓之间的驿路法，可是室町幕府对此并不重视。即使没有官营设备，随着经济的自然发展，也出现了道路和旅舍，在城市附近也出现了专门的运输业组织"马借"和"车借"。其中大津、坂本的马借，因位于从东国、北陆渡过琵琶湖通往京都的运输线上，所以数量很多。在海上的沿岸运输船也很活跃，船的容积不断扩大，竟出现了千石船。商人往来频繁，到伊势、熊野参拜，去西国三十三所观音、四国八十八所灵场等巡礼的宗教、娱乐性的平民旅行也很盛行。从在近江石山寺收藏的这个时代的巡礼签上记载的东国各地的人名看来，可知人们旅行的范围相当广泛。

尽管交通量增加了，但妨碍交通发展的障碍仍然很多。其中滥设关卡、征收关钱，使旅行者大为头痛。庄园主和各地领主在港口和道路、河川的要地、城市入口设置不少关卡，向通行者征收关钱，作为自己的收益。最著名的是淀川沿岸的关卡、京都七口（从地方进入京都的七个入口）等关卡。义政夫人日野富子为饱私囊，借口修理内宅，在京都七口设置关卡征收关钱。从参拜神宫大道桑名到日永（今四日市）只有四日里半的道路上，就设有60余所关卡。这个时期的座把自由通过关卡作为其特权之一，也是因为无法忍受这种疯狂的关卡地狱。滥设关卡，反映了追求利益贪得无厌和无秩序、无纪律的现象，充分代表了这一时代精神。

对外关系 时代性质也充分反映在对外关系上，社会紊乱和滥用武力，形成了威胁中国和朝鲜的倭寇。财政的困窘和无止境的贪欲，造成卑鄙的勘合贸易（勘合贸易，是日本史学界对明代中日贸易的说法，其实，应称为"朝贡贸易"。当时中日之间的贸易，完全是在朝贡形式下进行的，而且这种贸易是不等价的，中国方面以数倍于日本"进贡"的商品作为"回赐"。为了限制这种不等价贸易的次数，中国政府对来贡国家，发给"勘合"以资识别，并规定来贡期限和船数、商品数。实际上，勘合贸易是不存在的。——译者），肥了商人的腰包，这些在对外关系史上都不是什么荣誉的事，唯有这里所表现出的旺盛的积极进取精神，才是符合以经济发展和平民势力抬头为内容的这一时代转折期的，它与藤原、院政时代那种退缩外交，江户时代的锁国主义是截然不同的。文永、弘安之役后，元朝仍然奖励对外贸易，所以日元贸易照常进行。这个时期为了取得营造寺院的费用，日本派出了对外贸易船，如北条氏的建长寺船（正中二年，1325）、足利氏的天龙寺船（历应四年，1341）等。天龙寺船每艘竟获利5000贯。但从南北朝正平到弘和、元中的40余年间（14世纪后半期），是倭寇最猖獗的时期。所谓倭寇 [倭寇，其原意是指劫掠朝鲜、中国沿海地区的日本籍海盗。但在中日关系史上，由于时期的不同，（倭寇的）组成分子也不同，性质也多少有些区别。从而分成前期和后期两种。前期是指13、14世纪时在朝鲜及中国北部沿海地区（也有极少数到中国东南沿海地区劫掠的）从事侵骚、劫掠的日本海盗，其组成人员可以说全部是日本人。著者说："这种情况，最早出现于镰仓幕府时"是对的，因最早的倭寇是1226年（日嘉禄二年，宋宝庆二年）肥前松浦党侵骚劫掠朝鲜沿海。但下面说："元寇侵日后，其报复活动更为猖獗。"却不是事实。后期倭寇是指15、16世纪时侵犯中国东南沿海的海盗，那时候所谓"倭寇"的组成人员已和前期不同，不单纯是日本人，而包括有不少，或者说绝大部分是中国沿海不堪明朝政府苛政压迫的中国人，其中还有很多从事走私贸易的中国商人（当时明政府，除准许用朝贡方式进行贸易外，禁止其他一切方式的海外贸易），因此其性质和前期单纯的掠劫是有所不同的，但对中国、朝鲜沿海地区的危害，包括大量生命、财产的被劫掠，社会秩序安宁的被破坏以致生产力的发展受到阻滞则是一样的。——译者] 是日本西部的边民为进行走私贸易前往中国和朝鲜，如果对方不允许贸易或是不能获利时，便凭实力进行劫掠，因而对方称为倭寇。这种情况最早出现于镰仓幕府时。

元寇侵日后，其报复活动更为猖獗，南北朝的战乱更助长了其猖獗之势。正平二十三年（1368）明灭元，次年明太祖洪武帝就派遣使者来日宣告即位，促日进贡，并要求禁止倭寇。当时统治九州的征西大将军怀良亲王接待了来使。亲王怀有浓厚的吉野朝传统的大义名分思想，认为明朝的国书视日本为属邦，以开战相威胁，实属无礼，从而断然拒绝了对方的要求。但足利义满不肯放弃对明贸易之利。室町幕府领地不多，从成立时起，就苦于财政的支绌，认为靠贸易之利弥补财政是个好办法。应永八年（1401）义满根据九州商人肥富的献策，派他为使节，与僧祖阿一起使明，送还其漂流民，呈上国书与方物，要求通交。明希望借此禁抑倭寇，所以在次年日使回国时，派遣答使同行，所携国书上罗列极其华丽的辞藻，以讨义满的欢心。明朝国书上，称义满为"日本国王源道义"，以其通聘为"笃于君臣之道"，如禁绝倭寇，则日本作为"忠义之邦"将永世传名。足利义满为了金钱利益，竟不顾独立国的体面和历史的成就，高兴地答应了下来。应永十年（1403）明成祖永乐帝代替太祖即位时，他派出贺使，自称"日本国王臣源"，奉明朝正朔，接收对方送给的日本国王印，并着其官服。这正是从 1 世纪到 3 世纪时奉汉魏正朔的九州倭人诸国和 5 世纪接受南朝诸国册封的仁德天皇等五帝以来完全没有过的、对中国的属国外交的重演。对国内来说，是无视天皇存在的不逊行为。总之，由于这样的利益交换，日明之间开始了正式贸易。义满因此得到了不少利益。究竟得到多少利益，试就下面一个例子就可看出：应永十四年（1407），足利义满送还被倭寇俘获的明朝人民时，明成祖赐给义满及其夫人的铜钱，竟达两万贯之多。

继义满之后的义持，认为其父对中国的态度是屈辱的，拒绝对明贸易。因此倭寇又开始猖獗，明朝大感头痛。幕府也不肯放弃弥补财政的对明贸易，所以到义教时又恢复起来。这次恢复的贸易是以十年一贡、船三艘、人三百为条件，凭勘合符以区别公私。在当时勘合贸易是东方普遍实行的控制贸易的方法，日本是用日字号和本字号两种勘合各从中央分开，一半叫勘合符，一半叫勘合底本，本字号勘合符与日字号勘合底本放在幕府，日字号勘合符与本字号底本则留在中国，日本贸易船〔这里，著者用"日本贸易船"字样，实际应作"日本朝贡船"。当时明朝除朝贡以外，不接待任何外国人，而日本去的，都是持有"臣日本国王"国书的正式朝贡船；尽管其实质是在朝贡的名义下进行贸易（不等价贸易），但其正式称谓，不应是贸易船。——译者] 持本字号勘合符驶往中国，先要与其底本核对，以验证是否是正当贸易。根据这一协定（著者在这里用"协定"，其他日本学者有用"条约"的，实际上是中国对他们限制的规定，既不是协定，更不是条约。——译者），永享六年（1434）派出了第一艘贸易船，由此到天文十六年（1547）为止，共派出了 11 次。根据协定，每次可派船三艘，可是，从一开始就似乎没有遵守，永享六年已经派出六艘，宝德三年（1451）竟达十艘。幕府自己经营的船只极少，永享的六艘船中有山名氏、醍醐寺共同出资的船和大乘院的船等，宝德的十艘船都是天龙寺等社寺，大友、大内等大名的船，并不是幕府经营的。这时对明贸易的实权，已转到高利贷和贸易商之手，幕府只是在名义上被利用罢了。大名的船实际上背后有商人的支持，大内氏受到博多商人的支持，细川氏则受到城商人的支持。派出船只，应仁之乱时，两氏的抗争也影响到贸易上，互相争夺对明贸易的霸权。大内氏当时握有濑户内海的海上控制权，因此，细川氏的船只好从堺城出发经土佐、萨摩的海路前往中国。文明十五年（1483），幕府决定派幕府船、宫廷船和大内船各一艘，但细川氏说服堺城的商人，以每条船向幕府缴纳 4000 贯铜钱为条件，让幕府改变与大内氏的先前约定，派自己的船从堺城出发了。幕府因此受到大内氏严重抗议，约定把勘合贸易的全权委托给大内氏。两氏之争，最后发展到中国境内，双方的船在宁波争吵起来，甚至袭击了当地官衙（大永三年，1513）。不过，总的说来基本上还是大内氏掌握了勘合贸易的霸权，直到它灭亡为止（天文二十年灭亡，1551）。

日明贸易的主要输出品是刀剑、铜、硫黄、扇、铠、矛、屏风、漆器等。输入品除铜钱外，主要是生丝。这些都是利润最大的商品，此外还有棉线、棉布、丝绸、铁器、书画、药品等。输入品大多数是奢侈品，当时称为唐物，与前代一样受到珍视。

和朝鲜的关系大体上和对明关系类似。朝鲜所受倭寇的祸害，甚于明朝。在讨伐倭寇中立下功绩的李成桂，终于灭了高丽，建立起李氏朝鲜（元中九年，1392）。李成桂即李朝太祖，在即位那年，就派遣使节来到日本请求修好，并请求镇压倭寇。将军义满接受了这些要求，命九州诸将查禁贼船，放还俘虏。九州、中国地方诸将也假名修好，谋求通商，派船驶往朝鲜。但倭寇的活动仍然不止，于是应永二十六年（1419）朝鲜派兵船两百余艘袭击对马岛，以期捣毁倭寇老巢。对马守护宗贞盛努力防守，将其击退（应永之外寇）。京都闻报后，公武双方都十分惊讶，后来才弄清，朝鲜对日本并无敌意，幕府遂没有追究，继续通好。在这一点上可以看出幕府的外交政策缺乏常识。朝鲜对日本贸易船之多，感到头痛，决定需有宗氏（宗氏，指对马岛守护宗氏。——译者）的证明，并由宗氏加以管理。嘉吉三年（1443）与宗氏商定，宗氏每年可派船50艘，必要时还可派特送船（癸亥条约）。贸易港限于乃而浦（熊川）、富山浦（釜山）、盐浦（蔚山）三浦；在京城及三浦设倭馆，供日侨居住。因而使居住在三浦的日本侨民逐渐增多，甚至超过两千人。当地官员与侨民经常发生冲突，永正七年（1510）发生一起大规模冲突，三浦的日本侨民全部撤回到对马（三浦之乱）。此后宗氏的岁遣船减少，三浦的侨居也废止了，日鲜贸易基本上趋于衰退。

从朝鲜输入的商品较重要的是棉制品。棉花原产于印度、波斯、印度支那，从南西两方传入中国，宋末元初时在江苏开始栽培，李氏朝鲜时，朝鲜也开始广泛种植。因此棉纱、棉布等棉制品大量从朝鲜输入日本，使衣着的原料起了根本性变化。输出品除铜、银、硫黄等日本产品之外，还有南海特产，如苏木、丹木等涂料，丁香等香料，胡椒等药材。这些南海特产都是以博多为转口基地，从琉球方面流入朝鲜的，这反映了当时在远东的商品流动情况。琉球在14世纪下半叶分为北山、中山、南山三部分，15世纪初期由中山王尚巴志统一，建立了尚氏的琉球王国。其都城那霸是海上交通要冲，各国船只停靠，贸易十分繁荣。南方特产经琉球运到九州博多，再转卖到朝鲜和明朝，从事这一转口贸易的是琉球、中国、朝鲜、日本等国贸易商。[④]

佛教 纵观这一时期的佛教，虽然镰仓时代兴起的新宗派，已发展成为成熟的教团，但在思想上却没有什么值得注目的发展。相反，正是在这一时期，这些新佛教与其开山祖师们提倡的宗教改革精神背道而驰，染上了争权夺势的世俗习气，很快便同旧佛教一样陷入了贵族主义、形式主义和名利主义的深渊，演成了脱离拯救人类精神宗旨的东西。

寺院领有的庄园虽然一蹶不振，但南都北岭（南都指奈良，也指位于奈良的兴福寺，北岭指位于比叡山的延历寺。——译者）的旧教习惯势力，仍具有传统的强大力量。位于大和的兴福寺，其势力并不亚于各诸侯。延历寺保持了佛教界的最高地位，不断迫害新宗派。醍醐三宝院的院主贤俊深得足利尊氏的信任，参与帷幄决策。继任的院主满济在足利义满和足利义持执政时，也参与机密，宛如幕后宰相一般。

从镰仓时代开始，临济宗就受到了幕府的特别保护，具有第二贵族佛教的性质。进入这一时代以后，其贵族化程度越发严重。足利尊氏最信奉梦窗国师疎石，无论佛法或世俗都听从其说教。他还许愿，要像圣武天皇在各地修建国分寺那样实现一国一寺一塔，遂在各国修建安国寺和利生塔。并自任开山祖师，在京都修建了天龙寺，用来为后醍醐天皇祈祷冥福。足利义满也重视临济宗。在京都修建了相国寺，以疎石为开山祖师，并营建了极豪华的七重塔。他还模仿宋朝的官寺制定了五山制（至德三年，元中三年，1386）。即以南禅寺位于五山之上，而以天龙、相国、建仁、东福、万寿五寺为京都五山，以建长、圆觉、寿福、净智、净妙五寺为镰仓五山。⑤并以相国寺主持为僧禄司，总管五山以下各禅寺的事务。疎石的弟子义堂周信、绝海中津、春屋妙葩等人都得到了足利义满的皈依，并作为其政治顾问进行活动。当时的外交活动，多由五山禅僧参与。他们作为正使、副使出使中国，相国寺成了掌管外交事务的场所。由此可见，当时的寺院、僧侣已远远脱离了宗教的宗旨。除了五山以外，京都的临济宗大寺院还有大德、妙心二寺。大德寺以后醍醐天皇皈依过的宗峰妙超为开山祖师，妙心寺则是其弟子关山惠玄开辟的寺院。应仁之乱以后，五山日渐衰败，而这二寺则成了临济宗的中心。应仁文明年间，慨叹禅僧的腐败俗化而以奇特行为来训诫禅徒的一休宗纯，就是大德寺的住持。

曹洞宗恪守其开山祖师道元的精神，从不接近权贵。但是，它也具有这一时代的佛教共有的特点，即在广泛地普及传布到地方武士和平民的同时，也因而吸收了祈祷性仪式和本地垂迹说等庞杂因素，丧失了其开山祖师思想上的纯粹性。

净土宗自法然以后，分成许多支派，这时势力较大的是镇西、西山二派。本来，净土宗主张专修念佛的易行道，可是也不完全排斥其他形式的修行，具有妥协的性质，因此才得到了宫廷、贵族的皈依。在这一时代里，镇西派的了誉圣冏在神道方面颇有造诣，建立了掺杂神道学说的宗义，并专门将其向东部地区的平民传布，大大扩展了净土宗的势力范围。不仅是净土宗，当时整个社会中念佛之风都很兴盛，其他各宗也都兼修念佛。近江坂本西教寺的真盛和尚，原出自天台宗，后来深入钻研显教密教学说，主张念佛，集宫廷、贵族之崇奉于一身（明应四年圆寂，1495），是当时佛僧中不可多见的圣僧之一。

自亲鸾之后，一向宗以京都东山大谷的本愿寺和东部地区传教中心的下野高田专修寺为据点，维持了宗派的存在。应仁年间，该宗出现了专修寺派的真惠和本愿寺派的莲如二大高僧，从而给一向宗带来了划时代的发展。真惠将本寺移到伊势的一身田，向京畿地区传教。在北方，他们与本愿寺派发生冲突，产生了兄弟阋墙的悲剧。莲如积极地调和宗教教义与现实生活，通过通俗易懂的文章和在集会上的讲道，广泛地向平民阶层传播教义。在本愿寺因受到叡山的反感而破败之后，他离开京都巡游畿内、北部和东部各地，教化民众，在各地建立道场。当时，日本正处于应仁、文明的乱世，越前的吉崎坊、山科的本愿寺和大阪的石山坊等就是其主要道场所在。上面提到过，皈依于莲如的北陆本愿寺门徒们以同专修寺派的倾轧为转机，发动起义，竟至发展到消灭加贺守护的程度。莲如的伟大政治力量和炽热的斗争精神，无疑是从背地支持这次起义的巨大支柱。莲如圆寂（明应八年，1499）以后，到证如时代，山科的本愿寺被比叡山的教徒和日莲宗的起义群众所烧毁。证如又将本愿寺移至大阪的石山坊，并率领各地的门徒严加防范，树立了俨然与诸侯相似的势力，加贺一带完全成了由他统治的领国。本愿寺的住持已不仅是现世的领主，也是支配来世的法主。

与一向宗一样，日莲宗也是这时期在平民阶层中，拥有广泛影响的一派。它是个彻底实行排他性教义的宗教。与莲如同时代的日亲是个不惜生命的豪僧，周游天下，化度众生。他慨叹世上不断发生的争斗、疫病和饥馑，仿日莲先例，写出《立正治国论》，想呈献给将军义教，因触犯忌讳而被下狱。据说，他曾被七次头戴烧得通红的铁锅，但仍不肯改变自己的信念，因而有"锅冠日亲"之称。他是末世法华经的大师，是生于乱世的英雄之一。应仁之乱以后，日莲一宗的势力大盛，公卿们皈依者，也有所增加。但是，这种世俗势力的增大，很快就成了衰败的开端。早就对日莲宗的隆盛心怀不满的叡山教徒们，从宗论开始，向其展开了全面的进攻。天文五年（1536），天文法华之乱时，日莲宗在京都的21处道场，都相继被破坏，它在京都的势力也从此衰败了。⑥

学术与文学　前面谈到镰仓时代学术的时候，我曾提出了以下几点：公家喜好回顾过去，研究自古以来的典章制度、研究古典；儒学方面则新传入的宋学有了发展；学术在地方的普及速度加快；等等。这一时期学术界的显著特点，就是上述倾向又分别有了进一步的发展。

根据学术对象的领域，针对汉学，可将典章制度的研究、古典的研究称为"和学"。但是，当时的人们是否将其作为一门针对汉学的学问，加以钻研，是个疑问。莫如说，只是公家阶级想通过回忆过去的繁荣盛况，来表现忘却目前正在逐渐失去政治社会势力的悲哀的迫切感情；也是他们想要保持一种不是凭靠新兴的武力、财力所能达到的世界——传统仪式、制度、文学等领域的自豪感的表现；进一步说，也不过是他们企图用以获得生活资料这个最现实的要求而采取的一种学术形式活动。从一开始就没打算建成一门学问，后来也没有发展成为学术性体系。真正的日本学，即和学，还是进到近世的德川幕府统治之后才建立起来的。

对典章制度的研究，出现了许多书刊。在前一时期，后醍醐天皇编撰的《建武年中行事》和《日中行事》二书，已超越了单纯回顾的范围，而是为维持天皇的公家一统统治提供思想根据，具有深远的意义。在这一点上，北畠亲房编撰的《职原抄》也是同样。进入室町幕府时期后，这类书籍出版许多，如一条兼良编的《令抄》《公事根源》《代始和抄》《桃花蕊叶》和洞院实熙编的《名目抄》、二条良基编的《百寮训要抄》、三条西实隆编的《三内口诀》等，但它们几乎都不具有什么现实意义，只是一些趣味性的回忆和传播秘闻性的文字，内容的水平也不高。

在古典方面，首推对《日本书纪》的研究。当时，到处都有对《日本书纪》的抄录、校勘和讲解。例如对神代卷，就有忌部正通著的《神代口诀》、一条兼良著的《日本书纪纂疏》、吉田兼俱著的《日本书纪抄》、清原宣贤著的《日本书纪神代抄》等注释性书籍。这些书籍既是注释书，还是宣传当时流行的混淆儒佛界限的"神道说"的书籍。对《古今和歌集》《伊势物语》和《源氏物语》等文学作品的研究，也极盛行。《古今和歌集》的注释书籍，有北畠亲房的《古今和歌集注》和一条兼良的《古今集童蒙抄》等。由此还产生了秘事口传的观念，甚至流行了"古今传授"这种愚蠢透顶的神秘活动。关于《伊势物语》，也有一条兼良著的《伊势物语愚见抄》、宗祇著的《伊势物语宗祇抄》等许多注释书。公卿、文人之间讲解和抄写《伊势物语》的活动极为频繁。事实上,对三条西实隆等人来说,抄写这些书籍的润笔谢礼却具有重要的经济意义。对于《源氏物语》,则出现了四辻善成的《河海抄》、一条兼良的《花鸟余情》等学术价值较高的注释书。三条西实隆在此书的讲解、抄录、校勘方面,做出了很大的功绩。他的源氏学,后来由其子孙继承下来,代代都写出注释书,使人感觉到他树立了一个堪称三条西学派的流派。

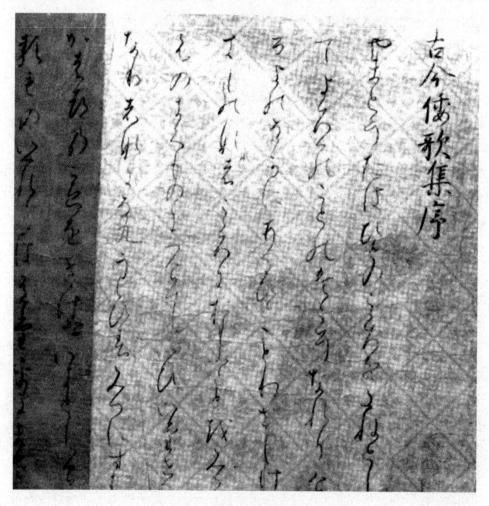

《古今和歌集》假名序卷子本

在对古典的研究当中，《日本书纪·神代卷》研究与《旧事本纪》《古事记》的研究相结合，促进了"神道说"的形成。早在镰仓时代，伊势外宫的神官度会氏就参照儒教、佛教、道教、阴阳思想等提出了独特的神道说（伊势神道或度会神道），其精神则直到进入本时期以后，才基本上得到纯化，并由吉田兼俱首倡了吉田神道（或称唯一神道）。这一学说主张，神道是万法的根源。神道是主干、儒教是枝叶，而佛教则是花实，即所谓的根叶花实论。在长期脱离了神佛调和论、本地垂迹说等的支配，并反过来提倡神本佛迹、神道根源这个意义上，它因体现了日本思想的主体性，而引起了人们的注意。但在其对神道的看法和仪式上，还显然留有一向宗和日莲宗的影响，说明他们还是用思想史界常用的，以子之矛攻子之盾那一套老手法，来实现神道宗教化和结成教团的发展过程，这一点是饶有兴味的。

镰仓时代起传来的宋学，即与禅僧一起逐渐传播开来的朱子学，到这一时期已成了儒学的主流。因此，这一时期的儒学，完全是由禅僧维持的，而公卿、博士们只是靠禅僧的提示拾人牙慧而已。儒学史上做出较大贡献的禅僧是南北朝时期的虎关师炼。他编写了日本第一部韵书《聚分韵略》，还写了具有独自体系和识见的日本佛教史《元亨释书》，并留下了《济北集》20 卷等文集。此外，曾渡海入元研究儒学、精通儒佛理论的中岩圆月，曾任足利义满的老师为其讲解儒书的义堂周信，主张儒佛一致并为《四书集注》标点的岐阳方秀等也都是著名的儒僧，五山派儒学的泰斗。

五山儒学下面又分出若干学派。其一是公卿学派，由一条兼良、三条西实隆和壬生雅久等人传承。其二是萨南学派，它是以岐阳方秀的法孙桂庵玄树先被肥后的菊池氏聘去、后又被萨摩的岛津氏聘去讲学开始的，是在萨摩兴起的学派。文明十三年（1431），他在萨摩出版的《大学章句》，是日本最早出版的朱子新注，为萨南学术界增加光彩。其三是海南学派，它兴起于土佐。土佐原是由五山僧侣和一条家等培育了发展学术的基础的，但自南村梅轩于天文年间来到土佐讲授朱子学以来，学术有了蓬勃发展，到近世初期出现了很多有名学者。其四是博士家的折中学派。博士家重视传统，墨守旧注，但也不能对新思想漠不关心，因而也采用一些新注，创制了新旧折中的学问。其核心人物是清原业忠和清原宣贤，均是复兴博士家儒学的人物。

　　五山僧侣不仅统治着儒学界，而且控制着汉文学界。他们在阅读经书的同时，还喜读唐诗宋词，自己也喜好作诗文，因而形成一个在日本汉文学史上特殊的领域，即通称为五山文学。儒僧中有中岩圆月、义堂周信以及雪村友梅、绝海中津、惟肖得严等人，都是著名的文学家。他们的理想是写出和元、明人无异的、摆脱日本味道的汉诗文，也是由禅僧们在生活上、精神上具有的异国性格所支持的。禅宗本来就是主张不立文字、教外另传的，因而埋头于这种文字技巧是远远离开了禅宗本义的。禅僧不仅干预政治而俗化了，而且因埋头于诗文而从宗教界人士变成了文人。更由于他们完全醉心于中国式的教养，因而暴露了他们对日本历史、文化方面的无知。足利义满对日本历史的无知，实际上不外是辅佐他的五山僧侣们的无知的表现。⑦

　　随着各地守护诸侯的强大、公卿文人流落到地方上和平民在物力上的提高，大力促进了学问向地方的普及。前面曾谈到儒学在肥后、萨摩、土佐等地的发展情况，大内氏统辖的山口，更是个学术中心。大内氏因占有对明贸易之利，以富强称雄，历代领主均崇尚学问，因此，公卿、僧侣多来到其领内，宣讲儒学，传播古典文学。大内政弘曾从三条西实隆学习和歌，跟宗祇学习连歌，并将一条兼良的《伊势物语愚见抄》传到山口。大内义兴、大内义隆等也跟公卿、禅僧们学习古典、儒学和佛学。大内义隆时代，是山口地区文运最盛时期。此外，他们还出版了《聚分韵略》（明应二年，1493），复刻了《正平版论语》（明应八年，1499）。

　　足利学校的复兴，是东部地区学术普及的一个代表性事例。足利学校的起源不详，但大体是在中世纪初期。永享年间，关东执事上杉宪实复兴了足利学校，请圆觉寺高僧快元为"庠主"（庠主，学庠的主讲。——译者），制定学规、捐赠领地和图书，使足利学校得以重整面目。上杉宪实的子孙们也代代加以保护，因而全国好学的僧俗都集中到这里，即使在战乱期间，仍是书声不绝，成了关东文化的中心。

　　在这一时期，普及学术手段的印刷术，也有了不容忽视的进步。日本的印刷术虽然起步很早，但后来并没有很大的发展，只是用木版印刷些佛经等"摺经"。到镰仓时代，虽已开始印刷佛书，但其形式仍属摺经系统，字体仍是写经体，与中国的版本样式，完全不同。然而，到镰仓末叶，五山僧已印刷出版了直接受中国版式影响的"五山版"。五山版除佛书外，还有诗文集，是日本印刷史上取得划时代发展的重要标志。除了京都的五山版以外，地方上也办起了印刷事业。前面曾谈到岛津和大内氏统治地区印刷术的发展情况。在财力雄厚的堺市，也出现了发展文化的热潮。正平年间，当地一位名叫道祐的平民，开板印刷了著名的正平版论语。大永八年（1528），富商阿佐井野宗瑞出版了《医书大全》。印刷，是普及文化的有力手段，但过去只在大寺院里印刷佛经，现在却能凭地方武士、商人等的力量，印刷儒书、医书之类了，这不能不说是显然表明了这一时期的文化在阶层、地区上的普及和文化内容的多样化。

抄录学者讲义的笔记叫作抄本。这类书籍的出现也是学术普及的一种现象。起初，只在五山僧徒间传抄佛典的讲义，不久就扩展到儒书，公卿、博士家也波及了。这类书多数是杂有假名，用通俗口语体写出，在使初学者容易接近佛典、汉籍方面，做出了很大贡献。这种抄本种类很多，如桃源瑞仙的《史记抄》、万里周九的《天下白》（苏东坡诗抄）、清原宣贤的《毛诗抄》《尚书抄》等。

从镰仓时代开始，平民教育机关就以寺院僧侣为中心在各地建立起来，到这时期越发普及了。学科是读书和习字，教科书是《伊吕波歌》《童子教》《实语教》《贞永式目》和各种"往来"。所谓"往来"，是以日用书信的形式，把日常百科用语编撰而成的文集。从古代末期的《明衡往来》开始，有了不少这类文集，到这时期就更多了起来。玄惠的《庭训往来》、据传是虎关师炼所作的《异制庭训往来》、一条兼良的《尺素往来》等是其中具有代表性的。

国文学方面，对社会形势的反映也很敏锐。传统的公家文学，以吉野文学为最后的精华，此后便陷入了无可挽回的颓势。而扎根在平民中，虽然粗野而且不成熟，却有无限发展前途的新型文学，却日渐兴盛。被称为公家文学核心的和歌，已逐渐衰落，没有一点生气。敕撰集虽仍勉强继续出版，但到永享十一年（1439）编出《新续古今集》后，也终于停止了。物语小说已经绝迹，为新兴的《御迦草纸》（短篇小说）所代替。此外，还出版了许多游记、随笔之类的作品，但格调高的，一篇也没有。继镰仓时代兴起的战争文学作品系统的《曾我物语》和《义经记》是比较出色的，但要和前一时代出版的《平家物语》《盛衰记》《太平记》等相比，无论是题材，还是文章的风格，都要逊色得多。不过，后进文艺作品的"曾我物""判官物"等，都是来源于这两本书，这充分显示了这一时期文学，在构成近代文艺母体方面所具有的意义。

新兴的平民文学有御迦草纸、连歌、谣曲、狂言等。御迦草纸是这一时期出现的短篇小说的统称，这名称的来源似乎是那些专门服侍君主、供其闲聊解闷的"御迦"们使用的绣像小说。这种文学比前一时代的物语文学规模小，题材也只限于一个人的事，文字通俗易懂，一言以蔽之，是一种低级的读物。不过，它并不只模仿前代文学的形骸，而是企图在充分理解当时一般人民教养程度的基础上，向他们提供适当的文学作品，因此具有以平民为对象并在平民中兴起的新兴文学的明显性质。它作为近代的"假名草纸""浮世草纸"的始祖，具有重要的意义。御迦草纸，如按题材来分，可分为公家、武家、僧侣、平民和异类等；如按主题来划分，则可分为童话、寓言、传记小说、恋爱小说、鬼怪故事等多种。即使同样是以公家或武家为题材的作品，也是从平民的角度来观察、描写的；而以平民为题材的作品，则按其特殊技能描写其他飞黄腾达的各种情节，逼真地体现出平民文学的性格。

连歌是韵文中新兴文学的代表。连歌本身虽是自古就有的，但那只是和歌的余支，并未被看成是一种独立的文学。到镰仓时代，已有人开始创作长篇的连歌。正平十一年（1356），摄政二条良基编纂了连歌集《菟玖波集》，第二年就被列为敕撰作品，确立了连歌的地位。应安五年（1372），二条良基还制定了创作连歌的格式——应安新式，对确定连歌的内容方面做出贡献。后来，应永年间，又出现了朝山梵灯庵和今川了俊等连歌名家，稍后又出现了宗祇等人，连歌的发展于是达到了顶峰。连歌向来都将各句之间在语法上、思想上的紧密联系作为第一要素；而宗祇则认为，各句之间不一定要有语法上的联系，只是要重视二句之间对立而产生的联想协调配合而构成的诗境。长享二年（1488），他与肖柏、宗长共同创作的《水无濑三吟百韵》标志着这类连歌的发展已达到划时代境地。此外，他还汇集了前人名句，著有《竹林抄》（10 卷），还编撰了连歌集《新撰菟玖波集》（20 卷），并被列为敕撰作品（明应四年，1455）。在宗祇门下出现了肖柏、宗长等高足，使连歌的盛况经久不衰。连歌本来是针对贵族式和歌而产生的民众文艺，但随着后来的发展，也逐渐扩展到宫廷、贵族之间，这样就规定了作法格式，丧失了平民文学的自由性。不过，连歌的题材、思想始终取之于无所束缚的自然。连歌爱好者中，有广大的武家，也有平民阶层。宗祇等许多名家都是下级武士或平民出身，所以仍然具有显著的平民文学的特点。

谣曲和狂言是新兴文学在戏曲方面的代表。谣曲是当时非常发达的乐剧——"能乐"的剧本，"狂言"也是随着能乐发展起来的戏剧，因而先从能乐谈起。能乐是集自古以来各种歌舞杂艺之大成的戏剧，构成的要素很多，不过其主流是"猿乐能"和"田乐能"两种。猿乐古代叫"散乐"，是一种用曲艺、幻术和滑稽的动作使人发笑的杂艺。起初只在宫廷演出，后来才扩展到民间。中世纪时组成附属于神社或佛寺的剧团，名为"座"，专供祭祀时演出。例如，在大和有附属于春日神社的四个座；在近江，有附属于日吉神社的三个座。至于田乐，上面说过，早在院政时代就很流行，进入中世纪以后，田乐又作为神社的祭祀剧种得到了发展；到镰仓幕府末期，一般平民观赏田乐能的活动盛行起来。北条高时因爱好田乐而毁灭全家一事，甚至已成为尖酸刻薄的京中油滑少年们茶余饭后的话柄，可见田乐流行之广。到了室町幕府时代，足利尊氏等人也喜爱田乐，庇护田乐法师。贞和五年（1349），当为募集布施而在四条河原演出能乐时，狂热的观众挤塌了看台，造成多人死伤，可见田乐流行程度之一斑。在这种时代里，演出大和猿乐的春日神社的四个座之一的结崎座中出现了天才的演员观阿弥、世阿弥父子二人。他们完成了猿乐能的演技，确立了猿乐能在艺术界里的优越地位。他们二人之所以能使猿乐得到这样巨大的发展，原因之一是受足利义满的知遇，得到其特别的庇护。但更重要的是，他们在艺术上不断钻研，始终以观众的心愿作为自己的心愿，以演技能随处满足所有阶层的观众为自己的奋斗目标，充分发挥了大和猿乐的模仿动作功夫；吸收了田乐能的风格，另外还加进了"曲舞"和"小歌"等的演技，才终于做到集古来艺术之大成，适应新时代的精神。他们的成功，是和其主观努力分不开的。

谣曲是能乐的剧本，作者不详，但据说多半是观阿弥和世阿弥父子所作。从当时到现在，谣曲一直在保持原样演奏着。到目前为止，其曲目约为235部，如果加上已经淘汰的，则可达一千几百部。题材大体上取自《日本书纪》《古事记》《万叶集》等古典文学作品和《曾我狂言》《义经记》等当代文艺作品以及街谈巷议之类。演出时登场的是主角（仕手）和配角（胁）。先由"胁"扮成旅行者，到名胜古迹去游览；"仕手"就以一个本地人身份出场，用回答"胁"提问的方式讲述往昔的勇将、佳人的故事，然后告诉说自己就是他们的亡灵而退场。在剧情的后半部分，再让"仕手"以往昔的勇将或佳人的姿态出现在"胁"的梦中，讲述自己在世时战斗的苦恼或对爱情的忠贞。这种刻画正符合了武士们那些已经失去勇武，在文化上又刚启蒙的脆弱情感，和试图通过回忆往日的荣耀以忘却眼前衰微的公家的微妙心理。就其文体说来，主要部分都是反复使用七音五音的"七五调"韵文，但也有些散文，散文中则是"也体"（"也体"日文称为"ナリ体"，指散文每句的结语，都用"ナリ"的文体。"候文体"指散文的结语，都用"候"的文体。——译者）文体和"候文体"混用。这种根据需要自由改变文体的做法，是适应时代精神的复杂性而产生的，具有鲜明的现代性格。

由观阿弥、世阿弥完成的猿乐能受到了足利义满等历代将军的喜爱，使大和猿乐成了专为幕府演出的艺术，长期繁荣不衰。起初，公家看不起能乐，但很快就进入了宫廷，连天皇也在宫中观看能乐了。神社和佛寺本是产生能乐的摇篮，所以僧侣们对其尤为喜爱，平民们也很喜欢观赏。能乐就是这样在各阶层的支持下得以发展成为中世纪的伟大艺术的。在能乐界，当时共有观世、宝生、金春、金刚等四个剧团，它们分别继承了大和猿乐的结崎（观世）、外山（宝生）、圆满井（竹田金春）和坂井（金刚）四个剧团的传统。足利将军特别喜爱观世；而到丰臣秀吉时，金春进入了全盛时代。世阿弥既是演员和剧作家，同时也是评论家。他写的《花传书》等16部艺术评论集具有很高的价值。世阿弥的女婿——金春禅竹也是一个出色的能乐演员，也写了不少能乐方面的书籍。

狂言是随能乐而发展起来的舞台艺术。在猿乐能不断吸收各种艺术而成长起来的过程中，典雅的道义性作品与滑稽的讽刺性作品分道扬镳，前者成为能乐，后者则成为狂言，形成了两种不同的剧种。这两种艺术分

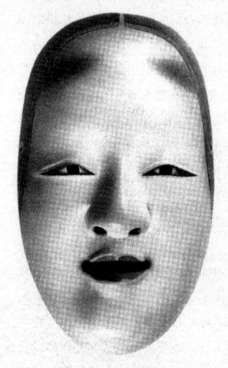

"能乐"面具

立之后，仍然经常同台演出。因此，在狂言所表现的题材当中，没有一个像能乐那样出身于豪门的才子佳人，全是些市井的男女，即使偶尔有大名出现，也是些软弱无能的屡遭败绩的可怜人物。其内容有：被仆从愚弄的大名（大名物）、长期祈祷而不见应验的山中修行僧人（"山伏物"）以及受妻子管束的丈夫（"女房物"）等形象，揭露世俗权威的空虚无力；或描写骗子手在一度欺骗了乡下人之后很快就被识破的故事（"素破物"）、侍奉主人而只顾偷懒饮酒的愚人（"冠者物"）等。这些作品都是当时社会的缩影，说出了人们想说的心里话。这样的戏剧能公然在众目睽睽的舞台上演出，说明平民阶级的力量已有了惊人的壮大，平民艺术有了极大的发展。

"能乐"剧

此外，平民文学中还有"幸若舞"和"小歌"。幸若舞据说是桃井幸若丸（文明二年78岁时去世）在叡山修行时创作的，在大鼓伴奏下，边讲述"草纸"式的故事，边跳舞，这些都是吸收了佛寺中的佛歌、"平曲"和"宴曲"等曲调而形成的，歌词的内容都是与"御迦草纸"大体相同的传记性通俗小说。小歌是与在大歌场教唱的大歌相对的名称，古来的"杂艺"和"今样"等即属此类。到这时代，又发展为民谣性的。永正十五年（1518）编成的《闲吟集》中收集了这一时代的小歌，共有各个系统的小歌 311 篇。其中有不少已被狂言吸收去的"狂言小歌"。这些歌曲的内容雅俗不等，大体上是从贵族性的典雅作品发展成为大众性的通俗作品。

美术　在建筑方面，寺院建筑中有前代各派，和式、唐式、新和式和折中式等多种，但总的趋势是各种样式逐渐向混合统一的方向发展。唐式的有美浓永保寺的开山堂（文和元年建，1352）和东福寺三门；和式的有兴福寺的东金堂（应永十八年建造，1411）、五重塔（应永三十三年建造，1426）；新和式的有金峰山寺本堂（康正元年建造，1455）；折中式的有播磨鹤林寺本堂（应永年间建造）；等等。

在住宅建筑方面，初期仍是"寝殿样式"占主流，略加一些"武家样式"。但不久就产生了叫作"书院样式"的新样式。书院样式是与今天的住宅建筑有着直接联系的样式，它能在这一时代出现，充分说明那时已是现代生活文化的直接起点，具有深远的历史意义。所谓"书院"，本来是指伸出檐下走廊、前面立有亮拉窗、用来读书的小屋。随着住宅建筑的变迁，这种小屋便成为一种装饰性的形式，因而将其称为"附书院"。建有附书院的房屋就称为书院，也将设有这种附书院的整个建筑物称为书院。发达的书院样式结构复杂，里面用隔扇隔成许多房间，房内铺着草席，四周围有宽敞走廊，主房设有书院、地板和搁板。足利义政的小川御所和东山庄就是这种典型建筑。具有这一时代特色而至今还很著名的建筑有鹿苑寺的金阁和慈照寺的银阁。金阁是足利义满在其北山别邸中建造的唐式佛殿和寝殿样式折中的三层楼阁式建筑，是禅宗生活化、佛寺样式混入住宅中的产物（应永四年竣工，1397）。它是一所建筑在缓坡上的桧皮葺顶的房屋，树立在美丽的树林清泉之间，看起来优美潇洒，令人不禁想起藤原时代贵族的寝殿，但它呈现出一股刚劲的风格，可能是受到禅宗和武家精神的感化所致。金阁这一名称是因其三层上贴有金箔而来，由此可以看出足利义满的拜金主义和当时社会上的营利思想。银阁是足利义政的别墅——东山殿中的一所建筑，其设计大体与金阁相同，只是比金阁少一层，是二层的。银阁也曾想和金阁的贴金箔那样贴上银箔，但没有办到。由此可以清楚地看出幕府政权在这一百年间衰落的情况。

这一时期的雕刻，在技术上没有什么进步，也未留下有名的作品。其原因之一是，佛教新宗派不重视佛像，而旧佛教已走向衰落，因而雕塑佛像的师匠们也鼓不起艺术热情来。另一个原因是，由于佛师的家系已固定下来，刺激他们吸收外来的知识，开拓新生面的机缘也消失了。

金阁寺

　　绘画方面，首先大和绘仍然继承前代遗风，创作了许多"绘卷物"（画卷），但不可否认的是，这些作品的风格已普遍走向衰落。《融通念佛缘起绘卷》（应永二十四年作）、《慕归绘》等是这个时代初期的名画。其次，肖像画还继续保持着兴盛局面，大和绘风格的肖像画杰作有山城神护寺的足利义持像（应永二十一年作）。此外，在禅宗寺院里，由于僧侣们具有重视先师肖像的要求，因而制作了不少以禅僧为对象的肖像画。这种肖像画被称为"顶相"，画法以宋朝的顶相画为范，是从镰仓时代以来逐渐发展起来的。一般认为，这种顶相画，到建造大德寺的大灯国师像时（建武元年作），已完成了日本自己独特的风格。

　　水墨画的发达是这个时代特有的现象。水墨画基本上只用墨一种颜色，它的特色是用简单雄劲的笔法勾画出对象的精神。原来是在宋元时代发达起来，随同禅宗一起传到日本来的画风。到应永年间，相国寺的如拙才将其从禅宗中独立出

银阁寺

来，树立了水墨山水画这样一个独自的艺术领域。在掌握宋元画画法的名家中，在此以前有东福寺的明兆，但他专画礼拜画等佛画，没有涉足山水画。由这一点而论，如拙的《瓢鲇图》（京都退藏院藏），是最早的水墨山水画作品，很值得注目。在作画技巧上，如拙的弟子周文超过了如拙，周文的弟子雪舟，在水墨画领域中，确立了古今独步的地位。雪舟的作品笔力雄浑、气势豪迈，可以说从他开始脱离了模仿宋元，而创立了真正日本式的山水画。毛利家的传世品《山水长卷》就是他的杰作。到了这个时代末期，在以后300年的画坛上，占统治地位的狩野派鼻祖狩野元信（永禄二年去世，1559）继承水墨画空前繁荣的传统，并吸取了大和绘土佐派的特长，将二者合而为一，树立一大系统，以雄健的笔法和华丽的色彩创作出了豪放壮丽的画面，题材也扩展到人物、山水、花鸟方面。

工艺美术方面，随着生活水平的提高，人们对家常使用的器具，也开始重视其技巧，因而使漆器、泥金画等技术有了很大的进步。在刀剑装具的柄饰、小刀柄、饰笄等处雕金的技巧，已达到相当可观的水平。后藤祐乘凭这种技术在幕府工作，后来代代世袭其业。能乐中使用的面具，茶道中用的茶釜、茶碗等的制作技术，也很发达。

庭园的建造技术，也有了很大进步。这一时代庭园的特点是：禅的精神表现到庭园中，使人体会到闲寂幽玄的趣味。在京都的天龙寺、西芳寺、龙安寺等庭园中，都可以见到这种意境。

▲《冬景山水图》（部分）雪舟

茶道、花道、香道等虽不是美术，但也是在这个时代建立和发展起来的。这些技艺是以将军足利义政在东山山庄里的风趣生活为中心而繁荣起来的，因而称为东山时代的文化而脍炙人口。"一碗苦茗品人生，四迭半茶室观天地，一枝英姿窥百花。"茶道和花道的这种闲静淡泊、幽玄雅致的境界，是在以将军足利义政为代表的上层统治阶级不事生产、逃避现实的情绪中孕育出来的。他们欲求天下升平而不可得，于是便自暴自

▲《泼墨山水图》雪舟

弃，不问政治，专享风流。因此，茶道、花道和同时期在平民中间取得阔步进展的健康的平民文化是根本无缘的。不过，随着平民势力的不断成长壮大，慢慢也体会到茶道和花道的境地，并将其中某些成分吸收到自己的文化中。因此，到了江户时代，茶道和花道便成了广大平民的教养内容，一直持续到今天。不过，其性质具有上述那种历史特点。

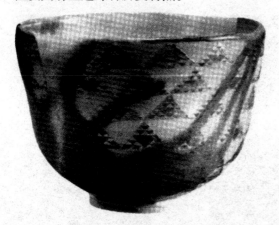

◀茶叶碗

这是一个陶瓷茶叶碗，带有鱼鳞和波浪图案的瓷釉，集中体现了后来大名风格的宏伟富丽。当茶师用勺将热水从壶中盛出倒入客人即将饮用的茶叶碗时，仪式达到了高潮。

▶叉子

最正式的仪式需要两份茶：第一份很"稠"或者说未搅开释；第二份很"稀"，搅至泡沫状。搅茶叶的小刷子是由一根竹子制成的，从一端将它小心地分叉，在叉的底部用丝线束住。

▲茶勺

这个优雅简洁的竹制茶叶勺误传出自小堀远洲之手，他是 17 世纪的一名茶师，发展了奢侈的大名礼仪。传统上，茶勺由茶师本人刻制。

▶茶叶罐

这种风格的茶叶罐，外形像枣子，使用深漆制成，是千利休的最爱之物。这件 17 世纪的样品装饰着金色的羽毛，体积更大更华丽。

◀茶壶

当日本接受了中国人饮茶的习惯时，他们不仅输入了饮料，也引进了仪式。自 8 世纪以来，中国人认为喝一杯茶象征着内心世界的协调。佛教禅宗强调严厉简朴，放弃对尘世的依恋。在禅宗的影响下，这一实践被精炼成一个以茶道的极致之趣而闻名的仪式。

在一个装饰很少的简单的庭园小屋内，主人迎来他的客人，把壶中的水烧开，将茶叶放在碗中冲搅，然后以谦逊的态度端给客人，这一风格在 16 世纪茶师千利休时达到顶峰。

但是，在 17 世纪茶师们复兴了更加卖弄虚饰的大名礼仪，模仿日本武士贵族来命名，要求更大的空间、带有华丽装饰的器皿，并为每个大贵族准备独立的座位。在其后的年代里，这种风格经茶道学校舍确立并编纂成书。在其影响下，该种仪式成为日本新兴中产阶级的消遣娱乐活动。

这个铸铁制成的水壶是茶道中一项重要器皿，带有早期拘谨风格，蚀刻有松树、竹子和李子树，它是一种力量的象征。

注　释：

①此数引自《吾妻镜》建长四年九月三十日条。

②此数见于北野神社文书所载的《洛中洛外酒屋名簿》。小野晃嗣《中世纪酿酒业的发展》（载《日本产业发展史之研究》，1941 年，至文堂出版），是以这本名簿为中心，对室町时代酿酒业的发展进行了深入研究的论文。此外，在《日本产业发展史之研究》一书中，还收有笔者在写作本章时曾参考过的《中世纪的造纸业和纸商业》和《日本棉织业的产生过程》等论文。

③所谓"六斋"，是指佛说中应该持戒、禁忌的六个日子，即每月的八日、十四日、十五日、二十三日、二十九日和三十日。《养老杂令》中规定：每月的六个斋日，公、私均不得杀生，因此，死刑的奏决在此日也不能进行。不过，书中此处所说的"六斋市"只是借用了六斋的名，实际与佛教无关，而是指每月举办六次的集市。具体日期是每五天一次，即一日、六日，或二日、七日。关于商业发展的情况，可参阅丰田武《增订中世纪日本商业史之研究》（1952 年，岩波书店出版）和《日本商人史》中世篇（1949 年，东京堂出版）等。

④研究日明关系的书籍有秋山谦藏《日支交涉史研究》（1939 年，岩波书店出版）和小叶田淳《中世纪日支交通贸易史研究》（1941 年，刀江书院出版）等。最近出版的以这时期日鲜关系为主题的有田中健夫《中世纪海外交涉史研究》（昭和 1959 年，东大出版会出版），该书中还附有以倭寇为中心的详细研究《中世海贼史研究的动向》。

⑤五山的规定，曾有过几次变动。镰仓时代虽已有五山之称，但五山究竟指哪所寺院，并不明确。建武中兴时，按南禅、东福、建仁、建长、圆觉的顺序规定了五山，这是从公家的立场修改过去以武家为中心的制度而来的。到了室町时代，又改为以武家为中心，采用了将各阶段的五山分给位于京都和镰仓的十座寺院的方式。后来，足利义满又于至德三年创建相国寺，为将其列入五山之中，便将南禅寺封为五山之上，然后就像正文中所说的那样，在京都和镰仓分别规定了五山。

⑥辻善之助《日本佛教史》中世编 3、4、5 册，以丰富的史料详细记述了这一时代的佛教情况，是这个领域中不可多得的好书。

⑦玉村竹二最近发表的《五山文学》（1955 年，至文堂出版）一书，通俗易懂地记叙了五山文学的具体内容。

第五章

近世

第一节　统一的意识高涨

战国及织田、丰臣时代　如果从政权更替的历史来看，镰仓时代以后，经南北朝到室町时代，可以说进入了武家政治的第二个时期。如果从社会结构的变化即社会史的角度，或是从政治与社会效果的关系即政治史的角度来看，则可以说，从南北朝到室町幕府这一段时期，是历史发生巨大变化的一个漫长的转折期。无论在武家政治的表现形式上，还是在封建制度的结构上，这些都是很明显的。特别是无休止的破坏与分裂、混战与杀戮，成了这一时期社会现象的显著特色。应仁之乱 [应仁之乱，日本在应仁元年（1467）爆发的内乱，延续达11年之久，到文明九年（1477）才告结束。直接的起因是将军义政家族争夺继承权，实际是守护藩侯内部权利之争。这次大乱中，守护分成两派，分别以细川胜元（东军）和山名持丰（西军）为主，从事战斗。战乱中还夹杂有农民、市民的起义。应仁之乱的结果，将军只有虚名，实权移到

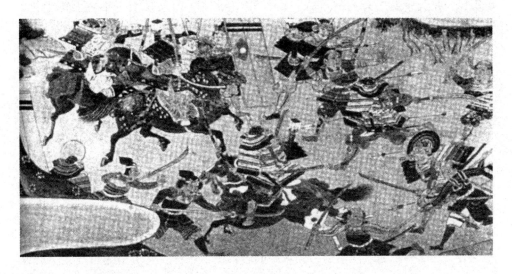

《应仁之乱会战图》

《应仁之乱会战图》，反映应仁之乱中的东岩仓会战的场面，制作于1465年。

地方藩侯手中；实际上地方藩侯、大名也徒拥名义，实权操诸下面家臣手中，所以日本历史上称之为"下克上"。——译者] 就是这种绝望的社会现象的集中表现。后来，虽然动乱在表面上告一段落，但由于造成这种动乱的社会和政治原因并没有消除，所以破坏与混乱一点也没有停止。毋宁说，战乱从中央蔓延到了地方各国，下克上的现象扩展到社会各个阶层，以致更大规模的混乱愈演愈烈。延德三年（1491），北条早云征服了伊豆，一个名不见经传的人物首次成了一国之主，由此造成了战国的开端，那是在文明九年（1477）应仁之乱结束以后 14 年的事情。

战国时代，群雄割据，相互攻伐，整个国家卷入战乱的旋涡中，真可谓到了中世末期混乱的最后阶段。但群雄为了维护对本国的统治，加强了领内的团结，集中了权力，这给无休止的弛缓与分裂趋势带来了紧张与统一的转机，进而激发了制服各国、统一天下的热情。在混乱的深渊中，自然酝酿出团结与统一的气运；在腐败透顶的中世纪废墟上，萌发出清新的近世精神。正是由于这种新的精神，我想把战国时代看作是近世的开端。战国时代，一般认为是从延德三年到永禄十一年（1568）织田信长征服京都为止的 78 年间。在这一段时间里，近世的统一与和平的趋势日渐高涨，战国末期，强有力的大名的统一势力在各地兴起，织田信长是其中最强有力的一人。信长称霸的时代（永禄十一年至天正十年）和继之而起的丰臣秀吉时代（天正十年至庆长五年），被公认为江户幕府的前驱统一的时代，把它列入近世史中。不过，为同室町时代、江户时代等称法强求一致，而称这一时代为安土时代、桃山时代，这不免有些牵强，很难说完全符合历史事实，倒不如直接称之为织田时代、丰臣时代较好。

各国群雄 纵观战国时代各国群雄的兴衰盛亡，首先要从足利将军的命运谈起。幕府这时早已不是号令天下的中央政权，充其量不过是畿内的一个地方政权，将军徒有虚名。义尚之后，将军一职由义植继承，一直到最后的义昭，共换了五代将军。他们虽身居最高军职，实际上却被权臣任意摆布、颠沛流离，经历着一般人都很少有的坎坷命运，和将军的名称极不相称。义植因细川政元谋反被囚于龙安寺，罢免将军职务，逃出后直奔越中，到周防，向大内义兴求援。在周防十余年，后乘细川氏内讧打回京都，再任将军。但 13 年后又因讨厌细川氏而逃奔淡路，遂死在阿波。义植之后被拥立为将军的是义澄，也与拥立者细川政元不和，直到政元死后，才和其养子澄元和好，但又逢义植返回京都，遂逃奔近江。后来曾试图再举，但没有成功，以 32 岁的壮年去世。将军的地位就这样完全为细川氏所左右。而细川氏又分成两派，争夺实权，因而也受到权臣势力的摆布，到将军义晴、义辉时，细川氏的权力已落入其家臣三好氏手中，三好氏的权力后来又转到其臣下松永氏手中，最后竟发展到义辉被松永久秀所杀（永禄八年，1565）。

关东管领是仅次于将军的重要职位，其情况也不例外。先是关东管领持氏因永享之乱［永享之乱，指永享十年（1438）关东管领足利持氏背叛室町幕府的事件。当时关东一带各豪族间争斗分权十分激烈，和作为管领的足利持氏间的矛盾对立十分尖锐，甚至其执事上杉宪实也因而离叛。这时将军足利义持去世，持氏以为继任将军非彼莫属，但由于义教的还俗而未能如愿；再加上其他问题，使其发兵叛离幕府。永享十一年（1439）幕府下令出兵讨伐足利持氏，并与今川、武田、小笠原各武将及原关东管领的执事上杉宪实一同进攻，足利义持不支自杀。——译者］而灭亡，执事上杉宪实等迎立其遗子成氏为管领。但成氏疏远上杉氏，杀了宪实之子宪忠，因而受到幕府讨伐，镰仓失陷了，便迁到下总的古河。宪忠之子房显旋又迎立足利义政之弟政知为主君，据伊豆的堀越（韭山）以与成氏对抗。这样，关东管领分裂成古河派与堀越派两派，上杉氏也分裂成山内和扇谷两支，两派的对立与上杉两支的抗衡互相交错，在一片混乱之中，为北条早云［北条早云（1432—1519），原名伊势新九郎长氏，出家后名宗瑞。开始时寄居在骏河守护今川义忠门下，在那里逐渐发挥其才能，因而当上了骏河兴国寺的城主。延德三年（1419）乘伊豆国混乱之际，取得了伊豆，迫使足利政知之子茶茶丸自杀后，就移驻韭山。应明四年（1495）他又越过箱根，进袭小田原的大森藤赖；接着又乘两上杉氏的内争，取得了相模、武藏的统治权。奠定了后北条氏五代的基础，成为后北条氏之祖。——译者］伺机坐收渔人之利准备了条件。

北条早云最初称伊势新九郎长氏。他四处流浪，寄居在骏河的今川氏门下。后来因为有功，当上了骏河兴国寺（骏东郡）的城主。延德三年（1491），适逢堀越派政知被其子茶茶丸弑杀，他便乘伊豆国混乱之机领兵攻取，迫使茶茶丸自尽，平定了伊豆国。然后由此越过箱根，拿下了小田原城，接着又在新井城（三浦郡三崎）消灭了相模的三浦氏，平定了相模。早云死后，由其子氏纲、孙氏康等人继承并进一步发展了他的遗业。氏纲夺取了江户、川越两城，平定了武藏，在国府台（千叶县市川市）大破古河派高基之弟义明与里见义尧的联合军，其武威震撼了关东。氏康则击败上杉朝定，灭扇谷家（天文十五年，1546），又攻山内上杉宪政于上野平井（藤冈市），使其逃往越后（天文二十年，1551），于是便消灭了上杉两支在关东的势力。自此除房总的里见氏、常陆的佐竹氏以外，关东再也没有能与北条氏匹敌的力量了。

在北陆，越后守护一职很早以前就由上杉氏的一个支系担任，但其实权为家臣长尾氏所夺。长尾为景之子景虎（辉虎、谦信）凭实力平定了越后，与近邻诸氏相角逐。历史上有名的川中岛之战，就是景虎与甲斐领主武田晴信（信玄）在信浓一决雌雄的战役。川中岛之战从天文二十二年（1553）到永禄七年（1564），先后进行了五次。山内的上杉宪政为北条氏赶到越后，景虎接待了他，并拥戴他为主君，企图收复关东，屡次与北条氏作战。宪政把上杉的姓氏和关东管领的职位让给了景虎，景虎便削发改称谦信。在杀伐无常，狂争乱斗的战国武将中间，上杉谦信［上杉谦信（1530—1578），原名长尾景虎（也称政虎、辉虎），是越后国守护代长尾为景的次子，为景死后，他代长兄晴景继承了家业，平定了越后，驻在春日山城。天文二十二年（1353）以后，应村上义清等的请求，出兵信浓，与武田信玄相争。弘治二年（1560）上杉宪政被北条氏围攻时，曾应其请改名上杉政虎进兵关东，一直到永禄十二年（1569）止，和武田、北条的相斗始告终止。天正元年（1573）攻取越中，更进而与织田信长作战。上杉谦信留意人民生活，注重经济开发，信神佛至笃。——译者］以尊神佛、重人伦、尚气节、好学问的高节之士见称，令人感到不愧是混乱中的一股清新气息。

在东海地方，比较强大的势力有骏河的今川氏、三河的松平氏和尾张的织田氏等。今川氏很早就任守护，其势力一直未衰，到氏亲时，更侵入远江，扩展了领地，并帮助松平氏与织田氏相抗衡。松平氏起初不过是三河的一个土豪，后来渐露头角，到清康时统一了三河，本想进入尾张与织田氏较量，不期为部下所杀，后来靠今川氏的救援才得保全其国。织田氏是尾张守护斯波氏手下的代理守护，随着斯波家的衰败而逐渐得势。到织田氏支族的信秀时，终于压倒宗家统一了尾张，西面与美浓的斋藤氏相抗衡，东面与三河的松平氏相对峙。

在近江美浓方面，美浓守护土岐氏的权力落到家臣斋藤氏手里，斋藤氏的权力又操在其陪臣西村勘九郎手中。这个人本是一名行商，流落到美浓，斋藤氏的家臣长井氏起用了他，让他承继自己的家臣西村氏，因而逐渐得势。最后竟杀掉恩人长井氏，继承斋藤氏之后，自称斋藤道三，领有美浓一国。战国武将那种忘恩负义、形同强盗的类型，可以说在西村身上，表现得淋漓尽致。近江守护佐佐木氏，向来就分成南北两支，北支称京极，南支称六角。六角氏遭受将军义尚和义植的征讨，京极氏的大权落在家臣浅井氏手中，都已衰微。

在中国地方，先是赤松氏领有播磨、备前、美作三国，但其权力落在家臣浦上氏手里，赤松义村为浦上氏所杀。大内氏是周防的旧族，曾以富强著称，大内义兴奉将军义植之命，镇守京都近十年，其子义隆喜尚风雅，因此其所居山口城的文运日趋昌盛。但其家臣陶晴贤对此心怀不满，终于背叛义隆迫其自尽，迎来丰后的大友义鉴之子义长为嗣子，而自己则掌握实权。在山阴地方，出云的代理守护尼子经久，四出征伐，降服出云、隐岐，经略因幡、伯耆，其势力直扩展到安艺、石见。安艺守护本是武田氏，但毛利、吉川、小早川诸氏各自独立，不能统一，因而成为大内和尼子二氏争夺的目标。待到毛利氏家中由毛利元就主事时，他让子元春承继吉川氏，子隆景承继小早川氏，为自己的羽翼，从而把尼子氏势力逐出安艺，继而向陶晴贤篡夺兴问罪之师，严岛一战，消灭了他（弘治元年，1555）。至此，元就的势力震撼周防、长门二州，不久降服了尼子氏，形成了跨山阳、山阴地方的强大势力。

在四国，细川氏本是淡路、阿波、赞岐等地守护，但其权力旁落到家臣三好氏手中，一再出兵畿内，争战不已。伊予守护河野氏势弱，因而成为大内和大友两氏争夺的地盘。土佐在应仁之乱时，由避难至此的一条教房的后代担任国司，颇有势力，但长曾我部氏兴起后与其对抗，最后，到长曾我部元亲时统一了这一国，并想进而征服整个四国。

在九州，大内氏是丰前、筑前的守护；大友氏是丰后、筑后的守护；少式氏是肥前的守护，彼此间互争高下。后来，少式氏部下的龙造寺氏攻取了肥前；大友氏则乘大内氏灭亡之机，将势力扩展到丰前、筑前。在肥后，守护菊池氏势力衰微，由大友氏取而代之；在萨摩和大隅，则自古以来就统领该地的岛津氏仍不失累世的威势，大有统一二州北上之势。

最后，奥羽地方则为伊达、芦名、最上南部诸氏割据，而伊达氏的势力后来大振。

以上是战国群雄割据的概貌。从各国情况看来，几乎都是旧的领主被新兴的部下所排斥掉，统治阶层像走马灯似地在不断变化。主被臣讨，父被子弑，既无道义，亦鲜廉耻。有的只是贪图个人安逸、富贵的利己心。所依仗的，仅仅是压倒敌人的武力和策略。在这里，人们忘却了文化，丧失了德行，赤裸裸的兽性在蛮干横行。社会也不再承认一切旧有的形式和约束，只知道实力可以决定一切。日本历史在这时期可以说是迎来了一个对破坏与混乱进行总决算的恐怖时代。不过，在彻底破坏之后，会出现建设的生机。要想讨伐主君，不久在自己也变成主君之后，就不能不设法防范；侵犯敌国的领主，也必须为本国的命运，处心积虑地讲究防守对策；破坏之后需要建设，混乱之后需要秩序，自由之后需要统制，这是历史的潮流。各地强有力的大名征服和统一邻近的势力，就是这一潮流的外在表现。而各分国领土的统一政策，正是这一趋势的底流，这是应该注意的。

分国法的发达　战国群雄中的杰出者，都是在其领国内发挥卓越治理才能的人。他们都知道，为了消除对外战争时的后顾之忧，必须确立巩固的内政。为此，他们注意民政；加强对将士的控制；制定法律实行于国内，这就是分国法。其实例中较著名的有大内家的《壁书》、今川家的《假名目录》、伊达家的《尘芥集》、武田家的《信玄家法》、长曾我部元亲的《一百条条例》等。各国分别立法，而没有全国统一的法，这就是分裂的一个明显表现；另外，他们分别在其领内，建立治理的法制，也说明向统一的道路迈出了一步。这一点，只要看一下这些法的内容中所体现的统一精神，就更加明确了。

分国法内容中的统一精神，首先可在各国主权的统一性和绝对性上看出来。分国的国主是前代守护和国司的继承人，握有领内的警备权，同时作为庄园的领主和国司的继承者，在领内行使裁判权、征收租税，并能制定各种法律，广泛掌握多种权力于一身。而且，在他们头上统治他们的幕府权力实际上已不复存在，所以他们成了分国中的绝对专制君主。其权力的统一性与整个中世纪地方权力的分裂性形成了鲜明的对比。另外，对国主永远不得反抗，君虽不君，臣亦不能不臣，这种把国主地位绝对化的宣言，也只有在统一权力的基础上才有可能。

在这样强大的领主权力之下，家臣受着严密的控制。镰仓时代的武士是由户主率领一族臣事主君的，可是到了这个时代，这样的血缘关系已日渐薄弱，取而代之的则是人为的主从关系即物头、组头制和寄亲、寄子的制度。即家臣在物头、组头之下分别被编入各部，形成一种平时就是军队组织的单位；然后，通过人为的寄亲、寄子即义父子关系而隶属于分国的主君，用假设的家族制度来加强隶属程度。他们臣事主君，并不是基于恩义，而是出于利害关系。这一点国主也很清楚。为了避免受其他分国的诱惑，禁止他们与其他分国通信、结婚和来往，禁止家臣之间私自结党、订立契约、为他人效劳、变更义父子关系等。另外，婚姻和继承家业，也必须得到国主的许可；对自己的领地，也不准买卖。所有这些，按镰仓武士的惯例说来都是对自由的严重限制，对人权的侵犯。刑罚极为残酷，动辄处以死刑，连坐制度的范围也扩大了，甚至不问是非曲直的、武断的所谓"喧哗两成败法"（打架不分青红皂白双方各打五十板法）也普遍应用起来。

统一性还表现在领有对象上。中世纪土地制度的基础是庄园，庄园存在着领有、所有、管理、耕作等诸多权利，往往一个庄园由许多人分割治理。武家势力侵入庄园后，就剥夺了本所［本所（本家），庄园制时，一些有权势的贵族、领家和大寺、社在名义上领有园，收取一定数额的贡纳，负责保护庄园，而实际上，庄园的所有权仍属于原有的领主、领家。——译者］的领有权和庄官（庄官，也称庄司，是负责庄园的实际管理者，一般由庄园领主、领家加以委任，但也有由中央或当地有力豪族派遣的。——译者）的管理权，实行了统一征收租税，同时也使土地所有者和耕作人归于同一个人，因而使国主能够对领内的土地和人民进行直接而完整的统治。另外，地方基层组织的乡村自治制也很发达，国主向这些乡村征收租税，并向他们发放退休、退职金。在连坐的自治村落里，国主拥有直接而完整的领有权，它体现了这一时代分国组织的强大与巩固，这种简单而朴素的统一性正是近世精神的表现。[①]

战国诸侯本身就是分裂与混乱的产物，但正因为如此，他们也更强烈地渴望统一和秩序。他们对待皇室的态度，就清楚地说明了这一点。当时皇室式微已达极点，不要说政治权力，就连经济基础也丧失殆尽，按惯例或临时举行的仪式，都难以举行。这些消息传到强有力的诸侯，如大内、今川、北条，朝仓、上杉、毛利、织田等处以后，他们便纷纷捐献举行仪式所需的费用，或尽力修理皇宫。依靠这些诸侯的支持，朝廷才得以勉强维持了体面。他们这么做，可以说体现了在乱世中觉醒起来的传统的人民感情。而其直接的动机则是他们对统一的共同愿望，这一点是不容否认的。统一需要有个中心权威，过去治理过盛世，而今已失去实权的皇室，对来自乡村的武士来说是陌生的，唯其如此，在他们的眼里，却是一种神秘莫测的权威，因而对他产生一种新鲜的感觉。为了巩固领内的统治，或是为了进一步号令天下，都需要借助皇室的权威，并认为这样做是可取的。他们知道，自己的权威除了武力之外别无他物，而靠武力是不足以使人民心悦诚服的。因此，他们要在超越自己的境界中去寻求权威的源泉。

欧洲人的到来　同欧洲人的接触，是从战国时代开始的，在这以前，连做梦也没想过的异种文化传到了日本，它标志着一个崭新时代的到来。最先来到日本的欧洲人是葡萄牙人，后来交通虽日见频繁，但最初的 50 年中驶来日本的，仍完全是葡萄牙船。这反映出在当时的国际社会中，葡萄牙在东西交通上所占的优越地位。本国的盛衰也会极敏感地反映到对日交通方面来。15 世纪末，葡萄牙人成功地发现了经由好望角到达印度的航路。永正七年（1510）侵占了果阿，作为其东洋贸易的根据地，更进而夺取了马来半岛的要地马六甲，进入南海，又侵占了澳门，对中国的贸易也日见繁盛。由这种贸易和经营殖民地而攫取的巨大利益，成为当时正在兴起的绝对主义政权王朝的强有力的支柱，说明它向东方发展，并不仅仅是出于好奇心和探险欲。

天文十二年（1543），一艘葡萄牙船遇上台风，漂泊到种子岛，这是西洋人来到日本的开始，以此为契机，新式的火器——枪（这里所说的枪，是近代步枪的最初形态，不是向来用的火枪，在日本称为"种子岛铳"，其所以这样称呼，是因为这种枪最初是由种子岛输入的。——译者）传入了日本。葡萄牙人发现了

《葡萄牙商人和货船》（部分）

到日本的航路，并知道同日本进行贸易很有希望。从此在中国沿海的葡萄牙人便都
争先恐后地来到日本，把中国的商品拿到日本，从日本换回大量的白银，从而使中
国的生丝价格猛涨。天文十四年（1545），他们已经来到丰后从事贸易；天文十七
年（1548），他们的船沿九州东西两岸北上，出入于各个港口，直到下关海峡；天
文十九年（1550），葡萄牙船进入了自古以来作为中日交通要地的肥前平户。从这

早期布道团的耶稣会会士

　　耶稣会会士圣方济各·沙勿略作为传教士被约翰王三世派往葡萄牙的东方殖民地。1549 年，圣方
济各到达日本，在那里他广游四方，并创建了一个后来兴盛了 100 年的布道团。图右描绘的是一个早期
布道团中两位日本的耶稣会教士。

时起直到永禄四年（1561），他们每年都要来到这里，平户因此而繁荣起来。但由于领主松浦隆信对基督教不感兴趣，其地位终于被大村领内的福田所代替，元龟元年（1570）起，贸易中心又移到大村领内的长崎。这种贸易与宗教的密切关系，正说明他们前来东方的实质。这件事也成为后来问题迭出的一个原因。

屏风画

此画是一幅折叠屏风，它描绘了葡萄牙船只在日本港口卸货时的情景。

基督教传入日本，是在葡萄牙人发现日本六年以后，即天文十八年（1549）。在日本人弥次郎的带领下，正在东洋传教的传教士方济各·沙勿略（Francisco Xavier）〔方济各·沙勿略（1506—1552），西班牙人，耶稣会会士。1542年至印度果阿传教。1549年乘中国船舶赴日本。1551年和1552年曾两次到中国广东上川岛传教，后病卒于该地。——译者〕来到鹿儿岛，经领主岛津贵久的许可开始传教。方济各是耶稣会的创立者之一，耶稣会是天主教派中反对宗教改革的一支强大动力。由于方济各的品德和功绩，后来罗马教皇曾赠给他圣人的称号。方济各在鹿儿岛停留了一年，因禁止传教，便到平户，又经山口来到京都；返回平户以后，又来到山口，受到大内义隆的款待；后来又应大友义镇的邀请前去府内（大分），每次都乘机成功地进行了传教活动。方济各在日本只停留了两年零三个月，就到印度去了，但他却早已看出，日本人在异教徒中，具有最优秀的素质。在日本传教，虽然辛苦些，但大有前途，因此他建议，派遣有能力的耶稣会员到日本来。这个建议决定了基督教后来在日本发展的前景。传教士的热心传教和他们带来的欧洲文化的魅力，极大地吸引了在无休止的战乱中渴望拯救灵魂的人们。另外，诸侯的做法，也有很大力量，他们为了获取贸易利益，不惜奖励和贸易密切相关的传教活动。尽管有过曲折，但基督教的信徒还是不断增加。天文年间，山口建立了教堂（大道寺），信徒达 2000 人，府内的信徒在弘治元年（1555）也增达 1500 人。最早接受洗礼的诸侯，是肥前的大村纯忠（永禄五年，1562）。由于大村的受洗，致使原来在松浦领内进行的贸易转到大村领内。因此，大村遭到北九州诸侯的憎恶与嫉妒，遭受多次兵祸，然而这不仅丝毫没有动摇他的信仰，反而使领内的信徒更增加了。

京畿地方的传教活动比九州要晚，是从永禄二年（1559）加斯帕·维莱拉（Gaspar Vilela）进京时开始的。他会见了三好长庆，获得了传教的许可，又与稍后进京的路易斯·弗洛伊斯（Luis Frois）一起谒见了将军义辉，一时传教似乎大有希望。但战国的动乱也影响了传教活动，松永久秀篡弑了将军，致使事态急转直下，传教活动遭到了禁止，传教士们也只好暂时离开京都。基督教在京畿的传教事业，真正发展到空前盛况，是在信长进京以后。②

织田信长的霸业　织田信长征服了各地出现的地方统一势力，以京都为中心，实现了全国统一。虽然他的统一事业并没有完成，但他已经树立了统一的计划，并向实现这一计划迈出了巨大的步伐，在这一点上，他不愧是伟大的先驱者。织田氏在其父信秀时已经完成了尾张的统一，向朝廷进献了营造皇居的修理费，表达了实现全国统一的理想。不过，他对统一事业的坚强信心，则是在永禄三年（1560）对今川义元作战中，取得了桶狭间战役的胜利后才树立起来的。今川义元志在凭借历代在东海的威势，称霸全国，本想在西上途中首先吃掉尾张，但遭到信长的奇袭而战死，野心化为泡影。这次战役之后，信长不但消除了今川氏的威胁，而且同以前追随今川氏的松平元康（即德川家康）联合起来，让他控制东部地方，自己得以全力投入西进。他首先降服了美浓的斋藤氏，把居城从清洲移到美浓的稻叶山城（岐阜）。这时正亲町天皇派遣敕使奖赏其功，并将收复浓、尾两国的皇室所有地一事托付给他。因此他便越发得势，把当时逃出京

织田信长像

　　织田信长于1534年出生于尾张国那古野城（今名古屋市，另一说为胜幡城），是尾张守护代织田信秀的嫡长子（有一庶兄织田信广），母为信秀正室土田御前。少年时代为人荒诞不稽，被人嘲为"尾张的大傻瓜"。1548年，与美浓国大名斋藤道三长女斋藤归蝶政治联姻。信秀死后，信长虽继任家督的位置，可家中却出现以弟弟织田信行为首的反对势力。信长以居城那古野城为中心，通过一系列的征讨逐步统一尾张国。1560年，位于尾张东北边的骏河国，控有骏河、远江、三河三国，人称"东海道第一弓"的今川义元率领两万五千大军攻打尾张。面对如此庞大的军队，仅有三千兵力的织田信长发动奇袭，于桶狭间击杀今川义元获得大胜，今川义元亦死于此役。自此以后信长声名大振，今川家则日渐衰败。两年之后他与德川家康结盟，同年间完成统一尾张的壮举。统一尾张后的信长进行一连串的改革，借由尾张的地理优势，信长取消关税设立、设立乐市鼓励商业、壮大本身的政治经济实力。

　　织田信长掌权期间，积极鼓励自由贸易，奖励技术革新。信长还推行了新的大名制度，使各地的地方制度更加完善。消灭了大量的割据势力，促进了和平年代的到来，为后世的丰臣、德川政权的建立打下了坚实的基础，大大推进了日本历史的进程。

城，依靠越前朝仓氏的足利义昭接到美浓，并武步堂堂地将其拥入京都。在这种形势下，掌握京都实权的松永久秀降服，将军义荣也病死了，于是义昭当上了将军，由信长掌握实权。从此以后，信长对于一切阻碍统一的势力，不惜以其强大的武力加以打击。元龟元年（1570），在近江的姊川大破浅井、朝仓联军；次年，焚烧了和他们串通一气反抗信长的叡山，使全山化为焦土；天正元年（1573），攻取义昭，灭亡了足利幕府；天正三年（1575），在三河的长篠大败武田信玄之子胜赖的西进军；天正五年起，遣其部将羽柴秀吉经略中国地方；天正八年，与长期抗争的石山本愿寺门徒媾和；天正十年，赴甲州消灭武田氏；等等。信长进入京都以后15年中，战绩辉煌，尤其幸运的是，对他霸业的两个可怕的敌手武田信玄和上杉谦信，都在未展雄图时先后病死（信玄天正元年卒，谦信天正六年卒），真好像上天只让他这一个英雄来完成统一大业似的，幸运亨通。但就是这个英雄，在天正十年（1582）六月，由于部将明智光秀掀起叛乱［本能寺之变，指天正十年（1582）明智光秀在本能寺袭击并杀害织田信长的事。光秀之母，因信长违约，而被丹波的波多野氏所杀害，因而怀恨在心。加上天正十年光秀突然被免去接待德川家康的任务，而被派去中国地方进行讨伐，十分不满，所以就袭杀了在京都本能寺止宿的织田信长；信长子信忠也被杀于京都二条城，明智光秀占据了京都，但不久即为急遽和毛利氏休战言和而返归的羽柴秀吉（丰臣秀吉）所战败，光秀身死，信长的统一大业则由秀吉继承。——译者］，被害于京都本能寺的寓所中，像晨星一般地消失了。

如果信长仅仅是凭借武力去进行征服，那么，人们恐怕就不会那么高度地评价他在历史上的意义了。正因为他的武力征服，是在他卓越的统一政策的前提下进行的，他一面进行武力征服，一面实行统一政策，陆续为新文化建设打下基础，才具有重大的历史意义。后来，丰臣秀吉统治天下的许多政策来自信长，这已成为史学家的定论。我们在信长身上，可以看出比作为一个武将更大的作为一个政治家的价值。而且应该说，武将信长的成功则是由于政治家信长的成功。信长在战术上率先采用新文化，使用出乎敌人意料之外的武器和方法。长篠战役是信长大规模组织使用海外新文化的枪而取得成功的最早的例子，这是人们早都洞悉的。他还比别人更好地使用象征新时代的步兵密集战法，最早把装甲军舰用于海军的也是他。从根本上说，他以土质肥沃的尾、浓平原为根据地，最大限度地利用了其人力、物力资源。正是这种政治家的才能，才是他建立赫赫武功的基础。

他的和平统一政策极为广泛，遍及各方面。

第一，治理交通。过去，庄园领主到处设立关卡，阻碍来往，十分不便。永禄十一年，他入京以后，立即命令撤除关卡，清除交通障碍。以后也经常致力于修路架桥，对统一的具体手段交通政策表示深切的关心。

第二，否定中世纪的市场和座（座，类似同业公会性质的垄断组织。——译者），设置乐市、乐座（乐市、乐座，为繁荣城下町，特在指定地点设立的市、座，享有免纳市场税及其他杂役和座的特权，并保证向来座商人和有力商人的利益。幕府通过乐市、乐座来重新对城市、商业进行了编制和统制。——译者）。中世纪的市场和座，享有营业的垄断权，它同庄园领主紧密结合在一起。是一种封锁性的特权组织，设立乐市和乐座，否认了其垄断性，作为向任何人都开放的自由营业场所，有利于领内产业的发达和城市的繁荣。乐市、乐座在信长以前虽也有过，但美浓的加纳、近江的金森、安土等许多地方的乐市，都是他命令设置的，现在还有证可查。

第三，是城市的保护和建设。天正四年（1576），他在近江的安土筑城，修建了宏伟的七层天守阁，作为自己的居城。同时，他对城下町的繁荣也十分关注，在设立乐市、下令自由贸易的同时，免除杂役、杂税，允许往来商人自由投宿，对市民的特权关怀备至。此外还豁免了京都租种领主土地佃户的各种地租。并把堺、草津、大津等经济城市划为自己的直辖地，设置代官治理。他已经了解城市商人的经济实力，因而加以保护，使之成为自己权力的有力支柱。

第四，统一币制。中世纪时，在日本流通着各种货币，十分紊乱，为此需要良币劣币交换率等，信长发布了"撰钱令"，规定了各种货币的换算标准，还铸造了统一的新金币。

第五，管理矿山。他在但马降伏了山名氏以后，直接经营生野银矿，派遣代官从事开采。

第六，丈量土地。随着土地制度的变迁和领主集中统治的强化，有必要重新确定土地的纳税额与耕作者，这就需要丈量土地。战国时代，各地诸侯虽然也进行过这种丈量工作，信长也在大和、山城、伊势、播磨等地进行了土地丈量。但信长的丈量工作做得十分严格，致使兴福寺等许多寺社感到困惑。[③]

第七，保护基督教。信长允许以前被驱逐的耶稣会会士进京，并亲自会见了弗洛伊斯（Luis Frois）等人，允许他们在京都及安土建设教堂。于是基督教得到了迅速发展，天正十年（1582），信徒总数达 15 万人，大小教堂有 200 所，传教士 75 人之多。在各地都设有神学校、修道院等教育机构，可谓盛况空前。基督教对他的统一政策虽然没有直接的帮助，但是在促使佛教徒反省、广开新文化流传渠道方面，显然是与他积极进取的政治方针相一致的。在这一时代的日本基督教历史上值得大书特书的是，天正十年（1582），北九州的大名信徒大村纯忠、大友宗麟、有马晴信三家在传教士瓦利纳尼（Valignano）的建议下，向遥远的罗马教廷派遣了使节。使节正副四人，都是少年武士。他们踏破万里波涛，经葡萄牙、西班牙到达罗马，正式谒见了教皇格列高利（Gregarius）十三世。所到之处，均受到隆重欢迎，出色地完成了使命，于天正十八年（1590）回国。最早访问欧洲的日本使节，以其虔诚的态度和热烈的信心，使广大具有坚定信仰的欧洲人大为感动，明显地增强了他们对日本的关心。这是积极进取的时代思潮对外结出的一颗美丽的果实。④

丰臣秀吉的统一 继承织田信长的遗业，完成统一天下大业的是丰臣秀吉。他是织田信秀的步卒木下弥右卫门的儿子，在服役中，深受信长器重，提拔为近江长浜的城主，后来经略中国地方时首次接受信长的委任始终竭尽全力完成任务。当他得知信长死讯时，正在围困备中高松城，用水攻以致其死命，毛利氏无奈前来求和。他迅速与其达成了和议，回师到京都西面的关隘山崎，击败并消灭了明智光秀。这是在他从高松出发仅仅八天之后，信长死后第十二天的事情。秀吉的特点是：神速机敏、常有出敌不意的计谋，在危急时刻，最能充分发挥其特长。由于诛伐光秀有功，秀吉在织田氏众将领之间的地位大为提高。因此，在确定信长后继者的会议上以及在为信长举行葬仪上，秀吉压倒了先辈老将，从而掌握了主导权。这当然招致了他们的嫉妒。柴田胜家是反秀吉派的首领，但在贱岳（近江）一战失败后，自杀于北庄［福井市，天正十一年（1583）四月］。从此秀吉的势力达到了北陆，许多织田氏的将，包括前田利家在内，都成了秀吉的属下。⑤这一年他在大阪修筑居城，用巨石固垒，装饰得极其豪华，作为统治天下的中心可谓毫无逊色。这时，德川家康兼并了今川和武田的旧领地，形成跨骏河、远江、三河、甲州、信州的强大势力，不肯听从秀吉的指挥。信长之子信雄想借家康的援助消灭秀吉，其联军在尾张的小牧山布阵，与秀吉军对垒［天正十二年（1584）三月］。这一战役是秀吉与家康两大英雄的对抗战，但双方都在暗地里你来我往，进行秘密工作，只互相固守阵地，并没有真正进行决战。双方都知道对方的实力，知道硬拼是徒劳的，于是彼此讲和，家康承认秀吉的优越地位，秀吉也尽量保全家康的面子。在这次战役中响应家康的各地势力，后来都陆续受到秀吉的征讨而降服，如越中的佐佐成政，纪州根来、杂贺的起义，四国的长曾我部元亲等皆是。至此，中原地方已无能与秀吉相抗衡的势力。从这点上，完全可以说，山崎、贱岳、小牧三大战役奠定了秀吉创业的基础。

在这期间，秀吉的官位也不断晋升，诛杀光秀之后，官拜从五位下左近卫少将；十三年三月，累升为内大臣；七月进补为关白。关白一职，向来为藤原一族担任，而由其他以外的人担任是从来没有先例的，因此，他当了近卫前久的养子，改姓藤原。但他认为借用他人之姓有损自己的形象，便奏请

丰臣秀吉画像

丰臣秀吉（1536—1598），日本战国末期统一全国的著名武将。尾张国（今爱知县西部）中村（今名古屋）人。本姓木下，后被赐姓丰臣。原为著名武将织田信长的部将，跟随信长率兵征战，屡建战功。1582 年信长死后，秀吉日益权重。1585 年任总揽政务大权的关白一职，成为最有实力的军事统帅，亲率 25 万大军，以拥护天皇名义，政治谋略和军事手段并用，先后于 1587 年战胜岛津义久，平定九州，1590 年 7 月攻占小田原城，消灭北条势力，平定关东六国，统一日本。对内大量土地，改革土地制度，收缴民间兵器，实行农兵分离，开始建立了中央集权的封建领主统治，为后来的幕藩统治体制奠定了基础。对外奖励通商贸易，限制天主教的传播。他和织田信长一起开创了日本历史上极为重要的"织丰时期"。1591 年将关白职交其子秀次，自号太阁。1592—1598 年两次发兵侵略朝鲜，妄图征服中国。他的狂妄企图，被朝鲜人民和中朝联军粉碎。1598 年 8 月，因失败积郁而死。

这幅肖像画再现了丰臣秀吉权倾朝野的形象，反映了他在日本历史上举足轻重的地位。

天皇，在得到许可之后，就改用丰臣这个新姓。秀吉以武力平定了中原，又担任了朝廷最高职位关白，成为名副其实的天下霸主。后来虽然还对边远势力进行了征讨，但那是胜败早在意料之中的事，不过是为完成统一而进行的扫荡战罢了。天正十五年（1587）征讨九州时，他亲自策马来到萨摩的大平寺，一路上行装华丽，轻松得好像在游山玩水。岛津义久降服后，他把九州各国分给各位诸侯，九州彻底平定了。但他在这次征讨中，经常打着敕命的旗号，为他征服九州做到名正言顺，这也表明了他对皇室的态度，说明他当关白绝非徒有虚名。在此以前，他在京都的内野建造了豪华的邸宅——聚乐第。十六年（1588）四月，在这里举行了空前盛大的仪式，迎接后阳成天皇前来行幸，以盛宴款待天皇，并增献皇室领地，召集各大名宣誓，要世世代代拥戴皇室，不得违抗关白的命令。这固然是他尊皇精神的表露，另外，也可以说他是想借天皇的威信来加强和巩固自己的权势，从而最后完成许多诸侯心想实现而未能实现的目标——称霸天下。

天正十八年（1590），丰臣秀吉把矛头指向关东地方的强大势力北条氏。这次也是打着敕命的旗号，命令各国大名出兵，所以征讨小田原的兵力号称有30万之多。大军压境后，采用了持久战的方针，包围城池断绝粮道，同时攻打关东其他各城，以削减其羽翼，主城终于陷落，偌大的关东雄族，竟在早云崛起百年之后灭亡。这时，以伊达正宗为首的奥羽诸侯，也对他低头称臣了。在本能寺之变后仅仅八年，全国终于实现了统一。

箭雨桐纹花样长服（丰臣秀吉所穿用）

尽管要求统一已是大势所趋，尽管已经有了卓越的先驱者，但如果没有出现秀吉这位英雄，恐怕也不会这样迅速完全统一全国的。秀吉是个罕有的具有雄才大略的武将政治家，同时又是一个具有适合实现这个统一所需要的开阔胸怀和通达人情事理的人。上面说过，秀吉的统一政策，大部分是继承和发展了信长的方针，但在每项具体措施上，即使完全是那样，而其实施精神却有天壤之别。信长对人严厉刻薄、杀伐失度，而秀吉则包容万人、以温情待人，力避杀戮无辜。在留下的一些秀吉遗书中，可以见到他对父子妻妾那种温存而细腻的爱情，充满在字里行间。正是这种美好的仁爱精神，不仅信长没有，许多战国武将也都不具备。⑥

前面提到的信长各项统一政策，都由秀吉进一步发展了。具体的如治理交通方面，当时在日本对计算里程没有统一的标准，一里路的长短因地而异，各不一致，秀吉下令从备中到名护屋每隔 36 町（町，日本的长度单位，每町约合 109 公尺。——译者）筑一土台，以表示里的长度，明确地统一了距离标准；乐市的制度也在各地实行，努力谋求城市的繁荣；他还下令恢复因战乱而荒废的京都市街，重新在市街周围修筑土墙以划定市区的范围；在征服九州的归途上，还筹划复兴已化为焦土的博多市，允许自由通商，免除各种杂税；为统一币制，铸造了大型和小型的金币以及用银和铜铸造天正通宝、文禄通宝两种硬币；在管理矿山方面，除生野之外，还陆续将石见银矿、佐渡金矿等收归直接经营，对其他诸侯所有的矿山，则课以捐税。当时的金银产量很高，他自己储存了大量的金银，造成许多传闻，这实际上也是他管理矿山方法适宜的结果。

丰臣秀吉像

丈量土地（检地），历来是他所施各种政策中最为人乐道之一。从山崎会战次日起，他就逐渐在他势力所及的范围内推行，以后每年都继续丈量，直到他去世为止，几乎在全国范围内都实行了丈量。丈量的要点首先是，制定统一的面积单位，以曲尺（曲尺，日本的长度单位，每一曲尺约合 0.303 公尺。——译者）6 尺 3 寸见方为一步，30 步为一亩，10 亩为 1 段，10 段为 1 町。其次是依土地的肥瘠，分别定为上、中、下、下下 4 个等级，统一规定产量，责令以收获量的 2/3 交给领主，为此，统一了升斗的容量标准；又把土地的实际耕种者登记在检地簿上，把农民紧紧地束缚在土地上；还废除了庄、乡、保、里等复杂的行政区划名称，统一规定简称为国、郡、村。所有这些措施，都是废除中世纪庄园制度，建立新型土地制度，从制度上来确定社会的经济变革，送走中世纪，迎来近世社会的显著标志。正如制定户籍、施行班田是律令制的基础一样，这些也成为近世社会制度的基础。这一时期确定的单位和名称等，一直沿用下来，具有强大的生命力，直到昭和时制定公制以后才停止使用。⑦

收缴武器（刀狩）也是一项具有重要意义的政策，它禁止全国的农民、僧侣持有刀、矛、弓、枪等武器，凡违禁持有者，都要没收。自天正十三年（1585）起，已在部分地区实行；天正十六年（1588），下令在全国实行。并考虑到没收来的武器的转用途径，经熔铸后，用作修造中的东山大佛身上的钉、锔等。中世纪时，武士住在农村，一旦有战乱，农民也拿起武器，形成强大的战斗力，因而兵农间的关系十分接近，这是中世纪的混乱在身份制度方面的一种表现。现在收缴农村的武器，消除了农民的潜在战斗力，谋求社会和平，区分士、农身份，建立起各阶层的秩序。这对统治者来说，当然是为了建立新的和平秩序而必然要采取的措施。

秀吉对待寺院的政策，则和信长恰恰相反。信长蛮横地破坏寺院，而秀吉则保护它、允许它复兴。比叡山、高野山因此而得到复兴，本愿寺的光佐修复了京都大谷的祖庙，并在六条领得了大片地压，修建了其总院西本愿寺。

对基督教，开始也是加以保护的，可是后来却改变了态度，驱逐传教士。这似乎与他的包容一切政策相矛盾，要知这个命令是他在征讨九州的归途中发布的，因此可以认为，秀吉亲眼见到了九州信徒的活动情况，觉察到有违日本的纲常伦理，背地里包藏着政治野心，所以才为国家的统一和独立而采取了这样果断的措施。但他并没有禁止通商贸易，所以禁止基督教的命令未免执行得不够彻底，而且对教士的迫害反而提高了大家的信仰热情，甚至出现了新领洗者的事例。

丰臣秀吉的对外政策　秀吉在国内完成了统一，建立了赫赫的丰功伟绩，但是在外交上却徒有宏图，没有能收到实效，暴露了他毕竟不过是一个局促于岛国内部的井底之蛙式的人才，在复杂的国际环境中缺乏善于应付的知识和卓见。他发动的朝鲜战争，尽管在各个战役和策略上收到可取的效果，但从整体来看，却完全是轻率的举动。由于首战成功而得意忘形，甚而制定征服明朝以后的各种措施等，说明他对局势的看法过于乐观，不懂得现实国际关系的严峻性，天真得简直像个孩子。他把朝鲜、明朝时的中国以及其他国家看得就像日本的九州和关东等地一样。遣使送书，促其入贡，不入贡就出兵征讨，这是他在统一国内时常用的手法。他发动朝鲜战争的原因，一般认为是希望恢复与明朝、朝鲜的勘合贸易，但是应该知道，由他要求对方入贡的贸易，与前代的勘合贸易在主客关系上恰恰是完全相反的。他在对外交涉的第一阶段，可能是想从日本的优越地位出发开展通商贸易，当要求得不到满足时，第二阶段便想以武力来征服对方。朝鲜战役就是通过这样一个过程而引起的。对贸易的要求是前一阶段的原因，并不是整个的原因。最基本的原因是，他有一种错觉，认为对待外国，也可以像对待国内那样。造成这种错觉的背景是，倭寇长期活跃之后，觉得明朝时的中国和朝鲜等并不是可怕的远方国家，而觉得是极其接近的，这种感情所起的作用似乎应该一并加以考虑。（在这里，著者把丰臣秀吉发动侵略朝鲜战争的原因，轻轻地归诸"他有一种错觉，认为对待外国，也可以像对待国内那样"。这是完全错误的。下面著者也谈到，丰臣秀吉企图攻陷明朝的首都北京，以作为日本的帝都；还想把天竺附近的各国，分封给有功将领。以及丰臣秀吉在实际谈判中，不满足于明朝的册封。这不正说明丰臣并没有错觉，更没有像对待国内那样对待外国吗？但著者从资产阶级学者的立场出发，企图用"错觉"那样轻描淡写的词句，来为丰臣秀吉的侵略野心辩护、卸责，是完全徒劳的；反而进一步暴露了著者受过去御用学者的毒害很深，因而不愿公正地去认识历史事实的本质。丰臣秀吉的出兵朝鲜，完全是一种侵略行为，其主要的原因，确如著者所说，对贸易的要求，并不是全部，也不是主要的原因。主要的原因是丰臣秀吉企图转移国内反对派，特别是被其武力所压服，但随时可能起来背叛的藩侯、大名的目标，想把战事引向国外，以侵略、扩张来加强和巩固其统治；至于贸易，想从贸易中取得巨额利润，以解决其经济上的困难，可能是重要原因之一，也是支持其向外扩张、侵略的文治派和其背后的商业势力的目的。但主要的原因，绝不是仅仅为了贸易的利润。日本统治者在实力充沛以后，企图扩张，用侵略邻国来达到其目的的野心，从历史上看是有其目的的，值得警惕。著者使用的"错觉""感情发生作用"等说法，请读者多加注意。——

译者）

　　天正十五年（1587），他通过对马的宗氏，开始与朝鲜交涉，由于谈判进行得不顺利，便于天正二十年（1592）断然决定下令出兵。出兵的最后目的很明确，就是要假道朝鲜入明。渡海的陆军分成九路，共158700人。在釜山登陆的第一、第二两路分头进军，20天后一同占领了朝鲜首都汉城（今首尔。——编者注），行动极为迅速。秀吉得报后欣喜若狂，制定了庞大的计划，想要亲自渡海攻陷明朝的都城北京，把它作为日本的帝都，迎接天皇来到那里；把天竺附近的国家分封给各先锋将领，自己则坐镇宁波，指挥全局。但后来事态的发展并不像他想象的那样简单，汉城占领以后，加藤清正的第二路军进一步控制了咸镜道，大有越过国境侵入中国之势。但小西行长的第一路军占领平壤后便无法再前进一步（这里著者忽略，或者说隐瞒了一些重要的历史事实。丰臣秀吉军在侵朝战争中，最初由于朝鲜军民长期生活在和平环境中，加上统治者的昏聩，以致日军侵入后，长驱直入，如入无人之境，占领了不少地区。但不久随着明朝援朝军的参战，侵略军被击退，从平壤后撤，这才是"无法前进一步"的原因。——译者），随着补给线的延长，给养日益困难。随着占领区的扩大，需要增加守备人员，因而兵力顿感不足，加上朝鲜人民的抵抗、游击队的活动加剧，致使将士间批评战争、希望和平的呼声日见高涨，特别是小西行长自己就希望和平，再加上其他情况交织在一起，致使小西行长军胶着、停留在平壤一带。后来便开始和平谈判，明将李如松率领援军参战，文禄二年（1593）初，占领军撤出平壤退到汉城，接着集结到釜山。这期间和谈仍在继续，日方条件逐渐减低。庆长元年（1596）六月，明朝使者正式来到日本，呈上封秀吉为日本国王的国书。于是秀吉勃然大怒，再度下令出兵。再次发动战争，对秀吉来说，是有充分理由的，不过，将士们再也没有上次那样的士气和热情了，加上粮食的不足和天寒的威胁日趋严重，致使这次出兵只控制了朝鲜南部各地，继而又退守沿海城市。在这期间，虽然也曾有过加藤清正的包围蔚山和岛津义弘的泗川战役的大捷等勇猛的战绩，但出兵的最终目的完全没有达到。最后因秀吉之死［庆长三年（1598）八月］发出了撤兵的命令，十二月全军回到博多。这次战争前后费时七年，无数将士暴骨异邦，而一无所获。对秀吉来说，恐怕是无法自圆其说的终生憾事。力不从心的侵略野心任何时候都是灭亡的根源，只是因为这时明朝时的中国与朝鲜国势都衰落不振，其他国家又不遑他顾，所以日本

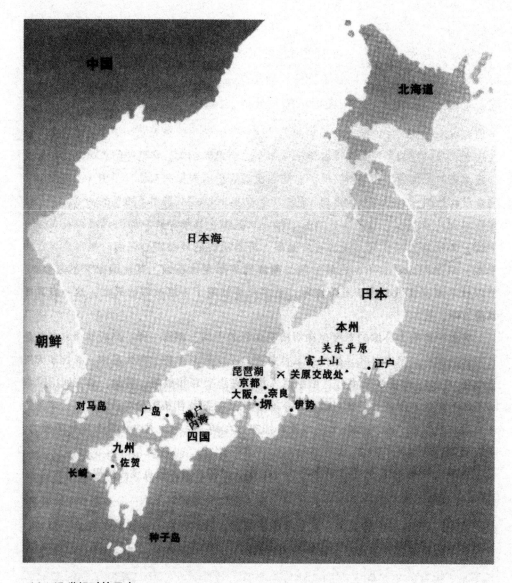

16、17 世纪时的日本

    16 世纪末、17 世纪初日本在政治上重新统一的经历，部分地也是三个城市的故事，它们都位于中部本州岛。日本帝国的首都是古城京都，在这里，天皇——一位几乎没有实权的人物——主持着金碧辉煌的宫廷。国家事实上的统治者是接连不断的军事领袖。他们中最强大的是丰臣秀吉，他自内海的港口城市大阪发号施令，两次发动侵朝战争，都未获成功。丰臣秀吉死后，德川家康赢得权力，他将政府所在地迁移到东部城市江户——今天的东京。江户位于关东富裕的农业区的中心地带。在早期内战中，德川家康为自己的权力奠定了基石。

国家才没有陷于危险境地，至多只是加速了丰臣政权的灭亡，这一点真可谓是万幸。⑧

秀吉对待南方各国的态度也和对待明朝时的中国、朝鲜一样。当时菲律宾群岛是西班牙的领土，吕宋岛的马尼拉是其总督驻地，所以日本把它称为吕宋。秀吉于天正十九年（1591）致书吕宋太守，迫令其入贡，并以侵略相威胁。对此，总督回信除表示不即不离的态度外，并称可能的话，也想参加被葡萄牙垄断的对日贸易，后来虽然还有过三次交涉，但秀吉的大话并没有把对方吓到，实际上秀吉也没有远征的能力，所以到最后只能不了了之。

文禄二年（1593）秀吉还致书高山（台湾），促其入贡，但也没有结果。

文化　转折期的文化，由于排除了因袭，当然具有自由清新的特点，但这一时代文化的新鲜感大都是以下述条件为前提的。

其一是没有受过旧文化影响和拘束的堆方下级武士成了天下的霸主。他们为了夸耀其权势、勒令人民服从，就想在赤裸裸的朴素人性上显示自己的优越性。

其二是由于城市的发达、商人的兴起、金银产量的增加等经济发展的结果，使财富，特别是象征财力的金银，成为人们追求和崇尚的对象。

其三是开始同西洋交往，不同的文化在物质与精神两个方面大量流入日本。

前两种原因相互结合，在这一时代的建筑、绘画等方面，表现为金碧辉煌的豪华美和显露出暴发户的情调。而后者则表现为丰富了人民生活，其中混进了带有新文化因素的各种外来文化。

城郭建筑代表了这一时代建筑的特点。在中世纪，城郭是领主们在自己所居宅邸修建防御工事，有的则是利用天险而建造的。到了这个时代，出现了具有坚固要塞和宏伟殿堂的大城郭，周围筑有多道壕沟，围以高大结实的石垒，在中心城堡之外，还建有二层、三层的外郭。最能说明问题的是中心城堡中的天守阁。天守阁本来是出于军事上的需要而建造的，但其内部增添了许多居住设备，外部的屋顶和轮廓也都特别注意形式上的华美，以此作为城主权力的象征，这样就不能不认为表露出奢侈的现象，具有和平的意味了。安土城的天守阁有七层，最下面一层是仓库，第二层以上全是居室，柱子上涂着黑漆、朱漆和金粉，墙和隔扇上绘有五彩的花鸟与人物。安土城以外的姬路、广岛、大阪、图山、松本、伏见等地也都筑有宏伟壮丽的城郭。城郭建筑的一个重要部分——住宅建筑，在风格上可以说集前代的书院建筑之大成。今天大德寺的唐门和西本愿寺的飞云阁还保留着秀吉聚乐第的一部分形式。那是当时最高级的住宅建筑，是典型的书院建筑样式。殿阁上嵌镶珐琅，庭院中布满了各种奇树怪石，涂金的瓦上装饰着龙虎，其壮丽据说可与秦朝的阿房宫、前汉的未央宫相媲美。曾是伏见城一部分的西本愿寺的书院和唐门、醍醐寺三宝院的殿堂等，都是保留到现在的当时的建筑物。

西本愿寺能乐舞台

雕刻和绘画，作为这些宏伟建筑的装饰而获得了独特的发展。雕刻有透雕、浮雕、整雕等，构思自如，色彩鲜艳；在绘画方面，狩野元信之孙永德继承了其祖父的手法，发挥出狩野派的特长，在信长、秀吉的保护下，在安土城、大阪城、聚乐第的隔扇和墙上挥动彩笔，开创了壁画的全盛时代。永德的养子山乐和元信的弟子海北友松等也都是著名的壁画名家。这些壁画在涂满金底的整幅画面上，以其雄伟的构图和绚烂的色彩描绘出花鸟和人物，的确代表了这一时代艺术的特色，用它来装饰具有豪迈气概和巨大权力的天下霸主的周围，确实是再合适不过了。

工艺也有了很大发展，一方面用作建筑装饰，另一方面也制作实用的武器和甲胄。由于茶道的流行，十分重视茶具，因此制陶术有了显著的进步。特别是侵朝战役时，有不少诸侯俘虏了朝鲜的陶工，带回日本，发展领内的制陶业，像萨摩烧、有田烧、萩烧等都是其中较为著名的。

茶道的流行是这一时代不可忽略的特别风尚。茶道从室町时代起就开始流行，到这时代可以说是旧文化了，而且其闲寂淡泊的特色，与这一时代艺术豪华壮丽的特点，甚至可以说是格格不入的。可是为什么会流行起来呢？想来是因为不管怎样醉心于发展新文化的统治者，也不能不为旧文化所具有的伟大传统所吸引。茶道虽然不是旧文化的代表，但因为是在他们身边的东西，对于缺乏教养、知识浅薄的他们来说，就把茶道认为是代表旧文化的权威

纯金茶道具

纯金茶道具，由丰臣秀吉倡导建立以黄金茶室为中心的茶道所使用的茶具。

和形式了。他们可能认为其素朴的形式和闲寂的境界，越是与他们豪奢的日常生活格格不入，就越有权威、越有意义，因而也就热衷于斯道，这正如他们修造城

郭一样，以为借此足以显示他们的权威。从这种认识出发，以收藏、夸示名贵茶器为荣就毫不足怪了。他们能为了一个茶具而一掷数千金，渴求名器胜于领地，这些同以黄金装饰身边，实质上是相同的。对茶道来说，则完全是异端，然而这一时代流行于上层社会的茶道却正是如此。秀吉所创造的组合式黄金茶室也好，北野的大茶会也好，都不过是以吃茶为名，实质上是显示权力，进行上下层之间的联欢。在尊重旧文化的名义下，把它改造成适应当代的东西，由此也可以看出这一时代文化力量的强大。

随着与西方交通的开始，新文化传到了日本。这可以举出许多事例：枪的传入使战术为之一新，促进了统一事业；基督教的传播在人民的精神境界中开辟了新领域，在政治上也引起了复杂的问题，这些前面已经讲过不再重复。此外，在人民生活的各方面，甚至每一个细小角落，都增添了新鲜事物。比如今天几乎已日语化的葡萄牙外来语：在服饰方面，用以称斗篷、汗衫、裙裤、线衣、纽扣的名词都来自葡萄牙语；纺织品方面的呢绒、天鹅绒、锦缎、细棉布、印花布；器具中的玻璃、酒杯、长颈瓶；食物中的棒糖、糖豆、蛋糕、泡泡糖、圆点心、面包、油豆腐、香烟；其他还有纸牌、肥皂等等都是由葡语转化来的，多得不胜枚举。日语中的外来语，来自西方的还有荷兰语、英语等，都是日荷、日英交往的结果，上述的葡萄牙语也是日葡交往的成果，主要是在这一时代传来的。表达这些具体东西的语言，是随着这些东西的传入而来的。由于这些东西已经广泛地普及到民间，所以这些语言不只是某一阶层的用语，而是广泛流行于上下阶层，直到今天，仍然在日语中占有牢固的地位。

当时来日的西方人，一律被称为南蛮人，东西则被称为南蛮物。南蛮物不单是珍奇的物产，而且普遍认为它能够触发对基督教的信仰，具有护符一般看不见的威力。南蛮斗笠是武将的吉祥物；南蛮衣和南蛮铁也是一样。弗洛伊斯写道，从天正末年起，在京都，如果没有葡萄牙衣服或其他物品，甚至不把你当作人看待，可见南蛮风俗流行之盛。⑨

另外活版印刷术也在这时由葡萄牙传到日本。活版印刷传入日本有两条路线，一条是侵朝战役后由朝鲜传入的，另一条是从葡萄牙传入的。从年代上看后者稍早些。即天正十八年（1590），巴利尼亚诺带领遣欧使节回到日本时，带来了活字印刷机，大量印刷传教用的书籍。这就是后来称为耶稣会版的，用日文和罗马字两种文字印刷，这种书籍一直到现在还遗留有近30种。[10]

西方油画也在这时传入日本。基督教的教堂和信徒的家里需要悬挂圣画用作礼拜用和装饰用。起初都是从欧洲运来的，以后就在日本画了。传教士们在日本信徒中挑选一些人，教给他们作画，他们进步很快，后来竟看不出其作品是日本人画的。现在各地还留存有当时的遗作，不仅有宗教画，还有一般画，从中可以看出当时的画法。

注　释：

① 奥野高广的《战国大名》一书（1960年，塙书房出版）从家臣团、兵力、民政等各个方面对战国大名进行了综合论述。

② 幸田成友的《日欧通交史》（1942年，岩波书店出版），根据基本史料简明地叙述了从葡萄牙人发现日本起，到锁国后荷兰商馆移到长崎止的100年间，日本与欧洲各国交往的情况，是这时及后来同欧洲关系的主要参考书。

③ 随着丈量土地（检地）的进行，信长对量米谷的容器——升也做了统一的规定。在中世纪，由于土地支配关系复杂，升的大小也极为复杂多样，各庄园使用的升容积不同，有以4合为1升的，也有以13合为1升的。信长制定了京升，着手整理历来混乱的升制。当然，对长期的混乱进行彻底的整理，是江户时代宽文八九年制定新京升以后的事，但在这一点上，也表现出信长作为统一先驱者的形象。宝月圭吾的《中世量制史的研究》（1961年，吉川弘文馆出版），对中世纪升制的实际情况及其变迁做了详细而饶有兴趣的叙述，可参阅。

④ 这几位使节的详细姓名是，正使是伊东满所和千千石弥解留二人，副使是中浦寿理安和原丸知野二人。满所的日本名字叫祐益，是日向都于郡城主伊东义祐之孙，大友宗麟的亲戚。弥解留的日本名字叫清左卫门，是有马晴信的叔父千千石某之子，大村纯忠的表弟。满所15岁，弥解留14岁。副使也分别是13岁和15岁。所以选择这样的少年作为使者，是因为年纪大的人健康情况恐怕不能适应在异国的气候和风土中做长期旅行；另外少年正是韶华正茂，能够把异国的见闻牢牢地记在心里，可为教会和基督教长期提供有利的证言。一行由印度洋绕过好望角，在葡萄牙的里斯本上陆，经葡

萄牙、西班牙再到海上，在意大利的利窝那上陆，经过弗洛仑斯，于天正十三年
(1585) 三月到达罗马，全部旅程整整用了三年零一个月。教皇把他们当作国王派来
的使节，举行了正式的接见仪式。在梵蒂冈教皇厅，他们跪在84岁的教皇面前吻他
的脚，教皇扶起他们并两次拥抱了他们，吻他们的额。教皇由于高兴和爱抚而热泪盈
眶，使者们也因为受到意外的隆重接待而泪流不止。十几天以后，教皇逝世，新教皇
西斯特五世继位。新教皇也立即接见了他们，表示了和前教皇一样的好意。日本使节
还同其他各国使节一起参加了新教皇的加冕典扎。几天以后，教皇前往参诣拉特兰寺
院。今从梵蒂冈图书馆西斯特大厅的壁画上，还能够清楚地看到当时队伍的情景，
其中有身穿前教皇所赠西装的日本使节骑在马上的形象。他们在回国之前，被列
为罗马贵族，授予市民权。滨田青陵的《天正遣欧使节记》(1931 年，岩波书店
出版)，对天正遣欧使节做了有趣的叙述。东京大学史料编纂所编《大日本史料》
第 11 编别卷天正遣欧使节有关史料 2 册 (1959 年、1961 年版) 中，集录了有关
的史料。

⑤高柳光寿《本能寺之变·山崎之战》和《贱岳之战》(都是 1958 年春秋社出版的《战
国战记丛书》本)，根据确切的史料，对秀吉为树立霸权而进行的战争以及前后的政局
做了饶有兴趣的叙述。在同一丛书中，高柳还写有《三方原之战》(1958 年，春秋社
出版)、《长筱之战》(1960 年，春秋社出版)。

⑥东京大学史料编纂所编的《丰太阁真迹集》(1938 年版) 中，收集有秀吉的亲笔书信，
复制成照相版并附有解说。

⑦秀吉进行的丈量土地称为太阁检地。宫川满《太阁检地论》Ⅰ、Ⅱ (1957—1959 年，
御茶之水书房出版) 对此进行了研究。

⑧关于文禄、庆长战役的著作，最有学术价值的是池内宏的《文禄庆长之役》正篇第一
(1914 年，南满洲铁路株式会社调查报告第三)，以及他的《文禄庆长之役》别篇第一
(1936 年，东洋文库论丛第 25)。

⑨冈田章雄《南蛮宗俗考》(1942 年，地人书馆出版)。

⑩耶稣会版是 1591 年到 1611 年的 20 年间出版的，其发行地是加津佐、天草、长崎、京
都等。幸田成友在《日欧通交史》(1942 年，岩波书店出版) 一书中，曾对 27 种耶稣
会版书籍作了详细说明。

第二节　封建制度的建成

德川家康的霸业　德川家康在秀吉建立霸业时，表面上表示臣服，并与其政策保持协调一致，但实际上，却是一股和秀吉相对立的势力。德川家康出生在一个虽不算大、却是历代豪族的家庭，拥有一批生死与共、世代臣事的家臣。他本人也韬略过人，武艺超群，是东海道首屈一指的武将，更因幼年时生长于艰苦的环境中，养成了坚韧不拔的性格。北条氏灭亡后，秀吉把他封到关八州的新领地，表面上是厚待，实际上是敬而远之。让他离开旧领地，去经营新领地以消耗其实力，表示对他的势力很不放心。但是他懂得，秀吉在世时必须隐忍持重。秀吉死后，后嗣幼弱，诸将不和，各种条件都已成熟，他收取隐

德川家康像

　　一位无名艺术家描绘了身着官廷服饰的德川家康，这幅画是在他死后绘制并展示给人们的。他死于 1616 年，时年 73 岁。那时他所有的竞争对手都已故去，他稳固地获得了作为幕府将军或是国家军事统治者的地位。曾亲身参加 50 多场战役的家康以狡诈、耐力和非凡的坚忍达到了自己的目的，他的士兵称其为"老獾"。他奠定了家族的命运，德川家族在其后的 250 年里统治日本，这不光依赖于至高无上的军事权威，也取决于他在管理国家、提高税收和驱逐敌人方面的能力，德川王朝的继任者们同样继承了这些才能。

忍持重的果实的时刻就来到了。秀吉临死时，担心一族中没有人扶持他年仅六岁的儿子秀赖，令诸侯郑重宣誓，拥立秀赖，并且特别下令家康在伏见城主持政治，而让前田利家在大阪保护辅导秀赖。但是丰臣氏的各位将领中，石田三成和小西行长等精通政务的文治派与加藤清正、福岛正则等自恃武勇的武断派一直不和。秀吉死后，这些将领之间倾轧不已，加上唯一能够牵制家康的前田利家也在秀吉死后翌年病故。

屏风画

此画为一折叠屏风的局部，它描绘了在1615年围攻大阪城堡战斗中的武士形象。

锅岛直重像

　　在这幅 17 世纪的丝卷画上，一位上了年纪的日本勇士正准备战斗。画中描绘的人物叫锅岛直重，起初是南方军阀一个不起眼的门人，他在 16 世纪末导致国家分裂的战争中表现得非常勇猛，站在得胜的军事领袖德川家康一边。德川家康及其继承人统一了分裂的国家。这名勇士 1618 年以 80 岁高龄安详故去。作为一个地方贵族，他一直活到得以享受长久的德川和平的果实。

　　这样一来，家康的地位当然不断提高。他知道为了成为名副其实的天下霸主，必须向丰臣氏施加压力，迫使其灭亡，或从根本上扭转主从关系。他利用将领之间的倾轧，使大多数武断派加入了自己的阵营，并挑动石田三成等文治派首先起事。家康苦心设计的表面战事，终于在征讨会津的上杉景胜时爆发了，他迅即掉转矛头，西上直指乘机而起的三成派，所有的诸侯这时都分成东西两军参加到战事中。庆长五年（1600）九月，双方在关原战役中一决雌雄。这次战役，东军由于西军小早川秀秋的内应而获胜。在进行战后处理时，家康斩了三成及其部将，削减了毛利、上杉等大诸侯的封地，增加了东军各将领的封地。全国的大名安置，完全置于德川的霸权之下。

关原战役图

　　这幅细致的图画取自一个屏风，屏风是德川家康女儿嫁妆的一部分。它展示出1600年关原战役中将军大获全胜的情景。德川家康善用谋略，出奇制胜，石田三成则雪上加霜，遭同盟者的背叛。画中描绘石田三成所部正从熊熊燃烧、即将化为灰烬的营地仓皇出逃，遗留在身后的旗帜表明他们中许多人是基督徒。家康的部队在低云密布的掩护下蜂拥向前，大雾把战役推迟了一个多小时。那场战役实际上比这幅受胜利者委托绘制的画面所揭示的更残酷、持久和混乱。此后没有一位日本贵族敢于在公开战争中与德川军队交手。

在确立了称霸的基础上，他开始逐步推行自己治理天下的政策。他好学并精通历史，崇拜源赖朝，想在政治上效法他，并决心要采取与其对手丰臣氏不同的政治形态，但也承袭其制霸的形式，所以在庆长八年（1603），就任征夷大将军，在江户设立了幕府。从天正元年（1573）足利义昭被罢免将军职务算起，正好过了 30 年，又出现了任命的将军。表面上虽同称为将军，但实质却有天壤之别。一个是在强大的地方大名势力保持均衡上，凭着将军的权威而勉强保持位置，一旦均衡破裂，实权也随即丧失，徒具虚名；另一个则是以实力控制各大名，加上民心向往和平统一，实际上具备了进行统治的条件，只是在形式上借用了将军的称号而已。一个想借将军之名获得力量；另一个则以实力借用将军之名。一个把朝廷作为将军权威的源泉；另一个把众大名作为自己实力的基础。二者对诸侯的态度，当然也不相同。

庆长十年（1605），家康把将军一职让给第三个儿子秀忠，一方面表示这一职位是世袭的，另一方面也使自己摆脱了公职，自由地处理政务。当时丰臣秀赖还是个领有摄、河、泉三处领地的 65 万石的大名，虽然已无力与德川氏对抗，但对家康来说，仍然是一个危险的敌手，不能任其下去。于是千方百计地削弱丰臣氏的势力，剪除其羽翼，特别是利用秀赖及其母淀君信赖神佛的弱点，让其在各地大兴土木建造社寺，以消耗他们的财力，这实在是个老奸巨猾的计策。并利用其所修造的工程之一——方广寺大佛殿钟上的铭文为借口，挑动丰臣氏，迫使他不得不举兵反抗（庆长十九年，大阪冬季之役）。这时响应丰臣氏号召而集合到其麾下的队伍中，竟没有一个大名，只有些各国的流浪武士。家康和秀忠则以全国大名的兵力包围了大阪城，即使对这场胜败之数未卜可知的战斗，家康也还是用心深远，力避强攻，深谋远虑。他提议讲和，条件之一是填平大阪城的护城河。次年战端又开，丰臣军在城外被击败，秀赖、淀君自杀。至此，丰臣氏彻底灭亡（庆长二十年五月，夏季之役）。

秀吉在他的辞世歌中把自己的一生比作短暂的朝露，而这竟成了谶语，丰臣氏仅传二世而亡。

整顿幕政　大阪战役消灭丰臣氏后，家康总算放下了心，但他也在次年，即元和二年（1616）病死。[①]这时秀忠已牢牢地坐稳了将军的宝座，德川氏的霸权，并未因此而有丝毫动摇，相反，幕府的基础却是越来越巩固。到了继秀忠之后的第三代将军家光时（元和九年至庆安四年，1623—1651），其统治态势已稳如泰山。从家康到家光的三代是德川幕府奠定基础的时代，是完善幕府政治的时代。从内容来说，是发挥武家政治的特点，用武力控制政权的时代。这种用武力控制政权的政治，集中地表现在对大名的控制、对朝廷的压制和对农民的剥削上。

控制大名是关系到幕府基础的重大问题，所以家康很早就注意到这一点。关原战役结束后，论功行赏时，就是根据他的治理规划，重新变更对大名的安置。在畿内、关东、东海道等地安置了谱代和亲藩，即累代的老臣和同姓近亲的大名，以巩固统治；把外族大名（外样大名）移到奥羽、中国、九州、四国等边远地区。即使这样，在他们之间，也还亲疏交错，以使前后互相牵制，不足以形成对幕府的威胁。这个方针，以后也沿袭了下来，一有机会就根据幕府的方针，对大名加以调动。所谓机会，就是毫不留情地对大名进行削封、减封，这是幕府控制大名的一个强有力的措施。

对大名削封减封的原因除关原战役时与幕府为敌外，还有平时违犯幕府的法令，或是没有嗣子等等。所谓违反法令，都只是表面的借口，它可以由将军任意加以利用，所以各大名的地位极其不稳。大久保和本多都是德川家累代的老臣，他们跟随家康，对其完成霸业曾做出重大贡献。但是大久保忠邻被家康罢官没收了小田原的 6.4 万石封地；本多正纯被秀忠罢官没收了宇都宫的 15 万石封地。甚至对亲藩的近亲诸侯，也毫不留情，像福井的松平忠直（家康之孙）、骏府的德川忠长（家光之弟）都被罢官没收了封地，就是最明显的例子。至于外族的大名，所受的威胁就更大了，著名的例子有丰臣氏的旧臣福岛正则（广岛，49 万石）、加藤清正之子忠广（熊本，51 万石）、小早川秀秋（冈山，51 万石）、蒲生忠乡（会津，60 万石）等都被没收。

幕府控制各大名的权力是如此强大，而武家诸法度又把这种权力用各大名应履行的具体义务形式在法律上规定下来。在这以前（庆长十六年，1611），家康就让各大名在誓词上联名签字，发誓要对将军服从和忠诚；到庆长二十年（元和元年，1615），就制定了武家诸法度 13 条。这 13 条中虽然也有像奖励文武两方面的一般教化条目，但同时规定，各国不得藏匿违法者；除和同国人往来外，不得与其他国人有所交往；不得另行新建城堡，即使要修补，必须提出申请等干涉大名领内统治，以及禁止私自结婚等干预私生活的条例；此外，还规定了对幕府应尽的义务，如参觐作法等一套规则，把大名紧紧地置于幕府的严密控制之下。宽永十二年（1635），家光当政时，又增补成 21 条，其强制干涉的特点更为突出。其中一个例子就是强化参觐交替制度。实行参觐制度，把妻子留在江户，这本是大名们一直自发实行的行动。开始时，将军对此也表示了相当的礼貌，如外族大名来到江户时，甚至要到府外去迎接。家光废除了这个惯例，以显示将军的天赋权威，宽永法度就是根据这一精神而制定了参觐交替制，严格规定诸侯在原则上要一年住在江户，一年住在自己领地，每年四月时进行轮换。乍一看来，这样做削弱了诸侯的权力，是把诸侯置于幕府控制下的最有效的政策。然而不容否认的是，武士们住在江户，提高了生活水平，促进了商品经济的发展，以致从根本上动摇了幕府赖以存在的封建制基础。

江户的市井生活

　　江户即现在的东京，1603 年天皇加封德川家康为大将军，他在江户建都。江户是日本政治、经济、社会、宗教、文化中心之一，此图中可见江户的市井生活十分繁荣。

幕府凭借法律控制了大名以后，为了削弱他们的财政力量，大搞土木建筑，命令他们协助，向幕府捐献建筑材料。宫中、仙洞以及江户、骏府等各地新修建的城堡，都是采用了这种办法。江户城等都是在庆长十一年（1606）到宽永十三年（1636）间建成的，几乎是连续施工，不断要求大名们出工。大名虽对这种负担感到过重、痛苦，却没有人敢起来反对，由此也可见幕府威信之高。

幕府除使用种种手段压制、控制大名以外，也想了一些办法争取、拉拢他们。比如同强大的外样大名结为婚姻，或是赐予他们以松平的姓氏或将军的名字等等。当然，这同压制、控制的强度相比，是微不足道的。总之，幕府驾驭大名时，兼用了强大的实力与巧妙的策略两种手段，其统治一直延续了两百余年，一直没有出现太大的反抗，这不能不说是历史的奇迹。

对朝廷的压制，这是过去织田氏和丰臣氏没有想到的，他们都是借助朝廷的权威实现自己的霸业，而且是以朝廷一分子的身份来执掌国政的，从没有过与朝廷对立的观念。但是家康的称霸一开始就没有借助朝廷的权威，就连任命将军，也只是让朝廷对他用实力争得的地位加以承认而已。在江户开设幕府，更是只能大大加深公武（公武，公指朝廷，武指幕府。——译者）之间的对立情绪。家康把《吾妻镜》作为施政的参考书，当时的公武关系也正如《吾妻镜》中所述的和镰仓时代一样。相当于镰仓的六波罗一职的是所司代，关原战役之后，家康就任命板仓胜重为所司代，他与儿子重宗两代人，担任这一官职达五十余年之久，很能体会和秉承幕府的意志来压制朝廷，干涉朝政。

早自后阳成天皇时起，家康就开了干涉朝廷内政的先例。后水尾天皇元和元年（1615），在公布武家诸法度后的 10 天，又制定了禁中及公家诸法十七条，这是压制朝廷的根本法典。其第一条规定了天子的职能，这当然要受到谴责，认为是违反了古来的大义名分，但这种谴责并没有什么实际意义。而对于三公（三公，指太政大臣、左大臣、右大臣，或是指左、右大臣和内大臣而言。——译者）、亲王以下诸朝臣的席次，三公、摄政关白的任用、改元以及叙任和敕许门迹、紫衣、上人等称号等事务，以往，即使政权掌握在武家手中时，也完全是听由朝廷自行处理，保留着过去朝廷统治权的形式，因为这些对武家政治并不形成任何妨碍。可是现在，对这些也要插嘴、横加限制，实在是多余的干涉，愚蠢的做法。武家本应是豁达大度，不过问这些小事，然而竟做出这种目空一切的规定，无疑是崇传等人一知半解的学识在作怪，致使成为后世尊王论者攻击幕府的材料。另外，这一法律还规定，武家的官位，不包括在公家同一官位的定额之内。这样一来，武家便可以不受定额的限制，把朝廷的官位任意封给大名们。这样做，幕府自以为很聪明，尾张、纪伊因此而成了从二位权大纳言，岛津和伊达成了四位权中将。到后来，这种毫无价值的虚名官位充斥各地，而武将也因此对柔弱的公家意识感到亲近，成了公家形式主义的俘虏，到头来反而挖了武家封建制的墙角，这真是一个莫大的讽刺。

在这三代将军统治时期，对农民也制定了最严厉、苛刻的政策。农民是支持封建社会基础的生产者，对其重要性，德川家康是有足够认识的。因此在当时的身份制度上，规定了士、农、工、商的次序，把农民摆在仅次于士的位置。但这种重视，当然只是站在统治者的立场上的重视。也就是说，只有在生产粮食、缴纳年贡这一点上，农民是重要的，离开了这一点，就根本没有什么可重视的了。在这个意义上，幕府为了使农民成为自己所希望的纳税者，就连他们生活中的一切琐事，都想加以限制和干预。甚至可以说，并不把农民当作人，而是当作纳税机器来对待，这么说并不为过。为了禁止百姓永远买卖田地，防止土地的兼并和纳税能力的减低，幕府于宽永二十年（1643），几次下令对农民生活加以严厉的限制：如不许随便吃米；不许买酒、买茶和饮酒、饮茶；不许种植和消费烟草；妇女如伺候丈夫不周、喝茶过分和游山玩水者必须离婚等等。这些干涉，看来都极可笑，可是在整个江户时代，幕府对农民的态度就是这样，并没有根本改变。而干涉、限制最甚的，莫过于幕府初期三代将军的统治时期，由此可以看出这一时代政治的专制和武断。

幕府的基础与机构　作为上层建筑来说，幕府的政治社会体制，堪称是最完善的封建制度。首先在人的方面，以将军和大名、直属武士（直属武士，直属德川将军家的、俸禄在一万石以下的武士，即旗本、御家人的总称。——译者）的关系为中心，武士与武士之间都有牢固的主从关系，这种关系不仅限于武士，也适用于其他一切身份的人。士、农、工、商都有固定的身份，属于不同的社会阶级，在每一种身份中，还再细分为各种阶层。主从的关系和阶层的秩序就像网眼一般纵横交错，构成整个社会，每个人都被牢牢地固定在自己应处的位置上，不准错离

德川社会的四个等级

    这幅出自当时的绘画说明了德川社会的四个等级：武士、工人、商人、农民。

一步。其次在物的方面，全部土地都被自治的、互相连带的町村所分割，处在统一的管辖之下。其领有和管理关系，绝不像中世纪时那样复杂，一个领主在自己领地内不但有征税的权利，而且还有行政、立法、司法等多方面的强大权力。这种权限是经过战国时代而逐步形成的，大领主多半是凭自己的实力而取得的，德川氏就是其中最大的一个。家康当上征夷大将军，其权限的合法性，就得到了朝廷的承认。其他领主则臣服于将军，通过分封的形式，取得领地的合法权限。一方面领主在其领内所具有的统治权和独立性，相当于一个国家，但另一方面，它要接受幕府的监督，履行对将军的义务，从而又具有统一性，形成了上下间的封建关系。这种封建关系是幕府凭借强大的实力和巧妙的策略而强制推行的，是依靠对分封土地的完全统治权和社会阶层间固定的秩序而紧密维持的。因此，作为日本的封建制度来说，可以认为，它已经发展到了最后时期，达到了成熟阶段。近来学者把这种封建国家机构称为幕藩体制。所谓藩是指领主在领内的统治机构，或者是就其封建领国对幕府而言的称呼。这个名称是袭用中国制度中的藩王、藩镇等名称而来的。起首只在知识分子间使用，后来一般人民也使用了。它不同幕府一词，在日本，不是具有古老历史的用语。[2]

领有 1 万石以上禄米，臣服于将军的封建领主叫作大名。日本全国大名的数目，因时代而异，大体上在 270 个左右。根据它同德川氏关系的亲疏、远近和新旧，大名分为亲藩、谱代、外样三种。亲藩中又有家康三子后代的三家（尾张、纪伊、水户），三家以外支系亲属的家门（越前、保科、久松等）和三柳（田安、一桥、清水）之分。大名还根据门第的高低分为国主（国持）、城主和无城三类。在江户城中的席位，则是根据执勤室的名称而分，有大廊下（走廊）、大广间（大厅）、溜间（休息室）和帝鉴间（书房）等称呼。大名从将军那里受封的领地，法律上只限一代，所以在大名的继承、将军的更替时，都要采取重新改封的形式。

封地是以丈量土地之后所定的土地面积和收获量作为基准，把所有的农业生产力都换算成米，然后以收获量的形式表现出来。最低是 1 万石，最高可达 102 万石，大小之差悬殊。大的多半是外样大名，谱代一般较小。就像上面讲过的，他们对其领地都拥有统治权，发给家臣俸禄，要求他们臣服，从而结成封建关系。同时他们又要对幕府竭尽忠诚，担负军役、公差等义务。作为忠诚的保证，他们要把妻子留住在江户。公差的内容包括参觐交替 [参觐交替，也作参觐交代，是江户幕府控制藩侯、大名的一种方策。规定诸藩侯、大名在一定期间内，必须居住在江户。原则上是每隔一年，轮流在领地和江户居住；后来，改为每三年轮换一次。此项制度，虽早在庆长年间已有，但到宽永十二年（1635）公布的武家诸法度中才制度化。——译者]、定期和临时的进城拜谒将军、贡献物品、担任重要地区的警卫等。军役指一旦有事要为幕府作战以及提供武器、人员、马匹。军役的数量各时代也不一样。据庆安二年（1649）的规定，每 1 万石要提供 235 人、马 10 匹、弓 10 张、枪 20 支、矛 30 支、旗 3 面。

以大名为代表的封建制是支撑幕府统治基础的一个大框架，处于这一基础的中心支柱位置的，应该说是幕府，作为一个大领主而拥有的人力和物力资源。人力资源是指直属于将军的家臣团。直属于将军，而所领禄米不到 10000 石的、有资格参见将军的叫作旗本，没有这种资格的叫作家人，总称直参或幕臣。旗本的总数有5000 余人，家人有 17000 余人，共 22000 余人，加上他们拥有的家臣，一旦有事时，能出动的兵力可达 6 万—7 万人，一般泛称 8 万旗本，并不完全是无稽之谈。旗本的领地叫知行所，家人的叫给地。他们原则上住在江户，有一定的职守。在职务中，分为属于武事系统的像警卫、值勤的工作；属于文治系统的，则是管理工作，这些直参多半是往昔与德川氏关系很深的累代武士，以士气旺盛、对将军忠贞不贰而著称。他们保持品格，锻炼实力，以为一般武士所效法。

幕府的物力资源首先来自其所拥有的广大直辖领地、幕府的直辖领地，随时代而俱增，到元禄时，才基本上固定下来，总计为 680 万石左右。其中 420 万石归直接收入，260 万石则分给诸旗本的知行所。全国的土地以 3000 万石计，则其所占的比率，约为 22%。跟最大的大名前田氏的 102 万石、岛津氏的 77 万石、伊达氏的 62 万石等相比，占有明显的优势。

幕府的财源除来自这些广大直辖领地的租赋以外，还有经营矿山和对外贸易所得的收入。佐渡的金山、石见的银山、生野的银山、院内的银山、足尾的铜山等都是直辖矿山，其收入在初期曾是幕府的主要财源。后来，家康奖励对外贸易，自己也曾亲自尝试并获得了巨利。家康自奉俭约，且善于理财，所以幕府不久就积蓄了巨额金银。家康、秀忠、家光临死时都把所遗金银分配给族内，从其丰厚的分配额可以得知，幕府所拥有的金银积蓄，数额之巨，大大超过想象。

德川秀忠的女儿的政治婚事

和子是第二代德川将军德川秀忠的女儿，乘坐在一辆挂有帘子的马车里，从二条（岛根县旧村名）城堡出行，正要去与政仁天皇后水尾成婚（1620）。这一场景绘在一幅青色屏风上，屏风用金箔装饰，描绘了首都及其周围的景色。这桩婚姻意在加强帝国皇室与德川家族之间的联系，以此加固将军把持的权力。

　　以上是幕府的固定财源，从财力上看也足以制服各大名。到宽永以后，金银的产量降低，对外贸易也开始走下坡路，于是逐渐产生财政困难，不能不临时向大城市中的富豪征收捐税，或是靠改铸货币的利润等等来补充财源。

　　幕府的政治机构极为简单、朴实。镰仓幕府的机构虽然也很简单，但那是因袭公卿的家政机关，多少还带有贵族的色彩。江户幕府的机构则完全是采用了战国诸侯统治领内的机构形式，是名副其实的农村武士方式。它的另一个特点是，平时的政治组织，随时可以改换成军事组织，这是继承了战国的遗制。官员没有文武之分，平时作为事务编制的人员，到战时就能原封不动地变成指挥系统。还有个显著的特色是，中央机关的许多重要职位，都采取复数的编制，通过会议和值班制度来处理事务。所谓值班制，就是由复数编制人员中，每月有一人轮流处理日常事务，它有效地防止了权力落在一人手中的弊病，这是幕府权衡、考虑了历来各种官制的利弊而定出的新方案。

幕府的最高官职是大老，它不是分管和常设的职务。大老不仅要处理重要大事，而且在将军年幼时，还要代替将军裁决政务，相当于朝廷中的摄政、关白太政大臣一职。

总揽幕府政务的最重要的官职是老中和若年寄。老中由城主一级的谱代大名担任，定员是5至6人，签署幕府的命令，管辖大名、高家和高级官员，特别是负责处理朝廷的事务以及财政、建筑、对外等各种事务。若年寄由无城的谱代大名担任，定员是5至6人，辅佐老中执行政务，并统辖旗本和家人，负责处理日常的建设工程和城中的各种庶务。此外还有御用人一职，担任将军的侍卫，把将军的命令传达给老中，再把老中的意见上报给将军。御用人也是从谱代大名中产生，其地位特殊，且握有实权，类似朝廷中的藏人头一职。

次于老中和若年寄的重要官职是寺社、町和勘定三个奉行以及大目付和目付。寺社奉行掌管全国的寺社、神官、僧侣和寺社领地内的人民，在三奉行中地位最高，由谱代大名担任，定员3人。町奉行掌管江户城内的行政、司法，由旗本担任，定员2人。勘定奉行掌管幕府直辖领地的行政和司法，并负责金银、米谷的出纳，也由旗本担任，定员4人。

大目付和目付是监督官，沿袭战国时代各分国所使用的监视者一类的人。大目付隶属于老中，负责监察大名与老中所掌管的各项工作中有无违法行为，由旗本担任，定员4至5人。目付属于若年寄，检查其管辖下的旗本和御家人有无违法行为，还负责维持城中一切秩序，定员7人。

此外还有留守居、使番、高家和奏者番等官职。留守居负责战时江户城的守备工作，平时负责警备将军的内府，检查妇女的关卡通行证。使番在战时是传令官，平时充作将军的使者出使各地，监察边远各国官员的工作情况。高家受老中的管辖，负责接待敕使等有关和朝廷的礼仪事项，也用作一种门第的名称。奏者番掌管武家的礼仪，由谱代大名担任。

行政官与司法官并无区别，行政官厅就是法院。幕府的最高法院是评定所。评定所的议事由三奉行合议解决，有时老中和目付也列席参加。

以上官职，战时可全部转为军事编制，但平时的警备工作则由番方一职担任。番方有大番、书院番、小姓番、新番等。大番警卫江户城、二条城和大阪城。书院番及以下则担任将军的警卫工作。各番又分成几个小组，由番头、组头领导，番士由武艺高强的旗本和家人担任。

地方官员首先是所司代，所司代负责警备朝廷及京都市内，代表幕府与朝廷交涉，并监视朝廷和西国各大名，是地方上最重要的职务，由谱代大名担任。其次是城代，有大阪城代和骏府城代。大阪城代守备大阪城和监督大阪的各位官员。骏府城代担任骏府城的守备工作。再次是远国奉行，有京都、大阪和骏府等地的町奉行，掌管城市的民政和重要地区的特殊事务。还有伏见、长崎、山田、日光、奈良、堺、佐渡等地的奉行。最后，在各地设有代官，负责管辖分布在全国各地的幕府直辖领地（即所谓天领）。在许多广阔的地方还设有郡代，如关东、美浓、西国、飞弹等地都设有郡代。

对外关系　家康十分关心理财，从不放过贸易这条生财之道。由于他对贸易采取奖励政策，所以在幕府初期，对外关系出现了前所未有的盛况。当时在欧洲，由于新旧两派教徒的对立，各国之间斗争十分激烈。荷兰摆脱了曾在欧洲显赫一时的旧教国西班牙而宣告独立，英国打败了西班牙的无敌舰队，荷兰和英国的势力逐渐取代了西班牙而发展起来。这种情况也立即反映到东方贸易上来。英国在 1600 年、荷兰在 1602 年，分别成立了东印度公司，推行有组织的贸易政策，侵占葡萄牙和西班牙的殖民地，企图夺取商权。由于家康也希望通商，十分符合这种情况，所以在新到日本的欧洲船中，开始出现有荷兰船和英国船。

最先来到日本的荷兰船是庆长五年（1600）漂泊到丰后的利飞（Liefde）号。家康接见了船员，直接向他们探询海外的情况，并挽留他们充当外交顾问。其中最受家康信任的是英国水手长威廉·亚当斯（WilliamAdams）。他在三浦半岛被授予领地后，改名为三浦按针。他在江户城中的住宅所在的街，也被称为按针町，他的名字一直流传到现在。这艘船的船长回国时，家康让他转达开展贸易的意图。荷兰也为开展对东方的贸易，曾几次派遣舰队前来，到庆长十四年（1609），终于有两艘荷兰船驶进了平户，其使节晋谒家康，并递交了国书，从家康那里得到对国书的回信和许可贸易的朱印状。于是荷兰就在平户建立商馆，作为对日贸易的基地，频繁的通商往来就开始了。

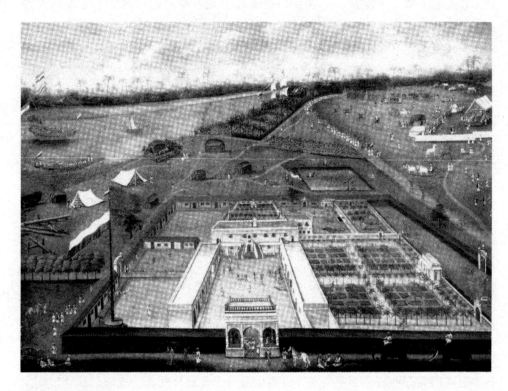

荷兰东印度公司

这幅 1665 年的图画展示了荷兰东印度公司在孟加拉的胡弗里河上的贸易站，它防守严密的货栈以几何学的精确度展现出来。1602 年荷兰在印度成立东印度公司。这些公司拥有政府所授予的垄断东方贸易和军事侵略的全权。通过贸易站，荷兰的船只在摩洛哥、巴达维亚（现在的雅加达），甚至远至东方的中国和日本之间川流不息。

由于三浦按针写信建议开展对日贸易，英国也于庆长十八年（1613）派船来到平户，船长约翰·赛利斯（John Sairis）谒见家康并递交了国书。家康也对国书做了答复并发给朱印状，许可贸易，英国也和荷兰一样在平户开设了商馆。英、荷两国由于在对抗西班牙、葡萄牙等老牌的东方贸易国时有着共同的利害关系，所以不是在海上拦截葡萄牙商船、掠夺其货物，就是开辟新市场，收购中国产的生丝和丝织品等对日贸易商品。双方又转而成为贸易上的敌手，荷兰渐渐占了优势，双方在南洋地方的冲突，有时也波及平户。结果，英国商馆因无利可图而被东印度公司下令关闭。元和九年（1613）末，馆长等人离开了日本，英国从此停止了对日贸易。

家康虽然开始与两个新兴国家进行贸易，但对原来的葡萄牙和西班牙两国，也仍然表示友好。葡萄牙一直垄断着对中国的贸易，其商船每年从澳门驶进长崎港。后因葡萄牙船在长崎被有马晴信烧毁，从而使贸易一度中断，但由于葡萄牙方面的好意，使事件得以顺利解决，家康又颁发了恢复贸易的朱印状，葡萄牙又继续从事能获利颇多的对日贸易。

秀吉时曾与西班牙断绝国交。家康时，在原来从吕宋来到日本躲藏着的圣方济各派教士的斡旋下，请求来往于吕宋和墨西哥之间的西班牙商船在浦贺港停泊，并请他们协助日本发展开采银矿事业。不过，因为吕宋方面提出要保护在日的传教士、限制到吕宋争夺贸易利益的日本船只数量等条件，致使谈判进行得并不顺利。恰逢吕宋的代理总督皮贝洛（Don Rodorigo de Vivero）在往墨西哥途中遇到海难，难船漂流到上总。家康便会见他，表露了要与西班牙开展友好通商的夙愿，并准备了船只把他送往墨西哥。这时，京都商人田中胜介等20多人同船前往，他们是最早横渡太平洋的日本人。总督遵照本国政府的训令，并没有接受家康的要求，他们从自身的利益出发，打算到想象中的日本近海的金银岛上去探险，因此假此机会，派出了答礼使，想把日本作为进行探险准备的基地，派出富有探险经验的皮捷卡伊诺（Sebastian Vizcaino）等人作为使节前来日本。他谒见了家康，献上了丰厚的礼品，并被允许测量日本沿岸和修造船只，他并没有透露要到金银岛上探险的事，只是暗中进行了探险。因为本来就是毫无根据的传说，当然不会有什么结果，再加上荷兰人揭露了西班牙的野心，所以就连家康也不再对他们表示友好了。这时东北的实力人物伊达政宗也抱有野心，企图开展奥州与墨西哥之间的直接贸易。恰逢来自吕宋的方济各派教士路易斯·索泰洛（Luis Sotelo）为谋求其所属一派的发展，提出了建议，于是政宗便于庆长十八年（1613）派家臣支仓六石右卫门为使节，前往晋见西班牙国王和罗马教皇，要求派遣传教士和开展通商贸易。使者在西班牙和罗马虽然受到欢迎，但使命却完成得并不理想，元和六年（1620），垂头丧气地回到日本，那时日本国内已发布了严厉的禁教令。

家康热心地奖励通商，换致了与各国之间的积极交往。同时日本船只也频繁

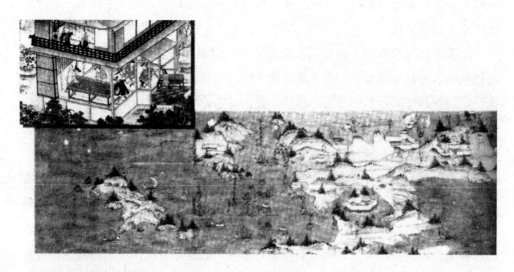

17 世纪末的地图及插画

　　一幅 17 世纪末的地图中的一页描绘了出岛（用围墙围住的中心部分）人工岛，它建于长崎港附近，用于接纳荷兰商人，他们是唯一被允许与日本进行贸易的欧洲人。在围栏内商人们过着舒适的生活，在设备完善的场所饮酒、吸烟、打台球（见插画），但是他们只被允许与日本人有少量接触。

地航行海外。在中国沿海，很早就有号称倭寇的日本人出没其间，到 16 世纪以后，他们的活动范围又扩展到南方。1570 年（元龟元年），西班牙船队首次到达马尼拉时，那里已经有 20 名日本人和 40 名中国人。1582 年（天正十年），在吕宋岛北端的卡加延附近，西班牙舰队曾与 12 艘日本船只 600 余名日本人交战。正是在这种背景下，才有秀吉强迫吕宋前来进贡的事。另外，和平通商也十分活跃，朱印船制度也是在文禄初年（1592）制定的。所谓的"朱印状"是指交给商船携带标有航行目的地等的证明文件，这种文件证明持有它的船只是普通船只，而不是海盗船。后来，家康又进一步发展了朱印船制度，奖励商船航行海外。因此，在庆长九年（1604）到元和二年（1616）的 13 年间，幕府发出的朱印状达 194 张；从元和三年（1617）到宽永十二年（1635）的 19 年间，发出 159 张，计 32 年间共发出 353 张。朱印船所去的地方从台湾、澎湖岛到爪哇、婆罗洲、摩鹿加群岛、马来半岛一带，其中以安南、吕宋、暹罗为最多。船主中既有岛津、松浦、有马、加藤、细川等各位大名所派的人，也有京都的角仓了意和他的儿子与一，大阪的末吉孙左卫门，堺市的纳屋助左卫门、西宗真，长崎的荒木宗太郎等商人。输入的商品以生丝和丝织品为主，其次是鹿皮、鲛皮、苏木、毛织品、砂糖等；输出的商品有铜、铁、硫黄、扇子和描金画等。丝织品本来是中国的特产，当时由于明朝厉行海禁，停止勘合贸易（朝贡），无法直接输入。可是随着国内生活水平的提高，对此项消费品的需要量越来越大，于是日本的朱印船只好从在南方各地走私的中国商人或第三国商人处收购，这是一笔获利甚巨的买卖。一条船的乘务员少者几十人，多者要超过 300 人，装载量平均是 268 吨，最大的可达 800 吨。其中虽然也有西洋式帆船，但造船技术和航海术的发展仍比欧洲落后，加上英、荷两国依靠强大的资本和优势的海军，大力进行贸易。和他们相比，日本在各方面的条件要差得多，但因日本的地理位置和有产量丰富、作为支付手段的白银，所以日本也能毫不逊色地活跃在海外，当然这也是日本人民具有强烈企业精神的缘故。③

　　驾驶朱印船进行贸易的商人，有时因营业上的需要留在海外，也有时被雇作兵士、船员或其他使用人，还有时因为是基督徒而留在海外。他们散布在南洋各地，在大城市等地，有的日本人单独集中在一个特定地区，有的形成一个部落，这些地方称为日本町（町，街；日本町即日本街，尤若华侨聚居地称为"唐人街"一样。——译者），较大的有交趾的土伦、番府，柬埔寨的披亚洛，暹罗的大城府，马尼拉的德拉屋，等等。日本町由日本人头目管辖，形成一种自治区域。大城府的头目山田长政，原来是骏河沼津城主的轿夫，后来在暹罗发迹，升到最高官爵，他平定了因王位继承问题而发生的内乱，从而威名大振。④

　　家康对基督教并没有什么好感，但由于重视贸易关系，致使基督教也自然而然地兴盛起来，除耶稣会以外，圣方济各教派、多明我会派、奥古斯丁派等旧教各派也都可以传教。庆长十年（1605），全国的教徒，总数已达 70 余万人。秀吉曾担心他们对日本领土抱有侵略野心，家康虽然贪图通商之利，对这一点也不能不有所警惕。再加上崇传（崇传，江户初期临济宗的学僧，南禅寺住持，后被幕府任命为僧禄司，主管各固文书，参与制定公家、武家及各宗法度，有"黑衣宰相"之称。——译者）和罗山 [林罗山（1583—1657），名忠信胜，号罗山，削发出家后称道春。京都人，18 岁起立志专究朱子学，21 岁时，就纠集门人，讲解《论语集注》。在德川家康、秀忠、家忠各代将军时，曾参与幕府的机要事务，多数外交文书及法令等，均出其手。宽永七年（1630）在江户上野忍冈设立家塾弘文院，传授儒学。著有《宽永诸家系图传》《本朝通鉴》《大学抄》《大学解》《论语解》等150余种。日本的圣堂也是他所创立的，其后代，世世担任德川幕府的儒官，参与机要。——译者]等人站在佛教和儒学的立场上表示反对，英、荷两国也大肆中伤，又赶上信徒之间发生内讧，暴露了在家康身边竟有十几名基督徒，使家康产生了疑虑，遂于庆长十七年（1612）对直辖领地下达了幕府最早的禁教令。次年，又将禁教令推广到全国。于是驱逐教士、毁坏教堂、强迫改宗等大规模的迫害开始了。秀忠继家康之后，更进一步加强了这一方针，虽牺牲贸易利益也在所不惜。对于英、荷两国，也禁止他们在平户、长崎以外的地点进行贸易，使两国也蒙受了很大的打击，以致成为英国关闭在日商馆的原因之一。但是传教士不顾幕府的反对，仍然秘密来到日本，信徒也并没有被消灭干净。因此，家光继秀忠之后，进一步加强了对基督徒的迫害。宽永十年（1633），禁止朱印船以外的船只和朱印船船员以外的日本人航行海外，在海外侨居超过五年的日本人，禁止回国。宽永十二年（1635），禁止一切日本船，日本人航行海外，不准侨居海外的日本人回国，违者处死。同时中国驶来的船只，也只能到长崎。宽永十三年（1636），在长崎港内辟出一个扇形沙洲名为出岛，由葡萄牙商人居住，其子女则一律驱逐出境。在此之前，肥前岛原城主松仓重政，曾于宽永七年（1630）为镇压基督徒，根绝传教士渡日的基地，向幕府建议远征吕宋。这一建议，因他死去而未能实行，不过，幕府却打算执行这个计划，于宽永十四年（1637），向荷兰要求借用军舰，只是由于这年突然发生了岛原之乱，这一计划才没能实行。

岛原之乱是，基督教大名有马晴信旧领地的岛原半岛和基督教大名小西行长领地的天草岛等地的基督教徒，由于新领主松仓重政和寺泽广高等人大肆镇压而演成狂热信仰的反抗行动。他们被基督教复兴的预言所驱使，再加上一些浪人的煽动，终于揭竿而起。暴动发生后，藩主无力镇压，向邻近的诸侯求援，幕府派遣特使去统率镇压，指挥各藩的兵马攻打起义者占据的岛原城，几经苦战，到宽永十五年（1638）才算将起义镇压下去。岛原之乱越发使幕府痛切地感到必须消灭基督教，于是想出种种办法，如对信徒处以极刑、给检举教徒的人增加赏金、让佛寺的住持证明某人不是信徒（寺请）、让人们用脚踩木版或铜版的基督像（踏绘）以检验是不是信徒等。另外，在对外政策上，也加强了锁国措施。宽永十六年（1639），禁止葡萄牙船来日，把长崎的葡萄牙人统统驱逐出境。次年又烧毁了企图前来和解的葡萄牙船，斩杀了船员，以表示禁令决不更改。后来又把荷兰商馆从平户移到长崎，使长崎成为唯一的贸易港口。

至此终于完成了锁国。有关锁国的利弊，历来议论纷纭，但它确实是加强和巩固幕府封建统治的有效政策，长达二百余年的江户时代，能在国内保持和平，幕府政权得以维持，锁国无疑是个有利因素。在经济方面，国内产业得到发展；在文化方面，日本独特文化得以昌盛等等，可以说都是由于锁国的影响。但是，它缩小了人民刚刚开展的、面向世界的目光，扼杀了不断探索的精神，妨碍了欧洲的近世合理精神在日本的传播和成长。这对于整个日本历史的发展来说，不能算是值得庆幸的事。⑤然而幕府并没有意识到这一点，所以它难免要受到只是为维护自己的政权而愚弄人民，阻止文化的发展等的谴责。这毕竟是武家专制政治发展的必然结果，换言之，它是武力统治对文化的胜利，是封建统治做到了对自由思想的彻底压迫，进而也开辟了国粹主义压制国际主义的道路。

注　释：

①中村孝也的《德川家康文书研究》全4册（1958—1961年，日本学术振兴会出版），收集了用德川家康名义书写的所有公私文件，按照年代顺序，附以必要的解释和参考资料。以文献资料为中心，观察了家康的历史面目。不但是有关家康的基本史料集录，就是作为编纂古文献的一种类型来说，也是很有意义的。

②最近出版的藤野保《幕藩体制史研究》（1961年，吉川弘文馆出版一书，其副标题是《权力构造的确立与展开》），是从幕府统辖大名的角度出发，对其统治体制进行了综合叙述的一部巨著。

③岩生成一《朱印船贸易史研究》（1958年，弘文堂出版）一书，引用国内外大量史料，对朱印船贸易的实际情况，进行了多方面考察和研究。

④参照岩生成一《南洋日本町的研究》（1941年，南亚研究所出版）。

⑤和辻哲郎《锁国》（1950年，筑摩书房出版），副标题为《日本的悲剧》，认为今天日本人民的缺点在于缺乏科学精神，其根源在于锁国，是一部对导致锁国的各种情况进行了有机的、综合的考察的力作。

第三节　国民文化的昌盛

礼教文化政治的开始　德川幕府初期的三代将军实行武力统治和集权政治，建立了牢固的封建体制。在此基础上，从第四代将军家纲开始，经五代纲吉，到六代家宣、七代家继，这 65 年前后的时间（1651—1716）是灿烂的文化和礼教政治的时代。它不仅显示了幕府政治的巨大发展，更重要的是说明了时代的进步和文化的发展。这种礼教文化政治的开展，不仅是国民文化昌盛的具体表现，而且大部分是以经济的发展和市民阶级的勃兴为基础的。下面就把这些因素考虑在内，将这一时代的政治、经济和文化概述如下。

马上取得天下的家康，深知不能马上治理天下。因此，他积极提倡学术。在有关文武官吏的法度中，首先就规定要钻研学问，他还亲自搜集和刊行了古书。①但时代的背景，仍然是深受战国遗风的影响而热衷于杀伐，而幕府要确立和巩固其统治基础，也不得不诉诸武力。提倡学术，振兴文化的条件还没有成熟。不过，经过了三代的时间，情况逐渐有了改善，从第四代家纲时起，政治方面也开始出现这种倾向，到了纲吉、家宣、家继时，就出现了礼教文化政治的兴盛时期。

这种政治，首先表现为当政者的好学笃道。将军家纲虽在幼年时继承家业，但辅佐他的保科正之对山畸阎斋的朱子学和吉川惟足的神道颇有造诣，因此，他极重视伦理道德，奖励文教。将军纲吉尤为好学，亲自讲解经书，让老中、大名、旗本、僧侣以至陪臣都来听讲；他每月讲解《周易》六次，用八年的时间，讲了 240 次才讲完。他任命林信笃（凤冈）为大学头，让他在汤岛建圣堂，祭祀孔子；并把林氏的私塾迁到这里，培养学生。此外，纲吉的宰臣，如大老堀田正俊和柳泽吉保等人，也都十分好学。尤其吉保精通佛教和儒学，擅长诗歌，笃信忠孝伦理之道。纲吉之后的家宣也努力钻研学问，以新井白石为侍讲，君臣相处如鱼水之交。这一段时间，礼教文化政治可说是达到了鼎盛期。白石精通和汉之学，是具有远见卓识的当代屈指可数的学者。但他是浪人的儿子，职位不过是若年寄管下的寄合，可是家宣却委以重任，使之担任将军顾问的宰相，从而使他有纵横大展经纶的可能。这清楚地说明当时对学问的尊重。但家宣和家继都在当政四年后死去，来自纪州的吉宗继承了将军的家业，于是时代出现倒转，白石遭到排斥，无法充分发挥其才能，礼教文化政治也遭到了挫折。

礼教文化政治的内容首先表现在健全幕府制度和制定礼仪。健全组织制度，包括规定并发放幕府官员的薪俸（宽文五年，1665）、设立会计审察官（天和二年，1682）等；健全法律制度，包括在武家法规里增加文治思想[②]［天和三年（1683）、宝永七年（1710）］，制定针对寺社的综合性法规（宽文五年，1665），整备法典；对司法行政制度进行人道主义的改革，改善监狱条件，简化诉讼程序等；制定礼仪，表现为在幕府的仪制中采用公家的礼仪规制，例如对武家首次制定了服忌令（贞享元年，1684），将军采用公家式的服制，殿舍也模仿京城风格，从京城征聘乐人推广雅乐（雅乐，唐代从中国传到日本的一种音乐，奈良、平安时颇盛行，令制中特设有雅乐寮。到平安后期，更为宫廷、贵族们所爱好，成为宫廷音乐中最主要部分，有以雅乐作为宫廷音乐总称。——译者）等等。制定礼仪中，最具有实质性意义的，是新井白石反复建议的改革对朝鲜聘使的待遇。同朝鲜的交往，始于家康时期，但有时对方并不积极，我方仍要通过宗氏勉强与其通交。每当将军更替袭职，就聘来对方使节，我方接待过于隆重，往往造成国家财物的浪费，在国书的形式等问题上也难免有名分上的争执。因此，正德元年（1711），当朝鲜聘使来日时，白石对这一工作进行了重大改革。在他们的国书中，向来称将军为日本国大君，而幕府的复牒，则称日本国源某，至此一律改为日本国王。另外将军引见使节、赐宴、辞行等一应礼节统统从简，使总经费节约了40%。来使因而对此提出抗议，但白石以其渊博的知识一一驳回，终于使对方诚服。对于国书中使用王号这项改革，当时曾在名分上受到非难，然而白石的本意恰恰是要正名分，是对各种称号进行了比较研究之后，才达到这个结论。这同足利义满不加批判地接受明朝册封的日本国土，是不可同日而语的。这种名分上的议论，本身就表明不仅幕府，而且一般学者也都具有礼教文化思想，并具有敢于发表思想的勇气，可见当时客观上已有一个健康的学术界。

实行礼教文化政治的目的是，按照儒教的政治理想教化人民，以保持社会秩序的稳定。在律令政治的时代，盛行表彰孝子和节妇。可是，进入中世纪后，就销声匿迹了。纲吉不但亲自做忠孝的模范，同时还在全国的布告牌上贴出五道布告，让人们都知道忠孝、仁恕、节俭、勤勉等道理，对孝子、节妇的善行一一进行表彰。承认报仇的合法性，也是出自尊重忠孝之道的原因。这时代流传着许多报仇的故事，其中最著名的是赤穗义士的报仇举动。对于赤穗义士的行为，当时的学者褒贬不一，而幕府却肯定他们在私人情义上的忠节。虽然按法律问罪，但这是情理兼顾的处理方法，说明幕府是很明智的，它既要维护教育，又要维护法律。

努力尊崇皇室也是礼教文化政治的一种表现。纲吉在会见敕使时也要沐浴更衣，以示尊王的诚意。贞享四年（1687），东山天皇即位时，幕府贡纳了所有费用，并且恢复举行了从后柏原天皇以后中断了九代的大尝祭的宴会。另外，把献给皇室的领地由 1 万石增加到 3 万石；太上皇的领地增加 0.3 万石成为 1 万石；后宫的领地增加了 0.1 万石成为 0.3 万石。历代皇陵由于几经变乱，都已荒废不堪，有不少甚至连所在都不明了。纲吉命令有关当局奏请朝廷进行调查，这时已有 22 座陵址湮没不清，对知道的 66 座陵基则重修围墙，确定了陵域。当时皇子、皇女，由于经济上的理由，往往在幼年就出家入道，成为僧尼，称为宫门迹、尼宫门迹，这已成了习惯。家宣采纳了白石的建议，奏请出资让皇子以亲王的身份建立家庭，皇女则下嫁。由于幕府做了这些努力，朝廷与幕府之间关系极为融洽，幕府初期那种紧张疏远的情况，再也没有出现。这本是将军以身作则表示忠节的一点心意，但它却已经包含着对幕府的存在进行反省的因素。在这一点上，礼教文化政治最后给幕府带来的重大意义是不应忽视的。③

如上所述，礼教文化政治一方面缓和了幕府初期的武力杀伐之风，促进了社会的和平与安定，但另一方面，这种政治也产生了弊端。其一是在实行和平政策和仁爱主义时，同将军纲吉偏执的爱搅在一起，产生了不适当的爱怜生灵的命令。其二是由于支出增加，导致财政困难，于是便改铸金币银币，使官吏中饱私囊，以致动摇了财政基础。尤其是这个时代的政治助长了商品经济这一内在矛盾的发展，促使了武士的怠惰及增加了其经济困难，提高了商人的实力与地位。在造成摧毁严格身份制度因素这点上，礼教文化政治所产生的反封建结果，是难以否定的。

经济的发展 由于幕府权力的确立，带来了国内的统一与和平，城市兴旺、交通发达、货币流通、产业繁荣，这是幕府初期以来的明显趋势。特别在礼教文化政治最盛时的元禄、正德时代，情况更是如此。过去的地域经济发展成为国民经济，自然经济受到商品经济的冲击。

最能代表这个时代城市繁荣的是城下町的繁荣。由于实行兵农分离，武士离开了土地，成为居住在城市四周的纯粹消费者，再加上城市的位置，从往昔的偏僻地方移到了水陆交通的要冲，这就不能不带来城下町的兴旺。其中江户城为天下之首，除将军直属的家臣之外，全国的大名也都率领家臣在这里居住并参觐。庆长年间，江户城全城约有300条街，到正德年间增加到933条。人口数虽不详，但估计最盛时要超过百万。17世纪后叶到19世纪初，江户城的人口超过了欧洲任何一个城市。此外像金泽、鹿儿岛、仙台、名古屋等10万石以上的城下町，在全国约有50座，这些都是地方上屈指可数的城市，直到今天仍保持着它的繁荣。除城下町以外，千年皇都的京都、国内物资集散地的大阪也都拥有几十万人口，代表了当时都市的一面。④

由于幕府设在江户，与京都大阪之间往来频繁，再加上大名轮流前来参觐，荷兰商馆馆长的晋谒以及朝鲜聘使的来朝等等，官方交通制度的需要，极大地促进了交通的发展。以江户为中心开辟了五条交通干线：东海道、中山道、日光道、奥州道和甲州街道，合称为五街道的五条干线。每条干线上都设有驿站，东海道的驿站有100人和100匹马，中山道是50人和50匹马，其他三条街道则是25人和25匹马；还设有专门机构，掌管替换人马等的事务。对驿站，规定免收租税并拨发钱粮，以资保护。但随着交通量的增加，常备人马已显得不足，因而从明历以后，建立了所谓助乡的制度，从附近的村庄征人、征马。这就使农民负担过重，成为农村凋敝的主要原因。⑤另外还规定在道路所经的河川上不准架桥，只能涉水或靠渡船，在重要的地区设置关卡，等等。这些制度却人为地阻碍了交通的发展。这是幕府从维护其封建统治出发而采取的军事上、警备上的措施。可以说是在交通制度方面所见到的战国时代束缚的残余。

在海运上，由于锁国，禁止远洋航行，使人们的热情转向内海沿岸航路，因而国内航运十分发达。当时主要的沿岸航路有江户与京都、大阪之间的航路以及东环和西环航路。负责江户和京、阪间漕运的定期船有货物船和运酒船，专门负责把京都、大阪的物资运往江户。东环航路从日本海沿岸出发，经津轻海峡出太平洋到达江户。西环航路是从日本海沿岸出发，绕过下关海峡，经濑户内海到达大阪。这条航路把奥羽、北陆所产的稻米运往江户和京阪地方。这种大规模海运是在各藩进行的局部性海运基础上逐渐扩展而成的。其中，宽文年间河村瑞贤遵照幕府的命令而进行的航路整修，起了很大作用。

统一货币，在秀吉时就已着手进行了，到庆长六年（1601），家康下令改革币制，铸了大判（10两）、小判（1两）、1分金（1/4两）、丁银和豆板银等货币；大判重44匁（匁，日本的衡量单位。合公制，一匁为3.75克。——译者）（纯金量30匁弱）、小判重4匁7分3厘（纯金量4匁5厘），银是称量货币，计算时，以匁为单位。直到元禄八年出现品质低劣的元禄金银为止，庆长金银始终没有停止铸造。它一直通用到元文三年（1738），前后达138年，是这个时代金银货币的代表。元禄金银是为弥补财政困难而加以改铸的，因此小判的含金量只有2匁6分8厘，品位下降为庆长小判的2/3左右。由于幕府令其与庆长金币等价流通，因而使财界动荡不安，但幕府却从中获得巨大收益。此后在宝永年间又改铸了品位更加低劣的宝字银和品质虽然依旧但重量减半的乾字金，幕府的通货政策并没有摆脱困境，到正德年间才终于铸造了一切恢复旧制的正德金银（正德四年，1714）。金银货币的铸造和发行由幕府直辖的金座和银座掌管，后藤和大黑氏分别担任金座、银座的世袭职务。

家康时铸造了银钱庆长通宝和铜钱元和通宝，宽永十三年（1636）以后更设立钱座，专事大量铸造铜钱宽永通宝（通用价格为一文），宽文十年（1670）禁止古钱流通以后，钱货才得以统一，室町以来的撰钱〔撰钱，在金钱授受时，由于通货质量的优劣，所以有选取良币，不用劣币的行为，在日本称为"撰钱"。这里所说室町以来，是指应仁之乱以后，日本市场上良币明钱（洪武钱、永乐钱和宣德钱等）及劣质的私铸钱（京钱、打平等）等价混用，一般均取良币而忌避劣币的事。当时在日本，对通货的质量，并没有一定的标准，因而有良币、劣币及撰钱之事。——译者〕也告结束。公定兑换率为金1两相当于钱4贯文，但市场经常变动，银对金的比价也同样在变动。元禄时，随着改铸金银货币，宝永五年（1708）又铸造了铜钱宝永通宝（价格为10文），作为相应措施，以供流通。但由于质量低劣，没有威信，仅一年就废除了。⑥

产业中最主要的当然是农业。幕府和诸侯都在奖励农民勤恳务农的同时，积极指导改良生产技术，奖励开垦新田、发展副业等等，因此农学取得了显著的进步。当时，出现了宫崎安贞的《农业全书》等优秀的农书，这个时代新采用的农具有备中锄、脱粒机、选谷筛等，水车舂米法已经普及。肥料中鳁鱼渣、鳁鱼粉、青鱼渣以及各种油渣的用量增加。农作物除五谷外四木（桑、茶、楮、漆）、三草（红花、靛、麻）也已普遍栽培。此外，这个时代新增加的作物有黄栌、草棉、甘蔗、甘薯、马铃薯、烟草、玉米、番瓜、西瓜、油菜籽、豆角、落花生等等。

生丝和丝织品，向来是依赖从中国进口的，因为限制输入，养蚕业有了发展。从庆长、元和起到正德、享保年间为止，国产生丝总额增加了一倍；再往后到文化年间，又增加了三倍。

开垦新田在元禄前后最为盛行，耕地比丰臣时代增加将近两倍。

在水产业方面，这个时代捕捞最多的是鳁鱼，其次是鲸鱼、鲣血、金枪鱼、鲑鱼、青鱼等。其中最有名的鳁鱼渔场是九十九里滨，年捕捞量约有 30 万两（两是重量和货币的单位，当时日本也和中国一样，以 16 两为 1 斤。但这里可能是货币单位。——译者）。捕鲸则在西海和南海各地，除使用渔叉外，也用网捞。捕鳁鱼和鲸鱼都需要巨额资金，因此纲主都是富豪之家，有不少人因经营渔业而越来越富。城市商人中，也有不少人把资本投在渔捞业中的。各地的制盐业也很发达，著名的有赤穗、抚养、行德等地，有不少藩把它作为垄断专营的事业。⑦

前面已谈到，幕府很早就对采矿事业给以关注，许多金银矿都归幕府直接经营。后来宽永四年（1627），又在各国设置金银奉行，以奖励开采金银矿。铜的开采也很盛行，宽文时，国内主要铜矿有 23 座，到贞享时，已增为 34 座，铜成了主要出口品。铁矿，除原有的山阴、山阳等地冶炼砂铁事业日渐发展外，其他各地也都兴起了冶炼砂铁的事业，铁矿也陆续有所发现。元禄时在筑前发现了煤矿，享保以后又开始采掘三池煤田。

工业，虽仍处于手工业和家庭工业的阶段，但随着群众生活的提高，需要各种商品，再加上各藩的奖励，各地也纷纷兴起了各种工业。其中最著名的有纺织品、陶瓷器、漆器、造纸和酿酒等。纺织品中最著名的是京都西阵的丝织品，质地精良，产量也很高。其他如博多、仙台、桐生等地也很早就开始织物的生产。麻织品著名的有奈良布、近江的蚊帐等，棉织品各地也已生产。印染物首推京都的友禅染，另外尾张的有松绞是一种对棉布用绞缬染法处理而取得了成功的印染法。陶瓷器，前面谈过，是依靠朝鲜传入的技术而发展起来的，到这时期，肥前的有田烧已在原有的基础上，又有了进一步的发展；加贺的九谷烧，也是引进其技术而发展起来；尾张的瀬户烧、肥前的伊万里烧、京都的清水烧、粟田烧等也都陆续有所发展。京都的漆器很有名，此外如能登的轮岛涂、奥州的会津涂、能代的春庆涂等也都享有盛誉。纸张在美浓、土佐、越前、伊予等地都有大量制造，高级品有越前的奉书纸、岛子纸。酒的大规模经营生产是在伊丹、滩、池田等地，往来于江户与京阪之间的运输船中，就有专为运输这里的酒的运酒船。

由于产业的兴旺，城市的繁荣和交通的发达，市场的范围也扩大到全国，出现了专业化的商人，商业也有了飞速的发展。诸侯为了支付在城市中消费生活的费用，必须把米和其他领地内的产品运到中央市场去出售，或是以此为抵押去借钱。西国、北国的诸侯在大阪，关东、奥州的诸侯，则在江户分别建造货栈，以便保管和贩卖货物。元禄年间，据说大阪有 97 所这样的货栈，货物大部分是米。每年进入大阪的稻米总量是 400 万袋，其中 3/4 入库栈。此外萨摩的砂糖、土佐的纸、阿波的靛蓝等也都是存栈商品，再由此销往全国各地。栈存货物的销售起初由各藩的家臣负责办理，后来则委托商人担当，称为"藏元"；负责货款出纳的，叫作"挂屋"，同样也有委托给商人担任的。能成为"藏元""挂屋"的，都是富商。他们从各藩领取禄米，并拥有可以带刀的特权，这种半官性质的商人，是站在压制武家的市民势力最前线的人。当时他们经营的，除栈存货外，还有民间生产的、由商人销售的货物，叫作"纳屋物"，也是以江户、大阪为集散地，其数量也与日俱增。松前的海带拿到江户、京都和大阪去销售。伊丹、滩的铭酒除供应江户外，还由下关运到北国、九州。九十九里滨的鳁鱼干、纪州的蜜柑、甲州的葡萄在全国各地销售，这些都说明了当时商品流通的盛况。

由于商品流通的发展，从生产者中分离出来的专业商人数量日渐增加，其中又分为批发商、经纪人和零售商。这个时代的批发商，或是受货主委托，收取一定的佣钱，把货物卖给经纪人；或是从货主那里买进货物后，再自行卖给经纪人。他们相互之间彼此关照，并团结成立组织，以图对营业进行垄断。如江户的

"十组问屋"，大阪的"二十四组问屋"就是有名的批发商集团。往来于江户和京阪之间的货物运输船，也是这些批发商集团经营的。以后他们规定了股权，确立了在经营方面的垄断权，成为这个时代的大商业资本家之一。经纪人是介于批发商和外地商人及零售商之间买卖商品的人，在大阪有不少大经纪人。正德年间，大阪有批发商 5655 人，经纪人 8765 人。

零售商在这时代有大量的增加，尤其在江户，其数量很多。这种商家，在经营者和伙计、工人之间，不单有雇佣契约关系，还存在着家长式的主从关系。伙计从幼时就进店当学徒、小伙计，从事各种杂务劳动。成年后，成为二掌柜的，从事营业活动，经过 20 年以上便可以从主家那里得到资金，另立门户。这是照搬武家主从关系的样式，说明强大的封建制势力已渗透到社会的每个角落。小贩是商品经济侵入农村的主要力量，他们在各地十分活跃，代表性的有近江商人和富山的药材商人。近江商人在这个时代初期一直进到奥州的松前，有的积聚资本，在各地从事生产事业。

也有人进行投机交易。大阪堂岛的大米市场，是以出售各藩的存储大米为对象而发展起来的。由正德时代开始买卖各地诸侯货栈发行的米券起，一直发展到从事官方承认的大规模投机交易。米价的涨落，是当时重要的社会问题，堂岛米价行情的涨落牵动着诸侯的喜怒哀乐。金融机构也发展很快，兑换商十分活跃，他们从事的业务类似今天的银行业。大阪的兑换商有十人兑换、兑换金银、换钱、换米。十人兑换是其中最大的，相当于全体兑换业的管理者，因为办理幕府资金的出纳，破例允许他们带刀。金银兑换一般称为兑换业者，办理金银买卖、贷款、发出票据、汇兑、存款等业务。江户的兑换商有兑换金银和一般兑换两种之分，兑换金银的，除从事一般金融业务外，还办理幕府和诸侯的汇兑业务。最大的金银兑换商是三井。前面说过，当时兑换商作为大商人担任大名库房的挂屋等职，随着其财富的增大，社会地位也不断提高。十人兑换中的一人鸿池，担任加贺、广岛、尾州、纪州各藩的挂屋，仅从各家领取的禄米总计就有 1 万石。在江户，大名与挂屋的关系相当于旗本和家人与札差的关系。"札差"是负责出售旗本和家人库存米的人，旗本和家人在需款的时候，以将来运到的米作为抵押，从札差预借款项，这种情况正同大名和挂屋一样。⑧

最后再说一点对外贸易，锁国以后只在长崎同荷兰、中国进行贸易，其限制也越来越严格。正德五年（1715），规定贸易额为中国船每年 30 艘，交易银额 6000 贯（贯，当时日本的货币及计量单位，每千枚一文铜钱为贯。用于作计量单位时，折合公制是每 3.75 公斤为一贯。——译者）；荷兰船每年 2 艘、贸易银额 3000 贯。这是因为新井白石认为，幕府建立以来，金银大量流向海外，如果再任其继续下去，一百年后，国内的黄金储存量将减半、白银则将全部消耗殆尽。进口货物中，主要是生丝，都由生丝垄断商人以垄断贸易的形式出售。后来，则由长崎市民共同管理的自治机关长畸会所管理一切贸易事宜。此外对马的宗氏从事与朝鲜的贸易，岛津氏利用琉球与中国进行走私交易，这些都是特殊的例子。

由于商业发展而积累起来的商业资本，有的被投放到对大名、武士和一般人民的高利贷上；有的投到未开垦土地的开发上；有的则投到各种家庭工业上或渔业上；等等。这些资本都不断增殖。批发商、兑换商、挂屋、札差、生丝垄断商等都是大商业资本家，被称为富豪和长者。他们控制着日本全国的经济，连当政者也坦率地承认这一点。白石对将军家宣说，"若论财富"，富商大贾不亚于将军。这个"财富"打碎了严格的身份制度，也削弱了强大的幕府政治，它潜藏着当政者预想不到的危机。

学问的独立　学问的独立是这个时代国民文化昌盛的重要一环。这里所说的学问独立有两种意思，一种是指日本的学问从中国学问中独立出来；另一种则是说人民、学者的学问从贵族、僧侣的学问中解放出来。最能够说明这种倾向的是儒学，当代儒学的开山鼻祖是藤原惺窝［藤原惺窝（1561—1619），江户时代初期的儒学者。名肃，字敛天，播磨人，是冷泉定家的十二世孙。幼有神童之称，后入相国寺为僧；不久又改学儒，专究朱子学，造诣极深，被誉为京学之祖。曾受德川家康之召，未应，推荐其门人林罗山替代，主张儒者应独立从事学问，不依赖官方、寺院，为江户时代朱子学的开创者。著有《惺窝文集》《文章达德录》等。——译者］。他最初是禅僧，后来弃佛崇儒，钻研朱子学（朱子学，指南宋时，以朱熹为代表的儒学，也称宋学，性理学。在日本，自战国时代起至江户时代初期，发展极盛。宽政禁异学后，朱子学成了官学。——译者）。他的学说并不一定是正统的朱子学，在不受传统师传的限制，敢于面对经书阐明天人一贯的道理，既不属于公家，也不属于寺院的市井学者这点上，正符合上面所说学问的独立。惺窝弟子中才学兼优，不仅在儒学史上，而且在幕府文教政策史上留下不朽足迹的是林罗山（道春）。他博学广闻，精通经史，通晓和汉文学。他笃信朱子学并努力实践，致力于名教之维持。他年轻时即被家康召去，讲授经书，位列顾问，幕府的许多文教、外交政策出自他的策划和主张。家康死后，他仍任职直到家纲，历仕四代将军，对确立近世封建社会理论基础——朱子学的地位起了巨大作用。他的后人中人才辈出，其中第二代的鹅峰（春斋）、第三代的凤冈（信笃）也都继承家学，服务于幕府，成为官学的祖师。鹅峰受幕府之命，协助父亲罗山从事各种修史事业；凤冈服侍纲吉以下的四代将军，辅佐幕府的文教事业。这样他们就牢固地确立了作为幕府教化政策基础的朱子学的地位，并把掌握朱子学的林家也置于牢固的地位。这种情况，一直持续到幕府灭亡时为止。

惺窝的高足中，除罗山外，还有松永尺五、那波活所、堀杏庵等，他们四人被称为"四天王"，而最好地承袭了惺窝朱子学学统的则是尺五。尺五的门下出现木下顺庵，顺庵门下英才辈出。顺庵应加贺藩主前田纲纪之聘，后来又服侍将军纲吉。他学德兼优，出色地教导门徒，发挥了才能。当时称其门下为木门，学者趋之，如登龙门。弟子中杰出的被称为木门五先生、木门十哲等，其中新井白石 [新井白石（1657—1725），江户时代中期学者，政治家。名君美，号白石、紫阳，通称勘解由。上总人，曾师事木下顺庵。宝永六年（1709）担任六代将军德川家宣的幕臣，参与幕政，从事对前代弊政的改革。新井白石主张学问和实践相一致，因此在其参与幕政期间，曾公布武家诸法度、海舶互市新会等法令，整顿仪式典制，改铸货币，等等业绩。作为学者，他不仅注意于儒学的研究，而且也重视文学、政治及西洋情况等各方面的知识，著有《读史余论》《古史通》《藩翰谱》《同文通考》《西洋纪闻》《采览异言》《东雅》等多种。——译者]、室鸠巢尤为杰出。白石并不是一介儒生，他学问渊博，遍及历史、地理、语言、制度各方面。他的研究角度新颖、超越时流，还具有学以致用的气魄和才能，如前所述，在家宣一家继时代成为推动礼教文化政治的动力。室鸠巢是正统的朱子学者，他面对当时纷起的各个学派，毅然坚守正统思想，晚年被举为幕府的儒员，白石失势后仍为吉宗重用，辅佐其复古政治。

以上各位学者都是出自藤原惺窝门下，借惺窝居住地址，被称为京学。与京学相对的有南学，它继承了土佐的海南学派儒学系统。天文年间，南村梅轩前往土佐，兴起了海南学派，曾在上一章提到。这个学派的谷时中，巩固了南学的基础。时中门下有小仓三省、野中兼山、山崎闇斋［山崎闇斋（1618—1682），江户前者的儒者。名嘉，字敬义，幼时出家为禅僧，以后师从土佐谷时中，成为朱子学方面的儒者，以后就在江户等地讲学，并担任过会津藩主的侍讲，所以其学徒中有不少公卿诸侯，一时号称有六千门人之多。他又曾从吉川惟足专研神道，并将朱子学和日本的神道相结合，创立垂加（垂加是他的别号）神道。著有《垂加文集》等，其门人中，人才辈出。最杰出的有浅见纲斋、中佐藤直方、三宅观澜等人。——译者］。三省和兼山二人奉职于土佐侯，掌管文教，他们以造福于民的实用精神，参与国政，这同幕府的礼教文化政治不谋而合。闇斋是一位大教育家，前去京都从事教学，有六千弟子出其门下。他的学派从朱子学进入神道，提倡神儒合一的垂加神道。这种神道说，未免有些牵强附会，不过，他尊重学问自主，提倡日本对于中国的自主性，修身实践之学对于博闻强记的自主性，站在时代的前列，建立巨大功绩。其众多弟子中，浅见纲斋、佐藤直方、三宅尚斋被称为崎门三杰，他们把闇斋学的道统，通过这些门徒博而精地传给后世。

除京学、南学以外，各地也出现了许多朱子学者。其中筑前藩士贝原益轩［贝原益轩（1630—1674），江户时代前期的儒者、教育家，本草学者。名笃信，筑前人，曾师从松永尺五，木下顺庵，山崎闇斋，但他反对朱子学的理、气二元论，主张理气一元论。他的门人虽不多，但其著作对江户时代儒学的影响颇大。著有《初学训》《慎思录》《学道训》《大和本草》《养生训》等。——译者］通晓百科学问，用浅显易懂的国文在教育、卫生、博物、历史、地理等方面写了许多著作，是国民文化昌盛时期的伟大先驱学者。

这个时代的儒学十分兴盛，除朱子学外，还有阳明学、古学等其他学派也分别兴起。著名的阳明学者是近江人中江藤树和他的弟子熊泽蕃山。藤树年轻时曾仕于大洲侯，后来辞官返回故乡近江讲学，教育村民。他的学问是由朱子学而发展为阳明学，最后集其大成，树立了日本阳明学，或可称之为藤树学的一种独特的学说。蕃山辅佐备前侯，他力劝主君弃恶扬善，政绩卓著。后来他辞官住在京都等地，致力于讲学和著书，他的学说以阳明学的心法为基础，涉及政治、经济、国文等。以实用之才著称，为此触犯了以朱子学为正学的幕府忌讳，被幽禁并死于下总古河。

古学者中知名的有山鹿素行、伊藤仁斋和其子东涯、荻生徂徕。素行曾一度服侍赤穗侯，后到江户讲授经史和汉文化、兵学等各种学问，弟子逐渐增多。他晚年不满足于朱子学，坚信应该不经后儒而直归孔子，因而著《圣教要录》，反对朱子学，为此受到幕府的镇压，与蕃山一样，成为思想统治的牺牲品。他在民族自觉性上，也走在他人前头，反对用当时的通用语"中华"称呼"支那"，认为日本是中朝，著《中朝事实》一书论述日本的国体和历史。伊藤仁斋［伊藤仁斋（1627—1705），江户前期的儒学者，堀河学派的创始人。出身于堺市商人家庭（有的说是京都人的，如本书正文）。他为了解孔孟所教的真义，曾大力研究《论语》《孟子》，认为朱熹等宋儒所述，不足以代表儒学，反对理气二元论主张，力主理气一元论。在京都设立堀河塾，传播其主张，入门者有3000人之多，著有《论语古义》《孟子字义》《论孟古义》《童子问》等。死后其门人谥为古学先生。——译者］是京都人，他终生不做官，是一个在贫苦环境中钻研学问的民间学者，他纠正宋儒的错误，认为宇宙和人生处在不断的运动中，除仁义外，无所谓人道，也不可能有学问。他把《论语》尊为至高无上、宇宙第一的书，次则把《孟子》尊为通向那里的桥梁。他的五个儿子都继承了家学，长子东涯尤为杰出。与东涯同时在江户提倡古学而与之对立的是荻生徂徕［荻生徂徕（1666—1728），江户中期的儒学者。名双松，字茂卿，本姓物部氏，所以也称物徂徕。曾担任柳泽吉保的儒臣，以后辞官到江户开办学塾，颇有声誉，太宰春台、服部南郭等均出其门下。其自注、倡行的古文辞学一派，称为萱园派（萱园是他后年的别号）。所著除注释四书五经的以外，尚有《政谈》《太平策》《萱园随笔》《辨道》等有关政论及其对古文辞学的主张等书籍。晚年曾担任将军德川吉宗的顾问。——译者］。他也反对宋儒的学说，提倡古文辞学，认为应该直接倾听先王的教诲，为此应首先学习古文辞。他因尊重古文辞而重视诗作，他的文章从元禄到享保几十年间，曾风靡一代。他的门下有不少多方面的人才，其中以太宰春台的学问，服部南郭的诗文尤为著名。

儒学的盛况大体如此，但学问的独立，是如何能在这种条件下提倡起来的？不禁令人吃惊。特别是出色地完成了从中国的学问中独立出来，使人感到，近世的儒学完全是日本的儒学，到了这时，儒学才开始渗入日本人的血肉之中。近世的封建制，就是在这个渗透着儒学思想的基础上维持下来的，尽管商品经济侵蚀了自然经济，商人阶级对武士阶级的优越感来得如何凶猛，封建制能在漫长的260年中持续下来，完全是由于这种思想基础巩固的缘故。

由于儒学者的民族自觉性和宋儒史学的影响，日本的史学也慢慢地从儒学中发展了起来，这是一个值得注目的事实。助长了这一倾向的，是幕府作为文治政策的基础而推行的官办修史事业。幕府的修史事业：编纂有集武家系谱大成的《宽永诸家系图传》（372卷，宽永二十年成书）；从神武天皇到后阳成天皇止的编年体史书《本朝通鉴》（310卷，宽文十年成书）；叙述从松平氏开始到家康一代事迹的《武德大成记》（30卷，贞享三年成书）；等等，都是以林家人为中心编纂的。各地诸侯中，则有水户的德川光国开设史局（水户藩德川光国开设的史局，指彰考馆。——译者）、集合史臣，编纂从神武天皇到后小松天皇的传纪体史书《大日本史》。纪传部分于宝永六年（1709）完成，享保五年（1720）呈献幕府。不过，志和表部分，则到明治三十九年（1906）才完成。《大日本史》〔《大日本史》是明历三年（1657）水户藩德川光国设局修撰，到明治三十九年（1906）才完成的，用汉文撰述的纪传体史书，内计本纪73卷、列传170卷、志126卷、表28卷。不仅在体例上仿照中国的史书，即思想上也受中国影响很深，如将神功皇后列入后妃传，大友皇子则入本纪，并以吉野朝廷（南朝）作为正统等，都是明显的中国正统思想的表现。《大日本史》在江户时代对日本学术思想界的影响很大，下面所说"以此为中心，而在水户藩中形成的日本式朱子学，到幕末，就成了尊王思想与实践的中心势力"的提法，并不过分。——译者〕的修撰，是一桩历时250年的大事业（397卷）。编纂时，曾花了很大的精力收集和辨别史料；对史实的考证和叙述，也力求严谨无误。至于对历史的解释，则是以司马光的《资治通鉴》和朱子的《通鉴纲目》中名分思想为据的日本式解释，因此形成一种通过尊王斥霸之道，对幕府存在的正当性表示怀疑的根源。所谓水户学，就是在编修《大日本史》的过程中，以此为中心，而在水户藩中形成的日本式朱子学，到幕末，就成了尊王思想与实践的中心势力。

学者的个人著作中有许多颇有特色，比如山鹿素行的《武家事纪》叙述了武家时代史；松下见林的《异称日本传》则集中了中国和朝鲜文献史料中有关日本的部分。而新井白石的著作，更位于诸著作的顶峰。他在古代史方面，根据神即人这个合理解释，写成了《古史通》《古史通或问》，收集大名的系谱和事迹写成《藩翰谱》，评述武家政治的起源变迁，写成《读史余论》。其清新的解释和流畅的文章都远远超脱了时流。只是对于现实世界中武家政治的历史性解释和批判，并不十分尖锐，跟他对古代史研究的高水平相比，学术价值显得逊色。

尽管如此，日本史学从此摆脱了中国史学的束缚，开始发展起来，作为日本近代历史学的鼻祖，新井白石占有很高位置，当之无愧。

随着国史的研究，国文学（日本文学）的研究也出现了新的曙光。中世以来的古典研究，这时代仍然继承着它的传统。京都玉津岛的神官北村季吟，元禄初年在幕府工作时，掌管有关和歌事务，把古典的注释加以汇集，打下了这门学问发展的基础。儒学自由研究的风气，也传到这个领域，在古典研究上，不拘泥于师传的自由学风首先始于下河边长流和僧契冲，此外还有江户的户田茂睡。自由研究的优秀成果有，契冲继承长流的遗业，受德川光国之命写成的《万叶集》注释书——《万叶代匠记》。儒学者出于民族兴趣而进行的日本古典研究也取得了很大成果。除水户藩作为修史材料而进行的古典研究以外，贝原益轩著《日本释名》，认为日语的语源解释上应该是有规律的。新井白石著《东雅》《东音谱》等书，在日本语的音韵、语言与文学的区别等问题上，提出了前人未有的见解。在这些古典研究成果的基础上，兴起了探索我国固有古道的"国学"，到下一个时代，就迎来了它的巨大发展。

此外，各种科学也相继兴起。我国的历法自贞观三年（861）使用唐宣明历以来，一直没有改变，因此实际误差很大。贞享元年（1684）涩川春海（保井算哲）献出自制的历法，采用后纠正了误差。春海在幕府中司掌天文，钻研天文历数之学。在数学方面，有关孝和探究和算之学，发现了不逊于欧洲的高等数学法则。在博物学方面，贝原益轩著《大和本草》等多种著作，为社会做出了贡献。稻生若水著《庶物类纂》（362卷），显示了实物研究的成果。在地理学方面，各地进行了地志的编纂和地图的制作，幕府以各大名献上的本国地图为基础，绘制了日本全图，从而大大推动了地理学的发展。有关世界地理的书籍有西川如见的《华夷通考》、新井白石的《采览异言》《西洋纪闻》等，介绍了西方地理学的成果。

文艺的大众化　文艺的大众化在中世末期十分显著，到了这个时代，由于市民阶级经济实力的增长，出现了真正产生于市民中间并讴歌其生活的独自的文学，如俳谐、小说、净琉璃等。与此相对的和歌、连歌、能乐等具有古代传统的文艺仍主要同统治阶级联系在一起，但因墨守成规，没有新的发展。因而文艺的主流，完全被那些市民的新兴文艺所占据。

俳谐是这个时代初期由松永贞德加以推广的。他把连歌称为歌道的入门，而把俳谐称为连歌的初步，并依据连歌的式目制定了俳谐的式目。这样一来，似乎失去了文艺的自由性，但由于句中采用了民谣和俚谚，含有发展庶民文学的因素，因而实际上普及到各个阶层，具有先驱者的意义。在此之后，大阪的西山宗因创作的俳谐否定了这些规则，恢复了自由形式，在广大的庶民社会中寻找素材，力求风格的新颖别致，这可以说是正在兴起的大阪市民阶层对文艺所提出的最早的自我主张。松永贞德一派称为贞门，而西山宗因的俳谐，则被称为谈林。谈林虽曾风行一时，但后来出现异风异体，变得低级庸俗了。这时又出现了松尾芭蕉，扬弃了二者的格调，把俳谐发展成为独具境地的崇高艺术。松尾芭蕉一生周游各地，深入大自然中，发现了自然与人生融为一体的闲寂诗趣。其门人遍及全国，数以千计。与芭蕉同时的有摄津伊丹的上岛鬼贯。他领悟到无诚则无俳谐，摆脱了以往游戏式的俳谐观，在提高俳谐的艺术水平上，他和芭蕉一样做出了贡献。这种独立的短诗艺术，舍弃了一切修饰和装潢，用尽可能简朴的形式去表现火热的诗情，附和了在繁忙的现实生活中追求情趣，体会了市民生活要求闲寂的一个方面。

《阿国歌舞伎草纸》（最古歌舞伎绘）17 世纪初

小说，从宽永时起陆续出版了以市民为对象的新作，但多数是以教化市民为目的的，如承袭过去那种伽草纸的故事随笔，改编外国文学作品，名胜异闻的介绍等等，艺术价值都不高。天和二年（1682），大阪人井原西鹤出版发行了小说《好色一代男》，以后便陆续出版、发行了大量的统称为好色的小说、武家小说和町人小说的读物。给处于低水平的小说界，抛下了一枚巨型炸弹。井原本是谈林派俳谐师，不久，就转向写小说。他观察和剖析市民生活的各个方面，全面肯定他们的享乐与盈利行为，并亲自投身其中，用充满俳谐风格的紧凑文章描写了这一切。至此市民才有了提倡自己的世界观、为自己的立场辩护的有力支柱。他写的书备受欢迎，他的创作活动接连不断，这恰恰表示出蓬勃向上的市民阶级的力量。不过，他的小说，只是把许多短篇故事收集在一个题目下，缺乏构成通篇的整体性，其写实也流于夸张和暴露，带有勉强追求滑稽性的缺点。西鹤的小说叫作浮世草子（风俗故事），继他之后，出现了不少模仿者，但始终没有人能赶上他。只是其中多少发挥特色的是京都的江岛屋其碛，他的著作因出版书店的名字而被称为"八文字屋本"。八文字屋本的内容，涉及许多方面，其中描写诸侯家庭内讧和报仇等事件的章回小说，成了后来一些传奇小说的源流。

　　净琉璃始于室町时代末期，盲人带着拍节说唱净琉璃故事，后来加上三弦和木偶，也演唱其他故事，流行于四条川原一带，是作为民众艺术而出现的。庆长年间先在京都演唱，到元和、宽永时，其中一个支派来到江户，受到社会的欢迎，将军还观看了。江户的净琉璃自此出现了金平节、半太夫节（江户节）、河东节等流派。京都、大阪的净琉璃在贞享初年，由

歌舞伎《镜狮子》剧照

竹本义太夫在大阪创设了竹本座，以近松门左卫门为剧作家，开创了独特的义太夫节。后来，表演家与剧作家相映生辉，迎来了净琉璃的全盛时期。作为一个剧作家，近松门左卫门与芭蕉、西鹤一样，是同时创建了近世文学黄金时代的人物

之一，如果把西鹤比作清少纳言，那么近松就是紫式部。起初他也写歌舞伎剧本，但后来成为专门创作净琉璃的作家，为义大夫和其后继者写下了百余篇的净琉璃。其作品有以历史为题材的和以现实生活为题材的两种。以历史为题材的占了绝大多数，深受观众的欢迎。他不赞成西鹤那种过火的写实，认为艺术要处于虚实之间，他从这一立场出发，力求描写人性美。虽然说，压在人情上面的情义世界是冷酷的，然而人情却总是温暖的、美好的。正是这种温暖和美好，使读者和观众常常忘记了现实社会的苦恼，到达了一种引起共鸣的、令人玩味的艺术境界。

后来在大阪与竹本座相对，出现了丰竹座，两者间在互相竞争中继续演出，丰竹座的剧作家有纪海音，竹本座继近松之后有竹田出云，两人都写出了大量作品，把净琉璃的传统留传给后世。

和净琉璃并称为民众娱乐双璧的歌舞伎，虽然很难称之为文艺，但也应该在这里提一下。一般认为歌舞伎始于出云的一个叫阿国的巫女，阿国的歌舞伎是一种朴素的念佛舞蹈，在钟、笛、鼓等乐器的伴奏下边唱边跳念佛舞。最初流行于京都，后来传到江户。当时都是在野外搭起舞台表演，"共居"这个词，如实地反映了它初期的情况，后来为迎合世人的趣味，出现了由艺妓表演的女子歌舞伎和由美少年表演的年轻人歌舞伎等。因为有伤风化，曾一度遭到幕府禁止。但由于时代的需要，取得发展，逐渐演变成为上演由章回小说改编的连续剧目。元禄时，江户的市川团十郎的武打戏、京都的坂田藤十郎的爱情戏深受观众的欢迎。歌舞伎的剧本作者，一般都由表演者兼任。但近松门左卫门为坂田藤十郎写的剧本，在当时特别出色。一般来讲，歌舞伎是以表演者为主，所以很难随心所欲地编写剧本。净琉璃则是用木偶来表演，就无须有这种担心，所以在剧本创作的水平上，歌舞伎远远落后于净琉璃。

美术 美术方面表现出来的重要特点也是从宗教中摆脱出来和与新兴市民阶级相结合，跟学问、文艺相同。在美术界的各个领域中，成绩最辉煌的是绘画。绘画方面，狩野派受到幕府保护，以正统派自居。狩野永德之孙探幽（守信）是幕府的画师，他继承了祖先的风格，并进一步加以发展，使汉画完全日本化，开创了独特的画风。他的障壁画、屏风画、卷画等作品，有许多一直留存到

今天，从中可以看到他那
适合武士阶级口味的画风。
后来狩野派画师仍同幕府
保持着很深的关系，他们
中间，有幕府御用画师四
家和民间画师十二家之分，
但其画技自探幽以后，并
没有多大发展。土佐派具
有古老的传统，由于土佐
光起的出现，土佐家得以

浮世绘　戏剧狂言舞台

复兴，成为天皇宫中的画师。而同是土佐派的住吉如庆、具庆父子则出仕幕府，
为幕府作画。

以上各派，是继承和复兴
前代风格的。而开创了这个时
代全新领域的，则是装饰画与
浮世画。装饰画是这个时代初
期，本阿弥光悦和俵屋宗达等
人创作的，后来尾形光琳继承
了两人的画风，并加以发展，
用浓艳的色彩和崭新的意境描
绘花卉人物，这种画风被称为
光琳派，是以丰富的生活为基

《男女相戏图》，菱川师宣绘

础的高雅精神的象征。浮世绘中的"浮世"两字和"浮世草子"中的"浮世"
一样，是指当代现实社会生活，这是元禄时的流行用语。开始时，并不一定指一
种画派，只是泛称狩野派、土佐派画家描写当时民众生活的作品。后来日本画的
创作逐渐摆脱汉画独立出来，以不受官府保护的市民画师的骄傲来迎合民众的嗜
好，在题材的选择和技巧的运用上形成一种独自的领域，一般就用"浮世绘"
称之。画派初期的代表作者，可以举出岩佐又兵卫，但真正对浮世绘的创立做出
贡献的是江户人菱川师宣。他主要以艺妓、歌舞伎为题材，巧妙地迎合了民众的

嗜好，后来又以版画的形式发行，在向人民的普及上采用了划时代的方法。从此以后，浮世绘与版画便成为不可分开的东西，浮世绘师身兼版画家，他们为日本版画这种特殊的民众艺术的发展，做出了巨大的贡献。

在建筑方面，虽然营造了寺院、城郭等大规模的建筑，但在风格和手法上并没有什么新的发展。唯一的新例是由于黄檗宗的传入，寺院建筑方面采取了明朝风格的伽蓝式样。在神社建筑方面，则出现用石室把本殿与拜殿连接起来的所谓"权限造"。庙堂建筑，则综合了佛寺、神社与陵墓的格式，有了很大的发展。有代表性的庙是建在上野和芝的历代将军庙，但最宏大的庙堂建筑，则是日光的东照宫。日光东照宫的门廊和殿舍建筑在起伏不平、变化多端的地势之上，各建筑物的风格也迥然不同，装饰极为精美，金碧辉煌，灿烂夺目。不过，这些从艺术上说，缺乏高雅的格调和雄伟的气魄，只是凭将军的财富与权力而驱使的资材与技术的堆砌而已。

雕刻几乎看不到独立的艺术，仅仅是作为建筑的装饰和工艺品而发展起来。工艺在各方面都有显著的发展：漆工有本阿弥光悦和尾形光琳的优秀的描金画；陶工有京都的野野村仁清和尾形乾山的优秀作品；金工由于刀剑装饰的需要而名工辈出；染织有京都西阵织的精巧纺织品和采用了绘画的染品友禅染；等等。

注　释：

① 家康为繁荣文化所做的贡献是应该大书特书的。他的业绩是多方面的，最主要的是使用活字印刷出版书籍，以及收集古书制作副本。我国的活字印刷，一说是由葡萄牙传教士传来的，这点在前面述及有关耶稣会版的盛况时已谈过。现在要说的是，在侵朝战争结束后，凯旋的将士把朝鲜的活字印刷工具传入了日本。好学的后阳成天皇立即想在日本也使用起来，所以以命令侍臣在实际中开始了运用，文禄二年（1592），出版了《古文孝经》；庆长二年（1597），出版了《锦绣段》《劝学文》；庆长四年（1599），出版了《日本书纪神代卷》《古文孝经》《四书》《职原抄》等。这不仅在印刷史上具有划时代的意义，而且也揭开了近世文化复兴的序幕，后世称之为庆长敕版。家康也起而仿效，庆长四年（1599），出版了《孔子家语》《三略》《六韬》；庆长五年（1600）出版了《贞观政要》；庆长十年（1605），出版了《吾妻镜》《周易》；庆长十一年（1606），出版了《七书》。由于这些书是在伏见的圆光寺印制的，所以一般称之为伏见

版。另外，庆长二十年（1615），还出版了《大藏一览》；元和二年（1616），出版了《群书治要》等。《群书治要》在家康生前没有完成，到他死后一个月后才刚刚完成。因为这两部书是在骏府刊行的，因此称之为骏河版。伏见版使用的是木活字；而骏河版则是铜活字。可知他无论是在战争年代还是到了老年，都曾为书籍的出版工作，倾注了极大的热情。受他的影响，寺院和一般民间也都掀起了出版热，元和、宽永年间，出现了活字印刷的盛况。

因为古书的收集和誊写，是直接作为制定公家和武家的法律资料的，因此从庆长十九年（1614）起，就让上皇家、公家、御用寺院等提供所藏书籍。至于誊录、书写工作则是在南禅寺的金地院选择五山僧侣中的善书者进行的。这样一来出现了许多从未公之于世的公家档案、记录类书籍，其副本得以流传后世，为进行学术研究打下基础起到很多作用。家康在知道自己病重之后，还曾指示林罗山处理手头文库内的藏书，把汉籍分给尾张、纪伊、水户三家，日本的古记录和稀世珍本，则收藏在江户的官库中。分给三家的汉籍叫作骏河御让本，有许多还留存至今。江户城红叶山文库中的许多贵重档案和珍本古籍，大部分也都留存了下来。红叶山文库的书籍，明治以后一部分转到宫内省，一部分转到内阁，这就是现在学者研究时利用的《书陵部本》和《内阁文库本》。记载家康和其以后德川家历代将军尊重学问事迹的书篇，有掌管幕府书籍的官员近藤正斋编著的《右文故事》《好事故事》（近藤正斋全集第二、三集，1906年，国书发行会出版）等。

② 武家诸法度于元和年间制定，后来因屡经修改，到天和三年（1683）七月，才由将军纲吉发布新法度，删减了条款，把元和以来从未改的第一条"文武可专攻弓马之道"改为"文武官员应厉行忠孝，正肃礼仪"表明了尊重礼教文化的儒教思想。此后家宣将军命白石进行修改，宝永七年（1710）四月，发布了新法度，条款增删为十七条，与宪法十七条及禁中并公家诸法度的条款数目取得一致。由于是白石起草的，文体采用了优美的日文。第一条规定："应修文武之道，明人伦，正风俗。"礼教文治主义的思想，由此更加明确。

③ 栗田元次的《新井白石的文治政治》（1952年，石崎书店出版）是专门论述白石礼教文化政治的好书。除政治外，对白石的思想、学问进行综合考察的著作一向很多，古川哲史的《新井白石》（1953年，弘文堂出版）；宫崎道生的《新井白石研究》（1958年，吉川弘文馆出版），是最近出版的同类书中出类拔萃的。宫崎所著的后面，还附有"有关白石的文献总目"详列了有关白石的著述、传记、研究文献、参考资料等。

④ 东京、大阪等城市的历史，有各市当局编纂的《东京市史稿》（从明治四十四年，1911

年起连续发行)、《大阪市史》8 册（1911—1915 年出版）、《名古屋市史》12 册
（1915—1934 年出版）等。但较好的小册子有幸田成友的《江户与大阪》（1934 年，富
山房出版）、野村兼太郎的《江户》（1958 年，至文堂出版）、宫本又次的《大阪》
（1957 年，至文堂出版）等。概观全国城市的有小野均的《近世城下町的研究》（1928
年，至文堂出版）、丰田武的《日本的封建城市》（1953 年，岩波书店出版）、原田伴
彦的《日本封建城市研究》（1958 年，东京大学出版会出版）等。

⑤儿玉幸多《近世驿站制度研究》（1957 年，吉川弘文馆出版），以中山道追分宿的历史
为例，研究和考察了近世的驿站制度，书中叙述了宿（驿站）及助乡间的争端，驿站
财政的困难、驿站与稼马及其他宿所间争夺货客的斗争等许多具体的实例。

⑥关于货币，江户时代出版的著作有，近藤正斋的《金银图录》《钱录》（《近藤正斋全
集》第三）、草间直方的《三货图汇》（《日本经济大典》三九、四十）、穗井田忠友的
《中外钱史》（《日本经济大典》四一）等，后来曾出版过许多著作。最近则有小叶田
淳的《日本的货币》（1958 年，至文堂出版），博采众说，叙述简明。

⑦儿玉洋一《近世盐田的建立》（1961 年，日本学术振兴会出版），以濑户内海为中心，
对有关盐田的史料，进行了实地与文献两方面的详细调查，是一部详尽叙述近世盐田
的建立过程及其经济、技术等情况的巨著。

⑧《校注两替年代记》（1932 年，岩波书店出版）、《新稿两替年代记关键》（1933 年，
岩波书店出版），是两部有关兑换业的史料及研究的珍贵著作。《两替年代记》是江户
年代金银兑换商竹原兑换店店主久兵卫于弘化二年（1845）编写，由三井文库收藏的。
校注本是由三井高维加以标注的，《关键》是由三井氏新编写的资料篇与考证篇两部分
组成。

第四节　封建社会的动摇

时代的趋势　近世封建社会的内部矛盾，经过幕府政治的礼教文化主义而
暴露出来。由于消费生活的提高和商品经济的发展，无论是幕府、大名，还是直
参、陪臣，所有武士，都陷于经济穷困；昔日的武力、权力，也都显然有名无实
了。在农村，由于横征暴敛的加剧和商品经济的侵蚀，贫富悬殊，农民阶层的两

极分化与日俱增，致使贫困农民饿死，逃离与反抗不断发生。作为幕府维持封建制度手段的文教政策，宣扬名分思想和历史知识，结果却使人们对建立幕府的思想基础产生了疑问。加上世界各国均已进入资本主义阶段，竞相向东方寻求市场，不可能让日本独自去做锁国的梦。从17世纪末18世纪初，实施礼教文化政治的最高峰时期起，这种征兆日趋明显，后来便越来越快地发展起来。可是，封建统治体制对此并没有根本的改革，仍竭尽全力维持着祖宗遗传下来的自然经济和身份秩序的外壳。从18世纪初，第八代将军吉宗的享保时代起，到19世纪中叶嘉永六年（1853）的美国使节佩里来日止，在这130多年里，幕府政治所走的道路是，镇压否定封建制度、动摇社会的势力，维护自己的统治体制。进一步退两步，逐渐走向衰落的过程。我们把这个时代看作封建社会动摇的时期。如果从统治机构的角度来看，则可以说是幕政的复古、弥缝，或者可以说是变革、停滞期。

佩里画像

　　在日本人1854年的一幅画中美国海军准将马修·佩里被描绘成一个神秘人物，或者说是个妖魔，正在怒目斜视。他被委以重任，去打开与日本的外交和通商渠道。佩里在1853年7月8日耀武扬威地抵达日本江户（后改为东京），他乘坐的轮船吓坏了日本平民，他们以为野蛮的入侵者拥有"喷火怪兽"。但当佩里第二年再度返回日本完成使命时，给日本人带去了令他们高兴的礼物，其中之一就是带有小轨道的蒸汽火车模型。一位官员甚至坚持要骑到这个微小的火车头上去，"沿着环型的路，他宽大的长袍随风飘扬"。日本和西方技术的浪漫史由此开始了。

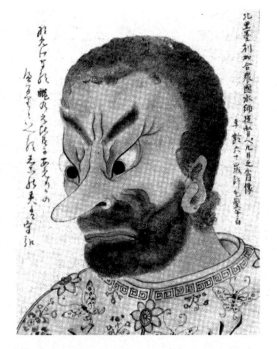

　　幕府政治的变迁　　这个时代的幕府政治，其最显著的特点是一张一弛的交替出现。最初的紧张是吉宗的复古和武力控制的享保之治，其次是松平定信的

紧缩政策和崇尚文治的宽政改革，最后是水野忠邦的节约和严厉的天保改革。在每次紧张之后，都规律性地出现弛缓的时期。继享保之治后的是田沼意次执政的安永、天明的松弛年代，继宽政改革后是家齐晚年的文政、天保的成熟时代。虽然改革一次比一次酷烈，但收效反而越来越小，弛缓却逐次加重，终于进入了武家政治宣告结束的下一个时代。

享保元年（1716），吉宗从纪州家来到幕府，就任将军一职，他在任长达29年。他执政时期的政治，一言以蔽之，就是否定前代的礼教文化政治，恢复幕府创业时代的专制武治政治。变奢侈的习俗为节约，变软弱的士风为刚强。这种愿望对武家政治来说，的确是很健康的。特别是吉宗以身作则，率先示范，在这一点上，他不愧为中兴的名君。不过，社会在发展，已不再是仅靠朴素刚健的精神所能束缚的了。由此而产生的不满，日见加增，这些不满，增长了对幕府及武士阶级的蔑视，施政的效果也很不理想。[①]

施策的第一条措施，是整顿风纪，对武士来说就是奖励武艺，通过鹰猎和研究武家掌故等活动，使生长于太平盛世的武士身心均得到磨炼。为教化一般人民，出版并向民间普遍宣传清康熙帝颁发教化人民的诏谕（即《六谕衍义》及其日文注解《六谕衍义大意》），严禁当时民间流行的赌博、有奖彩票、杂俳游戏等妨碍正业的陋习。为厉行节俭，他下了最大功夫，首先亲自在节衣缩食方面做出榜样；在住的方面，也因陋就简；神事和佛事仪式，也尽量简单；对大名、旗本以及市民的衣、食、住等方面，都详细地规定了节约的条文。但是这个节约令不但招来了武士和庶民的嘲弄，而且适得其反，把奢侈从表面的华美变成了内里的奢华。

实行的第二条措施是整顿财政。为了解决幕府及武士们的财政困难，他采取了多种政策。为解幕府燃眉之急，他命令大名贡米，大名每10000石年禄要上缴米100石，但驻在江户的年限可相应地缩短为半年。这一制度从享保七年（1722）实行到享保十五年（1730），后来废除了。但它已从根本上动摇了幕府的威信，这一点是无可否认的。针对武士的穷困，他下令今后一概不受理有关金银债务的诉讼，企图保护债务者的利益；这么一来却招致了金融梗塞，增加了对幕府的不信任，其结果同镰仓幕府的德政令如出一辙。调整米价和改革币制也是用心良苦的。从享保初年起连年丰收，米价暴跌，这就苦了靠米生活的武士和农民。幕府因而采取种种办法，力图提高米价，它听从了米价下跌是因为当时市场上流通的金银数量短缺这一意见，便在元文元年（1736）铸造、发行了比元禄金银质量还次的文字金银和大量的铜钱、铁钱。这样一来，米价固然上升了，但其他各种物价却也一起上涨，一直延续到后来的田沼时代。他还采取了一系列积极的财政政策，如开垦新田，振兴产业，发展生产。着手开垦上总的东金，下总的佐仓和小金原，就是在这个时代。普及甘薯的栽培；尝试了朝鲜人参以及其他草药的栽培；制糖以及恢复古代染色术；等等，也是在这个时代。由于这些措施，各地的特产品顿时大兴，后世许多各地的特产都是在这个时代开始出现的。②

实行的第三条措施是幕府法制的整备。吉宗爱好刑律之学，企图树立完善的幕府司法制度。他命老中以下官员调查历来的法令和判例，编纂了一部最早的成文法典《公事方御定书》（103 条，御定书 100 条），宽保二年（1741）颁发给三奉行责令实行。这是幕府在司法裁判方面的依据，一直到幕末仍没有失效。另外，他还命令评定所（评定所，江户时代的评定所，是作为寺社、町和勘定三奉行合议专司裁判诉讼和审议立法的最高机构，同时也掌管处理涉及三个奉行管辖的重要事件。——译者）收集和编纂幕府成立以来所发布的"触书"（布告），完成了由庆长二十年（1615）到宽保三年（1743）的部分。所谓触书，是指幕府发布的单行法令中需要家喻户晓的部分。这是第一次编纂，到幕末为止，一共编纂了四次，这项业绩可以同律令制度下格式（格，为了弥补律令条文的不足，日本政府用诏、敕或太政官符发布的命令，以作部分的补充、修改的条例，称为"格"；式，则是律令的施行细则。《弘仁格式》、《贞观格式》和《延喜格式》就是当时把这些补充、修正的条文收集而编成的。——译者）的编纂相比。③他还试图改正刑法中因袭战国时代的旧法而显得不合理的部分，如减轻战国割据时代遗留下来的法律中的流放刑律，缩小连坐的范围，限制刑讯逼供等。这些措施同他全面复古的方针是相矛盾的，但改正刑法，是 150 年来文化进步的必然趋势。同时，也说明吉宗并不是单纯复古的顽固保守主义者。

另一件能够说明吉宗是开明君主的事例，就是建立目安箱（意见箱）制度，即在评定所（最高法院）设置一箱，让民间就政治的得失、官吏的好恶、诉讼的拖延等问题广泛上书提出意见。这是古来君主设置意见箱，公开听取人民的意见、呼声，尊重民意的一种做法。他充分运用了这一制度，浪人山下幸内对幕政提出批评，他对之表示深刻反省。④还接受了其他上书的意见，如整顿消防制度，建立防火空地和消防员；建立养生所，以收容贫苦的鳏寡孤独者；等等。这些都不是凡庸的君主所能做到的。制度的改善中有一项不可忽视的就是对全国的人口进行普查。实际上，由于并未包括武士、幕府及藩内工作人员和 15 岁以下儿童，所以很难叫作全国人口。但是根据这次普查的结果，得知在享保七年（1722），农民、商人、僧尼和神职人员等的总数是 26065425 人。

吉宗逝世后，其子家重、家重之子家治相继就任将军，但他们都凡庸无能，未能继承父祖的遗业。特别是家治，宠信近侍田沼意次。明和九年（安永元年，1772）田沼升任老中后，逐渐擅权，直到天明六年（1786）家治死，意次失势为止，出现了所谓田沼时代这样一个特殊的时代。这时代的特点是，纲纪紊乱、民心堕落，与享保时代恰恰相反。田沼意次企图利用商业资本，在其支持下加强幕府的地位。这意味着改变幕府初期以来的祖法。纲纪的紊乱，具体表现为贿赂、请托、请客之风盛行。意次本人贪婪受贿、上行下效，一时成了风气。社会风习也日趋奢侈、淫靡，烟花柳巷繁荣，风俗明显败坏。这期间意次还施行了一些独特的财政政策。为了弥补金银产量的不足，在长崎贸易中，输出了定额以外的铜，以输入金银。为此调查了各地的铜矿，企图提高铜产量，最后实行了专卖。还在对外贸易中输出海参、鲍鱼和鱼翅等干海产品以代替铜，增加贸易额。后来这些海产物竟成了用以计算贸易价款的主要东西了。对批发商、经纪人等商人征收御用金、营业税、营业牌照税等赋税，作为其代价，则允许设立商工业公会，承认其特权。还要求江户、大阪的富商出资开垦，试图在下总印旛沼、手贺沼等处排水造田。规模最大的是开拓北海道，制定了大规模移民垦殖的具体计划，但还没等实行，他便失势，计划也就不了了之。他的财政政策是雄心勃勃的，与以往完全不同。幕府的财政也确实有很大好转，但由于武士中的败类和社会上的道德败坏、习俗颓废，再加上接二连三的自然灾害的严重打击，他的政治终于被诬蔑为极大的恶政，他本人也下了台。⑤

松平定信雕像

　　近代日本实行了三次改革。第一次于 1716 年，以德川幕府第八代将军德川吉宗为首进行的"享保改革"。第二次改革，于 1787 年以松平定信为首进行的"宽政改革"。第三次即 1842—1843 年以水野忠邦为首进行的"天保改革"。

　　经过田沼时代的弛缓之后，又出现了第二个紧张时代，这是以松平定信为中心的宽政时代。松平定信是田安宗武（吉宗的次子）的儿子，后来当了奥州白河松平定邦的养子。家治死后，一桥家的家齐以 15 岁的少年就任将军，因此他就被推举为首席老中，辅佐将军，负责改革前代的弊政。他的政治，基本上属于武家理想主义，以家康的祖法和吉宗的改革为楷模。他就职伊始，就向平素信仰的欢喜天（欢喜天，佛教守护神之一，其形象是象头人身，有单身像和双身像两种，据传这佛像是代表和合、喜欢的。——译者）祈祷。祈祷文中诉述由于米价等物价昂贵，人民生活困苦不堪，要求粮足钱丰，幕府恩威能遍及域内，为此不仅愿献出自己的生命，就连牺牲妻儿生命，亦在所不惜。从这一点上，可以看出他是一个具有深重道义和责任心的理想主义政治家。然而可悲的是，幕府政治慢性化的弊病已积重难返，只凭这种高尚的精神早已不能根治了。

他首先下令整顿官吏纲纪，从幕府到大名、武士、市民均应厉行节约，严格管理出版物，紧缩财政开支，停止前代征收的营业税和输入金银。为了储粮备荒，幕府增加江户、大阪等城的库藏量，命令大名年收每万石要出 50 石库藏米。命令江户的一般街巷也要节省开支，把剩余的七成作为储蓄，用作储藏米粮及救济贫民或低息贷款的资金。⑥宽政元年（1789）发布弃捐令，旨在救济旗本，令禄米抵押贷款人全部放弃六年以前的贷款，五年以内的贷款则在低减利息后分年偿还。这种想用牺牲商人的利益来维护武士阶级的做法是吉宗政治的直接沿袭，因此应该说是倒行逆施的暴举。

他特别注意奖励文治武备，由此也产生了无视时代发展的反动政策，如异学之禁便是。当时林家已衰落，官学权威亦坠地，民间的徂徕学派和折中学派互争门户，无所适从。因此，定信采纳儒官柴野粟山的建议，把朱子学定为正学，其他均视为异学。令林家在门人中禁止异学，努力讲习正学。这固然没有禁止民间的异学，但至少是对它的压制，想用政治力量来控制蓬勃兴起的学术研究，露骨地显示出文教政策上的保守性。

松平定信执政六年多后，在宽政五年（1793）辞去老中职务。后来虽曾一时仍继续执行他的遗策，但不久就陷于瓦解，进入了一个比以往更甚的弛缓时代。将军家齐在职长达 51 年之久，纳妾 40 人，内廷繁昌，子女 55 人，而官吏间的贪赃收贿、风俗的奢侈、贪婪的盛行，均比以往更甚。幕府的财政疲惫已极，自文政元年（1818）到天保八年（1837），20 年间，改铸金银货币竟超过 10 次，仅凭由此得到的收入，勉强维持财政开支。天灾仍不断发生，天保三年（1832）起，全国连年饥馑，以致农民、市民间不断发生暴动。天保八年（1837），大阪町奉行手下的警察官大盐平八郎满怀改革社会的激情发动了变乱，由于事前泄露风声，变乱没有扩大。但因为他是一个卓越的阳明学家，又是在全国重镇大阪，直接以打倒富豪为目标相号召，所以对社会的震动很大。紧接着在同一年发生了越后柏崎的国学家生田万袭击诸侯宅邸，摄津能势的山田大助要求免除一切赋税和偿还贷款等事件。虽然其规模比不上以往的农民起义，但从愤世嫉俗之士真正为天下人民而奋起这一点来看，可见幕府政治已到了山穷水尽的时候了。

在内政方面焦头烂额之际，幕府在对外关系上也已不能再像往昔那样苟且偷安了。定信执政时，俄国的使节已在叩北边的大门，到了文化年间，俄国与英国的军舰来到日本。可是，幕府却愚蠢透顶地发布了驱逐异国船只的异国船驱逐令。

在内外交困之际，水野忠邦怀着改革幕政、恢复幕府威信的热忱就任老中。家齐把将军的职位让给儿子家庆以后，仍自称大御所，掌握着裁决政治的大权，因此忠邦的满腹经纶不得施展。直到天保十二年（1841）家齐死后，忠邦才得以实行改革，因当时年号是天保，所以叫作天保改革。他的政治仿效享保、宽政的精神，由于要对日益加重的时弊采取对症疗法，所以他的做法是极为严峻苛刻的。但因为他不是门阀出身，只不过是一名老中，所以没有几年，就被罢免，以致改革没有成功。这次改革仍是以奖励文治武备，匡正风俗，厉行

水野忠邦墨迹

提到水野忠邦不能不提到"天保改革"，天保改革，日本江户幕府的幕政和藩政改革。实行于天保年间（1830—1843），故名。1832—1837 年，天灾频仍，导致农业歉收和全国性大饥馑，农民起义频繁发生。为维护封建统治，幕府在首席老中水野忠邦主持下实行改革。

改革始于 1841 年，其要点是：一巩固幕藩领主制经济基础，限制农村人口流入城市，强迫外流的农民返乡，严格限定农民外出做工期限，严禁农民从事副业生产。二抑制物价上涨，实行公定价格，禁止奢侈，矫正风俗，严格限制城乡人民生活，并且解散株仲间（同业公会），以废除其对商品的垄断权，实行自由交易，增加江户商品进货量。三实行富国强兵策略，加强对江户湾等战略要地的警备，以巩固海防。幕府的对内改革措施实质在于抑制商品经济的发展，维护和加强封建领主所有制，因此未能缓和尖锐的社会矛盾，反而导致经济混乱，引起社会各阶层的不满。1843 年 9 月水野忠邦下台，改革失败。

节约等教化措施为主。在经济措施方面，则有为了降低物价废除批发商的营业税；解散商工业公会；使无业游民归农，限制农民移居江户，以防城市游民增加；为清理旗本和家人的债务，由幕府贷给低利资金；向大阪富豪征收御用金，以弥补幕府财政不足；还计划开垦新田，大力采掘金银矿；等等。他下令整理大

名领地，首先把江户、大阪周围十里（里，这里所称的里，是指日本长度单位的里，每里合公制3.927公里。——译者）以内作为幕府直辖地，凡在这范围内拥有领地的大名和旗本，都要将土地上缴，并行转封。这一条引起了强烈反对，反对者纷纷向将军上诉，以致撤回了这一命令，他也因此辞职，改革也以虎头蛇尾告终。

农民的贫困 前面已谈到，在江户幕府统治下，农民为了要养活武士阶级，被迫牺牲自身生活的一切利益，专门从事农业生产。这种做法使农民的生活随着时代的发展，越来越贫困。农民是封建社会的基础，农民的贫困和动摇，直接摇撼了封建体制，使它走上崩溃的道路，因而其意义是十分重大的。

江户时代的农民，基本上分为自耕农与贫雇农两个阶层。自耕农在检地簿（检地簿，为加强对农民的控制，增加地租收入，对土地进行丈量调查，称为检地；记录检地结果，用作纳赋根据的账册称为"检地簿"。——译者）上登记姓名，拥有自己的房屋田产，有权选举村里的官吏。自耕农也称为高持（高持，指村落中的富裕农民。凡在村内有土地、住房，并负担赋税的，称为"高持"。——译者）、地主，与村吏相对应的称呼还有平百姓、小前等；贫雇农原则上在检地簿上没有登记，没有土地，是租种地主土地的佃农。村吏是作为自治体的村政机关的官吏，其中主要是名主（庄屋）、组头、百姓代，称为地方三役。名主是一村之长，其管辖的事务极为广泛，如摊派和催收年贡，经营水利、修建土木工程等地方事务，处理改变宗教信仰（改变宗教信仰，这里指信仰基督教、天主教的改宗。——译者），登记及改变户籍，改组五人连坐成员等户籍事务，调解、仲裁诉讼、签署证书等诉讼事务，取缔村内风纪，传达幕府地方官署发下来的布告，等等。所有村中的工作，无一不经其手。名主是由村中拥有大量土地的大高持中选任，关西方面则是世袭职，关东一般只限一代。经全体村民选举或推荐后，由幕府地方官任命，也有的地方是由固定的两三家轮流担任。名主享有从村中取得作为报酬的粮米，或减少缴纳年贡数额的特权，但表面上是没有报酬的。组头是名主的副手，由村民中能写会算的人担任，经全体村民选举或协商产生，一般是三至五人。百姓代是名主和组头的监察官，作为全体村民的代表，负责监察村政，也是从大高持中选举产生。因为村吏都是从农民中选举出来的，从这一点来看，具有很强的自治色彩。不过君临其上的统治势力却更加强大有力，所以村吏并不一定经常代表一般村民的利益，相反，他们往往作为统治者的走狗去压迫村民。而且因为领主优待他们，准许他们称姓带刀（称姓带刀，明治以前，日本的一般人民是没有姓的，更不能佩刀，只有士族以上才能称姓带刀。所以这里说"准许他们称姓带刀"是指把他们提到一般人民之上。——译者），赐予他们有家徽（家徽，日本的士族，都有"家徽"；所穿的礼服，也有一定格式的纹记。一般人民没有，也不许有家徽，不准穿有家徽的礼服。只有士族以上，才准穿印有家徽的礼服。——译者）的礼服等，所以他们也就越发以统治者自居，有的甚至向村民征收额外的年贡，中饱私囊。这正是所以形容农民的贫困时所说的"煮豆燃豆萁"，因此农民起义中往往有的将矛头指向村吏，或是牵涉他们头上。

还应该注意的是，在村吏向统治者接近的同时，农民内部也在不断地进行着两极分化。自耕农与雇农阶层从近世初期起就已经存在了。由于限制分割土地（分割土地量不得小于一町），一家中除长子外，次子、三子均不能成为自耕农；加上商品经济的侵蚀，富裕农民靠放高利贷和贩卖农村必需品而不断积累财富、兼并土地，因而使贫雇农和仆役的人数越来越多。近世初期，作为真正的自耕农而载入检地簿的农民中，到这时已有一部分上升为富裕的不从事耕作的地主；另一部分则沦落为少地或无地的贫雇农。地主、自耕农、佃农，仆役，这种明显的阶级分化，在各个村落中都可以明显看到。于是地主与佃农间的对立也就日益加深，在反抗村吏的农民起义中，占有很大比重的是反抗村吏们与地主相勾结，在经济方面的控制，这一点是不应忽视的。阶级分化的其他影响是，随着农村工业的兴起，富裕地主开始成为家庭工业中的承包人，他们给农家提供原料，贷给资本，并指导生产，或者就在自己家中设置作坊，让仆役和佃农为他从事工业生产。近世末期这种作坊工业已在各地农村兴起，它动摇了所谓农村局限于自然经济封建体制的信条。

税法对幕府领地和大名领地来说多少有所不同。幕府领地有四种税，即地租、杂税、附加税和赋役。地租是对经过检地，确定了收获量的田地所课的正税，分水田租与旱田租两种。水田租起初是四公六民（四公六民、五公五民，江户时代的税率，所谓四公、五公是指土地年收获量的40%或50%作为地租缴公，其余的60%或50%则留充农民的生活费用及再生产成本。——译者），享保以后，提高为五公五民。水田在检地时确定了面积，根据单位面积产量而分土地的等级，确定标准收获量，比如上田每段（段，当时日本的地积单位，据大化二年的革新诏书："凡田长三十步，宽十二步为段。"——译者）收获稻谷 3 石（3 石，日本的容量单位，主要用于米谷的计量上，每一石合公制 1.804 公石。——译者），折合米（糙米）1 石 5 斗（石盛十五），按五公五民计算，需缴地租 7 斗 5 升。再根据计算实际收获量的毛见法（检查每年收成情况）或定免法（根据几年中的平均税率而定的税额）加以修改，以确定每年的租额。旱田的租率较低，并且多以货币缴纳。另外还有种种附加税，如作为幕府地方机构费用的口米；为补充运送年贡过程中出现的损耗而缴的欠米；为补足升量的不足而缴的添加米；等等。把这些都计算在内时，租率就要高得多。杂税是对山野河海的收益以及营业等而课的税。附加税是对总产量所课的地租附加税，有驿站用、杂役用、库存米用三种。赋役是在搞土木工程以及迎送朝鲜使节等时，根据各诸侯国的收获量所摊派的人夫役。此外，通衢两旁的村落，还要负责提供驿站用的人马，这个负担是很沉重的。不但税租极为繁重，而且征收的方法也十分残酷，对欠租者，均施以酷刑，使农民们只得卖妻鬻子完税。随着幕府财政困难的加剧，这种苛敛诛求也越来越甚，甚至发展到责令要农民预缴或早缴几年后的地租，致使农民生活贫困，达于极点。他们为要求减轻这种过重的负担进行请愿，有时得不到满足就掀起暴动。所谓农民起义，就是他们在万不得已的情况下，无可奈何而使出的最后一招。

苦于沉重的贡租剥削和官吏诛求的农民，一旦灾荒歉收，就更陷于贫困不堪的境地。庆长以后明治以前灾荒次数达 130 次之多，其中大饥馑有 21 次，最严重的是享保、天明、天保的 3 次大饥馑。享保十七年（1732）的大饥馑，大名领地的饥民数达到 197 万，在将军领地和旗本领地有 67 万，饿死者有 1.7 万人；天明二年（1782）、三年（1783）的饥馑，给奥羽地方造成毁灭性打击，会津藩有一个村子总共 80 多户人家，竟有 22 户人去室空，130 余人饿死。幕府和诸侯并非不想救济，但无法防止这种灾害，以致贫苦的农民在灾荒面前只好饿死。

农民面对这样的贫苦，不得不采取相应的对策。消极的办法是溺婴和离村；积极的办法就是农民起义。溺婴是由于无力负担子女的养育费用，而不得不杀死亲生儿女，或者在生育以前实行堕胎。开始，只在奥羽、九州、关东一带较为多见，后来则几乎遍及全国，成了惯习。幕府初期虽也有过，但到享保以后，随着贫困的加剧，越发盛行起来。农村基本上只养育两三个孩子，而且都从劳动力的立场加以考虑，因而溺婴中，大半是女孩。因此，享保以前人口虽有所增长，以

二重桥和伏见矢仓

后则出现了停滞乃至减少的倾向。幕府和大名以教化政策告诉农民这样做是罪恶，并采取给予养育费等手段，企图断绝这种现象，但收效甚微。离村，有的是贫苦农民全家逃荒；有的则是家中次子、三子因无法忍受村里的贫困生活，而到其他地方去寻求新的生活手段；还有的是子女被卖到城市而离去。离村的人，大多是到江户和大阪等城市，给武家或商家当仆役，或成为小商人、工匠、临时工等城市贫民。除城市以外，也有的移到其他藩内，或是到新开垦土地上去当劳动力。这样还吸收不了的人，则流为游民或投入博徒、盗贼群中，或沦为乞丐到处流浪。当然农民的离村，也有的是因为劳动力过剩所致，不过，离村必然会发生必要劳动力减少的情况，以致造成田园荒芜。统治者为了防止发生这种可虑的情况，曾采取了一系列措施。天保改革中的检查户口，就是一项最彻底的措施。

农民起义是农民积极的反抗运动，它直接威胁到封建统治体制。农民起义一般分为串连、强诉和暴动三个阶段。起初是合法的请愿，不行时就集聚成群，拿起竹枪、树起草帘旗（草帘旗，日本农民起义时，习惯用稻草编成的草帘、草席作为旗帜。——译者），拥向幕府的地方办事机关和大名府所在地等处，要求接受农民提出的要求。起义遍及全国各地，为数甚多，在元禄以前还很少，到享保、天明时逐渐增多，天保时达到顶点。由此也可以看出，武家对人民剥削的苛刻和商品经济的侵蚀所造成的生活贫困是促使掀起起义的重要原因。他们把起义作为反对领主的横征暴敛和富豪的剥削囤积，求得生存的最后手段。反正是活不下去，但愿死在官吏手里。抱着这种信念，揭竿而起的农民，力量确实是很强大的。失败后，其首谋者照例要处以极刑，但要求却大都被接受。起义的不断发生，反映了农民的绝望心情。农民起义在武家的强大武力面前，当然是弱小的，而且也没有统一的思想指导，不会有直接颠覆封建体制的力量。但不言而喻的是，以起义迭起的农村为基础的封建社会，已处于危险状态之中，基于这种认识而产生的心理上的不安，对统治者不能不说是一个重大威胁。

对外关系　由于禁止除荷兰和中国以外的外国商船入境，日本了解海外情况只能靠进入长崎港的荷兰船向长崎奉行提供的所谓荷兰式说书，即荷兰传闻录，然而世界形势的变化，却像一股看不见的潮流，不会不波及日本。一向执东方贸易牛耳的葡萄牙和西班牙逐渐衰落下去，代之而起的是荷兰。到了18世纪，荷兰又被英国和法国的国力压倒，东方贸易也失去了过去的活力。英国从17世纪起就开始经营印度，法国也紧接着侵入印度，两国在那里互相争霸。由于宝历七年（1757）普拉西的一战，英国确立了其在印度的地位，建立了称霸东方的基础。而美利坚合众国于天明三年（1783）签订《巴黎条约》，从英国殖民地下独立出来，并得到了英国的承认。不久，美国船也来到中国进行贸易，并在太平洋从事捕鲸业，它给进入东方的各国带来了新的变化。然而最初来叩日本闭锁的大门，要求通商的，却是北方的俄国。

俄国在17世纪末18世纪初，即彼得一世的时代，国家面貌一新，确立了专制的官僚政治，企图依靠重商主义来增加国富。在经营西伯利亚方面，则南下同中国签订了《尼布楚条约》（元禄二年，1689），向东又进入堪察加半岛（元禄十年，1697），不久更越过白令海峡到达阿拉斯加，以猎捕北太平洋的毛皮动物，获得巨利。无论是捕兽还是在同中国贸易方面，他们都痛感有和日本结成友好关系的必要。因此到 18 世纪以后，俄国船只就不断出没于日本北边沿海。明和八年（1717），幕府第一次从荷兰商馆那里得知俄国人侵略虾夷地（虾夷地，指日本列岛北端，古代由虾夷人住居的地区，称为虾夷地。——译者）的计划后，大吃一惊。后来，天明三年（1783），仙台藩的医士工藤平助著《赤虾夷传闻考》，就这件事直接向幕府提出建议。他陈述了俄国南下的野心，主张国防为当务之急，并陈述了与俄国进行贸易，侦察其国情的办法。他的建议为田沼意次所接受，制定了开发虾夷地的计划。工藤平助之后，另一个仙台人林子平于天明六年（1786）出版了《三国通览图说》，叙述了虾夷、朝鲜、琉球的状况，建议应尽力经营虾夷地。宽政三年（1791），出版了《海国兵谈》，提出应注意海防。老中松平定信以危言惑众问罪，没收了他的木版和印本。这和田沼对工藤平助的待遇大相径庭，这不能不说是田沼的积极重商主义与定信的保守封建主义的差异。

这样愚蠢蛮横地压制国内言论的定信，在仅仅五个月之后发生的事实面前陷入了困境。俄国军舰确实来到了虾夷地。宽政四年（1792），俄国皇帝叶卡捷琳娜二世（EkaterinaⅡ）的使节拉赫曼（Adam Laxman）搭乘军舰，以送回我国的漂流民大黑屋幸太夫等人为名，携带国书和方物，来到虾夷的根室，要求通商。幕府让他到松前，并派出监察官负责接待，告之以锁国的国法，退回了国书和方物，只接收了漂流民，还告诉他今后如要交涉请到长崎，给了他进入长崎港的信牌和食物、燃料和水，使其离去。幸太夫是伊势白子的船夫，天明二年（1782）漂流到堪察加，为俄国人所救，从伊尔库茨克送到彼得堡，受到叶卡捷琳娜二世接见的优越待遇，他的《俄国见闻记》就是留存至今的《北槎闻略》。定信鉴于俄国使节的来日，下令加强虾夷地警备，同时命令沿海诸侯加强国防，并亲自巡视了伊豆、相模海岸，以图加强江户湾的防御。幕府后来一直没有放松对虾夷地区的调查研究，宽政十年（1798）派遣大型调查团，一直调查到国后、择捉等岛，接着又令伊能忠敬着手测量虾夷的沿海地方，并设箱馆奉行一职，掌管虾夷地区的开拓和虾夷人的同化工作。文化元年（1804），俄国根据前些年的协约，派俄美公司总经理蓝索诺夫（N. P. Rezanov）作为使节来日本，到长崎要求开始谈判。幕府则坚持以祖法为借口，拒绝其通商要求，遣其回国。蓝索夫因幕府不讲信用，决心以武力相威胁。从文化三年（1806）到四年（1807），俄国人在北部边境大肆劫掠。对此，幕府也加强战备，把松前氏转封到奥州，并把整个虾夷地划为幕府的直辖地，还命令间宫林藏调查库页岛。林藏克服了重重困难，查清库页是一个岛，他渡过间宫海峡到达大陆，为世界地理学做出了重大贡献。文化八年（1811），我国在国后岛拘捕了正在测量千岛列岛的俄国军舰舰长郭洛宁（V. M. Golownin），把他监禁在松前。这时恰逢我国商人高田屋嘉兵卫被对方逮捕，他竭力疏通两国关系，我国才得知前些年俄国在我国北方的劫掠暴行，与政府无关。这样，对俄国的感情也就缓和下来，释放了郭洛宁。⑦此时，俄国也正遭受拿破仑的入侵，国内多事，所以就放弃了对日本的觊觎。直到嘉永六年（1853），有40多年没有来碰日本。

北方的俄国之患刚刚平静，西边却又发生了英国开始入侵的事。英国，当时正在同拿破仑作战，它的东洋舰队袭击了法国和法属荷兰的殖民地，企图垄断东方贸易。文化五年（1808），英国军舰费顿号挂起荷兰国旗，瞒过我守备兵，驶入长崎港。长崎奉行想要迎战，但措手不及，见到它出港后，便引咎自杀。文化十年（1813）又有英国船入港，声称荷兰已并入法国，爪哇已被英国占领，要求移管在出岛的荷兰商馆，但商馆馆长兹甫（Aendrik Doeff）拒绝了这一要求，使我国的出岛，继续成为当时在世界上唯一还飘扬着荷兰国旗的地方。由于英国船只经常出没于我国沿海从事捕鲸业，并且在浦贺，常陆的大滨以及萨摩的宝岛等地停泊，与当地居民发生纠纷。因此幕府想禁止外国船只停泊，切实地执行锁国大法。在文政八年（1825），发布了异国船只驱逐令。驱逐令中规定，不问什么情况，只要是异国的船只，一靠近就一概加以驱逐。天保八年（1837），美国船玛礼逊号来送回我国漂流民，并要求通商，但遭到炮击，只好离去；想在萨摩交还漂流民也没有成功，最后只好一无所获地回到澳门。对于幕府这种无谋的做法，民间有识之士纷纷起来谴责，其中有渡边华山、高野长英等西洋通，他们著书痛斥炮击外国船只的愚蠢做法。这时英国想同中国通商遭到拒绝后，于1840年发动鸦片战争，打败了中国；于天保十三年（1842）签订了《南京条约》，开放广州等五口并割让香港。这就是闭关自守的锁国主义，屈服于近代国家武力的悲剧。这件事立刻传到日本，使朝野上下大为震惊。于是幕府才在天保十三年（1842）废除了文政的异国船舶驱逐令，改为缓和令，即对异国船只，供给燃料和饮用水使其返航，如不听从再行炮击。然而非常明显的是，事态早已不是这种不彻底的缓和令所能解决的了。西方各国，经过产业革命已经到达资本主义高度发展的阶段，对东方的入侵，无论是强度还是广度上，都不是往昔的葡萄牙、西班牙所能比拟的，有着巨大的差别，这一点是不言而喻的。其锋芒首先指向中国，并完全使它屈服了（这里所谓的"并完全使它屈服"，是从著者资产阶级历史学者的立场出发说的，实际上，在鸦片战争中屈服的，向帝国主义者投降的只是昏聩无能的清朝统治者，而不是中国人民。因此，从人民的立场说，不存在"并完全使它屈服了"的事实。——译者）。日本不可能永远墨守锁国的祖法，迟早必须进行一场划时代的革新，这场实际上关系到幕府命运的革新事件，就在下一个时代中发生了。

学问 这一时期的学问，在承袭前代繁荣之后，更进一步发展了民族的独立性，并且可以见到其向各地区、各阶层的普及，特别是新领域的繁荣尤为显著。

首先是儒学，享保时代，各学派的巨匠大都去世，享保以后的二三十年间，是徂徕学派的全盛时代。但不久就开始了对它的批判，产生了不偏一派不倚一流，博采众说，参酌折中，以阐明孔门真义的折中学派。这一学派兴起后，就成了一支有力的学派。对此，朱子学派凭借官学的权威，借宽政禁止异学的法宝，努力加强自己的地位，加上这学派中学者辈出，出现了学运复活的征兆。阳明学的实践精神在时局多难之际吸引了不少的学者。折中学则致力于考证学的发展，互以致密的学说相标榜。就在各派并立，百家争鸣之中，迎来了幕府的衰亡。

树立折中学派的创始人是片山兼山（天明三年卒）和井上金峨（天明四年卒）。兼山初习徂徕学，后来对其产生疑问，于是脱离了徂徕学另立门户。他指出即使汉儒也没有领会孔子的真意，宋学沉溺于道、佛之中，仁斋、徂徕虽知宋学之非，但却没有领悟孔子的真义，树立了以古书来解古书，旁征博引的严谨学风。金峨在训诂方面，是取舍汉唐的注疏；在义理方面，则是折中宋明诸家之说；诗推中唐和晚唐，文崇韩、柳、欧、苏，反对古文辞。其门下有龟田鹏斋、山本北山、吉田篁墩；北山与其弟子太田锦城以及篁墩受清朝考据学影响，发展为考据学派，严谨地校勘经书，以阐明字句的古义。狩谷棭斋和松崎慊堂从学统上来看，虽不属这一学派，但其研究方法也属于考据学，而且是十分杰出的。总之，考据学风给了许多真挚的学者以深刻的影响。另外，以担任米泽藩主上杉鹰山之师而闻名的细井平洲，也是属于折中学派的。幕末有名的尊王派诗人梁川星岩和宽政三奇人之一的蒲生君平都是北山的门徒。

以朱子学者闻名的有：为松平定信起用的幕府儒官紫野栗山、冈田寒泉和尾藤二洲，和定信隐退后起用的古贺精里。这些学者在制止异学、复兴正学方面，是做出了贡献的。官学祖师林家，这时已经衰微，但养子述斋却使林家中兴，他把圣堂学舍改称学问所，成为对幕臣子弟讲学的地方，林家的私学成了幕府的官学。述斋在职达49年之久，重整了官学，培养了很多人才，他多次亲自担任幕府编修事业的总负责人，还参与改革接待朝鲜使节礼仪等幕政的咨询工作。述斋门下有佐藤一斋和松崎慊堂。一斋在天保改革时担任儒官，一斋的门人安积艮斋和慊堂的门人盐谷宕阴、安井息轩也都是儒官，但他们并不一定都是纯粹的朱子学者。一斋信阳明学；慊堂和息轩倾向于考据；宕阴倾向于折中。这些事实，说明幕府的正学万能主义本身已经出现了破绽。在地方，大阪的中井竹山在幕府官许的讲习所怀德堂中讲授朱子学，应松平定信的要求，著《草茅危言》，论述治世方策。其弟履轩也曾就学于怀德堂，但他并不拘于宋儒之说，而折中众说，因此他不住在怀德堂，而辗转各地，终身不仕。大阪的筱崎小竹和广岛的赖春水等人，都是正统的朱子学者。

阳明学因佐藤一斋的活动而再次兴盛，其弟子达3000余人。佐久间象山是其中之一，象山的门人有吉田松阴，松阴的松下村塾，人才辈出，成为幕末期人物的集聚地。与一斋同时的大阪人大盐中斋（平八郎），是由自学而成为阳明学的奇才。

此外，儒学者中还有不少人，他们并不拘泥于既成学派，开创独自学风。丰后的三浦梅园以《易》为基础，解释哲学，旁及伦理、经济、天文、历数等各门学问。另一个丰后人帆足万里擅长于经学、文章，也学习兰学（兰学，江户中期以后，以荷兰语研究西方学术的一种学问。——译者），精通数学和医学，对西方科学造诣很深。广濑淡窗也在丰后日田开设私塾咸宜园，讲述经学、老庄，执教50年，其门人达4600余人，是一个具有重大影响的教育家。大阪的怀德堂还培养了富永仲基和山片蟠桃等平民学者，他们不受既成学问的束缚，自由地发表对宗教、历史、经济各方面的独到见解。另外，奥州八户的民间医生安藤昌益，站在农民的立场上对封建社会进行了尖锐的批判，其著作中描述了人人耕织的自然社会的理想。

儒学之所以出现这种盛况，是幕府文教政策的结果，也是因为儒学在普通教育中作为基础科目而据有岿然不动的巩固地位的缘故。即使是反对儒学，标新立异的人，其基础知识也毫无例外地是儒学。儒学已经渗透到近世知识分子的精神生活中，其威力是巨大的。尤其不容忽视的是，幕府和各藩开设的学校以及学者创办的私塾等，都曾为儒学的普及，做出了巨大的贡献。幕府除江户的昌平黉之外，还在甲府开设了徽典馆，在佐渡开设了修教馆，以作为幕臣子弟学习的地方。各藩也起而仿效，分别设立各自的藩校。藩校中也有的在过去就已经设立，但大多数都是这个时代宝历以后开设的。儒者的私塾也大量兴起，其中有伊藤仁斋的古义堂（堀川塾）、三宅石菴和中井甃庵（竹山之父）等人的怀德堂、广濑淡窗的咸宜园等，都是培养了众多人才的伟大的教育设施。藩校以教育藩士子弟为主，有的也允许平民入学。私塾当然是向所有阶层的人们开放的教学场所。这样，不仅是武士阶级，一般人民的教育也得到了提高。儒学，当然也渗透到了他们的精神中。

心学，这种独特的学问形式，是儒学在教育人民这一点上发展到最高程度而产生的。它最早出现于京都，石田梅岩钻研神、儒、佛学，悟出了一种人生观和修养法。元文二年（1737），他在市中开设讲座，广泛地传布给人民大众，其门人手岛堵庵继承并发展了他的事业。堵庵的门人中泽道二又到江户开办学馆，于是心学就在人民大众间，特别是市民中间广泛流行了起来。所谓心学就是了解本心之学，以朱子学为基础，吸收神道和佛教教义的学说，用通俗的文章和巧妙的语言，讲解普通人的朴素处世法和修养法。这种教化运动用通俗的形式，把儒教的封建伦理灌输到市民阶层中，麻痹市民对自身实力不断增长的认识，而满足于封建体制的束缚。心学在这方面可以说起了很大作用。

和儒学虽无关系，但作为平民们初等教育设施的私学馆（寺子屋），在这时期也得到了充分的利用。寺子屋起源于中世纪，在享保以前，开设的还不算多，到宝历以后，就逐渐有所增加。文化、文政以后，有了大幅度的增加，仅在文化到庆应年间设立的，就有上万所了。教授科目以习字、诵读为主，兼学算术。教科书，初期使用的是古文书，后来改用叫作"往来物"的实用读本。其中有《江户往来》《商卖往来》《诸职往来》《名物往来》《田舍往来》《百姓往来》等各种。这些教科书，都是根据地区和职业的不同而编写的，使学生不但能从中学得相应的知识和文例，而且也能知道一些幕府的法规、条文等的法令，成为幕府教化政策的一部分。

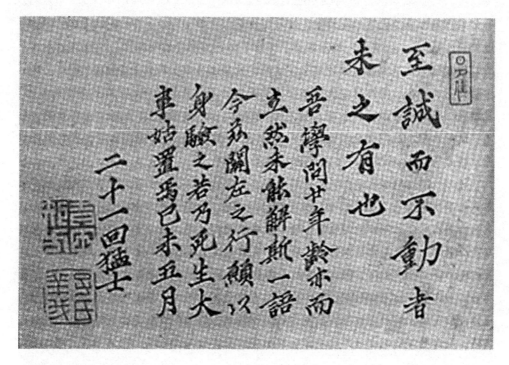

吉田松阴所写的汉字

　　吉田松阴自称"二十一回猛士"。他自释其义"我生于杉家，'杉'字，表示二十一（"木"为十和八，"彡"为三，合计为二十一），养父吉田家的'吉田'也表示二十一（"吉"字的"士"为十和一，是十一，"田"字中包含着十，合计为二十一，而把'吉'字的'口'和'田'字的'口'重合起来便成为'回'）"。另外，他当时的名字叫寅次郎，"寅属虎，虎之德是猛"，因此自称"二十一回猛士"，以此激励自己。

　　对儒学来说，国学和兰学是这个时代新开拓的学术研究领域。国学渊源于前代对日本古典进行自由研究的学风，契冲之后的荷田春满在古典研究之外，又钻研国史（日本史）和神道学，主张在儒道之外，存在着日本的古道。他有志创办国学校，但在没有完成其夙愿之前，就死去了（元文元年，1736）。国学的名称，来自这个国学校，也有说是从"国家之学""皇国之学"等词而来。国学的基本特点，在他那里已经形成。春满之后，名古屋的神官吉见幸和又深入研究了国史（日本史）与神道的关系，并在此基础上提出了神道即皇道的所谓古道说。春满的门人贺茂真渊则在研究了以《万叶集》为中心的古语和古文之后，认识到我国的古道是超越儒家那样人为之道的天地自然之道。真渊除研究古语、古文外，还在实际上运用这些古语古文来吟咏万叶风格的和歌，这同徂徕的研究古文辞学，并从古文辞的研究达到创作诗文是完全一样的。真渊的门下也分为以歌文为主的文人，和以文献学、古道说为主的学者。被誉为集国学之大成的本居宣长，就是后者的代表。宣长经过 35 年的钻研，完成了其主要著作《古事记传》，在文献学的研究方面，建树了无与伦比的最高水平。他还从研究《源氏物语》出发，提出了前人未曾提出的文学理论——"物哀说"（物哀说，物即客观对象，哀即主观感情，两者一致而产生的和谐的、情趣的境界，是优美、纤细、沉静、静观理念。——译者），在国史和国文方面都留下了不少贵重业绩。不过，他的古道说与排斥儒佛，同他文献学研究上的高度合理性和客观性，是完全背道而驰的。其中充满了非合理的主观判断，使人无法对之给予高度的评价。他的国学抨击儒教，说它自作聪明，肯定人类纯朴的自然感情。这同在武士的封建教育压迫下，一方面人民渴求自由的精神是相一致的，因而它在富裕农民和商人之间得到了广泛的传布。但是从另一方面看，由于人民的软弱无能，古道说尽管被归结为尊王，却没有发展到否定幕府的程度，没有超越赞颂幕府、讴歌现实的界限。

本居宣长的弟子多达 500 人，其中杰出的有，他死后的门人平田笃胤和伴信友。笃胤以其渊博的学识和绝伦的精力演绎老师的古道说，他甚至运用了老庄思想、阴阳思想和西方思想，并掺加了明显的宗教性，树立了广博的世界观和热情的国体观。这也许是因为他所处的时代从文化、文政到天保这一段时间，正是内外多事之秋，要求国学也要具有强有力的实践性和吸引力有关。他的学问在精确性上不如宣长，但在实践方面，却取得了巨大成功。他的门下中涌现出了许多幕末尊王的志士，并成了明治初年振兴神道运动的思想基础。

伴信友在许多方面与笃胤正相反，他闭门埋头于国史和国文的考据，在文献学研究方面推动了国学的发展。因此，热情而乐于实践的国学者，都追随笃胤，极力鼓吹神道说，从事教化运动；而冷静的国学者则模仿信友，潜心于文献考据，在巩固近代国史学繁荣的基础方面，做出了贡献。

除上面提到的之外，各地都涌现出不少伟大的国学者，如从正面对宣长的

《古事记传》进行驳斥的橘守部，完成了《日本书纪》注释工作的伊势的谷川士清（《日本书纪通证》）和名古屋的河村秀根（《书纪集解》），精于制度之学的伊势贞丈和大塚嘉树，撰有《万叶集古义》这部巨著的土佐的鹿持雅澄，在国语音韵方面颇有造诣的富士谷成章和石塚龙麿等等，不用一一枚举。其中更有与众不同的盲人塙保已一，他在幕府保护下开设了和学讲谈所，出版了我国最早的用预订发行方式刊行的丛书《群书类从》（530 卷 666 册，文献 1273 种）（原文正编作 1270 部，续编作 1800 部，误。——译者），还编辑了续编（1150 卷 1185 册，文献 2103 种）。他主持了许多书籍的编修工作，如紧接《六国史》之后的编年史《史料》，有关武家掌故的史料集《武家名目抄》，等等。

在前代的儒学者中间发展起来的国史研究，到了这个时代，虽多数转为国学者的研究对象。但以儒学为中心进行研究的学风依然强烈存在，特别是通史性的概说，全都如此。参与了当时仍然继续进行的《大日本史》编修工作的水户藩史官，就是这种学风的突出代表。他们所养成的学风，就是所谓日本朱子学的水户学。在完成《大日本史》记、传部分以后，水户学曾一度呈现出松懈状态，但从安永、天明时起，又呈现出复兴的征兆，到了藤田幽谷，会泽正志斋和幽谷之子东湖时，重新修订了记、传部分，献给朝廷（文化七年，1810）。接着又编修了志、表，为修史事业做出了很大贡献。由于受到时局影响，在《大日本史》中，明显地吸收了正名思想和国体观念，树立了神儒一致，忠孝不二和尊王佐幕的理论体系。这种思想，到了第九代藩主齐昭时，被付诸实践，成为向幕府建议改革藩政，不久又成为蓬勃兴起的尊王攘夷运动的基本理论。儒学者的国史研究除此之外，还有赖山阳的《日本外史》《日本政记》等，属于武家政治史概说和日本史论集，这些，都鼓舞了尊王思想。另外，幕府官撰的修史事业，如《宽政重修诸谱》（宽永诸家系图传的再编）、《德川实纪》（德川历代将军实录）、《朝野旧闻裒稿》（从德川氏兴起到家康一代的史料集）、《后鉴》（足利历代将军实录）等，都是支持乃至赞颂幕府政治的。

新学术领域之一的国学，是把学术思想拉回古代，试图以古讽今，批评现实。而兰学则与此相反，是想从西方的先进文化中寻求根据，以此来为现实社会服务。前者否定封建制支柱的儒教，普及日本古代文化知识，开辟幕府政治走向崩溃的道路；后者则将西方的知识灌输给闭关自守的日本，培养开国思想，为近

松下村塾

　　吉田松阴开设松下村塾，开讲《武教全书》及世界局势，吸引大批有志青年，高杉晋作、木户孝

允、山县有朋、伊藤博文、井上馨等均出自其门下。

代日本的诞生做出了巨大贡献。锁国以后，西方学术只能通过长崎的荷兰通事
（翻译）零星地介绍到日本。前面提到的西川如见的《华夷通商考》，就是通过
长崎的荷兰人吸取西方学术的成果。新井白石的《采览异言》和《西洋纪闻》，
就是在逮捕、审讯罗马派到日本的传教士西多蒂（J. B. Sidoti）的过程中所得到
的西方情况而写成的。这些书籍对促进兰学研究的开展，发挥了重大作用。在和
汉诸学蓬勃兴起的时代，人们的求知欲望已经发展到这样的阶段：只要有一两个
先觉新钻研西方学问，就能使人们追随他们。将军吉宗重视实学、奖励科学的政
策更促进了这一趋势的发展。本来，在锁国的同时，对所有汉译洋书都禁止进
口。到吉宗时，允许和基督教无关的汉译洋书进口。他看到荷兰进献的天文学书
籍后，决定加以译解，命令青木昆阳，野吕元丈二人学习荷兰语。昆阳的门人，
丰前中津藩的医生前野良泽学会了 700 多个荷兰语词条后，就同若狭小浜藩的医

生杉田玄白和中川淳庵一起翻译荷兰的解剖书，经过四年的努力终于完成了这项工作，以《解体新书》为名出版了（安永八年，1779），这是日本首次出版荷兰书的译著，在兰学史上是一个划时代的转折点。玄白的门人大槻玄泽编写学习荷兰语的入门书《兰学阶梯》，为兰学的昌盛开辟了道路。玄泽的门人稻村三伯计划编纂辞书，与两三个同人合作，以法兰索瓦·海耳玛（Francois Halma）的荷法辞典为蓝本编写出版了荷日辞典，称为《海耳玛和解》，为促进兰学的昌盛做出了贡献。这一时期已不断有外国船只来日，再加上对荷兰书刊中科学知识的需求不断增加，以至兰学者辈出。许多大名都聘有自己的兰学者，幕府也设立了称为"蕃书和解御用"的译书局，开始了兰学的翻译工作。这个译书局以法国人诺爱尔·肖美尔（Noël Chomel）的《百科全书》荷兰译本为蓝本，把它译成日文《厚生新编》。

在普及荷兰语学习的基础上，西方的自然科学大量涌入日本，给科学的各个领域带来了划时代的发展。正如前章所述，在此以前，天文、地理、数学和博物学等已有相当的发展。在这个时期，兰学就代表科学，在科学的各个领域有效地采用兰学，这本身就意味着汲取西方科学的成果，学习西方科学的方法，已经具有十分成熟的基础，下面分别就各方面的情况略加叙述。⑧

医学方面，和儒学中古文辞学的流行相呼应，古派医生十分活跃。他们反对空洞的理论，注重实践经验。山胁东洋等人解剖尸体后，写下了《脏志》一书（宝历四年，1754），此外前野良泽等人带着荷兰的解剖书到小塚原去看死刑犯人的解剖，这些都为兰学在医学领域的发展开辟了道路。此后医生成了推动兰学的中心力量，除良泽、玄白、淳庵之外，相继出现了桂川甫周、宇田川玄随、绪方洪庵等名医。甫周参加了《解体新书》的译述工作，以擅长兰方外科而闻名；玄随译述了荷兰的内科书《内科选要》，创立了兰方内科；洪庵在大阪开设兰学塾，培养了许多人才。另外，文政六年（1823），来到长崎的德国人西博尔特（Sibold）在长崎郊区设立学校，讲授医学和本草学，并从事医疗工作。这是日本人实地学习医学的一个机会，跟他学习的人们担任了幕府的医官。安政五年（1858），还在兰医们的建议下开设了种痘馆，使西洋医学得到了广泛的普及。

天文学是仅次于医学的兰学中的一个主要部分。吉宗对天文学很感兴趣，在城内安装浑天仪和望远镜以备观测，并在神田建立天文台。因此，随着荷兰文书籍的解读已有可能，西方的天文学知识也逐渐普及。当时，由于贞享历的使用为时已久，随着年代的推移，越来越与实际不符。为了加以修改，西方天文学便成了有力的依据。精通兰学的高桥作左卫门（至时），十一屋五郎兵卫二人担任幕府的天文官，宽政改历就是由他们主持进行的。另外，长崎通事（翻译）本木荣之进介绍了地动说，从根本上推翻了儒教和佛教所固守的宇宙观。⑨

地理学也取得了很大发展。安永、天明时，长久保赤水绘制了远比以前进步的日本地图和世界地图，第二代的高桥作左卫门（景保）奉幕府的命令，编绘了万国全图，作为官版出版。其门人伊能忠敬钻研测量术，受幕府命测量了全国海岸，绘制了精密的实测图和日本舆地实测全图，文政四年（1821），献给了幕府。下总古河藩的家老鹰见泉石也精通兰学，从事地理研究，搜集内外地图，绘制了虾夷地方的地图。

物理学方面，在田沼时代，平贺源内制造了电动医疗器，但那似乎仅仅是为了满足好奇心而制造的。后来大阪的桥本宗吉，根据荷兰书籍才开始了正式的电学研究，成为日本电学的鼻祖。另外青地林宗的《气海观澜》和宇田川榕庵的《舍密开宗》是当时的两大名著，是日本首次在物理学和化学方面进行的系统的介绍和说明。

植物学方面，过去的本草学，在宽政、享和时，曾有小野兰山的研究集其大成。其门人饭沼欲斋又结合西方植物学知识，编纂了《草木图说》作为日本的植物图鉴，这是一本直到明治大正年间还受到学术界珍视的名著。

最后谈一下当时认为最有实用价值的军事学。长崎的町年寄高岛秋帆学习荷兰式的炮术，建造洋式船只，用作水陆操练。伊豆韮山的地方官江川坦庵继承了他的事业，建造西式反射炉，铸造大炮。佐久间象山师事坦庵，在江户讲授兵学和炮术，培养了许多杰出的人才。安政二年（1855），幕府在长崎开设海军讲习所，使用荷兰赠送的军舰，并由荷兰的海军军官担任教官，次年又在江户开办讲武所，向幕臣传授西方炮术，并向荷兰派遣留学生等等。这都说明兰学在军事学上也占了领导地位。

从学习荷兰语开始的兰学，后来由于外交情况的实际需要，又增加了学习其他外国语，所以已不再仅仅是兰学了。由于俄国、英国等国舰船的来日，幕府命令长崎的翻译，要兼修俄语和英语，漂流到美国的中滨万次郎也应召担任这方面的工作。不久又加上法语。由于学习了俄、英、法等外国语，兰学自然而然地发展为范围更加广泛的洋学。安政初年，古贺谨一郎向幕府提出了开设洋学所，大规模吸收和移植西洋学术的意见。根据这一建议设立了"蕃书调查所"，以后改名为"洋书调查所""开成所"等，就是今天东京大学的前身。

文艺 文艺的兴盛期，应该说是前代的元禄时代，但那时已出现烂熟和颓废的迹象。随着文化的逐渐普及，读者也不断增加。城市生活的闲暇，要求发展娱乐性的文艺，而城市生活的奢侈和颓废，也招致了文艺的颓废。但是文艺在内容方面的分化和地区性、阶层性的普及方面，出现了远远超过前代的盛况。曾在京都和大阪盛开的文艺之花，如今也移到江户，成为大江户之花而盛开着。和歌、俳谐、狂歌、川柳、小说、净琉璃等各种文艺形式百花齐放、争妍斗艳。作者的身份也多种多样，有幕臣、藩士、浪人、商人等，而且还有许多人能以文艺为生，由此可知，其背后拥有广大的读者。

正如汉诗文是作为儒学者的业余爱好而发展起来的一样，和歌是随着国学的发展而盛行起来。贺茂真渊提倡万叶格调的和歌，使和歌得以复兴。其门人加藤千荫（幕府的警察官）、村田春海（鳀鱼干批发商）提倡吟咏古今和新古今风格的和歌，被尊为一代宗匠。京都的小泽芦庵（原尾张犬山藩士）主张和歌应排除学者的拟古歌，以通俗易懂的言语歌咏自然情趣。香川景树（德大寺家臣）认为歌的生命在于谐和协调，提倡古今集风格的和歌，革新了京都的歌坛。此外越后的僧人良宽、越前的橘曙览、筑前的大隈言道等都根据万叶精神歌咏自由的生活感情，说明地方歌人大有人在。

俳谐在松尾芭蕉以后就日趋衰落，到天明时，由于京都出现与谢芜村又开始复兴，出现了优美紧凑的天明格调。到文化、文政时期，俳坛再度消沉。但信浓农民小林一茶吟咏爱与诚的俳句，却给这一时期的俳坛带来一股清新的气息。

城市生活的太平与余暇，增进了人们喜爱滑稽谐谑的风气，表现在和歌和俳谐上，就产生了狂歌和川柳。狂歌多是以粗俗简练的笑话模拟古歌，讥讽世事。毕竟只是一种不入流的游戏，却能投合世人的爱好。四方赤良（大田蜀山人，幕臣）、唐衣桔洲（田安的家臣）等许多武士都因长于此道而名声大噪。川柳得名于江户浅草的名主柄井川柳。本来俳谐是在七七的题下，附以五七五的句式，称为前句附。川柳把这个附句单独分离出来，在《俳风柳樽》的名称下出版，受到世人好评，于是就把这种句子称为川柳。川柳是用身边近事为题，揭露人情世故的机密，讽喻世上的矛盾，倾吐在封建制压迫下受尽苦难的人民的不平，成为深受人民欢迎，广为流行的游戏形式。

还有小说。这个时代虽然仍流行着八文字屋本的元禄时代的小说《浮世草子》，但已没有过去那样的盛况。小说的重心已转向江户的"草双纸"和"读本"。"草双纸"本来是指妇女儿童喜欢的画册，旁边附以文字。封面则因时代而异，所以有红本、蓝本、黄表纸本等的名称。自从安永四年（1775）恋川春町写了《金金先生荣华梦》的故事以后，黄表纸本成了一般人爱读的小说。黄表纸本的特点是充满了轻松的诙谐和滑稽谐谑的语言，可以说是散文化的狂歌和川柳。它取材于故事和历史，有时也取材于时事。它讽刺田沼政治，讽刺宽政改革，因此受到幕府的镇压。宽政以后，其内容转为具有教育意义，形式上也变作长篇的合卷本了。

诙谐本是安永、天明时与黄表纸本同时流行的一种写实小说。起首是一种附在妓馆向导图上的戏文，其内容往往是描写烟花柳巷的实情。田沼时代风纪颓废，烟花柳巷的生意相当兴隆，旗本与妓女情死，家老在妓院办公，诙谐本的盛行正是这种情况下的产物。因此宽政改革时，这种书刊遭到禁止，首屈一指的诙谐本作者山东京传反对这种做法而受到戴50天手铐的惩罚。到了文化、文政时代，诙谐本分成了以滑稽讽刺为主的滑稽本和描写色情生活的人情本。知名的滑稽本作者有十返舍一九和式亭三马等人；人情本作者中，知名的有为永春水。

读本是针对画册而言的，内容是把历史人物和历史事件加上虚构描写的小说。大阪上田秋成写的《雨夜物语》和江户建部绫足写的《西山物语》，被称为读本的鼻祖。到宽政改革时，由于受整顿风俗的影响，读本登上了文化、文政时代小说界的王座。代表性的作者，有从写诙谐本转变的山东京传和他的对手曲亭马琴。在这以前，小说以人情为主，注重写实，因而是以商人世界的伦理为基调的。读本则正与此相反，是从正面宣扬劝善惩恶主义，比较写实更注重构想，比较道义更重视人情，它描写的是武家精神而不是市民生活。所以出现这种针锋相对的两种小说，不仅仅是由于宽政改革，恐怕也因为人心对于那种轻佻卑陋的写实小说感到厌倦，追求健全的理想小说所致。现实生活中的武士的道义与才能越濒临危机，读本中所描写的武士，就越成为理想的偶像，受到广大士民的景仰。

宝历前后，净琉璃的盛行在大阪达到顶峰，可是到了明和以后，就一蹶不振了。在这期间，虽有竹本座的近松半二的努力，但也仅仅是挽回了颓势，而无法阻止它的衰落。不久，竹本和丰竹二座也终于衰败了。和这种情况相反的是，江户却在这时前后，出现了义太夫节净琉璃的新作，净琉璃的中心从大阪移到了江户。富有才华的平贺源内用福内鬼外的名字创作了许多新作。

歌舞伎在江户的盛况，超过京都和大阪。市川团十郎（一代至九代）、尾上菊五郎（一代至五代）、岩井半四郎（一代至八代）等名优辈出，深受人们的欢迎。剧作家有并木五瓶、樱田治助、鹤屋南北等。剧场也是从这时开始因防火而改用瓦顶，也允许有二楼。舞台装置方面，也出现了旋转道具、渐现装置和三层楼梯等花样。

美术 美术方面，除了在绘画上见到有所创新外，其他在建筑、雕刻等方面，却没有什么发展。以往推动建筑和雕刻发展的强大动力——佛教已完全衰落，失去了往昔的力量。作为统治阶级的武家，也由于财政困难而无力顾及，技术上也没有来自外国的刺激，所以工人只能是墨守成规而已。

绘画的新风，完全是受到中国的影响而产生的，那就是文人画与写生画。所谓文人画，在中国是指和职业画院相对而言的文人学者的画，这种画不讲求技巧和色彩而是描绘精神和气韵。明清时代十分盛行，传到我国，起初只是作为汉学家的业余爱好，及明和、安永时，才有池大雅和与谢芜村出来创立一种流派。接着在江户出现了渡边华山，在九州出现了田能村竹田等名家。文人画是与中国的风物、精神密切联系着的，对于受到儒学熏陶的这个时代的知识分子，这种绘画是非常合适的。写生画不需要画帖，始终贯彻写生的真义，在画风上模仿享保年间来到长崎的清人沈南蘋 [沈南蘋（生没年不详），清画家，名铨，字衡，浙江吴兴人，作写生式花鸟画，当时属于旧派。1731 年来日，逗留二年，有门徒熊代熊斐、宋紫石等，对日本花鸟画，有很大影响，代表作有《老圃秋容图》等。——译者]。这一派著名的有京都的丹山应举，他所画的山水花鸟，无不表现得栩栩如生，惟妙惟肖。后来写生派在京都盛行，松村英春吸取了芜村和应举的画风，开创了四条派。

此外还涌现出不少博采各派、复兴旧派的画家。谷文晁除仍袭狩野、土佐等文人画的规矩外，还汲取了西洋画的透视法，自成一家；酒井抱一则模仿光琳描绘鲜艳的花卉；田中讷言成为复兴土佐派的魁首，冈田为恭、菊池容斋继承他的画风，专事描绘历史与掌故的画。

随着人民生活的提高，"浮世绘"越来越兴盛，享保时京都的西川祐信，江户的宫川长春专工美人画。版画技术这时也有了很大发展，明和初年已出现了多种色彩的锦绘。铃木春信是最早的锦绘画家，擅长美人画。到了天明、宽政时期，胜川春草、鸟居清长、喜多川歌麿吕、鸟文斋荣之、东洲斋写乐等名家辈出，迎来了锦绘的黄金时代。此后画家

安藤广重的画作

这幅水稻田画的作者为安藤广重（1797—1859），他以擅长描绘通俗风景画而著名。日本的木版画在19世纪末对欧洲的绘画产生了巨大的影响。

们分成了各种流派，虽然版画技术的发展日见精巧，而画风却出现了停滞迹象。其间有葛饰北斋，以旺盛的创作力描绘森罗万象；有安藤广重的风景画，描绘纯朴的自然与社会，他们作为"浮世绘"画师，都曾充分发挥了才能。

这个时代的绘画受西洋画法的影响，无论从文晁还是从应举身上，都可以看到这一点，特别是"浮世绘"，有不少成功的作品是吸收了西洋画法，尤其是在构图方面，采用了西洋风格的透视法。运用透视法的画叫作"浮绘"，浮绘的创始人据说是歌川丰春。此外，西洋画本身也被吸收过来，司马江汉及其弟子亚欧

堂田善，最早开始画油画和铜版画，给绘画界灌输了一股清新的气息。

《四条河原傍晚乘凉》鸟居清长绘　　　《青楼十二时》喜多川歌麿绘

　　随着生活的提高和情趣的幽雅，工艺仍不失隆盛。由于时代风尚喜好风流雅致，所以工艺一味追求技巧细腻和构思新颖的小技，根本看不到格调高迈气吞山河的作品。一般都是致力于雕刻坠子、药盒描金等的技术和设计衣料花纹等，以此竞相夸耀而已。

　　书法，在江户初期出现了复古的风气。号称宽永三笔的松花堂昭乘、本阿弥光悦、近卫信尹（三藐院）三位名家，各自开创了三种风格。但一般广为流行的是建部传内根据青莲和院流而开创的御家流，多用于书写公私文书。此外有许多汉学家模仿明代的书风，研究中国书法。真正研究中国书法并开创了新流派的书法家有北岛雪山、细井广泽、卷菱湖、市川米庵和贯名海屋等人，其书法称为唐式。与此相反，国学者和歌人则采用前代的书法。另外还有的书法家超出唐式、和式的框子，开创了独特的书法，达到了很高的艺术境界，如良宽和池大雅等人便是。总之，这个时代中国的法帖已传入日本，日本的古帖也收集整齐，研习书法的资料十分丰富。向学者、文人要求题字，进行观赏的风气十分盛行，所以各式人的各种书法竞相流行，在多样性方面呈现出前所未有的盛况。

注　释：

①吉宗是纪州藩第二代藩主德川光贞的第四子，光贞之妾所生。起初任越前丹生郡鲭江一个三万石的领主，后因兄弟相继死去，宝永二年（1705）继任纪州藩主；他就任后，整顿了陷于困境的藩财政，有名君之称。正德六年（1716），八岁的将军家继死后无嗣，他作为三家的一员，按顺序继任将军的职位，可算是不寻常的发迹。当时他正值33岁的壮年。有关吉宗的简单传记有辻达也的《德川吉宗》（1958年，吉川弘文馆出版）。

②大石慎三郎的《享保改革的经济政策》第一部"享保改革的农村政策"（1961年，御茶水书房山版），认为享保改革的核心不是商业政策，而是农村政策，从这一观点出发考察和叙述了享保时的农村政策。

③《御触书集成》是卷帙浩繁的巨著，传世的只有抄本。昭和九年到十六年（1934—1940）经高柳真三、石井良助二人校订后出版，昭和三十三年（1958）再版（岩波书店出版）。四次编纂情况如下。本来书名一律称为"御触书"，经高柳、石井二人整理后，按时期分别定名为：一《御触书宽保集成》［庆长二十年—宽保三年（1615—1743），129年间］，吉宗延享元年（1744）完成；二《御触书宝历集成》［延享元年—宝历十年（1744—1760），17年间］，家治宝历十年（1760）编纂；三《御触书天明集成》［宝历十一年—天明七年（1761—1787），27年间］，家齐天明七年（1787）编纂；四《御触书天保集成》［天明七年—天保九年（1787—1838），50年间］，家庆天保十二年（1841）完成。

这些是江户时代法制史的基本史料，其内容涉及政治、经济、财政以及风俗、习惯、庆典等社会一切方面，因此也是社会史、经济史和文化史的宝贵资料。

④山下幸内上书（《日本经济丛书》五，《日本经济大典》十一）。幸内是住在江户青山一带的浪人，是谦信派的军事学家，曾试图对吉宗的施政进行彻底批评。起诉箱设于享保六年（1721），每月三次（二日、十一日、二十一日）放在评定所，听任人民投书，然后锁好搬到将军面前，当场开封。

⑤关于田沼时代的社会情况，辻善之助的《田沼时代》（大正四年日本学术普及会出版）一书有详细的介绍，认为它具有近代日本先驱者的意义。最近外国也有人发表了关于

他的专著。(J. W. 豪:《近代日本的先驱者田沼意次》,剑桥 1955 年版, J. W. Hall, Tanuma Okitsugu, Toreruner of Modem Japan, Cambridge, 1955)

⑥江户的这种七分钱作为公积的做法,后来一直继续了很久,到明治初年已积累了 140 余万日元,由东京府继承过来,责成涩泽荣一妥加使用。这笔钱,后来被用作养育院等公共事业费,追溯其根源,才知出自松平定信决定的政策,于是着手编写定信的传记。已完成的有《乐翁公传》(1937 年,岩波书店出版),在定信传记中,是最可靠的。此外《宇下人言》(1942 年,岩波文库)可以说是定信的自传,它以轻淡的笔法,叙述定信从出生到辞去老中一职这半生的经历和信念。

⑦郭洛宁在日本被监禁达 26 个月以上的详细记录,今天还留存着。这本书在俄国出版后很快被翻译成各种文字,日本也多次加以翻译出版。井上满译《日本幽囚记》(1943—1946 年,岩波文库,上、中、下 3 册)较为通俗。这个记录是叙述当时日俄间外交谈判和虾夷地区状况的宝贵资料,同时也显示了外国人对日本人的真实而坦率的看法,颇值得注目。

⑧板泽武雄的《日兰文化交涉史研究》(1959 年,吉川弘文馆出版)收录了有关兰学的各种基本论文。

⑨海老泽有道的《南蛮学统研究》(1958 年,创文社出版)是一部以江户时代天文学、历学的发展为中心,同时涉及航海、测量、数学、地理学等的著作,力图阐明到近代科学成立为止的文化史流派,并述及锁国后对基督教的理解和作为否定锁国的思想根据的基督教邪说论的后退,等等。

第五节　武家政治的结束

幕末时代　在长达 250 多年的时间里,随着经济的发展和文化的进步,德川幕府内部存在的各种矛盾不断激化,虽曾多次采取补救措施,终无效果,根本不能挽救其衰落的趋势。以嘉永六年(1853 年)美国特使佩里(Matthew Calbraith Perry 1794—1858)前来要求开国为开端,日本的对外关系日益紧张,从而使幕府的统治发生了根本的动摇,封建社会也完全陷入了混乱,终于迫使德川庆喜"奉还大政",幕府也就此寿终正寝了。嘉永六年(1853)至庆应三年

（1867）15 年间发生的政局演变和社会混乱，正是 250 多年来一直统治着国家，并且已渗透到社会各个角落的幕府势力垂死挣扎的表现。从另一角度来说，这又是向来完全置身于政治领域之外的朝廷进入政界、夺回政权的过程。有人只从表面上观察这后一过程，因而产生了认为幕末的历史，是最充分发挥了日本历史的精髓和国民精神精华时期的历史观。不过，坦率说来，幕末的历史，不过是令人作呕的阴谋诡计的累积，是以牙还牙的复仇的反复，而最后又用武力来解决一切的，充分暴露了卑鄙无耻的人性的历史。当然，他们在表面上所标榜的，都很冠冕堂皇，但那不过是外表上的乔装打扮，实际上只是用来维护自己和自己所属集团的利益，打倒敌对的势力和集团的手段而已。身负重任的政府当局明知办不到却扬言"攘夷"；尊王的武士们则发布并非天皇本意的诏书，投身于"尊王攘夷"运动。他们的表面和内心经常是大相径庭的。虽然这类事情是任何时代都能见到的，但在幕府末期的 15 年间，却表现得尤为集中而露骨。这就是我们所以不能将它称为光明、美好时代的原因。

佩里像

　　嘉永六年（1853），美国特使马修·佩里（1794—1858）奉命去日本要求开国。美国要日本开国的目的有二。其一是为了打开前往中国的太平洋航路，需要日本做中继补给站。美国计划将产业革命期间大量生产的棉制品输往人口众多的中国。若能打开太平洋航路，美国就能胜过必须绕道非洲才能到中国的竞争对手英国。第二个目的是为了保护在北太平洋上频繁往来的捕鲸船，当时鲸鱼肉的脂肪部分可用作灯油，供工厂夜间加班照明之用。

　　锁国政策的结束　嘉永六年（1853）六月，幕府被突然驶入浦贺海面的四艘美国军舰吓得魂飞魄散。实际上，幕府早就应该预料到这一天会到来。早在弘化元年（1844），荷兰国王就在给将军的亲笔信中，说明了世界形势的发展趋势，并忠告说：自从蒸汽轮船发明以后，距离的远近，已无多大区别；日本要想不重蹈清朝鸦片战争的覆辙，最明智的办法就是尽早开国。可是幕府却固执地认为，祖法不容更改，并且拒绝了荷兰后来的忠告。继而，弘化三年（1846），美

在浦贺登陆的美国佩里舰队

　　美国海军准将佩里统领东印度舰队即著名的黑船，率先于 1853 年撞开了日本关闭的大门，1854 年

佩里再度率舰船登陆浦贺港，再次表明美方态度，并成功地达到目的，迫使日本答应开国。

国提督比德尔（James Biddle）又奉总统的命令，率军舰来到浦贺交涉通商事宜，遭到了幕府的拒绝，不得不悻悻归国。此后，嘉永元年（1848），美国同墨西哥开战，占领了加利福尼亚，把领土扩展到太平洋沿岸，随后又在那里发现了金矿，大事开发这一地区。这样，无论是为了扩大同中国的贸易，还是为了发展捕鲸业，美国都迫切需要日本开国，以作为其储煤站和避难所。嘉永五年（1852），美国总统密勒·菲尔莫（Millard Fillmore）任命佩里为东印度舰队司令，派他去日本进行交涉。此事很快就被荷兰知道了，当年，荷兰设在出岛的商馆馆长将美国将派军舰前来一事，秘密通知了幕府，同时再次劝其开国。但是，幕府当局还是拒不听从。

尽管已出现了这么多征兆，幕府却并没有采取任何特别措施，因此，四艘黑船进入浦贺港以后，就吓得手足无措，只好要求美舰改航到外轮停泊地长崎，以图稍避燃眉之急，求得片刻苟安。幕府官员之软弱无能，由此可见。但是，佩里却拒绝前往长崎，坚决要求日本就地接受国书，幕府被迫做出让步，在久里滨接受了国书。国书中，美国要求同日本建交通商，救护遇难的捕鲸船，提供煤炭、粮食和救援。在贸易方面，国书中提出可先试行五至十年，如认为无利可图，即可停止。还写了一些诸如日本国土肥沃、物产丰富、人民聪明等类的客套话，态度是很友好的。国书递交后，佩里声称明春将再度来航，听取答复；然后便测量江户湾，退到琉球。当时的首席老中是阿部正弘，他虽是一位开明的青年政治家，也认识到开国是大势所趋无法抗拒，但却没有由幕府来独断专行的勇气。于是，他便向担任幕府咨询之任的水户的德川齐昭、萨摩的岛津齐彬以及其他藩侯和官吏们广泛说明了情况，并让他们就应取的对策发表意见。这种做法，固然因为开国是一件关系到更改祖法的重大事件，但也说明幕府的态度已不再像过去那样，对任何国家大事都独断专行，无视诸侯意见的做法有了重大的变更，说明幕府政治已走上了穷途末路。在幕府对朝廷的态度上，也见到同样的变化。在此之前，由于尊王思想的兴起，朝廷已逐渐走上社会舞台。弘化三年（1846），曾为保护国家免受外围的侵犯，向幕府下达了加强海防的敕谕，显示了它对政治的发言权。佩里来航事件发生后，幕府立即上奏朝廷。这件事说明，在幕府与朝廷的关系上，幕府的独裁政治已呈现了动摇的迹象。

佩里来日的翌月（七月），幕府又接到俄国军舰驶入长崎港并提出开国要求的消息，吓得魂飞魄散。俄国通过北部边境，很早就了解了日本的情况，它不希望其他国家在日本建立比它优越的地位，所以在听到佩里来日的消息后，赶忙派遣海军中将普提雅廷（Eurlrimius Poutiatin）率领四艘军舰驶向日本。普提雅廷遵照日本的国法来到长崎，提出了通过谈判划定北部边界和开港贸易的要求。当时，俄国本国的形势也很紧张，正是英、法两国即将爆发克里米亚战争的前夕。因此，普提雅廷在提出要求后，一度前往上海，十二月又来日听取了答复。答复的中心内容是，迅速开国是不可能的，不过，日本如果同意与其他国家通商时，当然也会让俄国得到同样待遇。于是，普提雅廷便暂时离开了长崎。

佩里准将到达浦贺港

　　佩里率领四艘巨大、漆黑的军舰（黑船）出现在江户湾（东京湾）入口附近的浦贺（神奈川县）海面上。军舰装载着将近100门随时可以发射的大炮。佩里带着要求日本开国和通商的美国总统国书。幕府接受了国书。这在日本近代史上也称为"黑船事件"。

在普提雅廷来日的消息刺激下，佩里舰队就在普提雅廷离开长崎的一星期之后，再次出现在江户湾，要求幕府就他上一年提出的问题做出答复（嘉永七年、安政元年，1854）。幕府在斟酌了诸藩侯们的意见之后，认为既不能用战争来拒绝，又无法接受其开国的要求，因而想用一种稳妥的办法把它们赶走。但在出现在眼前的九艘军舰的威力下，幕府很快就屈服了，在横滨接待了美舰，并于同年三月签订了《日美和亲条约》（《神奈川条约》）。条约的内容是：开放下田、箱馆等二个港口，作为美国船只补充木柴、淡水、粮食和煤炭的基地；美国船只遇难时，日本应保护其船员和船上所载的货物；允准在下田派驻领事；等等。锁国的大门一旦被美国打开，其他国家当然不会袖手旁观。当年八月，英国舰队开进长崎港，与幕府签订了《日英和亲条约》。十月，普提雅廷来到下田，与幕府签订了《日俄和亲条约》，同时还就北部国境问题达成了协议，规定得抚岛以北归俄国；择捉岛以南归日本；库页岛则作为两国人民杂居地区未划分界。翌年十二月，幕府又与荷兰签订了和亲条约，废除了向来给予荷兰人的特殊待遇。

不论事情本身是否正确，由于是在外国的压力强迫下，并非心甘情愿地废弃了祖法的，所以素来好胜的朝野各界人士都十分愤慨。为了打开这种困难局面，幕府竭力来改革行政和加强国防。铸造大炮；建造和购买军舰；在长崎设立海军学校；在江户设立讲武所；大肆建设西洋式的陆海军；还在沿海各地修筑了炮台；为了学习西洋知识，以应燃眉之急，还设立了专门教授西洋文化的学校——蕃书调所。

在继签订和亲条约之后的缔结通商条约阶段，美国又一次掌握了主导权。美国在安政三年

井伊直弼像

井伊直弼（1815—1860），德川时代幕臣。1859 年（安政六年）指使幕府血腥镇压尊攘派志士，造成"安政大狱"。

（1856），派哈里斯（Townsend Harris，1804—1878）为总领事驻在下田。他不顾幕府的反对，跑到江户，以列国外交使节的礼节（拒绝像以前的荷兰商馆馆长那样行平身低头礼）拜会了将军，递交了总统的国书，并力陈从速开始通商的必要。碰巧 1856 年（安政三年）清朝也因亚罗号事件（Arrora）而陷入了被英法联军攻入北京的困境，这就使哈里斯提出的强硬要求得到了有力的支持。于是，幕府便同意了开始通商的要求，任命全权代表进行谈判，安政五年（1858）一月，商定了《修好通商条约》的十四项条款和七则贸易章程。其内容是：除过去开放的下田、箱馆二个港口以外，再开放神奈川、长崎、新潟、兵库等四个港口和江户、大阪二市（神奈川开港后，关闭下田港）；允许美国人在内地居住；保证信仰自由；美国享有治外法权并有派驻公使、领事的权利，还规定了贸易手续等。幕府预先将条约谈判情况通知各位诸侯，并征求了意见，大多数诸侯都没有表示反对，只是强调条约要在经过朝廷批准以后再签订。诸侯们在重视朝廷的决策权方面，采取的一致立场，公开表明了他们对幕府统治能力的不信任。

不容忽视的是，诸侯们虽然强调条约必须经过天皇批准，看起来很像是在重视尊王的大义，实际上却都在内心里各自打着自己的小算盘。反对幕府政策，并企图贯彻自己主张的人们认为，条约不可能得到天皇批准，以此来使幕府当局陷于进退维谷的境地。而支持幕府的人们，则想通过获得天皇批准来炫耀幕府政策的正确性，以压制反对派。以水户藩的德川齐昭为首的自主开国派的诸侯和尊王的志士属于前者，他们云集京都，在朝廷中酝酿，制造反对条约的空气。因而幕府为尽快使条约得到天皇批准而派到京都去的老中堀田正睦空等了许多日子，并没能取得天皇的批准，最后不得不离开京都。

天皇批准条约问题，还与幕府内部另一个钩心斗角的纠纷紧密相关。当时，将军德川家定身体孱弱、膝下无嗣，因而由谁继承便成为人们议论的主要问题。在这方面，有互相对立的两派。一派认为齐昭之子一桥庆喜英明有为，拥立他继嗣（一桥派）；另一派则拥立纪伊藩主德川庆福，理由是他与将军血统最近（南纪派）。以齐昭为首，越前的松平庆永、萨摩的岛津齐彬等势力较大的藩侯支持前者，而幕府的内眷、老中堀田正睦和有势力的谱代诸侯井伊直弼等则站在后者一边。幕府按照将军的意见，内定为后者，但一桥派却将此事上告到京都朝廷，并拼命活动以求拥立庆喜的计划获得成功。朝廷的公卿们虽不全都反对开国通商，却都觉得赞成拥立一个贤明的将军是理所当然的事。把缔结条约和拥立纪伊庆福作为当时主要政策的幕府，由于京都朝廷不赞成拥立庆福，便连签约也被牵连到不予批准，使幕府面临困境。堀田正睦曾打算通过在继嗣问题上做出让步，以求在缔约问题上得到妥协，但幕府当局的态度，却变得更加强硬，他们任命井伊直弼为大老，以同齐昭公然对抗，两派间的抗争日趋激烈。这时，清朝已被英法联军打败，签订了《天津条约》，满足了英法提出的开港和赔款等项要求。消息传来，哈里斯立即抓住机会，向幕府说明了英法联军乘胜进攻日本的危机已迫在眉睫，力陈从速签订条约有利。幕府虽曾对此多方考虑，但结果还是被迫在条约上签了字（安政五年六月）。接着，与荷兰、俄国、英国、法国也相继缔结了同样的条约①（即《五国条约》或《安政草约》）。

尊王攘夷论的崛起 外国的威胁，虽因缔结条约而有所缓和，但国内的纷争，却更加严重起来。于是，大老井伊直弼决定以强硬的手段来镇压反对派，以恢复幕府的威信。他首先公布了拥立纪伊德川庆福的决定，接着又让将军在病床上做出决定，处罚指责井伊违反敕令而签约的水户藩齐昭、尾张藩庆胜和松平藩庆永等人。翌日，将军家定病死，庆福以13岁的稚龄继承将军的大位，改名为家茂。另外，朝廷对幕府不待天皇批准就签订条约一事，名分上当然怀有极大的愤慨；加上，各藩的武士、浪人也纷纷在皇族、公卿之间进行游说、煽动掀起反对幕府的浪潮。在这个浪潮推动下，终于发生了朝廷向幕府和水户藩下达了排斥井伊大老和暗示将军职位应由一桥庆喜继承的密诏那样超出常规的事情。于是，幕府连忙派老中间部诠胜到京都去奏明被迫签约的具体情况，并下令镇压武士、浪人。诠胜到京都后，立即逮捕了尊王武士，并对朝廷的幕后力量施加压力，取得了同意家茂继将军位的宣诏后，又进宫奏明：幕府原本不想同意开国通商，只因靠目前的军备根本打不赢，才作为权宜之计同意通商，一俟军事力量准备妥当，就恢复锁国，希望天皇谅解，批准条约。天皇对此虽表理解，但仍然没有批准条约，只表示了可暂缓攘夷的暧昧态度。这样，朝廷与幕府之间紧张的对峙，才有所缓和。在此期间，诠胜更大规模地逮捕尊王志士，并将其范围扩大到了皇族、公卿的家臣和各藩武士，将他们统统押送到了江户。然后从安政六年（1859）春到当年冬天，先后对被视为一桥派的公卿、诸侯分别给予辞官、削发为僧、软禁等处分，并对先前被押送到江户的许多武士、浪人给以斩首、流放等严酷的处罚，历史上称此为"安政大狱"。

井伊直弼的独断专行，激起了尊王武士们的暴力反击。水户藩士中的激进分子与部分萨摩藩士，共同策划暗杀井伊直弼的计划。万延元年（1860）三月三日早晨，他们埋伏在樱田门外，乘井伊进城时将其暗杀，这就是有名的"樱田门之变"。井伊虽是幕末不可多得的杰出人物，但他推行的维持幕府威信的政策，毕竟是违反时代潮流的举动，凭他个人的魄力和智能不仅未能匡扶摇摇欲坠的德川大厦，反而加速了它的崩溃。[②]

井伊直弼死后，久世广周、安藤信正当上了老中。他们缓和了上届老中的苛政，对朝廷推行了"公（朝廷）武（幕府）合体"的政策，即策划将皇妹和宫内亲王（亲子内亲王）下嫁给将军家茂。天皇认为幕府确是想通过公武合体来使人们同心协力地充实军备，以便在七八年乃至十年时间里用外交谈判或武力恢复锁国旧制，因而同意了幕府的请求，文久元年（1861），将和宫嫁给了将军。正在朝廷与幕府表现出这种协调期间，志士和浪人们的尊王攘夷论却有了很大的发展。所谓尊王攘夷论，实际上是他们在得知幕府那种软弱无能的情况以后，想要兴兵讨伐幕府而施放的烟幕。这些下级武士和浪人们想从讨幕中，找出推翻诸如身份制等级森严、生活困难等方面表现出来的恶政的道路。

导致尊王攘夷论激化的另一个现实原因，是因开始与外国进行贸易而造成的物价暴涨。本来，过去闭关自守的封锁性封建经济，突然受到世界资本主义经济浪潮的冲击，当然会在经济方面引起剧烈的混乱。当时的主要出口产品是生丝、茶叶、油、铜和海产品等，由于这些物资被大量收购输出，国内的供求关系便发生了混乱，价格飞涨。再者，由于我国黄金、白银之间的比价与外国截然不同（当时日本金银之间的比价是1∶5，而在欧洲的比价是1∶15。因此就发生了外国商人用白银来换走黄金，造成黄金外流。——译者），外国商人便乘机拿白银来抢购我国的黄金，致使黄金大量外流。为防止这类情况，幕府便发行了减低含量的金币（万延元年）和银币（安政六年），这也成了物价暴涨的一个原因。此外，新兴的地方商人直接与产地的生产者挂钩，直接将商品运到外国人居住区进行交易，从而打乱了物资的供应系统，以致发生像西阵和桐生的纺织业，买不到原料生丝，江户的批发商，由于流通商品的急遽减少，而陷于萧条。对此，幕府赶忙采取应急措施，发布了"五品江户回送令"（万延元年闰三月），规定各地必须把杂粮、液体油、蜡、服料和生丝等五种生活必需品转运到江户，在满足了江户需要之后才能转做其他交易。但这种措施并未收到预期效果。③即使不是这样，幕府的财政也十分拮据，加上又增加了加强国防、对外赔款和派遣外交使节等项开支。这些开支就不得不靠向农民课征重赋和扣发、欠发对各藩家臣们的俸禄来弥补。这种情形在各藩内部也同样存在。于是，下级武士、贫雇农和商人的生活越来越贫困。他们把这个原因归之于对外贸易，因而就抱怨幕府，憎恨从事对外贸易的商人，甚至采取了袭击外国人等具体的攘夷行动。

尊王攘夷志士们最初袭击外国人，是从安政六年（1859）在横滨杀死俄国军官和水兵开始的。万延元年（1860），他们杀死了美国公使馆的秘书；文久元年（1861），袭击了东禅寺英国公使馆，恐怖事件接连不断。每次发生这类事件，幕府都要去向外国人谢罪并付赔款。利用这些事件，使幕府陷于窘境，正是志士们引以为快的。在这种情况下，幕府感到很难按照条约规定的日期开放江户、大阪、兵库和新潟等城市和港口，便直接向欧洲各国派出使节，与这些国家谈判，暂缓实施条约的规定。文久元年（1861），正使竹内保德（下野守）乘船从横滨出发，相继访问了法、英、荷、俄等国，以撤销对贸易品种类和人数的限制等许多交换条件，终于使各国同意了延期五年开放上述两市两港。这是幕府派出的第一

吉田松阴像

1853 年，佩里舰队叩关，吉田松阴（1830—1859）连夜从江户赶到浦贺，目睹了美国舰队的强大实力和幕府的无能，使吉田松阴产生了超越幕府和藩意识的国家民族观念，提出了"天下乃天朝之天下，即天下之天下，而非幕府私有"，提出了尊王排幕的思想。

批遣欧使节，使节在各地普遍受到了欢迎。值得注意的是，在这批使节一行中，有福地源一郎、福泽谕吉、箕作秋坪等，后来在建设近代日本过程中做出巨大贡献的人才。其实他们是幕府派出的第二次遣外使节，第一批使节则是万延元年（1860）为进行日美条约换文而派到美国的新见正兴和村垣范正等人一行。村垣范正在他所写的记载这次旅行经过的《遣美使日记》中，毫不掩饰地记载了对在一个刚毅的封建武士面前初次展现出来的近代国家的威容所发出的素朴的惊叹和批评，读来颇有兴味。当时，幕府的军舰咸临丸作为使节们的护卫舰，首次横渡太平洋，当时的舰长就是胜安芳，④这显示了幕府的新式海军的成长。

面对下级武士和浪人们日益高涨的尊攘（尊王攘夷，下同）倒幕活动，幕府、各藩诸侯和上级武士们却想通过公武合体来重振幕府旧日的威信，打开困难的局面。但是，诸侯和上级藩士却又各自站在本身的立场上，力图加强本藩的发言权，因此彼此间很难采取一致行动，反复出现了微妙的势力盛衰变化。最初以公武合体说在朝廷和幕府之间进行斡旋的是长州藩。长州藩将长井雅乐提出的开国政策作为本藩的主张，得到了朝廷的赞成。藩主毛利庆亲还亲自前往江户，进行公武合体的斡旋工作。但这时恰巧发生了坂下门之变，老中安藤信正负伤（文久二年正月），尊王攘夷志士的斗志更加昂扬。他们认为公武合体是姑息养奸之举，因而长州藩的主张也发生动摇，最后以失败而告终。长州藩失败以后，萨摩藩主岛津久光取而代之，来到了京都。文久二年四月，岛津久光率领千余兵马进入京都，向朝廷上奏了公武合体、改造幕府的意见，并想依靠敕命强制幕府实行。然而，志士们却并不了解岛津久光的真意，企图拥立久光进行讨幕，并策划用非常手段让天皇向久光下达讨幕的敕令，但这一计划却在久光的镇压下失败了，这就是所谓的寺田屋事件。从此以后，志士们便对萨摩藩失去了信心，改为投靠长州藩，从而酿成了萨、长两藩互相倾轧的诱因。为了传达有关幕政改革的敕令，岛津久光请求天皇派遣敕使东下，他本人也随同敕使大原重德到了江户。幕府对久光抬出朝廷来干涉幕政，感到不满，但又怕他来兴师责问违敕之罪，因此同意了久光提出的任命德川庆喜为将军监护、德川庆永为政治总裁的改组方案。如果将嘉永六年幕府向各藩征求对美国使节来日对策的意见，视为幕府统治能力减弱的第一阶段的话，那么，在整整十年之后，以一个旁系诸侯竟能凭借朝廷的权威来左右幕府重臣的任命，可以说幕府已面临令人绝望的第二阶段了。

面对萨摩藩咄咄逼人的攻势，长州藩焦虑得坐卧不安。于是，他放弃了藩论即开国政策，改为提倡毁约攘夷说，在公卿之间进行了活动。此举立即得到了志士们的响应，长州藩势力因而席卷京都。三条实美、姊小路公知等公卿中的少壮派也对此表示赞同。于是朝廷向长州藩下达了责令其斡旋国事的敕令。但是，朝廷担心萨、长二藩的倾轧，便把在藩内对尊王攘夷问题有了统一意见的土佐藩主山内丰范召到京都，也向他下达了斡旋国事的敕令，以便调和萨、长二藩之间的矛盾。在长州、土佐二藩的实力支持下，尊王攘夷派进入了全盛时代。岛津久光从江户回到京都，才发现形势已经大变，感到自己所持的主张已很难实现，于是便愤愤返回自己的领地。于是尊王攘夷派越发得势，遂于文久二年十月，派敕使到幕府去督促实行攘夷，并传达了设置亲兵的旨意。对此，幕府虽然明知攘夷办不到，却为暂避锋芒，答应在经过大家商议之后，由将军于明年春天进京做出答复；至于亲兵一事，则回答说将军能负一切责任，因而没有必要设置。

这样，朝廷已处于政权的中心地位，晋京的诸侯已达七十余藩，使京都出现了前所未有的盛况。朝廷里设置了国事总管，广泛录用了皇族、公卿等各种人才，还设置了国事参政、参政寄人等职位，完善了政治机构。幕府则新设了京都守护职，让会津藩的松平容保充当此任，其职位在"所司代"之上，授以保护朝廷和镇压反幕派的重任。文久三年（1863）三月，将军家茂遵照早已发出的敕令进京。将军的进京入朝，是自宽永年间德川家光以后二百年来未曾有过的盛事。但是，今非昔比，二者之间的势力对比，已发生了根本的变化⑤。将军如果意识到这一点，一定会感慨不已吧！不过，在京都等待着他的严峻现实，使他无暇沉浸在这种感伤之中。早在将军进京之前，先行进京的庆喜已在敕使的逼迫下，不得不答应实行攘夷的日期，出于无奈定在文久三年（1863）四月中旬。将军进京后，庆喜以将军代理人的身份谒见天皇，奏请一切庶政，还像以往那样委任给将军处理，意思是抑制朝廷对国事的参与，确认幕府的一元化统治。对此，天皇的敕旨则是：可以像原来那样委任给征夷大将军，但必须建立攘夷之功；国事则根据情况，责令由各藩直接处理，幕府必须切实体会到这一点。这样一来，幕府弄巧成拙，只承担了最棘手的攘夷责任，而在国事方面却被忽视了其存在。

这个结果，对幕府来说真有难言之隐。这一切当然都是在尊王攘夷派的安排下进行的。接着，他们又策划让天皇三月行幸贺茂神社，四月行幸石清水八幡，请天皇亲自去祈祷攘夷的成功。他们还企图将石清水行幸搞成天皇亲征攘夷的举动，因此，将军在行幸贺茂时曾陪同前往，到行幸石清水时，就称病不去，改由庆喜代表陪同前往，才算平安了事。没有多少日子，就到了幕府答应的攘夷日期，于是幕府又上奏请求将其推迟到五月十日，以求苟且偷安因循推脱。到第二次日期即将来临时，幕府向各藩发出了在对方发动攻击时，应加以还击的通告。实际上，不仅它自己不打算积极攘夷，也不想让各藩实行攘夷。

生麦町事件

　　江户幕府末期杀伤外国人的一次事件。文久二年（1862）八月，进行幕政改革的岛津久光从江户回藩，途经横滨附近的生麦町村时，萨摩藩士以四名英国人骑马行走搅乱队列为由，砍死其中一人，砍伤二人。英国要求幕府、萨摩藩惩处凶犯和支付赔偿费。幕府支付了赔偿费 10 万英镑。但当时正是攘夷运动兴盛之际，肇事者萨摩藩拒绝英国的要求。英国为了报复，翌年派舰队炮击鹿儿岛（萨英战争）。以此为转机，萨摩藩转而采取开国方针，与英国接近。

　　然而，攘夷的带头人长州藩却不甘心于只采取那种不痛不痒的态度，到了预定的日期五月十日，它立即封锁了下关海峡，炮轰美国商船；隔一天，又对法国、荷兰的军舰进行了炮击。对于长州藩采取的这一果断的攘夷行动，尊王攘夷派无不感到欢欣鼓舞，朝廷方面对此也传出欣慰的旨意。但是，幕府却对此感到惊愕和气愤，派出使者到长州藩去追究违反幕府命令的责任。然而，长州藩却斩了来使，夺去来使的坐舰，公开表示了向幕府挑战的态度。另外，有关外国，对此当然也不会表示沉默。美、法两国的军舰相继来到下关，进行报复。他们炮轰了长州炮台，击沉了该藩的两艘军舰，严重破坏了另一艘军舰，还让海军陆战队登陆破坏炮台，烧毁民房。长州藩的军事力量因此受到了很大损失而削弱了，但他们吸取了这个教训，进一步重整军备，修筑炮台，再次封锁了下关海峡，切断了交通。

　　当年七月，萨摩藩继长州藩之后也与英国交战。这两个实力相当的强藩，在实行攘夷方面也互不示弱，彼此抗衡。战事是因上一年八月，藩主岛津久光由江户西行时，藩士在今神奈川县生麦町杀伤了英国人而引起的。事后，幕府答应了英国公使提出的要求，偿付了赔款，但萨摩藩却不同意，拒不交出杀人凶手，于是英国舰队便开进鹿儿岛湾，同萨摩藩开战。英军出动了七艘军舰，萨摩藩则据守十座炮台与其对峙，战斗进行了三个半小时，结果萨摩藩城池被烧毁，炮台全都遭到严重破坏；但英军也受到很大损失，退出了鹿儿岛湾。

　　在西南地区两个强藩相继抗击外敌的消息鼓舞下，尊王攘夷志士们的斗志更加昂扬。他们制定了攘夷亲征即兴兵讨幕的计划。其内容是：八月份天皇行幸大和，参拜神武天皇陵和春日神社，召开有关天皇亲征的军事会议，然后到伊势神宫行幸。所谓亲征军事会议实即讨幕的军事会议，行幸伊势神宫也不外是进行东征。然而，这些完全是以长州藩为盟主的尊王攘夷派的意图，并非天皇的本意。天皇则希望实现自主外交和充实军备，但却主张采用公武合体和国内统一团结的方法。他虽同意为祈祷攘夷而行幸大和，却并未同意亲征。另外，因长州藩的称雄而被逐出政局之外的萨摩藩，仍在主张公武合体。它觉得对日益高涨的攘夷讨幕热潮，再也不能置之不理了。于是，萨摩藩便与朝廷中公武合体派的中川宫朝彦亲王取得联系，亲王在探询了天皇的本意之后，与二条齐敬、近卫忠熙等公卿联合采取行动。八月十八日凌晨，他们派萨摩、会津两藩的士兵守卫宫门，命令在京诸侯入宫参觐，当场宣布了延期行幸大和、禁止三条实美等尊王攘夷派公卿入朝、免除长州藩派出的宫门警卫等敕令。于是，政局一瞬间又发生了逆转，朝廷从尊王攘夷派转到了公武合体派的手中。但这既然是天皇的本意，也可以说是必然的结果。尊王攘夷派这二年来却在尊王攘夷的美名掩护下，进行着从他们各自立场出发的讨幕活动。他们口称是尊王，实际上干的，却是无视天皇意旨的反尊王行为。

政变发生后，长州藩士们虽也采取了一系列善后措施，但均未生效，于是便偕同三条实美等七名公卿回到了领地。在此前后，志士们还在大和的五条、但马的生野以及稍后在常陆的筑波山举兵讨幕，但均遭到失败，没能成就大事。

穷途末路的幕府　公武合体派的胜利，使朝廷与幕府间出现了和解。上一次，将军在 1863 年 3 月进京时，一无所得而回。这次在文久四年（元治元年，1864）正月，又蒙召见进京谒见天皇，得到了"朝幕合作，依靠强大诸侯的襄赞重建朝纲"的表示信任的敕语。四月，幕府又接到了把全部民政委托给幕府的敕令。从而在与朝廷的关系上恢复了原来的面貌，公武合体政策似乎有了光明的前途。

然而，在与诸侯的关系上，却不容乐观。幕府对诸侯们的猜疑、妒视，特别是对萨摩藩占优势的反感，再加上幕府官吏们的因循姑息，在很大程度上阻碍了公武合体政策的开展。政变发生以后，朝廷曾任命德川庆喜、岛津久光、松平庆永、松平容保、山内丰信（土佐前藩主）、伊达宗城（宇和岛藩主）等六人为参与，公然参与了朝政和幕府议事，这就是幕府所不喜欢的，加上参与之间意见也不一致，以致不久便相继辞职，德川庆喜也辞去了将军助理的职务。

对长州藩来说，公武合体派的分裂是个天赐良机。在此之前，长州藩曾多次上书朝廷，请求赦免七卿和藩主等人，但未获准，于是便决心动用武力，革新朝政，再次将其变成尊王攘夷派的政权。从文治元年（1864）六月开始，长州藩的兵马陆续东进，全军集结于京都郊外，在兵威的支持下，长州藩再次上书，要求将军队开进京都，朝廷内部也有人与之呼应，危机迫近。这时德川庆喜正担任京城守卫总督之职，奉敕令坚决拒绝了长州派公卿们的计划，击退了试图进京向宫门开进的长州兵。战斗是在各个宫门进行的，其中以会津藩守卫的蛤门的战斗最为激烈，枪弹多次射进皇宫内部。除会津、桑名和萨摩等藩以外，越前、彦根等藩的士兵也英勇地击退了长州兵，使长州藩大败而归。此事发生于元治元年（1864）七月十九日，历史上称为蛤门之变或禁门之变。

蛤门之变发生后，长州藩的顺逆已昭然若揭。当然，这顺逆并不是因为打了败仗而决定的，而是由于长州藩想重演上年八月十八开政变之故技，企图用武力将朝廷再次置于尊王攘夷派的控制之下，这就违背了天皇的旨意，显然站到了叛逆的立场上。从这个意义上说，长州藩的企图不论其成败如何，都是不能容许的，就是从形式而论，向皇宫开枪，理所当然地要被打上"朝敌"这一鲜明的烙印。就在这个月中，朝廷免去了毛利庆亲父子的官职，并根据幕府的请求下达了征讨长州藩的敕令。幕府任命尾张藩庆胜为征长总督，命令

德川庆喜像

庆应二年（1866）十二月德川庆喜就任德川十五代将军，也是幕府最后一位将军。庆喜十四日上奏要求奉还大政，朝廷接受了这份奏文，幕府就此宣告消亡。

各藩出兵，决定了战斗部署，从海陆两路向周防、长州两藩进军讨伐。同时，取消了庆亲父子使用幕府授予的"松平"称号和停用将军偏讳的权利，庆亲由此改名为敬亲。

正当长州藩在国内被视为朝敌而陷入幕府举兵征讨的困境时，在国外又遭到了各国联军进攻的厄运。以前，长州藩为实行攘夷，炮击了通过下关的外国船只，然后又不顾各国向幕府提出的严重抗议，封锁了下关海峡。因此，英、法、美、荷等四国的公使在经过协议之后，组成了四国联合舰队，直接向长州藩提出要求，准备在长州藩一旦拒绝时，就用武力迫使屈服，于是就开始了进攻。在四

国联合舰队的 17 艘战舰的威力面前，长州藩轻而易举地被打败，所有炮台均被破坏或占领［元治元年（1864）八月］。长州藩被迫求和，答应了开放海峡、供应燃料饮水粮食、决不新建或修理炮台、偿付四国没有烧毁下关市街的赔款和赔偿战费等条件。这完全是重蹈中国的覆辙，屈服于欧美武力之下。幸运的是，当时英、法等本国并不赞成使用武力，只是英国公使被本国政府召回，因而问题没有进一步向其他方面扩大，除了将高达 300 万美元的巨额赔款转嫁给幕府以外，并未发生什么大事件。

对长州藩的讨伐，幕府原定十一月开始总攻，但总督尾张庆胜却想应尽量稳妥从事，而此时长州藩内部恭顺派也逐渐占了上风，他们命令蛤门之变的负责人三位家老等主谋者自杀，要求赦免藩主父子，于是庆胜利用这个机会，命令藩主父子提出谢罪书，拆除山口城和引渡三条实美等公卿。在这些命令付诸实施之后，便向各藩下令班师回京复命。

德川庆喜像

土佐的"大政奉还"建议实际上设想德川家一旦归还了政权，就可以凭借以往的功劳和作为大诸侯的实力，在新的公议政体中占据优越地位。德川庆喜具有洞察时局的睿智，所以同意了这个建议书。

但是，幕府官吏们却对上述措施深为不满，他们企图利用幕府所面临的各种形势都在好转的机会，给长州藩以一大打击。在长州藩内部，后来激进派势力迅速壮大，他们对藩主的恭顺表示不满，想从外国购进轮船和枪炮，决心全藩同心协力，和幕府决一死战。于是幕府决定再次讨伐长州藩，庆应元年（1865）五月，将军督帅亲征。进京请求天皇批准讨伐长州，但未获批准。将军退到大阪，在那里商讨善后大计时，突然发生了紧迫的外交问题。原来，随着各国对日本现状认识的加深，他们都逐渐认识到了日本政情的特殊性，发觉朝廷与幕府之间的对立，常使外交问题发生困难，而幕府所签条约的天皇批准文件又不见下达，从而使幕府进退维谷，十分为难。于是，他们便想方设法使条约得到天皇的批准。这一年的九月，英国新任公使巴夏礼（Sir Harry Smith Parkes）根据本国政府的训令，在同法、美、荷等三国公使商量以后，向幕府提出了以减少和缓付下关赔款为条件，提前实现兵库、大阪（原定是 1868 年，现在改为 1866 年）两地开港开市，天皇批准条约，和改订进口海关税率等要求。四国公使率领九艘军舰驶到兵库湾，向正在大阪的将军，提出了上述要求，并威吓说，如果到期还不做答复，就立即进京同朝廷直接谈判。对此，幕府再度陷入困境。当时随将军来到大阪的老中们曾决定暗地答应开放兵库港，这却使朝廷态度更加强硬，后经过德川庆喜的劝阻和游说，朝廷的态度才逐渐缓和下来，庆应元年（1865）十月五日，多年悬案的条约，终于得到了天皇批准，但并没允许开放兵库港。各国公使们强烈要求降低税率，作为同意兵库不开港的代价，结果终于将迄今平均为 20% 的进口税，降到平均 5%。英、法、美、荷四国在这次谈判中获得了极大成功，但这完全是靠九艘军舰在兵库海面上耀武扬威而取得的。这些国家正是通过上一年同长州藩，和这次同朝廷、幕府的对峙，才将恐惧和崇信近代军事力量的种子，深深地播到了日本人民心中。此外，削减关税，当然使关税收入急剧减少，极大地阻碍了国内产业的发展。一直到明治时代，仍作为修改条约问题继续留下了后患。

小松带刀像

小松带刀（1835—1870），出生于鹿儿岛，幕末志士。庆应二年（1866）积极参与萨长联合条约的缔结。

四国公使联合起来，在兵库湾谈判中，取得了成功，但实际上他们之间真正的协调，却是件十分困难的事。因为掌握着日本贸易主导权的英国，在同它抗衡的法国之间进行着激烈的抗争。而且，这两个对立的国家，还分别与日本国内互相对立的势力结合起来，造成了日益复杂的态势。早在文久三年（1863），当幕府提出封锁横滨港，并为商讨在下关炮战中，被击伤的法国军舰进行赔偿而派出池田长发（筑后藩主）等为遣法使节的时候，法国就向幕府表示好意，想积极扶持正在困境中挣扎的幕府，企图在我国占有比其他各国更为有利的地位。元治元年（1864）出任驻日公使的洛舒（Léon Roches）也按上述方针同幕府要人进行接触，向幕府提供了建设横须贺钢铁厂、招聘步、骑、炮兵三兵种教官，在横滨设立法语学校和委托建造两艘军舰等项援助。四国公使向兵库进发时，他也与其他公使不同，准备在幕府和英国之间进行调停。在幕府内部，也有人认为应该积极地利用法国的援助来重振幕府的权威。但对这种意见，幕府官吏毕竟明智，认为根本不能付诸实施。

对此，英国也和萨、长二藩携起手来。自从鹿儿岛炮战以来，英国与萨摩藩的关系日益密切，新任公使巴夏礼更是积极推行了这一方针。他亲自访问了鹿儿岛，并让海军提督访问了长州，同岛津、毛利两氏进行了联欢，并让萨、长二藩从英国购买了武器和军舰。在英国看来，幕府将来很难同这些有力的诸侯对抗而存在下去，因而试图通过与萨、长两藩合作以使英国将来在日本占据有利的地位。在四国公使参加的兵库湾谈判中，英国公使的意见起了主导作用。后来在日本的一些国内问题上，也常以英法两国公使的对立关系为背景，并为他们所利用。

外交上的紧迫状态告一段落以后，幕府又重新开始对长州藩进行搁置已久的征讨。由于事前就得到了朝廷的批准，所以幕府在十一月份便向各藩下达了出兵的命令。幕府虽然已决定了对毛利氏的处分，但长州藩决心却很坚定。幕府曾暗中指望长州藩会不战而降，但根本办不到。长州藩之所以能树立如此坚强的决心，原因之一是同向来和长州藩不和、反目的萨摩藩联合起来，建立了相互合作的关系。从文久年间（1861—1863）以来，长州藩一直主张攘夷讨幕，而萨摩藩则主张公武合体、开国亲睦，彼此争雄敌视，想树立自己的优势；但萨英战争发生后，萨摩藩内激进派的势力日益壮大，岛津久光也在"参与"问题发生后，加深了与幕府间的矛盾，萨摩藩的方针逐渐转向反幕方面。就在第一次征讨长州藩的战役中，也是因萨摩藩的西乡吉之助从中斡旋，使尾张庆胜采取了宽大措施。因此，在第二次讨伐长州藩问题上，萨摩藩认为幕府的态度是错误的，进而打算帮助长州藩。土佐藩的坂本龙马 ［坂本龙马（1835—1867），幕末志士，出身于高知城下的酿酒家庭，曾从千叶周作学剑。文久元年（1861）参加武市瑞山的尊攘同盟，次年脱藩，入胜海舟门下；庆应二年（1866）为萨长同盟而尽力，并在长崎、下关等地经营军火、纠集反幕势力；三年与后藤象二郎成立协定，在土佐藩下成立海援队。他主张天皇下面设立列藩会议，决策国事。在奔波活动中，与中冈慎太郎在京都为幕吏所袭杀。——译者]、中冈慎太郎见到这种情况，便策划萨长联合，奔波于萨摩藩的西乡吉之助、大久保市藏、小松带刀等人和长州藩的木户孝允、高杉晋作 [高杉晋作（1839—1867），勤皇志士，名春风，号东行，原为长州藩士，曾师事吉田松阴。文久二年（1862）随幕吏到上海，回国后就从事尊皇攘夷活动，和其同学久坂玄瑞等烧袭东京品川御殿山的英国公使馆；文久三年长州藩在下关炮击洋船时，他

久坂玄瑞像

久坂玄瑞（1840—1864），幕末长州藩士。生于藩医之家。名通武，通称义助，号玄瑞，是吉田松阴出类拔萃的高足，与高杉晋作齐名，其妻是松阴之妹。

组织奇兵队以充实藩的武力。第二次征长之役时，他又率领奇兵队与幕府军队作战，在倒幕前病逝于下关。——译者] 等人之间进行游说。经取得他们同意后，庆应二年（1866）正月，在京都由小松、西乡和木户签订了两藩以讨幕为目的进行合作的盟约。在这种情况下，萨摩藩当然不会听从幕府命令向长州藩出兵。不仅如此，尾张、越前等有实力的大藩也没有服从。这时幕府已处于骑虎难下之势，不得不于六月重开战端。但幕府军队士气不振，败局已露端倪；恰好这时将军家茂因病死于大阪城（庆应二年七月），幕府就乘此机会，取得了服丧撤兵的敕令才算保住了面子。继家茂之后上台的是德川庆喜，他审时度势，虽继承了德川的家业，却不想继任将军职位。但由于皇族、公卿和诸侯们的推举，天皇下达了任命他为将军的敕令，庆应二年十二月他就任德川十五代将军，也是德川幕府最后的一位

将军。20 天后，孝明天皇逝世，从弘化三年（1846）即位以来，在位 21 年，正处于幕府末期多灾多难时候，在有关国策的众说纷纭中，孝明天皇始终坚持了扶植幕府、保持国内一致和实行公武合体等根本方针。他死后，改由仅 16 岁的、年轻的明治天皇即位，就意味着宣告了公武合体论的结束。更何况萨、长两大强藩已建立起以讨幕为目的的合作关系。此时此刻，幕府的命运，不能不说已成了风前残烛、奄奄一息了。

面临着这些危机，庆喜对幕政进行了种种改革，其中最突出的是让原来不掌管具体工作的老中分别担任了陆军、海军、会计、国内事务、外国事务等五个局的专职总裁，并继续执行原来的合议制度，建立了俨然像欧洲各国那样的内阁制。他还努力拔擢人才，采取了任命旗本担任若年寄等打破陈规旧套的果断措施。这些措施使倒幕派的人们也不得不加重视，感到幕府仍是不可轻视的劲敌。对庆喜来说，当时迫在眉睫，必须迅速处理的重要问题是让朝廷批准开放兵库港和惩处长州藩。因为兵库必须和江户、大阪、新泻一起于庆应三年（1867）十二月以前开放，而在此以前朝廷又做出了不许开放兵库港的决定，使庆喜必须重新奏请天皇批准。他在奏折中写道，开放兵库港乃条约中规定的内容之一，而与世界各国交往则是天经地义的必然趋势，日本必须顺应时代潮流而行动。朝廷经过历时两昼夜的商议，终于做出了批准的决定。尽管当时倒幕派的势力在逐渐增强，但开放兵库港这一多年悬案还是得到了朝廷的批准，这说明局势已暗中承认了开国。过去的攘夷论这时已完全转变成倒幕论，并且还在向开国亲睦论方向转变。至于惩处长州问题，幕府虽已撤兵，但对毛利氏的处分还保留着。为了顾全幕府的体面，便想以让毛利氏谢罪的方式来解决。但萨摩藩却以没有必要为理由，表示反对，幕府也就不得不改用其他方法。正当这时，形势又急转直下，发生了"大政奉还"这一重大事件。

大政奉还　随着孝明天皇的逝世，朝廷中公武合体派的势力一落千丈。当时在朝廷中，作为讨幕运动强大推动力量的是久我家的旁系、下层公卿岩仓具视〔岩仓具视（1825—1883），明治时代的政治家、旧贵族，京都人，号对岳。安政明年（1857）反对批准条约，主张公武合体。文久三年（1863）被命蛰居，退离京都。明治政府成立后，先后担任参与、外务卿、右大臣等职，并率员赴欧美视察。作为文治派领袖，反对征韩论，为明治初期专制政府的中枢人物。——译者]。他起初赞同公武合体论，并曾为和宫下嫁出过力；在尊王攘夷派的全盛时代，他遭到了罢官、出家、赶出京城外"蛰居"的处分。在此期间，他审时度势，改变了原来的想法，开始树立讨幕和王政复古的信念，让志同道合的公卿将自己的意见上奏天皇，会见各藩的志士，商议讨幕大计。孝明天皇逝世之后，他被大赦回到京都，同讨幕派建立密切联系，并成了讨幕的领导者。他同明治天皇的外戚中山忠能、正亲町三条实美、中御门经之等几位公卿共同策划王政复古，准备主要依靠萨摩藩的力量，以促使讨幕的成功。在此期间，萨、长二藩的讨幕计划也有了进展，艺州藩也加入了讨幕行列。十月，萨、长、艺三藩将士开始出发东进。在朝廷里，萨摩藩士与岩仓等人商议之后，奏请天皇发布讨幕密诏。十月十四日，密诏下达到萨、长二藩。然而，就在这同一天，却发生了另一个完全不同的举动，即德川庆喜接受了土佐藩的建议，上奏奉还大政。这一举动，结果竟间不容发地巧妙地躲开了密诏的执行。对此，讨幕派感到焦虑不安，打算不管事态如何发展，一定要执行密诏，但那已是十二月九日王政复古令发出以后的事了。

土佐藩之所以提出大政奉还的建议，有着深远的原因。土佐前藩主山内丰信（容堂）是始终坚持公武合体论的，藩内舆论也一直表示支持。山内家是在关原战役后论功行赏中，从一个 6 万石的挂川藩晋封为 20 万石的土佐藩的，受将军的眷顾很深，因而在对将军家的关系上，与萨、长二藩不同。当然，土佐藩中也有主张讨幕的，像坂本龙马、中冈慎太郎等还为萨、长两藩的合作进行过重要的斡旋。但是，土佐藩的公武合体论，却把逐渐高涨起来的讨幕论吸收进去，加以发展，最后演变成为独特的大政奉还、

大政奉还图

德川庆喜面对反幕不利局势，以退为进，率先"奉还大政"，以消除讨幕口实，想凭借巨大领地和兵力，继续凌驾于诸侯之上。但讨幕派并没有被迷惑，他们在筹备武力讨幕的同时，积极准备发动"王政复古"。

公议政体的主张。所谓公议政体论，是当时十分流行的政治要依靠公众舆论进行这一主张的具体化，它是基于佩里来航时，曾向诸侯征求意见，以后又常常向诸侯咨询，朝廷也曾召集诸侯征求意见这种事实而产生的。有关西洋各国议会制度知识的传播，又为公议政体的方法提供了具体内容和理论根据。庆应元年（1863）在荷兰留学，研究政治、经济学说的开成所教授西周回到日本，向幕府提出了设立议事院的建议。坂本龙马就以自己设计的王政复古、公议政体的方案，征求了同藩的后藤象二郎的意见，并以此作为藩的方针，于十月三日以山内丰信的名义向幕府提出了建议书。在这建议中说："现在，正是根据光明正大之道理，一举改变数百年间延续下来的国体；以至诚对待世界各国，建立王政复古伟业的绝好机会。"并提出数条政纲说："应将议决天下大事的全权归于朝廷；一切政务均由京都议政所决定；议政所分上、下两所，议事官应从公卿、陪臣乃至庶民中选举正直善良的志士仁人担任；等等。"看来这些的确是革新的意见，是想以和平的方法来实现讨幕派的目的。但这也只是一种表面现象，实质上是想借此来保留德川家的地位。德川家一旦奉还了政权，就可以凭借以往的功劳和作为大诸侯的实力，在新的公议政体中占据优越地位，即实际上还能保持和原来一样不变的地位。山内丰信的建议是一种把将军置之死地而后生的策略。

庆喜在继任之初，就表示有辞职的打算。由于他具有洞察时局的睿智，所以就同意了这个建议书的宗旨，于十四日上奏要求奉还大政。第二天十五日，朝廷接纳了这份奏文，幕府就此宣告消亡。从敕令家康担任将军开始，已延续了265年。如果由源赖朝建立幕府时算起，则延续了676年之久的武家政治就此宣告结束。

幕府虽然消灭了，但取而代之的公议政体，却未能按原定计划取得进展。仍是纸上空谈。在即将实行倒幕的千钧一发的时刻，被幕府先发制人地破坏了既定计划的讨幕派们怒不可遏，他们又制定了类似于文久三年（1863）八月十八日政变那样的计划，于十二月八日夜至九日，一举改变了朝廷的既定计划，企图彻底消灭德川势力。十二月八日夜，朝廷赦免了毛利敬亲父子和三条实美 [三条实美 (1837—1891)，幕末、明治初期政治家，旧公卿贵族。幕末，以尊王攘夷派身份，指导公卿中的少壮派，曾和长州藩共谋攘夷亲征；失败后托身长州，后又到大宰府和岩仓具视联合计划倒幕。王政复古时才返回京都，是明治维新的中坚分子。新政府成立后，经议定、副总裁、

伏见、鸟羽战争中的春日舰

    以长州和萨摩为代表的尊王攘夷运动如火如荼，幕府将军"大政奉还"的实质是凭借其雄厚的领土实力和战功在政府中占据重要地位，1868 年伏见、鸟羽之战胜利，日本真正确立了以天皇为中心的统治地位，开始了改变日本命运的明治维新，使日本走上了资本主义道路。

辅相、右大臣等职，于明治四年（1871）担任太政大臣，总理全局，主持明治初期政务。——译者]，并让他们官复原职；九日，朝廷发出了王政复古的号令，宣布废除了摄政、关白和幕府，一切政务均由总裁、议定和参与负责执行。同时任命炽仁亲王（有栖川宫）为总裁；任命晃亲王（山阶宫）、嘉彰亲王（仁和寺宫）、中山忠能、正亲町三条实美、中御门经之、德川庆胜、松平庆永、浅野茂勋、山内丰信、岛津茂久为议定；任命大原重德、岩仓具视以及尾、越、艺、土、萨等五藩的藩士各三人为参与（藩士的任命是三天后的十二日进行的）。然后，又禁止摄政二条齐敬等佐幕派上朝，免去了会、桑二藩的宫门警卫人员，命令他们返回领地、家乡。当天夜里，在小御所按新职制召开会议，就怎样具体实施王政复古进行了激烈的讨论。对讨幕派所采取的非常手段感到十分愤慨的山内丰信，谴责他们的复古事业有欠公明，指责排除庆喜是和朝廷的仁慈精神相违背的，松平庆永也对此表示赞同。岩仓具视对此进行了反驳，并列举了幕府的失政，指出如让庆喜还像过去那样领有土地和人民是不适当的，并论述应该让他辞官、纳地，萨、艺二藩主也表示支持岩仓的意见。大势所趋，山内丰信只好撤回了自己的意见。于是，朝廷便做出决定，命令庆喜辞官、纳地。这就是历史上有名的"小御所会议"。

对讨幕派采取的这些非常措施，幕府官吏和会、桑二藩的藩士们当然不能不感到愤慨。他们认为萨摩藩挟幼帝以行私，因此决心以武力扫清君侧，声讨讨幕派的声浪在大阪城、二条城里汹涌澎湃地高涨起来。当时，各藩的向背尚未确定，土佐藩的公议政体论又恢复了势力。在此期间，庆喜却极力劝阻部下将士，控制感情，因而局势将爆发而未爆发，只是到处都笼罩着严重不安的气氛。讨幕派为了激发他们，制造征讨幕府的机会，便在萨摩藩士的指挥下，采取了在江户市场上进行抢掠，并纵火焚烧江户城等行动，终于使老中下达了烧毁江户的萨摩藩邸的命令。大阪的旧幕府军听到这个消息之后，再也不听庆喜的劝阻，高举讨伐萨摩藩的旗帜，企图从鸟羽、伏见两路进入京都。但萨、长二藩的军队已在鸟羽、伏见做好了防御防备，朝廷趁此机会任命了征讨大将军，授予了锦旗、节刀，明确了萨、长为官军，旧幕府为叛军的名分。庆应四年（1868）正月四日，战争以旧幕府军的大败而告终，庆喜也离开大阪，由海路逃到江户。

官军东征 在鸟羽、伏见之战取得胜利之后，讨幕派势力得到了显著的增强。许多一直采取观望态度的藩侯，也都归顺了朝廷，使王政复古迈出了实质性的第一步。二月，天皇发布了亲征诏书，以炽仁亲王为东征大总督，率领萨、长等20多个藩的兵力向江户进发。逃到江户的庆喜，对事与愿违和朝廷敌对一事，感到懊悔，便躲到东叡山大慈院，采取了谨慎恭顺的态度，平息了部下的愤慨情绪。随着东征军的日益接近，主战论日益激烈，法国公使洛舒也劝庆喜抵抗，并保证提供资金、武器和军舰。但是，庆喜却坚决采取恭顺态度，不肯答应。极力避免因只顾眼前的体面，凭一时的意气，而贻误国家百年大计。三月五日，东征大总督进入骏府（静冈）城，准备于同月十五日进攻江户城。这时，曾帮助庆喜镇抚部下的幕府陆军总裁胜安芳 [胜安芳 (1833—1899)，名麟太郎，号海舟，曾学习炮术及航海测量学。万延元年 (1860) 以咸临丸舰长身份，随幕府使节赴美，回国后致力于海军建设。明治政府成立后，曾任海军卿参议，枢密院顾问等职，著有《吹尘录》《开国起原》等。——译者] 与东征军参谋西乡吉之助进行交涉，提出以交出江户城和军舰、枪炮，并提出庆喜悔罪、恭顺的事实，请求宽大处理庆喜及其部下。对此，朝廷于四月四日决定保存德川家名，免除庆喜死罪，软禁在水户，后来又于五月二十四日让田安龟之助（德川家达）继承了德川家业，封于骏河府中，俸禄为70 万石。江户能够免遭战火，固然直接由于西乡和胜安芳的努力，但根本上还是由于庆喜的力量，因为他坚决选择了恭顺的道路，更重要的是，朝廷方面对于强行激怒德川氏的无理行为，进行了反省之后消了气。萨、长二藩曾希图能对德川家严加处罚，但岩仓具视担心那样做，会使人们更加认为新政府是萨、长二藩的傀儡。在这一点上，英国也持有同样见解，并就严厉处罚德川家可能产生的危险，对新政府提出了忠告。岩仓从这一观点出发，为了新政府的长远利益，采取了从宽处理德川家和防止战火扩大的措施。这也可以说是过去那种强行激怒德川幕府的做法走得太远，把它纠正过来而又放回原来位置的必然结果。

对德川氏做出处分决定以后，东征的目的已经达到。但是，旧幕府官吏中对庆喜那种恭顺态度，感到不快的大有人在。奥羽各藩中，有人主张与萨、长二藩决战到底，因此官军还必须在各地作战。海军总裁榎本武扬 [榎本武扬 (1836—1908)，安政二年 (1855) 入长崎海军传习所，庆应二年 (1866) 留学荷兰，学习兵制、法律，次年回国担任海军奉行。幕府倒台后，他于明治元年 (1868) 率军舰开阳号等六艘，以北海道五陵郭为据点，与新政府对抗；次年，失败后下狱，五年 (1872) 又为明治政府起用为北海道开拓使，海军中将。七年 (1874) 为驻俄全权公使，办理千岛、桦太交换事宜，以后曾任外务卿、递信大臣等职。——译者] 率军舰逃出品川，步兵奉行大鸟圭介 [大鸟圭介 (1833—1911)，名纯彰，号如枫，播磨人。曾任幕府的步兵头、步兵奉行。大政奉还后与榎本武扬一同起兵反抗新政府，失败后投狱，后又为明治政府起用，担任驻清国全权公使等职，明治二十七年 (1894) 转任枢密院顾问官。——译者] 与部下一起来到下野，旧幕府官吏聚集在上野宽永寺，成立了彰义队，以与萨、长二藩进行对抗。彰义队很快就平定了，但在奥羽、北越地区各藩却建立了拥戴会津藩的大同盟，形势十分严峻，不容忽视。不过，官军的西式装备远比东北各藩先进，所以，同盟逐渐瓦解，会津的若松城也于明治元年（1868）九月陷落，东北地区这才平定。榎本武扬收容了一批残兵败将逃往箱馆，企图以五棱郭为根据，开拓虾夷地区，但遭到了官军进攻，终于明治二年（1869）五月向官军投降。于是国内才完全平定。对于进行反抗的藩主和旧幕府官吏，新政府也采取了像对待德川家那样宽大处理，接受其投降，并免其死罪，显示了新政府一视同仁的精神。

以上是幕府衰亡的过程。由于出现了许多复杂的事件，要想简单地断定幕府灭亡的主要原因，是很困难的。若从幕府由于本身矛盾的激化导致其灭亡，则可以说是亡幕府者幕府也。[6]但这只是在历史深处，探讨其大体方向而认识到的一种力量，而使这个方向具体化，变为现实的原因，则还应在充分呈现在表面的外力中去寻找。

在这个意义上，首先应该考虑的是外国的压力。明显地暴露出幕府衰败现象的，无疑是外轮的来航；在以后的衰亡过程中，外国的压力也常常从各种角度起到作用，加快了幕府衰亡的速度。到了最后阶段，外国力量又分成两股，英国帮助萨、长二藩，加入消灭幕府的行列；法国则相反，站在扶植幕府的立场上，这些已在上面谈过。但是，英国鉴于它在中国的经验，担心深入干预日本内政，会使日本国内的混乱激化，有损它能得到大量利益的对日贸易的繁荣。从而得出了结论：要尊重日本现政府所代表的统治力量和秩序，谨慎从事；日本的改革，要自上而下地进行，不能从外部或下部来施加压力。因此，在幕府灭亡的决定时期，英国虽仍站在反幕立场上，但却没有亲自成为灭亡幕府的主要力量，只不过是在精神上对萨、长二藩加以支持，只具有次要的意义而已。[7]

其次是萨、长二藩的力量。萨、长二藩与幕府的关系，经历了复杂的发展过程，但直到二藩携手合作之后，才制定了正式的讨幕计划。这个计划的进展，又成为土佐藩主建议大政奉还的动机。倒幕力量在萨、长二藩取得如此发展的原因何在呢？第一个原因是，封建制已进入衰败期，幕府和各藩都苦于经济上的贫困。幕府尽管多次进行了改革，却均遭到失败，使颓势有增无已；而萨、长二藩却在某种程度上进行了强制性的改革，得到了成功，重建了财政，积累了资金，实现了富国强兵的事实。第二个原因是，在这些藩里，随着时局的发展，藩政的领导权已逐渐转移到了下级武士手中。藩主和上级武士一般都是保守派，主张公武合体；而下级武士们，则因门阀固定化而无升迁的希望，更由于俸禄微薄、物价飞涨，痛切地尝到了生活困苦的辛酸苦辣，因而迫切希望改变现状。当时流行的尊王论，正是将这种打破现状的愿望，加以正当化的光明正大的理论。当以尊王为口号的下级武士们的运动在藩内占据了重要地位，排斥家老、执政，而操纵了藩政的时候，就产生了推翻幕府的强大力量。尊王论，的确是把全国志士们集结到讨幕旗帜之下的力量，而各藩分别回顾了德川氏与本藩藩主的特殊历史关系，分别由各自的立场上支持讨幕论的根据，则也是确凿的事实。例如长州藩的讨幕论，就是为报关原战役后它被削去六个封国的旧怨。正是由于这一点，所以讨幕论才能成为全藩一致的意见。

从抽象的观念来看，朝廷是灭亡幕府的最高力量。但事实上，公卿的现实力量，应该和朝廷力量分开考虑。公家意识到自己的地位，并感到了与幕府关系不合理，是在经过了宝历年间的竹内式部（宝历八年即 1758 年放逐）事件和明和年间的山县大式（明和四年即 1767 年被判死刑）事件之后，到宽政年间的尊号事件（宽政五年即 1793 年处分了中山、正亲町两位公卿）时，这种感觉得到了增强，随着佩里来航，时局日益紧迫，便达到了登峰造极的程度。这时，朝廷中也和各藩的情况一样，上层公卿多是稳健派，主张公武合体。被带到长州藩的七卿之一的三条实美，虽是尊王攘夷派公卿中门第最高的贵族，但他那时还是个 27 岁的青年。在消灭幕府的决定性关键时刻，推动萨、长二藩，指导朝廷的首要人物岩仓具视，是属于公卿中最下层的新家。⑧更重要的是，孝明天皇一直坚持公武合体论，始终企图扶植幕府。因此，至少在孝明天皇在位期间，朝廷未能成为讨灭幕府的现实力量，即使在大政奉还之后，也只是在发生了十二月九日的政变之后，才将讨幕派的主张定为朝廷的方针。

被统治阶层的商人、农民又发挥了什么作用呢？从农民队伍中分化出来的富农中间，确有一些人崇尚国学、立志尊王，有的成为志士、进入政界，或向志士们提供了资金。在富商中，也有向志士提供援助的。不过也仅此而已，他们的努力还没成熟到可以独立从事政治活动的程度。巨商的力量，在王政复古时期得到了最充分的发挥。当时，新政府没有财源，因而连派军东征都很困难，一直到有了三井组的捐款，才使东征军得以成行。

由于幕末封建统治者的腐败，因而造成的租税、重课、政务荒废、物价暴涨，使农民起义和城市居民的捣毁暴动有了明显的增加。特别是庆应二年（1866），农民起义在全国范围内发生得极为频繁，它与大阪、江户等城市的捣毁暴动互相呼应，最激烈地显示了人民大众对政局不稳的不满和抗议。但是，这些起义、暴动基本上是孤立的、分散的，并不是指向一定政治目的而受到指导的。他们只是模模糊糊期望革新政治和改善生活，这从人民反抗的热潮中可以看得出来。即庆应三年（1867）秋天，关西爆发了骚动事件，后来不久便波及全国各地，当时人们发现神符突然落入居民家中，于是进行庆祝，他们走上街头，一面连连高唱"这不很好吗！"一面连舞带跳。有人认为，这是讨幕派鼓动人心的一种策略，人民竟能为这样简单的暗示就起而讴歌新时代的来临，说明他们的政治意识还处于低级阶段。⑨

注　释：

①这些条约的正文及与外国的来往信件等幕末的外交文书，均收载于东京大学史料编纂所编的《大日本古文》中的幕末外交关系文书（明治四十三年起开始出版）中。这套史料用编年体形式出版了明治政府从德川幕府接收来，后又从外务省转移到东京大学的幕末外交关系文书，从嘉永六年佩里来航开始。此外，关于美国总领事哈里斯的传记，坂田精一根据国内外文献所撰写的《哈里斯》（1961年，吉川弘文馆出版），可以参阅。

②由于井伊直弼不待朝廷的敕许就签订条约而受到尊王主义史家的鄙视。井伊家一直拒绝公开家藏的史料，战后，随着时势的变化，井伊家才将这些史料提供给学术界。井伊家文书作为史料，被编入《大日本维新史料》类纂部分，于1959年开始出版。

③山口和雄著《幕末贸易史》（1943年，中央公论社出版）、石井孝著《幕末贸易史的研究》（1944年，日本评论社出版）均用详细数字，论述了幕末贸易的实际情况。

④幕府派出的外交使节都留下了详细的日记，现在看来都是颇有兴味的史料。大塚武松编的3卷本《遣外使节日记纂辑》（1928—1932年，日本史籍协会出版），辑录了村垣范正的遣美使日记等万延年间的日记和文久年间的遣欧使节日记等，《涩泽荣一访法日记》（1928年，日本史籍协会出版）则是涩泽（1867）随同德川昭武一行访欧时留下来的。此外，因为1960年正是万延元年（1860）后的100周年，所以举行了有关万延年间遣美使节的各种纪念活动，广泛地收集出版了使节们当时的日记。这就是7卷本

的《万延元年遣美使节史料》(风间书房出版)。

⑤宽永年间，将军家光曾二次进京。一次是在宽永三年（1626），另一次是在宽永十一年（1634），都是在幕府威望的巅峰时期，表面上看，幕府是在谋求朝廷和幕府间的和睦，实际上却是在炫耀幕府权威，向朝廷施加压力。

⑥福地源一郎写的《幕府衰亡论》中称（1892年，民友社出版），这是他根据自己作为一个幕府官吏的反省而记述的幕府衰亡的历史，行文流畅，至今仍是感人肺腑的名著。他认为是封建制度导致了幕府的灭亡。

⑦大塚武松著《幕末外交史之研究》（1952年，宝文馆出版）、石井孝著《明治维新的国际环境》（1957年，吉川弘文馆出版），都是从外国压力的角度研究幕末维新过程的书籍。

⑧清华和新家都是公家家格的名称。一般认为，公家的家格是从古代末期到中世纪自然产生的。据《诸有职书》记载，江户时代固定下来的家格有摄家（可晋升至太政大臣者）、清华（兼任近卫大将，可升至太政大臣者）、大臣家（不经大将，但可升至太政大臣者）、羽林家（可经近卫司升至大纳言者）、名家（可经办官职事升至大纳言者）、新家（诸家中的庶流，可任大、中纳言、参议、非参议等，前途不定）等。

⑨有关幕末史的研究著作非常多，不胜枚举。战前出版的比较正统的概论性著作有井野边茂雄著的《幕末史概说》（1930年，中文馆出版）、维新史料编纂事务局编的《维新史》6卷本（1939—1942年，明治书院出版）、该局编的《概观维新史》（1940年，明治书院出版）等。涩泽荣一编《德川庆喜公传》8卷本（1918年，龙门社出版）虽然采用了传记形式，但它作为一般的历史叙述是很出色的。战后出版的有关著作有远山茂树著《明治维新》（1951年，岩波全书）、石井孝著的《学说批判明治维新论》（1961年，吉川弘文馆出版）等，读来十分方便。

第六章

近代

第一节 复古维新政治

维新初期的政治 德川幕府灭亡后成立的明治新政府，开始时基础十分薄弱，并没有什么明确的政纲。公开提出的纲领，如王政复古、公议民论、开国和亲、四民平等、文明开化等虽很动人，但到具体实行时，就不那么容易了。此外因改革而必然会引起的不满情绪以及失意阶层的反抗，也是不容忽视的。新政府花费了十年时间好歹才算打开了这一难局，确定了前进的方向，并使社会重新恢复和平。从明治开始到明治十年（1877）西南战役为止的一段时间，是维新的草创时代，以此作为近代的开端来叙述是比较恰当的。

庆应三年十二月九日，下达了王政复古的重大号令，任命了总裁、议定和参与等职，这是明治新政府成立后迈出的第一步。当时新政府面临的任务是，从这天晚上起，就得开始处理德川氏的问题，然后是完成讨幕事业。

明治天皇像

25 岁的明治天皇穿着欧洲人的军装拍摄了这张标准照。在 1867 年登基的第二年，他采用了"明治"这个年号，意思是"开明的统治"。他在位的 44 年中，日本彻底经历了西化的过程。天皇虽然仅仅是他的政治家们为推行自己政策而安置的一个傀儡，但在接受欧洲风俗文化方面却经常领衔先行。1872 年他带头剪掉传统的顶髻，穿上西服。以前的天皇都过着隐居生活，而这个元首却坐着敞篷车在东京城里逛，在国内偏远地区旅行，并把这当作新秩序席卷日本的明显象征。

新政府对外国和亲通商的总方针也几乎是与此同时发表的（庆应四年正月，1868），然后是天皇接见外国使者（同年二月、三月），这些都表示对以往朝廷所采取的似乎是锁国攘夷的对外方针，有了一个急遽的转变，这使不少人感到惊讶。但如果联想到，在批准条约和开放兵库港等问题上所表现的攘夷思想的减弱和大肆宣传攘夷论只是为了扬言讨幕手段的实质，那么，对这种转变就不会有丝毫怀疑了。倒不如说，它表明新政府的首脑们早就切身体会到外国力量的巨大，从而抱有日本也要尽快具有那种力量的愿望，为了早日达到这个夙愿，才迅速地昭示了对外政策的根本方针。

新政府把今后施政的方针，总的归纳成五条，并以天皇率群臣向天地神明起誓的形式，加以发布（三月十四日），这种形式正是模仿了大化革新时，天皇在大榉树下召集群臣向天神地祇盟誓政道的先例。这样做，也是根据政府首脑们的意见，认为要像古代那样实行天皇亲政。五条誓文是，"广兴会议，万机决于公论"；"上下一心，盛行经纶"；"文武以至庶民各遂其志，俾人心不怠"；"破旧习，基于天地公道"；"求知识于世界，大力振兴皇基"。最后并附有敕语，称："际此我国史未曾有之变革，朕躬自率先誓于天地神明之前，大定国是，立保全万民之道，尔众亦宜据此旨，同心协力。"誓文所昭示的天皇亲政、公议众论、开国和亲、吸收西方文化等总的纲领，是在幕末，经过15年艰苦奋斗而实现的新日本的施政纲领，无疑是很合适的。问题是在今后采取怎样的具体措施，以实现这一纲领。①

闰四月，颁布了政体书，确立了中央政治组织。其要点是，一切权力集中到太政官，以防政令不统一；太政官以下设议政、行政、神祇、会计、军务、外国、刑法七个官职。议政官负责立法，刑法官负责司法，其他五官职掌行政，执行三权分立主义。议政官有上、下二局，上局由议定（皇族、公卿、诸侯）和参与（公卿、诸侯、大夫、士、庶人）组成，下局由议长和议员组成，议员由府、县、藩选送的贡士担任；行政官掌管行政大权，下设辅相、办事二职；神祇官以下四官分掌各种行政事务，下面各设知官事、副知官事等职。官吏任期为四年，通过公开选举的办法产生。地方上分为府、藩、县、府和县设知府事、知县事等职，藩仍旧设诸侯。府和县，都是过去幕府的直辖领地，经新政府没收后，作为政府的直辖领。府、县、藩不得私授爵位、铸货币、雇用外国人与邻藩或外国订立盟约等。这一政治组织的名称，虽然还带有日本古代的色彩，但其内容却是相当先进的，在尊重公议众论方面、打破门阀权限方面，显示出维新政府所能达到的高度进步性。其所以仍采用这样的名称，无非是由于当时新政府的基础还很脆弱，不能不考虑到拥有实力的各藩的向背问题。

在这期间，东征的工作也在进行。四月，官军占领了江户城；五月平息了彰义队的叛乱；九月平定了奥羽，新政府的基础日见稳固，前途也显现了光明，当政者的信心也逐渐增强。即位、改元、奠都等象征着天皇的亲政，具有划时代意义的活动，都是在这期间举行的。即位仪式是八月二十七日在紫宸殿举行的，它改变了历来采用唐制服饰、仪制的做法，而是按照日本方式进行的。其诏敕中，除在"遵照天智天皇之不朽大典为政"这种千年来一贯的例文之外，新增加了"根据神武天皇的创业以行大政"的字样。在庭前的神案上，还装饰上了直径 3 尺 6 寸余的地球仪，以祝愿进入世界的日本前途无量。在这前一天，并发出布告，把天皇诞辰称为天长节，规定在这一佳节，举国上下都要庆祝。天长节这名称，早在宝龟六年（775）就采用了，但把它定为国民的节日，则是由此开始的。九月八日改元明治，规定一

大久保利通像

大久保利通（1830—1878），1866 年成为倒幕派领导人。1868 年 1 月 3 日与西乡隆盛、岩仓具视等人发动王政复古政变，推翻了德川幕府的统治，为明治维新三杰之一。明治新政府成立后，成为政府主要领导人，领导了奉还版籍、废藩置县等资产阶级改革。

代天皇只使用一个年号，改变了古代根据吉凶祸福，轻易改元的弊病，使年号具有象征天皇在位的意义。奠都的过程比较复杂，新政开始时，为了实现人心为之一新，就有主张迁都的议论，这种议论最早出现的是大久保利通［大久保利通（1830—1878），明治时代政治家，鹿儿岛人，名一藏，字甲东。幕末致力于藩政革新，倒幕

活动；明治政府成立后，又主张奉还版籍、废藩置县及振兴工业等工作。明治四年（1871）赴欧美视察，六年回国，与岩仓县视等同属文治派，反对征韩论。在日本资本主义基础的奠定过程中，他的殖产振兴方针是起了很大作用的。明治十一年（1878）在东京纪尾井坂被暗杀。——译者〕的大阪迁都论等。后来接受了佐贺藩士大木乔任和江藤新平等人的意见，决定天皇东幸。七月十七日下诏改江户为东京，并布告天皇要躬亲政事。表面上称东幸，而不称迁都，这是为避免反对而采取的一种辞令；实际上，为政者的真实意图则是迁都。这年九月，天皇东幸，十二月又返回京都，第二年三月，再度东幸，从此再也没有还幸，实际上实现了奠都东京。奠都东京给推行维新政治方面带来了多大的便利，则是当时没有预料到的。

木户孝允像

木户孝允（1833—1877），原名桂小五郎（父姓和田，他过继给桂家），后为躲避幕府迫害才改名木户贯次，又改名为木户孝允，号松菊。他是维新三杰之一，也出自吉田松阴门下。

废除封建制度 新政府主要在形式上实施了上述一系列新政，但是其社会基础除若干府、县外，大部分还维持原来的藩制，保留着封建关系。因此，新政就难免有极不稳定的状态，特别是当时担任新政府中坚的是各藩出身的下级武士，他们并没有指挥各自的藩按照新政的意图行事的力量，欲使新政府的基础巩固起来，就痛感必须废除藩制，把他们的土地和人民收归政府。为此木户孝允〔木户孝允（1833—1877），长州藩出身的政治家，与西乡隆盛、大久保利通并称为维新三杰。明治政府成立后，历任参与、总裁局顾问等职，五条御誓文就是他和由利公正、福冈孝弟起草的，征韩论提出时，他表示反对，以后又反对大久保的独裁和征台而辞职。在明治初期政府中，是比较开明的政治家。——译者〕征得藩主毛利敬亲的同意，大久保利通集中了萨摩藩内的意见，又联系土佐、肥前两藩，于是由萨摩、长州、土佐、肥前四藩主联名提出要奉还封土和人民的申请（明治二年正月）。这几个强藩一倡议，其他各藩也纷纷响应，上表奉还。到了六月，政府同意了他们的申请，并向尚未上表的三十余藩发出命令，从此全国土地和人民才初次摆脱封建诸侯领有，而归于天皇的土地和人民。于是政府任命旧藩主为新的知藩事，掌管藩内行政。同时废除公卿、诸侯的称谓，改称华族。后来又以现领禄米数的 1/10 作为家禄，称其旧臣为士族，对他们的俸禄，也做了适当的修改。这些，就是奉还版籍及其附属措施。这些情况，和 1200 年以前的大化革新过程，十分类似。大化时，虽是先发布土地人民收公的命令，但实际上，却是以中大兄皇子率先献上土地人民为开端而进行的。原来的国造被任命为郡司，以调和新官制与旧门阀，这和知藩事与旧藩主的情况完全相同。奉还版籍之举，由于知藩事与旧藩主在实质上是同样的，所以各藩实际上并没有做多大的变革，但是在形式上却是一项伟大的变革。而且也不能认为这是各藩主迫于形势，不得已而为之的利己举动，而应该看作各藩主希望亲身实践王政复古、国土王有精神的一种热情。这应该说是从幕末以来已常识化了的尊王思想的成果。

顺利地实现了奉还版籍工作的政府，接着又于次年七月进行了官制改革。采用《大宝令》改定官名，和前一年的改革相比，这次改革是带有浓厚复古色彩的。神祇官从前一年官制中的太政官内独立出来，而且还列于太政官之上（神祇伯地位相当于左右大臣，这一点比令制更尊重神祇）。太政官下面，设左右大臣、大纳言、参议、大、中、少弁等职；废除前一年的六官，设民部、大藏、兵部、刑部、宫内、外务六省，省设卿、辅、丞、录等职。这些显然都是极力模仿令制的做法。前一年闰四月为尊重公议而设的议政官，是作为立法机关而设立的，到十二月间改为公议所，实际上并没有变化。这一次又代之改设集议院。集议院在人事的构成方面，大体上和公议所相同，但公议所是有关立法的议决机构，而集议院却不过是以广征众议为目的的咨询机关。这显示政府在尊重公议众论方面的热情，已有所减退了，它和政府的权力基础日益巩固这一客观事实形成微妙的比例。

奉还版籍，从形式上说，是废除了封建性，但从知藩事的关系说，实质上仍不免有封建遗风残余。为了真正实现中央集权政治，就不能不做出废藩置县那样的英明决断。各藩中也有因财政困难而提出要求废藩的；德川庆胜、细川护久、池田庆德、蜂须贺茂韶四位藩主建议设立郡县制度。岩仓、木户、大久保带着这一精神前往萨摩、长州、土佐各藩，要求三藩加以协助（明治三年十一月），以后又征召三藩的士兵作为亲兵，置于兵部省管辖之下（四年二月）。四年七月，下诏颁布废藩置县，罢免知藩事职务并召回东京。对所有府县，重行划分，有归并、有分出，共分全国为 3 府 72 县，遴选人才担任府知事、县令之职（开始时称县知事）。封建制的废除，自此才名副其实地完成。这样的改革，没有引起大的反抗，进行得十分顺利，这固然是新政府的幸运，但是，新政府日后必须对旧藩主们进行相应的补偿。而且由于进行得很容易，致使制度流于形式，终于未能彻底铲除扎根于社会内部的封建关系。

西乡隆盛像

西乡隆盛（1827—1877），被称为日本最后的武士，然而久米正雄对西乡隆盛的武士道精神嘉许不多，而更强调伊藤博文对日本明治维新的贡献。

由于实行了废藩置县，政府再次改革了官制。在太政官下新设正院、左院、右院三院。正院设太政大臣、左右大臣（初称纳言）、参议等职，总揽行政、立法、司法大权；左院设议长、议官（初称议员），参与立法咨询；右院作为各省长官、次官等讨论重要政务的场所。这样，原来的集议院取消而成左院，但是构成集议院的各藩代表，也随着各藩的废除而取消，所以左院的议官成为正院任免的官选议员，议政官时代尊重公议众论的制度，至此可以说完全消失了。另外在这官制中，神祇官又回到神祇省，对过分尊重神祇的做法做了若干修改。就这样，每当发生能使政府基础巩固的具体事件以后，政府便相应地改革官制，加强其专制的性格。在遴选这些官职的人事方面，也是如此。在新政府成立之初，公卿、诸侯、各藩藩士均出任要职，政府是在广泛的人员基础上构成的。但是，后来公卿、诸侯、藩士便逐渐离开要职，到实行这一新官制后的四年十月，太政大臣是三条实美，左大臣缺员，右大臣是岩仓具视，参议是萨摩、长州、土佐、肥前的旧藩士各一人，即西乡隆盛、木户孝允、大隈重信、板垣退助，大藏卿是大久保利通，外务卿是副岛种臣。其他各省的首长，除神祇大辅和宫内卿以外，都由萨摩、长州、土佐、肥前四藩的旧藩士充任。本来，讨幕的主力是萨摩、长州两藩的下级武士，因此，新政府的推动力由这些人来承担，也是当然的。在新政府成立之初，他们也广招公卿、诸侯和其他藩出身的人进入政府部门，这无非是企图利用这些人的势力，以增加新政府的威信，极力压制反对者而已。但是，随着奉还版籍、废藩置县等，政府的基础不断强化起来，他们就感到已不再需要借助其他势力，终于暴露出政府是以萨摩、长州人员为中心的本来面目。所谓藩阀政府的面貌，至此已完全具备，同时也开始招致对藩阀专制的谴责和不满。

废除封建制度，必然会带来人民身份、土地所有以及贡租等的变更。以公卿、诸侯为华族，其臣属改称士族，这些在奉还版籍时，就同时确定了下来。同时，以往的庶民农、工、商，现在统称为平民，后来又废除了江户时贱民的名称，把这些人也都加入到了平民之中（明治四年八月），这样就确定了以华族、士族、平民三种身份代替了过去复杂的身份制度。过去，农、工、商没有姓氏，今后一般平民也准许称姓氏（三年九月），并准许华族与平民联姻（四年八月），所有身份的人都可以具有迁徙自由和选择职业的自由，身份制度的实际束缚，也在很大程度上取消了。四民平等是维新政府的重要口号之一。维新本来并不是欧洲爆发的那种市民革命，而是确立一个由封建武士所领导的绝对主义政权，所以四民平等也只能在这样一种身份制残余的基础上去实现。

与此相关的最重大问题，就是对拥有150余万人的封建武士团的处理问题。奉还版籍以后，旧藩主的俸禄额减为现领禄米的1/10，藩士的俸禄也照此减少。即便是这样，政府每年还要对秩禄支出岁出1/3到1/4的财政收入，政府对此感到负担不了。加上征兵制公布后，武士已失去职业，因而也就失去了存在的意

西乡从道像

西乡从道（1843—1902），日本鹿儿岛县人，原属萨摩藩，为西乡隆盛之弟。幕末参与戊辰战争，明治维新后，1869年与山县有朋赴欧研究兵制，1873年为陆军大辅。1874年日本因台湾原住民杀害琉球船民事件拟出兵台湾，西乡被任命为台湾蕃地事务都督，虽木户孝允与英美公使等反对出兵，但西乡仍执意强行，5月22日登陆台湾，攻打牡丹社。10月与清廷和议成立，自清取得赔偿银50万两及认为出兵乃"保民义举"，企图一举解决琉球归属问题。1877年西南战争时并未加援其兄西乡隆盛。其原属陆军，后转任海军，1885年任海军大臣，后任历代内阁之海军大臣、内务大臣等，为萨摩海军之巨头、军界及政界之重镇。

义，为此制订处理办法，到六年十二月又制定了奉还家禄的规定。即政府对愿意奉还土地的，将以现金和公债券各半的方式支付世代禄六年和终身禄四年。这样，大约到明治八年七月为止，约有1/3的士族，都申请奉还土地，政府于八年七月停止执行这一制度。这大概因为士族并未能像政府所希望的那样成功地进行转业的缘故。同年九月，政府把历来以米支付的家禄、赏禄改为按明治五年到七年三年间的平均米价，以货币支付。由于米价及物价比平均价要高，所以这样做实际上就意味着俸禄的降低。九年八月，政府把华族、士族的家禄和赏禄一律废除，改用公债支付，规定30年偿清，从第六年起，每年用抽签方式偿还。于是士族就抱着这份金禄公债转业到农、工、商等新的工作上去，但多数都失败了，这么一来，政府就不得不为此采取各种救济措施，如贷给授产资金、发放公有地、奖励开垦等。为了解决没落士族大批出现所造成的社会问题，政府煞费了苦心。士族中当然也有不少人和这些没落者不

同，遇机当上了新政府官吏，或在民间担任自由职业，成为新兴日本的领导力量。作为知识阶级，及时介绍欧洲新文化的，也几乎都是士族，他们作为文化的推动力，贡献是很大的。

土地制度的改革，就不能不涉及地租改革。明治元年十二月，维新政府明

令规定一般农村土地属于农民所有，对以往由于种种限制，连是否还有所有权这一点的疑问，明确了土地所有的观念。后来，又承认货币地租，允许自由耕作田地，逐渐解除了束缚农民的封建桎梏。五年二月，撤销了宽永以来土地永世不得买卖的禁令，规定产权转移时只要交付地契就承认其私有财产。在这个基础上，政府着手改革地租，六年七月，发布上谕和地租条例，付诸实行。改革的要点是，把课税标准从原来的按产量改为按地价征收；地价是根据当地的耕地、宅地的等级而定，同时还斟酌收获量、谷物市价和金融情况等各项条件；税率一律定为地价的3%，不依年景好坏而有所增减；废除缴纳实物，改为缴纳货币；并规定地租由土地所有者缴纳；等等。这样，政府就能保证每年征收一定数额的地税，使财政基础得到显著的增强。但是，在农村，资本主义土地制度得到进一步发展。富裕地主日渐富裕，而零星的佃雇农的生活，却越来越困难。地租改革始于明治六年（1873），于十四年（1881）十二月结束，是一项规模巨大的事业，其间曾出现过农民的反抗：和歌山、茨城、三重等县农民以租额不公正为理由发生了骚乱（九年，1876）。因此，明治十年（1877），把税率减为 2.5%。[②]

军权的确立，也是废除封建制度的一个原因，同时也是其结果。有识之士早就痛感，王政复古的同时，兵马军权也应该收归朝廷。但是，当时各藩都拥有自己的藩兵，而朝廷却无一兵一卒，因此实行起来相当困难。庆应四年（明治元年，1868）闰四月，政府发布陆军编成法，规定每一万石禄米征召兵员60人，其中十人征作京畿常备军，其余可留在藩内，但是这一规定并没有实行。到旧长州藩士大村益次郎就任兵部大辅后，制定了解散藩兵，实行征兵制、设置兵学寮和陆军驻屯地等改革军制的根本计划，但由于受到该藩保守派士族的袭击，没能付诸实行（大村于明治二年九月受伤，十一月卒）。明治三年（1870）夏，山县有朋、西乡从道从欧洲视察军制回国，有朋任兵部少辅，从道任兵部权大丞，制定征兵规则，并发出布告：全国不论士族、庶民，每禄米一万石征召五名壮丁，并命令各藩陆军改为法国式兵制，海军改为英国式兵制。但是这些命令，也都没有超出布告的范围。政府真正拥有自己的兵马，是始于明治四年（1871）二月，那时为了坚决实行废藩置县，准备武装力量，从萨摩藩征集了步兵四大队、炮兵四队；从长州藩征集了步兵三大队；从土佐藩征召了步兵二大队、炮兵二队、骑

板垣退助像

　　板垣退助（1837—1919），日本第一个政党自由党的创立者，土佐藩出身。1860年参加藩政，主管军事，后率兵勤王倒幕。1868—1873年在明治政府中任职。1875年创立爱国公党，并建议成立民选议院。1878年创办教授民权学说的学校，从而以日本的"卢梭"闻名。1881年成为自由党领袖。1887年封伯爵。1900年退休。他常发表时论，主张社会改革。

兵二小队，共一万人，称为亲兵。既然决定废藩，藩兵就失去了存在的意义。所以就在这一年八月，政府制定了东京、大阪、镇西（小仓，今熊本）、东北（石卷，今仙台）四镇台制，分别驻扎常备军，把全国城郭、武器、舰船都移交兵部省掌管，完全掌握了全国的军权。明治五年（1872）二月，废除兵部省，改设陆军省和海军省，十一月颁发募兵诏书，明确了征兵总方针，次年一月，发布征兵令并着手实行。同时也在原来的四镇台基础上，增加两个，成为六镇台（东京、仙台、名古屋、大阪、广岛、熊本），新政府的军制，至此完全确立。关于征兵制的采用，政府内部也有不同的意见，板垣退助认为，日本的国情与欧洲不同、主张采用英美式的义勇兵制；而山县有朋则根据其在欧洲视察的体会和幕末长州藩由庶民募集的奇兵队的成就，坚持征兵说，最后实行了征兵制。由于征兵制的实行，士族失去了职业，也失去了作为特殊身份存在的意义。封建制的废除，可以说因此而得到了最后的完成。

调整对外关系　明治初年，日本改革国内体制，正式进入国际社会，其他国家也历经了不次于日本的变革和困难。英国在维多利亚女王治下出现了格莱斯东（W. E. Gladstone）和迪斯累里（B. Disraeli）等著名的宰相，迎来了空前的繁荣，但却苦于统治爱尔兰的困难；美国在文久元年（1861）到庆应元年（1865）的南北战争结束以后，忙于整顿内政；俄国通过克里米亚战争（1854—1858），重提受挫的南下计划，成为巴尔干半岛上泛斯拉夫主义运动的盟主，忙于扶植当地的亲俄势力；法国则由于在普法战争（明治四年，1871）中战败而一蹶不振；德国与意大利正在逐步完成其民族国家的统一（德国为1871年，意大利为1870年）。各国就这样都在忙于加强国内的统治和同外国的交涉，没有充分的力量顾及东方。日本正是利用这一间隙，在没有受到外国大规模干涉的情况下，顺利地实现了推翻幕府和王政复古的工作，可以说是相当幸运的。新政府希望趁势能够自主地处理以后的对外关系。

岩仓使节团成员

　　新政府任命外务卿岩仓具视为右大臣兼特命全权大使，参议木户孝允、大藏卿大久保利通、工部大辅伊藤博文、外务少辅山口尚芳等人为副使组成访欧使节团，在国内政情还不稳定的时候选拔政府首脑和骨干访欧，足见新政府的气魄和力量。

　　岩仓使节团于明治六年（1873）归国，认识到欧洲文化的发达和国力的富强，决心让日本尽早跻身于这些先进国行列，当他们在国外访问期间，国内的武断派策划征韩，并已经通过阁议做出决定，岩仓对此坚决反对，成功阻止了征韩。

　　前面已经讲过，庆应四年（明治元年，1868）正月，发布了开国和亲的布告，阐明了外交总方针；同年闰四月，设置了专任官厅——外国官一职，次年又将其改为外务省，由泽宣嘉任外务卿；明治三年（1870）制定了驻外使臣制度。根据幕府安政五年（1858）与外国缔结的通商条约规定，可以在明治五年（1872）七月进行修改，由于通商条约中有丧失关税自主权和不平等的治外法权等内容，新政府很早就有意要加修改，因此，政府内部有人主张应当借此机会进行条约的修改工作。但是，也有另一种意见，主张慎重，认为根据当时的日本国情，匆忙从事修改，反而不利。目前，应先致力于整顿和发展国内文物制度，以为日后的修改打下基础，因此主张应派遣使节访问各缔约国，听取对修改条约的意见，并调查各项有关事项，这就是所谓慎重论。朝议决定采纳后一种意见，派遣了以修改条约为最终目标的访问欧美的使节。明治四年（1871）十月，废藩置县已告结束，也就是内政方面已告一段落，新政府便任命外务卿岩仓具视为右大臣兼特命全权大使，参议木户孝允、大藏卿大久保利通、工部大辅伊藤博文、外务少辅山口尚芳等人为副使；另外从政府中选拔中坚优秀干部担任理事官和书记官。在百事草创、国内政情还不能说十分稳定的时候，选拔政府首脑和骨干组成这样一个使节团，说明政府对此多么重视并寄予多大期望，因此有

伊藤博文像

伊藤博文（1840—1909），长洲藩人，幼名利助，后改俊辅，又改博文，号春亩。早年受开国论影响，拜"学兵习儒，兼及洋学"的吉田松阴为师，参加"尊王攘夷""开港倒幕"活动，明治政府成立后累迁要职。70 年代后期"明治三杰"相继故世后，他很快成为日本政界头号实权人物，曾四次组阁，四任枢密院议长，是明治天皇最信赖的重臣。率领准备制定日本宪法的使团前往欧洲学习西方的民主模式。在日本的西化进程中是一个关键人物，自 1886 年至 1901 年间，他数次出任日本总理大臣。

人认为，政治的重点似已从国内移到了国外。使节一行十一月从东京出发，首先到了美国，受到意外的优待，于是打算立即开始修改条约的谈判，为取得全权委任状，决定让大久保和伊藤两位副使回国一趟，政府授予了他们全权委任状。但是在此期间和美国的谈判[③]，进行得并不像想象的那样顺利，于是便把修改条约

的谈判，按当初预定的那样推迟到以后进行。使节从美国到了欧洲，在各地都受到优待，出色地完成了访问和调查的目的，于明治六年（1873）九月归国。使节们通过这一次访问，再次认识了欧洲文化的发达和国力的富强，决心让日本也尽早跻入这些先进国的行列。但是，当他们在国外访问期间，国内的武断派却策划征韩，并已经通过阁议做出决定，就等岩仓回国后，付诸实行。岩仓对此表示坚决反对，终于成功地阻止了征韩。然而武断派参议们却以此为理由辞去了职务，造成了政府的大分裂，改变了政府内的势力对比，竟发展到在各地出现流血的骚乱。

给明治初期政治造成重大转折的征韩论，可以说是在新时代的形式下，在同朝鲜的特殊外交关系的基础上企图重新复活幕末攘夷论的举动。朝鲜与我国，在幕府时代也通过宗氏（宗氏，对马岛领主。传说系桓武平氏后裔。1246年，宗重尚遵镰仓幕府之命征讨原对马岛领主阿比留氏，遂占据该岛领主职位。此后，宗氏家族一直统治该岛，直至明治维新时为止。宗氏在日朝关系史上占有较重要地位，明治以前，日本和朝鲜的外交

日本军人和德国军事顾问的合影

图为摄于1875年的日本军人和德国军事顾问的合影。日本士兵身着仿制德军军服的欧式制服。

当时，许多日本人认为穿欧式服装是进步的标志。

通商贸易，都是通过对马宗氏进行的。——译者），维持友好通商关系，但到幕府末期，却几乎完全陷于停顿。当时外国船在中国海往来频繁，有些外国船只在朝鲜西岸遇难，但由于朝鲜处于锁国状态，给外国造成很大不便。庆应二年（1866），法国与朝鲜之间，因在朝鲜天主教徒受迫害而处于紧张状态时，幕府曾准备遣使到朝鲜，晓以世界大势，并劝其开国；但在这一计划还没有实现的时候，就实现了大政奉还。明治元年（1868）十一月，新政府令对马藩主宗义达把王政复古的消息告知朝鲜政府，并着手刷新日鲜关系，但朝鲜国内排外思想顽强，以致对跟外国人交际的日本，也抱有很大反感。他们因日本的国书中，出现有"皇""奉敕"等过去没有的字样，便以违反先例为由而拒绝接受，甚至对外务省派去进行说明的官员也拒绝接待，声言一切交涉，必须通过宗氏才能进行。岩仓具视出使欧美后担任外务卿的副岛种臣，于明治五年（1872）八月派遣外务大丞花房义质到朝鲜，企图打开对朝交涉的困难局面，但朝鲜仍不理睬，甚至断绝了幕府时期以来同宗氏贸易场所釜山日本馆之间的交涉。于是朝野上下议论纷纷，认为对朝鲜这种无礼态度，不能漠然视之，必须以武力严惩朝鲜；建立正常国交，防止外国侵略朝鲜，以确保日本的安全。由于当时岩仓、大久保、木户等文治派政府首脑正出国在外，政府完全由偏激势力领导，在他们控制下的国内舆论，又鼓励这样做。新政府内土佐、肥前藩出身的人，本来就对萨摩、长州派的优越地位心怀不满，希望能在朝鲜战争中建立功绩，借此推翻萨摩、长州派的优越地位。此外，由于废藩置县和征兵令的实行，全国士族失去了往日的特权身份和固定职业，掉进了沦落失意的深渊，他们希望能够借此机会重新走上提高身份的道路。这些士族真心实意地支持征韩论。总之，它集中地反映了所有对维新政治的反抗，正如在幕末，所有反幕和讨幕论都集中表现在攘夷这一点上一样。参议西乡隆盛［西乡隆盛（1827—1877），明治初期的政治家，明治维新三杰之一，出身于鹿儿岛的萨摩下级藩士家庭，号南洲。文久年间参加尊皇攘夷运动，元治元年（1864）第一次征长之役后，就尽力导致藩论于倒幕方面，庆应二年（1866）促成萨长同盟成立后，即奔走于王政复古、倒幕工作。明治政府成立后，出任参与、参议，近卫军都督。明治六年（1873）因其所主张的征韩论没有被政府接受而下野，回乡在鹿儿岛举办私学校，训练子弟兵。十年（1877）二月，举兵反抗政府，这就是有名的西南战争，九日逝世。——译者］主张再一次向朝鲜派出全权大使进行谈判，如果不成时就以武力解决。并自告奋勇担任这一使节，副岛种臣［副岛种臣（1828—1905），明治初期的外交家，佐贺县人。明治政府成立后，先担任参议，明治三年（1870）入外务省，担任外务卿，曾为解决台湾问题而到中国，六年（1873）因征韩论问题与西乡等一同辞职，次年提出设立民选议院建议，攻击政府，并建立爱国公党。以后又参加政府，任内务大臣。——译者］、板垣退助［板垣退助（1837—1910），明治时代的政治家，高知县人，因戊辰之役有功，任明治政府参议，以后因征韩论问题下野，次年与副岛、后藤组织爱国公党，提出成立民选议院建议，并为自由民权运动而奔走。明治十四年（1881）组织自由党，任总理，十七年（1884）自由党解散。他的自由民权运动并不是全人民的，而仅限于上层社会的自由民权运动，因此不久又参加明治专制政府，二十九年（1896）任伊藤内阁的内务大臣，三十一年又和大隈重信共同组阁，仍任内相。——译者］、江藤新平［江藤新平（1834—1874），明治初期的政治家，佐贺县人，号南白。戊辰之役任军监，以后历任文部大辅、左院副议长。明治五年（1872）任司法卿，为司法权的独立，改定律令等做了不少工作。六年（1873）因征韩论与政府意见不合而退职，七年（1874）在佐贺率领不平、不满士族举行叛乱，失败后被捕杀。——译者］和后藤象二郎［后藤象二郎（1838—1897），明治时代的政治家，高知县人。维新前，由于形势的改变，他曾向藩主提出劝告将军还政的建议，维新后出任新政府的参议、外务挂、工部大辅等职，明治六年（1873）因征韩论而退职，后与板垣一同提出设立民选议院的建议。二十二年（1889）出任黑田内阁的递信相，二十五年（1892）担任第二次伊藤内阁的农商务大臣时，因设立交易所一事受到弹劾。——译者］等参议也表示赞同，并在明治六年（1873）八月阁议上做出了决定，只等岩仓回国后发表执行。然而岩仓坚决反对，认为当务之急是整顿内政，大久保和木户等也一致反对。大久保列举七条反对理由说明征韩之举不妥，其中如：俄国有南下野心，而我与朝鲜交兵，将使俄国坐收渔人之利；英国也会借口是我债权国而干涉我国内政，有使我国沦为另一印度的危险；我国尚未与外国缔结平等条约，如英法等国驻兵我国，视我国若属国，我却不以为耻，却独责问朝鲜，是小不忍而乱大谋，察远而不察近，等等。这些，都是些目光远大有见识者的话，给反对论大大增添了分量。两派争论十分激烈，太政大臣三条实美无法对之做出裁决，只好托病辞职，岩仓奉敕命代理太政大臣，终于否定了征韩论，撤回派遣全权大使的决议。为此西乡（旧萨摩藩）、板垣、后藤（均旧土佐藩）、江藤、副岛（均旧肥前藩）五名参议辞官下野，岩仓任命伊藤博文［伊藤博文（1841—1909），政治家，名俊辅，长州人，曾学于吉田松阴的松下村塾，开始主张攘夷，留学英国后，知道攘夷不是治国之道，从而转为开国、富国强兵论者。明治十五年（1882）又渡欧，到德国调查宪法。十八年（1885）担任首任总理大臣，二十一年（1888）转任枢密院议长，起草宪法草案，二十五年（1892）再度组阁，三十三年（1900）担任政友会总裁。三十七年（1904）日本并吞朝鲜后，任统监，四十二年（1909）为朝鲜志士安重根击毙于哈尔滨车站。第二次世界大战前军事法西斯专制统治的基础，大部分是由他所奠定的。——译者]、胜安芳和寺岛宗则为参议，政府阵容为之一新（明治六年十月）。

征韩论之图

征韩论争造成了明治政府的大分裂，后来发展到在各地出现流血骚乱。

由于停止征韩，使原土佐、肥前藩出身的参议各有两名离开了政府，这样，萨摩、长州出身的人在政府中的比重，有了显著的增加，尽管说这种现象，在废藩置县后的政府中，早就是明显的现象，但到这时候，萨摩、长州专制的藩阀政府面目，越来越暴露无遗。而且政府也有意识地加强了专制，这年十一月新设置了内务省，由参议大久保利通兼任内务卿，掌管全国的治安；明治七年（1874）一月，又使警视厅隶属于内务省。而因停止征韩而心怀不满的人们也以各种方式，积极的或消极的反抗，在全国各地爆发出来。明治七年一月，岩仓在从赤坂城门退朝回来的路上遭到旧土佐藩出身的九名军人袭击而负伤。他们是因为岩仓阻止征韩，感到愤慨，才出此举。同年一月，下野的五名参议中，除西乡

授宪给黑田清隆

　　《帝国宪法》发布典礼上，天皇授宪法与内阁总理黑田清隆、枢密院议长伊藤博文。

以外的四人与前东京府知事由利公正、刚从英国回来的小室信夫、古泽滋以及冈本健三郎四人联名向政府提出设立民选议院的建议书。大意是，现在的政权既不在帝室、也不在人民，而独归有司，大有官僚专制之弊，应集天下之公议，使政府与人民融为一体，以职掌政治，为此，设立民选议院已属当务之急。他们还建立了政党——爱国公党，这是在我国建立政党的开端。在名为"爱国公党本誓"的该党纲领中说，人人都有天赋的权利，要利用和保护这种权利。鲜明地表示出天赋人权论的精神。这年二月，江藤新平在旧肥前藩士族的拥护下，在故乡佐贺发动了反政府的叛乱。当时政府担心它会成

为引发其他反政府情绪的导火线，但由于内务卿大久保利通处理迅速，叛乱得以在短期内平息下去，没有发展成全国性事件（佐贺之乱）。江藤新平曾为建立新政府的司法制度做出很大贡献，编纂了《新律纲领》（明治三年发布）、《改定律例》（六年发布）等刑法典，并担任最早的司法卿，为司法权的独立及改革司法部门职务制度等工作鞠躬尽瘁，但由于这次叛乱而被定为谋叛罪，根据他自己制定的刑律被处以枭首的极刑。

　　对于不断高涨的反抗政府专制的浪潮，政府采取了两种对策。一是木户孝允策划的发布议院宪法；二是大久保利通计划的征讨台湾。一方面，木户在政府内代表长州阀，与代表萨摩阀的大久保处于对立的地位，但他很早就抱有公议众论思想，不喜欢政府的专制化，在访问欧洲回来后，立即向当局力陈制定宪法的必

伊藤博文与山县有朋及其群僚

　　明治三十八年（1905）伊藤博文从韩国归来后留影，前排从左依次为伊藤博文的嗣子博邦夫人加满子（左一）、山县有朋、梅子夫人、伊藤博文、澄子夫人。

要性。当时并没有顾及他的主张，但是现在板垣等提出了设立民选议院的建议，于是民众舆论高昂起来，成为反政府运动的强大力量。他有鉴于此，打算采取妥协办法，以缓和反对者的攻势，才提出了发布议院宪法的建议。明治七年（1874）五月二日发布了这个法案。议院宪法的内容，是以五条誓文为基础，召集全国人民的代表，以公议众论的方式制定法律。首先召集地方长官，代表人民设立协同公议会议。这个会议的性质，是天皇的咨询机关，议事进行的方法等均采用西方议会的方式，基本上具备了尊重公议的形式。另一方面，大久保利通则与此完全不同，主张用征讨台湾的办法来转移心怀不平士族们的视线。由于朝议通过了这一方案，所以地方官会议便暂缓召集了。为叙述征讨台湾一事，必须先讲一下与清国进行外交谈判的过程。

　　日本与清国之间，在整个幕府时代，都进行着有限的通商。幕府末期，长崎

井上馨像

井上馨（1844—1895），政治家，字梧阴，出身于熊本藩士家庭。维新后进入司法省，担任法制局长。明治时期多数法律文稿的起草、审查均出其手，特别是宪法及皇室典范令等的起草，审议。枢密院的设立，也是他的提议。

奉行与上海道台之间的地方性交涉，日见频繁。明治政府感到有必要与清国缔结平等条约，建立近代化的关系，所以于明治三年（1870）八月，首先派外务权大丞柳原前光到清国进行预备谈判。次年四月，任命大藏卿伊达宗城为钦差全权大臣，赴清国缔结条约。缔约谈判几经周折，终于在七月末签订了日清修好条规和通商章程等，基本上建立了日清平等的通商关系。但是以后日本又发生了要求修改这一条约的问题，把批准换文一事拖延下来。由于恰逢此时发生的征讨台湾问题不容延缓，遂任命外务卿副岛为特命全权大使，于明治六年（1873）二月赴清，四月双方批准换文。这时副岛种臣谒见清国皇帝，没有按要求行跪拜礼，而代以三鞠躬礼，这恰如15年前哈里斯谒见幕府将军时的情况一样。在这一点上，日本比起清国来，还有一日之长。

当时外务卿副岛所负的另一使命，是刺探了解清国对台湾所属问题上的见解。而且打算以这一见解为根据，使征讨台湾合法化。台湾由于其地理位置的重要性，历来为来到东方的西方人所深切关心。1858年（安政五年）英国与法国共同要求开放台湾的打狗（高雄）、基隆等港口；1860年（文久元年）普鲁士船来台湾探险，并炮击南部蕃人部落；1867年（庆应三年）美国军舰为报复蕃人的惨杀事件，炮击南部蕃人部落等事件不断发生。清国经常以蕃地、蕃人乃化外之地、化外之民为理由，避免追究其责任。明治四年（1871）十一月日本也有琉球人66人漂流到台湾，为蕃人杀害，生还逃归者仅12人。琉球自庆长以来，就是岛津氏的领地，幕府也曾加以承认。但琉球又向明、清朝贡，并奉其正朔，成为同时属于日中两国的局面。明治政府则确认琉球为日本属地，废藩置县以后，把它划归鹿儿岛县，不久又封琉球国王尚泰为琉球藩王，并把他列为华族，同时发出通告说，日本政府将继承幕末琉球与美、法、荷三国单独缔结的条约义务，各国对此并无异议。因此琉球人的被害，当然是日本所应关心、过问的事情。当外务卿副岛就此问题责问清国政府时，其回答与对其他国家一样，即对化外之民不负责任。这年（明治六年三月）又发生了四名备中小田县人漂泊到台湾东南遭到蕃人掠夺的事件。于是与清国政府的化外说相呼应，朝野间征讨台湾的呼声日益高涨。对此外务卿副岛认为，把无主野蛮的人民变为文明人民，是文明国家的权利与义务。这个任务，首先应该由清国承担，然而清国自己放弃了这一任务，那么下一个应该承担这一任务的国家，从地理位置上来说就是日本。日本征讨台湾，使其沐浴文明教化，是文明国家义不容辞的任务，这是国际公论所允许的。但副岛由于征韩中止而下野，以致未能亲自实行征台。大久保利通因停止征韩，深恐国内发生动荡，便把征台提了出来，想借此使士族阶层中郁积的愤懑发泄出来。由于它比征韩更师出有名，战争的规模也较小，无须顾忌各国的干涉，所以原先反对征韩的人，除木户以外，也都表示赞成。明治七年（1874）四月，政府发出征台布告，任命陆军中将西乡从道为台湾事务总督，率兵3658人出发征台。并在正院设置台湾蕃地事务局，由参议大隈重信担任长官。

然而，政府认为不会发生的各国干涉，这时却发生了。事前，政府已和美国公使打过招呼，并请其推荐美国顾问［日军侵台时，曾请美国人李仙得（C. W. Le Gendre 1830—1899）担任顾问，参与策划。李仙得，美国外交官，曾任驻厦门领事，后任朝鲜外交顾问，中日甲午战争时期帮助日本侵略中国。——译者］，雇佣美国船只运输兵员，这些都成功了。但正赶上美国公使换人，新公使认为此事不妥，拒绝美国人及美国船参与。英国、俄国等也对此表示怀疑。政府十分惊讶，决定停止征台，大久保急忙赶到长崎，向西乡都督传达了这一情况，可是西乡不听，仍进兵台湾，扬言如果政府停止征台，我就开小差去干。对蕃地的征讨工作没有遇到多大障碍，抵抗最顽强的牡丹社，最后也投降了，并迫令答应今后要保证漂流民的安全。这时清国认为外国的态度对它有利，便提出台湾是清国的领土，日本事先没有通告就出兵台湾是不当的，要求日本撤兵。为此驻清公使柳原前光多次与清国政府交涉，但毫无结果。政府认为事态严重，唯恐国内舆论鼎沸，增强对政府的

吞并琉球

　　琉球渔民被误杀一事引发日清争议，软弱的清政府被迫签订《中日北京专条》，承认日本侵台是"保民义举"，为日后日本正式吞并琉球提供了口实。

不信任，于是派大久保利通作为全权办理大臣赴北京与恭亲王谈判。谈判进行得极不顺利，大久保已决意返日，这时英国公使威妥玛（Thomas Francis Wade）出面调停，才在眼看破裂之时达成了协议。清国承认日本征台为义举，支付白银50万两作为被害难民抚恤费和在台设备费，并保证今后加强对蕃民的管理［关于明治初年，日军侵台的事，著者虽提出是明治政府企图借对外侵略，转移国内心怀不平的士族的愤懑，但这种分析是不够的。何况著者在叙述时，有不少歪曲史实之处，现在摘引范文澜在《中国近代史》中有关部分如下：1868年（同治七年）——日本明治元年变法维新，开始对华侵略。1873年（同治十二年），日政府借口前琉球船遭风到台湾，被高山族劫杀数十人，向清政府交涉。清政府称："二岛俱属我土，土人相杀，裁决固在我，预贵国事？"日使无言可对，摘引答词中有："生番化外，我政府未便宰治。"这句话，曲解为台湾番地不属中国版图。1874年（同治十三年）出兵三千人进攻台湾。日本当时还是贫弱小国，它敢于轻率动武，是事先取得美国的援助。美国李仙得替日本当主谋参赞军事；美国花旗公司牛也克号等轮船替日军运输，美武官且助日军攻击台湾。这显然是西洋侵略者自己将要掠夺，让日本首先侵入台湾，试探清朝的态度。日军攻番社（高山族的村社），被高山族据险击，退守龟山，设都督府及病院，修桥筑路，意图在台湾盘踞。福州船政大臣沈葆桢带陆海军到台，兵力远胜日军。英、美、法公使出面调停，代日本要求兵费二百万两。沈葆桢奏称："倭备虽增，倭情渐怯，我但厚集兵力，无隙可乘，自必帖耳而去。"又通知李鸿章："不必急于行成。"李鸿章也明知："日船非中国新船之敌。""中国兵将之众，断不畏彼三四千人。"但英美各抱野心，美国军事上露骨地助日。英使威妥玛口头上横蛮恫吓，迫使李鸿章决计屈服，令守台军不准"开仗启衅"。1874 年，清朝与日本订立北京专约，承认"台湾生番将日本国属民杀害"，日本出兵是"保民义举，中国不指以为不是"。等于承认五百年来忠实的藩国琉球是日本的属国，又赔偿日本兵费五十万两（上编第一分册，234 页）。——译者]（明治七年十月）。征台一事，政府起初并未重视，结果却招来意外严重的局面，幸好没有导致最坏结果，这可能是由于各国对日本这个国际社会的幼儿心怀同情的缘故吧。值得注意的是，统兵的将军居然不服从政府方针的变更，擅自率兵出征，这已经露出了后来军阀飞扬跋扈的萌芽。

政府企图通过征台缓和士族阶层的不满，这个目的可以说并未达到。各地都充满了不稳的气氛，板垣的自由民权运动在这时日见高涨。明治七年（1874）四月，他在土佐创办立志社，在同乡间鼓吹自由民权思想；八年（1875）二月在大阪设立爱国社，企图把各地出现的自由民权团体联合成全国性组织；而西乡隆盛在鹿儿岛开办私学校，向门下弟子传授军事学，准备积蓄力量从事反抗政府活动。同时，征台之举，致使政府失去了长州阀的代表木户孝允的支持，政府成了萨摩阀大久保的专制政府，这种色彩越来越浓厚，到了必须采取某种方式来加以弥补和强化政府的时候了。大久保打算请木户回来，而伊藤博文和当时已下野待在大阪的井上馨 [井上馨（1844—1895），政治家，字梧阴，出身于熊本藩士家庭，维新后进入司法省，担任法制局长。明治时多数法律的起草、审查均出其手，特别是宪法及皇室典范令等的起草，审议。枢密院的设立，也由于他的提议；教育敕语等明治时代一些重要法令的起草、公布也都和他有关，是明治专制政府中最冷静的理论家。曾任文部大臣，枢密院顾问官等职。——译者] 则策划把板垣也招来，依靠长州和土佐合作来牵制大久保。在伊藤和井上二人的斡旋下，大久保与木户、板垣在大阪举行了会谈（明治八年二月，大阪会议），以今后政府要逐步建立立宪政体为条件，恢复了二人的参议职务。明治八年（1875）四月十四日，下诏逐步实行立宪。废左、右两院，设立元老院和大审院，改革官制，实行地方官会议，等等。元老院代替以前的左院掌管立法，议官与左院一样由政府任免。参议胜安芳、外务少辅山口尚芳等 20 多人担任元老院议官，七月举行了开院典礼。司法制度也进行了改革，司法和政治分离，大审院作为最高裁判所削弱了司法卿的裁判权。大审院设立后，撤销了原来的司法裁判所，在东京、大阪、长崎、福岛设上等裁判所，作为不服府县裁州所的判决时上诉复审的地方。地方官会议以原来木户制定的议院规则为依据，六月在东京召开，木户亲任议长。其议题是：修建道路、堤防和桥梁等，建立地方警察、地方民会、救济贫民、设立小学校及保护法等等。关于地方民会，决定先讨论地方府县的区长、户长等旁听者的建议，多数通过后再召开区长、户长参加的府县会和区会。元老院相当于上院，地方官会议则相当于下院，通过这些办法以使立宪宗旨得以逐步实行。

日军侵略台湾图

　　1871 年，一艘琉球渔船遇飓风，漂至台湾南部海岸，渔民被高山族人误杀，1874 年，日本以此为借口武力侵台。

　　然而立宪道路上也充满了荆棘，板垣在任仅八个月便以意见不合，而于明治八年（1875）十月辞去参议职务，木户托病于九年（1876）三月辞去参议，就任内阁顾问的闲职，于是大阪会议通过的补救、加强政府的措施落得一场空。大久保在政府内的比重，仍然很大。民间反政府情绪和士族阶层的不满丝毫也没有平息。八年（1875）六月，政府发布诽谤律，修改新闻条例，用法律来取缔反政府的言论。明治九年（1876）《朝野新闻》记者成岛柳平、末广重恭等30余人因触犯该法受到处罚，被禁停止出版的报章杂志有《评论新闻》《草莽杂志》等几家。当时主办报章杂志的，都是士族，而且很多是对萨摩长州怀有强烈敌意的幕府旧臣。初期他们只是通过报纸发挥文明开化的启蒙作用，但随着政府的藩阀化和士族阶层的不满，就逐渐转向政治问题上，发表激烈的反政府言论。政府唯恐这些报纸在社会上引起反响，终于对其进行了强制性管理和取缔。但是这种镇压，只能激起更大的反抗，这在古今中外概无例外。明治九年以后，以不平士族为中心的地方骚乱有增无减，发展到明治十年（1877）的西南战役，达到了顶峰。有关这些，将在别的项目中叙述，这里只谈一下与本项主题有关的两三件外交事件。

征韩论以后，日本仍向朝鲜派遣使者，希望实现修好，但是他们不答应，而且排日思潮越发高涨。明治八年（1875）九月，日本军舰云扬号在开往清国牛庄途中，想在江华岛加水和燃料，不意受到该地守备军队的炮击。政府立刻派军舰到釜山，以保护日本侨民的安全。九年（1876）二月，派特命全权办理大臣黑田清隆［黑田清隆（1840—1900），明治初期的政治家，原萨摩藩士，新政府成立后，先担任开拓次官，后升为长官，从事于北海道的开拓经营。他主张用全力开发北海道，放弃桦太岛。江华岛事件发生后，以全权大臣名义赴朝鲜，订立了江华条约。由于其有萨、长两阀作为背景，并深得伊藤博文的信赖，所以长期在政府中任职。明治二十一年（1888）继伊藤出任第二届内阁的总理大臣。——译者］、副大臣井上馨赴朝鲜，责问前年来拒绝聘使和江华岛炮击事件。最后，缔结了成为悬案的友好条约。根据条约，承认朝鲜是个独立自主的国家；除釜山外开放元山、仁川两港；互相派驻外交使节；等等（《江华条约》）。朝鲜一直敬仰清国为上国，处于半附属状态，现在它向世界表明自己是独立国家，因此，这个条约意义很大。另外，政府在派遣全权代表时，向各国使臣说明了目的，求得谅解；特别向美国公使说明，这正如佩里来到下田一样，是为了以和平为目的而缔结条约的。公使向使节赠送了《佩里远征日本记》一书，这成为日本外交在成长中的一段有趣的插曲。

这个时代还解决了北方的日俄边境问题。从幕府时代以来，划定日俄国境，经常发生问题，始终没有得到彻底解决。明治政府继承的是一个暂定协议，规定千岛自择捉以南为日本领土，得抚以北为俄国领土，库页岛为两国杂居之地。政府打算开拓虾夷地，以作为经营北方的基地。明治二年（1869）降服了五稜郭的叛军，那里平定以后不久，就下令在箱馆府置开拓使（七月），改虾夷地的名称为北海道，划分为渡岛等 11 国，并划定了郡（八月）。开拓使请美国农商务局长盖普伦（Horace Capron）为顾问，并从欧、美各国招聘了许多学者和技术人员，制定了开垦全岛的计划，尽力招抚土人，并奖励内地人移居。明治七年（1874）七月，招募奥羽士族组织屯田兵，使之担任警备与开垦的工作。任命开拓次官黑田清隆为陆军中将兼开拓长官，总理屯田事务。

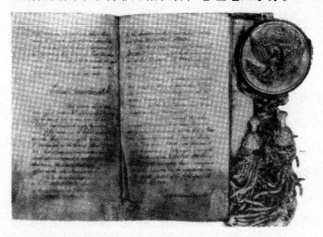

日美友好通商条约

1858 年，美国强迫日本签订《日美友好通商条约》，依约日本增开神奈川、长崎、新潟、兵库等四港及江户（今东京）、大坂（后称大阪）两市；美国享有领事裁判权等。

库页岛方面，庆应四年（1868）闰四月，设立箱馆府时，曾令该府署理判事冈本监辅率官吏十余人和农、工百姓二百余人赴楠溪，在该地建立公议所，负责招抚当地土著居民和维持治安，还把此项做法通知了俄国。当时俄国人也正热衷于南下，以致日本的权益屡次面临着受威胁的危险。英国生怕俄国人的南下势力，威胁到其远东政策，对俄国势力伸入日本北部，感到恐惧，因而建议日本政府，毋宁放弃库页岛而坚守北海道。明治二年（1869）八月，政府派外务大丞丸山作乐赴库页岛，在当地与俄国人谈判，他深知除以兵力对抗俄国以外，没有其他办法，迫切希望政府采取强硬措施。然而政府却持慎重态度，企图通过外交谈判加以解决，委托美国公使从中斡旋，但并无结果。明治三年（1870）二月，政府新设库页岛开拓使，七月委托开拓次官黑田清隆全权处理库页岛事务，令其驻在该岛，但他在当地与俄国人几经交涉后，回京却主张放弃库页岛。后来，外务卿副岛制定了收买库页岛的计划，与俄国人进行谈判，但仍没有进展；黑田出访欧美回来后，又上奏要求放弃库页岛，主张以经营库页岛的力量来开拓北海道。这样政府内部主张放弃论的逐渐加增，明治七年（1874）三月将当地侨民全部撤离，迁至北海道。命驻俄公使榎本武扬在彼得堡就这一问题进行谈判，明治八年（1875）五月达成协议（《库页岛千岛交换条约》）。大要是，以宗谷海峡为界，库页岛全部归俄国领有；而千岛群岛则全部归日本领有，以占守海峡为界；日本政府在库页岛所有设施代价，由俄国方面补偿；承认日本人历来在鄂霍茨克海和堪察加的渔业权利；等等。库页岛土名叫萨哈林、莫济里（平原而波状起伏之岛），日本人称为桦太，其语源可能出于称呼异民族的"唐人"一词的发音。江户时代末期与俄国人交涉频繁以后，将其称为北虾夷，明治初期又恢复"桦太"，汉字则用柯太、桦太等表示，明治二年丸山作乐去该岛后定为桦太。

关于琉球。政府认为由于征讨台湾的正当性业已得到承认，所以琉球的归属问题，也已自然解决。明治七年（1874）七月，把琉球藩的管辖权由原来的外务省移到内务省，逐渐与其他府县同等对待。但琉球仍不放弃同属日中两国的态度，继续向清朝派遣朝贡使。即使遭到日本禁止，仍不加改变。明治十二年（1879）日本政府下令废琉球藩设冲绳县，并任命了新县令，命藩主尚泰住在东京。当时，清国主张琉球是清国的外藩，向日本提出强烈抗议，日本也不让步，双方意见完全对立。清朝委托在漫游世界途中来到东方的美国前总统格兰特（U. S. Grant）居间调停，格兰特趁游历日本的机会，听取了日本方面对这个问题的意见，充当非正式调停。④据

琉球王

1429 年，中山王尚巴志统一琉球，定都首里城，是为琉球王国的开始。明洪武五年（1372），琉球附属中国。万历三十七年（1609），日本南部的萨摩藩侵略琉球，并背着德川幕府私自吞并琉球。

此，日本于次年（1880）把琉球分成两部，以宫古、八重山两岛让给清国，作为代价，清国按与欧美各国订立的条约规格修改明治四年的日清通商条约。清国对

这一解决方案已基本同意，但签字时又提出异议，致使协议未能成立。

小笠原群岛的归属问题，也是这时候决定的。据传，该岛是文禄二年（1593）小笠原贞赖发现的，江户幕府很早也对该岛进行了探险工作，但此后没有采取任何措施进行开拓，只靠漂流民传说有这么个岛子。随着欧美人频繁来到日本周围，该岛的存在就受到了他们的注意。文政十年（1817）英舰勃洛逊号（Blossom）发现该岛，并宣言加以占领；美国人萨布利（Nathaniel Savory）就在该岛上积极从事开拓。佩里来日本时也宣言占领该岛，并计划在此设立储煤所。这样，使幕府对之不能再置之不问，文久元年（1862），派遣外国奉行水野忠德等人收回该岛，并从八丈岛移殖大约 30 名居民到该岛从事开垦。明治时期，各国又提出该岛归属问题，因此政府着手开垦，并于明治八年（1875）遣使再次宣布收回该岛，十三年（1880）与伊豆七岛一起置于东京府管辖之下。

确定以往不明确的周围边界，对作为一个新型近代国家的日本来说，是必须要做的整顿外形的工作。政府能够在内外事务繁忙之中，比较正确地贯彻自己的外交方针，这是与当事者的巨大努力分不开的。至于内政的治理，不用说，也在这同时，开始在广泛的领域中，付出了更大的努力。内政方面的情况，前面已按时间的先后，有过叙述；下面再来看一下到明治十年西南战役为止的整个经过，然后再按经济、教学等内容分别加以叙述。

反政府的武力行动　明治九年到十年（1876—1877）西南方面的地方士族多次发生骚乱，这是明治初期以来政府面临的最后一次反政府武力行动。镇压了这些骚乱以后，政府的基础，才开始得到巩固，企图以武力颠覆政府的思想，已完全不复存在了。维新政治，才可以说名副其实地得到了实现。

明治政府最初面临的反政府武力行动，当然是旧幕府从关东到东北广泛进行的反抗。但是这种反抗，不如说是政府方面自己惹起的，是政府为巩固自身的基础，而采取的置诸死地而后生的手段，它同后来政府面临的来自外部的、意想不到的反抗运动应该是有所区别的。后来的反抗运动是在姑且承认政府的基础上，对新政策表示不满的社会各阶层人们的行动，它包括初期反对开国和亲的攘夷论者的暗杀政府要人；对剧烈的改革心怀不平的华族士族所策划的颠覆政府计划；农民反对新政府的暴动和骚乱，以及士族从政治、经济、思想等各种角度出发反抗政府的武装起义。

参与肥后藩士横井小楠的被刺（明治二年正月），兵部大辅大村益次郎［大村益次郎（1824—1869），明治初期政治家，本姓村田，名永敏。维新时，指挥彰义队，有功；新政府成立后，即参与军务；明治二年（1869）任兵部大辅，主张实行军政大改革，实行后来的陆海军建制。因而引起旧藩士的不满，同年九月在京都遇刺身亡。——译者］的遇难（明治二年九月），等等，都是一心想要攘夷的武士们铲除这些推动政府开化政策中心人物的行动。出于同样动机，还发生了直接针对外国人的行动，如土佐藩兵刺伤法国人事件［庆应四年（1868）二月堺事件］、袭击英国公使帕克斯事件（庆应四年二月）等。这是顽固的攘夷论者不理解政府的开国和亲政策

西南战役的主将西乡隆盛

明治政府所实行政策严重地损害了士族的利益，被看成士族领袖的西乡隆盛因"征韩论"失败回乡，使士族对中央政府更加愤怒。1877 年西乡在鹿儿岛起事，西南战役败北，最后的武士西乡隆盛切腹自杀。

所造成的悲剧，这些责任，应由过去不负责任、轻率地扬言要把攘夷作为国内政策手段的人来负。

米泽藩士云井龙雄因聚众图谋恢复封建制而被处斩［明治三年（1870）十二月］；华族外山光辅、爱宕通旭与旧藩士勾结谋反，阴谋暴露后自杀［明治四年（1871）十二月，其同党有旧熊本藩士川上彦斋］。这些都是奉还版籍、废藩置县等新政策施行后，因旧特权阶级的社会地位发生动摇而激起的反抗。

农民起义，在新政府统治后也丝毫没有减弱，相反地比前代更频繁。这是因为新政并没有迅速提高农民生活，地租改革也没有像想象的那样减轻负担，更何况只对地主和自耕农有利，对大多数佃农并无利益可言。加上农民意识中的保守性，使他们对新政府的一切新政策、新措施，都引起反感。比如他们要求取消征

兵令、施行太阳历、设置小学校和建立电信设施等新制度。一方面无疑是他们从现实出发，认为这样做必然会增加农民负担而提出的要求；但另一方面，也未尝不是士族利用了农民嫌恶新制度的保守性，而从外部进行煽动的结果。因此，随着士族武装起义的终结和自由民权运动的兴起，农民起义分化为两个部分。反对政府的农民运动与自由民权运动相结合；而要求地主减租和反对高利贷等运动则随着农村阶级分化的发展，直到后来另行蓬勃发展。

心怀不满的士族们，自政府内部力量关系的变化、征韩论以及其他政见的不同发生后，就开始了骚乱。其原因是一般士族生活的贫困，对政府迅速开展文明开化等做法的不满而引起的。最早的大规模行动，是前面提到的江藤新平掀起的佐贺之乱（明治七年二月），它是希望征韩和恢复封建制的旧佐贺藩士族，在征韩论被否定后回乡的前参议江藤新平率领下发动的叛乱，由于是建立在广大士族阶层不满的基础上，以持不同政见而下野的前参议为领导，所以对政府来说，威胁是很大的。到明治九年，大阪会议的结果事实上已经落空，政府加紧镇压言论自由，专制色彩显著强化，加上三月发布了废刀令［废刀令，在日本明治维新以前，士族都带刀，明治九年（1876）根据山县有朋的建议，新政府下令禁止在穿着正式礼服以外带刀的命令。这是新政府剥夺士族兵权，树立绝对主义政权的一个措施。——译者］，激起了不满士族的愤怒。十月，首先在熊本发生了敬神党（神风连）之乱。由士族太田黑伴雄率领下，二百多人高呼攘夷和神道政治，放火烧毁镇台府、杀伤司令长官及将士，并袭击县厅杀害了官员。由于镇台兵英勇善战，次日杀死了贼首，余党有的自首，有的逃跑而告结束（二十四日爆发，二十五日被镇压）。事情传开后仅过两天，原秋月藩士四百余人于二十七日又发动叛乱，打出了反政府的旗帜。二十八日，前参议前原一诚又在萩聚集了二百余人，揭起叛旗，企图袭击县厅。以敬神党为先锋陆续爆发的这些骚乱，说明士族已不是政府很容易对付的敌人了。幸亏出动了镇台兵，很快平定了骚乱。但是围绕着这种士族人心的向背，形势仍然很严重，这就不能不引起因主张征韩论失败而下野回乡的西乡隆盛，到底是与政府为敌，还是为友这个重要问题。隆盛在故乡开办的私学校不断发展，各地都建立了分校，盛况空前。在这里学习的少壮弟子们审时度势，体会隆盛的心情，鼓动隆盛反对政府；而政府对隆盛的举动早有戒心，严加监视，双方的冲突终于爆发了。明治十年（1877）一月私学校学生冲进火药库，抢夺官军弹药，并劫掠陆军属厂和海军造船厂；二月拘捕了政府派遣的警察一行，声言因为他们携带密令，前来暗杀隆盛，这些人借口要就此事进京责问政府，从而发动了起义。隆盛无法控制他们的行动，终于决心举兵，率陆军少将桐野利秋、筱原国干以及15000名士兵从鹿儿岛出发（二月十五日）。县令大山纲良把公款捐给他们充作军饷，并遣使向沿途府县通报举兵理由。他们的协助，说明这次内乱的严重性。政府派出几个旅团的军队前往镇压，虽包围了熊本城，在植木、田原坂等进行激战，胜负难分，加上各地不满士族纷纷起来响应，使政府面临重大危机。幸而官军奋力作战，并具有现代化装备，终于取得胜利。九月，隆盛等人在鹿儿岛城山自尽，持续了八个月的大乱终于被镇压下去（西南战役）。[⑤]

这次事变说明，就是以维新功臣西乡隆盛为首，具有素称精强的旧萨摩藩士族为骨干的社会、军事势力，已不是他们所蔑视的百姓兵武装起来的政府军的对手，使全国所有的人都能彻底了解到士族兵已不再能有所作为了。窥测时机以求一逞的不满士族，不得不完全打消武装叛乱的念头，改为靠言论和政治斗争的手段去反对政府。政府的基础更形巩固，政府的核心人物大久保利通的威望分外高涨。另外，在这次战事中，政府耗费了巨额军费，增发不兑换纸币，引起了战后物价昂贵，造成了企业发展、政府财政的困难。于是时代开始进入到下一个阶段，即自由民权运动的兴起和整理财政，开辟向现代国家稳步发展的道路。就在这时，木户孝允[⑥]在西南战役中病逝（五月），大久保利通于明治十一年（1878）五月遇刺身亡，维新功臣相继去世，在人事方面，也反映了新时代的到来。

经济的革新 封建经济的桎梏，随着明治新政府的建立而被陆续打碎。从明治元年到二年间，下令撤除了各藩各道的关卡，取消了限制工商业者自由活动的同业公会（株仲间）特权。向来由幕府和各藩专卖的许多商品，也允许自由制造和贩卖了；承认人民的土地所有权，解除了以往束缚农民的禁止买卖耕地和对经营农业及贩卖农产品的限制，允许其自由；废除了成为农民大负担的助乡制[助乡，江户时代，为了补充和保护驿站，宿驿，将这些驿站附近的农村定为助乡。凡驿站中人马不足的时候，就从助乡中征集人马补充。虽然说对这些征集去的人马，能按规定付给补助，但由于交通量增大、驿站扩大等原因，使助乡制成了当时农民的一大负担。明治五年（1872）废止。——译者]；撤除了口称国内警备而故意设置的种种交通上的障碍；

等等。政府在废除这一切封建旧制度的同时，还效法欧美各国，采用了各种发达的资本主义经济制度。新政府的领导者从幕末以来的痛苦经验中，深刻地铭记在心的，是外国的强大武力及其雄厚的财力基础，一心一意想让日本也能早日具备这种力量的愿望，总结出所谓富国强兵的口号，成了新政府政策的指导思想。从这一点上看，他们采用欧美经济制度，是很自然的。也正因为如此，明治初期的经济发展是自上而下完成的，是靠政府的保护、扶植而不是在市民阶级本身发展的基础上完成的，这一弱点是毋庸置疑的。

伊藤博文（左二）与芳川显正（左一）、南贞助（右二）、福地源一郎（右一）在一起研究租金、货币制度，并确立了金本位制度。

货币制度的改革，是旧幕府以来留下的悬案，是新政府从建成时起就面临的一个难题。安政时期开始通商以来，由于国内、国外金银比价的悬殊，引起国内黄金流向海外，劣质洋银流入国内，国内外有识者对此都深感忧虑。可是，幕府并没有采取根本的对策，只是为了克服眼前的财政危机而发行劣质的二分判、二朱判等金币和一分判银币，结果更加剧了黄金外流和物价暴涨的趋势。各藩也因苦于财政困难而发行藩札；伪造伪币，敷衍一时。当时称这种伪造货币为"泥银"。泥银随着幕府的衰亡而充斥社会，官军围剿幕兵时，在经济上却正是泥银取代了良质的古金银时。泥银品质极差，并且极难鉴别。当时在三都（三都：江户、京都、大阪。——译者）的兑换店里二分判多达十三四种，其中十之七八都是各藩铸造的伪币。庆应四年（明治元年）八月，新政府一面下令各藩禁止铸造伪币，一面自己却又按安政以来的型式铸造发行劣质金银货币，以弥补当时财源的不足，所以禁令并没有能收到实际效果。但是，政府早就计划在实现大政一新时，进行货币的根本改革，所以采纳各有关方面的建议，于明治四年五月发布新币条例，确立了货币政策的总方针。大要是，废除过去的两、分、朱等旧称，改用元、钱、厘的十进位法；货币形状由原来的方形改为圆形；以金币为本位货币，把银币、铜币作为辅币；等等，并由同年二月刚建成的大阪造币寮开始铸币。最初由于金本位制不适用于多银少金的东方，曾决定采用银本位制；但由于金本位制是世界大势所趋，据此又很快进行了改变。并考虑到对外贸易的方便，特铸造一元的银币作为贸易银币，只用于贸易方面。然而由于这种金本位制不符合国情，因此，金货发行以后大量外流，而银货却不断涌入，所以从明治十一年起，政府也只好承认一元银币的一般流通，实际上实行了银本位制。这样，本位制虽有些失败，但明治七年，政府停止了旧金银的流通，达到了币制改革的目的。

还有纸币，政府刚成立时，为了解救财政困难，采纳参与三冈八郎（由利公正）的建议，于庆应四年（明治元年，1868）闰四月通告发行纸币，即所谓太政官札。到明治二年五月为止，共发行了四千八百多万两。接着又陆续发行了小额纸币，如民部省札，废藩置县后为弥补财政不足发行的大藏省兑换证券、用作北海道开拓费的开拓使兑换证券等。但人民由于幕末各藩滥发藩札的痛苦经验，对太政官札也不信任，致使价值低落，流通困难，加上造法粗劣易于伪造，于是伪币的流行越发阻碍了官札的流通。明治四年，政府请德国代为印制新纸币，用来换回旧札，使原来的四种纸币统一为一种，但其性质不变，仍属不兑换纸币。以上是政府纸币，另外根据明治五年制定的国立银行条例，还发行了银行纸币，这种纸币原来是可以兑换正货的，但因银行利润少，发行并不理想，便修改了条例，废除了兑换正货制度。这样，纸币的发行量就增加了，这当然意味着不兑换纸币的增加。而且政府为支付西南战役的战费，又增发纸币，于是不兑换纸币便在市场上泛滥成灾，明治十四年以后到了必须对纸币进行整理的时候了。

佐渡金矿

这幅画描绘了日本矿工在本州北部佐渡岛上的矿井下辛勤劳作、挖掘矿石的场景。一些矿工在岩层表面工作，另外一些人在修理支撑隧道的架子，还有的人用水桶和滑轮排除地下水。

幕府时代金融是专由兑换商办理的，明治政府成立后，就急于建立新的金融机构，向豪商募集资金建立了汇兑会社。除从事存款、贷款、汇兑等银行业务外，还负责发行纸币。这种会社在东京、横滨、京都、大阪、神户、大津、新潟、敦贺等地建立了八个分社，后来由于国立银行条例的发布而解散，让位于国立银行了。汇兑会社是仿效外国银行而建立起来的日本最早的银行，它与"会社"这个译语的早期用例一起，在明治经济史上是具有特殊意义的。明治五年发布的国立银行条例是为了广泛建立国立银行，使其作为新的商业金融机构以解救当务之急的；同时还使其负责整理政府发行的不兑换纸币。但条例实施的结果很不理想，只有第一银行以下四家银行开业（第一东京、第二横滨、第四新潟、第五大阪，第三家银行于开业前解散），而且业务也很萧条。待改变纸币发行制度，废除兑换正货以后，银行利润便上升起来，于是纷纷申请建立国立银行。到明治十二年，竟达153家之多，以后就禁止开设银行了。

旧幕府时代的企业几乎都是个人企业，其中也有像三井组、小野组那样，由一个家族共同出资经营的企业，但离公司组织还相差很远。幕末，西方公司组织的知识传入，为了能在贸易方面和外国进行竞争，有识之士早就感到，必须采用这种公司企业的形式。政府为此建立了上面提过的汇兑会社，用以示范。同时还设立了通商会社，以谋振兴国内商业和对外贸易。这些会社都处于通商司监督之下，由于有关于会社的知识还很不够，所以事业并不兴旺。后来，随新通商司的撤销，会社也宣布解散（明治四年七月）。政府为了普及有关公司方面的知识，出版了福地源一郎的《会社辩》、涩泽荣一的《立会略则》等书。在国立银行条例里，大体上已树立了公司（株式会社）的制度。不过，大量设置公司，是在西南战役结束后进入振兴事业时期，这时还完全是准备时期。

东京—横滨铁路通车图

　　日本资本主义飞速发展，明治天皇采取"速节冗费，多建铁路，赶添海军"的政策，大力发展日本的铁路建设和军事交通工业建设。作为日本新文明的开拓者，从伊藤博文开始的铁路铺设事业开始于明治二年。

　　殖产兴业（振兴实业）与富国强兵同是明治政府提出的口号。殖产兴业的中心问题是如何使过去落后的产业现代化、工业化。明治三年，政府设工部省作为奖励工业的中心机构，或者建立国营模范工厂，或者从欧美招聘技术人员传授技术。政府最倾注力量的工业是军事工业。因为一方面，幕府时代，在幕府和各藩已有相当程度的发展；另一方面是明治政府也深感有其必要。东京和大阪的炮兵工厂是明治初年政府在幕府设施的基础上建立的国营工厂；幕府所有的长崎、横须贺、横滨、浦贺等造船厂也都移归新改府管理，成为炼钢厂、造船厂；新政府还接管了幕府直辖的矿山业，改为国营，大力改善了设备。从明治元年到九年之间，改为国营的矿山有：佐渡、大葛等的金矿，小坂、院内等的银矿，阿仁铜矿，釜石、中小坂等的铁矿，三池、高岛、幌内等的煤矿，这些矿山都采用了新式机械进行采矿，用以作为民营企业的模范。

纤维工业和化学工业等，也有了很大发展。生丝是占当时输出品50%的重要商品，从幕末就提倡机械制丝的必要性。明治三年，政府招聘法国技师在群马县富冈开办富冈制丝所，明治五年正式投产，后来又把这里的女工派往各地，以推动全国普及制丝业。同年，工部省在东京建立生丝试验所；次年，在福岛县二本松建立了制丝公司；又次年，在栃木县河内郡石井村建立了机械制丝厂。这些都是民办的。后来全国各地纷纷设立了制丝厂。和生丝这种重要的出口商品相比，棉纱棉织品却是占全部进口额35%的重要进口商品。庆应三年（1867）萨摩藩主岛津忠义从英国购进机械，在鹿儿岛开设鹿儿岛纺织所，这是日本机械纺织业的开始；岛津家接着又在堺市建立第二个纺织厂，明治四年（1871）投产开业；明治五年（1872），在东京浇野川经营棉花、棉纱批发业的鹿儿岛万平也引进美国造的机械，开办了鹿儿岛纺织厂；明治五年（1872），政府收买了堺市纺织所；明治十二年（1879），在爱知县额田郡大平村和广岛县安艺郡上濑野村着手建设国营示范工厂。由于政府积极奖励，全国各地，民营纺织厂也纷纷创办起来。此外，由于毛织品在进口商品中也占很大比重，政府为了适应需要，也兴建示范工厂。同时，为促进民营工业的发展，明治九年，在内务省管理下，设立了千住制绒所，明治十二年投产，但成绩很不理想。

化学工业，也几乎全是靠政府力量兴建起来的。明治五年（1872），内务省土木寮在深川兴建了深川水泥制造厂，这是日本水泥工业的开始，以后改称深川工作分局，在技术方面取得了很大成就。此外，造纸业方面，由于对洋纸需求的增加，明治八年（1875），设立印刷局抄纸部、纸币寮抄纸局，负责造纸。民间也有旧广岛藩主浅野长勋在东京创立了有恒社，三井组、小野组的代表则在王子建立抄纸公司等等。他们都聘请西方技术人员，从事制造洋纸。关于玻璃工业，明治九年（1876），工部省建立品川硝子制造所，招聘英国人作为示范工厂。啤酒工业，是明治九年（1876），北海道开拓使作为开拓使事业，在札幌修建了啤酒厂，产品很受欢迎。京都府从明治三年（1870）起设舍密局，招聘外国技师担任各种化学工业的研究和普及工作，并制造药品、肥皂、陶器、玻璃等。

以上是明治初期各种工业的发展概况，表明了政府为发展现代工业，做出了很大努力。明治六年（1873），在奥地利维也纳召开的万国博览会上，日本积极展出了许多产品，也购进了各种机械。虽然说，这次日本在博览会上获得的奖牌、奖状数目不及欧美列强，但居东方各国之首，它已经预示了以后日本产业的大跃进。明治十年（1877），东京开办了第一次国内劝业博览会，以求改进并发展各种技术。

日本最早的火车

  明治五年（1872）九月东京至横滨正式通车，日本举外债，聘请英国技术人员并购入机械，由政府铺设了第一条铁路。至明治十年，大阪到神户和京都到大阪之间都通了火车，总长达 64 公里。图为日本最早的火车。

政府对于农业也和工业一样，采取保护、奖励和西式做法。取消以往束缚农民的各种封建制约，积极主动地制订开垦计划，传授新式农业技术，努力发展农业生产。开垦是对当时庞大的失业士族授予生活道路的一种很必要的社会政策，特别是积极地大力保护和奖励移居北海道去从事垦殖开发，使北海道的农业发展得十分显著。政府还创办农业试验场，采用西式农业生产方法，努力改良技术；同时还饲养绵羊、试种甜菜等。政府的奖励，再加上外贸与交通发达，使产品销路不断扩大，农业生产有了很大发展。另外，由于地租改革，原来的实物地租改成货币地租，农村也被卷进货币经济的旋涡，农村经济也要受世界农产品价格涨落的影响。地租率并不算低，但由于农产品价格日见上涨，而地租的金额却固定不变，无疑对纳租者是有利的，它带来了农民生活的提高。但值得注意的是，能够享受这种有利条件的，只是负担地租的地主与自耕农，和过去一样，仍然交纳实物地租的佃农是不包括在内的。因此，即使在地主和自耕农因农产品价格上涨而庆祝农村的繁荣时，佃农仍苦于高地租的折磨而不断贫困化，农民阶级的两极分化，日益严重。

交通设备也由原来幼稚、古老的样式一律发展到现代化的交通设备。庆应四年（明治元年，1868）闰四月，新政府在太政官内设驿递司，负责水陆运输和驿站传送等事业，是一元化掌管交通运输的机构。其方针是通信国营、运输民营和铁路国营，所以各种交通设备得以同时发展。幕府时代的通信都是由"定飞脚问屋"（定飞脚问屋，定飞脚是江户时代定期从事驿递业务的人员，天明二年（1782）经幕府批准，由若干从事定飞脚业务的人结成小团体，接待顾客经营业务，称为"定飞脚问屋"。——译者）掌管，明治三年（1870）设置邮政制度，决定收归国营；更由于驿递头前岛密的努力，从明治四年三月起，东海道以及东京、大阪、京都之间开始了使用邮筒收取信件和邮票的新型邮政事业，以后逐渐推广到全国；明治六年，与美国缔结了邮政条约，开始了对外的邮政联系；明治十年（1877）加入万国邮政联盟，参加了世界性的通信往来。

实行了新式邮政业务以后，失去了职业的"定飞脚问屋"掀起了反对邮政的运动，根据前岛的建议，让他们从事运输业务以代替飞脚，于是通信与运输分离了。明治五年六月，定飞脚问屋们组成了"陆运元会社"，接受了政府大量的资助，发展到垄断陆上运输的程度。在此以前，已经废除了原来各驿站的传递制度，组织了民营的陆运公司，负责提供人马，但其营业成绩很不理想，所以在明治八年，政府勒令解散，将其业务移交给陆运元会社。这样陆运元会社改名为"国内通运公司"，垄断了陆上传递、运输的业务，营业收益十分可观。

铁道是文明的标志，佩里来日时就赠送了火车的模型，幕末派遣到国外的使节们，也曾对此表示惊异。明治政府一成立，就有外国人提出申请铺设铁路，但政府听从了英国公使帕克斯的忠告，主张铁路一定要由政府自己修建，决定由政府进行铺设。资金不够，以举外债借得资金来修建；没有技术，又从英国聘请了技术人员并购入机械。这样铺设了从东京到横滨的铁路。明治五年（1872）九月正式通车。接着大阪到神户之间〔七年（1874）五月〕、京都到大阪之间（十年二月）也都通了火车，明治十年末，国营铁路的总长度已超过64公里。

电报机也是佩里来日时与火车模型一同送给幕府的。幕府虽知道它很方便，也想架设电信设施，但并没有付诸实行。明治二年，政府根据寺岛宗则的建议，从英国购置电报机，并聘请了技术人员，开始在东京横滨之间架设电线，明治三年，允许公众加以利用。此后电信设施就迅速地普及到各地，明治六年，完成了横滨与长崎之间的电信设施；八年完成了东京与青森及北海道之间的电信设施；十年，九州也都全部架设了电信设施。电信对政府的集权化发挥了巨大作用，明治七年能够迅速平定佐贺之乱，就是由于政府利用了轮船和电信等文明利器。

海运，过去由于锁国，只有沿岸航运，其他航运发展途径都堵死了。幕末解除了建造大船的禁令，并奖励各藩造船，于是海运业开始复兴。不过，维新当时国内的西式轮船、帆船的数量很少，还不能利用来进行一般海运。新政府成立后，就努力发展海运业。明治三年，建立了半官半民性的漕运公司，用政府的船只和各大藩委托的船只，开辟了每月三次定期往返于东京与大阪间的航路。可是，这一公司营业不振，因此又另外创办了蒸汽邮船公司，从事沿海定期航运，但营业仍不理想，于是把所有船只都移交给三菱公司了。三菱公司是土佐藩藩士岩崎弥太郎于明治三年（1870）借用土佐藩的汽船而开业的，经营得法，并在佐贺之乱和征伐台湾之役时，担当了军事运输的任务，建立了功绩。他们在接收、继承了蒸汽邮船公司的业务后，改称三菱邮船公司，独占政府的保护，事业十分发达。后来在与当时占东方海运优势地位的美国太平洋邮船公司和英国P. O. 公司的竞争中，取得了胜利，确保了沿岸航路和对朝鲜、中国的航路。

贸易也是在进入明治时期以后，才逐渐发展起来的。但初期时，却完全为开放口岸的外国商馆所垄断，给日本经营者造成种种不利。国内有识之士，很快就深刻地认识到这一点，为获得贸易实权，明治九年，首先创办了三井物产会社，后来又陆续创办了贸易公司等。这时期占出口商品大部分的是原料和原料制品，而输入的则大部分是成品。这种情况如实地反映了当时日本工业不发达的情况。这种情况，一直到明治末年，大正初期随着日本产业革命的进展，才逐渐有了改变。

日法贸易

这幅1860年的雕版画描绘了法国和日本贸易条约的签字仪式。

最后说一下财政。明治初年政府财政极度困难，国库空虚。就是靠豪商的捐款、借款和发行太政官札勉强维持一时。从庆应三年（1867）十二月到明治元年（1868）十二月，明治政府发表了第一期岁出、岁入的决算表。表上岁入总额是33089000日元，岁出是30505000日元，其中租税收入仅3150000多日元，即仅仅是岁入的一成而已。而同期间，太政官札的发行量，却是2400万日元，筹措借款有 380 万日元，另外租税中地租是 200 万日元，地租约占租税总额的 60%。随着政府基础的不断巩固，财政也逐渐健全起来，明治六年（1873）左右，岁入是 8500 万日元，而岁出是 6200 万日元，租税增加到 6500 万日元，岁出的全部，已可以靠租税解决。租税中，有 6000 万日元是地租。如果考虑到当时政府在振兴产业和对外活动中所需的经费，都是依靠地租收入这事实，那么就会了解到地租改革对国家财政的意义，怎么夸大也不算过分。明治八年，对地租以外的捐税，也进行了改革，废除原来的杂税，设立新税，改正了税制。明治三年（1870），在伦敦募集了利率 9% 的外国公债，这是最早的公债（100 万英镑，合 488 万日元）。这笔钱是用来充作（东）京（横）滨铁路建设费用的，接着明治六年（1873），在伦敦市场再次募集了利率 7% 的公债（224 万英镑，合 1171 万余日元）。这笔钱是用作偿还秩禄的资金的。在国内，自明治六年起，陆续发行了继承各藩所负债务的公债、秩禄公债和金禄公债等，到明治十年（1877）末，没有偿还的公债总额高达 2.36 亿日元。⑦

宗教管理　明治政府颠倒了从前神道与佛教的地位，推行新的宗教政策。在江户时代，对有力的大寺院领地，无论朱印地，还是黑印地（朱印地、黑印地：江户时代，各寺、社的领地中，凡由幕府将军发给朱印状的，都能免除年贡和课役。这种地称为"朱印地"。而由大名等捐献的土地，因捐献时的文书不能用朱印，而是用黑印的，所以这些土地称为"黑印地"。——译者），都能得到承认。其他寺院也由于禁止基督教，推行"寺请制度"（寺请，江户时代，由于禁止基督教，由佛教寺院颁发一种叫"寺请证文"的文书，证明持证人是该寺的檀徒。这种制度叫"寺请制度"。——译者），保证了寺院的施主。寺院无论在经济上，还是在社会上，都处于十分优越地位。随着国学研究的发展，古神道说昌盛起来，对寺院僧侣的这种状况，进行了尖锐的批判，幕末的攘夷论，归根结底是和排佛论有联系的。水户藩的攘夷派主张把寺院的梵钟改铸成大炮，这种措施表明了对佛寺的否定。明治政府高唱王政复古，扬言以神武创业为本，具体来说就是要恢复不受佛教玷污的神道的纯粹性，实现祭政一致的古代制度。庆应四年（明治元年，1868）三月公布了神佛分离令，为了要建立祭政一致的制度，重新恢复神祇官，一切神主和神职人员均归神祇官管辖；原来神社的社僧和僧职人员一律蓄发；不得以佛像作为神体；等等。这完全是强行打破千百年来已经深入人民思想的神佛相混的传统，不仅给宗教界，而且也给社会造成了巨大的冲击。神社内有关佛教的东西和寺院内有关神道的东西，统统被取消。这时不断发生了暴乱，这种趋势甚至逐渐发展到连佛寺本身也遭到破坏的程度。中国曾多次发生过废佛毁释的事，可是在日本，却是除佛教刚刚传入时以外，从未发生过这样的事情。佛像被烧毁，经卷被破弃，寺院被撤销或合并，僧侣陷入极度的恐慌和不安。这是神道对多年来占优位的佛教的反抗，具体来说，就是平田国学派的门徒占据了神祇官的要职，成为地方神官，千方百计要把其国学说付诸实践；是各神社多年来由于社僧而郁郁不得志的神官想要借此机会提高自己的地位。也由于一般处于变革期的革新思想，在这里发现了破坏旧事物、刷新旧弊病的对象之一，助长了不分青红皂白地废佛的气势。⑧

政府并没有积极下令废佛，但却十分积极地鼓吹神道，这就自然导致了对佛教的压制。如前所述，明治二年（1869）七月官制改革时把神祇官列于太政官之上，从形式上体现祭政一致的理想；同年九月设宣教使，作为与开拓使等平级的官厅，其官员是长官及下属四等官，即正、权、大、中、少宣教使及讲义生；明治三年（1870）正月发布大教宣布诏，规定由宣教使在全国宣布惟神大道，把神道定为国教。为布教编纂了教典，宣教使在讲解诵读时，要身穿礼服，端正威仪；规定要巡历各地，向神职人员和村长等人宣讲。明治四年（1871）八月改神祇官为神祇省，凌驾于太政官之上的地位，有所下降；明治五年三月废神祇省设教部省，把佛教也包括在内。这是对狂热一时的神道至上主义加以反省的结果，其用意也是想接受佛教徒的热诚请愿和缓和不满士族及农民们的反政府情绪。教部省设教导职，定教则三条，令神官和僧侣广为说教。这三条是，一、体察敬神、爱国之旨；二、明确天理人道；三、奉戴皇上遵守朝旨。其中虽然也承认佛教，但基本精神还是神道，而且国家的色彩也十分浓厚。这一年，佛教各宗代表联名向政府上书请愿，要求建立大教院，按三条教则培养学生，普及教学，政府予以同意。在东京，以芝区的增上寺为大教院，两本愿寺为中教院，其他各寺院为小教院。地方府县也以大寺院为中教院，其他寺院为小教院。僧侣在那里，要以神官的作法讲解三条教则，寺院完全神社化了。这是僧侣在困境中的保身之策，这种不自然的神佛混淆的做法，是很可笑的，大有使佛教的生命为之窒息之慨。本愿寺的岛地默雷等人不满意这种状况，建议神佛分离。这种意见得到了采纳，明治八年（1875）四月撤销了大教院，停止神佛各宗混同，令各派自行宣教。十年（1877）一月教部省也被撤销，其事务移交给内务省社寺局。明治初期狂热的宗教统制方式，至此结束，但是其结果是，佛教摆脱了以往的国家保护，独自进行宗教活动；而神道却受到国家的大力保护，被用来作为宣传崇拜天皇、统一思想国策的工具，同国家的关系变得密切而具体了。

基督教徒大屠杀

　　一位熟悉西洋油画技巧的无名日本艺术家的画描绘了1622年发生在长崎的屠杀基督教徒的场面，它是日本整个宗教镇压的高潮之一。30位日本基督教徒被斩首（前景），其他至少22人包括9名西班牙传教士死于熊熊燃烧的大坑中的火刑柱上。一位目睹这一事件的英国商人描述道："在他们中，五六岁的小孩被活活烧死在母亲的怀抱中。"

　　基督教也是一个使政府头痛的问题。政府虽然采取开国和亲的外交方针，但由于政府是以神道为基础的，所以对基督教一如既往地采取禁止和压制的方针，也是很自然的。庆应四年（明治元年，1868）三月树立起禁止基督教的布告牌，并再次搜查了庆应元年（1865）发现的肥前浦上村基督徒，逮捕了三千余人，分送各藩，加以监禁。各国公使虽对此提出了抗议，但政府毫不让步。这时正值岩仓具视等人访问欧美，美国政府首先提出，日本如果想要修改通商条约，就必须撤销对基督教的禁令；到欧洲时也受到同样的抗议。岩仓决心解除禁令；上奏朝廷，请求撤除禁止基督教的布告牌，释放被监禁的教徒。朝廷采纳了他的意见，下令从明治五年（1872）五月起解除禁令，六年（1873）二月正式撤除禁止基督教的布告牌。在这以前，明治五年二月，在横滨外国人侨居地，建立了日本基督教公会。由于外国传教士的努力，逐渐取得了发展，这是最早的新教教会。日本人中村敬宇、新岛襄二人传播基督教，给世人感化很深。敬宇原是幕府的儒官，庆应二年（1866）前去英国研究当地文化，回国后创办私塾同人社，提倡基督教化的儒教，力主要学习西方文化，就必须信仰其本源的基督教。新岛襄于幕末赴美国学习神学，回国后在京都创办同志社育英学校，从事育英传道工作。随着人民欧化热的高涨，基督教也逐渐得到传播。但对它的攻击也很激烈，出现了许多驳斥基督教的书籍，各地对教徒的迫害也一再发生，直到帝国宪法公布，正式宣布保障信教自由，这种情况才改变了。这种反抗是江户时代二百年间养成的禁教思想和对日本文化独立性的认识，同政府复古的一面相结合的产物；它同人民对待 16、17 世纪突然出现的西方新文化的旗手——基督教的态度，是完全不同的。

教学与思潮　教学也采用西方新方法，进行了急剧的改革。开始时高等教育方面出现了复古倾向，如京都学习院的复兴；皇学所和汉学所的设立；幕府开办的医学所、开成所和昌平学校的复兴；等等。不过在初等和中等教育方面，则采用了新的方式，开办了小学校和中学校。最早开设小学校的是京都（明治二年，1869）；其次是东京府［三年（1870）六月］；中学校也在东京和京都（三年）设立了。政府很早就打算进行划时代的学制改革，不断派员到国外去考察学制，最后制定和颁布了在日本教育史上划时代的明治五年（1872）的《学制》。在此之前，政府设立文部省作为中央教育行政机关，任命大木乔任为文部卿［四年（1871）七月］，负责《学制》的规划和实施。《学制》的宗旨是把学问普及到所有人民，使人民得以修身、学艺。其具体做法是，按照法国制度采用学区制，即把全国划分为八个大学区，每学区设一所大学，每一大学区分为 32 中学区，每区设一所中学，每一中学区又分成 120 个小学区，每区设一所小学。因此，全国有 8 所大学、256 所中学和 53760 所小学。也就是每 600 个人里有一所小学，每 13 万人里有一所中学。小学有普通小学、女子小学、村民小学（偏远地区的简化学校）、贫民小学、私塾（在家中教学）、幼儿小学（小学入学前的预备教育）等等。最基本的是普通小学，分上、下两等，原则上下等小学从 6 岁到 9 岁毕业，上等小学从 10 岁到 13 岁毕业。以此为基准，中学、师范学校、专门学校、大学等也都制定了严整周密的制度。好比是要对一座自然发展的、街道错综发达的

日本学制大纲

日本人崇尚教育，明治五年（1872）制定的学制，是怀有伟大抱负的明治政府提出的新教育政策。明治十八年（1885）内阁制度创立，文部大臣森有礼发布《帝国大学令》《师范学校令》《小学令》等法令进行学制改革。

城市，实施一项纸上制定的城市计划方案似的。新政府的热情，充分表现出了其远大理想和宏伟计划，然而在实施上，却有困难。如果勉强实施难以实施的东西，就会造成过度干涉和增大地方经费等弊端。因此，到明治十二年（1879）就被自由主义的《教育令》所取代。但是，由于《学制》的颁布，使教育设施有了飞跃的发展，则是事实。明治六年（1873）小学校有 12558 所，到明治十二年

（1879）为 28025 所；教员数也从 25532 人增加到 71046 人。培养教员的师范学校也于明治五年（1872）五月在东京建立，及明治六、七年，大阪等 6 个府县也都纷纷设立，已拥有 7 所官立师范学校。同样地，女子师范学校也在东京及各县建立起来。另外，还大力增设了中学，开办了医学校、法学校、外国语学校等有实用意义的专门学校。明治十年（1877），东京开成学校与东京医学校合并，成立了东京大学，这是一所最早的综合大学，设有法、理、文、医 4 个系。

政府不仅在学校组织方面采用西方做法，在学科内容上，也广泛地吸收了西学。在学校组织方面，参照了法国制度，而在教学内容方面，则主要效法美国。小学的教学科目里有西方算术、地理学、物理学、绘图、几何、博物、化学等，教科书大多是福泽谕吉的《西洋事情》《劝学篇》《究理图解》，桥爪贯一的《世界商卖往来》，内田正雄的《舆地志略》和大文彦的《万国史略》等启蒙性书籍。中学规定由外籍教师教授外国语，有的中学则用英、法、德等外国语教授中等教育的学科内容，以作为理解大学里外籍教师专科讲义的预备教育。师范学校也聘请外籍教师，外籍教师把师范学校的上等生看作小学生，教授外国小学课程，使其理解教授法。

教育界洋风的盛行，当然是来源于普遍尊重洋风的思潮。把旧文化视为因循姑息、陈规陋习，对西方新文化怀着无上的尊敬和憧憬，这成为风靡上下的时代思潮。祭政一致的复古精神，只在维新初期有所高涨，但很快就发现复古的具体措施内容贫困，根本不能同蕴藏着无穷力量的西方新文化相抗衡。明治四年（1871）左右，在东京的知识分子中，国学只有汉学的 1/10，而汉学只有洋学的一半。福泽谕吉的《西洋事情》（明治二十年出版）一再翻印，总销售数达 20 万部之多，《劝学篇》（17 篇，明治五年至九年出版）在明治五年到十三年之间，共销售 70 万册，由此可知人心渴望求得洋学知识。洋学所以如此受欢迎，是因为它能够立即结合实用，这同西方的制度、技术能够立即为国家建设所利用是同一个道理。这一时代欧美思想界充满了自然主义、个人主义、自由主义、功利主义等，这些思想含有打碎封建制的作用，最适合于明治初期的日本。其中包括继承法国卢梭（J. J. Rousseau）流派的天赋人权论、民约说；英国边沁（J. Bentham）和穆勒（J. S. Mill）的自由主义、功利主义；达尔文（C. R. Darwin）和斯宾塞（H. Spencer）的进化论；等等。特别是边沁和穆勒的功利思想影响最大，

福泽谕吉 [福泽谕吉（1834—1901），明治初期思想家、教育家，丰前中津藩士福泽百助的次子，曾赴长崎学习兰学，以后又回大阪，在绪方洪庵塾中继续学习兰学。万延元年（1860）随幕府使节团出国，到美国，后又到欧洲；庆应三年（1867）再次渡美，吸取了不少西方新知识，回国后就创办庆应义塾介绍西方新文化，并培养人才；同时他还撰述不少有关介绍西方新知识的启蒙著作。他吸收了英国的功利主义思想，主张尊重个人的独立，鼓吹以社会的实利为重，反对束缚个人发展的旧习，并创立以社会实利为主的经济学说，一般称之为三田学派（1871年以后，庆成义塾迁至三田），在实业界方面颇有势力。他一生没有担任过官职，但主张官民合作。明治十五年（1882）创办时事新报，亲自撰文，其文章以通俗易懂见称；一生著作甚多，其影响最大的有《劝学篇》《西洋事情》《文明论概略》《世界国尽》等。现在出版有《福泽谕吉全集》《续福泽谕吉全集》等，收罗其全部著作。——译者] 就是这一思想的代表。他曾三次出国，对欧美思想领会很深，提倡个人自由平等、国家独立、尊重实学，撰写了许多启蒙书籍，指导人们的思想，还开办了庆应义塾，培养人才。当时提倡洋学的新思想家组织了"明六社"，从事新思想的宣传和普及。这个社是明治六年（1873）由森有礼提议，后来有西村茂树、津田真道、西周、中村敬宇、加藤弘之、箕作秋坪、福泽谕吉、杉亨二、箕作麟祥等人参加而成，出版《明六杂志》，发表了一系列进步议论，如"以洋字书写国语论""期望出版自由论""开化之进步不由于政府而在于舆论说""改造民性说"等，发挥了巨大的启蒙作用，后来因政府加强压制言论，明治八年便解散了。

报纸、杂志对普及新思想做出了巨大贡献，而报纸、杂志的出版又极大地得力于活版印刷术的发展。木活字从近世初期以来一直沿用到幕末。另外，长崎译员本木昌造学习洋式活版印刷术、制造铅活字，使活版印刷实用化取得成功（明治二年，1869）。在此之前，文久二年（1862）出版发行了翻译荷兰报纸的《巴达维亚新闻》，后来，横滨和江户等地也陆续出版、发行了报纸，反政府言论也有所增加，于是庆应四年（明治元年，1868）六月规定，凡未经政府批准的报纸，一律禁止发行。旧幕臣福地源一郎编辑的《江湖新闻》等，因触犯忌讳而被禁止发行。尽管这样，政府认识到报纸的巨大启蒙作用，所以另一方面又鼓励其出版、发行，因此，报纸的发展很快。明治三年（1870）末出现了最早的日报《横滨每日新闻》（原名《横滨新闻》），它使用了本木创制的铅字。明治五年

（1872）出版了《东京日日新闻》《邮便报知新闻》。它们的读者对象是高级知识阶层，内容主要是社论、官方公报和读者投稿，文章晦涩难懂。明治七年发行的《读卖新闻》、八年（1875）发行的《东京绘入新闻》（原名"平假名绘入新闻"），内容则都是通俗易懂的文章、社会新闻、小说等，以大众为对象，在向平民阶层灌输文明开化方面，发挥了巨大作用。随着政府的专制化和设立民选议院论的抬头，报纸出现了反政府言论，因此，政府方面公布了最早管制言论的法律"诽谤律"及"新闻纸条例"，这一点在上面已经讲过，不再重复。

最早的报纸多是定期出版物，和杂志很难区别，直到每天出版的报纸陆续出现后，两者才开始有了区别。最早的名副其实的杂志，是庆应三年（1867）出版创刊号的《西洋杂志》，明治以后有一段时间，没有见到冠以杂志名称的出版物，到明治六年（1873）出版了《海外杂志》《文部省杂志》，明治七年（1874）出版了《民间杂志》（庆应义塾出版）、《明六杂志》（明六社出版）等，才逐渐增多，成了启蒙运动的一个组成部分。

上面所见到的，是针对封建旧文化的西方现代新文化，用当时的流行语来概括，就是"文明开化"。文明开化在当时提出的王政复古、四民平等、公议众论等口号中，是与人民实际生活关系最紧密、最富有具体实践性的，因而也是最能见到其实效的。上面所述的政治、经济等新设施，大部分不外乎是文明开化的表现，这里再提一下上面未提到的在风俗等方面见到的文明开化现象，借以回顾一下生气勃勃、充满希望的这个时代的性格。

明治四年（1871）八月允许剪发、废刀。正如歌谣中所唱的那样，"敲一敲剪了发的脑壳，响起了文明开化的声音"，剪发确是成了新思潮的象征。西服最早在军队中采用，明治五年（1872）十一月制定了穿大礼服和常礼服的规则，废除了直垂、狩衣、上下等旧式（日本式）礼服，西服成为公式服装。西服也是文明开化的突出表现，正是保守主义者所无法接受的。明治七年（1874）四月，鹿儿岛出身的左大臣岛津久光对政府的开化政策感到不满，向太政大臣三条实美提出了十四条质问书，其中第一条就是"将先王法服改为洋服之事"。天皇虽曾亲教导说，关于服制的建议，碍难采用。但他上奏说："服制是我陈述的主要问题，舍此其他都是枝节。除此以外，我再也没有能为政府尽力之处了。"可见他多么嫌恶采用西服，也说明西服作为开化的象征，具有多么大的意义。久光所提质问的那些条，反映了保守主义者所诅咒的文明开化的各种现象。试举几条于下："使用称为太阳历的西洋正朔；由御座起，各省均模拟洋风；各省雇用洋人听其教示；以洋风作为学校规则的规矩；采用洋式兵制"；等等。

明治五年（1872）十一月下诏决定采用太阳历，改这年十二月三日为明治六年（1873）一月一日；并改昼夜 12 小时制为 24 小时，这是人民生活中划时代的变革。不过，与民间农历相结合的太阴历势力仍很强大，因此一般在公式上使用太阳历，而私下却仍用旧历，这种表里不一的文化并不是个别现象，而是当时文明开化中注定难以避免的事情。此外，在饮食中开始食用肉食、饮用牛奶；住宅开始使用煤油灯和煤气灯；用砖瓦建筑房屋；交通工具中，流行人力车和马车；服装方面戴帽子、使用阳伞；等等。⑨

明治时期的学生

在近代化进程中，教育的迅速发达是不可或缺的因素。明治时代的学生学习西方文化为日本近代化起着重大的促进作用。图为明治时的学生。

文明开化与实现精神

文明这个根本课题相比，很容易流于形式，造成轻率地蔑视和破坏旧文化。从神佛分离令发展到废佛毁释的暴行，就是这种现象在宗教上的表现。此外像拆毁各处城的天守阁（姬路、彦根等处）、砍伐具有悠久历史和美观的树木（上野公园、东海道林荫松、吉野山樱等）等，都反映了这个年轻的时代惑于眼前实利而蔑视旧事物的一个侧面。⑩

注　释：

①五条御誓文，最初是作为诸侯会盟的誓言而起草的，由福井藩参与由利公正拟出初稿，经土佐藩参与福冈孝弟修改。所以草案中有"兴列侯会议，万机决于公论"等语，与后来的誓文稍有出入。将诸侯会盟的形式改为天皇向天神地祇宣誓的形式，是木户孝允修正的。

②土屋乔雄、小野道雄合编的《明治初年农民骚扰录》（1931 年，南北书院出版），收集了有关这个时代农民起义的史料。小野武夫的《维新农民起义谭》（1930 年，改造社出版），是地方史学家执笔集录的农民起义记。

③关于岩仓使节与美国的谈判，历来有各种不同的说法，最近下村富士男查阅日本外务省及美国国会图书馆、美国国立档案馆等处所藏文献，弄清了对美谈判的历史真相。参阅下村富士男《明治初期修改条约史研究》（1962 年，吉川弘文馆出版）。另外久米邦武的《特命全权大使巡视欧美实记》（1878 年，博闻社出版），记述了岩仓使节的出访情况。

④格兰特是南北战争时立下了军功的将军，后来曾两次被选为总统。他于 1877 年第二届总统任期结束后，踏上漫游世界的旅途，1879 年（明治十二年）6 月来到长崎，7 月 3 日抵横滨，作为国宾在日本逗留了两个月。为感谢前些年岩仓使节在美期间，受到格兰特总统的优遇，日本朝野对他表示了衷心的热烈欢迎。明治天皇也屡次会见他，就国政问题征求了他的意见。格兰特在回答征询时，预示了日本将来的发展前途，并提出了应用渐进方式设立民选议院和不可募集外债等忠告。详细可见《天皇与格兰特将军对话笔记》（1937 年，国民精神文化研究所出版）。有关的研究有三浦周行的"新日本的大恩人格兰特将军"（载《日本史研究》第二辑，1930 年，岩波书店出版）。

⑤关于西南战役，较早的有《西南记传》6 册（1907—1911 年，黑龙会本部出版），详细记叙了战役经过。最近圭室谛成的《西南战争》（1958 年，至文堂出版），着眼于萨摩的社会、舆论等方面，扼要地论述了动乱的原因和经过。

⑥木户孝允的传记，有木户公传记编纂所编的《松菊木户公传》2 册（1927 年，明治书院出版）。史料方面有妻木忠太编《木户孝允文书》8 册（1929—1931 年，日本史籍协会出版）。大久保利通的传记，有胜田孙弥的《大久保利通传》3 册（1910—1911 年，同文馆出版），史料有《大久保利通文书》10 册（1927—1929 年，日本史籍协会出版）。

⑦大内兵卫和土屋乔雄校的《明治前期财政经济史料集》21 册（1931—1936 年，改造社出版），收集了从明治初期到帝国议会开设为止与政府财政和经济政策有关的记录文件。此外还有明治财政史编纂会编的《明治财政史》15 册（1926—1928 年出版）。

⑧村上专精、辻善之助和鹫尾顺敬合编的《明治维新神佛分离史料》3 册（1926—1927 年，东方书院出版）及《续编》2 册（1928—1929 年，东方书院出版），是广泛收集了有关神佛分离和废佛毁释的史料及谈话等专书，很有参考价值。

⑨石井研堂的《明治事物起源》（1926 年，春阳堂出版），多方列举了明治时期采用新文物的情况。此外吉野作造编《明治文化全集》19 卷风俗篇、20 卷文明开化篇（1929 年，日本评论社出版），也收集了有关文献。

⑩政府编纂的有关这一时代的历史书籍，很多已公之于世。首先是明治政府刚刚成立就计划编纂的、阐明王政复古历史的《复古记》。从明治六年到二十二年，花费了十六年零八个月的时间，经太政官修史馆、内阁修史局、帝国大学编年史编纂部等的努力而完成的。其中记述了从庆应三年十月十四日的大政奉还开始，到明治元年十月二十八日东征大总督解任为止大约一年零一个月的历史。这是一部编年史料，其中有文件、纲要，史料都是照录原文，引用的书籍达 1212 种。本纪 150 卷、外纪（东海、东山、北陆、奥羽等战记）148 卷，共计 298 卷。1930—1931 年，由史料编纂所分成 15 册出版。

其次是《明治史要》。它是太政官修史馆编纂的简明编年史，记述了从大政奉还到明治十五年（1882）为止约 16 年间的历史。该书曾于明治十八年（1885）出版。到昭和八年（1933）史料编纂所又将其与明治十九年（1886）刊行的《明治史要附录表》合刊，题名为《明治史》，分上、下两册再版发行。它是确切的史实记录，还有各种附表，很有参考价值。

为记录维新事迹，还出版了政府编纂的史料和维新史。明治四十四年（1911）文部省设维新史料编纂局，以弘化三年（1846）二月孝明天皇践祚起到明治四年（1871）七月废藩置县为止的二十五年零六个月为对象，收集了全国范围的史料，从 1937 年开始出版。但《大日本维新史料》仅出了 19 册（1938—1943 年出版）就中断了。完成的有，史料纲要拔萃性质的《大日本维新史料纲要》10 册（1937—1939 年出版）、叙述历史的《维新史》6 册（1939—1941 年出版）、《概观维新史》1 册（1940 年出版）。虽说都是站在政府立场上的叙述，但所用史料都是经过精选的。

另外 1953 年是佩里来日第一百年，在政府资助下，组织财团法人开国百年纪念文化事业会，编纂出版了《明治文化史》14 册、《日美文化交通史》6 册。由于是由多数人分担撰写的，内容并不统一，但可以从中看出，战后准官方的明治史观。

此外指原安三的《明治政史》（明治二十六年，1893 年，富山房出版，收于《明治文化全集》正史篇），是一部记述从大政奉还到明治二十三年，1890 年帝国议会开院为止的编年史。虽不是由政府编纂的，但引述丰富，作为这个时代的一般史来说，读起来是很方便的。

第二节　近代国家的发展

明治大正时代　西南战役结束后，政府基础有了显著的加强和巩固，从此就放心大踏步地沿着建设现代国家的道路向前迈进。在国内，巧妙地镇压了民众的自由民权运动，通过颁布钦定宪法，整备了立宪政体的形式；在国外，通过修改不平等条约和推行大陆政策，提高了日本的国际地位。经济上，迅速完成了产业革命，开始与先进资本主义国家展开竞争。对于从明治十年代到大正末年的 50 年间，日本所取得的发展，即使想要贬低和指摘其缺点、短处的人，也不能不感到惊讶。由于日本的现代化，是由一个落后国家在短期内迅速完成的，所以难免有许多不均衡和不合理的地方。但是总的来说，明治大正时期的日本是沿着世界史的步伐，走上发展现代国家的道路，作为国际社会成员之一，占有当之无愧的地位；并可以期待它将为世界文化的发展做出贡献。但是进入昭和时期，由于世界性危机的影响，和日本经济的脆弱性，日本不得不转而凭靠武力去垄断亚洲市场和资源。这是对整个明治大正时期虽然缓慢但却稳步成长起来的国际协调主义和民主主义的背弃，同时也是向中世纪神秘主义和非合理主义的倒退，同明治大正时期的历史步伐完全是背道而驰的。这里先不说昭和，只概述一下明治大正 50 年间的历史。

自由民权运动　西南战役后，不满现状的士族阶层，认识到用武力来颠覆政府是很困难的，从而投到了自由民权运动伞下。这一运动的核心人物是板垣退助，明治八年（1875）十月，他辞去参议的职务，退居土佐，专门致力于立志社的活动。同时还着手复兴爱国社。这个社由于它参加政府，失却核心，以致一度陷入自消自灭状态。现在他把它复兴起来，并把它作为全国规模自由民权运动的大本营。明治十三年（1880）三月第四次大会上，改爱国社为要求开设国会同志会（国会开设愿望有志会），制定了国会促成同盟规约。这次集会以后，片冈健吉、河野广中受二府二十二县八万七千人的委托，携带"要求开设国会请愿书"进京，但太政官和元老院均不予受理，于是他们只好写了报告书向各地代表做了汇报。在此之前，冈山县的有志之士和福冈县共爱会等也都曾向元老院提出开设国会的建议，明治十三年（1880）以后各地建议接连不断，达几十份之多。有识之士将此项举动比作安政文久年（1854—1863）间各藩有志之士向幕府建议攘夷锁国的举动。为此，政府颁布了集会条例〔明治十三年（1880）四月〕，加强了对政治性集会和演讲的取缔，但毕竟还是阻止不了发展的趋势。因此，政府当局也越来越感到应该及早确定开设国会的日期，并起草宪法。正在这时，突然发生了处理开拓使公有财物的事件，进一步推动了形势的发展。

自明治二年（1869）以来，开拓使在开拓北海道方面做出过巨大的成绩，已经进入了不再需要继续设一个特殊机关的地步，加上支付预算亦已到期，因此决定在明治十四年（1881）处理拍卖一切公有财物。当时申请接受财物的是萨摩出身的巨商五代友厚和原山口县令中野梧一等人出资兴办的关西贸易商会。拍卖的条件是，全部公有财物的估价为 38 万日元，无息，分 30 年偿清，这条件十分优越。事实上，政府自明治二年（1869）以来投入的资金达 14096000 日元之多。当这个消息一传出来，报纸就对此进行严厉的谴责，各地也纷纷召开演讲会，掀起了弹劾的声势。并且认为

大隈重信像

大隈重信（1838—1922），日本近代资产阶级政治家。早年就读于藩校弘道馆和兰学寮。后到长崎学习英语和英国政治制度等知识。1867 年至京都企图劝幕府将军"奉还大政"，未果，受"谨慎"处分。1871 年，明治政府大改组后他成为中枢核心人物之一。1873—1880 年担任大藏卿，致力于造币、铁路和电信设施事业。

这完全是藩阀政治的恶劣表现，正因为如此，才需要开设国会。这样，大大地促进了要求开设国会运动。

与此相关，政府内部萨摩、长州派势力与大隈重信 [大隈重信（1838—1922），明治、大正时代的政治家，幼名八太郎。佐贺藩出身，幕末和副岛种臣因主张奉还大政而脱藩；明治政府成立后，任民部、大藏大辅（1869）、参与（1870）、大藏卿（1873），明治十四年（1881）政变时，因和萨长派意见对立而下野。次年组织改进党，自任总裁。并创立东京专门学校（后改称早稻田大学）。二十一年（1888）任黑田内阁外相，次年因修改条约问题被炸，失右脚；三十一年（1898）组阁，大正三年（1914）第二次组阁，五年（1916）因参加第一次世界大战及向中国提出二十一条侵略条约而离任。——译者] 之间的对立，也严重化了。大隈于明治六年（1873）继大久保利通之后，担任大藏卿，直到明治十三年（1880），担任此职，掌握政府实权，与萨摩、长州派之间，分别保持着微妙的关系。但在制定宪法问题上，他曾上奏激进的意见书，引起萨摩、长州阀的愤慨，这次在处理开拓使财物事件上攻击政府，被无端地看作是他与福泽谕吉及其门下自由民权运动论者互相策应，来排斥萨摩、长州的行动，担心这是西南战役以来国家所面临的又一危机。因此，当局想要一举取消处理财物事件、开设国会和罢免大隈时，正值天皇从东北巡视回来，便于当天夜里召开御前会议做出决定。即次日 [明治十四年（1881）十月十二日] 就颁发开设国会的敕谕，明白宣布以明治二十三年（1890）为期，开设国会，并宣布取消处理开拓使公有财物，免去大隈重信的参议职务。和罢免大隈同时，其党羽矢野文雄、牛场卓造、尾崎行雄、犬养毅、中上川彦次郎、小野梓、岛田三郎、河野敏镰、前岛密等多数新进有为的官员也被免职，形成征韩论以来政府内部的又一次分裂①（明治十四年政变）。

大隈从此一心致力于组织政党、发展宪政，并开设东京专门学校（以后的早稻田大学）从事培养人才。这和福泽谕吉不再与问政治，倾注全力经营庆应义塾一起，给私立学校的发展，带来了意想不到的良好结果。

由于颁布了开设国会的敕谕，一直为此奔走呼号的自由民权派便转而组织政党，为国会的开设采取对策。早在这一年十月十八日，结成了以板垣为总理，中岛信行为副总理的自由党。该党党章中规定："力图扩大自由，保障权利，增进幸福，改良社会""确立善良的立宪政体。"民权运动的"左派"合流过来，后藤象二郎、马场辰猪、末广重恭、竹内纲、大石正巳、中江笃介、田口卯吉等都参加了该党。

次年三月，以大隈重信为总理，以同他一起下野的人为中心，组成了立宪改进党。该党在宗旨中强调王室的尊荣与人民的幸福要同时共存，并阐明其目的是，要以渐进的方式改良政治，"政治之改良前进，为我党所希求，然急激之变革，则非我党之所望"。"夫惑于陋见而徒主守旧者，急躁冒进好务激昂者，均非我党之所望"，其政纲第一条是"保全王室之尊荣，保障人民之幸福"。自由党专以卢梭的民约论为依据，把法国革命挂在嘴边；而改进党则把英国的立宪思想奉为楷模，二者急进与渐进的区别十分明显。这在支持它们的社会基础上也反映出来，自由党的支持者是对现状不满的士族阶层和穷苦的贫农，而改进党则以城市实业家、地方地主和知识阶层等为支持者。

两党的主张虽各不同，但在以藩阀政府为共同敌人这一点上却是相同的，所以，在政府内的伊藤博文和井上馨等人，为了对抗他们，也策划建立御用政党。这就是福地源一郎和丸山作乐等人于明治十五年（1882）三月组成的立宪帝政党。帝政党主张："遵奉明治八年四月十四日及明治十四年十月十二日之敕谕，内保万世不变之国体，巩固公众康福权利，外伸国权，希对各国确保光荣，循序渐进，不拘泥守旧，不争先急躁，恒求秩序与前进并行，以维护国家安泰，以谋循序改进""宪法出于圣天子亲裁，明载圣敕。我党遵奉之，决不违背钦定宪法之原则""我皇国之主权当然由圣天子独揽，其行使则依据宪法之制定"，其立宪思想完全与政府要人的主张相同，并在帝国宪法中照样表现出来。与自由党的主权在民、改进党的主权在君民相反，它毅然提出主权在君，在完全不提国体论和忠君论的当时情况下，竟昂然如此扬言，其意气何其壮耶。然而，作为政党，其势力远不及自由党和改进党，支持它的当然只是神官、僧侣、国学者、汉学家等保守派人士。

与东京出现上述三大政党相呼应，全国各地也涌现出许多政党，有的与三党一脉相承的，有的不属于三党系统，总数达数十个之多。其中最有特色的一个，是在肥前岛原建立的东洋社会党。该党主张以道德为行动的准绳，以平等为主义，以谋社会公众的最大福利为目的，其具体政纲虽不明确，但就标榜社会主义的政党一点而言，也足以名垂史册了。不过，这个政党在建党后仅一个多月，就因妨害治安而遭受禁止了。

政党的这种盛况，并没有持续多久，其原因之一可能是经济界的萧条。自由民权运动之所以征西南战役后显得特别活跃，部分原因在于那次战役后增发不兑换纸币而带来的经济繁荣。然而从明治十四年（1881）以后，政府开始整理不兑换纸币，随着这项工作的进展，经济界逐渐进入萧条期。萧条的征兆在明治十五年（1882）时已经出现，与此同时，民权运动也转入了消沉期。但实际上使政党衰落的更大原因是政府的镇压。政府对以自由党为中心的自由民权论的高涨，感到是一种可怕的危险思想的大泛滥。明治十五年十二月，右大臣岩仓建议停止府县会议，他在建议中评论民权论的盛况说，就是和法国大革命前的形势相比，也看不出有什么两样的。政府于明治十五年六月修改集会条例，强化对政党的取缔，规定凡政治结社，必须在结社前向该管警察署提出申请，呈报其社名、社章、会场和社员名单，取得其批准。并规定，不得以议论政治而广泛宣传其宗旨；不得由其委员或发刊文件诱导公众；不得设立分社；不得与其他团体进行通信联系等等禁例。明治十六年（1883）修改新闻条例，严加对新闻的管理。另外政府又采取了一系列的办法，怀柔自由民权论者，例如让他们担任官职，让其领导人物出国旅行，等等。在那个官尊民卑十分厉害的时代，这种做法收到了很大成效。自由党总理板垣退助和该党领袖后藤象二郎，在自由党建立后仅仅一年，便不顾党内反对，突然踏上赴欧之途，民权论者就这么轻而易举地投降了（明治十五年十一月）。政府也曾力劝改进党总理大隈重信到国外去旅行，但没有成功。不过，政府为了切断三菱公司对该党在资金方面的援助，设立了半官半民性质的共同运输公司，使之与三菱公司展开激烈的竞争，威胁其在海运业方面的垄断地位。

这种对政党软硬兼施的弹压，使政党在资金关系方面、事业活动方面几乎不可能再存在下去。一部分对此感到愤慨的自由党员竟在各地发动了武装反抗，企图以直接行动来颠覆政府。像明治十五年（1882）的福岛事件（县令三岛通庸与县会议长、自由党员河野广中的冲突）、明治十六年（1883）的高田事件（新潟县高田的自由党员暗杀大臣的计划）、明治十七年（1884）的群马事件（自由党系高崎有信社的暴动）以及加波山事件（从在栃木县厅落成典礼上暗杀政府大官的计划到加波山举兵）等都是。但是，这些暴动并没有给自由党带来任何利

犬养毅像

　　犬养毅（1885—1932），冈山县人。明治宪法颁布后，于 1890 年首届国会大选中，当选为众议院议员，嗣连任达 17 次之多。隈、阪（阪垣退助）内阁成立后，出任文相。大正时期，积极推动护法运动，迭任内阁首相。

益，反而使政府的镇压越来越严厉。陷入困境的自由党终于在明治十七年（1884）十月宣布解散，板垣退隐土佐。改进党也由于经济萧条的打击和政府的镇压，内部也出现了解党论。明治十七年十二月总理大隈重信、副总理河野敏镰等人离开该党，使该党虽然名义上还存在，但实力已大为削弱。帝政党也早在明治十六年（1883）九月宣布解散。开设国会的敕谕发布后，以雨后春笋之势建立起来的三大政党，仅仅过了两三年的时间，竟陷入这样悲惨的命运，很难只凭形势变化莫测倏忽来加以说明。《明治政史》的作者在论述到这种情况时说："当时政党的盛衰变化，犹如流行性感冒""呜呼！其兴也矫矫然，如冲天之鹤，其散也累累然，似丧家之犬，吾国民之风气亦可谓之一奇。"这正是许多人想要说的话。

自由党解散后，旧自由党员的直接行动仍然没有停止。明治十七年（1884）十一月，在旧自由党员领导下发动了秩父暴动，上千名群众袭击了郡公所、警察署和法院，但他们的直接目标，却是要打击高利贷。这次行动说明自由党是有广泛发动群众的力量的。明治十九年（1886），静冈的旧自由党员曾准备在箱根离宫落成典礼上暗杀参加的政府要员，颠覆政府，由于计划事前暴露，没有成功。

从明治十九年（1886）起，经济界开始摆脱长期萧条，国会开设的日期也日益迫近，因此，一时处于停滞状态的自由民权运动重又出现了活跃的迹象。促成他们重新活动的原因是反对政府修改条约方针的舆论。修改条约是多年来的悬案，明治十二年（1879）以来担任外务卿的井上馨在这一问题上曾花费了不少精力，提出要执行所谓的欧化政策。明治十八年（1885），首次采用内阁制度，伊藤内阁一成立，他便作为外务大臣大力推行欧化政策，出现了所谓鹿鸣馆时代的狂热模仿欧美的时代。修改条约的谈判大体上已告成功〔明治二十年（1887）四月〕，但由于其中包括国内向外国人开放（内地杂居）；任命多数外国人担任法官，与日本法官共同审理有关外国人的案件；两年以内制定西方式的民法、商法、刑法、诉讼法等项内容，以作为废除治外法权的条件。传出后，人们认为这是政府采取卑屈软弱态度的结果，展开了猛烈的谴责。自由民权论者就利用这个机会，指导舆论，掀起反政府的浪潮。而且政府的法律顾问布瓦索纳特（G. E. Boissonade）所提出的意见书中也说，这样修改，对日本反更不利。农商务大臣谷干城也辞职表示抗议，胜安芳也谴责政府的欧化政策。这些意见书等泄

日本天皇主持议会开幕仪式的场景

　　这幅英国的雕版画描绘了 1890 年 12 月 29 日日本天皇主持议会开幕仪式的场景。这个新成立的立法机构的成员以及日本公众都很清楚，1889 年宪法只能根据天皇的意愿制定和修改。

露到民间以后，成为民权派攻击政府的绝好材料。当时称从事民权运动的青年为"壮士"，他们仿效幕末的志士，高唱舍身报国，动辄想以过激行动来贯彻信念。他们提出刷新外交、减轻地租、言论集会自由三条口号，纷纷从各地进京，向政府提出建议书，弄得首都满城风雨。于是内阁终于决定中止修改条约，明治二十年（1887）七月，外相井上馨辞职，由伊藤首相兼任外相。这时，民权派的攻击更加尖锐，后藤象二郎提倡加强各党派的大团结，组织了丁亥俱乐部，作为联合一切旧自由党员和改进党员的联系机关。被民权运动的高涨吓破了胆的政府，终于决定挥舞起彻底镇压的铁拳。明治二十年（1887）十二月，发布保安条例，并立即施行，下令 570 名民权派人士，因"有阴谋教唆内乱、或妨害治安之虞"，勒令他们当夜退离皇城三里之外。其中包括有星亨、林有造、中岛信行、尾崎行雄、片冈健吉、竹内纲、中江笃介等著名政客。这时，政府已极其秘密地完成了帝国宪法的起草工作，经枢密院审议后于明治二十二年（1889）二月颁布出来。正在各地游说，提倡各党派大团结，大力唤起民论的后藤象二郎，突然于这年的三月入阁，担任黑田内阁的递信大臣，轻易地背叛了大团结运动。明治二十三年（1890）七月，举行了首次帝国议会的大选，十一月召开第一届议会，这时各政党又按照各自的传统组织起来，从此以后，自由民权派便以议会为舞台与政府进行斗争。[②]

宪政的发展　制定宪法，作为国家的根本法典，这一建议很早就提出来了。木户孝允历访欧美回国后，就向当局陈述了制定宪法的必要性。明治七年（1874），左院着手编纂宪法；九年（1876），天皇亲自降旨元老院议长有栖川宫炽仁亲王，命其起草宪法草案。元老院遵照敕命，任命柳原前光、福羽美静、中岛信行、细川润次郎四名议官为国宪调查委员，负责宪法草案的起草工作，四名委员于明治十一年（1878）完成起草工作，定名为《日本国宪法》草案，提交议长。不过，其中有的条例，被认为不符合国体，而下令再议。这些条例如：天皇即位时，须在两院宣誓遵守国家宪法那样照搬外国的条文。到明治十三年（1880）完成了修正案，但仍没有得到岩仓具视的赞同。以岩仓具视为首的当权派，虽然迫于形势，原则上不能反对宪法的制定，但却想要尽量限制民权，以维护政府的专制主义；明治十四年七月，他提出意见书中说，英国式的宪法不适合日本国情，许多地方应该向普鲁士宪法学习。后来不久，由于政府许诺以明治二十三年（1890）为期，召开国会，所以不能不开始认真地进行制定宪法的准备工作。该项工作的具体负责人是伊藤博文，他于明治十五年（1882）三月受命调查欧洲各国立宪政体的组织和运用，率领伊东巳代治、平田东助等随员在这月中就出发了。他首先到德国，通过驻德公使青木周藏的斡旋，听取柏林大学教授格奈斯特（Rudolf von Gneist）的讲义，然后去维也纳，向维也纳大学教授斯坦因（Lorenz von Stein）请教。通过学习，他们对普鲁士宪法适合于日本国情这一点，留下了深刻的印象。一行于明治十六年（1883）八月回国。十七年（1884）三月，在宫中设立了制度调查局，以伊藤为长官，由井上毅、伊东巳代治等人参加，着手准备起草宪法。

宪法颁布凤辇图

　　颁布宪法时日本全国欢腾，到处在准备扎彩门、照明和练队。然而，令人感到滑稽的是平民谁也不知道宪法的内容。宪法规定天皇拥有极大的权力。

　　为制定宪法做准备的制度改革，最早着手的是制定华族令（十七年七月）。这是在过去一律称为华族的身份里，设公、侯、伯、子、男五等爵位，根据门阀和勋功授予爵位，表示一家的荣誉，这同维新时的四民平等精神已相距甚远。这是由于伊藤在调查了各国的皇室贵族制度和特权以后，认为我国在和各国进行交往时，以及维护受到民权限制的皇权、贵族的特权，日本也有设置这样爵位的必要而制定的。于是原来的五摄家（近卫、九条、一条、二条、鹰司）以及德川、三条、岛津二家（久光、忠义）、毛利、岩仓等十一家，根据门第和功勋，被授予公爵；其他公卿、武家以及维新以来的功臣，也都根据门第和功勋被授予爵位。明治二十年（1887），在野的大隈重信、后藤象二郎、板垣退助等人也根据其功勋，被授予伯爵，于是令人感到，爵位还带有怀柔反政府运动领袖的作用。板垣根据平素一贯的政治主张，提出辞退爵位，但并没有被采纳，于是这个民权论的统帅从此也成了贵族中的一员了。

　　接下来进行的具有重大意义的制度改革是废除太政官制，建立内阁制。按以往的太政官制，辅弼天皇的是太政大臣及左右大臣。三大臣下面设参议，参议兼任行政各部长官"卿"（明治十四年以前参议之下设卿），参议辅佐大臣，本身并不直接负政治责任，因此施政的核心是三大臣。有时三大臣意见不一致，需要花费许多时间去统一，就不免使政务停滞，无法进行。实际上自明治四年以来，太政大臣是三条实美，右大臣由岩仓具视担任，三条缺乏统帅各参议的力量，要靠岩仓的协助加以弥补。岩仓于明治十六年（1883）逝世以后，[③]大臣的统帅力明显不足，参议兼卿听从大臣指挥的制度，与实际情况相差甚远。在这种情况下，计划采用西方各国的内阁制，由总理大臣与各省大臣一起组成政府，辅弼天皇，以求政府的充分统一和政务的迅速处理。由于不久就要实行立宪政治，因此这一计划显得更为紧迫。明治十八年（1885）十二月，根据这一宗旨废除了太政官制，新设内阁总理大臣及外务、内务、大藏、陆军、海军、司法、文部、农商务、递信九大臣。这些大臣共同组成内阁，辅弼天皇，负责全部政务。另外设内大臣和宫中顾问官职务，与原有的宫内大臣共同处理宫中事务、掌管礼仪等，以免疏漏。太政大臣三条实美改任内大臣，左大臣炽仁亲王转任参谋本部长，伊藤博文任总理大臣兼宫内大臣，此外入阁的有井上馨（外务）、山县有朋（内务）、松方正义（大藏）、大山岩（陆军）、西乡从道（海军）、山田显义（司法）、森有礼（文部）、谷干城（农商务）、榎本武扬（递信）等人。维新后大臣的任命，仍重视门阀，故在皇族、公卿、大名（三条、岩仓、炽仁亲王、岛津久光）以外，没有被任命者，而这次以长州藩下级武士出身的伊藤，担任相当于昔日太政大臣一职的内阁总理，明确显示了新官制打破门阀的精神。不过，阁僚出身是旧长州藩、萨摩藩各四名（长州有伊藤、井上、山县、山田，萨摩有松方、大山、西乡、森），旧土佐藩一名（谷），旧幕臣一名（榎本），具有浓厚的萨长联合的藩阀政权色彩，虽然说包括公家在内的旧门阀被打破了，可是新的旧藩门阀又明显地形成，并被助长起来了。

进行了这样的制度改革以后，从明治十九年（1886）起伊藤正式着手起草宪法。宪法与皇室典范由井上毅分担；议院法由伊东巳代治分担；众议院议员选举法与贵族院法由金子坚太郎分担。其中井上毅很早就受到岩仓的信任，对岩仓有关宪法意见的形成，起了很大作用，后来成为伊藤的股肱，他的德才，受到很高的评价，在宪法的起草工作中，他出力最多。政府的两名德国籍法律顾问——洛斯勒（Hermann Roesler）和摩赛（Albert Mosse）参与了这项工作，特别是洛斯勒的意见被采纳得最多。宪法草案在明治二十一年四月完成。④

明治二十一年（1888）四月，为了抑制原有的元老院，作为宪法草案的审议机关，同时也作为修改条约失败后伊藤的避难所，新设了枢密院。枢密院是天皇亲临咨询重要国务的机关，由议长、副议长、顾问官、书记官长和书记官组成，最早的议长一职，是伊藤由总理大臣一职转来亲自担任。宪法草案的审议工作就在枢密院秘密进行，明治二十二年（1889）二月结束，择同月十一日纪元节，颁布了宪法、皇室典范及附属各法令。颁布宪法时全都欢腾，举国庆贺，但实际上大多数人并不知宪法为何物。即使对此表示关心的人，事前也全然不知道它的内容，大家只是对盼望已久的宪法终于发布了这件事本身表示庆祝而已。然而公布的帝国宪法，就其制定过程也可以看出，当权者想要维持绝对君权，而民间则想要效法英和法，加重议会的权限。这两种对立的意见，最后还是以前者压制后者的形式表现出来，远远不能满足民权派斗士的愿望。宪法规定天皇拥有极大的权力，正如宪法的制定是钦定宪法一样，宪法的修改也不许议会提出，而要根据敕命来进行；宪法中有关皇室的重要事项，也均置于议会权限之外。立法权原则上需要议会通过，但有许多例外，给独断专行留下了广泛余地。统帅、外交、任命、授予荣典等大权，完全不容议会置喙，等等，一切都是在至高无上的君权下容许些许人民参政而已。而且允许参政的人民，只限是 25 岁以上的男子中缴纳直接国税 15 日元以上的人。明治二十三年（1890）第一次总选举时，有这种权利的人，其实际数字为 450365 人，只占总人口的 1.24%。颁布宪法的次日，总理大臣黑田清隆向地方长官发表演说，枢密院议长伊藤博文向府县会议发表演说，分别强调政府应在政党之外，立于不偏不倚之地；宰相的进退应听凭敕裁，政党组织内阁是最危险的，等等。政府以超然主义凌驾于议会之上，极力贬低政党的作用。

尽管由民权论者立场说来，对这个宪法是心怀不满的，但无论如何，由于宪法的颁布，日本已从专制政治变成立宪政治。人民参政得到承认，这说明在形成现代国家方面，取得成功，具有重大历史意义。宪法保证契约自由、所有权绝对等原则，为资本主义的发展打下了坚实的基础。这一宪法条文简洁，运用起来有充分发挥妙用的余地。后来事态的发展，和当时立法者的愿望相反，竟出现了政党内阁、扩大了选举权、实行了普选等，都是随着时代发展，灵活运用的结果。这部"不灭的大典"，作为明治大正国运兴隆的支柱，发挥了重要作用，但也包藏着弱点，就是给军阀、官僚的飞扬跋扈留下了可钻的空子。

伊藤博文转任枢密院议长后，作为总理大臣组阁的是黑田清隆，黑田内阁起用大隈重信担任外相，力图完成伊藤内阁修改条约失败后的善后工作，并邀请原改进党领袖入阁以加强政府。大隈就任后，立即着手修改条约，与各国分别进行磋商，明治二十二年（1889）四月改约方案泄露，被刊登在伦敦《泰晤士报》上，引起社会上激烈反对。因为其中一些内容与原来的井上方案并没有多大区别，如任用外国人担任大审院法官；允许外国人在内地杂居并拥有土地；等等。在一片反对声中，内阁不得不停止修改条约。恰在这时，大隈被暴徒投弹炸伤，致使黑田首相等提出辞呈，黑田内阁

图片说明（竖排）：官报 明治二十二年二月十一日 号外 内阁官报局

大日本帝国宪法

大日本帝国宪法

宪法草案在明治二十一年（1888）四月完成。日本宪法的颁布将日本从皇权政治变为立宪政治。

因而倒台（明治二十二年十月）。继任的山县有朋［山县有朋（1838—1922），军人，政治家。山口县人，幼名辰之助、小辅，号素狂、含雪。出身于下级藩士家庭，曾入吉田松阴的松下村塾。维新前率奇兵队，维新后继大村益次郎之后，为创立新式军队的中坚；明治十一年（1878）创设参谋本部等，在明治政府的军事化方面，他做出了很大的努力。明治二十二年（1889）和三十一年（1898）二度组阁，伊藤博文死后，他以元老、长州派军阀长老的身份，在军界掌握着很大权力，是日本帝国主义政权的支柱之一。——译者］内阁，实行了宪法颁布后的第一次总选举，并出席了帝国议会。山县代表长州阀，作为伊藤的替身在这个困难时刻挺身而出，山县作为后日军部和官僚总后台的政治经历，就这样积累起来。

后藤提倡的各党派大团结运动，由于他的入阁而形成分裂，大选是在小党分立的情况下进行的（二十三年七月）。明治二十三年（1890）十一月，第一届议

会开幕时，议会中各政党的情况是，立宪自由党130名（该党是由旧自由党派在这年九月间联合组成的）、立宪改进党41名、大成会79名（中立派与官僚联合而成）、国民自由党5名（系由立宪自由党的退党分子所组成）、无党派人士45名。其中大成会与国民自由党支持政府，但自由党与改进党集中了自由民权派人士，作为政府的反对党，占有议会中过半数议席。政府与议会的关系，从一开始就显得很不协调。果然，在第一届议会讨论二十四年度预算案时，议会决定大幅度地削减预算，露骨地表露出对藩阀政治的不满。自此以后，议会每年开会时，在野党都猛烈地抨击政府，多次削减预算；政府则以解散议会来对抗。第一次解散后的明治二十五年（1892）二月举行临时大选时，虽在内务大臣品川弥二郎的指挥下，对选举进行了大规模干涉，但结果还是民党获胜。这期间内阁已从山县转到松方、伊藤手中，长期由萨摩、长州两派轮流执政。伊藤因为不堪议会的攻击，于明治二十七年（1894），再度断然解散了众议院。政府与议会的抗争，的确使人担心宪政的前途，因为这一年爆发了中日甲午战争（日清战争），使国内的注意力都集中到对外战争上面，政府与议会的抗争便暂告停息了。

随着宪政的发展，和它有姊妹一样密切关系的地方自治制度，必须确立起来，各种法典，也需要制定出来。第一任内务卿大久保利通为建立地方自治制度做了大量工作，也衷心致力于地方自治制的建立。根据他的意见，制定了三项新法律，即：《郡区町村编成法》《府县会规则》和《地方税规

天皇授宪

明治二十二年（1889）颁布宪法、皇室典范及附属各法令。天皇将大宪章授与总理大臣黑田清隆。

则》。这三项新法，经地方官会议审议后，于明治十一年（1878）七月公布实行。新法规定，地方区划在府县下面设郡、区、町、村；三府五港及人民集中地区，可分成一区或数区，其他则全部划分为郡，郡下设町和村。区设区长，郡设郡长，町和村设户长，户长由群众选举产生；区町村设区町村会，议决区町村公共事项费用；府县会由各郡区选举五名以内议员组成，凡年满 20 岁以上男子，有本府县籍贯，年纳地租十日元以上者都有选举权，等等。从这中间，可以见到由官治制向自治制发展的大飞跃，但是这项法律的实施，和当时城乡盛行的自由民权运动相呼应，带来了种种困难。如户长对官僚的反抗，户长办事缓慢等等很快就使人想到户长公选的缺点。明治十六年（1883）末，山县有朋担任内务卿，企图对地方制度进行彻底改革。他主张在宪法颁布以前，确立地方自治制度是当务之急。他以德国人摩赛（Albert Mosse）为顾问，经过反复调查研究之后，于二十一年（1888）四月，公布了市制和町村制。二十三年（1890）五月，公布了府县制和郡制，建立了各级地方自治制。以往府县是行政区划，兼有几分自治制的性质，区町村虽是自治体，但并不完善，郡则完全只是行政区划；现在，府县、郡、市町村三级成为完全的自治体。山县有朋在确立这个地方自治制方面，做出了巨大贡献。但他之所以要把建立自治制作为当务之急的原因是，由于他痛感要凭征兵令实现国民皆兵，必须培养国民的公共观念和灌输自治思想。府县的撤销、合并虽几经变更，最后才于明治二十二年（1889）确定为三府四十三县，这一决定一直延续到昭和年代。

明治政府编纂法典，是先从刑法开始的。然后又编纂了新律纲领和改定律例。这一点在上面已谈到。但这些法律，大都是以中国法制为依据而制定的。政府决心仿照欧美各国的法律，编纂更加完备的法典，聘布瓦索纳特（Gustave E-mile Boissonade）为顾问，起草刑法和民法。首先制定了刑法与治罪法，经元老院审议，从明治十五年（1882）起施行。废除了新律纲领和改定律例。刑法与治罪法都是仿照法国刑法的，但其中的审问公开、注重证据、废除刑讯等，则反映了新刑法精神的高涨。由于宪法的颁布，建立了三权鼎立制度。同时又公布《法院组织法》，将法院分为区法院、地方法院、高等法院和大审院等四级，并规定了它们的组织机构和管辖范围，建立和完善了司法制度。与此同时，还颁布了代替治罪法的刑事诉讼法。

宪法纪念碑

宪法保证契约自由、所有权绝对等原则，为日本资本主义发展打下了基础。

民事法典也很早就着手编纂，但因江户时代民事法典一直受到轻视，因而没有旧法典可作依据，编纂起来很不容易。明治十二年（1879），政府命令布瓦索纳特起草民法，在对其草案进行审议，并经元老院议决批准后，于明治二十三年（1890）公布了民法，由明治二十六年（1893）起开始实施。然而，因此项民法过于类似法国民法，不适用于我国的家族制度，因而产生了延期施行论的建议，结果这项民法还是延期施行了。⑤随后，政府另设了一个法典调查会，由穗积陈重、富井政章、梅谦次郎起草新民法。草案提出之后立即进行审议，终于在明治三十一年（1898）全部完成了法案制定工作并付诸实施。这项民法通用明治、大正、昭和三个时代，直到太平洋战争结束后修改民法时为止。它的特点是将重心放在维持封建家族制度上，强调户主统辖全家的权力，重视由长子继承家业的制度。

商法是由德国人洛斯勒（Hermann Roesler）起草的，明治二十三年（1890）与民法一起公布，但又与民法一起延期施行，经过彻底修改后，于明治三十二年（1899）开始实施。民事诉讼法也于明治二十三年公布，从明治二十四年（1891）开始实施。⑥

大陆政策的展开 明治六年（1873）的征韩论，曾引起了政府的大规模分裂，日本以后又和朝鲜在江华岛事件之后缔结了修好条约。可是，此后，朝鲜问题仍然包藏着波澜和日本政府抗衡。本来，朝鲜的地理位置就像是一把伸向日本心脏的短刀，日本要保证自己的独立，就不能不关心朝鲜，它是最重要的问题。当日本国家意识高涨和国力充实的时候，就会针对通过朝鲜逼来的外力，采取有效的措施。明治政府所采取的政策，首先是使朝鲜成为完全独立的国家，以防止外国势力的侵入。明治九年（1876）签订的修好条规，虽然在这种意义上已确认了朝鲜独立国的地位，但一直对朝鲜拥有宗主权的清国，对此却拒不承认，始终坚决主张行使自己的宗主权，因而伏下了日后的祸根。同时，朝鲜国内又出现了进步与守旧两派之间争权夺势的斗争，以致在明治十五年（1882）和明治十七年（1884）发生了二次"汉城事变"。

明治十五年（1882）的事变是因朝鲜国王的外戚闵氏与国王生父大院君在政治上互相争斗而发生的。闵氏利用手中掌握的权力，推行改革；大院君一派则煽动对闵氏不满的士兵掀起了叛乱。叛军侵入王宫，袭击了我国的公使馆，杀伤了我国军官。对此，我国政府提出了严重抗议，清国也派去了军队。但事件并未扩大，朝鲜向我国赔款 55 万日元，处罚暴徒，向东京派遣了谢罪使，承认我国在公使馆内有驻兵警卫权（济物浦条约）。

明治十七年（1884）的事变正是以更剧烈的形式爆发的上一次事变的继续。明治十五年事变之后，朝鲜朴永孝、金玉均等人在日本支持下组织了独立党（金玉均等组织的独立党，在中国史籍上的名称是"开化党"。——译者），企图改革国政，保持独立。而闵氏则组织了事大党，企图得到清国的保护。明治十七年十二月，清国因安南问题与法国作战失败后，独立党立即采取非常手段袭击了王宫，杀害事大党要人，拥立国王掌握政权。日本公使应国王的请求率兵护卫王宫，清军则援助事大党，派兵袭击王宫，把国王迎入军中，并烧毁日本公使馆，杀伤官民。日本公使只好避难到仁川，朴、金等要人则流亡到日本，事大党卷土重来，清国在朝鲜势力大振。为了处理事变的善后问题，日本派出特命全权大使与朝鲜进行谈判，要求朝鲜赔礼道歉、严惩暴徒、支付赔款（《汉城条约》）。紧接着清国也派遣了特命全权大使，约定日清两国从朝鲜撤兵，停派军事教官，需要派兵到朝鲜时，必须事先互相通知，等等（《天津条约》）。

日本在不断发生的事件中，没有采取彻底解决办法，而只是姑息一时蒙混过去，致使人民对政府这种软弱外交表示强烈的谴责。但是日本正处于宪法公布前夕，国内还没整顿好，军备也还不够充实，对清国采取慎重态度，也是当然的。天津条约签订后，清国更加紧了对朝鲜内政的干涉（关于中日之间在朝鲜问题上的交涉情况，著者所说与事实大有出入，请参阅范文澜《中国近代史》等书。——译者），朝鲜事大党也以此为后盾，越发轻侮日本；用官府力量来压制日本商人的经济活动，使其蒙受损失。因此民间有志之士中，有的进而干预朝鲜政府，促其积极从事改革，其中有自由党员大井宪太郎那样的人。这时亡命日本的独立党人金玉均，被朝鲜政府的刺客跟踪，竟在上海被杀害〔明治二十七年（1894）三月〕。事件发生后，人民更进一步地对政府的软弱和清国的暴戾，感到愤慨。

这时在朝鲜全罗北道发生了"东学党之乱"（书中把东学党起义称作"东学党之乱"，又称参加此项起义的朝鲜人民为"暴徒"，著者的资产阶级立场昭然若揭，这一点请读者注意，并请参阅《中国近代史》等书。——译者），事件逐渐扩大，发展成全国性的内乱。东学党是一个排斥基督教、糅合儒佛道三教的宗教团体。其所提出的东学，就是折中儒佛道三者而成，它本是一个宗教团体，但不久就增添了政治色彩，演变成为"暴徒"，鼓吹改革国政，在各地掀起暴动。朝鲜政府对此无力镇压，向清国求援，清国趁机派出重兵（二十七年六月）。当时清国政府大概认为日本从明治十七年以来，在朝鲜势力减退，二十三年帝国议会开会后，政府与议会互相倾轧，因此不会有对外用兵的余力，企图借机确立清国在朝鲜的势力，把日本势力驱逐出去。

然而，日本的有识之士也早已认识到，在朝鲜问题上，非和清国进行一战不可。政府从明治十五年（1882）起就推行军制改革、扩充军备，明治二十六年（1893），针对议会削减造舰费后，采取了一系列的非常措施加以补救，甚至节省今后六年间的宫廷费用、减少官吏俸禄十分之一，用来充作造舰费用。因此，当外务大臣陆奥宗光得知朝鲜因东学党之乱向清国请派援军时，便早已下定决心，要毅然采取各种对抗措施。这个早晚要切开的肿瘤，由于日本的退缩和清国的进逼而加快了化脓的速度，现在已到了破裂的程度。在这种情况下，日本政府下定了决心。东学党之乱，因害怕日、清两国出兵而平息了下去，但日本政府认为日、清两国应共同合作，改革朝鲜内政，以此向清国提出建议，并且申明，清国如不接受，日本就要单独加以改革，并着手实行。约定今后朝鲜一切内政改革，都要同日本公使大鸟圭协商进行。于是朝鲜政府撕毁了妨碍其独立的对清条约，要求日本协助消灭驻在牙山的清兵。在此之前，日、清两国海军在丰岛海面发生冲突。这时应朝鲜的请求，日军进攻成功，牙山清兵逃往平壤，明治二十七年（1894）七月，两国间爆发了战端，八月一日下达对清宣战诏敕，日本首次投入大规模对外战争。(有关中日甲午战争的情况，请参阅《中国近代史》等。——译者)

与可怕的"睡狮"，东方大帝国首次进入全面交战状态的日本，朝野一心，以求善始善终。九月，天皇把大本营迁到广岛，统率军务，十月，在广岛召开第七届议会，这是一年中进行了两次大选之后的议会。在野党的攻击本应是很激烈的，但政府提出的一亿五千万日元的临时军费却获得全场一致通过，显示出举国一致的实质。战局在海、陆两方面都朝着有利于日本方向发展，陆军第一军由朝鲜进入满洲，第二军在金州半岛登陆，分别打败处于战略要地的清军，完全占领了辽东半岛，海军在黄海击败清国北洋舰队，然后协同陆军攻占威海卫，致使北洋舰队全军覆没，另一支陆军部队与部分海军一起占领了南方的澎湖列岛。日军取得这样的胜利，是由于日本维新以来，大力培养现代化军事力量获得的成功，不断进行产业革命，使新兴国力有了惊人的发展；而清国的失败则是因为不但没有完成现代化改革，而且其军队以雇佣兵为主，装备和士气都十分低劣，政治腐败，民众叛离。因战败而吃惊的清国，提出媾和要求。明治二十八年（1895）三月，派李鸿章为全权大臣前往下关，与日本全权代表伊藤博文、陆奥宗光〔陆奥宗光（1844—1897），外交家。原名阳之助，纪州藩家老伊达家出身，幕末脱藩后，就学于胜安芳的海军操练所，后参加坂本龙马的海援队。维新后历任兵库、神奈川县知事，后入大藏省，主持改正地租工作。以后因西南战争入狱，明治二十三年（1890）担任山县内阁的农商务相，二十五年（1892）改任伊藤内阁的外相，主持修改条约，取得成功。中日甲午战争中日本的对外交涉，订立和约及处理三国干涉等事，均其主持。——译者] 举行会谈，四月缔结了和约。和约规定，清国承认朝鲜完全独立；割让辽东半岛、台湾、澎湖列岛；赔款白银二亿两（约三亿日元）；以清国与欧美各国间现有条约为基础，缔结日清条约；向日本开放沙市、重庆、苏州、杭州等（《马关条约》）。

马关条约于四月二十二日获得批准，但当月二十三日俄、德、法三国公使分别访问日本外务省，认为日本占领辽东半岛，不仅危及清国首都，而且会使朝鲜独立有名无实，妨碍远东永久和平，因此劝说日本放弃占有辽东半岛的要求。俄国早就觊觎朝鲜，特别注意中日甲午战争的发展。没想到日本获胜，并占领辽东半岛，俄国认为这是对它日后远东政策的重大妨碍，因而力劝法、德两国共同出面干涉。法国由于与俄国订有军事同盟，同意俄国提议并不奇怪；与两国处于对立关系的德国之所以也参加这次干涉，是因为想借此机会以把俄国的关心引向东方，减轻在西方对德国的压力，同时也想趁机取得一个侵入东方的立足点。政府对于三国干涉的处理煞费苦心，但鉴于当时各种形势，终于接受了劝告，同意交还辽东半岛，收取白银三千万两（约四千五百万日元）作为交还辽东的代价。

根据马关条约，日本占领了台湾，开始了殖民统治。然而，台湾岛自古以来就是叛乱频仍之所，清朝对此也曾感到棘手。我国派遣近卫师团前往该岛，于明治二十九年（1896）平定了全岛的抵抗。明治三十年（1897）公布了设立总督府的统治制度。在总督统辖之下，整顿民政、奖励产业、发展交通，逐渐取得了统治的成绩。

尽管我国在中日甲午战争中取得了胜利，但朝鲜问题仍然很难解决。朝鲜王室不信任日本，因此，内政改革也未能收到预期的效果。朝鲜王室之所以不肯服从日本的政策，主要是因为我国国力由于归还辽东半岛而受到轻侮，俄国公使在此期间又大肆活跃，试图在朝鲜王室内扶植亲俄势力。日本虽然依靠战争从朝鲜驱逐了清朝势力，但又由同一战争迎来了新的敌人——俄国。朝鲜问题并没有能因中日甲午战争而得到丝毫解决，依旧作为日本外交上的痼疾，而留存了下来（朝鲜于1897年，改国名为大韩，国王改称为皇帝）。

然而，中日甲午战争却暴露了大清帝国的脆弱，从而为世界列强侵入东亚提供了馋人的诱饵。19世纪末以后，列强拼命向海外扩张，到处争夺殖民地。它们在分割了非洲和太平洋诸岛之后，便将具有庞大版图的清国，作为它们争夺的主要目标。俄国利用三国干涉，博得了清国的欢心之后，乘势与法国共同向清国提供了四亿法郎的借款，以供其充作赔款财源；并与清国缔结了以我国为假想敌的防御同盟；还获得了从满洲里经清国领土直达海参崴的中东铁路的修筑权。继而，德国又以传教士在山东省被杀害为理由，占领了胶州湾，获得了该地的 99 年租借权和在山东省修筑铁路和采矿的权利（明治三十一年，1898）。俄国见此情景，就立即占领了旅顺口，又获得了租借旅顺口、大连湾一带土地 25 年和将中东铁路延长铺至大连湾的权利；法国也不甘落后，夺得了租借广州湾 99 年和在其附近修筑铁路的权利。这样，清朝很快就被迫对因三国干涉而收回辽东半岛付出了代价。而且，最早在中国独自攫取了商权的英国，也趁势索得了租借威海卫 99 年的权利。在列强们贪得无厌的食欲面前，清国就像一头倒下的、任人宰割的巨兽一样可怜（以上诸事均发生在明治三十一年，1898）。

与清国相反，中日甲午战争的胜利对日本产生了极好的影响。首先，日本作为现代国家的实力，得到了国际社会的广泛承认，确立了作为东方强国的地位。其有实质性的例证，就是日本自明治维新以来一直急于解决的修改条约问题获得了成功。修改条约是历代外相都竭力想解决的问题，几次因此而导致了外相的辞职。明治二十五年（1892），第二次伊藤内阁成立。陆奥宗光一接任外相，就想竭力解决这一问题，鉴于以前舆论界的反对，制定了全面对等的条约草案，让驻德兼驻英公使青木周藏去同英国政府进行交涉。英国政府起初对此表示为难，后来在陆奥外相和青木公使的努力下，终于表示同意日本提出的草案，于明治二十七年（1894）七月，签订了《日英通商航海条约》。当时正值日清两国之间战云密布之际，战争尚未打响，因此不能说这项条约的签订是战胜的结果。但是，毋庸置疑的是，正是由于日本当时已公布了宪法，制定了近代化的各项法典，国际上已具备了同清朝角逐的实力，对此给予了较高的评价，遂使修改条约成为可能。此后与各国进行修改条约谈判时，战胜的效果已发挥作用，因而进行得极为顺利，同美国和意大利就在这一年修改了条约。到明治三十年（1897）十二月为止，已与剩下的 12 个国家全部修改了条约。修改后的条约从明治三十二年（1899）七月（法国、奥地利为八月）一齐开始生效。从此，我国便与各国互相适用最惠国条款，废除了治外法权，使在日外国人必须完全服从我国法律，其侨居地区也完全成为我国地方组织的一部分。只是在关税方面，还留有单方面承担

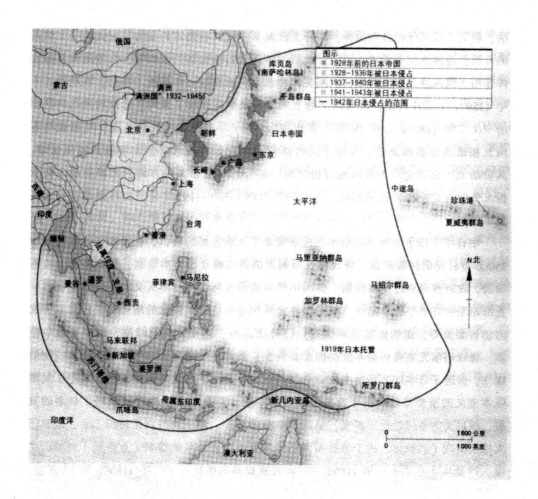

图示
囗 1928年前的日本帝国
囗 1928-1936年被日本侵占
囗 1937-1940年被日本侵占
囗 1941-1943年被日本侵占
— 1942年日本侵占的范围

1895—1942 年日本扩张到的范围

　　日本在半个世纪中实施军事侵略和扩张政策。对中国的战争（1894—1895）和对俄战争（1904—1905）使日本占领了台湾岛和朝鲜。1931 年，日本从中国手中夺取东北；6 年后日本又向整个中国发起进攻。1941 年德国似乎会赢得第二次世界大战，于是日本对美国和英国宣战，试图在整个东亚建立起日本的统治。

义务的规定，有损我国利益，一直到明治四十四年（1911）才进行了修改，完全恢复了国权。

　　中日甲午战争的胜利还给国内经济带来了飞跃发展的转机。获得相当于我国货币 35000 万日元的巨额赔款，使我国在币制方面得以确立了金本位制。明治初期，改革币制，政府曾采用过金本位制，但因不符合我国实际情况，不久又改为银本位制，一直沿用至中日甲午战争结束。随着世界上采用金本位制的国家的增多，银价暴跌引起的物价暴涨等，说明恢复金本位制，已势在必行。就在此关键时刻，得到了战争赔款，得以用来充实施行金本位制的准备资金，真好比"福自天来"一般。金本位制的建立，促进了日本同实行金本位制各国的贸易，打开了引进外资的道路，奠定了发展资本主义的重要基础。由于投放了庞大的军费，军事工业从战时就获得了显著的发展，战后又为备战进行了扩充，呈现了空前的繁荣。轻工业特别是纺织工业，战前已大体上实现了机械化。由于战胜而开拓了东亚市场，结果使纺织工业得到了急剧的扩张，产量从明治二十八年（1895）的36万捆提高到明治三十二年（1899）的75万捆，四年之间增长了一倍多。企业普遍因景气好转而出现了繁荣，公司的实缴资本总额明治二十年（1887）为6785万日元，到明治三十五年（1902）已升到了87876万日元，增长了约13倍。

由于资本主义的发展，资本家力量增大，与其勾结的政党势力有了飞跃发展，明治三十一年（1898）出现了最初的政党内阁。官僚政治家伊藤博文也认识到，在与政党正面冲突的情况下是无法施政的，于是便亲自建立了政友会；政党也懂得，离开了官僚和军部的支持，资本家也就维护不了利益。于是官僚、军部、政党三者互相配合，共同推行了后来的大陆政策。中日甲午战争的结果，使他们懂得实行大陆政策，成果该是多么丰硕；但三国干涉也使他们懂得，由于国力的脆弱，不得不把这丰硕的成果让出一部分。这种认识与同仇敌忾的精神结合起来，使他们在今后准备战争和充实国力的道路上携起手来。

中日甲午战争以后，成为列强垂涎欲滴的食饵的清国也发生了试图改革内政和排外自卫的运动。明治三十二年（1899）在山东爆发了白莲教起义，其中的一个支派义和团，主张扶清灭洋、袭击外国人、破坏教堂。在地方官吏的庇护下，民众纷起响应，致使势力大盛。明治三十三年（1900）义和团进攻天津的外国租界，最后发展到包围在北京的各国公使馆，德国公使及日本公使馆馆员遭到杀害。这样，各国商议组织联军前往救援，收复和解救了北京被围困的公使馆和侨民。明治三十四年（1901）九月，清国同意处罚主谋人员，并约定分期偿付白银四亿五千万两，作为对这一事件的善后。这就是所谓庚子拳变（北清事变），日本在这次事件中，派出一个师团的精锐兵力，担任讨伐军的主力，立下了战功。中日甲午战争以后上升的国际信誉，得到了进一步的提高，如实地显示出日本具有与列强为伍，进行国际活动的实力。

日俄交战情景

本图描绘了1904年日本舰队正在中国的旅顺港外与俄国军队作战的情景。

北清事变对俄国来说，为它提供了侵略满洲的绝好借口。由于当时驻扎在满洲的清兵，曾配合义和团袭击俄国侨民，俄国借机以守备铁路为名，派出重兵对满洲进行了军事占领。事变结束后，仍然不肯撤兵，胁迫清国与其缔结密约，企图掌握满洲的实权。对于俄国这种南下野心，日本应采取什么态度，出现了两种不同意见，伊藤和井上等文治政治家们主张采取亲俄的立场，暂时同意俄国南下，承认其统治满洲，以换取日本确保朝鲜权益；而山县、桂等军部政治家则与此相反，采取亲英态度，主张与英国合作，结成同盟，以坚决阻止俄国南下。事实上，和俄国进行满、韩交换的主张能否如愿以偿，还是个疑问，而素称强大的大英帝国，能否放弃光荣的孤立，和远东的后起的小国结盟，也没有太大把握。为了稳妥起见，同时执行了两种不同的主张。明治三十四年（1901），伊藤作为元老，以个人身份从美赴俄，试探缔结日俄协约的可能性，在这期间政府总理大臣桂太郎［桂太郎（1847—1913），军人，长州藩出身，曾留学德国，先后任驻德武官、陆军次官、台湾总督等职，明治三十一年（1898）任陆军大臣。和山县有朋都曾为明治政府的军事化，日本军事帝国主义的建立出过很大力。明治三十四年（1901）组阁，在其担任首相期间，完成了日英同盟和日俄战争等巨大事件。日俄战争结束后辞职；明治四十一年（1908），再度组阁，推行强压政治。大正元年（1912）第二次西园寺内阁倒台后，他又第三次组阁，仅三个月因人民掀起护宪运动而倒阁。——译者］，外务大臣小村寿太郎［小村寿太郎（1855—1911），外交家，宫崎县人，曾留学美国。明十七年（1884）入外务省，甲午战争时，小村曾以代理公使身份在中国活动，以后历任驻韩，美，俄，清各国公使。三十四年（1907）担任桂内阁外相，从事订立日英同盟工作；日俄战争结束后，又以全权身份出席订立朴次茅斯条约。第二次桂内阁时，又担任外相，从事修改条约及并吞朝鲜的外交工作。——译者］，又命令驻英公使林董与英国谈判日英同盟问题。由于英国全部接受了我国的提案，所以同盟的谈判，很快达成了协议，日英同盟于明治三十五年（1902）一月签订。根据这日英同盟条约约定，两国互相维护清国及韩国的独立和领土完整；维护英国在清国的利益和日本在清、韩两国的利益；如同盟国一方为维护自身利益与他国开启战端时，另一方同盟国应严守中立，防止参加战争；如其他一国或数国对该同盟国交战时，另一方同盟国应给予援助，共同作战。盟约订得很坚定。日英同盟的缔结使得尽管牌匾一向响亮而经常打现实算盘的这家老铺子——英国，选择了日本作为其在远东政策上对抗棘手的敌手俄国的有效伙伴，说明日本的地位，已得到了高度的评价。对日本来说，日英同盟使它具备了用实力来阻止俄国南下的野心、推行自己大陆政策的勇气和信心。对俄国来说，不用说它意味着一种严重的威胁；作为对策，俄国立即宣布，原以欧洲为范围的俄法同盟，日后对远东也同样有效。

日英同盟使俄国在满洲问题上暂时做了让步，俄国与清国之间缔结了归还满洲的条约，约定分三期撤出指定地区［三十五年（1902）四月］的驻军。第一期撤兵如约实行，但第二期就没有实行。第一期撤兵地区是盛京西南部直到辽河为止的边境地区，而第二期地区是盛京其他地区与吉林省，是满洲的中心地带，不从这里撤兵，说明对归还满洲并无诚意。不仅如此，俄国又在旅顺口新设远东大总督府，集中外交、行政、军事大权，作为经营远东的根据地。并增强兵力，扩充设施，扬言对日本要采取强硬政策。日本则尽量利用外交手段，以冀避免冲突。明治三十六年（1903）八月提出了日俄协商的基础方案，并反复进行了谈判，但对方态度强硬，根本无法达成协议。当时国内舆论沸腾，认为洗雪三国干涉耻辱的时机已经到来，希望政府做出决断。尤其是东京帝国大学法科大学以教授为中心的七博士［七博士的主战论，指明治三十六年（1903）六月十日，东京帝国大学法科大学教授户水宽人、小野塚喜平次、富政章等七博士向政府提出反对在外交上采取满韩交换方针，主张对俄强硬的建议书。该建议书以后在《东京朝日新闻》上发表（6·24）。——译者］主战论，对鞭策当局和指导舆论方面起了巨大作用。三十七年（1904）一月，日本政府向俄国递交了最后修正案，仍无回答，终于在二月五日宣布断绝国交，开始了日俄战争。

与欧洲军事大国交战的日本，确是进行了一场以国运为赌注的冒险。但是战局的发展，出乎意外地对日本有利，陆军在辽阳、沙河、旅顺、奉天击败了优势的俄军；海军在对马海峡歼灭了远征的波罗的海舰队。到三十八年（1905）五月，胜败已成定局。于是接受了美国总统罗斯福（Theodore Roosevelf）的讲和建议，由日本全权委员外务大臣小村寿太郎、驻美公使高平小五郎与俄国全权代表维特（Witte）、罗森（Rosen）在美国朴次茅斯（Portsmouth）举行谈判，同年九月，签署了和约（《朴次茅斯条约》）。条约内容规定，承认日本在韩国政治、军事、经济上的特殊利益；关东州租借权、长春以南铁路及其附属地的煤矿开采权等让与日本；北纬50度以南的库页岛割让给日本，允许日本渔民在日本海、鄂霍次克海及白令海等俄国领海内的捕鱼权；等等。这些条件，比起日本原来提出的要轻得多，当时日本所提出的是割让全部库页岛和支付赔款，这是日本人民所热烈期望的，但俄国方面拒不接受。在这次战争中，日本虽取得了胜利，但国力消耗殆尽，政府已没有今后继续作战取得胜利的信心，也没有断然使谈判决裂的勇气，因而就在不得已的情况下，缔结了这一和约。陶醉于胜利的国民不体谅政府的苦衷，对和约表示不满，指责政府外交的无能。条约签字的那天，在东京日比谷召开了反对媾和国民大会，并与官方发生冲突，终于发展到暴动程度，爆发了所谓大烧帝都事件，骚乱竟发展到政府为此发布戒严令的程度。但是政府在这

20 世纪初成就的象征

　　1905 年 5 月，在横滨车水马龙的街道上，到处都装点着宣传爱国的旗帜和灯笼，人们在庆祝日本海军在对马海峡与俄国之战的胜利。对马海峡之战标志 15 个月的日俄战争进入了白热化状态，而且也显示了过去 50 年里的一项现代化计划，已经把日本从一个封建制度下的穷乡僻壤，变成了主要的世界强国。日本是一个资源匮乏的国家，战争又使人们负担着很高的赋税，但日本人对这些都欣然地忍受了。为了负担工业和军事的增长，资源匮乏和高赋税都没有能压抑住由此而产生的高昂的民族主义情绪。民族主义和领土扩张政策这双重的主题，是日本 20 世纪的象征。

时结束战争，实在是很明智的，要知媾和条件并不能算屈辱，已经充分达到了战争目的。

根据《朴次茅斯条约》，日本在韩国政治、军事、经济上的特殊利益得到承认。明治初期以来一直是日本外交难题的朝鲜问题，至此告一段落，因此日本派伊藤博文为全权大使，赴韩缔结日韩条约。条约规定该国外交权归由日本掌握，日本政府在汉城设统监作为其代表，统监专管外交，有权谒见韩国皇帝［三十八年（1905）十一月］。统监府于次年二月开始办公，伊藤博文任第一任统监。韩国官民中，有许多人不满意这种状况。明治四十年（1907），在荷兰海牙召开的第二次万国和平会议上，韩国皇帝派遣密使提出要废除日韩条约。四十二年（1909），伊藤博文视察满洲途中，在哈尔滨车站被一韩国人暗杀。这充分说明，统监政治并没有给日韩两国带来什么好处。四十三年（1910）八月，根据合并条约，韩国与日本合并。条约规定，韩国皇帝把韩国一切统治权完全、永久地让与日本天皇，日本同意韩国并入日本帝国，保持韩国皇帝、皇族的尊称、威严和名誉等，保护韩人生命财产，录用韩人官吏，等等。至此，日本以最有利的方式，解决了不仅是明治初期以来，而且是开国以来与半岛之间的关系问题；同时也是首次在版图中，增加了面积与本州相匹敌的新领土，垄断了其市场与资源，巩固了与列强为伍，推行帝国主义政策的强大基础。

《朴次茅斯条约》还规定把关东州租借权、长春以南铁路及其附属地的采矿权让与日本。政府根据这一规定，派遣外务大臣小村寿太郎等人为全权委员前往清国，与清国全权代表会商，缔结日清条约，以使清国承认俄国转让的在满洲的一切权利［三十八年（1905）十一月］，确立日本在南满的特殊权益。三十九年（1906），设关东州都督府，掌管关东州政务，并在旅顺口设立镇守府，负责这一带的防务。这一年还设立了官民合办的组织南满洲铁道株式会社，经营长春以南铁路和抚顺等地的煤矿，并负责铁路附属地的一般政务。从此半个满洲市场归日本独占，在日本资本主义经济的发展中，发挥了重大作用。

战争末期，三十八年（1905）七月，日军一个支队在库页岛登陆，击败了俄军，平定全岛。但由于条约规定，日本领土限于北纬50度以南，因此两国委员测定了50度线的分界区，并立石为界。日本于四十年（1907），在那里设立了桦太厅，安抚土著居民，奖励内地人（内地人，指日本本土人民。——译者）移民该岛，发展林业、渔业，努力进行开发。

日本由于得到了上述各项权益，从而确立了在东亚地区的统治地位。后来它又同欧美列强缔结了完全对等的国际协定，为维护世界和平做出了贡献。日英两国缔结同盟以来，已历三年，日本在日俄战争中，深得其利；而英国也认为日后该同盟的作用将日益增大，因而两国都希望改订同盟协定，遂于明治三十八年（1905）八月，日俄媾和之前，在伦敦签订了第二次日英同盟协约。这次同盟协约的内容与第一次不同的是：英国承认日本在朝鲜的特殊利益，并同意日本有为维护这些利益而采取指导、管理和保护等措施的权利。并将协议的有效范围，扩大到印度，以保护两国在东亚和印度地区的领土权及特殊利益作为结盟的目的。协定规定，缔约国一方受到其他国家的侵略、攻击，或者因保护上述领土权及特殊利益而同他国交战时，另一方必须立即予以援助并共同战斗，等等。根据这项协约，日本行使了对朝鲜的保护权，建立了防备俄国进行复仇战争的信心。但另一方面，日本也因而承担了保护英国在印度的利益一半责任那样的巨大负担。不过，这一次的改订，毕竟是由于日本国际地位的日益提高和其在国际事务中所占的比重逐渐增大所致。日英两国同盟，在后来 20 年中，也作为维护东方和平的支柱，的确发挥了重要作用（该协约有效期为十年，明治四十四年改订后又延长了十年）。

法国曾在日俄战争中因俄法同盟的关系，支持俄国，当俄国的波罗的海舰队东航时，曾允许它在法国的领土和殖民地靠岸并提供方便。日俄战争以后，法国认识到，要保持自己在东方的权益，就必须与日本结成友好关系，遂于明治四十年（1907），缔结了日法协约，协约规定，为保护两国在亚洲的地位和领土主权而互相支持，共同确保该地区的和平与安宁。

此外，日本还于明治四十一年（1908）同美国交换了日美备忘录，双方保证要维持太平洋地区的现状以及在清国工商业方面，实行机会均等主义；明治四十年（1907），日本还同俄国缔结了第一次日俄协约，规定相互尊重领土完整，维持清国的独立，承认和维护列国在清国工商业方面的机会均等主义；明治四十三年（1910），日俄两国又缔结了第二次协约，加强了两国关系，两国在战后反而增加了友好的气氛。

这样，世界上的国家无论其喜欢与否，都不得不承认日本作为东亚稳定势力的地位。以前曾对日本这个落后的远东国家持有同情并帮助其发展的人们，一旦发现了日本以出人意料的速度迅猛成长的趋势，就立刻对日本的前途感到害怕，开始对其怀有戒心，并企图阻挡其前进的步伐，这也是人之常情。在开国以来一直作为日本的好前辈，保持友好态度的美国，逐渐出现了这种思想，并不奇怪。明治四十二年（1908）美国提出的满洲铁路中立方案和在美国一再排斥日本移民的问题，就是这种思想的具体表现。[⑦]

日俄战争对国内经济发展的影响极大。它比中日甲午战争时对经济影响的规模更大，使资本主义经济的发展，因而取得了更大的飞跃。日本轻工业部门的产业革命，在中日甲午战争前后已基本完成，通过日俄战争，在重工业、化学工业方面确立了大机械生产。这主要是因为日本的国际地位有了提高，能够自由地垄断朝鲜和南满的市场和资源，并得以打进了中国和南洋的市场。日本为防备俄国的复仇等将来可能发生的战争，终于实行扩充军备的国策，推动军事工业的发展；在交通方面，实行了铁路的国有化；海运方面，明治二十八年（1895）的轮船总数为528艘，十年后则增加到1390艘，增加了一倍多，总吨数也从36万吨增加到126万吨，增加了将近三倍。因此，贸易出现了空前的繁荣，明治三十年（1897）的出口额为16000万日元，明治三十九年（1906）则增到42000多万日元，同期的进口则从21000多万日元增到41000多万日元。

中日甲午战争以后，一方面随着近代产业的发达，资本家拥有的财富也显著增加，这种倾向在日俄战争以后更加明显，从而增加了资本家在政治方面发言权的分量。资本家和政党的紧密结合、资本家支配政党，这是进入大正时代之后才正规化的，但这种倾向，无疑是由于战争所助长的。另一方面，贫富差别的扩大，导致了社会问题的发生，引起了社会运动的发展。中日甲午战争以前，日本已经有工会组织（明治二十二年，1889），和发生工厂罢工的事（明治二十六年，1893，大阪天满纺织公司）。中日甲午战争以后，产生了不少社会主义团体和信仰社会主义的工会。[⑧]明治三十四年（1901），创立了第一个以社会主义为政纲的无产阶级政党——社会民主党，但当天就遭到禁止。继而，由同一些人组成的平民党又遭到了禁止，他们走的一直是荆棘丛生之路，但是，堺利彦[堺利彦（1870—1933），社会主义运动的先驱者。明治三十二年（1899）任万朝报记者，提倡非战论，后与幸德秋水等组织平民社，从事反战活动。三十九年（1906）组织日本社会党，四十一年

（1908）因赤旗事件入狱，大正十一年（1922）参加日本共产党，但不久即转向社会民主主义立场。——译者]、幸德秋水 [幸德秋水（1871—1911），明治时代的社会运动家，无政府主义者。名传次郎，高知县人，很早就参加自由民权运动，后受教于中江兆民，在思想上受其影响很深。曾先后担任万朝报等报记者，明治三十四年（1901）与片山潜、堺利彦等组织社会民主党，被禁。日俄战争时，出版《平民新闻》反战，并译载《共产党宣言》。以后渡美，倾向于无政府主义。明治四十三年（1910）被明治政府在所谓大逆事件的名义下，处绞首刑死。——译者] 等人仍建立了平民社，出版《平民新闻》，针锋相对地对日俄战争提出了反对的看法，显示了他们在政治上的成熟。此外，内村鉴三 [内村鉴三（1861—1930），宗教家，评论家，出身于高崎藩士家庭，札幌农学校毕业后留美，回国后任第一高等学校嘱托，因不敬事件而退职后，即从事著作，担任过万朝报记者。日俄战争时提倡反战论，以后又提倡基督教的无教会主义，主张建立日本自己的基督教。——译者] 等基督徒也主张"非战论"。⑨明治三十七年（1904）八月，在欧美旅行的片山潜 [片山潜（1859—1933），社会主义运动的先驱者，冈山县人。明治十七年（1884）渡美，半工半读，回国后一面传教，一面从事组织工会活动。三十四年（1901）组织社会民主党被禁后，又赴美，三十七年（1904）出席阿姆斯特丹的国际社会党大会，三十九年回国仍从事组织工会活动；四十三年所谓大逆事件后，日本国内的社会民主主义活动受到镇压，大正三年（1914）又渡美，参加共产党。苏联革命成功后到苏联担任第三国际执行委员。——译者] 以日本社会主义者代表的身份出席了在阿姆斯特丹召开的世界社会党大会，在会上与俄国社会党代表热烈握手，象征了两国工人阶级的团结。战争结束以后，社会运动进一步发展，利用第一次西园寺内阁比较和缓的态度，于明治三十九年（1906）成立了旨在实行社会主义的日本社会党，一般的社会主义启蒙运动也普遍展开了。这对于全力以赴地向帝国主义迈进的明治政府来说，当然是不能容忍的。对社会主义者的镇压日甚一日。明治四十一年（1908），在神田锦辉馆发生了"赤旗事件"；明治四十三年（1910），又发生了杀害幸德秋水等人的"大逆事件"。至此，对社会主义者的镇压已达到了登峰造极的地步，甚至凡是带有社会二字的东西均被视为危险品而遭到禁止，社会运动进入了奄奄一息的状态。政府对社会主义者进行的这种过度的镇压，是他们企图用强权来掩饰在日俄战争取得胜利的背后，日渐暴露的国内矛盾和国力发展的不平衡，可以说是，战争后果带来的阴暗面之一。

政党势力的发展 在确切知道一代天皇的在位时间中，明治天皇的治世，可以说是日本历史上统治时间最长的时代，但也终于在明治四十五年（1912）宣告了结束。由种种历史事实表明，历史的发展动静也正是从这时开始呈现出了转变的动向。明治后半期发生的重大事件——日俄战争的善后处理，到明治末年基本完成；明治四十三年（1910）实行的日韩合并宣告了朝鲜问题的结束；日英同盟协约的第三次改订也在明治四十四年（1911）完成；和其他国家，也于明治四十年代分别缔结了协约。明治四十五年（1912）清国灭亡，中华民国建成，大正三年（1914）第一次世界大战爆发，世界史也在这段时间，出现了一个转折点。第一次世界大战与日本的参战，是构成大正时代历史中最重要的因素，战争带来资本主义的繁荣，民主主义思想的高涨以及对国际协调政策的坚持，这些也都反映了大正时代的历史特点。

在叙述大正时代的历史以前，有必要先概述一下明治后半期的国内政治情况，弄清前面讲到的宪政发展以后的历史经过。中日甲午战争是在第二次伊藤内阁时进行的，战争期间，各政党都曾协助政府，举国一致来进行战争。但是随着战争的结束，政党对政府的抨击又开始加剧，政府只能怀柔自由党，勉强渡过议会关。在野党由此也认识到，必须把力量集中起来，于是改新党、革新党以及其他小党派联合起来组织了进步党，推戴大隈重信为领袖（明治二十九年三月，1896）。政府为进一步与自由党加强合作，任命该党总理板垣退助为内务大臣，第一次组成了官僚与政党联合的内阁。不久伊藤内阁垮台，代之以第二届松方内阁（二十九年九月）。松方内阁任大隈为外务大臣，以进步党为友党，但这种情况没有持续多久，由大隈的辞职和与进步党断绝关系，致使这届内阁终于倒台（明治三十年十二月），组成了第三届伊藤内阁，因政府向议会提出的增征地租的议案引起了政府与议会的正面冲突，最后，导致解散议会。以往一直水火不容的自由党与进步党，从此以后联合结成一大政党，称为宪政党（三十年六月）。这种政党势力的大联合，震惊了官僚和派阀集团。伊藤博文很快认清了形势，舍弃了超然主义，痛感政治必须依靠政党内阁，便下野，把内阁交给了大隈和板垣。于是由大隈担任总理大臣、板垣出任内务大臣，除陆海军两大臣外，其他阁员均由党人担任，政党内阁诞生了，这说明政党的势力已有划时代的发展。然而由于宪政党是勉强把本来难以融和的自由党和进步党捏合在一起的，所以阁僚之间很快出现了分歧，导致了宪政党的分裂，内阁瓦解。这样，好不容易成立的政党内阁，仅仅过了四个月就垮台了。

政党内阁垮台以后，日本政坛又退回到藩阀、官僚时代，组成了第二届山县内阁。山县对政党的合作与发展，深恶痛绝。为了维护官僚的世袭老巢，山县修改了文官任用令，废除了内阁成员可以自由任用敕任文官的制度，从而将党人拒之于官僚阵营之外；还制定了"文官分限令""文官惩戒令"以保证官僚的身份；他还扩大了枢密院咨询事项的范围，将有关文官的身份和任用的敕令也包括进去，以防止将来修改文官任用令，对官僚阵营的强化，采取了万全的方策；同时，还修改陆海军省令，制定了陆海军大臣必须由现役大、中将充任的规定。正是这条规定，后来成了军阀们坚固堡垒、打乱内阁统一领导的祸根。日本的政党政治，首次实现了政党内阁，但好景不长，很快就出现了倒退，长期背上了推卸不掉的沉重负担。

鉴于当时的形势，伊藤博文决心亲自组织一个模范政党，重新开始新的政治生涯，遂于明治三十三年（1900）九月成立了立宪政友会。当时，宪政党已分裂为旧自由党系的宪政党和旧进步党系的宪政本党两部分，他们全部参加了政友会，政友会因此而立即成了大政党。因此，在山县内阁下台之后，又成立了第四届伊藤内阁。在这届内阁中，除了陆海军大臣和外务大臣（加藤高明）以外，全部阁僚都由政友会成员担任，从而又出现了一届政党内阁（明治三十三年十月）。当时，政友会在众议院中，拥有绝对多数席位，因此政府的所有重要议案，都能在众议院中获得顺利通过。但在贵族院，却对此持反对态度，否决了政府提出的增税案。这是由于贵族院的敕选议员，多是山县作为官僚的堡垒把自己的部下塞了进去，伊藤与山县之间的争斗由此暴露出来。对此，伊藤勒令贵族院休会，并在其间，向天皇上奏了改造贵族院的方案，从而政府与贵族院形成了严重的对立。但后来天皇下达了整顿时局的敕诏，才勉强使政府摆脱了困境。伊藤内阁并未取得当初人们所期待的政绩，仅七个月便垮台了。取而代之的是山县的嫡系——长州阀的宠儿陆军大将桂太郎（明治三十四年六月）。

从此以后，桂太郎执政长达四年零七个月，在从日英结盟到日俄战争结束为止这一重大时期，正确地掌握了国家的前进方向。但正是由于战争，才制止了党派之间的争斗，完全再现了举国一致争取战争胜利的中日甲午战争时的前例，因而政府才得以自由地进行统治，并维持了较长的寿命。随着战争的结束，人们的怨恨便同对日俄媾和条约的不满一起爆发出来，桂内阁顷刻瓦解，继伊藤之后任政友会总裁的西园寺公望［西园寺公望（1849—1940），政治家，旧贵族。原名美丸，号陶庵，为德大寺公纯的次子，后入继西园寺家。明治维新后因在戊辰战役中之功勋等，于明治三年（1870）到法国留学，十年后回国，创办明治法律学校，东洋自由新闻，鼓吹自由主义思想。十八年（1885）被任为全权公使，驻比、德等国。从事修改条约工作，三十四年（1901）回国，担任枢密院议长、文部、外务、大藏等大臣。三十六年（1903）担任政友会议长，三十九年（1906）、四十四年（1911）两次组阁，大正九年（1920）授公爵后，作为元老参与国事。——译者］当上了首相［明治三十九年（1906）一月］。西园寺内阁的阁僚中，政友会成员仅两名，其余的全是官僚和派阀成员，沿袭桂内阁的政策，得以平安无事地进行了战后经营工作。此后直至明治时代结束时为止，西园寺与桂太郎交替执政。桂太郎代表官僚、军部，执行保守、专制的政策，西园寺则代表地主、资本家，推行自由主义的政策。

明治时代结束，迎来大正时代的时候，正是在第二届西园寺内阁时期。这届内阁因未批准陆军方面提出的增设两个师团的方案而引起了陆军大臣上原勇作的辞职，而且军部还拒绝推举后任陆相，内阁便因此而短命垮台了［大正元年（1912）十二月］。前述第二届山县内阁规定的陆海军大臣必须由现役的大、中将担任的限制，在此迅速生效，针对日益壮大的政党势力，表现出抑制力量的强大。继西园寺之后，任首相的是桂太郎（第三届桂内阁）。由于大正天皇即位，桂太郎曾任内大臣兼侍从长，在宫中任职。因为他本人怀有政治野心，加上军部、官僚的支持，所以又再次出来肩负难局。不过，这次他是以天皇颁布诏敕的形式，来表明自己登台的正当性，后来为要求海军大臣斋藤实留任，再次借用了诏敕的力量。这种打乱"宫中""府中"之别，认为政争累及了皇室，致使本来就对军部、官僚的横暴满怀愤慨的政党党员一下子展开了全面的攻击。这种愤慨和攻击集中表现在以政友会的尾崎行雄、国民党［明治四十三年（1910）以宪政本党为中心组成的政党］的犬养毅为先锋的拥护宪政、打倒门阀的运动。为了应付这种局面，桂太郎计划另行组织新政党，下令议会休会，实行建党，但没有如愿，只勉强建立了第二政党（即后来的立宪同志会）。但以政友会、国民党为中心的在野党，却以绝对多数向刚刚复会的议会提出了弹劾政府的议案。于是，政府又用再次休会来应付，还想利用诏敕来打开局面。这时天皇却向西园寺下达了令其匡救时局的敕令，从而使政友会等在野党的态度更加强硬起来。桂太郎虽第三次下令议会休会，但事已至此，议会中的愤怒已扩展到人民群众之中，引起了人民的暴动。桂太郎这时已黔驴技穷、束手无策，不得已在大正二年（1913）二月，即上台仅53天，便被迫辞职了（大正二年二月）。这件事表明，在壮大起来的政党势力面前，即使是军部和官僚们，也无法维持其专制统治；党争累及皇室的做法，也预示了新帝治世的困难前景。

继第三届桂内阁之后上台的是以海军巨头山本权兵卫〔山本权兵卫（1852—1933），海军军人，政治家。鹿儿岛人，自明治三十一年（1898）出任第二次山县内阁的海军大臣后，曾几任海相，是萨摩阀的海军巨头。大正二年（1913）大正政变时，和政友会联合打倒桂内阁之后组阁，但不久即因西门子事件而辞任。十二年（1923）大震灾后又再度组阁，不久又因虎门事件而辞任。——译者〕为首的内阁。山本与政友会合作，修改了文官任用令，大力整顿行政财政，颇有政绩昭然之势，但却因发生了所谓"西门子事件"的海军受贿事件而不能不辞职（大正三年四月）。山本内阁垮台以后，推选后任首相，发生困难。按照惯例，继任首相的人选，过去都是由号称元老的几名明治维新以来的元勋们开会选定。这次也是元老们经过长期的考虑，才决定起用隐居于早稻田的大隈重信。大隈求得同志会总裁加藤高明的支持，以同志会为与党组成了内阁，政友会则被推到了敌对面去。参加第一次世界大战，并向中国提出二十一条要求的就是这届内阁。当时，在议会中拥有多数席位的政友会士气低落，在大选中沦为第二党，他们对政府的攻击也未能收到效果。这对一心想压制政党势力的元老和官僚来说，认为是个天赐良机，他们推翻了大隈内阁，将朝鲜总督陆军大将寺内正毅推上了首相的宝座〔大正五年（1916）十月〕。寺内声称要组织举国一致的内阁，但他自己是长州军阀的嫡系，阁僚们都是官僚出身，却是一届纯粹置身于政党争斗之外的超然内阁。当时，同志会已发展成宪政会（总裁为加藤高明），不用说，对这届内阁表示了猛烈的反对。但是，政友会却企图利用这个机会打击宪政会，以恢复其自身的势力，反而站到了拥护政府的立场。在议会解散后进行的大选中，政友会再次获得了多数席位，与宪政会的力量对比，发生了逆转。由于这二大政党的根深蒂固的敌对观念和权势欲望，使本来已具有十分牢固发展基础的政党势力，无法集结其力量，竟为军部和官僚提供了可乘之机。

鉴于大隈内阁对华外交的失败，寺内内阁在外交问题处理上，标榜以集中全国的力量、超乎党派的智能为表面理由，实际上是想怀柔各种势力，以谋求强化内阁，设立了临时外交调查委员会。从国务大臣和前国务大臣中选任委员。任命了政友会总裁原敬、国民党总理犬养毅、平田东助、牧野伸显、伊东已代治和现任内务、外务、陆军、海军大臣等为该委员会委员。政府尽管采取了这些护身之策，但社会形势已发生了急剧的变化。当时，世界大战仍在欧洲进行，日本海军也已开赴地中海作战；在俄国，罗曼诺夫王朝已被消灭，无产阶级革命在世界上第一次获得了成功；在国内，由于战争造成的物资匮乏和通货膨胀，物价暴涨，奸商们又趁机作祟，人民生活陷于极端困苦之中。米价无止境地上涨，在这种情况下，富山县一个叫作滑川的渔村里爆发的抢米事件（米骚动），很快就传播到全国，演变成了袭击米商和高利贷业者的群众性暴动［大正七年（1918）八月］。政府虽然用军队将这次暴动镇压了下去，可是寺内内阁却鉴于这种社会状态而终于宣布总辞职了（大正七年九月）。

继寺内内阁之后的是以政友会总裁原敬［原敬（1856—1921），政治家，盛冈人，曾任天津领事，驻法国代理公使，外务省通商局长，外务次官，朝鲜公使。明治二十九年（1896）担任大阪每日新闻社社长，三十三年（1900）任政友会干事长，第四次伊藤内阁的递信大臣，以后曾数次出任政友会内阁的内务大臣，大正七年（1918）组阁，号称"平民宰相"，十年（1921）在东京站遇刺身死。——译者］为首相的纯政党内阁。政党内阁虽早在明治三十一年（1898）大隈、板垣内阁时就出现过，但那届内阁是建立在自由、进步两党不自然的联合基础之上的，因此很快就瓦解了。本来，同时拥戴两名性格相反的头目，就是一个难题。原敬内阁中，除了军部大臣和外务大臣以外，所有阁僚都是政友会成员，首相原敬是个没有爵位的众议院议员。对此，山县、松方等元老认为成立这样的内阁为时尚早，要求同是元老的西园寺公望出马组阁。但是，对时局十分敏感的西园寺，反而劝说山县等人推举原敬上台。因此，原敬内阁的出现，说明向来遇事就要压制政党势力的元老、官僚、军部等旧势力已经减退，而足以成为加强政党实力，即支持政党势力的资产阶级已步上政治舞台的一个显著标志。在此之前，经过中日甲午战争和日俄战争两次战事以后，资本家在政治上的发言权已经逐步增大。在第二次西园寺内阁中，银行家出身的山本达雄当上了大藏大臣，开创了实业家出任大臣的先河。政党内阁成立后，内阁的基础已置于议员数量之上，而议员的当选与否，很大程度取决于选举费用的多寡，这样就使资产阶级的势力能强有力地干预政治。在原敬内阁中，吸收了高桥是清、山本达雄、中桥德五郎、野田卯太郎等许多实业界出身者为阁僚这一点，充分说明资产阶级已在政治界取得了显著的进展。同时，这也是由这次大战所带来的日本资本主义经济力量划时代繁荣的大亮相。

原敬内阁在扩充高等教育机构、同时任用文武官员为殖民地长官等方面取得了显著的成就，但却未采取能够适应大战以后经济和思想上的变动的政策，特别是推行了反对宪政会和国民党共同提出的普选法案等露骨拥护资本家的政策。在原敬杰出的政治活动能力下，原内阁维持了三年多，到大正十年（1921）十一月，终于因原敬⑩在东京车站被刺而倒台，取而代之的是同样由政友会组成的高桥是清［高桥是清（1854—1936），政治家、财政家，东京人，本姓山村。明治五年（1872）参加大藏省工作后，长期在财政、经济方面工作，曾任正金银行、日本银行等总裁，大正二年（1913）山本内阁，七年（1918）原敬内阁中均任藏相。大正十年（1921）以政友会总裁身份出任首相，以后又担任过田中、犬养、斋藤、冈田诸内阁的藏相。昭和十一年（1936）"二·二六"事件中被害。——译者］内阁。但高桥内阁却因内阁内部难于统一，仅过半年多就垮台了（大正十一年六月）。在此之前，大战后世界上出现了要求和平的风气，海军裁军会议，就于这时候在美国华盛顿召开。日本也派出了以海军大臣加藤友三郎为全权代表的代表团参加了会议（大正十年十月），缔结了限制海军条约等各种重要条约（大正十一年三月）。由于高桥内阁的垮台，堵塞了通往政党内阁的道路，加藤友三郎便在进行华盛顿会议善后处理的名义下，被推举为继任首相。当时政友会出于不肯把政权交给反对党的想法，极力支持加藤上台组阁，自己阻碍了政党政治的发展。继加藤之后上台的第二届山本权兵卫内阁和清浦奎吾内阁都是又回到军阀和官僚的内阁，其中清浦内阁全部阁僚都是由贵族院成员组成的，成了贵族院研究会的傀儡，引起了政党和人民的愤慨。于是，政友会、宪政会和革新俱乐部（在原国民党基础上发展起来的政党，首脑为犬养毅）联合起来开展了强大的拥护宪政、打倒特权内阁的"第二次护宪运动"。不过，此时政友会的床次竹二郎等149人，宣布退党而另外组织了宪政本党，声称拥护清浦内阁，充分暴露了党人渴望参加到政权中去的卑鄙心理，玷污了护宪运动的精神。面对护宪三派的进攻，政府以解散议会来抵抗，但大选的结果却是护宪三派获得大胜，宪政会成为议会第一大党，从而政界又迎来了以宪政会总裁加藤高明为首相的政党内阁——护宪三派内阁［大正十三年（1924）六月］。

护宪三派内阁最大的功绩是，制定了多年悬案的普选法，改革了贵族院，并断然对陆军进行了裁减等。众议院的议员选举法，在明治三十三年（1900）修改以后，对有选举权者的资格限制，已从当初的纳税额 15 日元减为 10 日元，大正八年（1919）又减为 3 日元。另外，要求将选举法改为普选的提案，自明治三十五年（1902）起就已成为议会中一再讨论的问题，其间还曾一度往众议院获得通过，只是因遭到贵族院的反对，法案才未能成立，一直拖了下来。原敬内阁也曾认为通过普选法案，为时尚早，并将其作为解散议会的借口，但这种做法反而增加了人民群众对普选的关心，结果使争取普选成了民众运动。因此到护宪内阁时，原来曾对普选法持反对态度的政友会也改为表示赞同，使该法案在众议院获得通过，贵族院也并没有进行全面的反对，于是，在宪政史上具有划时代意义的普选法案终于在大正十四年（1925）三月通过了。

所谓贵族院改革，就是要削弱多年来一直作为贵族、官僚们对内阁施加干涉的堡垒的贵族院的势力，是凭借护宪运动的余威而取得成功的一项事业。至于裁减陆军，则是撤销了四个师团的建制，精简了两千余名军官。不过，也因充实了飞机等新式装备，所以在节约财政开支方面，并没有多大意义，但在表示渴望和平诚意方面的精神效果，却很显著。

随着时间的推移，护宪内阁内部各政党间的团结逐渐松散。高桥是清引退之后，陆军大将田中义一［田中义一（1863—1929），军人。陆军大学毕业后担任军部中有关中国、苏联方面的工作。大正七年（1918）任原敬内阁陆军大臣，十二年（1923）为山本内阁陆军大臣，后以政友会总裁身份组阁，一身以首相兼外务、内务、拓务大臣数职，积极推行侵略中国政策，有名的《田中奏折》就是他担任首相时的事，此外出兵山东、召开东方会议及炸毙张作霖等事件，都是他任内发生的。——译者］继任政友会总裁，犬养毅［犬养毅（1855—1932），政治家，冈山县人，号木堂。庆应义塾毕业后，从事新闻工作，参加自由民权运动。明治四十三年（1910）组织国民党，主张打倒藩阀体制；大正十二年（1923）又组织革新俱乐部，次年联合政友会、宪政会展开护宪运动。昭和四年（1929）任政教会总裁，六年组阁，七年（1932）死于“五·一五”事件中。——译者］解散了革新俱乐部，参加了政友会。加藤在与政友会的协调失败以后，曾一度宣布内阁总辞职，但改组成了宪政会单独组阁的第二届加藤内阁［大正十四年（1925）八月］。加藤病死以后，由若槻礼次郎以宪政会总裁身份继任首相（大正十五年一月）。后来，在处理金融危机和外相币原的外交失败等问题上，若槻内阁遭到了枢密院的攻击，遂下台了［昭和二年（1927）四月］。

宪政会内阁下台后，政权转到政友会手里，产生了田中内阁。田中内阁采取了积极的对华政策，但不久就因非战条约问题和炸毙张作霖的事件而倒台［昭和四年（1929）七月］。接着上台的民政党（宪政会与政友本党合并而成）滨口雄幸内阁在伦敦裁军条约问题上与枢密院及军部进行争辩，发挥了政党政治的威力；但因滨口在东京车站被刺而一蹶不振，到继任的若槻内阁［昭和六年（1931）四月到十二月］和犬养内阁［昭和六年（1931）十二月到昭和七年（1932）五月］上台时，日本已经进入了军阀横行、杀气腾腾的时代。多年来备尝艰辛才勉强争得的政党政治——所谓"宪改正轨"，再次遭到了践踏。这种时局的逆转，固然有世界形势的演变，日本的社会、经济方面存在的弱点等多种原因，但其中的一个根本原因，就是政党本身的软弱无力和没有远见，即政党不是依靠自己的力量去确立支配政治的途径，而经常企图通过与官僚、军阀妥协来扩充势力，斤斤计较本党的利益而同反对党争衡，却不肯为了政党的整体利益，去同特权阶级进行斗争。因此，尽管政党从表面看来，由明治末期到大正、昭和年代，取得了惊人的发展，但也不能不注意到，隐藏在其内部的上述缺点。

日本在国际政局中的活跃　到了明治末年，日本已基本上完成了日俄战争后外交方面的善后处理。进入大正时期，世界局势又发生了新的变化。第一次世界大战爆发，日本参加了这次战争，进一步提高了自己的国际地位。从 19 世纪末到 20 世纪初，世界列强都疯狂地推行帝国主义政策，彼此间的矛盾、对立十分深刻。参加这场竞争较晚的德国，扩充海军，意在同英国海军相对抗。德国商品也在世界市场上同英国商品开始竞争。德国还主张日耳曼民族主义，企图向横跨巴尔干直达波斯湾的东方广大地区进行扩张，这就意味着给在巴尔干半岛推行泛斯拉夫主义的俄国，造成了巨大威胁。针对德国这一发展意图，明治二十五年（1892）结成了俄法同盟，明治三十七年（1904）签订了英法协约和明治四十年（1907）签订了英俄协约。德国虽然已于明治十五年（1882）与奥地利、意大利结成了三国同盟，但不久意大利便因在巴尔干半岛与奥地利发生对立，而接近法国；奥地利则因国内少数民族的叛乱，政局不稳。所以英、俄、法三国协约实际上可以说是三国对德国的包围。在巴尔干地区，各民族间的对立非常尖锐，泛斯拉夫和泛日耳曼这两种主义之间，进行着激烈的对抗，其中以塞尔维亚为中心的泛斯拉夫主义运动，尤为激烈。奥地利一直在窥测着机会，准备对这种运动施加打击，以恢复威信。大正三年（1914）六月，以奥地利皇太子被塞尔维亚人暗杀事件为开端，奥地利政府向塞尔维亚发出了最后通牒，在遭到拒绝之后，发表了宣战声明，从而拉开了第一次世界大战的序幕。即德国援助奥地利，土耳其和保加利亚也参加了这一阵营；俄国则支持塞尔维亚，英国、法国、比利时和意大利也加入了这一方面。这样，欧洲的列强由此分成两大阵营，要在干戈之间决一雌雄。

随着大战的爆发，英国要求日本支持。当时的首相是大隈重信，外相为加藤高明。在内阁会议上，阁僚们认为参战是履行日英同盟中规定的义务，是对三国干涉的报复行为，也是日本提高国际地位的好机会。便决定对德宣战。大正三年（1914）八月，日本政府便向德国提出了最后通牒，要求德国将其在东方的根据地胶州湾移交给日本，并将德国舰艇从远东水域撤走。对此，德国未做回答，于是日本便发表了宣战声明，派海军封锁了胶州湾，陆军则从背后进攻青岛要塞，十一月间攻下了青岛。此外，海军的一支部队占领了赤道以北的德属诸岛，与英国海军共同负责监视印度洋和太平洋地区，还派驱逐舰队远航地中海，担任护卫该水域航线的工作。

日俄战争以后，清国国力衰弱，早就不愿受满人统治的汉人，到处在策划推翻政府。明治四十四年（1911），黎元洪领导的革命军在武昌已有强大势力（这种说法不对，请参阅《中国近代史》等书籍。——译者），孙中山则在中国南部倡导三民主义，与其呼应，全国有三分之二的地区为革命军所占据。结果，于明治四十五年（1912）一月成立了共和制的中华民国临时政府，清王朝于是灭亡。后来，军阀代表袁世凯又同革命政府合作，并被选为大总统。大正四年（1915）一月，我国为了处理攻占青岛后的山东问题等多年来没有解决的两国间悬案，就提出了二十一条要求，这次交涉极为困难，日本虽然多次做出让步，减缓了所要求的条件（这是著者为过去日本侵略中国所做的辩解，请注意参阅《中国近代史》等书籍。——译者），但最后还是用最后通牒方式恫吓中国方面，到同年五月间，才勉强签订了条约。条约内容规定，中国必须承认日本和德国间因处理德国在山东的一切权利、利益的一切事项；延长旅顺、大连等地的租借期限为99年；日本国民得在南满自由杂居、往来和从事工商业等活动，为此租用所需土地；日本国民得在内蒙古东部与中国人民合办经营农业及附属工业等。此外还规定，大战结束后胶州湾租借地全部由日本自由处理时，应在一定条件下（如将胶州湾作为商港开放，和在日本政府指定的地区设立日本专管租借地等），可将该租借地归还中国。最后缔结的条约内容虽是上述这样，但在最初提出的要求中含有干涉中国内政的条款，因而被认为是日本想乘列强因世界大战无暇顾及东亚之机，实现扩张领土野心的举动，实际上中国也正是强调了这一点，博取各国的同情。加上，这个条约是在日本最后通牒的恫吓之下签订的，因而使问题更形复杂。后来，中国在凡尔赛媾和会议上，提出要求废除这项条约，他们用巧妙的外交辞令来说服各国，使日本的全权代表团狼狈不堪。中国并在国内，以日本提出最后通牒的那天，五月七日作为国耻纪念日，在人民中间掀起了排日的浪潮，成为影响两国友好的痼疾而长期遗留下来。（请注意，从这里可以看出日本的资产阶级史学者是怎样为其政府过去的侵略行为做辩解的。——译者）

在这个问题上，日本感到有必要与美国交换意见，大正六年（1917）派遣前外务大臣石井菊次郎作为特派大使前往美国，与美国国务卿蓝辛（R. Lansing）进行谈判，达成了协议，并且发表了日美共同宣言。这就是所谓"石井—蓝辛协定"。其内容是：美国承认日本在中国的特权，两国尊重中国的独立，支持在中国实行门户开放、在发展商工业方面机会均等的原则，等等。

第一次世界大战初期，形势对德国比较有利。但后来战争旷日持久，迟迟不见进展，直到1917年（大正六年）美国参战后，才起了决定性作用。1918年11月，以德国的投降而告终。次年1月，在巴黎召开了有27个国家参加的媾和会议，日本与英、法、美、意等国作为主要联合国，或者说是五大国之一，是这次会议的主要成员之一。日本政府对选派全权委员十分慎重，起用了元老西园寺公望，并派牧野伸显等随同前往。同年6月，在凡尔赛宫缔结了和约，日本取得了胶州湾、山东铁路等过去德国在山东省所享有的一切权益，并被委任统治赤道以北的德属诸岛。如前所述，中国代表曾在这次会议上为废除"二十一条"和要求直接归还山东掀起了猛烈的活动，但结果并没有得到各大国的支持，而是承认了日本的主张。此外，会上还讨论了美国总统威尔逊（Wilson）提出的国际联盟方案，为了防止日后发生战事，以充满了各国要求和平的精神通过了国际联盟章程。日本积极参加了这项工作，并提出了在章程中应加入废除种族差别的条款，以实现要求和平精神的建议，但却未能得到与会者的一致同意。后来，我国作为国际联盟常任理事国之一，在实现国际协调方面，发挥了很大作用。

在和会前后，发生了出兵西伯利亚和尼港事件等令人不愉快的外交事件。从表面上看来，出兵西伯利亚的目的是援救逃亡或被俘在俄国的捷克斯洛伐克人，将他们送到西部战线，以实现其建立本民族国家的愿望。这也合乎协约国方面想要增强兵力的意图，使其与协约国军共同行动，与在促进战争结束中起一定作用的国际协调主义相符合。但实际上，协约国方面的意图是，想用武力来干涉俄国在经二月革命和十月革命之后所建立的布尔什维克政府，和其同德国的单独媾和。而对于在英、美、法等国撤军之后，仍单独赖着不走的日本说来，则应说它还暗藏着企图乘机在西伯利亚攫取特殊权益的野心。决定出兵的是即将宣布总辞职的寺内内阁［大正七年（1918）八月］，这对于军阀内阁来说，虽然是很适合的，但继之成立的原敬内阁等各届内阁，却也都继续坚持出兵，结果一直持续到大正十一月（1922）年末，在西伯利亚驻兵长达四年多。这说明无论是官僚，还是政党，都没有反对军部那种不自量力的向大陆扩张的政策，后来日本战败的先兆，在这里也可以见到。

不过，日本驻兵西伯利亚也有一个理由，即发生了不幸的尼港（庙街）事件。大正九年（1920）三月，驻在苏联滨海省尼古拉耶夫斯克（庙街）的日本领事馆，遭到激进派苏军的袭击，许多馆员和日本侨民遭到惨杀。当时，日本还没有承认应向其追究责任的莫斯科政府，因此，便以保障占领的名义，占领了滨海省的重要地区。但是，导致这次惨杀事件的原因，不用说是由于日本在西伯利亚驻军。在那里驻兵四年多的结果，正如宪政会总裁加藤高明在贵族院中所批评的那样："日本在西伯利亚驻兵四年，对外失去了各国的信任，与俄国结下了怨恨；对内则使军队长期曝于异域，耗费了大量的国帑。"是一次没给国家带来任何利益的失败。

世界大战对日本所产生的影响，是广泛而深刻的，特别是对经济界的影响，尤为显著。日本虽也参加了战争，但付出的代价很小，各国的订货都集中到日本商品上来，使日本出现了空前未有的战争景气。日清战争以后，日本的贸易几乎每年都是连续入超，但在大正四年（1915）至大正七年（1918）之间却突然转为出超，四年里出超总额达 14 亿日元。进出口总额，在大正三年（1914）为 12 亿日元左右；但到大正七年（1918），竟达到了 37 亿日元左右，增加了两倍多。此外，日本商船也取代了欧美商船，在世界各地从事货物运输，出现了海运业的黄金时代。船舶数量的增加，新航线相继开辟，海运业暴发户不断涌现，海运业的繁荣情况空前。大正三年（1914），日本拥有的船舶总数为 3487 艘，总吨数为 159 万吨；到了大正八年（1919），船舶总数已达 5203 艘，吨数增为 286 万吨。在工业方面，纺织、缫丝、纺织品等轻工业也有了惊人的发展，棉纱的产量，大正二年（1913）为 151 万捆，到大正七年（1918）增加到 180 万捆；重工业方面，原来一直依赖进口的船舶、车辆和机械等产品，现在都已能自行生产，甚至反而输出了。以这种经济景气为背景，出现了兴办各种企业的热潮，资本不断增加和集中，银行资本对产业资本建立了决定性的控制，随着银行作用的加增，银行原有的资本增加和集中也有了发展。促进这种发展的主要是战后出现的反作用——经济危机。

随着战火的熄灭，在大战中不断膨胀起来的经济界，受到其反作用力的打击。由大正九年（1920）大阪的增田票据贴现银行的关闭，引起了各地银行一系列的关闭和挤兑的风潮，造成了战后第一次金融危机。继而，大正十一年（1922）各地银行又出现了倒闭的情况；大正十二年（1923）更发生了有名的关东大地震，使日本损失了多达 50 亿日元的财产和 10 万人的生命。灾后，为了进口国内匮乏物资，造成了巨额的贸易入超，经济界受到了沉重的打击。由于在震灾后，采取了对震灾中损失的票据实行补偿的措施，又引起昭和二年（1927）的金融危机，铃木商店、台湾银行相继倒闭。就这样，经过多次危机以后，许多银行合并或关闭，而大银行却越发大了起来，出现了后来控制金融市场的五大银行，这五大银行是三井、三菱、住友、第一、安田五家银行。

在大战对思想界产生的影响中，不容忽视的是民主主义思想得到了广泛传

地震之后的东京

  1923 年 9 月 1 日一场地震之后，在东京市中心断壁残垣的废墟中依旧耸立着几座标志性的多层建筑。首都的一多半区域和横滨附近多数区域以及周围的城镇村庄都被夷为平地。之后便是干热的天气，狂风引起的大火疯狂地烧了三天，地震中约有十万人死亡，几百万人无家可归、饥渴交加。到 1927 年时，江户古城的皇宫成了东京唯一保留下来的具有古代风貌的建筑。

播。战后，民主主义浪潮在各国普遍高涨起来，其思想也传到日本，在知识分子中间风靡一时。从原敬内阁开始，相继成立的政党内阁，普选法的制定、裁军的实施等都是民主主义思想推动政治而产生的结果，如果没有这种民主主义思想的背景，上述事情是很难实现的。

  世界大战使日本的社会问题日趋严重。战争造成经济界的繁荣，虽使资本家和暴发户深受其利，但一般人民则仍苦于物价飞涨、生活困窘。米骚动之所以能轻易地演成全国性的运动，就充分说明了这一点。战后出现的经济危机，使失业者陆续增加，中农以下的农民，则因农产品价格暴跌而吃到苦头。这就为工人运动和农民运动的发展准备了条件。自第二届桂太郎内阁镇压了"大逆事件"以来，社会主义运动曾一时销声匿迹，但由于出现了上面的情况和民主主义思想的广泛传播，加上世界工人运动的高涨，社会主义运动又复兴起来，并于大正九年（1920）实现了社会主义者的大团结，成立了日本社会主义同盟（大正十年被勒令解散）。大正八年（1919），铃木文治于大正元年（1912）组织的稳健派的工人团体及爱会也改名为"大日本劳动总同盟"（后又改为"日本劳动总同盟"），明确地表明同盟的方针是进行阶级斗争；大正九年（1920），一万名工人集会庆祝了日本第一次的"五一"国际劳动节；大正十一年（1922），成立了全国贫雇农组织的中枢机关——日本农民组合；在俄国十月革命成功的刺激下，共产主义运动也开始发展，并于大正十一年（1922）成立了日本共产党。对此，政府在大正十四年（1925）制定《治安维持法》，加强了取缔社会运动的措施。但是，由于普选法案已经生效，计划组织以工人团体为基础的无产阶级政党，尽管经受了政府的镇压和内部情况复杂等种种磨难，各个无产阶级政党还处于分立状态，但在昭和三年（1928）第一次实行普选的大选中，仍有八名无产阶级政党党员当选为国会议员，他们是：山本宣治［山本宣治（1889—1929），生物学者、政治家。京都府人，东京帝国大学毕业后，担任京都帝国大学及同志社大学讲师。当时日本社会上各种矛盾十分尖锐，他从亲身感受中接受了马克思主义，成为一个共产主义者，昭和三年（1928）第一次普选中被选担任议员，次年在议会开会期间，于神田的旅馆中被刺身死。——译者］、水谷长三郎、河上丈太郎、浅原健三、安部矶雄、铃木文治、龟井贯一郎、西尾末广。

　　鉴于世界大战的惨祸，为了消除战争根源，维持持久和平，美国总统于大正十年（1921）在华盛顿召集了一次国际会议，讨论了限制军备和远东及太平洋问题。日本派海军大臣加藤友三郎、贵族院议长德川家达和驻美大使币原喜重郎作为全权委员参加了这次会议。限制军备会议是在英、美、日、法、意等五大国之间召开的，会上决定了五国拥有主力舰总吨数的比例是5（英）：5（美）：3（日）：1.75（法）：1.75（意），同时还决定太平洋诸岛的防务，以维持现状为原则。在维持太平洋和平方面，英、美、法、日四国缔结了相互尊重各自在太平洋岛屿中的属地及领地权利的《四国条约》（大正十年十二月）。同时，宣布由于远东形势发生变化，而已失去其意义的日英同盟作废。

中国问题是在除英、美、日、法、意等五大国外和比利时、荷兰、葡萄牙、中华民国等共九个国家参加的会议上讨论的。大正十一年（1922）二月九国订立了条约，规定除中国以外的缔约国同意：尊重中国的主权、独立及领土的完整；排除阻止中国建立稳固、有力政府的障碍；对在中国一切人民的工商业，树立和维持机会均等主义等原则。这个条约实现了美国主张在中国实行的门户开放和机会均等主义，阻止了日本大陆政策的进展。因此，过去所订的"石井—蓝辛协定"，在美国的强烈要求下自然而然地在1923年（大正十二年）被废除了。

华盛顿会议虽然在限制五大国的海军方面取得了划时代的成功，但遗憾的是它只限制了主力舰（包括航空母舰）的数量，并没有把辅助舰艇也包括进去，只规定了辅助舰的舰型为吨数在一万吨以下，舰载炮口径不得超过八英寸。由于造船技术的进步，按照这个条约规定的舰型而建造的巡洋舰，完全可以具有同主力舰相匹敌的能力，于是列强便以此舰型为中心重又展开了建造军舰的竞争。鉴于这种情况，美国政府于昭和二年（1927）再次提出了召开裁军会议的建议。法国和意大利拒绝参加这次会议。日本则欣然表示参加，派斋藤实、石井菊次郎等为全权代表前往日内瓦，同英、美两国的全权代表进行了协商。各国的全权代表分别提出了本国的方案，由于英、美两国的方案相距甚远，尽管日本居间极力调停，却始终未能达成协议，结果会议只能发表了一个"三国共同宣言"之后宣告结束。

第二年（1928），英、美、法、德、意、日、比利时、波兰、捷克斯洛伐克、奥地利、新西兰、南非、加拿大、爱尔兰、印度等15个国家的代表齐聚法国外交部，签订了《非战公约》，宣布签约各代表分别以其本国人民的名义，不再以战争作为国策工具。因为这个条约中有"以人民的名义"的字样，后来在日本被认为是侵犯了天皇的大权，在枢密院遭到了非难，终于造成田中内阁总辞职的一个原因。不过，日本能够爽快地接受条约中主张放弃战争的重大目标，说明当时主张国际合作和爱好和平的精神已占了优势。

为了挽回日内瓦会议的失败，英、美两国又进行预备性会谈，在英国主持下，终于昭和四年（1929）发出了在伦敦召开裁军会议的邀请。这一次，法、意两国也同意参加。五大国的全权代表从昭和五年（1930）一月开始举行了会议。日本的全权代表是前总理大臣若槻礼次郎、海军大臣财部彪和驻英大使松平恒雄。他们带着大型巡洋舰的拥有量和辅助舰艇的总吨数要相当于美国的 70% 及保持潜水舰的现有实力 78500 吨等三大原则参加了谈判。但是，会议期间争论不休，很难达成协议。经过三个月的努力之后，才勉强达成了协议，四月签订了《伦敦条约》。日本的主张，辅助舰艇总吨数要相当于美国的 70% 这一点，得到了通过，但大型巡洋舰的拥有量却被减为相当于美国的 60%，潜水舰规定和美国相等的 52700 吨。对此，海军表示了激烈的反对，他们在军令部长加藤宽治的带领下，企图阻止条约的签订。但是，政府顶住了他们施加的压力，命令代表们在条约上签了字。于是，军部以侵犯了天皇的统帅大权为口实指责政府，军部对政党内阁的不满，急遽增高，后来一再发生了旨在实现军部独裁的军事政变。

在上述各次国际会议上，日本始终以互相让步的态度同英、美等大国一起为保持世界和平做出了努力。这可以说是日本外交史上最光辉灿烂的时代。但也不应忽视在其背后存在着导致日后发动侵略战争的阴暗事态。田中内阁时期，曾以保护日本侨民的权益，免受中国内战的危害为名，于昭和二年至昭和三年（1927—1928）两次出兵中国山东省，陡然增加了中国的反感和各国的猜疑，这和国内日益高涨的民主主义思想，也是背道而驰的。此外，昭和三年（1928）还发生了炸死满洲统治者张作霖的事件，这也可以说是军部的对满强硬政策的一个表现。必须注意的是，在外交官们高喊国际协调和尊重中国领土完整的口号背后，还存在着这种以军部为中心的、后来接着演成了军部独裁的一股暗流。与此同时，中国的排日思想不断高涨，各地爆发了顽强的抵制日货运动，并且得到了企图将战后的剩余产品向东方市场倾销的欧洲各国的支持。美国的排日运动，也有所发展，上下两院于大正十二年（1923）通过了禁止日本人入境的移民法案。上述这些都是和标榜着国际协调相呼应的、在幕后发展起来的外力的动向，这些动向，对于后来的历史发展，具有深远的意义。

资本主义的发展 上面已经谈到，在明治十年以前，日本移植近代经济制度的情况，和以后几次对外战争的影响下，日本经济所取得的发展。这里还想尽量避免重复，再谈一些明治十年代到大正年间日本经济所取得的发展。

在明治时代经济发展史中，如果把从维新后的十年，作为介绍和移植资本主义的时代的话，那么从明治十年代到明治 20 年代初则是资本主义发展基础确立的时代。明治十年（1877）发生的西南战役，在加强明治政府地位的意义上，在政治史上具有划时代的意义；在经济史上，也由于这次战争为筹措军费而增发了不兑换纸币，以此为契机，给经济界带来了一大转变。具体说来，在西南战争前夕，如将政府纸币和银行纸币加在一起，纸币的流通量为10600万日元，而到了明治十三年一月则已达到了17000万日元，增加了大约70%。其中有4200万日元，是用来作为西南战争军费的，即完全是非生产性的支出。结果引起了物价暴涨。明治十年（1877）一月每石大米的价格为4.60日元，到明治十二年（1879）涨到8.99日元，到明治十三年（1880）竟高达12.11日元，使人民生活困苦不堪。同时，由于纸币价值下跌，拉开了它与原来大体等值的西洋银币之间的差距，1元西洋银币已可兑换1.8日元纸币，即出现了约80%的差价。对此，政府为了整顿不兑换纸币和积累本位货币，改革了币制，建立了兑换制度；改革了税制，将国家支出改为地方政府支出；对国家开支厉行节约，将国营工厂移交给民营。这些政策从明治十三年（1880）十一月的税制改革开始实行，到明治十四年（1881）十月，松方正义就任大藏卿后又逐步推进，全部达到了预期的目的。

纸币的整理，进行得很顺利，从明治十四年（1881）到明治十八年（1885）期间，纸币的偿付额达1360万日元，滚存偿付准备金的金额为2640万日元，加在一起超过了4000万日元，结果使纸币的币值逐渐得到恢复。此外，为了确立兑换制度，政府于明治十五年（1882）公布了《日本银行条例》，创立了作为中央银行的日本银行，明治十七年（1884），政府又公布了《银行券兑换条例》，将发行纸币的权力委托给日本银行，并从明治十八年（1885）开始发行日本银行券。这种银行券是拥有全额兑现的足够准备金的，通货流通量可以说是完全稳定的。发行日本银行券的同时，收回过去由政府发行的纸币和银行发行的纸币，到明治三十二年（1899），已完全从市面上消失，后来日本的纸币，便一直统一为日本银行兑换券了。

纸币的整理，在另一方面，引起了经济界的严重萧条，给人民生活带来了穷困和破产。由于大米等农产品和土地的价格普遍下跌，而租税又不断加重，农民普遍贫困化了，特别是许多中小地主也离开了土地，从而使少数大土地所有者乘机大发其财。大多数贫困的农民，则在高额地租下苟延残喘，不得不靠从事副业或打短工来维持生活，致使农村的阶级分化，十分显著。由于农民等阶层购买力的降低，中小工商业者的日子也很不好过，他们同破产的农民一起成了自由劳动力的源泉，自然而然地为近代工业的发展，准备了条件。

为整顿纸币、压缩财政开支所进行的拍卖国营企业一事，表明了政府的产业政策有了一大转变，在经济史上具有重大意义。这是企业从国营向民营的转变，与民间资本的发达，人民经营能力的进步是密切相关的。在这个意义上，这项措施，使日本从照搬西方资本主义方式，转到按照日本经济的具体情况的、现实的发展资本主义的道路上。不过，当时民间的资本和技术，还没有成长到足以完全独自开拓自己前进道路的程度。因此，政府对其采取了保护和扶植的政策，为培育近代企业，做出了不懈的努力。明治十四年（1881）设置的管理企业的行政机关——农商务省，也就是体现了政府采取的保护政策。以低廉的价格将国营的工厂、矿山拍卖给民间经营，发放补助金或赋予其他优惠条件，以扶植企业的经营。此外如经常举办博览会、共进会以提高生产技术措施等，都是政府所采取扶植政策的具体措施。在这一时期中，政府将长崎造船厂卖给三菱，把兵库造船厂卖给川崎，把富冈缫丝厂卖给三井，把深川工作分局卖给浅野，为这些企业后来发展成为巨大财阀奠定了一定基础。

为了保护处于萧条中的企业，政府着重采取了奖励机械化和鼓励出口的方针。当时，出口的主要产品是生丝和茶叶，进口的主要产品是棉纱和砂糖。于是，政府便大力促进缫丝和纺织业的机械化，奖励增产，并千方百计地发展新式制糖业。由于政府和民间的共同努力，日本的对外贸易从明治十五年（1882）起由入超转为出超，一直持续到明治二十六年（1893）（明治二十三年除外）。由于实行了上述政策，纤维工业部门首先实现了机械化，为后来中日甲午战争后首先在这一部门完成产业革命打下了基础。

完成了纸币的整理工作以后，多年来的萧条景象消失了。从明治十九年（1886）起，企业界又开始迅速出现了蓬勃发展现象。当时兴办企业的热潮集中在铁路和纺织两方面。如果将明治十一年到十八年（1878—1885）称为整理金融的时代，那么从明治十九年到二十六年（1886—1893）则可以称为整理交通的时代。在铁路方面，起初政府曾采取国营的方针，但因财政困难，铁路建设进展很慢。因此，在改变产业政策之后，政府便采取了积极援助民间资本建设铁路的方针，对建设早就规划过的东京—青森间铁路的日本铁道公司给予了特别保护，推动了这项建设事业的进展（明治十四年，1881）。该项工程从明治十五年（1882）开始动工，明治十七年（1884）已在上野至前桥之间，明治二十年（1887）在宇都宫至白河之间相继通车，明治二十四年（1891）全线通车。后来，这家公司公布了其营业状况，每年的纯利润竟超过10%，从而在民间掀起了热烈的建设铁路高潮。明治十七年（1884），成立了阪堺铁道公司；明治十九年（1886），成立了伊予铁道公司；明治二十年（1887），成立了两毛和水户两家铁道公司；明治二十一年（1888），成立了山阳、大阪、赞岐、关西、甲武、九州等六家铁道公司；明治二十二年（1889），成立了筑丰、北海道煤矿和总武等三家铁道公司。就这样，到明治二十六年（1893）末，已通车的私营铁路达1367英里，出现了私营铁路占全部铁路70%的盛况。

随着私营铁路的兴盛，国营铁路也有了发展。在修建东京到京都之间的铁路干线时，曾发生是沿东海道还是沿中山道修筑的争论。明治十七年（1884）时，曾一度从开发内地及国防的角度考虑，决定沿中山道修筑，但后来由于施工困难又改为沿东海道修筑。明治二十二年（1889）近江湖东线修完之后，从新桥到神户的东海道线便全线通车了。与此同时，铁路运输也从原来的以客运为主转为以货运为主，对经济的发展起到了很大作用。

在这一时代，海运业的发展，也十分显著。明治初年的海运，为三菱所独占，政府对三菱的保护措施十分优厚。明治十五年（1882），藩阀政府为了推翻三菱所支持的大隈重信的权势，将小轮船公司合并起来，成立了共同运输公司，和三菱展开了激烈的竞争。但是，政府不久便认识到让同是受到政府保护的两家公司互相竞争的失策，又于明治十八年（1885）将两个公司合并成日本邮船公司，由政府提供补助，帮助其发展。此外，明治十七年（1884），在大阪府和其他县的保护下，成立了大阪商船公司。随着这些海运公司的建立，船舶数量的增加和新航线的开辟，取得了惊人的成绩，其中明治二十六年（1893）邮船公司开辟的孟买航线，是日本的第一条远洋航线。随着这条航线的开辟，还和印度订立了印棉购买合同，对我国纺织业的合理经营开辟道路做出了贡献。

政府对邮政、电信事业仍然采取了国营的方针。在邮政方面，明治十五年（1882）实行统一的邮资制度，电信方面也于明治十八年（1885）开始实行全国统一的收费制度。这样，通讯部门便同交通部门一起比其他各种产业设施，更加迅速地发展起来，从而使资本主义经济发展的基础得到了巩固。

日本资本主义经济在建立了上述基础并走上发展轨道之后，由于经过了中日甲午、日俄两次对外战争，及时地得到了飞跃发展的好机会。中日甲午战争使日本轻工业基本上完成了机械化，日俄战争又使重工业实现了机械化，日本的产业革命，便在极短的时间里以惊人的速度发展起来。战争还在亚洲东部地区开辟了能消化批量生产商品的市场。中日甲午战争的赔款等为提供丰富资金创造了优越条件，积累了为扩大生产、开辟市场所必需的资本。这是促进企业发展的最大因素。

与此同时，政府在工业立国方面一贯采取了保护、扶植政策，也是不容忽视的。这种政策的具体措施之一就是实行保护关税。早在明治二十七年（1894），政府就取消了棉纱的出口税，明治二十九年（1896）又取消了棉花的进口税，从而决定了日本纺织业的输入棉花和输出棉纱的性质，并采取了扶植其发展的措施。条约修改以后，日本的关税自主权原则上得到了外国承认。明治三十二年（1898）制定了新的关税税率，将原来定为5％以下的低进口税率提高到5％乃至40％，特别对一些需要保护的国内产业税率提得很高。到明治四十四年（1911）日本的关税自主权完全恢复以后，就实施了完全的保护关税政策。工业品的标准税率，从原来的20％提高到25％；原料则免税或仅课以10％以下的低税率；而精制品则课50％至60％的高税率。在这种关税政策的保护下，各种工业在获得原料、开辟市场方面，当然都得到了极大的方便，很快便出现了空前的繁荣。

政府采取的第二项保护措施，是通过设置、扩大国营工厂来自行经营工业和通过发放补助金、奖励金等来保护民间工业。这项政策专门在为扩充军备所必需的重工业领域中实行。明治政府成立伊始，就大抓军事工业，并设立了几个国营兵工厂。这些兵工厂在明治十年代拍卖处理国营工厂时，也被作为例外保留下来，一直由政府直接经营。根据中日甲午战争的经验，日本政府确立了武器自给自足的方针，扩建了陆海军各兵工厂，并新创立了国营的八幡制铁厂，这是一个以备军用钢铁的自给自足，同时还供民间需求而设立的大规模的近代化钢铁厂。明治二十九年（1896），议会通过了设立这家钢铁厂所需费用的预算。明治三十五年（1902），开始投产。

通过发放补助金、奖励金来促进民间产业发展的第一个实例可见于造船业。

中日甲午战争以后，政府认识到有发展造船的必要，遂于明治二十九年（1896）制定并公布了《造船奖励法》，对建造700吨以上的铁船或钢船者，发放一定数量的奖励金。后来，政府又修改了这项法律，使之更加符合实际情况，并采取了防止外国船只进口的措施，极力奖励国内造船业的发展。到了明治三十一年（1898），三菱公司已能建造6000吨级的大型船只（常陆丸）了。日俄战争以后，造船技术有了很大进步。在明治四十年至明治四十四年（1907—1911），三菱公司建造的13000吨级的大型轮船（天洋丸、地洋丸、春洋丸），作为新式蒸汽涡轮机船，比起欧美各国建造的已毫不逊色。在军舰方面，日俄战争以后，也能建造向来靠外国进口的战舰。明治三十八年至三十九年（1905—1906）动工建造的萨摩等三艘战舰，无论在船体、武器装备及轮机等方面，都可与欧美发达国家建造的相匹敌了。

第二个实例是政府在日俄战争后随同实行铁路国有化，对车辆工业采取的保护措施。在明治十年至二十年（1877—1887），曾出现私营铁路的全盛时代。后来，随着经营规模的扩大，深感铁路的发展，不但需要庞大的资本，而且还需要从军事的观点加以考虑。因此，主张铁路国有的论调逐渐抬头，议会终于在明治三十九年（1906）通过了铁路国有化的法案。根据这项法案，在明治三十九年到明治四十年（1906—1907），政府用发行公债的办法将总长3000英里的铁路和25000余辆铁路车辆统一于国家资本之下（包括日本、山阳、甲武、参宫、关西等17家公司的线路）。此举对扩大运输能力和统一经营规模产生了极大的效果。在实施该法案的同时，又决定了铁路所需对象均由国内自行供给的原则，因此使国营和民营的车辆工业得到了保护和发展。过去，铁路所需的机车，一直是靠进口的，在实行这项决定后，大阪火车制造公司和川崎造船公司就在国家保护之下垄断了机车的制造，将进口机车赶出了日本市场。

从上面所述的情况可以了解产业革命在日本并没有引起多大的摩擦而顺利地取得了进展，其所以如此的原因是由于当时日本所处的特殊经济状态。在欧美各国，产业革命曾使原有的许多手工业工人失业，或因低工资而陷于生活困难的情况，因而导致了社会的不安。但在日本，当时尚未达到拥有许多手工业工人阶级的阶段。因此，日本不仅没有出现手工业工人失业的情况，反而出现了因新型产业的兴起、需要劳动力而发生缺少工人的情况。当然，固有产业也并不是没有因此付出牺牲的，但付出牺牲的，主要是农家的副业和一般家庭工业。最早进行产业革命的纺织业，消灭了农家和一般家庭中为自给自足或作为副业而从事的手工纺织业，在缫丝、织布等方面也是如此。产业革命对农户等家庭产生了压力，但幸运的是，在此前后，农家还因生丝和茶叶的出口的激增而得到了好处，所以他们又把家庭副业转到养蚕、制茶等方面。这样，由于纺织业发展而蒙受的损失，在另一方面得到了补偿。他们除了进行这种有利的转变之外，还为其剩余劳动力送往工厂充当职工打开了广阔道路。产业革命给各阶层的人民都带来了新的工作和报酬，所以不仅没有给国民经济造成混乱，反而受到人们由衷的欢迎。

随着产业革命的进展，农村经济不可避免地要发生质的变化。农业在国民经济中所占的地位逐渐下降并为工业所取代，政府的保护重点也当然从农业转到了工业。农业本身的商业化也十分显著，农村的自给自足经济已为广泛的商品经济的浪潮所淹没。农作物的品种已从自给自足的作物统一改为生产商品性作物，最明显的例子是种植棉花面积的激减和取而代之的桑树种植的普及。上面说过，由于生丝出口的昌旺，养蚕为农户开辟了获得确实货币收入的道路。这时候，在原来饲养春蚕、夏蚕的基础上，又发现了饲养秋蚕的可能性，更加提高了养蚕作为农户副业的意义。因为，饲养春蚕、夏蚕都正值水稻种植的大忙季节，而饲养秋蚕，则可利用秋收之前的空闲时间，因而劳动力的分配和稻作更加合理。除了种桑以外，对主食的大米，也不断采取增产的措施，种植面积逐渐增加，杂粮类、菜籽、麻、靛等原料用农作物的种植面积则急剧减少，从而使农村经济从原来的复杂多样的生产改为主要生产大米和蚕丝，生产逐渐单纯化，生活必需品则从别处购买。明治三十年（1897）以后，大米的进口也逐渐增加，农户售出自己生产的大米而食用次米和进口米，农村经济的货币化出现了较大进展。

劳动问题作为产业革命的阴暗面而自然产生。由于劳动力不足，雇主之间便展开了激烈的职工争夺战。同时，由于无限制地使用童工、女工和强制工人彻夜劳动，以致发生了许多惨无人道的悲惨事件。在劳动条件方面，再也不能用原来那种单纯的主从关系来约束，于是爆发了劳动纠纷。在这三种现象中，第一种即工人不足的问题，随着农村的分化等现象的进展，自然而然地得到了解决；但第二、第三种却一直延续到以后。日本纤维工业的发展，可以说是建立在残酷剥削童工、女工和低工资制度的基础上的。在明治四十年前后，女工的数目约占工人总数的六七成。而且大部分女工都受住宿制度的约束，被迫彻夜工作或从事长时间劳动，身体健康大都受到损害。此外，这些女工大都只希望在结婚前从事短时期工作，因而很少有长年劳动之后成为熟练工的。正因为这样，就产生了日本的近代化产业不得不长期停留在不需要熟练技术的初级工艺水平上的缺点。但是，由于中国等后进国家的初级工业有了发展，日本的产业自然需要实现精密工业化；因虐待职工而导致的招工困难，又迫使资本家不得不改善工人的待遇。这样，劳动条件也逐渐有所改善。从昭和三年（1928）起，彻夜工作原则上已被禁止。不过，这个问题应当作为更广泛的劳动问题的一部分来解决，它与上面各项问题，是密切相关的。

傲慢的日本工人

在赤塔半岛，日本工人傲慢地站在机车车间里。日本最初依赖于西方进口，但飞速建成了自己强大的工业基地。这张相片摄于 1919 年，此时的日本已经实现了两个目标，即现代化和经济上的自给自足。廉价劳动力可以随时补充工厂的繁忙的需求。通过开拓朝鲜这样的大陆殖民地，日本获得了制成品市场，特别是其赖以生存的纺织品市场。

中日甲午战争以前，日本的劳动纠纷还是微不足道的，待至出现战后繁荣之后，战时一直受到压迫的工人们的不满便爆发出来，劳动纠纷骤然增加。明治三十年（1897）下半年，同盟罢工的件数有 32 件，到明治三十一年（1898）激增到 43 件。以后却又大量减少，明治三十七年（1904）仅发生了 6 件。这是因为明治三十三年（1900）第二次山县内阁发布了《治安警察法》，发挥了将工人运动扼杀在襁褓之中的镇压作用。同时也由于工人阶级也被"国运兴盛"的形势所迷惑，没能顾及本阶级的利益。日俄战争以后，劳动纠纷再次增加，明治四十年（1907）已达 57 件。明治四十四年（1911）虽然公布了日本第一个劳动法——《工厂法》，但该法直到大正五年（1916）才开始实行。第一次世界大战的爆发给劳动纠纷问题带来了很大转机，工人的阶级意识不断提高，他们结成了工会组织，劳动纠纷的件数飞跃增加，发展成了资本家和政府都深感头痛的严重问题。

以上结合中日甲午、日俄两次战争论述了资本主义经济发展的大概。第一次世界大战的爆发又使上述情况有了进一步的变化。下面，再从两三个事实来谈一下第一次世界大战以后日本经济的发展。

第一是产业的质的发展。中日甲午战争后的产业，是以纺织、缫丝、杂货等为中心，产品是仅经过初步加工的加工原料品。日俄战争以后，则从初步加工原料品阶段进入了初步加工成粗产品的阶段；第一次世界大战以后，又从初步加工的粗产品阶段上升到生产精密产品阶段。重工业和化学工业虽在日俄战争后已有所发展，但直到第一次大战以后，才在技术上取得了独立，财政基础也有所巩固。更令人瞩目的是电力已被用作动力，普遍利用起来了。中日甲午战争以后，一般仍以蒸汽作为动力；到了日俄战争以后，原来只用来供照明用而兴办的电力事业，就发展成为动力了。这是陆续兴办起大规模水电事业构成了重要原因。大正三年（1914）兴建的 11 万伏特的猪苗代水力发电站长达 150 英里的东京高压输电网，被称为世界性的成功范例。由于第一次世界大战，动力电气化的普及，有了惊人的发展。明治四十二年（1909），电动机在动力机总马力中所占的比例为 14%；大正八年（1919），就达到了 62%；昭和六年（1931）更达到了 90%。电力在作为原动力方面，有这样惊人的发展，为建立和发展大工业生产奠定了基础，对这一时代的产业发展具有重大意义。

　　第二是贸易的发展。在整个明治时代，贸易额一直在逐年增加，特别由于战争，导致了飞跃发展，这一点只看下述几个数字便可略知一二：由进出口总额来看，明治元年（1868）为2600万日元，明治三十年（1897）则为40700万日元，明治四十年（1907）为94700万日元，大正八年（1919）竟高达449200万日元；从贸易的内容来看，初期是出口原料、进口成品，中日甲午战争以后，就出现了成品输出增加、输入减少和原料输出低减、输入加增的明显倾向，到日俄战争以后，上述倾向便逐渐固定下来；但如从贸易物品的流动方向来看，出口物品中的工业产品，几乎全部都是输向亚洲国家的，而原料和半成品则大都流向欧美国家。这一事实说明，日本的近代化产业对东方各国来说，已居指导地位，但比起欧美各国来，还有一段距离。第一次世界大战以后，上述基本倾向虽然没有改变，但由于欧美列强在东方市场上的势力减退，而由日本取而代之的缘故，贸易额有了超乎寻常的增加。当时的重要出口产品，以生丝为最多，其次是棉纱、棉织品和丝织品；进口物品主要是棉花、铁类、谷物和羊毛等，纤维制品及其原料在贸易品中所占的比重是最大的。大正元年（1912），棉织品的出口约为16%，国内消费为84%；到大正八年（1919），则分别为27%和73%；而昭和二年（1927）出口已增为56%，国内消费则为44%。从这一事实可以看出日本棉织品工业的发展与国外市场有着极其密切的关系。同时也可以看出，日本经济对贸易的依赖程度，随其发展而逐步增强的性质。此外，以日俄战争为转机，日本恢复了贸易上的主权。从外商手中夺回贸易主导权，是明治初年以来全国人民始终期待着的愿望。但在明治三十年代前期，外商在进出口中所占的比例仍然很大。直到明治四十年代以后，这个比例才出现了逆转，日本商人所占的比重增加了，到世界大战发生时这种情况才固定下来。

　　第一次大战时出现的经济繁荣，由于战后的危机逐渐衰落下去，战时的出超转为入超，加上大正十二年（1923）的关东大地震又导致了进口的剧烈增加，到大正末年，在大战期间好容易获得的硬通货已大部分消耗殆尽。

　　第三是企业的集中及垄断。人们虽然早就认识到企业必须通过合并而大规模化，但其实现，却主要是在日俄战争以后。日本企业的特色，在中日甲午战争以后是新设，而日俄战争以后则是将原有企业加以扩大和通过合并使之大规模化，那时的新设企业，也都是由大资本家投资的，由于世界大战，更加促进了这种倾向。企业的大规模化和资本的集中，很快又使少数大公司在行业内部扩大了垄断的倾向。在纺织行业中，钟纺、东洋纺等公司都是由十几家小公司合并而成的大公司；在人寿保险行业，日本、千代田、明治、第一、帝国等五大公司垄断了全国总保险合同中的大部分；银行资本的集中情况，上面已略提及，三井、三菱、住友、安田等财阀由于这种银行资本的集中，更加强大。处于三井财阀控制之下的公司，包括直系和旁系在内，多达 120 家，其资本总额约占全国公司资本额的15%。为谋求同种企业间协调的企业联合体（卡特尔）在第一次大战以后也有了显著发展。这样，少数财阀就以垄断资本的力量来控制日本经济，进一步使政党当它的傀儡来支配政治的时代到来了。

以上不过是从进步方面对日本资本主义经济的发展状况做了概述。在另一方面，也不能不看到日本经济中还存在着许多缺陷和不合理之处，很快就成了对其根基不牢的进步投下阴影。例如，在大产业取得了惊人的近代化发展的背面，还存在着许多经营和技术都很落后的中小工商业者，成了束缚大产业发展的羁绊。在农村，仍严格实行着租佃制度，出租的土地面积逐年增加，下层农民挣扎在高额地租之下，生活水平无法指望提高，由此而产生的工人的低工资，虽然成了近代化产业发展的基础之一，这反过来却降低了国内的购买力，扩大了产业对海外市场的依赖程度。此外，由于日本国内的矿产资源并不丰富，铁矿、石油等近代化产业所不可缺少的资源，都必须依赖国外的进口。这种情况，考虑到一旦发生战争，就成了不顾后果地策划向海外扩张的基础。与此相关联，日本的重工业是以军事工业为中心发达起来的，这种性质，直到后来也没有改变。轻工业也注定要依靠战争而得到发展，因而两者都具有浓厚的军国主义色彩。此外，由于近代化产业经常是在政府保护之下得到发展的，因而产业资本家轻易就向政府表示妥协，对政府曲意逢迎，看不到有独立自主的市民精神的迹象。所有这些都是在产业获得伟大发展的背后所隐藏着的弱点和缺陷，在第一次世界大战后发生的世界性经济危机冲击之下，这些缺陷和弱点暴露无遗，不久便使国家走上了军部独裁和发动侵略战争的道路。

教学与思潮　在近代化国家的发展基础上，教育、学制的迅速发展是个不可或缺的因素。如前所述，明治五年（1872）制定的学制，是怀有伟大抱负的新政府所提出的极为适宜的教育政策，但因其太划一和复杂，在实际推广应用中，未免感到有些不便。于是，明治十二年（1879），政府又吸取了当时十分盛行的自由民权思想，发布了以自由主义为基调的教育令。然而，这个教育令在学校的设置、管理和教学内容等方面，都过于自由放任了。例如，它将教育的年限规定为四年，其中仅用一年零四个月，即 16 个月就可以完成义务教育，并且还允许采取不进学校而接受普通教育的途径。由于这个教育令的自由主义精神，受到了人们的曲解，教育方面出现了衰颓的趋势，因此很快就对其进行了修改。明治十八年（1885）内阁制度创立以后，森有礼任文部大臣。他从明治十九年（1886）开始，就在教育令中自由主义理想的基础上，进行了学制改革。这次改革，是具有划时代意义的，为以后由明治到大正的教育制度，奠定了基础。

森有礼的学制改革是通过发布《帝国大学令》《师范学校令》《小学校令》《各种学校通则》等有关学校的法令的形式进行的，因而通常将其统称为"学校令"。根据这些法令，各类学校均以小学为基础，秩序井然地设置起来。小学、中学和师范等各类学校均分为普通、高等二级。小学毕业以后，可以依次经中学进入帝国大学的途径，和由小学可以采取直接进入师范学校的途径，两大系统截然分开。进小学的学龄为 6 岁至 14 岁，共 8 年。父母和保护人有使学龄儿童接受普通小学教育的义务。普通小学的学制为三年或四年。中学是对准备从事实业或进入高等院校学习者进行必要教育的场所，高级中学由文部大臣管辖，普通中学则可由各府县视具体情况设置。根据这些法令，原来的东京大学预备门改为第一高级中学，大阪的大学分校改为第三高级中学。从明治十九年至明治二十年（1886—1887），又设立了山口、第二、第四、第五和造士馆等高级中学，它们都是后来发展成高等学校的基础。帝国大学由研究院（大学院）和分科大学组成，研究院（大学院）专事钻研学识技术的蕴奥，分科大学则是教授学识技术的理论和应用技术的场所。按照这些规定，东京大学改为帝国大学，内设法、医、工、文、理等分科大学［明治二十三年（1890）又增设农科大学］。师范学校是培养师资的地方，要求学生尤其要具备温和、信爱和庄重的品质。普通师范学校每个府县各设一所，在东京设一所高等师范学校，前者的经费由地方税中支出，后者则由国库开支。

以上是学校令中规定的学校制度的概要。后来，这些制度随时又进行了多次修改，并采取各种措施加以落实。与此同时，学校令中未做规定的专科学校、高等女学校、职业学校等也陆续设立，学校的设备逐渐完善起来。

政府于明治十九年（1886）发布的学校令为建立教育制度做出了划时代的贡献，于是又在明治二十三年（1890）颁发了有关教育的敕语，在确立教育内容方面，具有重要意义。明治初年以来，西方的新文化如洪水一般滔滔涌进日本，席卷了思想界，结果是产生了蔑视过去道德和思想的风气，认为这些都是因循守旧的。当时所吸收的西方思潮，都是以自然主义和自由主义为基调的，和儒教道德等，是针锋相对的。所以上述蔑视旧道德、旧思想的风习，日益高涨，对于这种知识界流行的自由主义思想，政府反倒用保守思想来加压制。在政治上，巧妙地用发布钦定宪法的手段压制了自由民权论，使其大体上得到了解决。在教育方面，也用崇尚儒教道德的方针，以克服盲目崇拜西方的思想和改善道德标准方面的混乱状况。这个方针首先体现在侍讲元田永孚 [元田永孚（1818—1891），明治时代的儒学者，熊本藩士，维新前担任细川侯的教授，维新后入宫内省，担任明治天皇的侍读式侍讲，对明治的影响很大。他主张根据儒教的体制，树立天皇绝对化思想，《教育敕语》就是由他和井上毅起草的。——译者] 根据明治天皇的敕令而撰写的《修身书》和《幼学纲要》中。这两本书被作为青少年在道德修养方面的必读书，颁发到全国各地（明治十四年，1881）。

其次，以天皇亲自教诲国民敕语的方式，颁发了《教育敕语》[明治二十三年（1890）十月]，从更高的角度，在儒教伦理之外，还加入了立宪思想作为国民道德的教训。有识之士都认为，《教育敕语》[这里原著者说："有识之士都认为《教育敕语》在教育上完成了帝国宪法提出的政治使命……"只能理解为原著者及其所代表的少数人的见解。此《教育敕语》已于昭和二十三年（1948）的国会上宣布失效。——译者] 在教育上完成了帝国宪法提出的政治使命，确立了迄今一直处于混乱状态的教育标准，因而具有伟大意义。根据《教育敕语》进行的忠君爱国的国民教育，在明治、大正时代的振兴国运的过程中，起了无法估量的巨大作用。

经过中日甲午、日俄两次战争以后，教育制度逐渐得到了扩充和完善。其主要措施有：将普通小学的修业期限，延长到六年，并将此作为义务教育年限（明治四十年，1907）；将高级中学改为高等学校的同时，还把普通中学改称为中学校，并命令各府县都要设立一所以上的中学校（明治三十二年，1899）；制定

《专科学校令》（明治三十六年，1903），设置了医学、法学、语学、文学、宗教、美术、音乐、体育等各类专科学校；将普通师范学校改为师范学校，并规定了设置女子高等师范学校（明治三十年，《师范教育令》）；制定《实业学校令》，设立了工业、农业、商业、商船、水产等方面的实业学校（明治三十二年，1899）；将帝国大学改名为东京帝国大学，并新设了京都帝国大学（明治三十年，1897），后来又陆续设立了东北（明治四十年，1907）、九州（明治四十三年，1910）等帝国大学。这样，在明治末年，日本教育的发达，在世界已名列前茅。明治四十四年（1911），在学小学生总数已超过700万，对全国儿童来说，已取得入学率高达98%的好成绩。

一幅日本画

这是1887年的一幅日本画，描绘了一个日本女演奏者正在弹一架西式的风琴。19世纪80年代期间，吸收了西方乐曲的日本音乐曲谱开始公开出版，供学校和家庭使用。

进入大正年代以后，教育制度的修改和教育机构的扩大尤为盛行。这是由于大正六年（1917），在内阁里面设置了临时教育会议，作为总理大臣的咨询机构，它所作的有力建议，解决了多年来成为悬案的学制修改问题，并由于原敬内阁将大规模增设高等教育机构定作为重要政策施行的结果。根据临时教育会议修改学制的建议，政府废除了《帝国大学令》，发布了《大学令》，准许在国立大学之外设立公立、私立大学和综合大学，设立单科大学等。在大学的办学目的中，除钻研学术之外，又加上了陶冶人格和培养国家思想，等等（大正七年，1918）。同时，还制定了《高等学校令》，高等学校不再是大学预科，而是将其作为实施普通高等教育的机关，基本上实行七年制，公立、私立均可。至于大规模地增设高等教育机构，是在大正八年至大正十三年（1919—1924）六年间进行的，共增设了 17 所高等学校、10 所高等工业学校、5 所高等农业学校、7 所高等商业学校、1 所外国语学校和 2 所药学专科学校（包括大正七年创设的）。这次增设是一个破天荒的壮举，因为于大正十四年（1925）估计将有 28500 名中等学校毕业生，其中约有 2/3 的人（19000 人）希望升入上级学校，所以必须增设和扩大高等专科学校，以便能容纳这 20000 名学生。其结果无疑提高了人民的知识水平，促进了世界大战以后资产阶级的发展和助长了民主主义思想的发达，起到了充实日本作为近代国家内容的作用，这一点是不容忽视的。

随着高等学校和专科学校的增加，大学的增设也势在必行。除了上述明治年间设立的东京、京都、东北、九州等帝国大学以外；到大正年间，又设立了北海道（大正七年，1918）和汉城（大正十五年，1926）帝国大学；到昭和年代，又设立了台北（昭和三年，1928）、大阪（昭和六年，1931）和名古屋（昭和十四年，1939）等帝国大学。此外，按照新大学令的规定，又设立了国立的单科大学，如东京商科大学、冈山和新潟的医科大学等，还陆续设立了公立单科大学和私立大学。

明治初年，日本流行的教育思想都是从欧美直接照搬过来的，教学内容也重视洋风。这种倾向一直维持到明治二十年（1887）左右，大体上没有什么变化。斯宾塞及其门徒乔赫纳特（Johonot）等的实利主义的教育学说，在明治头十年前后被广泛介绍到日本，曾在美国留学，深受英美教育熏陶的伊泽修二、高岭秀夫也于明治十一年（1878）归国，在东京师范学校（后来的东京高等师范学校）致力于新教育学说的启蒙教育。然而，这种倾向却因明治十九年（1886）制定《学校令》和明治二十三年（1890）颁发《教育敕语》而为之一变，教育学说领域又转入德国的赫巴特（J. F. Heibart）的全盛时代，教学内容中也包含了许多日本式的东西，反对欧化主义的国粹主义开始抬头。总之，日本的教育学说出现了许多变迁，和其他学问一样，都以德国学说为主，也曾试图摆脱明治初期那种照搬西洋学说的做法，努力建立日本独自的教育学说了。

教育思想方面出现的这种变化，在一般思想界中也可以见到。明治十年代末至明治二十年代初，明治思想史上出现了欧化思想与国粹思想的兴替，是件饶有兴味的史实。如果将明治初年（维新当时除外）到明治二十年前后作为第一期，那么这是欧化思想最盛的时期，自然主义、功利主义、个人主义、自由主义等风靡全国；第二期是从明治二十年前后至明治四十年左右，这段时间正和第一期相反，是理想主义、国民主义、国家主义泛滥的时代；第三期是从明治四十年至大正七八年前后，可以说是个人主义和自由主义在理想主义背景之下复活的时代；从大正七八年前后到昭和初年，则可以说是民主主义及马克思主义兴旺的时代。

关于明治十年以前西洋思想席卷日本思想界的情况，上面已有所论述。进入明治十年代以后，这种趋势又以新的深度和广度向各方面发展。卢梭的天赋人权论得到了许多人的赞同；他的《民约论》一书，在明治十五年（1882）由中江笃介译成汉文，书名译为《民约译解》，流传很广。斯宾塞也是这一时期很有影响的人物，他的进化论、社会有机体说和自由放任主义受到了不同立场人们的热烈欢迎。传播进化论的是东京大学的教师摩斯（E. S. Morse）、外山正一和矢田部良吉等人。加藤弘之起初也信奉天赋人权论，但在接触进化论以后，思想有了突然转变，反而对天赋人权论进行了批判（见其明治十五年著《人权新说》）。天赋人权主义，作为一种政治理论就变成了自由民权论，在明治十年至明治二十年（1877—1887），自由民权论曾作为推翻藩阀政府的口号而风靡一时。有关自由民权论的书籍出版了许多，其中多数是翻译过来的西方书籍，所谓著述也是根据西方书籍改写的。这些书籍中比较有名的是植木枝盛[①]的《开明新论》（明治十一年，1878 出版）和《民权自由论》（明治十二年，1879 出版），还有井上勤的《民权国家破裂论》等，这些书籍后来都成了设立民选议院运动和政党攻击政府的理论根据。

欧美的自由思想一应用于经济方面，便又产生了自由主义经济思想。在明治头十年，专攻经济的学者田口卯吉开创了在学术提倡自由主义经济的先河。他写的《日本经济论》于明治十一年（1878）公开发表，以后曾多次再版。

在社会思想方面，社会主义思想早在明治头十年就传播进来，反对男尊女卑的扩大女权论已为有识之士提倡起来。不过，这些思想都只是移植和模仿西方思想而已，在国内并不存在产生这些思想的成熟基础，因此是十分脆弱的。

东京贫民窟地区状况

　　工业扩张意味着日本城市在 20 世纪 20 年代越来越拥挤。东京贫民窟地区交通拥挤状况表现的正是这样一种局面。

　　模仿西洋的风气并不只限于思想界，在有形社会形态方面。如在风俗和衣食住等方面表现得尤为显著。在明治十年代，政府为修改条约而发动的欧化运动，是这种崇洋风的突出表现。政府认为，要与列强签订对等条约，就必须使日本的社会、风俗同欧美完全一致起来。在这种朴素的逻辑指导下，举办舞会、打台球、男女交际等肤浅的事物方面都极力模仿欧美，企图以此来密切与欧美各国的关系。鹿鸣馆从明治十三年（1880）开始动工修建，明治十六年（1883）竣工后，朝野名士便不分昼夜地在这里举行舞会、宴会和游戏等活动。东京俱乐部是在明治十七年（1884）由井上馨发起设立的西式俱乐部，作为日本人与外国人交际的场所而被广泛利用。此外，大臣官邸和知事公馆等处也竞相举行宴会、舞会，举国上下都掀起了狂热的欧化热。这是日本人只单纯从表面上摄取外来文化恶癖的一个明显例证，淋漓尽致地暴露了明治文化洋化的肤浅程度。

　　欧化热在明治十七至十八年前后，达到了顶点，进入 20 年代，就冷却下来，取而代之开始在思想界占据优势的是保存国粹主义。这也是从自然主义、自由主义、个人主义思想向理想主义、国民主义、国家主义思想的转变。这种转变是在直接反对过分欧化主义下发生的，但从本质上看，却是有其必然性的。幕末迅速参加到国际社会中的日本人民，普遍怀有一种要保持祖国独立和与西方各国处于对等地位的愿望。自由主义和民权主义，都不过是为了实现这个大目标而采用的手段，在这个目标下，自由主义和民权主义等是很容易与国民主义、国家主义合流的。而且，要打破封建制度，除了自由主义思想以外，还必须依靠强大的国家权力；资本主义经济的发展，也并不是自然形成，而是必须依赖国家的保护和资助的。这一时代的现实情况是，主张需要集中国家权力，与主张缩小国家权力的自由主义是水火不兼容的。尽管自由民权论在民间十分盛行，而政府当局却依然以国家主义和国民主义为其一贯的指导思想。这种对立又导致了民间与政府之间在选择文化输入国问题上，发生了分歧。民间极力讴歌英、美、法等国的自由民权思想，而政府则想向新兴国家德意志的国家主义和国民主义学习。从岩仓大使访问欧美以来，日本已同德国悄悄建立了关系，后来在编纂法典，特别是在起草宪法时，这种关系又进一步加深。从此以后，政府凡事均以德国为榜样，随着政府权力的增大，德意志思想在思想界的势力也增强了，这是毫不足怪的。

还有，复古主义、国粹主义是肩负维新大业一翼的思想。这种思想，在后来因崇洋思潮的流行，表面看来似乎有所后退，但实际上仍顽强地蕴藏在人民的心灵中。论述国体、批判崇洋思潮的论著，自明治初年以来不断有所问世。这是坚持国粹思想的人们鉴于欧化热得过火及由其造成的危害而站出来进行的猛烈反击。这里所说的复古和国粹，并不限于国学者们倡导的那种狭义的复古和国粹，而是指与新输入的西方文化相对而言的整个日本固有文化，佛教、儒教和神道同时也都列为复古的对象。正因为这样，复古主义才与理想主义、道德主义、国家主义等有关思想融合起来，针对西方思想的自然主义，具有与其相对立和角逐的力量。

举几个复古主义的例子，先谈一下狭义的国粹主义。从明治十年代后期至明治二十年前后，论述国体的著作，突然出现很多；后来又兴起了尊重神道、国史、国文和汉文等学问的热潮。明治十五年（1882），东京大学设立了古典讲习科，保护、奖励汉学；同年，神道界人士设立了皇典讲究所，伊势神宫里还设立了培养祠官的皇学馆；明治二十二年（1889），东京帝国大学的文科大学在原有的史学科之外，又增设了国史科；明治二十三年（1890），落合直文等人编纂出版了《日本文学全书》，迈出了普及古典的第一步。

这里谈一下政教社的活动。政教社是一个以国粹主义为指导思想，但却具有强烈国家主义、国民主义色彩的组织。它是明治二十一年（1888）由三宅雄次郎、志贺重昂、杉浦重刚等人设立的，出版发行了叫作《日本人》的杂志（后又改名为《日本及日本人》），以批判地选择西洋文化，创造适于日本的新文化为标榜。由此可见，国民主义对自由主义、理想主义对功利主义都已占有明显的优势。

明治以后，佛教开始受神道势力的压迫，后来又为洋学和基督教所压倒，陷入了完全丧失自信的悲惨状态。但就在这时候，逐渐呈现出了复活的动向。缩印大藏经的出版工作，是从明治十三年（1880）开始，到明治十七年（1884）完成的；明治十七年，又有陆军中将鸟尾小弥太设立护国协会等引人注目的事业。从思想上、学术上点燃了复活佛教的火炬，并阐明佛教在新时代存在意义的是井上圆了［井上圆了（1858—1919），哲学家，宗教家，号甫水，新潟县人。东京帝国大学哲学科毕业。当时日本社会上正盛行欧化，他从国粹主义立场上排击基督教，主张佛教应新生。著有《破邪新论》《佛教活论》《忠孝活论》《佛教哲学系统论》等。——译者］。他于明治二十年（1887）写了一本名为《真理金针》的书，利用洋学的知识反驳基督教的教义，论证佛教的优越性，给佛教徒带来了信心。另外，他在这本书里又强调了佛教作为日本及东方宗教的特性。他在另一本著作《佛教活论》（明治二十年，1887）中将护国与爱理并列为学者和人民的义务，这些都表现了他的强烈的国家主义思想。此外，大内青峦也在明治二十二年（1889）发表了《尊皇奉佛论》，攻击基督教，强调了佛教的尊王护国精神。于是佛教和国家主义结合而复活起来，凭驳倒基督教而助长了国家主义的兴隆。

儒教也在同期复活。儒教在明治初期，也被风靡一时的西方实学思想作为打击对象而不得不销声匿迹。但是，有识之士一看到功利主义、快乐主义横行和道德标准的混乱等偏重实学的弊端，便不由得想到要复兴儒教道德。对当时的人们来说，儒教绝不是无缘的外国宗教，而是在不知不觉之间决定着他们的思想意识，指导着其生活态度的根本原理。这时，精通洋学、儒学二种学问的西村茂树［西村茂树（1828—1902），思想家，名鼎，字重器，号泊翁。通洋学及儒学，维新后参加明六社，并参加文部省《古事类苑》的编纂工作。明治八年（1875）担任宫内侍讲工作，讲洋学。宣扬以皇室为中心的道德思想。著有《日本道德论》《国家道德论》等书。——译者］在对两者加以批判之后，企图以儒教为主以西方哲学为辅来加以补充的方式，大

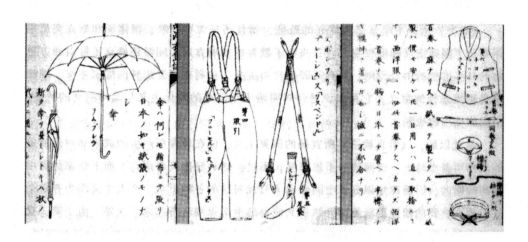

力振兴日本道德。他在很早以前就认为，尽管明治文化已有了惊人的进步，但在道德方面却比封建时代要逊一筹，因而主张要大力重视道德。明治九年（1876），他创办东京修身学社，作为宣讲道德的场所；明治十七年（1884）又扩大为日本讲道会（后又改为日本弘道会），努力普及道德；明治十九年（1886）他在帝国大学讲堂所做的公开演讲《日本道德论》，介绍了他主张的、以儒教为基础的日本道德说的大纲，一时轰动了全国。

日本图书插图

　　这是一本日本书中的图案。雨伞、背带和衣领图案全是按西方风格绘出的，用来指导日本人的制作。此书于1867年出版，目的是要告诉讲究风度的日本年轻人，西方人的着装是什么样子。每幅图上都同时写有平假名和片假名，用来标注英语发音。

　　与兼通洋学、儒学的西村不同，前面提到的元田永孚则是个专攻儒学的硕儒，是复兴儒教运动的旗手。他作为侍讲，辅助明治天皇，与天皇一起为人民的伦理纲常思想的衰落而担忧。编纂了《幼学纲要》，参加了起草《教育敕语》等工作，为自上而下地推行教化政策做出了很大贡献。

　　《教育敕语》不单是儒教复兴的象征，还是含有儒教、国体说和新立宪思想而宣扬了国家主义和理想主义。它决定了教育的发展方向，还确立了针对西方思想的日本思想的中心原则，具有开辟从自由主义、功利主义思想转向国家主义、理想主义思想途径的意义。它可以说是针对明治十年以来的欧化主义与国粹主义的抗争，由国家做出的决断。

从此以后，《教育敕语》所宣扬的国家主义，便在教育所产生的成果和对外战争的成功两者支持下，长期统治了思想界。不过，这种统治具有用自上而下强制的御用思想的倾向，因而在知识分子中间酿成了与此对抗的各种思想。个人主义作为尊重个性、确立自我的精神重新复活，结果又使自然主义思潮流行起来。此外，由于第一次世界大战以后，资本主义的飞跃发展，社会主义思想也取得了不容忽视的迅猛发展，还出现了从怀疑思想转向要求信仰宗教的一系列情况。高山林次郎起初提倡日本主义，强调国家至上主义，但不久又写了《美的生活论》一书，主张满足人类的本能，最后又转到了日莲宗的宗教立场上。这可以说是明治三十年以后思想界的一个缩影。这一时代思想史的特征，是敏感地体现出了西洋思想的影响，比如高山的个人主义以尼采（F. Nietzsche）的学说为基础，自然主义文学运动则以左拉（Zola）和福楼拜（G. Floubert）为楷模。同样的现象还可见于明治末年由介绍康德（Kant）哲学思想而造成的具有理想主义色彩的个人主义的勃兴，以及第一次世界大战以后民主主义的流行和马克思主义的发展等方面。

明治初年以来大力介绍的西方近代学问，与频繁派遣留学生、招聘外籍教师、扩建学校和普及印刷出版等相配合，逐渐显出了效果，在短时间里就出现了近代学术的了不起的繁荣。根据最初提倡的尊重实学的精神和抓紧实现物质文明近代化的需要，自然科学尤其是应用科学和技术方面有了很快的进步。例如，在医学方面，从明治初年开始就以德国为典范，引进了德国的医学。其中，北里柴三郎曾师事近代细菌学的鼻祖科赫（Koch），在取得优异成绩后回到祖国，创设传染病研究所，发现了鼠疫菌。同一研究所的志贺洁发现了赤痢菌，他们都在世界医学发展史上留下了不朽的足迹。在物理学方面，长冈半太郎进行了原子模型的研究，本多光太郎完成了镍钢和一般钢合金的研究；在化学方面，铃木梅太郎发现了维生素 B1；在天文学方面，木村荣发现 Z 项等都是世界性的成果。这些成就说明，日本学术界在初期专门移植了西方科学以后，很快就进入了独立研究阶段，有些已达到了世界先进水平，为使日本进入文化国家行列扬眉吐气。但是，也必须看到，与日本的经济发展不平衡一样，日本在各科学领域的发展也是不平衡的，比起各发达国家来，仍然十分落后。

与自然科学相比，日本的人文科学研究这时却没有很大进展，这也是科学发展不平衡现象之一。明治时代，社会的实际需要集中在法律学和政治学方面，因此设立了许多法律专科学校。进入大正时代以后，经济学的发展十分显著，所以，东京帝国大学里也设立了经济学部（大正八年，1919）。这些学校都以培养实际工作人员为目的，所以在学术理论上，仍以移植西方学问为主。文学、哲学、史学等也多是移植西方的，或着重于应用，只有在东洋学方面，是利用新的西方方法来处理原有的学术传统，取得了出色的成绩。

最后简单谈一下宗教。政府于明治初年开展的皇道宣传运动，很快就破产了。明治十年（1877）一月，政府撤销了教部省，放弃了对宗教的全面控制，并在明治二十二年（1889）制定的帝国宪法中承认了信仰的自由。但是，在整个明治时代，政府实际采取的态度，仍是因宗教而异的。对神社神道，政府给予了破格的保护和地位，并扬言神道不是宗教；而对于佛教，一般说是采取了冷漠的态度，任其自生自灭；对于基督教，则采取了压迫的方针。

政府于明治四年（1871）对神社规定了官币和国币（官币，指神社的祭祀费用等由地方支出；国币指由国库开支。——译者）、乡社等级，明治六年（1873）又规定了在官币社进行祭奠时，府县地方官要以敕使身份参加，说明有把祭祀活动从皇宫内部的活动改为国家事务的倾向。明治二十四年（1891），又以内务省训令的方式，规定了《官、国币社神职奉务规则》等，进一步明确了将祭祀作为国家事务和将神职人员视为官吏的方针。明治三十三年（1900），撤销了内务省的社寺局，改设神社和宗教两局，具体地将神社划出宗教范围。明治三十五年（1902），政府又用敕令规定了官币社和国币社的制度；明治三十九年（1906）更以法律正式规定官、国币社的经费由国库开支。从此，神社便完全成为国家营造物，其社格、祭式、神官的任用及其待遇等均由国家规定。也就是说，神社已成为进行报答本源、崇拜祖先的祭奠活动地点，被视作宣扬国家思想的道场。根据这种精神，全国各地陆续修建了一向绝祀的天皇为祭神的神社。但是，硬说这些建立在民族宗教的神道基础上的神社，并不是宗教设施，这在形式的制度上固可办到，可是由内容看来，则不免有些牵强。这个矛盾，始终无法解决。

与神社、神道从宗教划拨出来相反，幕末前后在民间发展起来的各派俗神道却作为纯粹的宗教而保留下来。加上后来创立的一些教派，形成了所谓教派神道十三派，即黑住教、禊教、天理教、金光教、大社教、扶桑教、御狱教、神道本局、神习教、实行教、神理教、大成教和修成教。

明治二十年代前后，佛教已度过了一时的厄运，恢复原来的地位，担负起推行国家主义的一翼，作为大多数人民的宗教维持了尊严。明治十七年（1884），政府制定了各宗设立管长的制度，授予管长以管理宗内事务之权，任其自谋生路。当时的寺院和僧侣，还存在着迷恋古来的地位，拘泥格式和形式，有的并不认真地从事宗教活动。因此，新进的佛教徒们便在明治三十年代掀起了佛教革新运动，但并没有取得很大成果。

在日本，基督教一开始就踏上了苦难的道路。国粹主义在明治二十年前后兴起后，基督教所面临的形势，更加严峻。由于基督徒们反对根据《教育敕语》而施行的国家主义教育，宗教与教育的冲突问题曾引起舆论大哗，大有再次掀起镇压基督教之势。然而，基督教徒中已逐渐产生了日本化的倾向。中日甲午战争时，他们与政府采取了一致的立场，在后方为战争效劳；日俄战争时，基督徒中虽然出现了一些反战论者，但大多数人还是支持了国策。在此前后，有人开始提倡建立日本本位的基督教。海老名弹正认为，基督教应当继承神道的精神，用以"日本魂"为基础的基督教来使日本民族获得新生。尽管这样，政府对基督教的态度仍很冷淡。因此，明治四十五年（1912）内务次官床次竹二郎组织实施的三教集会，就具有公认基督教与神佛二教完全平等地位的重要意义。在这次集会中，神道十三派、佛教各宗派（真宗大谷派除外）和基督教各派的代表，欢聚一堂恳谈。最后，做出了三教共同的决议案。即："一、吾等各自发扬其教义，辅佐皇运，以图逐步振兴国民道德。二、吾等希望当局尊重宗教，将政治、宗教与教育融合一起，以资振兴国家。"这个决议表明，基督教在日本式的融和道路上已取得了很大进展。

进入大正时代以后，基督教的传教活动开展得十分活跃，呈现昌盛的趋势。在信仰社会主义并投身于工人运动、农民运动的人们中间，有许多人是基督教徒，文学家中也有不少人是基督教徒或关心基督教的人。基督教作为那些既不赞成神道又不满意佛教的知识分子的宗教，对这个时代新文化的繁荣，做出了贡献。

文学与美术　在文学方面，明治初年出现的主要是以文明开化的社会现象为题材的一批被称为"开化物"的作品。其代表性作家有假名垣鲁文，他的作品大体上只是承袭前代游戏作品的衣钵，没有什么艺术价值可言。进入明治十年代以后，主要是翻译文学盛行。同时，配合自由民权运动的发展，政治小说流行起来。在翻译文学方面，文学价值较高的是丹羽纯一郎译的《花柳新话》（明治十一年，1878 出版）。政治小说中博得好评的是矢野龙溪的《经国美谈》（明治十六至十七年，1883—1884 年出版）和末广铁肠的《雪中梅》（明治十九年，1886）等。此外，在戏剧文学方面，出现了反映开化时期世态的散切物（散切物，明治初期，描写披散头发时代风气的狂言，当时披散头发是文明开化的象征。——译者）和着重于再现史实的活历物（活历物，明治以后根据历史写的歌舞伎狂言之一，通过考证典章制度来再现历史。——译者）等类，河竹默阿弥是兼擅此两者的剧作家，颇负盛名。

随着明治二十年前后思想界的从欧化主义转向复古主义，明治初期文坛上的低潮也在内部发生了深刻变化，出现了许多可称为新时代的文学作品。

首先，《小说神髓》的出现表明了文学理论的确立。《小说神髓》是坪内逍遥于明治十八年至十九年（1885—1886）出版的文学理论书籍。它摒弃了从前将文学只作为劝善惩恶工具的说法，认为文学有自己的目的，极力主张文学的生命在于写实、在于描写人情的奥秘。毫无疑问，这部著作为新时代文学的发展奠定了基础。它的出现，使文学创作同江户时代的劝惩文学分道扬镳、发挥了推动新的写实派文学及后来的自然主义文学的伟大转折作用。作为这种文学理论的具体化、坪内逍遥又于明治十八年（1885）发表了题为《当代书生气质》的小说，以其细腻写实手法和新奇的题材而受到广大读者的欢迎，为新文学的出现，起到了亲自诱导的作用。

同一时期，砚友社的人们也沿着坪内逍遥开辟的道路，展开了新文学运动。砚友社是明治十八年（1885）由尾崎红叶、山田美妙等人创立的文学运动的团体，出版发行了机关刊物《我乐多文库》，发表了从文学的目的性出发反对欧化主义、主张保存国粹等精神的各种作品。在创造新文体方面，砚友社建立了伟大功绩。具有代表性的是山田美妙创造的言文一致的文体。明治初年以后，围绕国语、国字问题，曾有过种种议论，一些有识之士也提出了言文一致的主张。山田

二叶亭四迷像

二叶亭四迷，日本作家，俄罗斯文学翻译家。本名长谷川辰之助，笔名二叶亭四迷。"二叶亭四迷"在古日语中的隐喻为：生不如死。选择这样的笔名，也体现了作家本人对当时社会的不满和鄙夷。他的小说《浮云》通过一个正直而有学问的青年，被政府机构排挤、被情人鄙弃的命运，披露了明治时代官场的腐败和人情的淡薄，揭示出封建传统与西方近代文明的矛盾，塑造了日本文学史上第一个不满现实却无力反抗的"多余人"形象，被誉为日本近代现实主义文学的开山之作。

美妙将其应用到小说界，发表了许多篇言文一致体的小说。在这以前，小说的文章多半是泷泽马琴的"七五调"或泷亭鲤丈的无聊的诙谐话那种东西。就连有名的《小说神髓》在文体上也没有能摆脱泷泽马琴那种陈腐文体的影响。直到这时候，明治文学才在表现形式上有了与时代相适应的新文体。这在文学史上，是具有重大意义的。

此外，这时二叶亭四迷［二叶亭四迷（1864—1909），文学家，东京人，东京外国语学校俄语科退学后，即在坪内逍遥的影响下从事写作，其作品中还能见到有俄国文学的影响。其作品《浮云》等是明治初期日本文坛上的优秀作品，特别是其言文一致的文体是日本近代文学上的先行者。——译者］在坪内逍遥的诱导下，从事了独特的文学活动。他在《浮云》（明治二十年，1887）这部作品中，发挥了善于描写人物复杂心理的特长，以严肃的态度凝视并把握了人生的现实。他这种可称为人生派的创作态度，和砚友社一派的唯美倾向形成鲜明对比，这在很大程度上出自他在俄国文学方面的宏深造诣。

幸田露伴是在明治二十年代初成名的文学家之一。他的小说中，洋溢着理想主义的精神。其代表作是《五重塔》（明治二十五年，1892 出版），书中以深切的同情描写了一个个性强烈、绝不妥协的工匠。

在韵文学方面，应新时代的要求而出现了新体诗。外山正一、矢田部良吉、井上哲次郎等人与以前一谈诗便被认为是指汉诗的风气相抗衡，用日本式格调翻译西方诗，并模仿着进行创作而合写成了一部新体诗集，这就是他们四人合著的《新体诗抄》（明治十五年，1882 出版）。这本诗集是名副其实的草创的新体诗作品。由此开始，文学家们也陆续着手于新体诗的创作。其中对新体诗的发展做出巨大贡献的有森鸥外领导的新声社同人们，他们出版了译诗集《于母影》（明治二十二年，1889）。这本译诗集的原诗是英国的莎士比亚、拜伦和德国的歌德、海涅等人的作品，他们在翻译上下了很大的工夫。因此，在上述《新体诗抄》时，对移植近代诗工作做得还不够，可是到这部译诗集时，无论在内容或形式上，都出色地做到了浑然一体的统一。明治二十年代后期，诗坛受到了西洋浪漫主义的深刻影响，因而产生了艺术至上、形而上学和虚无主义的北村透谷的诗（发表于杂志《文学界》），和用流丽的格调描写朝气蓬勃的岛崎藤村的诗（第一本诗集为《若菜集》，明治三十年，1897 年出版），此外，土井晚翠的诗则用汉语歌颂雄浑悲壮的情感（第一本诗集为《天地有情》，明治三十二年，1899 出版）。

和歌也从明治二十年代后期起发生了革新的趋势，以落合直文为中心的歌人，掀起了创作新短歌的运动。进入明治三十年代以后，与谢野铁干和与谢野晶子等人创作的明星派短歌，具有丰富的浪漫主义精神，适应了新时代的要求。

俳句的革新也发生在明治二十年代后期。其中正冈子规的功劳最大，以他为代表的一派被称为日本派（因其作品发表在叫作《日本》的报纸上），是当时俳坛的主流。正冈子规重视写生，力求用浅显易懂的格调来刻画鲜明的形象，使俳句成为广大人民喜闻乐见的文学形式。

回过头来，我们再看看小说界的发展。中日甲午战争以后的社会变动反映到小说界，产生了称为观念小说、悲惨小说和社会小说的一系列作品，在向来的写实主义基础上开创了新的局面。所谓观念小说，是指在文中寓有某种观念的作品，泉镜花等便是其中有代表性的作家；悲惨小说重在描写悲惨的世态和进行深刻的心理剖析，其中有代表性的是广津柳浪等人的作品；而社会小说则是放眼于整个社会的新流派，内田鲁庵是这派的代表，尾崎红叶晚年发表的《金色夜叉》（明治三十年，1897）也属于这一流派。

中日甲午战争前后，樋口一叶是一个留下了特殊业绩的女作家，使她的名字永远留在人们的心目中。樋口一叶从事文学活动虽然只有从明治二十四年至明治二十九年（1891—1896）的短短六年，但她的《青梅竹马》和《浊流》等杰作，在描写性格和环境方面，充分显示出无与伦比的才华，成为当时发展真正的国民文学的一个重要支柱。

在戏剧作品方面，"活历物"曾风靡了整个20年代，作者中除默阿弥以外，还有依田学海、福地樱痴等学者。在"活历物"的发展上，第九代市川团十郎这个优秀演员的出现，具有重要意义。由于他的人格和技艺，使歌舞伎从小市民阶级的娱乐变成知识阶级的艺术，提高了演员的社会地位。而坪内逍遥，对"活历物"的流行，曾力陈其危害性，主张戏剧应和小说一样，在描写人情方面以刻画入微为宗旨，他还亲自创出作品。他所写的以片桐且元在大阪战役中的行动为主题的《桐一叶》（明治二十七年，1894）、《杜鹃鸟孤城落月》（明治三十年，1897）等，都是名副其实的新史剧。此外，这个时期还翻译了一些西方戏剧，成了后来新剧运动的开端。

继写实主义的盛行和浪漫主义的勃兴之后，明治三十年代的文坛，自然主义流行起来，日俄战争以后，进入了自然主义的全盛时代。自然主义并不单纯是如实地描写人生，而是力图用像自然科学家那样的态度去剖析、诊察人生。知识分子对因产业机构的改变而带来的社会不安和国家与个人关系的疑虑，是促使自然主义产生的社会基础；另一个原因则是受到了左拉的自然主义小说的深刻影响。最早，以自然主义小说家而闻名的有小杉天外、永井荷风、国木田独步等人，但使自然主义成为明治文坛主流的则主要是岛崎藤村 ［岛崎藤村（1872—1943），小说家，本名春树，长野县人，是历明治、大正、昭和三代的文学家，先崇尚自然主义，入昭和后又转而写历史小说。随笔，童话也不少，著名的作品有《破戒》《夜明之前》等。——译者］、田山花袋、正宗白鸟和德田秋声等人。岛崎藤村的《破戒》（明治三十九年，1906）、田山花袋的《棉被》（明治四十年，1907）、正宗白鸟的《到何处去?》（明治四十一年，1908）和德田秋声的《霉》（明治四十四年，1911）等，都是巩固了自然主义文艺基础的划时代作品。

森鸥外、夏目漱石等文豪虽然在自然主义盛行的时候，也坚持反对的立场，但到了明治末期，自然主义的阵营中产生了转变的征兆。进入大正时代以后，反自然主义运动的各派勃兴起来。森鸥外 ［森鸥外（1862—1922），文学家，医学家，岛根县人，本名林太郎，东京帝国大学医学部毕业后留学德国，回国后担任军医、陆军医务局长。大正五年（1916）任帝室博物馆长、帝国美术院院长等。在文学活动方面，贡献甚多，著有《阿部一族》等小说。——译者] 从明治二十年代就开始从事文学活动，凭他对外国文学方面的卓越知识，在评论、翻译、创作等各方面都留下了业绩。他翻译的《即兴诗人》（明治三十五年，1902）、创作的小说《雁》（明治四十四年，1911）和传记《涩江抽斋》（大正五年，1916）等，都是他的代表作。在这些作品中，可以看出他从浪漫主义进展到理智主义、客观主义的作风，富有超尘出俗的清新气息，使高迈的日本风格同绚烂的西洋文化的交融达到圆熟的境地。夏目漱石 [夏目漱石（1867—1916），

夏目漱石像

夏目漱石（1867—1916），原名金之助，号漱石。长篇小说《我是猫》（1905）的发表使他一举成名。夏目漱石一生创作了十多部中长篇小说，以及许多诗歌、随笔、评论和短篇小说，作品反映的生活面十分广泛，风格也颇为多样。

小说家，东京人，东京帝国大学英文科毕业后，历任教员、记者。同时从事文学活动。在东京帝国大学担任讲师时发表的《我是猫》，轰动一时，影响至巨。以后所发表的《草枕》《伦敦塔》《门》《三四郎》等，都是以细腻笔法解剖心理，研究人生的作品。其作品中，影响较大的还有《小少爷》《二百一十天》等。——译者] 是个英文学者出身的作家。他从处女作《我是猫》（明治三十八年，1905）起，直到最后的《明暗》（大正五年，1916）为止，发表了许多脍炙人口的作品。在他的早期作品中，浪漫主义的色彩较浓，但后来便以超脱的旁观者的态度来对人们的自私心理进行深入的剖析，发挥了独特的风格。

在从自然主义及与其相对立而产生的各个流派当中，首推唯美派或新浪漫派。这个流派以永井荷风、谷崎润一郎等人为代表，在追求官能的刺激和美的享受方面描写出独特的世界。其次是以武者小路实笃、志贺直哉、有岛武郎等人为代表的白桦派。该派主张正义和爱，着重于确立自我和发展个性，因而又称为人

道主义或新理想主义。是一种以世界大战前后出现的资本主义繁荣及其后面隐藏着的社会矛盾激化为背景而产生的文学。第一次世界大战以后，获得极大发展的是所谓新技巧派或理智派的一派。它用理智或心理性的手法自由地剪裁处理题材，他们凭理智的、心理的手法在题材的新奇、构思之巧妙上狠下功夫，是那些企图逃避社会矛盾的知识分子们的一种创作法，其代表人物有芥川龙之介、菊池宽等。与此相反，也出现了敢于正视社会现实，并在社会主义思想基础上提倡新型的无产阶级文学的流派。白桦派的有岛武郎虽然相信社会主义是正确的，但同时又为自己不能参加实现社会主义的工作而深感苦恼。然而，从大正末年至昭和年间，中西伊之助、前田河广一郎、藤森成吉等作家都发表了无产阶级文学的作品，为文学开辟了新领域。

在大正末年涌现出来的各派中，还有一个名为新感觉派的流派。它既反对自然主义的传统，又不赞成马克思主义文学，而主张要有新的感觉或新的表达方式，其代表人物是横光利一和川端康成等。

诗坛起首主要受英、德作家的影响而发展起来的。明治二十年代末，法国的象征派诗介绍到日本，给诗坛注入了新的活力，上田敏、薄田泣堇、蒲原有明等由此而成为明治时代的著名诗人。他们的诗作直至今天，仍然具有打动人们心灵的巨大力量。随着自然主义的流行，诗坛也开始提倡格律用词的自由，并且开始试作口语自由诗。在明治、大正的诗坛上，北原白秋、高村光太郎等是不能遗忘的。

在和歌方面，存在着明星派和与之相对的以正冈子规为中心的根岸派。正冈子规死后，伊藤左千夫继之主宰根岸派，成为歌坛一方之雄。因为该派的据点是杂志《石楮》（日语发音为阿拉拉济），所以又称为石楮派。伊藤左千夫于大正初年去世后，石楮派又在岛木赤彦、乔藤茂吉等人的领导下继续发展，成为大正、昭和时代的歌坛的中心。这是因为基于万叶风格的现实主义歌风，受到了经过自然主义洗礼的人们的爱好所致。此外，当时还有一个歌风稳健、兼收并蓄的心花派，佐佐木信纲、木下利玄等人均属于这派。随着自然主义的盛行，产生了以若山牧水和前田夕暮等人为代表的自然派。他们通过冷静地观察自然，开辟出清新的意境。吉井勇等颓唐派则以奔放的热情见长。

正冈子规死后，俳坛分裂成河东碧梧桐和高浜虚子二派。河东派势力较大，他们提出了季题无用论，主张创立不受字数拘束的新俳句；高浜虚子则以杂志《杜鹃》为阵地与其分庭抗礼，墨守季题定形的旧规，成为保守派的堡垒。

在坪内逍遥和森鸥外的指导下，戏剧文学也开辟了新天地。从明治三十年代末开始，岛村抱月、小山内熏等人开展了强有力的新剧运动。戏曲的创作也从这时起繁荣起来，进入大正时代以后，文坛人士几乎都投入了戏曲的创作。同时，在旧歌舞伎方面，也出现了旧瓶盛新酒的动向，冈本绮堂就是其中有代表性的作家。⑫

明治维新的变革，对美术界产生了很大影响。特别是那些疯狂的废佛毁释行动，忽视了同佛教结合在一起的古代美术的价值，以致许多瑰宝被运到海外，或被弃之如尘芥，美术家们连维持每天的生活都很困难，但美术领域内也同样输入了西方文化。明治九年（1876），政府在工部大学里设置了美术学校，聘请三名意大利人做教师，传授有关绘画、雕刻和图案装饰的技术。过去曾在私塾中学习西方画的人们竞相来到此学校学习，从这些人中间产生了浅井忠、小山正太郎等著名的画家。但是，由于当时绘画颜料价格昂贵，因而其发展情况并不理想。

在此期间，美国人菲诺罗萨（E. Fenollosa）于明治十一年（1878）到日本，担任东京大学的哲学教师。他肯定了日本美术的价值，广泛宣传要重视日本美术的原因。这不仅是给同欧化主义相对立的复古主义运动增添了一个根据，同时也是促使美术界发展的重大刺激。冈仓觉三（冈仓天心）曾给菲诺罗萨当助手，受其感化最深，在他们两人的努力下，政府于明治二十一年（1888）设立了东京美术学校。这所学校排斥西洋美术，专门传授日本画、木雕、金工和漆工等技艺，聘请了一些落魄已久的日本美术家们担任教职。同年，政府又在宫内省中设置了全国宝物临时调查局，在全国范围内对古美术进行调查。明治二十二年（1889），出版了美术杂志《国华》；明治二十三年（1890）政府在皇室设置了帝室技艺员；明治三十年（1897）又制定了《古社寺保存法》，为国宝的指定和保存提供了法律根据。这些都是政府在短期内对一直闲置的古代美术采取保护政策的具体措施，同时也为增强人们对美术的关心做出了贡献。

《悲母观音图》

图为日本近代画家狩野芳崖（1828—1888）的绝笔之作。作品中的悲母观音是以东方观音为模特，结合西方的圣母形象，最后形成了日本的悲母观音。

随着明治二十年以后的美术复兴，狩野芳崖和桥本雅邦等日本画家的声望，也都得到了提高。狩野芳崖的《悲母观音图》和桥本雅邦的《龙虎图》被认为是他们的代表作。他们的画法，是在对古画进行深入研究的基础上，采用了远近法和阴影等西方画的手法，努力表现写实主义的逼真性。狩野芳崖协助冈仓天心参与美术学校的创立工作，但没有等到学校开办，便去世了；桥本雅邦和圆山派的川端玉章都担任了该校最初的教授。美术学校的毕业生中人才辈出，其中有横山大观、下村观山、菱田春草、木村武山等。同时，各种绘画团体也相继建立，进入了小团体分立的时代。明治三十一年（1898），在美术学校发生骚动后，冈仓天心辞去了校长职务，受他器重的桥本雅邦、横山大观和下村观山等人也同时辞职，另行创立了日本美术院，独自进行绘画活动，这是日本画坛中的重大事件。日俄战争以后，国运旺盛，文部大臣牧野伸显，计划将美术展览会作为政府事业来举办（明治四十年，1907），以奖励美术事业的发展。这项措施纠正了小团体分立的弊病，建立了一元化的发展美术方策的机构，意义十分重大。此后，每年都举办展览会，成为美术家们成名的机会。然而，新旧派阀之间、官民之间互相倾轧的积弊也被带进了展览会中。大正三年（1914）举办的第八届美术展览会上，横山大观因未被选为审查委员，再次

《湖畔》（部分），黑田清辉绘

建起美术院，使文部省的展览会产生了分裂，政府的初衷，受到了打击。在这个时代的日本画家当中，除了上面提到的以外，著名的还有寺崎广业、川合玉堂和小堀鞆音等。此外，在京都，四条派的竹内栖凤、圆山派的山元春举等人也很有名，他们形成了与东京画坛相对应的京都画坛。

在处于鼎盛时期的日本画的压制下，西方画曾一度陷于冷落境地。明治二十六年（1893），黑田清辉从法国回国，传来了印象派的画风，于是西方画又开始兴盛起来。明治二十九年（1896），美术学校中设立了西方画专业，白马会（冈田三郎助、和田英作、藤岛武二等）、太平西方画会（中村不折、满谷国四郎等）等西方画团体也相继成立。当然，这些团体都参加了文部省主办的展览会，但还发生了新旧两派的对立。大正三年（1914），新派——二科退出文部省展览会，另行独立举办展览会。到大正十一年（1922），从美术院和二科退出的人们又组成春阳会。从此便出现了官办展览会、二科和春阳会三足鼎立的局面。

在雕刻方面，竹内久一、高村光云曾任美术学校雕刻教授，讲授传统的木雕

技术。至于西式雕塑，则在明治三十一年（1898），美术学校设立塑造专业后，由长沼守敬、新海竹太郎等人传授而兴盛起来。

音乐，也因采用了西方风格而面貌一新。进入明治时代以后，旧的传统音乐虽然分成各种流派流传下来，但新时代的要求已倒向西方音乐。这种要求来自军队中必需的军乐和学校教育中的唱歌课程两个方面。早在幕府末期，各藩就已经采用了军乐；明治政府也在陆、海军中分别设立了军乐队，请外籍教师传授西方军乐。后来，军乐队在制定国歌——《君之代》（这里说"军乐队在制定国歌——《君之代》过程中"是有语病的。根据过去日本的《帝国宪法》，日本并没有国歌。《君之代》只是一般用来代替国歌的歌曲，并不是正式的国歌。——译者）过程中发挥了重要作用，为军歌在以中日甲午战争为中心的一个时期中的流行，奠定了基础。明治三十八年（1905）起，军乐队每周都在日比谷举行公开演奏会，对一般人民进行西方音乐的启蒙教育，为西方音乐的普及做出了重大贡献。学校教育中，通过唱歌来陶冶情操，这在建立新教育制度时，就已被认为是必要的。在明治五年（1872）制定的学制中，虽然规定初等小学课程中有唱歌一门，却又注明"暂不开课"，这说明当时虽已认识到音乐教育的必要性，却又无法实施；明治十二年（1879），政府设了音乐调查专员，令其负责起草有关音乐教育的方案和培养音乐教师；明治二十年（1887），发展成为东京音乐学校。因为他们所聘请的那位音乐专员是美国人，因此初期曾以美式音乐为典范；后来，改请德国人任教，又改为德式音乐。以这个音乐学校为中心，开展了音乐研究工作，培养了许多音乐家，西方音乐得到了很大普及。而使西方音乐得到进一步发展的，则是留声机的进口，是电影、收音机的普及。

广播事业是从大正十四年（1925）开始的，它在普及音乐方面建立了特殊功勋。它不仅使从城市到乡村的男女老幼都能欣赏到西方音乐，而且为原来一直为少数人专享的日本传统音乐也传播到广大人民中间创造了重要条件。

电影作为群众艺术的发展，也是不容忽视的。明治二十九年（1896），电影首次传到日本。开始不过作为一种新奇的东西，拍摄一些风景或舞台剧而已。随着美国电影在第一次世界大战期间取得的迅速进步，其技艺也传到了日本，使人们懂得向来靠演舞台剧的电影，还具有其独特的表现能力，于是便从艺术上倾注了精力。从大正八九年（1919—1920）开始，他们便开始雄心勃勃地试拍。昭和四年（1929），有声电影传入日本。第二年，日本也拍出了有声电影作品，于是确立了电影所特有的艺术境地，并成长为逐步为民众娱乐方面排挤舞台剧的巨大势力。

注　释：

① 关于这个问题，大久保利谦著《明治十四年政变与井上毅》（载于《开国百年纪念明治文化史论集》，1952年，乾元社出版）中有详细论述。

② 关于自由民权运动及自由党的历史，板垣退助于明治四十三年监修出版的《自由党史》（共上、下两卷）中有详细记载。这部书从维新改革的精神谈起，引用了丰富的文献资料，按编年顺序叙述了自由民权运动的活动，一直写到明治二十二年颁布宪法时为止。最近，经远山茂树、佐藤诚朗两氏校订之后，又作为岩波文库本再版发行（1957—1958年出版）。

③ 岩仓的传记，可参阅多田好问《岩仓公实记》（2册）（明治三十九年皇后宫职出版）。史料则有大塚武松编八卷本的《有关岩仓具视的文献》（日本史籍协会，1927—1935年出版）。

④ 关于制定明治宪法的历史，尾佐竹猛、铃木安藏等许多学者有所研究，资料方面，伊藤博文收藏的宪法资料已作为《秘书类纂》的一部分公开发行，井上毅、伊东巳代治等人收藏的文献也已利用。大久保利谦著《明治宪法的产生》（1956年，至文堂出版）是根据这些资料，简明叙述了制定宪法的经过的。该书还列有参考文献。此外，正如该书中介绍的那样，当时担任东京帝国大学医学院教授的德国人贝尔茨（E. von Bäz）日记中写道："东京全市都在为迎接十一月颁布宪法进行准备，因此出现了难以形容的混乱。到处在准备扎彩门、照明和练队。然而，令人感到滑稽的是谁也不知道宪法的内容。"（见《贝尔茨日记》明治二十二年二月九日条）。据这位外国人观察："日本宪法公布了。其中，给予人民的自由本来是极少的。但是，令人奇怪的是，原来曾为政府不给人民以比'奴化了'的德国人民更多的自由而慷慨陈词的某报，现在却表示完全满意。"（《贝尔茨日记》明治二十九年二月十六日条，见贝尔茨编，菅沼龙太郎译的《贝尔茨的日记》第一部上，1951年，岩波文库）。

⑤ 这是一场有名的关于民法的争论，该民法确实受到了法国民法的强烈影响，但它之所以引起了那么大的争论，是因为当时一般思想界正处于国粹主义抬头，和法律学者间存在着法国法学派与英国法学派之间的对立所致。穗积八束在《法学新报》上发表

《民法出，忠孝亡》一文，也是在这个时期。

⑥关于这些法典的编纂情况，可参阅石井良助《明治文化史》法制编（1954 年，开国百年纪念文化事业会出版）。

⑦田保桥洁《对近代日支朝关系的研究》一书（1930 年，京城帝国大学出版），引用了许多公文、文献，对从明治十八年的天津条约至明治二十七年中日甲午战争爆发时为止的日中朝关系进行了研究。最近出版的英修道《明治外交史》（1960 年，至文堂出版），概述了明治年间的外交史，用起来很方便。此外，外务省收藏的明治时代的外交文件，从 1936 年开始已编纂成《大日本外交文书》（后来改为《日本外交文书》公开出版，至今仍在继续编纂出版），是研究明治外交的基本史料。

⑧明治三十一年十二月，横山源之助发表了《日本的下层社会》一书（明治三十二年教文馆出版，1949 年，岩波文库再版）。该书收集了丰富的资料，详细记述了东京贫民的情况，工匠及手工业的现状和机械工厂工人及佃农们的生活状况。附录中，还载有关于日本的社会运动的一篇文章，文中预言，今后在日本，社会问题将迅速开展起来。

文中还列举了诱发这些社会问题的三点原因，即：

1. 日本封建时代，支配思想界的儒教，和今天的社会主义有一脉相通之处；

2. 日本政治社会中有志之士或所谓浪人的流浪者多；

3. 与欧美相比，日本的下层社会知识水平较高。

这三点，作为当时的观察，是很有兴趣的。

⑨堺利彦和幸德秋水都是《万朝报》的记者，内村鉴三也是该报的特约记者，他们于明治三十六年，共同主张反战论，退出了该报社。《万朝报》是黑岩周六于明治二十五年创刊的报纸，以扶弱抑强为宗旨，聘请进步思想家，以强化理论阵营，在明治三十年代曾博得社会的信赖，成为与《大阪朝日》并驾齐驱的大报纸。在日俄战争问题上，该报先是主张"非战论"，但随着俄国攻势的增强和国内舆论的沸腾，该报的方针就转为主战论了，因而发生堺、幸德、内村等人退社的事。不过，三人退出的指导思想并不相同，堺和幸德是从社会主义的观点出发，认为战争是一部分阶级的私斗而主张非战的，内村则是出于基督教的不抵抗主义和对过去十年历史的反省而反对战争的。他曾认为，中日甲午战争是保持朝鲜独立、促使中国觉醒的正义战争，因而表示支持，但其结果却使朝鲜的独立更加岌岌可危。从而他认识到，日本的道德已经腐败堕落，战争给日本留下了大害。

⑩战后，原敬的日记已公开出版，成为研究明治大正治史的珍贵史料。该日记共 10 册（1950—1951 年，乾元社出版）。此外，在原敬被刺前后，元老山县有朋也卧病在床，

第二年即大正十一年（1922）二月死去，终年85岁。同年一月，大隈重信也同样以85岁高龄去世。明治大正年间，推动历史前进的政治家们在此前后相继去世，显示了时代的转机，具有深远的意义。

⑪关于植木枝盛，家永三郎《植木枝盛研究》（1960年，岩波书店出版）利用丰富的资料，论述了他的详细传记和思想。明治十四年，他曾为立志社起草了日本国宪法的草案。在这个宪法草案中，他提出了民约宪法、一院制议会和人民拥有自由权、抵抗权、革命权等项规定。

⑫最近，关于近代文学史的研究，相当活跃，各种引人注目的概论性书籍也不少。本间久雄《明治文学史》（2册）和《续明治文学史》（3册），是早期出版比较完整的明治文学史，（昭和十年代出版）战后经过修改后，又出版了改订版（1950—1951年，东京堂出版）。开国百年纪念文化事业会于1953年出版了由冈崎义惠氏编纂的《明治文化史》文艺编。该书论述了明治文学史的分期，他认为，如从国粹主义与欧文主义这两大潮流互相交替的观点看来，可划分为欧化时代（到明治十九年为止）、国粹时代（到明治三十九年为止）和第二次欧化时代（到大正时代为止）等三个时代；如与欧洲近代文艺思潮的演变结合起来看，则可分为启蒙主义时代（明治十九年止）、古典主义时代（明治二十七年止）、从浪漫主义向写实主义转变的时代（明治三十八年止）、从自然主义向新浪漫主义、颓废主义的转变时代（明治四十五年止）和新理想主义时代（大正时代）等几个时代。久松潜一《日本文学史》近代部分（1957年，至文堂出版），以明治、大正、昭和时代为研究对象，分为前后两期，以明治时代为前期，以大正、昭和时代划为后期。此外，还有一些划分法，如以自然主义的勃兴为界，划分前后两期（明治三十八年以前和以后），或者在此基础上再将无产阶级文学及新感觉派勃兴的大正十三年之后另立一期，分成前、中、后三期的。

第三节　毁灭与重建

军阀的专制　昭和五年（1930），内阁批准了伦敦裁军条约。这一行动使军部更加起劲地指责内阁侵犯了天皇的统帅权，在东京车站刺杀了其负责人内阁总理大臣滨口雄幸，由此开创了军部和右翼势力制造恐怖事件的开端。不过，在此以前，早就积累了导致发生这事件的种种原因。

第一个原因是经济的困窘。第一次世界大战时的经济繁荣，已因战后出现的逆转而逐渐衰落；再加上大正十二年（1923）发生的关东大震灾带来了巨大损失，国内物资匮乏，造成了巨额贸易入超和通货膨胀，整个经济界都陷入非常困难的境地。其结果，引起了昭和二年（1927）的金融危机，中小银行纷纷倒闭。继而，昭和四年（1929），因美国纽约的股票大跌价，发展成为波及全美国和世界各地的大规模经济危机，使日本也被卷了进去。物价猛跌，特别是大米等农产品的价格下跌幅度很大，农民们苦不堪言。政府虽然也曾在各地兴建一些土木工程，以资挽救，但主要是采取了产业合理化政策，强行整顿了中小企业，提高劳动强度和裁减人员，因而使大资本的垄断程度越来越高，而中小企业的没落和失业人数的增加十分显著，经济萧条达到了极点。使人们普遍感到，必须采取某种手段来打开这种局面。

第二个原因是世界形势有了新的变化。世界列强为了克服经济危机，纷纷建立了排他性的、以自给自足为目的的集团经济体制。它们和其殖民地之间，签订贸易协定；具有共同利害关系的各国结成集团，以防止其他国家前来占领市场。在这种情况下，殖民地较少的后进国家，萧条情况愈演愈烈，从而不惜以强硬手段到海外去夺取市场。在意大利，墨索里尼（B. Mussolini）于大正八年（1919）组成了法西斯党，接着又于大正十一年（1922）建立了法西斯一党专政的政府，走上了对内加强统治、对外侵略扩张的道路（1935 年侵略埃塞俄比亚）。在德国，希特勒（A. Hitler）领导的国家社会党（Nazis），用国粹主义和"社会主义"相结合的纲领来欺骗人民，并于 1933 年开始组阁，建立了一党专政的体制，接着，废除了凡尔赛体制，完成了重新武装的准备。他们这种做法，给和德、意两国同样苦于贫困的"穷国"（havehots）日本，树立了一个前进的榜样，这是毫不足怪的。何况日本还有一个在几次战争中建立了自信心的军部，它认为其在中国东北用鲜血获得的特殊权益，有可能将遭受侵害。

第三个原因是政党的腐败和资本家的奢侈。面对国内外日益紧张的局势，各政党却并不以国家的休戚为重，只顾扩大本党的势力。政客们则在金钱力量的驱使下，离合无常，或因行贿案件受到株连。资本家不管工人、农民的死活，恣意骄奢淫逸、操纵政党，并将政权据为己有。对此，中产阶级以下的人民大众，当然会心怀强烈的不满，连军部和官僚们也从社会正义观念角度出发，又加上对政党怀有传统的敌视情绪，因而加深了对它们的反感。

第四个原因是军部和右翼思想家中革新思想的抬头。自从裁军以后，军部一直对时局心怀不满，但由于富有正义感的青年将校中，许多人都因和部下农民出身的士兵接触较多，了解到农村的情况，从而有不少人就认真考虑怎样才能挽救农村的困窘，对于政党的腐败和财阀的横暴怀有强烈愤慨。右翼思想家中有支持传统的对外扩张政策的，也有主张抵制西洋思想，拥护国粹主义的，等等。但是，在凭非常手段来打开当前的艰苦局面这一点上，他们的意见却不约而同地趋于一致。其中，北一辉〔北一辉（1883—1937），大正、昭和年代的国家主义者，新潟县人，青年时代受社会主义的影响，曾参加中国同盟会，为中国的旧民主主义革命奔走过。后来思想发生变化，大正八年（1919）日本极端国家主义派经典的《日本改造方案大纲》就是他执笔的；次年组织犹存社，成为日本右翼阵营的巨头，在青年军人中影响极大。昭和十一年（1936）"二·二六"事件发生后被捕，后被处决。——译者〕于大正九年（1920）发表的《日本改造方案大纲》对青年将校们产生了深刻的影响。在这种情况下，滨口内阁却不顾海军统帅部的反对，在伦敦签署了裁军条约，便给他们以反对政府的软弱外交和侵犯天皇统帅权为口号，直接采取推翻政府的行动提供了机会。

滨口首相遇难以后，由外务大臣币原喜重郎临时代理首相。次年（昭和六年，1931），若槻礼次郎继滨口之后当上了民政党总裁，并组织了第二届若槻内阁，仍然保持着政党政治的形式。但是，这个昭和六年，正是军部开始发动侵略战争即"九·一八"事变的年头，也是日本从国际协调主义的外交转入国际上孤立道路的一年，也是明显地表现出政府失去控制军部力量的一年。从此以后，在军部的政治控制下，反复施展了许多值得诅咒的非常手段，对国外展开了横暴的武力行动和反常的孤立外交；在国内则从暗杀某一个人到集团的武装暴动等，蛮横地扩大军部的力量。明治维新以来，一直走上升道路的日本国运，从此以后，就开始走上了陡峭的下坡路了。

"满洲事变"，是日本关东军根据蓄谋已久的计划，在昭和六年（1931）九月十八日，以沈阳郊外柳条沟的南满铁路被炸为借口而挑起的军事行动。日本军队很快就完成了对东三省的军事占领，并于次年（1932）三月一日将以前的清朝皇帝溥仪接去充任执政，建立了"满洲国"。对于日本的这一行动，当然激起了中国以及列国的严厉指责。昭和七年（1932）二月，国际联盟派出以英国人李顿（V. A. Lytton）为团长的调查团到满洲和中国调查实况。调查团的报告中，指出了日本的行动是侵略性的，满洲国是个傀儡政权，等等。昭和八年（1933）二月，国际联盟大会以 42 比 1 的多数票通过了这个"李顿报告书"。由此可知全世界是怎样非难日本的行动。在这种骑虎难下的情况下，日本政府毅然采取了退出国际联盟的行动，昭和八年三月，和一向以常任理事国身份占有重要地位的国际联盟诀别了。

对外采取这种轻率的行动，是与军部专制体制在国内采取的强硬手段密切相关的。昭和七年（1932），正当满洲国成立、李顿调查团正在实地调查时，一队陆海军将校于五月十五日袭击了首相官邸，杀死了总理大臣犬养毅（"五·一五"事件）。在这以前，已经在同年二月暗杀了前大藏大臣井上准之助；三月暗杀了三井合名公司理事长团琢磨，这些都表示局势已十分紧张。在光天化日之下，现役军人前去首相官邸袭击总理大臣，这不能不说使人想起战国、幕末时代那样的乱世已经到来。支配政治的，已不再是政党，也不是财阀，而将是军人的刀枪。犬养内阁是继承若槻内阁之后的政友会内阁。政友会虽在这年二月举行的大选中获得了绝对多数，但由于军人采取了上述残暴的否认政党的行动，致使后任内阁落到海军大将斋藤实手中，政党内阁就此宣告结束。

斋藤内阁上台两年多以后，又为以海军大将冈田启介为首的冈田内阁所取代（昭和九年七月）。这两届内阁的首相都是军人，但他们都争取同政党合作，以政党成员为阁僚，在施政方针中还保留着自由主义的色彩，与青年将校们所追求的革新政治，相去甚远。这一点再加上其他的种种原因，遂又驱使青年将校们发动了第二次大规模的军事政变。昭和十一年（1936）二月二十六日拂晓，第一师团中的十几名将校率领一千几百名士兵袭击了首相官邸等处，杀死了内大臣斋藤实、大藏大臣高桥是清和教育总监渡边锭太郎，皇宫侍从长铃木贯太郎身负重伤，总理大臣冈田启介和前内大臣牧野伸显在九死一生之中得以幸免。这些军人们的目的是想使首都陷入混乱之中，然后一举建立军政府。他们占领了首相官邸和国会大厦。对他们这种暴行，军部里也有人持同情态度，但是，日本的良知良能尚未丧尽，在天皇做出这是一次叛乱的决断之后，叛乱部队的将校受到处分，士兵则被带回兵营，结束了这次政变（"二·二六"事件）。

　　"二·二六"事件是鲁莽的青年将校利用时机，将右翼恐怖主义者们蓄谋已久的计划付诸实施的一个行动。这次行动本身虽然失败了，但从加强军阀专制体制来说，却收到了极大的效果。这次政变的失败之所以没以失败而告终，得以转变成大局上的成功，当然应该归咎于掌权者的怯懦，但也和日本军队所具有的特殊性有关。归根结底，是日本的不幸。"二·二六"事件平息以后，陆军虽提出了"肃军"的口号，更换了陆军首脑，但附带的强硬主张则是，政府必须实行革新政治，推行对外扩张政策。这时，担任首相的是前届内阁的外务大臣广田弘毅。他虽在举国一致的口号下组成了新内阁，但却不得不容纳军部的意见，将充实国防列为首要政策，提出了庞大的军事预算。在此同时，军部又趁此机会恢复了陆海军大臣要由现役大、中将担任的制度，这项制度是早在明治三十三年（1900）由第二届山县内阁制定的，大正二年（1913），山本内阁将其改为不以现役为必备条件。在外交政策方面，昭和十一年（1936）十一月，日本与德国缔结了《日德防共协定》。日本退出国际联盟以后，于昭和九年（1934）十二月声明废除《华盛顿海军条约》，又于昭和十一年（1936）一月宣布退出伦敦海军裁军会议，一味迈上了孤立擅专的道路。虽然这样，但其内心却难免有些不安。于是把军部制定的外交方针，一成不变地实行起来，即和同样是"穷国"，并景仰为国内体制改革榜样的德国积极合作，直接与苏联对抗，间接牵制英、美两国。第二年，即昭和十二年（1937）十一月，又进一步发展到缔结《日德意三国防共协定》，昭和十五年（1940）九月，又在三国协定的基础上结成日、德、意三国同盟，这是决定了日本命运的一个值得诅咒的失败。

　　军部还操纵政府，对国内思想界进行了蛮横的统制。不仅很早就开始了一再镇压共产主义者，到这时候，又开始对自由主义学者进行镇压了。其中最典型的例子，就是东京帝国大学教授美浓部达吉的天皇机关说问题。作为一种宪法的理论，天皇机关说早就得到社会的公认，但在冈田内阁时期，即昭和十年（1935），贵族院和众议院两院中的右翼分子在国会中作为问题提了出来，以紊乱国体为由，迫使政府处分美浓部教授。政府连首相在内，虽都认为天皇机关说是正当的，但在军部的强大压力及企图利用它来作为政争工具的政友会的粗暴干预下，逐渐退缩下来，和国会通过的《国体明征决议》相呼应，只好前后两次发表了旨在打击天皇机关说的《国体明征声明》。在这里集中地表现了极右思想家的卑鄙阴谋、政党的没有主见、政府的毫不争气和军部蛮横粗暴。在这里可以看到乌云密布的时代思潮该是多么愚蠢。

侵略战争 满洲国建成以后，关东军又怀抱侵略华北的野心，想趁昭和八年（1933）侵占热河战役的余势，打进（北）京（天）津地区。由于签订了《塘沽停战协定》，在河北省北部冀东地区设立了非武装地带，事态才姑且平息下来。不过，贪得无厌的军方野心，决不会就此而感到满足，始终想利用一切机会，积极进行策划。昭和十年（1935），强行在冀东地区成立以殷汝耕为主席的防共自治政府，企图逐步策划实现华北五省自治，使之从中央政府分离出来。这种活动，当然在很大程度上刺激了中国国民政府。与此相对应，中国政府在这一时期顿时接近英国和苏联。在经济方面，中国在英国顾问的指导下实行了法币改革；在政治方面，与多年的宿敌中国工农红军握手言和。提出了"容共抗日""联英排日"等口号，准备从精神、物质两方面对日本进行抵抗。日本与中国发生全面冲突的趋势就是这样逐渐酿成的。昭和十二年（1937）七月七日，两国军队终于在北平郊外的卢沟桥拉开了战争的序幕。

日本占领中国东北

　　1933 年，即日本侵占东北并在那里建立起傀儡政权两年后，日本士兵进军并占领了中国北部的热河省。

卢沟桥事件本身，并不是什么预谋的事件，而且也是就地得到解决的事件，只是由于日本政府采取了强硬态度，很快派出了两个师团前去增援，于是便造成了无法收拾的战乱的开端。当时日本执政的是第一届近卫内阁。首相近卫文麿[近卫文麿（1891—1945），政治家，旧贵族五摄家之领袖近卫家继承人，京都帝国大学毕业后，就随西园寺公望出席凡尔赛和会。昭和八年（1933）任贵族院议长，十二年（1937）组阁，发动侵略中国战争。随着侵华战争的长期化，他一面对中国实行诱降，一面在国内加紧镇压，十五年（1940）成立大政翼赞会，实行全面的法西斯统治。第二次世界大战结束后，被列为战犯，在逮捕前自杀身死。——译者] 系藤原氏嫡系，华族的领袖。向来以具有现代的理智和教养著称，早就为政界所倚重。他继广田弘毅和林铣十郎的短命内阁之后上台，于昭和十二年（1937），在深孚各界热望之中组成内阁。他在施政方针中高唱国际正义和社会正义，给人民带来了清新的气息。对于上台后仅一个月就发生了的卢沟桥事件，他以异常的热情号召人民，希望趁此机会举国一致地解决中国问题。在表面上，他虽也高喊坚持不扩大的方针，但实际上却跟着军部的扩大方针跑，逐渐陷入了无底的泥沼中。他是以元老西园寺公望为首的自由主义政治家们的最后一张王牌，本指望他肩负起突破非常状态重任的，然而他却辜负众望，只是用那种谁都能办到的方法，追随在军部专制的道路后面，亦步亦趋。

中日两军在华北的冲突，很快又波及上海，战争扩展到了华中。日本虽于当年十二月攻陷了中国首都南京，但国民政府却迁到汉口；汉口在昭和十三年（1938）十月陷落后，他们又迁到重庆，提出了抗战到底的口号，使日本所指望的短期解决计划，完全破产。在此期间，日军曾在华北、华中建立了傀儡政权，但未能如愿以偿，到昭和十五年（1940）汪精卫从重庆逃出，便利用他在南京成立了傀儡政府，但此举并没有为解决事变开辟道路。于是，日本政府也决心进行长期战争，昭和十三年（1938）发布了《国家总动员法》，开始实行正式的统治政策。并发表了建立东亚新秩序的构想，号召要彻底消灭国民政府。

围绕着中日间的战事，世界各国与日本之间的对立激化起来。尽管日本政府明确宣布要尊重列强在中国的权益，但占领那里的军队，却一再侵犯这些权益。对于在中国实行的门户开放和机会均等原则，日本起初也曾予以承认，但不久发表了《东亚新秩序宣言》，根本否认了这些原则。昭和十四年（1939）七月，美国通告废除《日美通商航海条约》，就是对此的报复，也是对日本自满洲事变以来积累下来的国际性背信弃义行为的一个总的答复。日苏之间发生了两次武装冲突，即昭和十三年（1938）七月的张鼓峰事件和昭和十四年（1939）夏季的诺蒙坎事件。特别是在诺蒙坎，日军因苏方装甲部队而吃了大败仗，使人们深刻体会到日本陆军装备在现代化方面的明显劣势。

日本侵略军进入北平

1937 年，日军大举侵略中国。图为日本侵略军进入北平。

由于战事的拖延，日本的经济力量逐渐衰退。物资匮乏，恶性通货膨胀愈演愈烈，军需生产停滞。对此，政府日益感到焦躁不安，进一步加强了统制。内阁更迭频繁。继第一届近卫内阁之后，又相继成立了平沼内阁（首相平沼骐一郎，昭和十四年一月至八月）、阿部内阁（首相陆军大将阿部信行，昭和十五年一月垮台）、米内内阁（首相海军大将米内光政，昭和十五年七月垮台）和第二届近卫内阁。在第二届近卫内阁执政期间，模仿德国的纳粹，组织了大政翼赞会，政党全被解散（昭和十五年十月）；还组织了日本产业报国会，所有的工会组织也全被解散了，在这种国内体制复古更新的昭和十五年（1940），正是日本建国2600周年［2600年，是当时日本政客们利用伪造的历史计算的。实际上，所谓的皇纪，即按《日本书纪》记载，从神武天皇即位年（公历纪元前660年）的算法是毫无根据的。——译者］，因而在皇宫前举行了盛大的庆典。这虽然使人感到巧逢之妙，但正如庆典在空虚的喧闹声中结束了一样，翼赞会也好，报国会也好，也都徒有形式，而没有灵魂。这是一个令人啼笑皆非的严峻现实。[①]

东条英机与裕仁天皇

  1940年10月军事检阅时，日本陆军大臣东条英机向日本裕仁天皇行鞠躬礼。东条英机是甲级战犯。

在这一年里，近卫内阁在外交上也采取了重大措施，即前面谈过的缔结日、德、意三国同盟。在此之前，即昭和十四年（1939）九月，由于德国入侵波兰，英、法两国对德宣战，第二次世界大战由此爆发。不久，德国以闪电战占领波兰，进驻丹麦、挪威，又向西攻占了荷兰、比利时，到昭和十五年（1940）六月，又使宿敌法国俯首投降。意大利于当月参加到德国阵营，共同作战。德国的国运表面上大有旭日东升之势，这对正因中日战争陷于一筹莫展，还与英、美的对立日渐激化的日本来说，是一种无可比拟的巨大诱惑力。因此，昭和十五年九月，日、德、意三国关系，从原来的防共协定发展为三国同盟，是个必然趋势。日本政府虽然解释说这是为了避免刺激美国、防止美国参战，但却难以否认日本与英、美的对立因此日益激化的事实。

就在这一个月中，日本又与法属印度支那结成军事同盟，派军进驻了法属印度支那北部。这一行动说是为了堵死重庆国民政府的物资供应线，但实际是利用法国本土溃败的机会来染指法国在东方领土的贪婪野心。同样，随着荷兰在欧洲的投降，对荷属东印度支那也伸出了食指。南进论就是在这种情况下抬头的。但直到昭和十六年（1941），松冈外相到欧洲去缔结日苏中立条约，解除了北方威胁之后，这种南进才正规化的。即：昭和十六年七月，日本迫使法属印度支那同意占领其战略基地，派大军进驻了南部法属印度支那，这是南进的最露骨表现。对此，美国报以采取冻结日本在美资产和禁运石油等报复措施，接着，英国、荷属东印度支那也宣布冻结日本资产，英国还宣布废除了《日英通商航海条约》。对日本来说，这些经济制裁是个致命的打击。日本国内消费的石油，约有 80% 依靠从美国进口，如果断绝了石油进口，即使国内有少许储备，也根本不可能进行现代的战争。因此，日本为了得到石油，必须侵入荷属印度支那。美国十分清楚这一点，所以从 1940 年以来虽对日本实施了各种战略物资和碎铁等的禁运，但对石油却保留下来，没有禁运。现在美国断然实行石油禁运，说明它已经下定了决心。这对日本来说，自然是致命的打击。因此在 9 月 6 日召开的御前会议上，决定向美、英、荷宣战。在外交上，还继续进行着谋求和平的努力，但这当然是不会有结果的。于是，当年 10 月，在取代近卫内阁的东条内阁执政下，日本于 12 月 8 日开始同美、英进行了不幸的战争。

太平洋战争 1941 年 12 月 8 日的早上，人民群众突然听到了日本对英美宣战的消息，和海军航空兵袭击珍珠港的战果以后，立即陷入了狂热的兴奋旋涡中。但没有多久，当他们冷静下来时，许多人便已掩饰不住他们内心的不安与恐惧了。对于日本同世界两大强国作战，是不是有取胜的把握；奇袭的成功，能否看作实力的差异；偷袭是否违背了崇尚信义的武士道精神等等，在人民心目中都是无法打消的疑虑。战争初期，形势对日本比较有利。德、意两国也与日本一齐向英、美宣战，泰国也与日本结成同盟，向英、美宣战。日本对菲律宾、马来半岛、香港、荷属东印度、婆罗洲等地，发起了先发制人的进攻，取得了成功。到昭和十七（1942）年春天，日本已经占领了从这些地方到南太平洋一带的广大地区。东条首相曾将此作为日本必胜不败的根据，向人民进行炫耀。但长期占领这些广大地区是否可能，对无经验的日本人来说，不能不怀抱深刻的不安。不出所料，以昭和十七（1942）年六月进行的中途岛海战为转机，战局发生了逆转。美国的军需生产正式开始上升，而日本的军需生产却开始下降。经过同年进行的所罗门群岛海战和瓜达尔卡纳尔战役以后，战局对日本越来越不利。昭和十九年（1944）七月，塞班岛被美国攻占。继而，美军于昭和二十年（1945）一月在吕宋岛、二月在硫黄岛、四月在冲绳本岛分别登陆，日军遭到了惨重的失败。美国空军从昭和十九年（1944）六月前后起，开始轰炸日本本土。到了二十年（1945），美国对日本的各大城市实行了连续的大规模空袭。战时，对人民的粮食，早就实行了定量供应（昭和十六年四月，在六大城市里实行了主食配给二合三勺制）。由于对企业加强了整顿和征用，人们因为失去了职业，饱尝了穷困的辛酸，而空袭又夺走了他们的家产和亲人，使他们流浪街头。日本全国人民从未尝到的真正的战败的痛苦，这时开始降临到他们的头上了。

欧洲战场也是同样。开始时，战局对德意轴心国有利，但从 1941 年起，即侵入苏联以后，就未能取得预期战果，并在 1943 年的斯大林格勒战役中遭到了惨败。从此，攻防调换了地位。同年 7 月，墨索里尼因西西里岛的失守而下台。9 月，意大利宣布无条件投降。自此，同盟国军队的士气大振。1944 年 6 月，美军在法国登陆，开辟了欧洲第二战场，并且逐渐缩小了包围圈，逼近柏林。而苏军则从东面直插柏林，并将其占领。德国在山穷水尽的情况下，只好于 1945 年 5 月宣布投降。

美国军队在太平洋战争期间

美国军队在太平洋战争（1942—1945）期间穿过一片珊瑚礁逼近海滩。对日本人来说，菲律宾海战是一场灾难。两名日本海军参谋长在目睹美国人占领塞班岛之后自杀。美国军队向内陆挺进时，士兵们惊恐地看到日军中的妇女、老人和孩子无法面对失败的现实，纵身跳下悬崖。

　　这时，日军正在冲绳与美军进行殊死搏斗，本土遭到了连续不断的空袭，前途暗淡，不堪设想。指望是个靠山的德国溃灭后，使同盟国方面得以将军事力量集中到日本方面，看来无论出现任何奇迹，也不可能挽救日本了。点起战火的东条内阁，在塞班岛失陷之后就让位给小矶内阁（昭和十九年七月），但小矶内阁也拿不出扭转战局的妙策。不久便又倒台（昭和二十年四月），以原侍从长铃木贯太郎为首的铃木内阁组成后，表面上虽仍扬言要进行本土战，但实际上有识之士都在期待捕捉结束战争的时机。对此，在外交方面也采取了一系列措施，但为时已晚。同盟军方面，从战争一开始，首脑们就经常集会，外交上也保持着密切的联系。1943 年 11 月，于埃及开罗举行的开罗会谈中，美、英、中的首脑们一起决定了战争的目的和剥夺日本领土的方针。1945 年 2 月，在克里米亚的雅尔塔举行的雅尔塔会谈中，美、英、苏三国首脑就结束战争的方法和战后的和平政策进行了协商，并就苏联参加对日作战签订了秘密协定。同年七月，英、美、中三国首脑再次于波茨坦举行会谈，并提出了三国在结束战争方面对日本的共同要求即《波茨坦公告》。公告的中心内容是，以德国的毁灭为先例，认为日本在短期内必将重蹈德国覆辙，因而劝告日本及早停止抵抗。提出了以下九条，作为日本停止抵抗的最低条件：

1. 永久铲除侵略战争领导者的权力和势力；
2. 同盟军队占领日本；
3. 日本的主权仅限于本州、北海道、九州、四国及同盟国指定的其他小岛；
4. 解除日本军队的武装，令其返回家园；
5. 处罚战犯；
6. 清除不利于恢复和加强人民的民主主义倾向的障碍，尊重言论、宗教、思想的自由和基本人权；
7. 准许日本维持人民生活必要的和支付赔款用的产业，并允许其回到世界贸易关系中来；
8. 根据人民自由表达的意志，建立一个具有和平倾向的、负责的政府；
9. 在建立这种政府之后，同盟国占领军撤出日本；等等。

此外，按照《雅尔塔协定》的规定，苏联在对日宣战以后也参加了这项公告（昭和二十年八月）。公告发表后不久，美国于 8 月 6 日向广岛、9 日向长崎投下了原子弹，以求迅速结束战事。大势已去的日本，根据天皇的裁决，压制还在高喊焦土决战的陆军，决定接受《波茨坦公告》。8 月 15 日，天皇亲自向全国人民播送了停战诏书。于是，美军立即进驻到日本本土，并于 9 月 2 日在停泊于东京湾的美国军舰密苏里号上举行了投降文件的签字仪式。这样，历时四年的太平洋战争和由满洲事变算起，长达 14 年的帝国主义侵略战争，终于以惨败而结束。它不仅使日本从一个世界大国跌落为一个远东小国，而且对世界的人类、文化还犯下了累累罪行，必须永远接受世界历史的审判。[②]

同盟国对日本的管理 日本投降以后，同盟国军相继进驻日本，10 月 2 日设立了同盟国军总司令部（General Headquarters of the Supreme Commander for the Allied Powers，简称 G. H. O. S. C. A. P.），美国远东军总司令麦克阿瑟（Mac-

Arthur）元帅就任同盟国军总司令。总司令部是对日本实行占领和管理的最高执行机关，总司令官被赋予广大的权限。决定对日管理政策的最高机构，是设在美国华盛顿的远东委员会（Far Eeastern Commission）。远东委员会是由美、英、苏、中、法、加拿大、澳大利亚、新西兰、印度、荷兰、菲律宾等 11 个国家的代表所组成，1949 年又加进了缅甸和巴基斯坦 2 国，共计 13 个国家。另外，还在日本设立了对日理事会，以作总司令部的咨询机构，理事会由美、英、苏、中等四国代表组成，主席是同盟国军总司令官或其代理人。以上是占领和管理日本的机关，其管理的目的，主要有以下两项，即：

第一，是根绝日本的战争能力和军国主义；

第二，是通过民主化使日本成为世界国家中的一员。

为了实现这一目的，总司令部采取了宽严相济的措施，对日本政府进行劝告和指导，由于日本政府和人民的合作，在短时间里就取得了出色的成效。

首先，解除日本陆海军的武装，仅用一个半月的时间，便在未发生丝毫恐惧和混乱的情况下完成了。破坏、拆除和改造军需产业设施的工作，也进行得很快。根据昭和二十一年（1946）发布的《公职整肃令》，整肃了军国主义分子。对战犯也进行了严厉的审判，昭和二十三年（1948），对甲级战犯宣布了判决并处刑。

其次，日本的民主化问题，由于关系到政治、经济、思想等广泛领域，因此是一件象征旧日本解体和新日本诞生的意义深远的事。这里大致提一下具体的事实。

在政治方面，废除明治宪法，制定新宪法（昭和二十一年十一月三日公布，昭和二十二年五月三日施行）。新宪法是具有不少划时代特色的和平、民主的宪法。它规定：主权在民，天皇只是国家及人民团结的象征，国会是国家的最高权力机关，放弃战争并不保持一切战争力量，尊重人民的基本人权，等等。在此以前，总司令部早在昭和二十年十月就指令赋予妇女选举权，并指示要彻底树立政府是人民公仆，而不是统治者的观念，因而在昭和二十一年四月进行的第一次大选中，首次进行了男女平等的选举，39 名妇女当选为国会议员。同时，政党也都复活了。到昭和二十年年末止，已成立了自由党、进步党、日本社会党和第一次合法化的日本共产党等。

在经济方面，实施了农地改革。鉴于以佃耕制度为基础的农村体制已成为社会民主化的障碍，于是便根据总司令官提出的备忘录，在国会中通过了改革法案。该法案规定，除了生活在农村的地主可保留少量土地以外，大部分土地都要交给耕作该土地的农民使用，地租改用货币缴纳。这可以说是农村有史以来规模最大的改革。财阀也被解散了，解散这些在内部保有封建性机构、一直是支持侵略主义动力的财阀，也是实现民主化的一项重要工作。三井、三菱、住友、安田等大财阀的财产被冻结清理，同时又通过制定《禁止垄断法》和《排除经济力量集中法》等立法措施，以防止大资本的垄断。

在社会方面，修改了民法（昭和二十三年一月施行），废除了以前的家庭制度和户主制度，废除了使个人成为家庭牺牲品的家族制度。新宪法的条文规定了国民在法律面前，人人平等，因此，皇族中除了"直宫三家"（秩文宫、高松宫、三笠宫）以外，余者都一律脱离皇籍，与普通人民地位相同（昭和二十二年

裕仁天皇像

裕仁天皇（1901—1989），是家族中的第124位天皇。他20岁时摄政，1926年正式加冕。第二次世界大战中，日本被原子弹轰炸后，裕仁使日本政府同意无条件投降。1946年，按照新宪法中有关条款的规定，裕仁成为一名立宪君主。

十月），华族全部被废除。当然，还规定了男女完全平等。此外，总司令官在昭和二十年十月发出的指示中还明确提出要扶助工会的发展，以后也要注意确立健全的劳资关系，以不断提高工人的生活水平，并于昭和二十二年四月制定了解决劳动问题的《劳动基准法》。

在思想方面，总司令部于昭和二十年（1945）九月发出指令全面废除限制报

纸和言论的法令，取消日本政府的新闻检查制度，于是言论自由得以确立。宪法中也规定要保障思想及良心的自由、信教自由、学术自由等，使思想从长期的统制枷锁中解放出来。根据信教自由，国家废除了过去对神道的过分保护，把强辩不是宗教的神社、神道也视作一种宗教来对待。在教育方面，也进行了彻底的改革。昭和二十年十月，总司令部发出改革教育的指令，将军国主义者、过激的国家主义者驱出教育界。后来，根据美国教育视察团提出的劝告，采用了六、三、三学制和男女同校等的新教育制度［昭和二十二年（1947）三月，公布了《教育基本法》和《学校教育法》］。教材内容也进行了全国性的修改。

重建之路　后来，随着世界形势的转变，美国的占领政策也逐渐发生了变化。美苏在各个地区的对立不断激化，中国的国民党政府被中国共产党推翻，并于昭和二十四年（1949）十月成立了中华人民共和国，广大的中国大陆进入共产圈内。昭和二十五年（1950）六月，南北朝鲜之间发生了武装冲突，北朝鲜得到了中国人民志愿军的支持，南朝鲜则获得了以美国为核心的联合国军的援助，双方持续展开了一进一退的激战［昭和二十八年（1953）七月停战］。远东发生的这种紧张状态，使美国马上产生了将日本作为反共堡垒的意图。昭和二十四年（1949），为了使日本经济能够自立，总司令部推行了道奇计划（道奇，底特律银行总裁，专门到日本来制定经济政策），同时，下令取缔共产党；昭和二十五年（1950），指令建立警察预备队；昭和二十六年（1951），在旧金山召开了媾和会议，日本方面由全权代表吉田茂首相率领代表团出席，和除苏联等共产主义各国外的 48 个国家签订了和平条约。这些条约从次年四月起生效，撤销联合国军总司令部，日本这才恢复了独立。不过，由于签订了《日美安全保障条约》，美军继续驻扎在日本及其附近。昭和三十一年（1956），鸠山内阁与苏联恢复了邦交，因而得以加入联合国。从昭和八年（1933）退出国际联盟以来，经 23 年以后，日本才又再次回到了国际外交社会。

另外，战争刚结束时，由于生产率低下和恶性通货膨胀，日本的经济曾处于十分悲惨的状态。但是，以朝鲜战争为转机，日本经济界很快就走上了复兴的道路，由于出口增加和农业连年丰收，各种产业都得到了惊人的发展。到昭和二十六年（1951），工矿业产值已经超过了战前水平。昭和二十八年（1953），人均消费水平也已凌驾战前之上；昭和三十年至三十一年（1955—1956），工矿业生产和出口都有了大幅度增加，出现被人们称为"神武景气"的经济繁荣。此后，虽曾出现过一些起伏，但经济增长的步伐，一直没有停顿。昭和三十五年（1960）的国民总收入已达到118217亿日元，比昭和二十五年（1950）的33815亿日元增加了将近三倍。钢铁产量仅次于美国、苏联、西德而居世界第四位；机械产量也仅次于美国、苏联、西德而跃居世界第四位；至于商船的下水量，到昭和三十五年（1960）已连续五年跃居世界首位。人民的生活水平也有所提高，与新时代相适应的合理化的生活方式已经普及，在劳动之余，能过上愉快而健康的文化生活了。

战争结束时，在已变成废墟的城市，在荒芜的农村，在那些为停战诏书而哭泣的人民当中，有谁能想到16年之后，会有这种的经济复兴呢？这可以说是近于奇迹的跃进。当然，必须承认，这种复兴在很大程度上受益于演变得令人眼花缭乱的国际形势，特别是朝鲜战争等外在因素。但是，最根本的因素，无疑还是日本人民的能忍受艰苦、勤奋劳动、充分发挥创造性和钻研精神而努力争取复兴的结果。在战时，日本人民一再期待的天佑，始终没有出现；但到了战后，却出现了意想不到的天佑。当今社会的规律就是：只有那些不抱有过分的奢望，而各自忠实于自己本分的人，才能得到上天授予的幸运。

话虽如此，日本重建的道路仍是很艰险的。在经济增长中，出现了各种显著的不平衡；在政治、思想、教育等方面，其进展情况更不稳定。战后如雨后春笋般建立起来的政党，逐渐被淘汰了。昭和三十年（1955）十月，作为革新政党的日本社会党实现了统一；同年十一月，保守党方面也结成了自由民主党，形成了两大政党对立的局势。这两个政党几乎在所有问题上都互相对立，使国会的审议不能顺利进行下去，和理想中的政党政治相距甚远。在教育方面，虽然普遍实行了六、三、三制的新学制，出现了大学总数达到245所、短期大学总数为280所这样表面上的繁荣，[③]但在教育的实质内容方面，缺点仍比比皆是，其主要原因是文部省与教职员工会之间经常闹意见对立，使教育也蒙受到了损害。

这种分裂与对立，是目前日本社会中一切方面都或多或少存在着的现象，其根源是世界观、国家观和人生观的不同。战后，日本的民主化，已成为人们至高无上的要求，这一点虽然是随着无条件投降而由外力施加给日本的，但在今天，已在大多数人民的心里扎下根基，变成主观上能够接受的理念。不过，在遇到每个现实问题，怎样去实现民主化的具体方法时，人们的意见就产生分歧。一部分人一心想以美国为榜样，另一部分则专向苏联学习，以在日本实行那些国家的政治、社会体制为理想。与此相对应，还有一些人尊重日本的传统和特性，主张在固有文化的基础上发扬民主精神。我本人就是持最后这种观点的。如果上述对日本历史的概括说明能够为加深对日本的传统和特性的认识，略尽绵薄的话，我将感到莫大的欣幸。我期待着有一天，目前日本社会中存在的对立和争斗，能够停止，大多数人民都在同一理想和方法之下，和睦共处的日子行将到来。

注　释：

①昭和十五年（1940）十一月二十二日，最后一名元老西园寺公望逝世。他作为一个自由主义的政治家，对军阀的专制和日本在外交上的孤立深感忧虑，但又苦于自己无力转变这种局势。在庆祝日本建国2600年的仪式结束的时候，他离开了人世，给人们留下了深刻的印象。根据他的秘书原田熊雄口述而整理的以西园寺为中心的政界上层活动的笔记，《原田日记》，曾在远东国际军事法庭上作为证据而提出，后来公开出版，可作为研究这一时期政治史的史料。其内容分8册，从昭和三年炸死张作霖事件开始，到昭和十五年为止（1950—1953年，岩波书店出版）。

②关于太平洋战争的全貌，现在政府方面尚未编出官方的书刊，但在述及战争结束的原委方面，外务省编《终战史录》（1952，新闻月鉴社出版）中引用了丰富的官方和私人的文字记录，参阅起来比较方便。

③本项数字均引自昭和三十七年（1962）版《朝日年鉴》（朝日新闻社出版）。

附录：古今地名对照表

地方	古地名 (国)		现地名	地方	古地名 (国)		现地名
东北地方	陆奥	陆奥	青森	中部地方		美浓	岐阜
		陆中	岩手			飞弹	
		陆前	宫城			信浓	长野
		磐城	福岛			甲斐	山梨
		岩代				佐渡	新潟
	出羽	羽后	秋田（包括陆中一部分）			越后	
		羽前	山形			越中	富山
关东地方		安房	千叶			能登	石川
		上总				加贺	
		下总				越前	福井
		常陆	茨城			若狭	
		下野	栃木	近畿地方		近江	滋贺
		上野	群马			山城	京都
		武藏	埼玉			丹后	
			东京			丹波	
		相模	神奈川			但马	兵库
中部地方		伊豆	静冈			播磨	
		骏河				淡路	
		远江				摄津	
		三河	爱知			和泉	大阪
		尾张				河内	

地方	古地名 (国)		现地名	地方	古地名 (国)		现地名
近畿地方		大和	奈良	中国地方		长门	山口
		纪伊	和歌山			隐岐	岛根
			三重			出云	
		伊势				石见	
		伊贺				伯耆	鸟取
		志摩				因幡	
四国地方		阿波	德岛	九州地方		筑前	福冈
		土佐	高知			筑后	
		伊豫	爱媛			丰前	大分
		赞岐	香川			丰后	
中国地方		备前	冈山			日向	宫崎
		美作				大隅	鹿儿岛
		备中				萨摩	
		备后	广岛			肥后	熊本
		安艺				肥前	佐贺
		周防	山口			壹岐	长崎
						对马	